U0022564

修訂七版

Property Law

判解民法物權

劉春堂 著

三民書局

國家圖書館出版品預行編目資料

判解民法物權 / 劉春堂著. －－修訂七版一刷. －
－臺北市: 三民, 2010
面; 公分
參考書目：面
ISBN 978－957－14－3925－9　（平裝）
1. 物權法－中國－裁判

584.2　　　　　　　　　　　　　　92016010

© 判解民法物權

編 著 者	劉春堂
發 行 人	劉振強
著作財產權人	三民書局股份有限公司
發 行 所	三民書局股份有限公司
	地址　臺北市復興北路386號
	電話　(02)25006600
	郵撥帳號　0009998－5
門 市 部	（復北店）臺北市復興北路386號
	（重南店）臺北市重慶南路一段61號
出版日期	六版一刷　1978年7月
	修訂七版一刷　2010年10月
編 號	S 581240

行政院新聞局登記證局版臺業字第○二○○號

有著作權‧不准侵害

ISBN　978－957－14－3925－9　（平裝）

http://www.sanmin.com.tw　三民網路書店
※本書如有缺頁、破損或裝訂錯誤，請寄回本公司更換。

增修新版序言

本書初版第一刷於民國六十七年七月發行，嗣經數度重刷，迄今已超過三十餘年。在這段期間內，新的學說及判例不斷地推陳出新，對民法之發展及進步極有貢獻，令人感佩。民法物權編經依擔保物權、通則及所有權、用益物權及占有等順序，分別逐條檢討擬具修正草案送立法院審議，經立法院審議通過。擔保物權（抵押權章、質權章及留置權章）部分，經總統於民國九十六年三月二十八日公布，同年九月二十八日施行；通則及所有權部分，經總統於九十八年一月二十三日公布，同年七月二十三日施行；用益物權（地上權章、永佃權章、地役權章及典權章）及占有部分，經總統於九十九年二月三日公布，同年八月三日施行。由於此三次之修正幅度甚大，因而使我國物權法邁入新紀元。其次，最高法院陸續公布許多新判例，作成許多新決議，並予以彙定刊行，判決內容豐富，可供參考及檢討分析。法律、判例及學說既已隨時代之演變而推陳出新，本書自當配合修訂，藉資刷新內容。此外，書中所引其他相關法令如有修正者，自亦應參照修訂，以求本書之完整、正確及實用。

為期本書在體系上更為完整，在內容上更能溝通理論與實務，因此本次修訂，除循原來之撰寫目標及方式外，就較有疑義或新興尚在發展中之問題，乃增加必要之說明及理論之敘述，並將原於每章後面以問答題方式說明之問題，全部編入相關部分。另就較重要之問題，以案例方式加以說明，期能將抽象理論與具體問題及實務見解相結合，更有助讀者對各種理念與疑難之把握，並增進學習成效。

關於本書，以及《判解民法總則》、《判解民法債編通則》之撰寫暨出版，我要特別衷心的感謝我的長官張教授則堯先生、我的老師鄭教授玉波先生，沒有他們兩位不斷的鼓勵、督促、教導及推薦，我不可能撰寫並由三民書局出版上開書籍。雖然上開書籍不是什麼名著，內容上更無高明卓

見，惟這是引導我努力向學的原動力，開啟我鑽研學術及撰寫論文書籍之志趣，讓我有信心在為學的道路上繼續努力前進。張教授則堯先生及鄭教授玉波先生雖均已作古多年，惟三十多年前對我的鼓勵、督促、教導、期盼及提攜，其情景至今仍歷歷在目，長官之情及老師之恩，永難忘懷。我有幸受教於王教授澤鑑先生，因為他與鄭教授玉波先生共同悉心指導，讓我得以完成〈締約上過失之研究〉一文，而獲得臺灣大學法學博士學位。又因長期受教於王教授澤鑑先生，讓我學習到法學思考及問題分析的方法，尤其是有關判決（例）的比較及評析，引領我走入學術的殿堂，得以成為法學研究之園丁。凡此均銘感腑內，謹藉本書修訂之完成，併誌感恩之忱。

　　由於本次修訂之幅度極大，實為重新全面編寫，期望本書經過此次之增修，更具有參考價值，以盡法學研究園丁棉薄之力，對我國物權法的研究、發展及進步有些許貢獻，能留下一些可供比較、批評與討論的痕跡。惟筆者才疏學淺，雖數次易稿，修訂之後，疏漏仍所難免，尚祈　宏達不吝教正為幸。

劉　春　堂　謹誌

民國九十九年九月九日

序於輔仁大學法律學院研究室

自　序

　　法律這門學問，原以實用為主，從而研習法律，除閱讀教科書以了解法學理論外，更須研讀判解以明個案而供實用，且亦如此才更能發揮法學的功能。我國坊間有甚多判解彙編之類書籍，此固為習法者所不可不備，惟是類書籍，大都篇幅較多、內容浩繁，且均係依法條之次序及判解公布時序之先後編排，閱讀之後不易整體的、系統的加以把握及了解；而一般教科書則著重於法學理論與體系之敘述及闡明，以致理論與實務未能兼顧。本書撰寫之目的，乃在以教科書之體裁，納入司法實務之見解，期能兼顧理論與實務，使讀者對判解能有系統的予以把握並了解，也因此雖然有些判解之見解未必就是我所贊同的，亦仍盡可能的一一編入本書。此外，對於較為具體或特殊之問題，則以問答題的方式予以編寫，附於每章（節）後面。至於引用先進學者見解之處，則一一註明，俾便讀者查閱原始文獻，為更進一步之研究。

　　由於本書之編寫，係以經公布之判解為主要材料，理論之敘述則僅止於必要的範圍，從而如能以之與一本有系統的物權法教科書比較參閱，也許更有助於問題的發掘與研究。又本書之撰寫是一種嘗試，書中之一字一句，雖曾經相當的斟酌，但為學力及時間所限，疏誤之處，在所難免，尚祈　宏達不吝教正是幸。

　　最後我要衷心的感謝財政部財稅人員訓練所張所長則堯先生，由於他的督促、鼓勵與推薦，本書才得以完成及出版。又本書前後易稿三次，均由內子陳民治代為抄謄，心感之餘，併此誌謝。

劉春堂　謹誌
六十七年五月

判解民法物權

-- 目　次

第八章　質　權

前　言

　　人類須利用物資始能生活，然而物資有限，為定分止爭，促進對物資之有效率的及有秩序的使用，並使之互不侵犯，以保障物資享有及利用之確實與安全，因而乃有制定物權法，創設物權制度之必要。所謂物權法，係指規範物權關係之法律，可分為形式意義的物權法（或狹義的物權法）與實質意義的物權法（或廣義的物權法），前者係專指民法第三編「物權」而言；後者係指以物權關係為規範對象之一切法規，不獨民法第三編「物權」為物權法，民法其他各編及土地法、動產擔保交易法、海商法、民用航空法、建築法、公寓大廈管理條例、信託法、土地登記規則等各種法規，甚至習慣、判例、法理等，凡有關物權關係之規定者，均不失為物權法。我國民法第三編物權，係於民國十八年十一月三十日由國民政府公布，民國十九年五月五日施行（物權編施行法於民國十九年二月十日公布，同年五月五日施行），計分通則、所有權、地上權、永佃權、地役權、抵押權、質權、典權、留置權、占有等十章，都二百十條（自民法第七五七條起至第九六六條止）。

　　由於民法物權編係規範財貨歸屬秩序之法律，其在國家經濟發展居樞紐地位，自應配合社會結構、經濟型態及人民生活觀念，適時檢討修正。為持續推動建構完整民事法律體系，兼顧最新學說與實務見解，法務部自民國九十二年七月起組成專案小組定期開會檢討修正民法物權編，且為符合各界期盼及實務需求，本次檢討依擔保物權、通則及所有權、用益物權及占有等順序，分別逐條檢討擬具修正草案送立法院審議，經立法院審議通過。其中有關擔保物權（抵押權章、質權章及留置權章）部分，已於民國九十六年三月二十八日公布，同年九月二十八日施行；通則及所有權部分，亦於九十八年一月二十三日公布，同年七月二十三日施行；有關用益物權（地上權章、永佃權章、地役權章及典權章）及占有部分，於九十九年二月三日公布，同年八月三日施行，刪除永佃權，增訂農育權，將地役

權改為不動產役權。本書所論述者，主要以此為對象。

其次，物權法係以人民之經濟的生活關係（財產關係）為其規範對象，與債法相同，為財產法之一種。惟物權法係以對財產（物或權利）之直接的支配及利用或保持關係為其規範對象，規定靜態的財產關係；反之，債法係以財物或勞務之交易關係為其規範對象，規定動態的財產關係，故兩者之規範功能，有所不同。又因物權關係，常涉及並直接影響一般第三人之權益，且物權制度與社會公益有重大關係，其規定多不許當事人任意變更，除少數例外情形（例如民法第八二八條第二項、第八四〇條第一項、第八六一條但書），必須絕對適用，故物權法原則上為強行法。此與債之關係僅存於特定人與特定人間，大多無關公益，關於其成立及內容，縱然委諸當事人之意思自由決定之，亦不致有直接侵害或影響一般第三人權益之虞，故債法之規定多為任意法，其有關規定不過對當事人之意思營其解釋或補充之作用而已，亦有所不同。

第一章

通 則

我國民法第三編物權，計分十章，第一章通則，係規定物權關係之一般原則，為各種物權共通適用之法則❶。

第一節 物權之概念

第一、物權之意義

何謂物權，法無明文規定，學者通說認為物權乃直接支配特定物，而享受其利益之具有排他性的權利❷。茲依此析述如下：

一、物權乃直接支配特定物之權利

物權為人對物所享有的權利，物權的本質，在於法律將特定物歸屬於某權利主體，而由其直接支配，故屬於支配權。所謂直接支配，即物權人無須他人意思或行為之介入，得依己意逕就標的物為使用、收益、保存、改良及處分，並排除他人之干涉是。例如土地所有權人，得依己意逕行耕耘其土地，以收取農作物；或將其出租，以收取租金；抵押權人於債權屆期未獲清償，即可逕行依法請求法院拍賣抵押物，不必得抵押人之同意是。物權之特質，即存在於此種支配權之上，此與債權之特質，係存在於請求權之上者，大不相同，蓋債權人僅能請求債務人為給付（民法第一九九條），債權欲得滿足，則非有賴於債務人之行為不可，債權人不能逕行支配其標的物，例如租賃契約雖已訂立，承租人（債權人）只能請求出租人（債務人）交付租賃物（民法第四二三條），出租人未將租賃物交付於承租人以前，

---

❶ 民法第三編物權第一章通則之立法理由（說明）：「謹按通則為各種物權共通適用之法則，與債權編之通則同，亦以總揭為宜。故設通則一章，弁諸本編。」

❷ 民法第三編物權之立法理由（說明）：「查民律草案物權編原案謂物權者，直接管領特定物之權利也。此權利有對抗一般人之效力。（即自己對於某物有權利，若人為害其權利之行為時，有可以請求勿為之效力。）故有物權之人實行其權利時，較通常債權及其後成立之物權，占優先之效力，謂之優先權。又能追及物之所在，而實行其權利，謂之追及權。既有此重大之效力，自應詳細規定，使其關係明確。此本編之所由設也。」

承租人不得逕行直接就該租賃物為使用收益是。

二、物權乃直接支配特定物而享受其利益之權利

　　法律將特定物歸屬於某權利主體，而由其直接支配，其究極目的，在於使物權人享受該特定物之利益。至於物之利益，基本上可分為利用價值與交換價值，前者在掌握或享有物資本身之利用功能，後者在掌握或享有物資之變價受償功能。所有權人所享受者，係物之全部利益；用益物權人所享受者，係物之利用利益；擔保物權人所享受者，係物之交換利益。

三、物權乃具有排他性的權利

　　由於物權係直接支配特定物之權利，因而物權乃具有排他性，即於同一標的物上，不容許性質上不能兩立之二種以上物權同時並存。

　　此外，物權具有絕對性或對世性，物權人對任何人均能主張其物權之存在及效力，任何人對物權人均負有不得侵害其直接支配狀態之義務，故物權屬於絕對權或對世權。職是之故，在物權人對標的物之直接支配範圍內，非經其同意，任何人均不得侵入或干預，於物權受他人侵害或干預時，物權人得行使物上請求權，排除該他人之侵害或干預，以回復物權應有之圓滿狀態❸。由於物權屬於絕對權或對世權，故與債權屬於相對權或對人權，債權人僅能對特定人主張其債權之效力者，有所不同。

第二、物權之標的物

　　物權為人對物之支配權，在於直接支配其物，而享受其利益。為使法律關係明確，便於公示，以保護交易安全，關於其標的物（客體），乃有所謂標的物特定原則，分述如下：

一、須為現已存在而具有特定性之獨立物

　　物權之標的物，須為現已存在而具有特定性之獨立物，此乃由於物權具有對物之直接支配力而使然。茲就有關問題，分述如下：

---

❸　民法第三編物權之立法理由（說明）：「（前略）此權利有對抗一般人之效力。（即自己對於某物有權利，若人為害及其權利之行為時，有可以請求勿為之效力。）（以下從略）」（全文見❷）。

㈠物權標的物之特定性

物權之標的物，必須為現已存在之特定物，從而尚未生產之物，例如仍在製造中之汽車是，或僅以抽象的種類、品質、數量指定之標的物，例如僅稱上等池上米十公斤是，固可成立債權（種類之債），但不能成立物權，必須現實已存在並具體指定之物，例如此輛汽車或此袋上等池上米十公斤是，始能就之成立物權。物權之標的物，固須為現已存在之特定物，惟此之所謂特定物，僅須一般社會或經濟觀念認為具有特定性即為已足，非必須為物理上之特定物，例如分別共有物之應有部分，雖非物理上之特定物，仍得為物權之標的物是；又如於工場加工之物，由原料到成品（例如將棉花紡成紗、織成布），物理上雖已有所變更，惟依一般社會或經濟觀念仍可認為其係同一物者，自亦不失其特定性是。

㈡物權標的物之獨立性

物權之標的物，必須為現已存在之獨立物，物之構成部分或其一部分，除法律有特別規定（如民法第七九九條）外，不得單獨為物權之標的物，蓋因吾人對於物之構成部分或其一部分，不僅難收直接支配之實益，且無從就其歸屬關係對外加以公示，以保障交易安全。故未與土地分離之樹木，僅為該土地之部分（民法第六十六條第二項），不得單獨為物權之標的物，從而土地所有人保留未與土地分離之樹木，而將土地所有權讓與他人時，僅對於受讓人有砍伐樹木之權利，不得對於更自受讓人受讓該土地所有權之第三人，主張其有獨立之樹木所有權（二十九上一六七八判例）；又向土地所有權人購買未與土地分離之樹木，僅對於出賣人有砍伐樹木之權利，在未砍伐以前未取得該樹木所有權，即不得對於更自出賣人或其繼承人購買該樹木而砍取之第三人，主張該樹木為其所有(三十二上六二三二判例)。未與土地分離之甘蔗，依民法第六六條第二項之規定，為土地之構成部分，與同條第一項所稱之定著物為獨立之不動產者不同，自不得單獨就甘蔗設定抵押權，以此項抵押權之設定聲請登記者，不應准許，惟當事人之真意，係就將來收獲之甘蔗為設定動產質權之預約者，自甘蔗與土地分離並由債權人取得占有時，動產質權即為成立（二十九院一九九八）。數人固可區分

一建築物而各有其一部分，惟必須該被區分之部分在構造上及使用上均具有獨立性，始得作為建築物區分所有權之客體。大樓之基礎結構，與該大樓建築本體不可分離，為其構成部分，不具獨立性，自不得單獨為所有權之客體（八十八臺上一七○八判決）。

至於是否為獨立物，並非單純物理上之觀念，應依一般社會經濟觀念或法律規定定之，例如綿延無垠之土地，在形式上或物理上本非獨立之物，但可依人為的方式予以劃分，而按宗或按筆辦理登記，賦予地號，則土地登記簿上所載之地號筆數，即可認為各自獨立，而得就之分別成立物權是。最高法院七十五年臺上字第一四九五號判決謂：「物權之客體，固須具有獨立性，但此所謂獨立性，並非物理上之觀念而係社會經濟上之觀念，故以一宗土地之特定部分為物權客體時，僅須該特定部分業經以人為之區劃，可確定其一定之範圍，並得依有關土地法令辦理登記者，即足當之。」可供參考❹。

二、一物一權主義

所謂一物一權主義，係指每一物權之標的物，應以一物為原則。申言之，即於一物上僅能成立一個物權（尤其是所有權），數個物上不得成立一個物權（尤其是所有權）；一個物權（尤其是所有權）之標的物，以一物為限，於物之一部分，不能成立一個物權（尤其是所有權）。其所以如此者，乃在使物權之支配範圍得以明確，而便於公示，確保交易安全。惟此之所謂一物，不以物理上之一物為限，在物理上雖為數個物，然依其使用目的或現實之使用狀態，在經濟價值或利用價值上，當作一物處理者，例如一付撲克牌（由五十二張牌組成）、一雙皮鞋（由二隻鞋子組成）或一袋十公斤池上米（由無數粒白米組成）是，亦不失為一物。

其次，近因企業發達，每將多數之物（動產或不動產）或無體物（商標權、專利權、商譽、營業秘密等）為有機的結合，甚或有將企業（公司）之總財產視為一物，而加以利用之必要，以致法律對此種多數物及權利之結合體（集合體）或企業（公司）之總財產，認其得以成立一個物權者。例如我國已廢止之工礦抵押法，即將工礦財團視為一個不動產或一個物，

❹ 另請參閱最高法院八十五年臺上字第一一七一號判決。

以之設定抵押權❺。又如日本礦業抵押法允許採礦權人得以同一採礦權人之①礦業權；②土地及工作物；③地上權及土地使用權；④出租人承諾時其物之租賃權；⑤機械、器具、車輛、船舶、牛馬及其他附屬物；⑥工業所有權，組成礦業財團，以之設定抵押權是。職是之故，關於一物一權主義之適用，於今自應有所修正。

第三、物權之效力

物權之效力，可分為一般效力與特殊效力。所謂物權之一般效力，乃各種物權所共通具有之效力；所謂物權之特殊效力，乃個別物權所特有之效力。物權之特殊效力，規定於各種物權之中，俟於各種物權章中再行論述，茲就物權之一般效力，分述如下：

一、物權之排他的效力

物權乃直接支配物之權利，故於同一標的物上，不容許性質不兩立或相同支配內容之二種以上物權同時並存；已成立之物權，可以排除同一內容而互不相容之物權同時成立或存在，此謂物權之排他的效力。例如不得在同一標的物上同時存在兩個所有權，不得在同一標的物上同時存在兩個地上權、永佃權或典權是。最高法院二十七年抗字第八二〇號判例謂：「物權有排他性，在同一標的物上，不能同時成立兩個以上互不相容之物權。故同一不動產設定兩個互不相容之同種物權者，惟其在先之設定為有效。」即在表明此旨。

物權固有排他的效力，惟若非性質或內容互不相容之物權，則該數物權可以同時並存在同一標的物上，其主要情形有：①所有權與定限物權。②擔保物權與用益物權，例如於同一標的物設定抵押權後，得設定地上權及其他權利（民法第八六六條）是。③不動產役權與其他物權，例如於同一土地上可設定數個內容相同（如用水、通行、眺望）之不動產役權，或設定不動產役權後，於同一土地再為他人設定抵押權是。④擔保物權與擔

---

❺　我國工礦抵押法係民國四十四年元月六日公布施行，民國五十四年六月十日廢止，取代工礦抵押法之動產擔保交易法，則於同日施行。

保物權，例如在同一不動產上可設定多數抵押權（民法第八六五條）是。

二、物權之優先的效力

關於此可分為下列兩種情形說明之：

㈠物權相互間之優先的效力

關於多數物權並存時，其相互間之效力，原則上係依其成立之時序而定，成立在先之物權，其效力優先於成立在後之物權，此即「成立時間在先，權利在先」或「先成立者優先」原則❻。茲就有關問題，分述如下：

1.不可以相容物權相互間之優先效力：於同一標的物上，有性質不兩立或相同支配內容之二種以上物權同時並存時，除所有權善意取得或取得時效等情形外，先成立或發生之物權有優先性，得以排除後物權之成立或發生，惟嚴格言之，此屬於物權之排他的效力問題。

2.可以相容物權相互間之優先效力：於同一標的物上，有性質上或內容上得以兩立或相容之二種以上物權同時並存時，其相互間之效力，原則上係依其成立之時序而定，成立在先之物權，其效力優先於成立在後之物權。此之所謂優先效力，其主要情形有二：①優先享受或行使其權利者。即成立在先之物權，其位序或次序在前，得優先享受或行使其權利，例如於不動產上設定抵押權後，又再於同一不動產上設定抵押權者，其次序依登記之先後定之（民法第八六五條），先成立之抵押權，有優先於後成立之抵押權而受清償之效力是。②得請求除去後成立之物權者。即後成立之物權，若有害於先成立之物權實行時，後成立之物權，會因先成立之物權之實行而被排除或消滅，例如於不動產上設定抵押權後，又再於同一不動產上為他人設定地上權，該地上權之存在，若有害於抵押權之實行時，抵押權人可以請求除去或塗銷該地上權是（民法第八六六條）。

成立在先之物權，其效力通常固優先於成立在後之物權，惟於例外情

---

❻ 大理院二年上字第四十六號判例：「就同一物發生之物權，若無特別優越力，以先發生者為優。」民法第三編物權之立法理由（說明）：「（前略）故有物權之人實行其權利時，較通常債權及其後成立之物權，占優先之效力，謂之優先權。（以下從略）」（全文見❷）。

形，亦有不優先於成立在後之物權者，其主要情形有二：①定限物權優先於所有權，此乃因定限物權，係於一定範圍內支配其物而限制所有權之權利，性質上當然具有優先於所有權之效力。例如所有人在其土地上為他人設定地上權或典權者，地上權人或典權人，得優先於所有權人而使用該土地是。②法定擔保物權優先於意（設）定擔保物權。例如承攬人依民法第五一三條第一項及第二項就修繕報酬所登記之抵押權（法定抵押權），於工作物因修繕所增加之價值限度內，優先於成立在先之抵押權（民法第五一三條第四項）❼；留置權優先於先成立之其他物權（如質權或動產抵押權）（民法第九三二條之一，動產擔保交易法第五條第二項及原第二十五條）❽是。應予注意者，乃法定擔保物權優先於意定擔保物權，以法律有特別規定，或基於特殊之公益或社會政策之理由，始有其適用，否則仍應適用「成立時間在先，權利在先」或「先成立者優先」原則❾。

㈡**物權優先於債權之效力**

於同一標的物上，有債權與物權並存時，無論物權成立之先後如何，物權均有優先於債權之效力，是為「物權優先於債權」原則❿，其主要情

---

❼ 關於承攬人之法定抵押權，詳請參閱劉春堂，《民法債編各論（中）》，自版，九十三年三月初版第一刷，第七十七頁（第八十三頁）以下。

❽ 我國新修正動產擔保交易法已刪除原第二十五條規定，另增訂第五條第二項規定，詳請參閱劉春堂，〈動產擔保交易法之修正與評析〉，刊載於《永豐金融季刊》，第四十期，九十七年三月，第六十六頁以下。關於動產擔保交易法原第二十五條規定之適用，詳請參閱劉春堂，《動產擔保交易法研究》，自版，八十八年八月增訂版第一刷，第三十頁以下、第八十六頁以下。

❾ 最高法院六十三年臺上字第一二四〇號判例：「參照民法第八百六十五條之規定，就同一不動產設定數抵押權者，其次序依登記（即抵押權生效）之先後定之之法意，被上訴人之法定抵押權，雖無須登記，但既成立生效在先，其受償順序自應優先於上訴人嗣後成立生效之設定抵押權。」本則判例雖於民國九十一年八月二十日經最高法院民國九十一年度第九次民事庭會議決議不再援用，不再援用理由為本則判例與現行民法第五一三條規定之意旨不符。惟本則判例就法定擔保物權與設（意）定擔保物權競合時，所採取「成立時間在先，權利在先」或「先成立者優先」原則，仍有參考價值。

形如下：①所有權優先於債權，此多發生於一物數賣之情形。例如甲出賣A房屋（特定物）於乙後，又將該A房屋出賣於丙，並辦妥移轉A房屋所有權於丙之登記，由丙取得A房屋之所有權時，丙對A房屋之所有權，當然優先於乙對A房屋之債權，乙不能以其對A房屋之債權發生在前，而主張丙不能取得A房屋之所有權；又如甲將A土地借給乙無償使用，嗣後甲將A土地移轉登記為丙所有時，乙不能以其對A土地之使用權（債權）發生在前，而對丙主張其對A土地有使用權❶，丙得對乙主張所有物返還請求權是。②用益物權優先於債權，例如甲將A土地借給乙無償使用，嗣後甲將A土地為丙設定地上權時，乙不能以其對A土地之使用權（債權）發生在前，而對丙主張其對A土地有使用權，亦不得請求除去丙之地上權，丙則得對乙主張其就A土地有地上權是。③擔保物權優先於債權，即就債務人之財產享有擔保物權者，無論債務人之財產是否足以清償其全部債務，亦不論該擔保物權發生之先後，擔保物權就該財產應優先於債權而受償，縱令債務人受破產宣告，擔保物權人有別除權，其優先受償之效力，亦不因此而受影響（參閱破產法第九八條、第一〇八條、第一一二條）。

物權固優先於債權，惟此乃原則，非無少數之例外者，例如民法第四二五條規定：「出租人於租賃物交付後，承租人占有中，縱將其所有權讓與第三人，其租賃契約，對於受讓人仍繼續存在。前項規定，於未經公證之不動產租賃契約，其期限逾五年或未定期限者，不適用之。」故承租人得以其租賃權（債權）對抗受讓人所取得之所有權（物權），受讓租賃物所有權之人，對於取得租賃權而受租賃物交付之承租人，並無優先之權利，此即所謂買賣不破租賃原則❷。又如民法第四二六條規定：「出租人就租賃物設

❿　民法第三編物權之立法理由（說明）：「（前略）故有物權之人實行其權利時，較通常債權及其後成立之物權，占優先之效力，謂之優先權。（以下從略）」（全文見❷）。

⓫　最高法院五十九年臺上字第二四九〇號判例：「使用借貸，非如租賃之有民法第四百二十五條之規定。縱令上訴人之前手將房屋及空地，概括允許被上訴人等使用，被上訴人等要不得以上訴人之前手，與其訂有使用借貸契約，主張對現在之房屋所有人即上訴人，有使用該房地之權利。」

定物權，致妨礙承租人之使用收益者，準用第四百二十五條之規定。」故就租賃物取得所有權以外物權之人，對於取得租賃權而受租賃物交付之承租人，亦無優先之權利，承租人得以其租賃權（債權）對抗之⓭。

三、物權之追及的效力

物權成立後，其標的物無論輾轉入於何人之手，物權之權利人均得追及物之所在，而主張其權利，此謂物權之追及的效力⓮。例如不動產所有人設定抵押權後，得將不動產（抵押物）讓與他人，但其抵押權不因此而受影響（民法第八六七條），故抵押權人於其債權屆期未獲清償時，可追及該不動產（抵押物）之所在，而主張其抵押權，聲請法院拍賣之。又司法院二十七年院字第一七七一號解釋謂：「抵押權本不因抵押物之所有人將該物讓與他人而受影響，其追及權之行使，自亦不因抵押物係由法院拍賣而有差異，故抵押物由普通債權人聲請法院拍賣後，抵押權人未就賣得價金請求清償，亦僅喪失此次受償之機會，而其抵押權既未消滅，自得對於拍定人行使追及權。」可供參考⓯。

四、物上請求權

所謂物上請求權，有廣狹二義，狹義的物上請求權，係指基於所有權或其他物權所生之請求權，即物權人於其物權被侵害或有被侵害之虞時，

⓬ 關於民法第四二五條規定之適用，詳請參閱劉春堂，《民法債編各論（上）》，自版，民國九十二年九月初版第一刷，第三〇四頁以下。

⓭ 關於民法第四二六條規定之適用，詳請參閱劉春堂，前揭⓬書，第三二〇頁以下。

⓮ 民法第三編物權之立法理由（說明）：「（前略）又能追及物之所在，而實行其權利，謂之追及權。（以下從略）」（全文見❷）。我國學者有認為物權之追及的效力，可包括在優先效力或物上請求權之中，不必另列，以免畫蛇添足，參閱鄭玉波，《物權》，第二十二頁。另請參閱謝在全，《物權（上）》，第四十七頁註六。

⓯ 司法院民國二十六年院字第一六七〇號解釋：「㈠第三人對於執行標的物有地上權、地役權、永佃權、抵押權者，其權利係存在於該執行標的物之上，如該權利業經依法登記，則無論在執行中、執行後，均可追及物之所在而行使其權利，否則應由有爭執之人提起確認之訴。㈡對於已拍賣之不動產有優先受償權利人，於拍賣時其債權已屆清償期時，自可追及物之所在而行使其權利。」

得請求回復原物權圓滿狀態或防止妨害之權利（物權的請求權）；廣義的物上請求權，則除狹義的物上請求權外，尚包含基於占有所生之請求權，即占有人於其占有被侵害或有被侵害之虞時，得請求回復原占有圓滿狀態或防止妨害之權利。我民法第七六七條規定：「所有人對於無權占有或侵奪其所有物者，得請求返還之。對於妨害其所有權者，得請求除去之。有妨害其所有權之虞者，得請求防止之。前項規定，於所有權以外之物權，準用之。」其次，民法第九六二條規定：「占有人，其占有被侵奪者，得請求返還其占有物。占有被妨害者，得請求除去其妨害。占有有被妨害之虞者，得請求防止其妨害。」故所有權人、其他物權人、占有人均有物上請求權，物上請求權為物權之共通的效力❶❻。

第二節　物權之種類

第一項　物權法定主義

第一、物權法定主義之立法

民法第七五七條規定：「物權，除依法律或習慣外，不得創設。」學說

---

❶❻　我國民法原僅就所有權人、地役權人及占有人之物上請求權，設有明文規定，其餘均無明文，故其他物權人是否有物上請求權，不無問題。最高法院五十二年臺上字第九〇四號判例謂：「物上請求權，除法律另有規定外，以所有人或占有人始得行使之，此觀民法第七百六十七條及九百六十二條之規定自明。地上權人既無準用第七百六十七條規定之明文，則其行使物上請求權，自以設定地上權之土地已移轉地上權人占有為前提。」關於此項問題，顯然係採否定見解（本則判例於民國九十九年二月二十三日經最高法院九十九年度第一次民事庭會議決議不再援用。不再援用理由：本則判例認地上權無準用民法第七六七條規定之明文，與修正後同條增訂第二項之規定不符）。我國學者通說則採肯定見解，認為物上請求權為物權之共通的效力，參閱史尚寬，《物權》，第十頁；鄭玉波，《物權》，第二十四頁；王澤鑑，《物權㈠》，第五十四頁；謝在全，《物權（上）》，第四十四頁（民國九十三年八月修訂三版，第四十七至四十八頁）。

上稱之為物權法定主義，使物權法上之私法自治，因而受到相當之限制❶，此與債權係採契約自由原則者，有所不同。至於其立法理由，主要有四❶：

一、建立物權體系，確保物權之支配性及絕對性

以法律明定物權之種類，並確定其支配內容，不許自由創設，藉資建立定型化及統一化的物權體系，確保物權之支配性及絕對性。

二、促進物盡其用之經濟效能

物權制度有關一國之經濟，因而物權之種類及內容，如得任意創設，在同一標的物上，勢必發生種種複雜分歧之物權，形成相互重疊或牴觸之權利義務關係，不僅無法確定其支配之內容，且將影響物之有效利用。以法律明定物權之種類及內容，建立物權類型體系，確定並統一其支配之內容，使其單純化及透明化，尤其是使所有權不致存有法律所規定定限物權以外之權利，避免其存有太多負擔或受太大限制，自有助於促進物盡其用之經濟效能。

三、便於公示，確保交易安全及便捷

物權具有對世之效力，得以對抗一般之人，直接影響第三人之權益，故物權之得喪變更，自應力求公開透明，而此有賴公示制度之建立。惟公示之技術有限，以法律明定物權之種類及內容，確定並統一其支配之內容，可方便於物權之公示（尤其是不動產物權登記），並貫徹物權變動之公示原

---

❶ 我國民法原第七五七條規定：「物權，除本法或其他法律有規定外，不得創設。」其立法理由（說明）：「查民律草案第九百七十八條理由謂物權，有極強之效力，得對抗一般之人，若許其以契約或依習慣創設之，有害公益實甚，故不許創設。又民法為普通法，故其他特別物權，如漁業權、著作權、專用權等，及附隨其他物權之債權，應以其他法律規定之。此本條所由設也。」

❶ 參閱鄭玉波，《物權》，第十五頁；王澤鑑，《物權》，第四十二頁；謝在全，《物權（上）》，第五十二頁以下。由於法定種類之物權及內容，不無有與社會需要脫節之情事，故關於物權法定主義，應如何加以運作及其存廢，乃成為備受檢討之課題，詳請參閱蘇永欽，物權法定主義的再思考——從民事財產法的發展與經濟觀點分析，收錄於蘇永欽主編，《法律學研究第七輯民法論文選輯》，國立政治大學法律研究所，民國八十年十月，第一頁以下。

則及公信原則；交易當事人因而容易知悉物權之內容，不需要花很多時間及精力去研究及調查，得以確保交易安全及便捷。

四、整理舊物權，適應社會需要

封建時代之物權制度，常與身分制度相結合，而受諸如家長與家屬、領主與屬民（卑奴）、主人與婢僕、地主與佃農、師傅與學徒等關係之支配，此顯然不符合現代自由民主平等之思想，以法律明定物權之種類及內容，確定並統一其支配之內容，得以整理或排除舊物權，創設適應社會需要之物權，並防止不符合現代自由民主平等之封建物權復活。

第二、物權任意創設之禁止

一、物權須由法律或習慣創設

物權之種類及內容，須由法律或習慣始能創設。所謂法律，主要固係指民法（狹義的民法或形式意義的民法）而言，尚包括民法以外之其他法律，例如動產擔保交易法所規定之動產抵押權、附條件買賣、信託占有，海商法所規定之船舶抵押權（第三三條至第三七條），民用航空法所規定之航空器抵押權（第十九條、第二○條）等是，命令不包括在內。至於所謂習慣，係指具備慣行之事實及法的確信，即具有法律上效力之習慣法而言。

由於我國民法原第七五七條係規定：「物權，除本法或其他法律有規定外，不得創設。」因而關於習慣（法）是否包括在「其他法律」之內，則有不同見解，我國學者通說係採否定說，即認為民法第七五七條所稱「其他法律」，依其文義、立法理由❶⑨及規範目的，應係指成文法而言，並不包括習慣（法）在內。最高法院三十年上字第二○四○號判例謂：「民法第七百五十七條規定：物權，除本法或其他法律有規定外，不得創設。此所謂法律，按之採用物權法定主義之本旨，係指成文法而言，不包含習慣在內。故依地方習慣房屋之出租人出賣房屋時，承租人得優先承買者，惟於租賃契約當事人間有以之為契約內容之意思時，發生債之效力，不能由是創設

⑲　民法第七五七條之立法理由（說明）有「若許其以契約或依習慣創設之，有害公益實甚，故不許創設」等語（立法理由全文，見⑰）。

有物權效力之先買權。」其見解亦同（本則判例於民國九十九年二月二十三日經最高法院九十九年度第一次民事庭會議決議不再援用。不再援用理由：本則判例認不得依習慣創設物權，與修正民法第七五七條得依習慣創設物權之規定未盡相符）。

此次修正民法物權編，將「習慣」納入，即得依習慣創設物權，使就立法上未能適時加以規定或增補之新的物權，得由習慣法予以填補，自有其必要。其立法說明（理由）：「為確保交易安全及以所有權之完全性為基礎所建立之物權體系及其特性，物權法定主義仍有維持之必要，然為免過於僵化，妨礙社會之發展，若新物權秩序法律未及補充時，自應許習慣予以填補，故習慣形成之新物權，若明確合理，無違物權法定主義存立之旨趣，能依一定之公示方法予以公示者，法律應予承認，以促進社會之經濟發展，並維護法秩序之安定。」

二、物權非依法律或習慣不得創設

所謂不得創設，係包括物權種類不得創設及物權內容不得創設而言。前者係指不得創設法律所未規定或習慣法上所無之新種類物權，學說上稱為類型強制，例如不得在他人之動產上設定用益物權，或在他人之不動產上設定質權是；後者係指就法定類型物權，不得創設法律所未規定或習慣法所沒有之內容或與法律規定或習慣法內容相異之內容，學說上稱為類型固定，例如不得設定不移轉占有之動產質權，或設定移轉占有之不動產抵押權是。

第三、物權任意創設之效力

民法第七五七條有關物權法定主義之規定，係屬強行規定，違反該條規定而任意創設物權者，其法律效果可分下列兩種情形說明之：

一、民法物權編施行前

民法物權編施行法第一條前段規定：「民法物權編施行前發生之物權，除本施行法有特別規定外，不適用民法物權編之規定。」故於民法物權編施行前發生之物權，雖非民法或其他法律所規定之物權，仍可繼續有效存在。

例如於民法物權編施行前，就不動產設定質權所取得之不動產質權，民法物權編雖無不動產質權之規定，於民法物權編施行後，仍可繼續有效存在❷。又如於臺灣光復以前，在臺灣地區就不動產所取得之不動產質權，若已於臺灣光復前辦理登記完畢，自應認為其已取得之不動產質權，仍屬存在❷。另如於民法物權編施行前，就房屋或土地所取得之鋪底權（得無限期永久租賃他人店鋪而為營業之權利）❷，鋪底權雖非民法物權編所規定之物權，於民法物權編施行後，亦仍可繼續有效存在是❷。

二、民法物權編施行後

---

❷ (1)司法院民國二十四年院字第一二一一號解釋：「不動產質權及物權編施行前習慣相沿之物權，在物權編施行前發生者，依民法物權編施行法第一條規定，不適用民法物權編之規定，若依不動產登記條例而為登記，自仍得生對抗之效力，若其發生在物權編施行以後，既非法律規定之物權，則依民法物權編第七百五十七條，不得創設，自不能依登記而發生物權對抗之效力。」

(2)最高法院二十年上字第一五二六號判例：「質權之設定，既在民國十三年，自係民法物權編施行前所發生之物權，依民法物權編施行法第一條自不適用該編之規定，在民法物權編雖無不動產質權之規定，而該質權設定在民法施行前者，自應認其成立。」

❷ 最高法院四十三年臺上字第二八三號判例：「被上訴人就訟爭土地取得不動產質權，既於民國三十四年十月十四日臺灣光復前辦理登記完畢，顯非如某某縣政府於上述公文內所稱，並未辦理登記之情形可比。我國民法雖無不動產質權之規定，本件既發生於臺灣光復以前，按諸民法物權編施行法第一條之規定，自應認其已取得之不動產質權，仍屬存在。（以下從略）」

❷ (1)大理院五年上字第八七三號判例：「京師習慣，鋪東添蓋房屋，房東無異議，即發生鋪底權。」

(2)大理院五年上字第一二七〇號判例：「鋪底之構成，係以鋪房之永久使用為必要之原素，（要素）至家具之所有權，或其使用權，雖非構成鋪底所必要，而亦常為其構成原素之一種。（常素）」

❷ (1)最高法院二十年上字第二五六號判例：「(1)已經登記之鋪底權，無論是否物權，對於以後取得鋪房或鋪地之人，依法亦生效力。」

(2)最高法院二十年上字第一四九六號判例：「鋪底權合法成立後，非有正當消滅原因，不能由鋪房所有人任意否認。」

民法物權編施行後所發生之物權，自有民法第七五七條規定之適用，關於當事人違反該條規定而任意創設物權者，其法律效果可分下列兩種情形說明之：

(一)**法律有特別規定者**

關於當事人所任意創設之物權，法律就其效力設有特別規定者，自應從其規定。例如原民法第八四二條第二項規定：「永佃權之設定，定有期限者，視為租賃，適用關於租賃之規定。」故永佃權之設定，不得定有期限，其定有期限者，永佃權之設定應歸無效，而視為成立租賃，適用關於租賃之規定。又如民法第九一二條規定：「典權約定期限不得逾三十年，逾三十年者，縮短為三十年。」故典權之設定，約定期限逾三十年者，該典權之設定仍為有效，僅其期限縮短為三十年而已。

(二)**法律無特別規定者**

關於當事人所任意創設之物權，法律就其效力未設有特別規定時，因民法第七五七條有關物權法定主義之規定，係屬強行規定，故違反該條規定而任意創設物權者，依民法第七十一條規定，應屬無效。從而當事人自不得約定成立不動產質權，亦不得約定設定鋪底權，蓋民法或其他法律並未規定其為物權。又由於民法原第七五七條所稱「其他法律」，並不包括習慣（法）在內，已如前述，從而承租人對於租用之房屋，於民法物權編施行後，自不得再依習慣而取得具有物權效力之先買權❷❹。

----

❷❹ (1)最高法院三十一年上字第二二三五號判例：「依民法第七百五十七條之規定，承租人對於租用之房屋，既不得依習慣取得有物權效力之先買權，自難援用民法物權編施行前之十八年上字第一五三號判例，以排斥民法第七百五十七條之適用。上訴人徒以該判例載有凡租房以開設工廠或商店之長期租戶，如依地方習慣應有先買權，固無妨認其習慣有法之效力等語，即謂上訴人長期租房開設酒坊，依某地習慣及上開判例，應有先買權，因而指摘原判決適用法規為不當，亦無足採。」（本則判例於民國九十九年二月二十三日經最高法院九十九年度第一次民事庭會議決議不再援用。不再援用理由：本則判例認不得依習慣創設物權，與修正民法第七五七條得依習慣創設物權之規定未盡相符。）

(2)最高法院三十八年臺上字第二六九號判例：「上訴人主張訟爭房屋伊有先買權，

此處應予注意者,乃違反法律禁止規定所創設之物權,雖應歸於無效,但其行為若具備其他法律行為之要件者,該其他法律行為仍生效力(民法第一一二條),例如依地方習慣,房屋之出租人出賣房屋時,承租人得優先承買者,租賃契約當事人以之為契約內容,此項約定,雖不能創設具有物權效力之先買權,惟仍可發生債之效力(參閱前揭最高法院三十年上字第二〇四〇號判例),出租人應受其拘束,如有違反,未優先出賣於承租人,應對承租人負債務不履行之損害賠償責任❷⑤。因而物權法上之私法自治,雖然因採物權法定主義而受限制,惟仍可透過債權之契約自由原則,而獲得緩和或彌補。

第四、物權法定主義之緩和

在物權法定主義之下,法律所規定之物權及其內容,常有因社會經濟發展或變遷之結果,以致不能符合或滿足社會需要,而與社會需要脫節之情事發生,故關於物權法定主義,應如何加以運作及其存廢,乃成為備受檢討之課題❷⑥。由於物權法定主義,有其合理之基礎,且我國現行財產法之架構,仍然是建立在債權與物權之區分上面,為因應物權公示之需要,

---

無非以本院十八年上字第一五三號判例為其依據。第查依民法第七百五十七條之規定,承租人對於租用之房屋既不得依習慣取得有物權效力之先買權,自難援用民法物權編施行前之上項判例,以排斥該條之適用。」(本則判例於民國九十九年二月二十三日經最高法院九十九年度第一次民事庭會議決議不再援用。不再援用理由:本則判例認不得依習慣創設物權,與修正民法第七五七條得依習慣創設物權之規定未盡相符。)

❷⑤ ⑴最高法院十八年上字第一八六七號判例:「當事人合意所生之先買權,如買賣當時買主並不知情,則其先買權僅得對於不遵合意之賣主請求損害賠償,不得主張該買賣契約為無效。」
　⑵最高法院三十八年穗上字第二八三號判例:「未定期限之典權,訂明回贖時,須先訂立永遠批約。雖非無債權的效力,但變更物權內容即屬創設物權,依民法第七百五十七條規定,不能發生物權效力。」

❷⑥ 參閱蘇永欽,前揭❶⑧文;謝在全,《物權(上)》,第五十六頁以下。

以確保交易安全，自仍有加以維持之必要。惟為使物權法定主義之解釋及適用，不致過度僵化，而成為社會進步之絆腳石，如何將物權法定主義加以緩和，一方面可以產生符合社會需要之新種類或新內容物權，他方面又可以使其精神得以維持，不會造成物權法體系之解構，乃成為重要課題❷。

關於物權法定主義之緩和，可透過種種方式達成之，其主要方法如下：①從寬解釋現存法定物權之性質及內容，使新種類物權得以納入其範圍，例如關於最高限額抵押權，我國實務上將抵押權之從屬性作從寬解釋，認為係就將來應發生之債權所設定之抵押權，而承認其仍係物權法上所定之抵押權❷。②積極活用其他法律制度，俾獲得與物權相同或相當之法律效果，例如信託的讓與擔保，係利用訂立信託契約及移轉標的物之所有權之法律制度，而收到創設新種類擔保物權之法律效果。最高法院七十年臺上字第一○四號判例：「債務人為擔保其債務，將擔保物所有權移轉與債權人，而使債權人在不超過擔保之目的範圍內，取得擔保物所有權者，為信託的讓與擔保，債務人如不依約清償債務，債權人得將擔保物變賣或估價，而就該價金受清償。」可供參考❷。③利用預告登記制度，使原屬債權性質之權利，得以產生具有對抗第三人之物權效力，例如土地法第七九條之一規定：「聲請保全左列請求權之預告登記，應由請求權人檢附登記名義人之同

---

❷ 參閱謝在全，《物權（上）》，第五十七頁（民國九十三年八月修訂三版，第六十二頁以下）。

❷ (1)最高法院六十二年臺上字第七七六號判例：「最高額抵押與一般抵押不同，最高額抵押係就將來應發生之債權所設定之抵押權，其債權額在結算前並不確定，實際發生之債權額不及最高額時，應以其實際發生之債權額為準。」

(2)最高法院六十六年臺上字第一○九七號判例：「所謂最高限額之抵押契約，係指所有人提供抵押物，與債權人訂立在一定金額之限度內，擔保現在已發生及將來可能發生之債權之抵押權設定契約而言。此種抵押權所擔保之債權，除訂約時已發生之債權外，即將來發生之債權，在約定限額之範圍內，亦為抵押權效力所及。（以下從略）」

❷ 關於讓與擔保，詳請參閱劉春堂，〈動產讓與擔保之研究〉，《民商法論集㈠》，第三○三頁以下；謝在全，《物權（下）》，第四○九頁以下。

意書為之：一、關於土地權利移轉或使其消滅之請求權。二、土地權利內容或次序變更之請求權。三、附條件或期限之請求權。前項預告登記未塗銷前，登記名義人就其土地所為之處分，對於所登記之請求權有妨礙者無效。預告登記，對於因徵收、法院判決或強制執行而為新登記，無排除之效力。」④運用惡意抗辯之法理，使原屬債權性質之權利，得以產生具有對抗惡意第三人之物權效力，例如共有人得以共有物分管契約，對抗已知或可以得知有該契約存在之應有部分受讓人❸。

又物權法定主義，僅在限制當事人任意創設物權，排除依舊習慣法所成立之不合時宜的舊物權，當非在禁止經由習慣而形成新的物權，該習慣上之新的物權，如行之自若，又不背公共秩序及善良風俗，亦無背於現代物權法之基本理念者，自無嚴加擯斥之理由及必要。職是之故，依社會慣行所發生或成長之新物權，苟內容已固定而具備法確信之程度，且其存在確有實益及需要，並有適宜的公示方法者，宜將之納入現行物權體系，承認其效力。最高法院八十六年臺再字第九十七號判決謂：「物權之新種類或新內容，倘未違反物權之直接支配與保護絕對性，並能以公示方法確保交易安全者，即可認為與物權法定主義存在之宗旨無違。」可供參考。此外，對於民法第七五七條所稱「法律」一語，可從廣義解釋，認為習慣法亦包括於其中，就立法上未能適時加以規定或增補之新的物權，由習慣法予以填補。

第二項　物權之分類

在物權法定主義之下，物權係由法律或習慣所創設，至於法律或習慣

---

❸　司法院大法官會議釋字第三四九號解釋：「最高法院四十八年度臺上字第一〇五號判例，認為『共有人於與其他共有人訂立共有物分割或分管之特約後，縱將其應有部分讓與第三人，其分割或分管契約，對於受讓人仍繼續存在』，就維持法律秩序之安定性而言，固有其必要，惟應有部分之受讓人若不知悉有分管契約，亦無可得而知之情形，受讓人仍受讓與人所訂立分管契約之拘束，有使善意第三人受不測損害之虞，與憲法保障人民財產權之意旨有違，首開判例在此範圍內，嗣後應不再援用。（以下從略）」。關於共有物分管契約之問題，請參閱謝在全，《物權（上）》，第五四六頁以下；蔡明誠，《物權法研究》，第七十五頁以下。

創設何種類型及內容之物權，自應視其社會經濟之需要而定，故各國法律或習慣所規定之物權種類及內容，有所不同。我國民法物權編所規定之物權有八種，即所有權、地上權、農育權、不動產役權、抵押權、質權、典權及留置權是；另規定有占有，係屬一種受法律保護之對物加以管領之事實狀態，稱之為類似物權。此等物權，在學理上得依不同標準或觀點加以分類，以下就其重要者分述之：

第一、所有權與定限物權

此係以權利人對於標的物之支配範圍為標準，所為之區分。所謂所有權，係對於標的物為全面的永久的支配，而享受其一切利益之物權，故又稱為完全物權。至於所有權所得享受或支配之一切利益，不外下列三種，即①自己對標的物之物質的利用（用益價值）；②將標的物提供他人為物質的利用，而自該他人收取其對價（用益價值）；③以標的物作為擔保而獲得信用（交換價值）是，惟所有權並非此等利益或權能之總和或累積，而係一種渾然全面支配之物權，應予注意。

所謂定限物權，係指不能對於標的物為全面的永久的支配，僅限於某一方面或某數方面，對於標的物為支配之物權。由於定限物權，除有少數特殊情形外，通常係成立於他人之所有物上，故亦稱他物權，所有權以外之物權屬之，我國民法有將之稱為「所有權以外之物權」者（民法第七六三條），有將之稱為「其他物權」者（民法第七六二條、第九四八條），土地法則將之稱為「他項權利」（土地法第十一條）。又因定限物權，係以所有權之一定權能為內容，所有物上存有此種物權時，所有人對該物之所有權，即因此而受其限制，換言之，即定限物權具有限制所有權之作用，故亦稱為限制物權。最高法院六十三年臺上字第二一一七號判例：「相鄰關係之內容，雖類似地役權，但基於相鄰關係而受之限制，係所有權內容所受之法律上之限制，並非受限制者之相對人因此而取得一種獨立的限制物權。而地役權則為所有權以外之他物權（限制物權），（以下從略）」可供參考。

由於定限物權，具有限制所有權之作用，因而在同一標的物上同時存

有所有權與定限物權時，定限物權之效力較所有權為強，例如同一土地上，所有人為他人設定地上權後，地上權人得優先於所有人而使用該土地是。此外，所有權固亦受相鄰關係規定之限制（民法第七七四條以下），惟此種限制，係所有權內容所受之法律上之限制，並非受限制者之相對人因此而取得一種獨立的限制物權，應予注意（參閱前揭最高法院六十三年臺上字第二一一七號判例）。

第二、不動產物權、動產物權與權利物權

此係以物權標的物之種類為標準，所為之區分。所謂不動產物權，係指以不動產為標的物，存在於不動產上之物權，例如不動產所有權、地上權、不動產役權、農育權、典權及抵押權是。所謂動產物權，係指以動產為標的物，存在於動產上之物權，例如動產所有權、質權、留置權及動產抵押權是。所謂權利物權，係指以權利為標的，存在於權利上之物權，例如權利質權（民法第九○○條以下）、權利抵押權（民法第八八二條）是。此項區別之實益，在於其成立要件、效力及得喪變更等，有所不同（詳後述之）。

第三、用益物權與擔保物權

此係就定限物權，以其對標的物所支配之內容為標準，所為之區分。所謂用益物權，係指以對於標的物之使用收益為目的，而以支配物之利用價值為內容之物權，例如地上權、不動產役權、農育權、典權是。所謂擔保物權，係指以物供擔保債務之履行為目的，而以支配物之交換價值為內容之物權，例如質權、留置權及抵押權是。用益物權之權利人，係就標的物依其性質而為使用收益，並因物之使用收益而直接實現其物權；擔保物權之權利人，係就標的物取得變價受償權，僅於債務人不履行債務時，始可以將之變賣，就其賣得價金優先受償而實現其物權。一般言之，由於不動產之價值較高，且不容易取得其所有權，從而有就他人之不動產成立物權的使用收益權之必要及實益，反之，動產之價值較低，且較容易取得其

所有權，並無就他人之動產成立物權的使用收益權之必要及實益，故我國民法上之用益物權，均以不動產（絕大部分以土地）為標的，並無動產用益物權。

第四、主物權與從物權

此係以物權是否具有獨立性或從屬性為標準，所為之區分。所謂主物權，係指須從屬於他權利，而得獨立存在之物權，例如所有權、地上權、永佃權、農育權、典權是。所謂從物權，係指須從屬於他權利（主權利），而不能獨立存在之物權，即須從屬於他權利（主權利）始能存在之物權，例如抵押權、質權、留置權等擔保物權須從屬於債權，不動產役權須從屬於需役不動產之所有權，始能存在是。此項區別之實益，在於主物權得以屹然獨立，而從物權則隨其所從屬之他權利（主權利）之命運。

第五、意定物權與法定物權

此係以物權之發生是否基於當事人之意思為標準，所為之區分。所謂意定物權，係指基於當事人之意思而發生之物權，亦稱設定物權，民法上所規定之物權，除留置權外，均得依當事人之意思而發生。所謂法定物權，係指不問當事人之意思如何，逕依法律規定而發生之物權，例如留置權（民法第九二八條以下、第四四五條、第六一二條、第六一四條、第六四七條、第七九一條第二項）、法定地上權（民法第八七六條）及法定抵押權（民法第五一三條，國民住宅條例第十七條、第二七條）是。此項區別之實益，在於其成立要件及適用法規之不同。

第六、登記物權與不登記物權

此係以物權之變動是否須經登記為標準，所為之區分。所謂登記物權，係指其變動須經登記，非經登記不生效力或不得處分之物權，不動產物權屬之。所謂不登記物權，係指其變動不須經登記，只須交付即生效力之物權，動產物權屬之。此項區別之實益，在於登記物權之變動，係依登記而

生效力（民法第七五八條）；不登記物權之變動，係依交付而生效力（民法
第七六一條）。

第七、有期限物權與無期限物權

此係以物權之存續有無期限為標準，所為之區分。所謂有期限物權，
係指僅能於一定期限內存續，其存續受有期限限制之物權，例如典權、抵
押權、質權、留置權是。所謂無期限物權，係指能永久存續，其存續未受
有期限限制之物權，例如所有權及業已刪除之永佃權（原民法第八四二條
第一項）是。至於地上權及不動產役權之存續，則或為有期限，或為無期
限，悉依當事人之約定定之。此項區別之實益，在於有期限物權，於其存
續期限屆滿時，即當然歸於消滅（典權稍有不同，詳後述之）；無期限物權，
則除有拋棄、標的物滅失或其他原因外，永久存續而不消滅。

第八、民法上之物權與特別法上之物權

此係以創設物權所依據法律之不同為標準，所為之區分。所謂民法上
之物權，係指民法物權編及債編所規定之物權而言。所謂特別法上之物權，
係指依民法第七五七條所謂「其他法律」而創設之物權，例如動產擔保交
易法規定之動產抵押、附條件買賣、信託占有（第十五條、第二十六條及
第三十二條），民用航空法規定之民用航空器抵押（第十八條），海商法規
定之船舶抵押（第三十一條），大眾捷運法規定之空間地上權（第十九條），
土地法規定之耕作權（第一三三條），礦業法規定之礦業權（第四條、第十
一條），漁業法規定之漁業權（第四條）❸ 等是。此項區別之實益，在於法
律之適用，特別法上之物權，倘該法有特別規定，當優先適用該法，其無
規定者，始適用或準用民法。

---

❸　關於漁業權之物權化，參閱黃異，〈物權化之漁業權制度〉，《法令月刊》，第五十
　　三卷第九期，第三頁以下。

第九、本權與占有

此係以是否有權利之實質為內容之不同為標準，所為之區分。占有，僅係對於標的物有管領力之一種事實，並非物權。對標的物之支配，賦與適法性之權源，使占有人在法律上具有得為占有之權利者，該所依據之權利，即為本權。因此對占有而言，所有權、其他物權，甚至租賃權，均為本權。此項區別之實益，在於確定有無本權之存在，以定其保護之方法。

第三節　物權之變動

第一項　總　說

第一、物權變動之意義及態樣

所謂物權之變動，乃物權之發生、變更及消滅之總稱，我民法稱之為取得、設定、喪失及變更（民法第七五八條），此乃從具有物權之主體方面觀察而言。茲分述如下：

一、物權之發生

物權之發生，乃物權與特定主體相結合也，自物權之主體方面觀察，即為物權之取得（廣義包括設定），可分為原始取得及繼受取得：

㈠原始取得

乃非基於他人權利而取得物權之謂。例如因捕獲野生小鳥、魚類等無主物，基於先占而取得所有權（民法第八○二條）；或基於取得時效（民法第七六八條以下）、善意取得（民法第八○一條、第九四八條）等非以前主的權利為前提而取得所有權是。由於原始取得既非繼受他人權利，故標的物上之一切負擔，原則上均因原始取得而消滅。

㈡繼受取得

乃基於他人之權利而取得物權之謂，亦稱傳來取得，例如因讓與、繼

承等而取得一物之所有權是。繼受取得又可分為創設的繼受（創設取得）與移轉的繼受（移轉取得），前者乃權利人以法律行為於標的物或權利上，為他人設定所有權以外之他物權，例如土地所有權人就其土地為他人設定地上權或抵押權是；後者乃物權人將其物權原樣移轉於他人，例如地上權人將其地上權讓與他人或所有權人將其所有權讓與他人（特定繼受取得）是，又繼承人基於繼承而取得被繼承人之一切物權（概括繼受取得）亦屬之。由於繼受取得既係繼受他人權利，故標的物上之一切負擔，原則上不因繼受取得而消滅。

二、物權之變更

此處所稱物權之變更，係指在不妨害物權之同一性範圍內，僅其客體或內容有所變更而言，不包括物權之主體變更，蓋主體變更乃屬物權之得喪問題。所謂物權客體之變更，乃指物權之標的物在數量上有所增減而言，例如所有權之客體因附合而增加是。所謂物權內容之變更，乃指物權之本質不生影響，而僅其內容或作用有所改動，例如不動產役權行使方法之改易、典權或地上權存續期間之增長或縮短、農育權地租之增減、抵押權位序之升降是。

三、物權之消滅

物權之消滅亦即物權之喪失，乃物權與特定主體分離也，可分為絕對的喪失與相對的喪失。所謂絕對的喪失，係指物權與其主體分離，而他人亦未取得其權利，該物權終局的歸於消滅而言，例如因物體滅失（如汽車焚毀）而喪失物權（如該汽車之所有權及存於該汽車之抵押權均客觀的失其存在）是。所謂相對的喪失，係指物權與原主體分離，而歸於新主體，該物權並未終局的歸於消滅而言，例如因讓與物權（如所有權）而使一方喪失其物權（如所有權），他方取得其物權（如所有權）是。相對的喪失屬於物權的移轉問題，故物權法上所謂喪失，係指絕對的喪失而言。

第二、物權變動之原因

物權變動之原因，可分為法律行為及法律行為以外之事實兩種，分述

如下：

一、法律行為

此乃物權變動的主要原因，由於此種法律行為係以直接發生物權之變動為目的，故亦稱物權行為。物權行為可分為二，即單獨行為與契約是，前者如遺囑、拋棄是，後者通稱之為物權契約。關於物權行為，詳後述之。

二、法律行為以外之事實

因法律行為以外之事實而發生物權變動者，均係直接基於法律規定所發生之效果，有出於法律創設者，例如法定抵押權（國民住宅條例第十七條、第二十七條）、留置權（民法第四四五條、第九二八條）、法定地上權（民法第八七六條）是；有出於事實行為者，例如先占、遺失物之拾得、埋藏物之發現、添附等是；有出於行為以外之事實者，例如繼承、死亡、天然孳息之分離（如果實自落於鄰地或母牛生小牛）、時效完成等是；有出於公法上之行為者，例如公用徵收（土地法第二○八條以下）是。

物權變動之原因雖多，但在我物權法設有一般性之規定者，則僅有「物權行為」、「混同」與「拋棄」三者，本書就此將另行分別敘述之。

第三、物權變動之原則

由於物權具有排他及優先之性質，其變動常生排他效果，而具有優先之效力，為免貽第三人以不測之損害，保護交易安全，因而關於物權之變動，乃有公示原則與公信原則，分述如下：

一、公示原則

當物權變動之際，以有一足以由外界加以辨認之徵象或記號為必要，此即物權之公示原則。依我民法規定，不動產物權之變動，以「登記」（民法第七五八條第一項）為公示方法，即不動產物權之變動，以「登記」為其徵象；動產物權之變動，以「交付」（占有之移轉）（民法第七六一條第一項）為公示方法，即動產物權之變動，以「交付」為其徵象。此等公示方法，除在對外顯示物權之變動外，亦在顯示物權變動後之歸屬現狀及內容。此外，關於動產物權之變動，尚有將其權利予以證券化，即以發行證

券（例如倉單、提單、載貨證券）表彰其權利，以交付證券為物權變動之公示方法。基於公示原則，若物權之變動，欠缺其公示方法，則因物權變動之一定法律效果，即無從發生或不得對抗第三人。

二、公信原則

凡信賴物權變動之徵象（登記或交付），認為有其物權存在而有所作為者，縱令該徵象與真實權利之存在不符，法律對於信賴該徵象之人亦加以保護，謂之公信原則。不動產物權變動以登記為公示方法，則信賴此項表徵者，縱令其表徵與實質之權利不符，對於信賴之人，亦應予以保護。民法第七五九條之一第二項規定：「因信賴不動產登記之善意第三人，已依法律行為為物權變動之登記者，其變動之效力，不因原登記物權之不實而受影響。」又土地法第四十三條規定：「依本法所為之登記，有絕對效力。」可知「登記」有公信力。動產物權變動以交付為公示方法，則信賴此項表徵（因交付而取得「占有」）者，縱令其表徵與實質之權利不符，對於信賴之人，亦應予以保護，民法第八〇一條、第八八六條及第九四八條有關動產物權（所有權、質權）即時取得（善意取得）之規定，即此公信原則之具體表現，可知「占有」有公信力。公信原則旨在保護交易界之安全（動的安全），側重保護善意第三人之結果，有時不免犧牲真實權利者之利益（靜的安全），此實為交換經濟盛行時代所必須，為免妨礙社會經濟之發展，法律權其利害，而不得不然。

第二項　物權行為

第一、概說

一、物權行為與債權行為

法律行為中之財產行為，依其內容之不同，可分為物權行為與債權行為。所謂物權行為，係指以直接發生物權之取得、設定、喪失及變更效果為目的之法律行為，有為單獨行為者，例如所有權之拋棄（民法第七六四條）是，有為契約者，例如讓與合意（民法第七六一條第一項）是，亦稱

之為物權契約。所謂債權行為，係指以發生債權債務效果為目的之法律行為，其特徵在於債權行為之作成，債務人負有給付之義務，債權人基於債之關係，得向債務人請求給付（民法第一九九條），例如物之出賣人負有交付其物於買受人，並使其取得該物之所有權之義務（民法第三四八條）；買受人對於出賣人有交付約定價金及受領標的物之義務（民法第三六七條）是，有為單獨行為者，例如捐助行為是，有為契約者，例如買賣（民法第三四五條）（雙務及有償契約）、贈與（民法第四○六條）（片務及無償契約）是，亦稱之為債權契約。

二、處分行為與負擔行為

法律行為中之財產行為，依其效力之不同，可分為處分行為與負擔行為。所謂處分行為，係指直接以財產權之取得、設定、喪失及變更為標的之行為，得以使當事人間之權利義務因之而發生變動，物權行為與準物權行為屬之，例如所有權之移轉、抵押權之設定、債權之讓與及債務之免除等是。因此處分行為，其實是物權行為或準物權行為另一方面之說明。所謂負擔行為，係指非直接以財產權之取得、設定、喪失及變更為標的之行為，僅就該財產權成立負有使其發生變動（即取得、設定、喪失及變更）義務之法律行為，並不能使當事人間之權利義務因之而發生變動，故亦稱債務行為（債權行為），例如買賣、互易、贈與等是。因此負擔行為，其實是債權行為或債務行為另一方面之說明。

第二、物權行為之立法例

一、意思主義

所謂意思主義，係指僅須當事人之意思表示，即足生物權變動之效力，而不需任何方式之主義也。此主義法國民法採之（法民第七一一條、第一一三八條），故又稱法國主義，日本民法亦採此種立法例（日民第一七六條）。依此主義，則物權行為與債權行為並無不同，兩者合一，一個法律行為，除有特別情形外，可同時發生債權債務關係成立與物權變動之雙重法律效果。易言之，即物權行為被債權行為所吸收，實質上等於不承認另有物權

行為之存在，物權變動不過係債權行為之效果而已。例如土地或汽車之買賣，於當事人就買賣土地或汽車之意思表示趨於一致，而成立買賣契約時，不僅發生債權債務關係，除有特別情形外，該土地或汽車之所有權，同時即生由出賣人移轉於買受人之物權變動效果，辦理土地所有權之移轉登記或交付汽車，只不過是對抗第三人之要件，非買受人取得土地或汽車所有權之要件。職是之故，在意思主義之下，自無物權行為之獨立性及無因性可言。

二、形式主義

　　所謂形式主義，係指除須另有物權變動之意思表示外，尚須踐行法定方式（登記或交付），始足以發生物權變動效力之主義也。此主義德國民法採之（德民第八七三條、第九二九條），故又稱德國主義。依此主義，則物權行為與債權行為並不相同，兩者分開，一個法律行為，不能同時發生債權債務關係成立與物權變動之雙重法律效果。易言之，即債權行為只能發生債之關係，必須另有物權行為始能發生物權變動之效力。至於物權行為，除須有當事人之物權變動合意外，尚須履行登記或交付之法定程序，始能成立或生效。例如土地或汽車之買賣，於當事人就買賣土地或汽車之意思表示趨於一致，而成立買賣契約時，僅發生債權債務關係，不發生物權變動之效力，該土地或汽車之所有權，並未因而由出賣人移轉於買受人，當事人間尚須有移轉所有權之合意，並辦理土地所有權之移轉登記或交付汽車之手續，買受人始能取得土地或汽車所有權，而發生物權變動之效力。職是之故，在形式主義之下，乃有物權行為之獨立性及無因性問題。

　　我國民法第七五八條第一項規定：「不動產物權，依法律行為而取得、設定、喪失及變更者，非經登記，不生效力。」本條所稱「法律行為」，係指物權行為，包括單獨行為（例如拋棄）與物權契約在內❷。民法第七六

---

❷　參閱梅仲協，《要義》，第三七〇頁；鄭玉波，《物權》，第三十五頁以下；姚瑞光，《物權》，第十四頁以下（第十九頁）；王澤鑑，〈物權行為無因性理論之檢討〉，收錄於王澤鑑，《民法學說與判例研究第一冊》，自版，民國六十九年六月五版，第二七六頁以下；王澤鑑，〈買賣、設定抵押權之約與民法第七五八條之「法律

一條第一項規定：「動產物權之讓與，非將動產交付，不生效力。但受讓人已占有動產者，於讓與合意時，即生效力。」本條所稱「讓與合意」，乃德文 Dingliche Einigung 之迻譯，指物權契約而言[33]。此為有關物權行為之規定，可見當事人若僅形成民法第一九九條之債權債務關係，仍不能發生物權之變動，必須完成上述之登記或交付之形式後，始生物權變動之效力。另民法第一六六條之一規定：「契約以負擔不動產物權之移轉、設定或變更之義務為標的者，應由公證人作成公證書。未依前項規定公證之契約，如當事人已合意為不動產物權之移轉、設定或變更而完成登記者，仍為有效。」[34]依據其修正說明可知，該條第一項是就約定為不動產物權變動之債權行為（負擔行為）而設[35]，至第二項則係指完成不動產物權行為者，可治癒第一項債權行為未公證所造成之不成立瑕疵[36]。綜據上述規定，可知

行為》，《民法學說與判例研究第五冊》，自版，民國七十六年五月初版，第一二九頁以下（第一三六頁）；鄭冠宇，《物權》，第四十頁。

[33]　同[32]。

[34]　民法第一六六條之一，尚未實施，關於該條之評釋，請參閱黃立，〈民法第一六六條之一的法律行為形式問題〉，民法研究會編輯，《民法研究第四冊》，學林文化事業有限公司，民國八十九年九月初版，第九十五頁以下。

[35]　民法第一六六條之一第一項之立法理由：「一、本條新增。二、不動產物權具有高度經濟價值，訂立契約約定負擔移轉、設定或變更不動產物權之義務者，不宜輕率。為求當事人締約時能審慎衡酌，辨明權義關係，其契約應由公證人作成公證書，以杜事後之爭議，而達成保障私權及預防訴訟之目的；爰參考德國民法第三百十三條第一項及瑞士債務法第二百十六條第一項之立法例，增訂第一項規定。」

[36]　民法第一六六條之一第二項之立法理由：「三、當事人間合意訂立以負擔不動產物權之移轉、設定或變更之義務為標的之契約（債權契約），雖未經公證，惟當事人間如已有變動物權之合意，並已向地政機關完成物權變動之登記者，則已生物權變動之效力，自不宜因其債權契約未具備第一項規定之公證要件，而否認該項債權契約之效力，俾免論理上滋生不當得利之疑義，爰參考前開德國民法第二項，增訂第二項規定。此際，地政機關不得以當事人間之債權契約未依前項規定公證，而拒絕受理登記之申請。至對此項申請應如何辦理登記，宜由地政機關本其職權處理，併此敘明。」

我國民法債權行為與物權行為不僅已兩相分離（獨立性），且物權行為之效力不受債權行為不成立之影響（無因性），就物權行為係仿照德國之立法例，採形式主義，應無疑義❸。

三、折衷主義

此又可分為二種，即意思主義下之折衷主義與形式主義下之折衷主義是，分述如下❸：

㈠意思主義下之折衷主義

此係指物權因法律行為而變動時，除債權之合意外，不需另有物權變動之合意，惟尚須踐行登記或交付之法定形式，始足以發生物權變動效力之主義，西班牙民法採之。在此主義之下，發生債權之意思表示，即為發生物權變動之意思表示，兩者合一，並無區別，然此一使物權變動之法律行為，僅有當事人之債權意思表示尚有未足，仍須履行登記或交付之法定方式，始足當之，即登記或交付等公示方法，仍為物權變動之成立或生效要件。由於此種主義，不需另有物權變動之合意，自無物權行為之獨立性及無因性可言。

㈡形式主義下之折衷主義

此係指物權因法律行為而變動時，除債權之合意外，尚須有物權變動之合意，且須踐行登記或交付之法定形式，始足以發生物權變動效力，然物權行為之效力會受其原因關係即債權行為影響之主義，瑞士、奧地利民法採之。由於此種主義，仍須另有物權變動之合意（物權行為），因而物權行為仍具有獨立性，惟因物權行為之效力，會受其原因關係即債權行為之影響，仍屬有因，並非無因，故不發生物權行為之無因性問題。

---

❸　參閱謝在全，《物權（上）》，第八十七頁。

❸　參閱蘇永欽，〈物權行為之獨立性與無因性〉，《固有法制與當代民事法學》，三民書局，民國八十六年八月初版，第二七七頁以下；謝在全，《物權（上）》，第八十四頁。

第三、我國民法上物權行為之意義

何謂物權行為，民法未設規定，學說上之見解甚為分歧❸，大體言之，可歸為二大類❹，第一類見解認為物權行為係以物權之得喪變更為直接內容（或目的）之法律行為；第二類見解認為物權行為係由物權之意思表示與外部之變動象徵（交付或登記）相互結合而成之法律行為。由於我國民法就物權行為係仿照德國之立法例，採形式主義，已如前述，因此關於物權行為之意義，自亦應從形式主義之立場，始能正確加以掌握。依我民法規定，在不動產物權變動，除意思表示外，須與登記相結合（民法第七五八條）；在動產物權變動，除意思表示外，須與交付結合（民法第七六一條第一項前段），故我國民法上之物權行為，係由直接發生物權變動之意思表示與登記或交付相結合之一種要式行為❹。

如上所述，我國民法上之物權行為，係由直接發生物權變動之意思表示與登記或交付相結合，而成立之一種要式行為。至於此處之「登記」或「交付」，究為物權行為之成立要件抑或生效要件，學說上有不同見解❹，有認為係屬成立要件❹，有認為係屬生效要件❹。由於我國民法第七五八

❸　我國學者關於物權行為所為之定義，詳請參閱謝在全，《物權（上）》，民國九十三年八月修訂三版，第一○一頁註一。

❹　參閱王澤鑑，《物權》，第七十三頁。

❹　參閱姚瑞光，《物權》，第十七至十八頁；王澤鑑，《物權》，第七十三至七十五頁；王澤鑑，前揭❸〈買賣、設定抵押權之約與民法第七五八條之「法律行為」〉，第一三六頁以下、第一四五頁；謝在全，《物權（上）》，第八十七至八十八頁。

❹　參閱謝在全，〈物權行為之方式與成立要件〉，收錄於楊與齡主編，《民法總則爭議問題研究》，五南圖書出版有限公司，民國八十七年十月初版一刷，第二一○頁以下；蘇永欽，〈物權行為的獨立性與相關問題〉，《民法物權爭議問題研究》，五南圖書出版有限公司，民國八十八年一月初版一刷，第三十三頁以下。

❹　參閱姚瑞光，《物權》，第十八頁；謝在全，前揭❹文，第二一五頁以下。

❹　參閱倪江表，《物權》，第三十八頁、第四十一頁；李肇偉，《物權》，第六十二頁、第六十五頁；鄭玉波，《物權》，第三十八頁；王澤鑑，〈民法總則編關於法律行為之規定對物權行為適用之基本問題〉，《民法學說與判例研究第五冊》，自版，

條及第七六一條明文規定非經登記或交付不生效力，且登記係公法上之行
為，顯然不能作為法律行為之構成部分，為其成立要件**⑤**，故本書採生效
要件說。

第四、物權行為之獨立性及無因性

一、物權行為之獨立性

如前所述，依我國現行民法規定，物權的變動並非是債權行為之當然
結果，而是應依一個獨立於債權行為以外之物權行為而作成之，即物權行
為與債權行為相互分離，獨立於債權行為之外而單獨存在，此謂之物權行
為之獨立性。就債權行為與物權行為之關係而言，不外三種：①僅有債權
行為而無物權行為者，例如僱傭、保證是。②僅有物權行為而無債權行為
者，例如物之拋棄、向友人致贈賀禮是。③有債權行為併有物權行為者，
例如買賣、贈與是。由此可知，債權行為與物權行為之觀念，純屬截然兩
事，物權行為不僅有其存在，且與債權行為分離而獨立存在，縱在③有債
權行為併有物權行為之情形，物權行為係由債權行為而產生，例如甲出賣
土地予乙，價金五百萬元，乙基於該買賣契約（債權行為），得請求甲交付
土地並移轉其所有權（民法第三四八條），惟並未因而取得土地之所有權，
甲基於該買賣契約（債權行為），得請求乙支付五百萬元價金（民法第三六
七條），惟並未因而取得五百萬元價金之所有權。就土地所有權之變動而言，
尚須甲乙有移轉土地所有權之書面合意，並辦妥土地所有權移轉登記（民
法第七六〇條、第七五八條），乙方能取得土地之所有權；就五百萬元價金
所有權之變動而言，尚須甲乙有移轉價金所有權之合意，並將其價金交付
於甲（民法第七六一條），甲方能取得其所有權。

二、物權行為之無因性

物權行為不僅有其存在，且與債權行為分離而獨立存在，惟於有債權

民國七十六年五月初版，第四十七頁；王澤鑑，《物權》，第七十四頁；蘇永欽，
前揭**㊷**文，第三十八至三十九頁。

⑤ 參閱王澤鑑，前揭**㊹**文，第四十七頁；王澤鑑，《物權》，第七十四頁。

行為併有物權行為之情形，而物權行為係由債權行為而產生者，一般言之，物權行為係債權行為之實現或履行，債權行為係物權行為之原因（即取得物權之法律上原因）。以前舉例子觀之，甲交付並移轉土地所有權予乙（物權行為），係為履行其對乙之債務並使乙之債權（債權行為）得以實現或滿足，乙將其價金交付於甲（物權行為），係為履行其對甲之債務並使甲之債權（債權行為）得以實現或滿足；而乙取得土地所有權及甲取得價金所有權（物權行為）之原因，係出於當事人間之土地買賣契約（債權行為）。

　　又於有債權行為併有物權行為之情形，其結合關係有四，即①債權行為與物權行為均有效成立；②債權行為與物權行為均未有效成立；③債權行為有效成立，但物權行為未有效成立；④債權行為不成立、無效或被撤銷，但物權行為有效成立❹❻。從而基於債權行為而發生之物權行為，乃發生有因無因（即要因不要因）之問題，即本身有效成立之物權行為，是否因債權行為不成立、被撤銷或無效而受影響。所謂有因主義，謂物權行為之效力為其原因行為（債權行為）所左右，即債權行為不成立、不生效力、被撤銷或無效者，其物權行為亦同其命運，不發生物權變動之法律效果，此為意思主義立法之應有現象，法國屬之。所謂無因主義，謂物權行為之效力不為其原因行為（債權行為）所左右，債權行為雖不成立、不生效力、被撤銷或無效，物權行為並不因此受影響，仍發生物權變動之法律效果，此為形式主義立法之應有現象，德國屬之。

　　我民法關於物權行為是否採取無因主義，法律規定上固無明文，然關於物權變動既採用形式主義之立法例，於債權行為外，尚承認有物權行為之存在，物權行為與債權行為係各自獨立，因此通說乃繼受德國之學說，在解釋上認為物權行為具有無因性。茲引最高法院判決三則如下，用供參考：

　　①最高法院八十七年臺上字第一四○○號判決謂：「按不動產所有權移轉登記行為係物權行為，而具無因性，是若義務人有移轉不動產所有權登記之意思，並已依民法第七百六十條規定作成書面，縱該書面所載移轉不

❹❻　參閱王澤鑑，《物權》，第八十至八十一頁。

動產所有權登記之債之原因與其真意不符，除其意思表示有無效或得撤銷之原因而經撤銷者外，尚不生所有權移轉登記應否塗銷之問題。」

②最高法院八十八年臺上字第一三一○號判決謂：「查法律行為分為債權行為與物權行為，前者係發生債的關係為目的之要因行為，後者之目的則在使物權直接發生變動，以避免法律關係趨於複雜，影響交易安全，乃使之獨立於原因行為之外而成為無因行為。是本件縱如上訴人所稱翔佳公司與被上訴人間就系爭土地存有信託關係，該信託係因規避土地法第三十條規定而成立之消極信託關係云云，但基於物權無因性之原則，該無效之部分亦僅限於債權行為性質之信託契約，至於訴外人游洪淇出賣土地與被上訴人所為之物權行為效力，自不受影響，被上訴人應仍為系爭土地之所有人，要屬無疑。」

③最高法院九十年臺上字第二○八五號判決謂：「又物權行為有獨立性及無因性，不因無為其原因之債權行為，或為其原因之債權行為係無效或得撤銷而失效；而買賣契約與移轉所有權之契約不同，買賣契約不過一種以移轉物權為目的之債權契約，難謂即為移轉物權之物權契約。且出賣人對於出賣之標的物，不以有處分權為必要；倘出賣人出賣他人之不動產，並依買受人之指示，使該他人將買賣標的物不動產所有權逕移轉登記於買受人所指定之第三人，則此第三人與該他人間僅存有移轉物權之獨立物權契約關係，其間並無何買賣債權債務關係，亦不因其取得所有權之登記原因載『買賣』而受影響。」

三、物權行為獨立性與無因性之相對化

物權行為之獨立性及無因性，使法律關係明確，易於判斷，有助於保障交易安全，完備民法體系，為其優點。惟將債權行為與物權行為分離，由於過分技術性，一般國民難以了解。例如在商店購買報紙或其他物品，一手交貨，一手交錢，標的物與價金於買賣成立之同時，即時對交並履行之現實買賣（現物買賣），通常觀念上僅為一個交易行為，然在上述理論下卻是有一個債權行為（買賣），二個物權行為（標的物與價金所有權之移轉）是。又如物之出賣人將標的物之所有權移轉予買受人後，其買賣契約（債

權行為）雖有不成立、被撤銷或無效之情事，惟買受人依物權行為無因性
之理論，仍能取得該標的物之所有權，出賣人因而喪失其所有權，只能依
不當得利之規定請求買受人返還該標的物之所有權，使出賣人之地位由物
權請求權人（所有物返還請求權），貶為債權請求權人（不當得利返還請求
權），殊為不利。此外，善意取得制度，已足以保護交易安全，有無再借助
物權行為獨立性與無因性理論之必要，亦值得檢討。職是之故，學者乃主
張，應突破物權行為無因性，使物權行為之獨立性與無因性相對化，而與
債權行為同其命運。

　　關於物權行為獨立性與無因性之相對化，其方法主要有三❹：①共同
瑕疵：此乃將債權行為上所存在之瑕疵（例如行為能力欠缺、通謀虛偽意
思表示或意思表示被脅迫等是），反射在物權行為之上，認為債權行為及物
權行為具有共同之瑕疵，債權行為及物權行為因而同為無效，或併得撤銷
之。②條件關聯：此乃將物權行為效力之發生繫於債權行為之有效成立，
亦即當事人得依其合意，使物權行為以債權行為之有效存在為其停止條件，
必債權行為有效存在時，物權行為始能生效。此項合意，得以默示為之。
債權行為與物權行為同時作成時，是否具有條件關聯，應解釋當事人意思
表示認定之。③法律行為一體性：此乃指依當事人之意思而使債權行為及
物權行為互相結合為一體，依民法第一一一條規定，於債權行為無效時，
亦使物權行為歸於無效❹。

第三項　物權變動之要件

第一款　不動產物權之變動

第一目　不動產物權變動之要件

　　我國民法就物權行為係仿照德國之立法例，採形式主義，已如前述，

---

❹　參閱王澤鑑，《物權》，第八十四頁；謝在全，《物權（上）》，第八十九至九十頁。
❹　參閱史尚寬，《物權》，第二十六頁；鄭玉波，《物權》，第三十八頁。

茲就不動產物權變動之要件，分述如下：

第一、須訂立書面

　　民法第七五八條規定：「不動產物權，依法律行為而取得、設定、喪失及變更者，非經登記，不生效力。前項行為，應以書面為之。」此處所謂「書面」，係指具備足以表示有取得、設定、喪失或變更某特定不動產物權之物權行為之書面而言。其為契約行為者，例如不動產所有權之讓與或抵押權之設定契約是，則須載明雙方當事人合意之意思表示；其為單獨行為者，例如不動產物權之捐助或拋棄是，則僅須明示當事人一方之意思表示。至於以不動產物權變動為目的之債權行為，例如約定移轉或設定不動產物權之債權契約是，並無民法第七五八條第二項規定之適用，除另有規定者外（參閱民法第一六六條之一），不以訂立書據為要式。

　　按被刪除之原民法第七六〇條規定：「不動產物權之移轉或設定，應以書面為之。」關於本條所謂應以書面為之，通說及實務見解均認為係指物權行為，不包括以不動產物權變動為目的之債權行為。最高法院七十年臺上字第四五三號判例謂：「不動產抵押權之設定，固應以書面為之。但當事人約定設定不動產抵押權之債權契約，並非要式行為。若雙方就其設定已互相同意，則同意設定抵押權之一方，自應負使他方取得該抵押權之義務。又口頭約定設定抵押權時，若為有償行為，當不因債務人以後為履行義務，補訂書面抵押權設定契約及辦理抵押權設定登記，而使原有償之抵押權設定行為變為無償行為。原審所持相反之見解，尚有未合。」另最高法院五十七年臺上字第一四三六號判例謂：「不動產物權之移轉，應以書面為之，其移轉不動產物權書面未合法成立，固不能生移轉之效力。惟關於買賣不動產之債權契約，乃非要式行為，若雙方就其移轉之不動產及價金業已互相同意，則其買賣契約即為成立。出賣不動產之一方，自應負交付該不動產並使他方取得該不動產所有權之義務，買受人若取得出賣人協同辦理所有權移轉登記之確定判決，則得單獨聲請登記取得所有權，移轉不動產物權書面之欠缺，即因之而補正。」由於民法第七五八條第二項規定，係在取代

原民法第七六〇條規定，其立法意旨相同，故上開判例，雖為有關被刪除之原民法第七六〇條規定而作成，惟仍可供參考。

由於有關不動產物權取得、設定、喪失及變更之法律行為（物權行為），應以書面為之，從而移轉或設定不動產物權之書面，若未合法成立，固不能生物權移轉或設定之效力。惟當事人間約定，一方以其不動產之所有權移轉於他方，由他方支付價金，其當事人間苟就其移轉之不動產及價金業經互相同意，則其買賣契約即為成立，出賣不動產之一方，即應負交付該不動產，並使他方取得該不動產所有權之義務（二十二上二十一）。因而不動產物權之設定，其契約當事人間，雖經互相表示意思一致，苟未作成書據，僅可認其契約當事人間關於債之契約為成立，至其物權契約究不得認為業已成立（二十二上一〇八四判決）。此項取得、設定、喪失或變更某特定不動產物權之物權行為之書面，除應依民法第三條之規定外，固無其他一定之方法，但其內容須有移轉特定不動產之所有權，或移轉或設定其他不動產物權之意思表示，自不待言（三十二上四三四九）。又將該書面向行政官署投稅，不過為完納契約稅之方法，並非書面之成立要件，故雖未即行投稅，亦於所有權移轉，或其他不動產物權移轉或設定之效力，不生影響（二十八上一七三三）。

第二、須經登記

依民法第七五八條第一項及第七五九條規定，可知我國民法上不動產物權變動之徵象（公示方法）為「登記」。從而不動產所有權人縱與他人有移轉其所有權之債權契約存在，然於依該債權契約辦理所有權移轉登記前，究難謂其所有權已因有債權契約之約定即當然喪失或變更。又因我國民法就不動產物權採登記要件主義，除法律另有規定外，不動產所有權之有無，全依土地或建物登記簿登載之狀態為準；縱使登記原因有無效之情形，在該登記未塗銷以前，其登記仍不失其效力，難謂登記名義人非所有人，其得本於所有人地位，主張權利（九十三臺上四十五判決）。關於登記之有關問題，詳後述之。

第二目　不動產物權變動之登記

第一、登記之意義

　　所謂登記，乃將物權變動之事項，依法定程序登載或記入於特定官署所備之公簿也。此處所稱登記，應係指登記完畢，而非指申請登記，從而僅聲請登記而未記入登記簿者，不能認為業已發生登記之效力。最高法院三十三年上字第五三七四號判例謂：「聲請登記，而未經該管地政機關將應行登記之事項記入登記簿者，既不得謂已依土地法為登記，同法第三十六條（現行法第四十三條——筆者附註）所定之效力即無由發生。」可供參考。又登記係國家權力之作用，為公法上之行為，因此物權行為不成立或被撤銷或無效時，登記之效力不因此而受影響，惟得依法請求塗銷之❹。登記程序應依土地法第二編之規定為之，經依法所為之登記，則有絕對效力（土地法第四十三條）。此外，我民法所稱之登記，可分為設權登記與宣示登記兩種，詳後述之。

第二、設權登記

　　所謂設權登記，乃具有創設物權效力之登記。民法第七五八條第一項規定：「不動產物權，依法律行為而取得、設定、喪失及變更者，非經登記，不生效力。」故不動產物權之變動係因法律行為而發生者，如不踐行登記，在當事人間縱有物權變動之事實，亦不發生效力。可見此種登記，為不動產物權變動之生效要件，具有創設物權之效力，其效力為絕對的，故亦稱「絕對的登記」。

　　由於協議分割共有房屋及贈與房屋，均為法律行為，故在未經依法登記前，不生取得、喪失及變更房屋所有權之效力（四十九臺上七五〇判決）。又系爭房屋原計畫蓋建二樓，而建築之程度，二樓結構業已完成，僅門窗尚未裝設及內部裝潢尚未完成，此項尚未完全竣工之房屋，已足避風雨，

❹　參閱王澤鑑，《物權㈠》，第七十六頁。

可達經濟上之使用目的，即成為獨立之不動產。上訴人向被上訴人買受系爭房屋，依民法第七五八條第一項規定，自須辦理所有權移轉登記手續，始能取得系爭房屋之所有權，不能以行政上變更起造人名義之方式，取得系爭房屋之所有權（七十臺上二二二一）。至於提起分割共有物之訴，參與分割之當事人，以共有人為限。請求分割之共有物，如為不動產，共有人之應有部分各為若干，以土地登記總簿登記者為準，雖共有人已將其應有部分讓與他人，在辦妥所有權移轉登記前，受讓人仍不得以共有人之身分，參與共有物之分割（六十七臺上三一三一）。

　　拋棄不動產物權，屬依法律行為而喪失其不動產物權之處分，苟未依法為拋棄登記，仍不生消滅不動產物權之效果。從而修正前民法第五一三條所規定之法定抵押權，係基於法律規定而發生，固不待登記即生效力，惟其拋棄，乃屬依法律行為而喪失其不動產物權之處分，自非依法為法定抵押權之登記，不得為之（三十年院字第二一九三號解釋參照）；苟未依法為拋棄登記，仍不生消滅其法定抵押權之效果（七十四臺上二三二二），故原判決認為上訴人以系爭聲明書表示拋棄系爭法定抵押權，不須經登記即發生拋棄效力，其法律上見解自難謂為允當（九十二臺上一一四判決）。又拋棄對於不動產公同共有之權利者，亦屬依法律行為喪失不動產物權之一種，如未經依法登記，仍不生消滅其公同共有權利之效果（七十四臺上二三二二）❺⓿。

　　應予注意者，乃不動產物權之移轉，祇須訂立書面，並經登記即生效力，不以交付該不動產為其效力發生要件，此就民法第七五八條、第七六一條第一項對照觀之自明（二十八上五三三）。故不動產之買受人雖未受交

❺⓿ 最高法院九十四年臺上字第四三四號判決：「法定抵押權係基於法律規定而發生，固不待登記即生效力，惟法定抵押權之拋棄，乃屬處分，須經登記後，方得為之。又不動產物權，依法律行為而取得、設定、喪失及變更者，非經登記，不生效力，民法第七百五十八條亦定有明文。法定抵押權之拋棄，係依法律行為而喪失其不動產物權，非經登記，不生效力。本件原審認抵押權之拋棄，乃抵押權人為消滅抵押權之意思，此項拋棄，由表意人以意思表示向抵押人為之即可，法定抵押權之拋棄，解釋上以意思表示為之即生效力，其見解自有可議。」

付，而依物權法之規定，出賣人移轉所有權於買受人之法律行為已生效力者(即已辦妥所有權移轉登記)，自不能因買受人尚未接受該不動產之交付，即謂其所有權未曾取得。至於不動產之重複（雙重）買賣，則不問其買賣契約訂定之先後，以先辦妥所有權移轉登記者，應受法律之保護取得其所有權（五十九臺上一五三四）。又買受人支付價金，亦非取得物權之要件，故不動產之買受人雖未支付價金，而依物權法之規定，出賣人移轉所有權於買受人之法律行為已生效力者，自不能因買受人尚未交付價金，即謂其所有權未曾取得（三十二上二〇五五）。

第三、宣示登記

所謂宣示登記，乃將已成立之物權變動，昭示於人之登記。民法第七五九條規定：「因繼承、強制執行、徵收、法院之判決或其他非因法律行為，於登記前已取得不動產物權者，應經登記，始得處分其物權。」故不動產物權之取得係因繼承、強制執行、徵收、法院之判決或其他非因法律行為而發生者，縱不踐行登記，仍發生取得不動產物權之效力，不過不經登記，則當事人不得處分其物權。可見此種登記，為不動產物權變動之處分要件，並無創設物權之效力，其效力為相對的，故亦稱「相對的登記」。職是之故，不動產物權非依法律行為而取得者，雖不以登記為取得物權之要件，但其取得物權之原因必須有相當之證明，否則即無從認為有物權之存在（四十七臺上七〇五）。茲分述如下：

一、因繼承而取得不動產物權

繼承因被繼承人死亡而開始，繼承人自繼承開始時，繼承被繼承人財產上的一切權利義務，包括不動產物權（所有權、抵押權、地上權等）在內（民法第一一四七條、第一一四八條）。因繼承而取得不動產物權，係依法律行為以外之事由所生不動產物權之變動，故不受民法第七五八條第一項所定須經登記始生效力之限制（四十臺上一〇〇一）。換言之，即因繼承原因而取得不動產物權者，不以須經登記為生效要件，惟非經辦畢繼承登記，不得處分其物權。由於民法第七五九條所謂應經登記始得處分其物權，

係指物權處分行為而言，不包括債權行為，因此繼承人簡甲、簡乙代表全
體繼承人出賣因繼承而取得之系爭土地，其所訂買賣契約僅屬債權行為，
於訂立買賣契約時，即令繼承人尚未辦畢繼承登記，亦不生違反民法第七
五九條規定，而使債權契約成為無效之問題（七十四臺上二○二四）。又民
法第七五九條所謂之登記並無期間之限制，故繼承人先與第三人成立移轉
不動產所有權之債權契約，並於完成繼承登記後，以之移轉登記於受讓其
權利之第三人，自非法所不許（五十一臺上一三三）❺。

　　其次，分割共有物，性質上為處分行為，依民法第七五九條規定，共
有不動產之共有人中有人死亡時，於其繼承人未為繼承登記以前，自不得
分割共有物。上訴人因被上訴人劉某就系爭建地尚未辦理繼承登記，依法
固不得為物權之處分，惟於本件訴訟中，請求劉某等辦理繼承登記，並合
併對劉某等及其餘被上訴人為分割共有物之請求，不但符合訴訟經濟原則，
亦與民法第七五九條及強制執行法第一三○條規定之旨趣無違，則無不可
（六十九臺上一○一二）。又因法院裁判分割共有物而以原物分配於各共有
人時，係使共有關係變更為單獨所有，其性質為共有人間應有部分之交換，
自屬處分行為，如係變賣共有物而以價金分配於共有人，即係以處分共有
物為分割之方法，均以共有人之處分權存在為前提，如果共有人就共有物
並無處分權可資行使，法院即無從基此為裁判分割。本件被上訴人之被繼
承人某甲及某乙死亡後，被上訴人迄未辦理繼承登記，依民法第七五九條
規定，自不得處分該應有部分，上訴人未先行或同時請求被上訴人辦理繼

---

❺ ⑴最高法院八十四年臺上字第一四五四號判決：「民法第七百五十九條所謂未經
　　登記不得處分其物權，係指物權處分行為而言。買賣並非處分行為，繼承人於
　　未辦理繼承登記前所訂之買賣契約，僅屬債權行為，縱其於訂約時，未辦畢繼
　　承登記，仍不生違反上開法條規定，而使債權契約成為無效問題，繼承人先與
　　第三人成立移轉不動產所有權之『債權契約』，於完成繼承登記後，始移轉所
　　有權登記於受讓其權利之第三人，更非法所不許。」
　　⑵最高法院八十二年臺上字第二八六六號判決：「因繼承於登記前已取得不動產
　　物權者，非經登記，固不得處分其物權，但出租為管理行為，並非處分行為，
　　自非不得為之。」

承登記，逕訴請分割共有物，自有未當（六十九臺上一一三四）❺❷。

二、因強制執行而取得不動產物權

債務人之不動產，經法院強制執行時，該不動產無論是由第三人拍定，或由債權人承受，均於領得執行法院所發給之移轉證書時，取得不動產所有權（強制執行法第九十七條參照）。基於強制執行而取得不動產物權者，屬於民法第七五九條規定之範圍，故一經法院發給所有權權利移轉證書，即發生取得不動產物權之效力，倘非更予處分，不以登記為生效要件（五十六臺上一八九八），是否點交亦所不問❺❸。又違章建築物，因無法辦理登

---

❺❷ 最高法院九十一年臺上字第八三二號判決：「按法院裁判分割共有物，性質上為共有人間應有部分之交換，自屬處分行為，以各共有人之處分權存在為前提，故提起分割共有物之訴，參與分割之當事人以全體共有人為限，而各共有人之應有部分應以土地登記簿上所記載者為準。倘於第二審言詞辯論終結前有共有人死亡時，其繼承人因繼承，固於登記前已取得不動產物權，惟非經登記不得處分其物權，則在辦畢繼承登記前，其繼承人仍不得以共有人身分參與共有物之分割，但為求訴訟經濟起見，可許原告就請求繼承登記及分割共有物之訴合併提起，即以一訴請求該死亡之共有人之繼承人辦理繼承登記，並請求該繼承人於辦理繼承登記後，與原告及其餘共有人分割共有之不動產。原告如不追加請求該死亡之共有人之繼承人辦理繼承登記，因該繼承人就共有物並無處分權可資行使，法院即無從基此為裁判分割，其分割共有物之請求，自屬不能准許。」

❺❸ 最高法院七十年臺上字第三六七五號判決：「原審以拍賣之不動產，買受人自領有執行法院發給權利移轉證書之日起，取得該不動產所有權，並不以登記為生效要件，是否業經執行法院點交，亦於買賣之成立無礙，此觀強制執行法第九十八條，民法第七百五十九條規定自明，系爭土地經第一審法院六十九年度執字第七六七號強制執行事件拍賣，由被上訴人拍定買受，領有花院嘉民執廉字第一一九一二號權利移轉證書，為上訴人所不爭之事實，依前開規定，被上訴人業已取得系爭土地之所有權，殆無疑義。被上訴人拍定買受系爭土地，固在上訴人與訴外人蘇麗琴間第一審法院六十九年度訴字第三四二號土地所有權移轉登記事件訴訟繫屬之後，惟被上訴人係經強制執行程序拍賣而為單純受讓所有權之人，並非繼受訴外人蘇麗琴與上訴人間所有權移轉登記事件為訴訟標的之法律關係；而民法第七百五十九條所謂法院之判決，係指形成判決，即須為直接判與『原告』所有權之判決，始足當之，若僅確定『被告』有移轉所有權之義務，則不包括在內。

記，固不能依法律行為而取得其所有權，惟仍可供作債權人聲請強制執行之標的，從而債務人甲之違章建築物，倘經法院強制執行予以拍賣，由拍定人乙承買，並取得法院發給所有權權利移轉證書者，乙自取得權利移轉證書之日起，即因而取得其所有權，成為該違章建築物之所有人，縱不能依法登記為所有權人，依民法第七五九條規定，亦僅不能處分其物權，不能否認其已取得物權[54]。

因強制執行而取得不動產物權者，不以登記為生效要件，從而拍定人縱不即為登記，法院亦未依強制執行法第十一條之規定通知該管機關登記，拍定人仍取得該不動產所有權而為真正權利人。此時如原權利人就該不動產更為處分，出賣予他人，並已登記完畢，拍定人仍得對於登記名義人提出塗銷登記之訴，以求救濟。

三、因徵收而取得不動產物權

所謂徵收，係指國家因公共事業之需要，或因實施國家經濟政策，而徵收私人之不動產（參閱土地法第二〇八條、第二〇九條，平均地權條例第五十三條等）。不動產之徵收，非以登記為國家取得所有權之要件，此觀民法第七五九條之規定自明。依土地法第二三五條規定：「被徵收土地之所有權人，對於其土地之權利義務，於應受之補償發給完竣時終止」。準此，經政府合法徵收之土地，祇須政府對所有人之補償發放完竣，即由國家取得被徵收土地之所有權，至該土地是否已登記為國有，在所不問（八十臺上二三六五判決）。

又照價收買，乃國家依照私人所報地價，強制收買其土地，消滅私有土地所有權之行為，屬平均地權四大要綱之一。旨在保持土地自由，調劑地權分配，杜絕土地私有所發生專占壟斷之弊害，俾使報價確實，地價中平，以利照價徵稅及漲價歸公之實行。又土地徵收與照價收買同屬政府基

上訴人就系爭土地對訴外人蘇麗琴請求為所有權移轉登記，雖經前開另案判決上訴人勝訴確定，但其所有權迄尚未辦理登記，應無物權移轉之效力可言，上訴人以其業已取得系爭土地之所有權在先為抗辯，自無可採。」

[54] 參閱王澤鑑，《物權》，第一〇三頁；謝在全，《物權（上）》，第一二二頁。

於公法上之權力，以強制方式取得土地之行政行為，兩者性質相同，雖照價收買土地之用途不如土地徵收須以特定公共需要為限，但其結果亦將增進社會整體公共利益，兩者之立法作用及強制方式固有不同，然政策目標則屬殊途同歸。足見照價收買乃國家基於公權力之行使，按照私人申報之地價強制收買土地，與一般買賣有別，應與土地徵收同屬原始取得，而非繼受取得。從而政府照價收買之土地所有權不待登記即生變動效力，應屬民法第七五九條之範疇，原審認上訴人係繼受取得系爭土地，已有誤會（九十六臺上八九一判決）。

四、因法院之判決而取得不動產物權

此處所謂法院之判決，係僅指形成判決（例如分割共有物之判決）始足當之，不包含其他判決在內。關於此有下列兩則判例，可供參考：

①最高法院四十三年臺上字第一〇一六號判例謂：「不動產物權因法院之判決而取得者，不以須經登記為生效要件，固為民法第七百五十九條之所明定。惟此之所謂判決，係僅指依其宣告足生物權法上取得某不動產物權效果之力，恆有拘束第三人之必要，而對於當事人以外之一切第三人亦有效力者（形成力亦稱創效力）而言，惟形成判決（例如分割共有物之判決）始足當之，不包含其他判決在內。」

②最高法院六十五年臺上字第一七九七號判例謂：「民法第七百五十九條所謂因法院之判決，於登記前已取得不動產物權者，係指以該判決之宣告足生物權法上取得某不動產效果之力，恆有拘束第三人之必要，而對於當事人以外之一切第三人亦有效力者而言，惟形成判決始足當之，不包含其他判決在內。關於命被上訴人陳某辦理所有權移轉登記之確定判決，性質上既非形成判決，尚須上訴人根據該確定判決辦畢所有權移轉登記後，始能取得所有權，自難謂上訴人於該所有權移轉登記事件判決確定時，即取得系爭土地之所有權。嗣後上訴人既迄未辦畢所有權移轉登記，則其尚未取得系爭土地之所有權，殊無疑義，是上訴人本於所有權請求排除被上訴人楊某等之強制執行，即難認為有理由。」

五、其他非因法律行為而取得不動產物權

　　此處所謂其他非因法律行為而取得不動產物權，參照實務案例，其主要情形有二，其一為依法律直接之規定而取得不動產物權，其二為因法律事實而取得不動產物權。關於「於登記前已取得不動產物權者」，原民法第七五九條僅規定有繼承、強制執行、公用徵收及法院之判決四種，本項事由，為此次（民國九十八年）修正民法物權編所增訂。惟在民法物權編增訂本項事由之前，實務上鑑於民法第七五八條之規定，限於依法律行為所生不動產物權之變動，始適用之，依法律直接之規定或法律事實而取得不動產物權者，並不包含在內，然因其情形與原民法第七五九條所規定者無異，從而認為有此等情事發生時，自仍應依該條規定，不待登記即可取得不動產物權，惟非經登記不得處分該不動產物權。

　　就依法律直接之規定而取得不動產物權言之，實務上之重要案例，有因除斥期間之屆滿而取得典物所有權。民法第九二三條第二項規定，出典人於典期屆滿後，經過二年不以原典價回贖者，典權人即取得典物所有權，因非依法律行為而取得，自不待登記即可發生取得所有權之效力，惟非經登記仍不得處分其所有權，蓋因依法律直接之規定取得不動產所有權，與因繼承於登記前已取得不動產所有權者無異（三十院二一九三）。其次，讓與之債權附有不動產抵押權者，依民法第二九五條第一項前段規定，該抵押權於債權讓與時，隨同移轉於債權受讓人，受讓人於抵押權變更登記前，即取得該不動產抵押權，不受民法第七五八條規定之限制。惟此項依法律直接之規定而取得之不動產物權，其情形與第七五九條所規定者無異，依該條規定，非經登記不得處分。而拍賣抵押物，足以發生抵押權變動之效力，抵押權人為實行其抵押權，聲請法院拍賣抵押物，自屬抵押權之處分行為。是債權受讓人因受讓債權而取得其附隨之不動產抵押權者，非經登記不得實行抵押權，聲請法院拍賣抵押物（九十一臺抗五八八判決）。又法定抵押權係基於法律規定而發生，固不待登記即生效力，惟法定抵押權之拋棄，乃屬處分，須經登記後，方得為之（九十四臺上四三四判決）。

　　就因法律事實而取得不動產物權言之，實務上之重要案例，為自己出資興建建築物。自己建築之房屋，與依法律行為而取得者有別，縱使不經

登記，亦不在民法第七五八條第一項所謂非經登記不生效力之列（四十一臺上一〇三九），即該房屋之原始建造人，雖未經登記，亦取得其所有權。惟嗣後如依法律行為而就該房屋為物權之設定或變更應行登記時，仍須先為房屋所有權保存登記，始得為設定或變更之登記（三十院二二〇六）。

第四、登記之效力

不動產物權一經依法完成登記，即發生下列三種效力，分述如下：

一、公示力

不動產物權經登記後，或生不動產物權變動之效力（民法第七五八條第一項），或生得處分其不動產物權之效力（民法第七五九條），且因此而表彰其不動產物權之現有狀態，此即登記之公示力。又地政機關因權利人及義務人申請，所為土地權利變更登記之行政處分，性質上為形成處分，一經登記完成，不動產物權即生變動之效力，縱地政機關所為土地權利變更登記之行政處分有所瑕疵，於該行政處分生效後，在未經依法撤銷或廢止前，其效力自仍繼續存在，系爭房地已移轉登記於上訴人名下，有房地登記謄本可按，原審以上訴人就系爭房地所為之移轉登記，違背土地登記規則第一〇二條第一項之規定，於未經補正前，尚不生移轉之效力。其所持見解不無可議（九十六臺上一七二七判決）。

二、推定力

登記與占有同為物權公示方法之一，民法除就占有設有權利推定效力之規定（第九四三條）外，就登記亦設有權利推定效力之規定。民法第七五九條之一第一項規定：「不動產物權經登記者，推定登記權利人適法有此權利。」此項登記之推定力，乃為登記名義人除不得援以對抗其直接前手之真正權利人外，得對其他任何人主張之。又為貫徹登記之效力，此項推定力，應依法定程序塗銷登記，始得推翻之。

三、公信力

不動產物權之登記所表彰之物權如與實際狀態不一致，例如無所有權登記為有所有權，或土地有地上權負擔而未登記該地上權等不實情形，而

信賴不動產登記之善意第三人因信賴登記與之為交易行為，依法律行為再為物權變動之登記者，為確保善意第三人之權益，以維護交易安全，自應承認其效力，此即為登記之公信力。關於登記之公信力，我民法原無明文規定，惟土地法第四三條規定：「依本法所為之登記，有絕對效力。」所謂登記有絕對效力，係為保護第三人起見，將登記事項賦予絕對真實之公信力，因信賴不動產登記之善意第三人，已依法律行為為物權變動之登記者，其變動之效力，不因原登記有無效或撤銷之原因而受影響，故登記亦有公信力。

此次（民國九十八年）修正民法物權編，增訂民法第七五九條之一第二項規定：「因信賴不動產登記之善意第三人，已依法律行為為物權變動之登記者，其變動之效力，不因原登記物權之不實而受影響。」對登記之公信力，已設有明文規定，惟實務上對土地法第四十三條規定所表示之見解，仍有參考價值，茲分述如下：

㈠善意第三人始受保護

受登記絕對效力之保護者，以因信賴登記，已取得不動產物權之善意第三人為限，即土地法第四十三條所謂登記有絕對效力，係為保護善意之第三人而設，如為惡意之第三人，則不受保護。所謂惡意，係指明知土地登記簿謄本所登記之所有人，非真正之所有人，或明知其所有權之登記有無效或得撤銷之原因而言。至於善意的判斷時點，究竟以申請登記時為準，抑或以登記完畢時為準，實為困難的問題。自理論言，應以辦理登記完畢時為準，實際上則以申請登記時為準，較為合理，蓋登記過程非當事人所能控制❺❺。關於此項適用要件，除司法院之解釋外，尚有最高法院判例（決），可供參考：

①司法院二十八年院字第一九一九號解釋謂：「土地法第三十六條（現行法第四十三條——以下同，筆者附註）所謂登記有絕對效力，係為保護第三人起見，將登記事項賦予絕對真實之公信力，故第三人信賴登記，而取得土地權利時，不因登記原因之無效或撤銷，而被迫奪，惟此項規定，

---

❺❺ 參閱王澤鑑，《物權》，第一一〇頁。

並非於保護交易安全之必要限度以外剝奪真正之權利，如在第三人信賴登記，而取得土地權利之前，真正權利人仍得對於登記名義人主張登記原因之無效或撤銷，提起塗銷登記之訴。」

②司法院二十九年院字第一九五六號解釋謂：「綜合土地法與施行法之規定，而探求其一貫之法意，土地法第三十六條所謂登記有絕對效力，係為保護第三人起見，將登記事項賦予絕對真實之公信力，真正權利人，在已有第三人取得權利之新登記後，雖得依土地法第三十九條請求損害賠償，不得為塗銷登記之請求，而在未有第三人取得權利之新登記時，對於登記名義人，仍有塗銷登記請求權，自無疑義，院字第一九一九號解釋，無須變更。」

③最高法院五十年臺上字第九二九號判例：「土地法第四十三條所謂依本法所為之登記有絕對之效力，係為保護第三人起見，將登記事項賦予絕對真實之公信力，故第三人賴登記而聲請所有權移轉登記，縱令嗣經法院查封而對於查封後始辦妥移轉登記，執行債權人亦不得對之主張債務人無權處分，而認第三人尚未取得所有權，固為本院所持之見解，惟此係指所有權移轉登記之情形而言，不包括所有人之保存登記在內。蓋保存登記並非具有創設效力，須經地政機關為登記之公告，在公告期內無人提起異議者，始得視為確定，倘在公告期內已經法院查封，即失其效力。」

④最高法院四十一年臺上字第三二三號判例：「土地法第四十三條所謂登記有絕對效力，係為保護第三人起見，將登記事項賦與絕對真實之公信力，故真正權利人祇許在未有第三人取得權利前，以登記原因無效或得撤銷為塗銷登記之請求，若至已有第三人本於現存之登記而為取得權利之新登記以後，則除得依土地法第六十八條規定請求損害賠償外，不得更為塗銷登記之請求，因之真正權利人對於第三人依此取得之不動產，訴請返還，自無法律上之根據。」

⑤最高法院八十八年臺上字第二一七七號判決：「按土地法第四十三條所謂依本法所為之登記，有絕對效力之規定，其旨在於保護善意第三人，因信賴登記機關之登記，而為交易之交易安全（司法院院字第一九一九號

解釋參照）。故不論私人基於私法關係對原所有權人取得不動產之移轉登記請求權，或國家基於公法關係（例如徵收程序）而原始取得土地所有權，在私人或國家依法完成所有權登記前，第三人因信賴登記，而自無權處分之人取得所有權，真正權利人或國家仍無排除第三人之所有權，主張其始為真正所有權人之餘地。」

⑥最高法院八十九年臺上字第一一六五號判決：「土地法第四十三條所謂登記有絕對效力，係為保護因信賴登記取得土地權利之第三人而設。倘第三人於訂立買賣契約時，雖屬善意，但於辦妥登記取得權利前，如已知登記有無效或得撤銷之原因，而仍執意為登記，即難認其為信賴登記之第三人，應不受土地法第四十三條之保護。」

⑦最高法院九十年臺上字第四四七號判決：「按司法院院字第一九一九號解釋所稱，依土地法第四十三條之規定，登記有絕對效力，第三人信賴登記，而取得不動產權利時，不因登記原因之無效或撤銷而被追奪云云。係指不動產之登記『原因』，如買賣、贈與等債之關係，縱為無效或被撤銷，亦不影響第三人因信賴登記而取得之權利而言，若登記之本身為無效之登記，則無上開解釋之適用。」

㈡直接當事人間不得主張

如上所述，登記之公信力，僅是為保護因信賴登記而取得不動產權利之第三人而設，故在當事人（包括其概括繼受人）間，尚不能主張登記之公信力，倘登記原因無效或得撤銷時，在第三人未取得不動產權利前，真正權利人對於登記名義人仍得主張之，即真正權利人（例如原所有人）仍得對登記名義人主張其真正權利（例如所有權）之存在，或依法對之行使撤銷權是。關於此項見解，前揭二則司法院解釋均已有所敘明，茲再引最高法院判例三則、判決一則如下，用供參考：

①最高法院三十三年上字第五九〇九號判例：「土地法第三十六條所謂登記有絕對效力，依司法院院字第一九一九號解釋，係為保護第三人起見，將登記事項賦予絕對真實之公信力。故第三人信賴登記而取得土地權利時，真正權利人固不得對之主張其權利，若土地權利名義人並非此種第三人，

而其登記原因係無效或經撤銷者，真正權利人不提起塗銷登記之訴而對之提起確認之訴，主張其所有權之存在自無不可。」

②最高法院三十九年臺上字第一一○九號判例：「依土地法所為之登記有絕對效力，固為同法第四十三條所明定，惟參照司法院院字第一九一九號解釋，在第二者信賴登記而取得土地權利之前，真正權利人既仍得對登記名人主張登記原因之無效或撤銷，提起塗銷登記之訴，自不能據以除斥真正之權利。」

③最高法院四十年臺上字第一八九二號判例：「土地法第四十三條所謂登記有絕對效力，係為保護因信賴登記取得土地權利之第三人而設，故登記原因無效或得撤銷時，在第三人未取得土地權利前，真正權利人對於登記名義人自仍得主張之。」

④最高法院九十年臺上字第七九二號判決：「㈡土地法第四十三條所謂登記有絕對效力，旨在保護信賴登記之善意第三人，以維交易安全，此第三人自不包括繼承人在內，本件上訴人為訴外人許○生之繼承人，其因繼承關係而就系爭土地辦理繼承登記為所有人，並非因信賴登記而與之交易之第三人，自不受土地法第四十三條規定之保護。許○生既未取得系爭土地之所有權，上訴人自亦無從本於繼承關係而取得系爭土地之所有權。」

案例一──1

　　甲違反建築法令之規定，擅自在自己房屋之頂樓上加建有二十坪大之Ａ房屋（俗稱違章建築），將之出賣於乙，並交付由乙占有使用。試問Ａ房屋（即違章建築）之所有權屬於何人？若甲仍為Ａ房屋之所有權人，可否對乙主張Ａ房屋為其所有，而行使其所有權？

①所謂違章建築，係指建築法適用地區內，未經申請當地主管建築機關審查許可，並發給執照，而擅自建造的建築物（參閱建築法第三條、第四條、第二五條）。甲違反建築法令之規定，擅自在自己房屋之頂樓上所加建有二十坪大之Ａ房屋，自屬違章建築。自己建築之房屋，與依法律行為

而取得者有別，縱使不經登記，亦不在民法第七五八條第一項所謂非經登記不生效力之列（四十一臺上一〇三九）。本件違章建築Ａ房屋，係土地上之定著物，為不動產，因甲係自行建造，並非依法律行為而取得，故無民法第七五八條第一項規定之適用，其所有權之取得，不以經登記為要件，應由建造人甲原始取得其所有權。

又違章建築，因其所有權人無法提出使用執照等文件，雖不能辦理建物所有權第一次登記（保存登記）（參閱土地登記規則第七九條以下），但仍得作為交易客體，就違章建築所為之買賣等債權行為，皆屬有效，並可公證。不動產物權依法律行為而取得者，非經登記不生效力，為民法第七五八條第一項所明定。此項規定，並不因不動產為違章建築而有例外（六十二臺上二四一四），即依法律行為而為違章建築物權之移轉或設定，非經登記不生效力。故本件違章建築Ａ房屋之買受人，欲由出賣人甲取得其所有權，仍須辦妥所有權移轉登記始可。惟因本件違章建築Ａ房屋，不能辦理建物所有權第一次登記，其所有權之原始取得人甲，縱令已與乙就Ａ房屋所有權之移轉，依民法第七五八條第二項規定訂立書面契約，並將Ａ房屋交付於乙占有，但不能辦理登記移轉其所有權，故乙不能取得其所有權，甲仍為Ａ房屋之所有權人。

如上所述，出賣人甲仍為Ａ房屋之所有權人，在此情形，出賣人甲可否對乙主張Ａ房屋仍為其所有，而行使其所有權，不無問題。由於物之出賣人，負有交付其物於買受人，並使其取得該物所有權之義務（民法第三四八條第一項），故甲將Ａ房屋交付於買受人，僅屬其履行出賣人義務之一部分，乙占有Ａ房屋，並非無法律上之原因或無權限，故出賣人甲不得對乙主張Ａ房屋仍為其所有，而行使其所有權。最高法院四十八年臺上字第一八一二號判例謂：「違章建築雖為地政機關所不許登記，但非不得以之為交易標的，原建築人出賣該建築物時，依一般法則，既仍負有交付其物於買受人之義務，則其事後以有不能登記之弱點可乘，又隨時隨意主張所有權為其原始取得，訴請確認，勢將無以確保交易之安全，故此種情形，即屬所謂無即受確認判決之法律上利益，應予駁回。」可資參照。至於乙雖不

能取得 A 房屋之所有權，惟因其已取得對 A 房屋之占有，故可受占有之保護，例如得行使民法第九六〇條規定之自力救濟權或民法第九六二條規定之物上請求權；對於不法侵害其占有者，得依民法第一八四條規定請求損害賠償是。

第二款　動產物權之變動

第一、動產物權讓與之要件

民法第七六一條第一項規定：「動產物權之讓與，非將動產交付，不生效力。但受讓人已占有動產者，於讓與合意時，即生效力。」此處所謂讓與，乃指權利人依法律行為（契約、單獨行為、共同行為），將其物權移轉於他人而言，故非依法律行為之動產物權移轉或取得，例如依繼承、強制執行、先占、添附、取得時效、拾得遺失物等，而生動產物權之變動者，則無本條項之適用。至於所謂動產物權，除動產所有權外，尚包括動產質權及留置權在內。

動產物權之讓與，除讓與合意外，尚須交付，二者兼具始生效力。所謂讓與合意，係指直接以動產物權之讓與為內容之合意，屬物權契約，不以訂立書面為必要，得以明示或默示為之。至於交付，乃動產物權變動之公示方法，為讓與動產物權之生效要件。汽車為動產，其物權之讓與（移轉），亦有民法第七六一條規定之適用（七十臺上四七七一），即有關車輛之管制檢驗及變更登記等，須經公路監理機關之登記，並以發給行車執照記載之車主為準，固屬實在，惟在監理機關辦理過戶，係屬行政管理事項，非汽車所有權移轉之法定要件，監理機關所為之過戶，不生物權移轉之效力，其所有權之讓與，依民法第七六一條第一項規定，以有讓與合意及交付為已足，仍因交付而生效（七十一臺上三九二三判決、七十二臺上一九三三判決）。其次，所謂交付，係指移轉占有而言，可分為現實交付與觀念交付，詳後述之。

第二、現實交付

民法第七六一條第一項本文規定：「動產物權之讓與，非將動產交付，不生效力。」此處所謂交付，係指現實交付，乃動產物權之讓與人，將其對於動產之現實的事實上管領力，移轉於受讓人而使其取得直接占有，一般所稱之交付即指此而言。例如汽車之出賣人，將汽車現實的移交於買受人，出賣人喪失對該汽車之直接占有，買受人因而取得該汽車之直接占有是。又事實上管領力之移轉，須基於讓與人之意思，受讓人自行占有，不構成交付，至於事實上管領力已否移轉，則應依交易觀念決定之。此外，移轉動產物權而為的現實交付，可經由占有輔助人或間接占有人為之。

第三、觀念交付

所謂觀念交付，即並非真正的交付，乃占有觀念的移轉，以之代替現實交付。觀念交付，係為交易上之便利計，而採取之變通的方法。最高法院七十年臺上字第四七七一號判例謂：「依民法第七百六十一條第一項前段規定，動產物權之讓與，非將動產交付，不生效力，此之所謂交付，非以現實交付為限，如依同條第一項但書及第二項、第三項規定之簡易交付，占有改定及指示交付，亦發生交付之效力，此項規定於汽車物權之讓與，亦有適用。」可供參考。至於觀念交付，依我民法規定，其情形有三，分述如下：

一、簡易交付

民法第七六一條第一項但書規定：「受讓人已占有動產者，於讓與合意時，即生效力。」此即為簡易交付，其目的在於顧及交易便捷，以免發生標的物既已存於受讓人之手，由其先行返還於讓與人，再由讓與人交付於受讓人，而徒費無謂之周折。最高法院八十三年臺上字第一九七三號判決謂：「民法第七百六十一條第一項所謂『受讓人已占有動產者，於讓與合意時，即生效力』，係指受讓人已先占有動產，爾後讓與人與受讓人間始發生讓與之合意者而言，乃為顧及交易手續之便捷與經濟，法律明定只須當事人有

讓與合意,即生動產變動之效力,無須再為現實交付。」即在表明此項意旨。應予注意者,乃於受讓人已占有動產之情形,嗣後讓與人與受讓人就動產物權之讓與,達成合意時,即發生動產物權讓與之效力,至於受讓人占有動產之原因為何,究為租賃、寄託、使用借貸、委任、或拾得遺失物等,其係有權占有或無權占有(例如因偷竊而取得占有),均在所不問❺❻。

二、占有改定

民法第七六一條第二項規定:「讓與動產物權,而讓與人仍繼續占有動產者,讓與人與受讓人間得訂立契約,使受讓人因此取得間接占有,以代交付。」此即為占有改定,立法理由在於簡化動產物權之移轉,例如甲將其所有之汽車出賣於乙,因甲尚須使用此汽車,得與乙成立讓與汽車所有權之合意,並與乙訂立租賃或使用借貸契約,使乙取得間接占有,以代現實交付是。以占有改定之方式代替現實交付,使受讓人取得動產物權者,必須讓與人與受讓人訂立足使受讓人因此取得間接占有之契約,始足當之。如僅單純約定讓與人為受讓人占有,並無間接占有之法律關係存在,尚不成立占有改定,其受讓人即不能因此取得動產物權(九十五臺上七六四判決)。至於讓與人與受讓人間所訂立之契約,不限其種類,只要足使受讓人因此取得間接占有者皆可,例如租賃、使用借貸、寄託等是。

三、指示交付

民法第七六一條第三項規定:「讓與動產物權,如其動產由第三人占有時,讓與人得以對於第三人之返還請求權,讓與於受讓人,以代交付。」此即為指示交付,亦稱返還請求權之讓與,或返還請求權之代位,立法理由亦係基於簡便原則。例如甲將其出租與乙之汽車讓售於丙,因租期未滿,暫時無法收回而為現實交付,惟甲與丙亟欲讓與行為之成立,而丙亦願意承受該租賃契約(民法第四二五條),或丙取得該汽車所有權後,亦擬繼續將該汽車出租於乙,在此情形,甲依返還請求權之讓與,將其對乙之返還該汽車請求權讓與丙,以代交付,使丙取得該汽車所有權,符合當事人利益。至於讓與人對於第三人之返還請求權,除基於占有媒介關係(例如租

❺❻　參閱王澤鑑,《物權》,第一二〇頁。

賃、使用借貸、寄託）所生之債權返還請求權，或基於侵權行為或不當得利所生之返還請求權外，尚包括民法第七六七條所規定之所有物返還請求權[57]。最高法院八十四年臺上字第二四一六號判決謂：「物之交付，不以現實交付為限，依民法第七百六十一條第三項規定，指示交付亦包括在內，此規定於占有之移轉亦準用之（民法第九百四十六條參照）。故買賣標的物房屋，如由第三人無權占有時，出賣人得以對於第三人之所有物返還請求權讓與買受人，以代現實交付，此與所有人將民法第七百六十七條所定物上請求權，與所有權脫離，而單獨將物上請求權讓與之情形，尚屬有間。」可供參考。

第四、交付（占有）之效力

交付即移轉占有，動產物權一經交付，即發生下列三種效力，分述如下：

一、公示力

動產物權一經交付後，即生動產物權變動之效力，且因此而表彰其動產物權之現有狀態，此即占有之公示力。

二、推定力

民法第九四三條規定：「占有人於占有物上行使之權利，推定其適法有此權利。」此即關於占有之推定力之規定，詳後述之。

三、公信力

民法第八〇一條規定：「動產之受讓人占有動產，而受關於占有規定之保護者，縱讓與人無移轉所有權之權利，受讓人仍取得其所有權。」民法第八八六條規定：「動產之受質人占有動產，而受關於占有規定之保護者，縱出質人無處分其質物之權利，受質人仍取得質權。」第九四八條第一項前段規定：「以動產所有權，或其他物權之移轉或設定為目的，而善意受讓該動產之占有者，縱其讓與人無讓與之權利，其占有仍受法律之保護。」此即關於占有之公信力之規定，詳後述之。

[57] 參閱王澤鑑，《物權》，第一二二至一二三頁。

第四節　物權之消滅

物權之消滅，係物權變動態樣之一種，其原因甚多，有基於物權之共通消滅原因者，例如標的物滅失是，有基於各別物權之特別消滅原因者，例如抵押權因除斥期間經過而消滅（民法第八八〇條）是。此處所述者，乃物權消滅之共通原因。關於物權消滅之共通原因，民法特予規定者有二，即混同及拋棄是，以下就此分述之：

第一、混同

所謂混同，係指二個無同時並存必要之物權，同歸於一人之事實。混同為債權及物權之共同的消滅原因❺❽，二個物權混同，原則上一物權消滅，例外則不消滅。其情形如下：

一、所有權與其他物權之混同

民法第七六二條規定：「同一物之所有權及其他物權，歸屬於一人者，其他物權因混同而消滅。但其他物權之存續，於所有人或第三人有法律上之利益者，不在此限。」茲依其規定，分述如下：

㈠其他物權因混同而消滅（原則）

同一物之所有權及其他物權，歸屬於一人者，其他物權因混同而消滅，此為原則。例如甲將其所有之田地出典於乙，於典權存續中，又將該田地之所有權讓與乙時，即發生該田地之所有權及存在該田地上之典權（其他物權），同歸於乙一人，則乙之典權（其他物權）消滅是。

㈡其他物權不因混同而消滅（例外）

同一物之所有權及其他物權（定限物權），歸屬於一人者，其他物權之存續，於所有人或第三人有法律上之利益時，則不消滅，此為例外。關於此可分兩項言之：①於所有人有利益時，則不消滅，例如甲將其所有土地

---

❺❽　民法第三四四條規定：「債權與其債務同歸一人時，債之關係消滅。但其債權為他人權利之標的或法律另有規定者，不在此限。」

一筆，先後向乙、丙為供擔保，依次設定第一、第二次序抵押權，其後乙因繼承甲而取得甲之所有權，發生同一物之所有權及抵押權（其他物權），歸屬於乙一人，此時若依前述原則，使乙之抵押權因混同而消滅，則丙將可遞升為第一抵押權人，於清償期屆滿未獲清償時，實行抵押權優先受償，顯然對乙不利，此時為乙（所有人）之利益計，法律上不使乙之抵押權因混同而消滅。②於第三人有利益時，則不消滅，例如甲於乙之土地上有典權，並將該典權為丙設定抵押權，其後甲因購買而取得該土地之所有權，發生同一物之所有權及典權（其他物權），歸屬於甲一人，此時若依前述原則，使甲之典權因混同而消滅，則丙之抵押權，即將因標的物（典權）消滅而消滅，此顯然對第三人丙不利且不公平，此時為保護丙（第三人）之利益計，故法律上不使甲之典權因混同而消滅。

二、定限物權與以該定限物權為標的物之權利混同

民法第七六三條規定：「所有權以外之物權，及以該物權為標的物之權利，歸屬於一人者，其權利因混同而消滅。前條但書之規定，於前項情形準用之。」茲依其規定，分述如下：

㈠以定限物權為標的物之權利因混同而消滅（原則）

所有權以外之物權（定限物權），及以該物權為標的物之權利，歸屬於一人者，其權利因混同而消滅，此為原則。例如甲以其在乙之土地上所取得之地上權，為丙設定抵押權，其後抵押權人丙因繼承甲而取得甲之地上權時，則地上權與以該地上權為標的物之抵押權，同歸一人，抵押權消滅是。

㈡以定限物權為標的物之權利不因混同而消滅（例外）

所有權以外之物權（定限物權），及以該物權為標的物之權利，歸屬於一人者，若以該物權為標的物之權利的存續，於權利人或第三人有法律上之利益者，其權利仍不消滅，此為例外。關於此可分兩項言之，①於權利人有利益時，則不消滅，例如甲以其典權，先後向乙、丙依次設定第一、第二次序之抵押權後，乙因受讓而取得甲之典權，此時係典權與以該典權為標的物之抵押權，同歸於乙一人，依上述原則，乙之抵押權應歸消滅，

丙升為第一次序抵押權人，惟此顯然有礙於乙（權利人）之利益，故法律上遂使乙之抵押權不因混同而消滅。②於第三人有利益時，則不消滅，例如甲於乙之土地上有地上權，並將該地上權抵押於丙，而丙復將其抵押權隨同所擔保之債權設定權利質權於丁，丙因受讓或其他原因，取得甲之地上權，此時係地上與以該地上權為標的物之抵押權，同歸於丙一人，依上述原則，丙之抵押權應因混同而消滅，但由於第三人丁對於抵押權之存續，有法律上之利益，故法律上遂使丙之抵押權不因混同而消滅。

第二、拋棄

一、拋棄之自由與限制

所謂拋棄，係指依權利人之意思表示，不以其物權移轉於他人，而使其物權絕對歸於消滅之單獨行為也（三十二上六〇三六）。民法第七六四條第一項規定：「物權除法律另有規定外，因拋棄而消滅。」由於物權為財產權，故其權利人原則上得自由拋棄，惟法律另有規定者，例如民法第八三四條及第八三五條就地上權之拋棄，設有限制是，自應從其規定。

又以物權為標的物而設定其他物權，或於該物權有其他法律上之利益者，事所恆有。例如以自己之所有權或以取得之地上權或典權為標的物，設定抵押權為擔保而向第三人借款；或以質權或抵押權連同其所擔保之債權設定權利質權；或地上權人於土地上建築房屋後，將該房屋設定抵押權予第三人等是。於此等情形，如允許原物權人自由拋棄其物權（如地上權、典權、抵押權等），則所設定之其他物權將因作為其標的物之物權消滅而受影響，以致減損第三人之利益，對第三人之保障欠周。故民法第七六四條第二項規定：「前項拋棄，第三人有以該物權為標的物之其他物權或於該物權有其他法律上之利益者，非經該第三人之同意，不得為之。」職是之故，物權之拋棄，僅能於不妨害他人利益之情形下為之，物權之拋棄影響他人權利時，應得其同意，例如以地上權、農育權或典權設定權利抵押權（民法第八八二條）時，地上權人、農育權人或典權人拋棄其權利時，應經權利抵押權人之同意，否則其拋棄對權利抵押權人不生效力。

二、拋棄之方式

物權之拋棄，亦屬依法律行為而喪失物權之一種，而物權之變動要件，因動產與不動產而有所不同，故拋棄物權究應如何為之，自應分別以觀。茲分述如下：

㈠動產物權之拋棄

民法第七六四條第三項規定：「拋棄動產物權者，並應拋棄動產之占有。」從而在動產物權之拋棄，如為所有權之拋棄，係無相對人之單獨行為，不一定非向特定人為意思表示不可，祇須放棄其對該動產之占有，而顯示其拋棄之意思表示時，即生拋棄之效力；如為其他物權（質權、留置權）之拋棄，係有相對人之單獨行為，須向因拋棄而直接受利益之人（出質人、留置物所有人）以意思表示為之，並交付該動產，始生拋棄之效力。

㈡不動產物權之拋棄

由於不動產物權之拋棄，係以單獨行為使物權喪失，應有民法第七五八條規定之適用，因而除須為拋棄之意思表示外，尚須作成書面並向登記機關辦理塗銷登記後，始生拋棄之效力。最高法院七十四年臺上字第二三二二號判例謂：「民法第七百五十八條規定，不動產物權依法律行為而喪失者，非經登記不生效力。拋棄對於不動產公同共有之權利者，亦屬依法律行為喪失不動產物權之一種，如未經依法登記，仍不生消滅其公同共有權利之效果。」可供參考。至於此項拋棄不動產物權之意思表示，因不動產所有權之拋棄，係無相對人之單獨行為，不一定非向特定人為意思表示不可；不動產定限物權（例如地上權、抵押權）之拋棄，係有相對人之單獨行為，自須向因拋棄而直接受利益之人以意思表示為之（民法第八三四條第二項參照）。

又因繼承於登記前已取得不動產物權者，非經登記，不得處分其物權；不動產物權，依法律行為而喪失者，非經登記，不生效力；物權，除法律另有規定外，因拋棄而消滅，民法第七五九條、第七五八條及第七六四條分別定有明文。查拋棄對於不動產公同共有之權利者，亦屬依法律行為喪失不動產物權之一種，如未經依法登記，仍不生消滅其公同共有權利之效

果。足見因繼承而取得不動產之公同共有權者，欲拋棄該不動產之公同共有權時，須先為繼承登記，再為拋棄之處分登記，始生效力（八十六臺上二七六二判決）。

三、拋棄之效力

物權因拋棄而消滅（民法第七六四條），故動產所有權一經拋棄，即成為無主物，得為先占的客體（民法第八○二條）。拋棄不動產所有權時，歸屬於國庫，登記機關應於辦理塗銷登記後，隨即為國有之登記（土地登記規則第一四三條第二項），但該不動產之定限物權，不受影響，仍繼續存在。拋棄定限物權（用益物權或擔保物權）時，其所有權又回復到不受限制之狀態。

第二章

所有權

第一節　通　則

第一項　總　說

第一款　所有權之概念

第一、所有權之意義、性質及種類

一、所有權之意義

　　所有權者，於法令限制內，對於標的物為一般的全面的支配而具有彈性及永久性之物權也。所有權為財產權之核心，憲法第十五條規定財產權應予保障，主要係指所有權而言。

二、所有權之性質

㈠完全性

　　所有權人對其標的物之支配屬於一般的全面的支配，亦即對於標的物，得為全面的概括占有、管理、使用、收益、處分等，並為他物權之泉源，是為最完整之物權。此與其他物權，僅得於特定範圍內為物之支配者不同。

㈡整體性

　　所有權對其客體具有使用、收益、處分等種種支配之權能，但並非此諸種權能在量之集合，乃於法令限制之範圍內，得自由利用之渾然一體之權利，亦即所有權係整體的。因此在所有物上設定用益物權或擔保物權，不是讓與所有權之一部，而是創設一個新的、獨立之物權。

㈢彈力性

　　所有權之內容得自由伸縮，於所有權上設定他物權（例如典權、地上權）時，其全面支配所有物之權利，即大為減縮，然一旦此種限制（即他物權）消滅，其所有權即當然立刻回復全面的支配之狀態，故所有權具有彈力性。

㈣永久性

所有權以永久存續為本質，所有權不罹於時效而消滅，亦不得依契約預定其存續期間，故有永久性。

三、所有權社會化

所有權乃為對於標的物為全面的、直接的支配之權利，具有完全性及絕對性等，前已述及。十八、十九世紀時，個人主義高唱入雲，認為所有權係神聖不可侵犯之權利，不含有任何義務，所有權人之行使權利固有其自由，不行使尤饒有自由，但卻因而造成財富集中之貧富懸殊、物不能盡其利之經濟資源浪費或妨害社會公益等嚴重問題。因而在現代社會國家，所有權絕對自由之理論，已無學者支持，認為所有權附有義務，其行使應同時有益於公共福利，亦即所有權之行使，應以增進國家社會之福利為目的，須受法令之限制，不得濫用，此即所謂所有權之社會化。

第二、所有權之分類

一、不動產所有權與動產所有權

此係以其客體（標的物）為不動產抑為動產為標準，所為之區分。以不動產為其客體者，為不動產所有權；以動產為其客體者，為動產所有權。

二、單獨所有權與共同所有權

此係以其主體（人）為單數抑為複數為標準，所為之區分。前者即一般之所有權，其主體僅有一人（單數）；後者即所謂共有，其主體有二人（複數）以上。

第二款　所有權之權能

民法第七六五條規定：「所有人，於法令限制之範圍內，得自由使用、收益、處分其所有物，並排除他人之干涉。」由此可知所有權具有使用、收益、處分及排除他人之干涉之權能或效力，前三者乃所有權之積極的權能，後者乃所有權之消極的權能。又民法第七六五條雖未列入「占有」，但應肯定占有為所有權之一項基本權能，蓋因物之使用、收益，皆以占有為必要，

且民法第七六七條對所有物之返還亦設有規定❶。應予注意者，乃所有權在法令限制之範圍內，有行使之自由，民法第七六五條所規定者，僅為所有權之主要權能，並非以此為限，此外尚有其他權能，以下僅就民法第七六五條所規定之各種權能分述之：

第一、積極的權能

一、使用

所謂使用，乃不毀損物體，亦不變更物之性質，而依其用法，以之供生活上之需要也，例如房屋之供居住、衣服之供穿著是。

二、收益

所謂收益，乃指收取所有物之天然孳息或法定孳息而言，例如摘取果實或賃屋收租是。民法第七六六條規定：「物之成分及其天然孳息，於分離後，除法律另有規定外，仍屬於其物之所有人。」所謂法律另有規定，例如民法第七〇條（天然孳息歸屬於收取權人）❷、第七九八條（果實自落鄰地，視為屬於鄰地）、第九五二條（孳息歸屬於善意占有人）等是。

又物之構成部分，除法律有特別規定外，不得單獨為物權之標的物。未與土地分離之樹木，依民法第六六條第二項之規定，為土地之構成部分，與同條第一項所稱之定著物為獨立之不動產者不同。故土地所有人保留未與土地分離之樹木，而將土地所有權讓與他人時，僅對於受讓人有砍伐樹木之權利，不得對於更自受讓人受讓所有權之第三人，主張其有獨立之樹木所有權（二十九上一六七八）。

三、處分

---

❶　參閱史尚寬，《物權》，第五十七頁；王澤鑑，《物權》，第一三九頁；謝在全，《物權（上）》，第一七〇頁。

❷　最高法院四十八年臺上字第一〇八六號判例：「土地所有人於所有權之作用，就其所有土地固有使用收益之權，但如將所有土地出租於人而收取法定孳息，則承租人為有收取天然孳息權利之人，在租賃關係存續中，即為其權利之存續期間，取得與土地分離之孳息。」

　　所謂處分，應從廣義解釋，可分為二：①事實上之處分，乃在物理上變更或毀滅其物而言，例如拆屋改建、毀椅燒柴、以材料生產物品是。②法律上之處分，乃指變更、限制或消滅其物之權利而言，包括物權行為及債權行為在內，例如讓與其物之所有權、以土地設定抵押權、拋棄傢俱、出賣或出租房屋等是。

第二、消極的權能

　　所有權具有絕對性，不容他人之不法干涉，排除他人之干涉，為所有權之消極權能。所謂排除他人之干涉，乃就他人對所有權之不法直接干擾、妨害或侵奪等，本於所有權予以排斥除去之謂，得對任何人主張之。排除他人之干涉，旨在保護所有權，其主要方法為所有權之物上請求權，其詳下述之。

第三、所有權之限制

　　所有權固有種種之積極權能與消極權能，惟此等權能，均須受法令之限制，僅於法令限制之範圍內始得自由為之。所謂法令，當係指法律及依據法律的委任而發布之命令而言，無法律根據之行政命令，不得對於所有權加以限制（二十一上一○一○）❸。法令對所有權之限制，有為民法上

---

❸　最高法院八十八年臺上字第五六九號判決：「按民法第七百六十五條規定，所有人於法令限制範圍內，得自由使用、收益、處分其所有物，並排除他人之干涉。此所謂之法令，係指法律及行政機關依法律之授權所頒布之命令而言，無法律依據之行政命令，不得對於所有權加以限制（憲法第十五條參照）。行政院三十五年七月一日公布之收復區私有土地上敵偽建築物處理辦法、臺灣省政府三十七年一月二十六日頒行之臺灣省各縣市暨鄉鎮公產清查辦法，核其內容均非屬限制人民所有權之法令。行憲前司法院於三十六年二月二十五日、五月六日、十月二十一日所為院解字第三三八一、三四六九、三六一五號解釋，係就收復區私有土地上敵偽建築物處理辦法之規定而為闡釋，尚非當然得適用於行憲後之臺灣地區。次按日據時期日本政府於人民私有土地上興建房屋之初，若無合法權源，則臺灣光復後，我國政府基於國家權力關係，所接受者，乃僅地上之房屋，並非房屋所

之限制者，例如禁止權利濫用（民法第一四八條第一項）、相鄰關係之規定（民法第七七四條至第八〇〇條之一）是；有為民法以外法令上之限制者，例如土地法、耕地三七五減租條例、都市計畫法、建築法、礦業法、空氣污染防制法、噪音管制法、文化資產保存法等，所設之限制規定是。就法令限制之形態而言，有為積極的限制者，即使所有權人負有積極的為一定行為之義務，例如民法第七九五條規定之所有人有為必要預防義務是；有為消極的限制者，即使所有人負有容忍他人之侵害或不得自由行使其權利之義務，例如民法第七七三條規定之不得排除他人干涉、民法第七七五條規定之不得妨阻自然流至之水是，皆其適例。又所有權亦須受第三人物權之限制，例如於土地設定地上權或典權時，土地所有人使用收益之權能，即因此被排除是。

至於當事人間就所有權所約定之限制，例如禁止所有權受讓人處分所有權或處分時需經其監督之特約是，如不違反強制規定或公序良俗時，自屬有效，惟僅在當事人間具有債之效力，不具有對抗第三人之物權效力。最高法院三十年上字第一二一號判例謂：「所有權之讓與人與受讓人，於不違反公益之程度，所訂禁止受讓人處分所有權之特約，固應認為有效，但僅於當事人間發生債之關係，不能發生物權的效力。」三十二年上字第十一號判例謂：「某甲將財產分給諸孫，其所立析產證書內雖載吾均有監督之權字樣。然將財產給與子孫，移轉所有權後，限制其處分，無對抗第三人之效力。」可供參考。

第二項　所有權之保護

民法第七六七條第一項規定：「所有人對於無權占有或侵奪其所有物者，得請求返還之。對於妨害其所有權者，得請求除去之。有妨害其所有權之虞者，得請求防止之。」故所有人有物上請求權，亦有稱之為基於所有權而生之請求權，其目的在保護所有權不受侵害。又因「所有物返還請求權」及「所有物保全請求權」，具有排除他人侵害作用。學者通說以為排除

占用之土地，即不得因該接收關係，而使原屬無權占有土地變成有權占有。」

他人侵害之權利，不僅所有權有之，即所有權以外之其他物權，亦常具有妨害排除效力。故民法第七六七條第二項規定：「前項規定，於所有權以外之物權，準用之。」

第一款　所有物返還請求權

所有人對於無權占有或侵奪其物者，得請求返還之，學說上稱為所有物返還請求權，或所有人之回復請求權。茲就有關問題，分述如下：

第一、構成要件

所有人對於他人無權占有，行使物上請求權，必須對他人無權占有之物，自己有所有權存在，及該他人現仍實際上無權占有其物者，為其成立要件：

一、請求權之主體（權利人）須為失卻占有之所有人

請求權之主體（權利人）須為失卻占有之所有人，故請求人就其對標的物存有所有權，應負舉證責任❹。在不動產，因依土地法所為之登記，具有絕對之效力(土地法第四三條)，故其所有人應依登記簿之記載認定之，登記縱有無效或撤銷原因，在未經依法塗銷或更正前，原則上仍以登記名義人為請求權之主體。最高法院九十三年臺上字第四十五號判決謂：「我國民法就不動產物權採登記要件主義，除法律另有規定外，不動產所有權之有無，全依土地或建物登記簿登載之狀態為準；縱使登記原因有無效之情形，在該登記未塗銷以前，其登記仍不失其效力，難謂登記名義人非所有人，其得本於所有人地位，主張權利。」可供參考❺。惟不動產所有權之登

❹ 最高法院四十四年臺上字第一五四三號判決：「所有人對於無權占有其所有物者，得請求返還之，固為民法第七百六十七條所明定，惟提起請求返還所有物之訴之原告應就其主張訟爭標的物所有權存在之事實負舉證之責，苟不能為相當之證明，即難謂為有所有物返還請求權存在。」另請參閱最高法院民國八十二年度第二次民事庭會議決議；最高法院八十七年臺上字第一〇八七號判決。

❺ 最高法院七十二年臺上字第七九八號判決：「土地登記簿上現既仍登記訟爭之四九七之一地號土地為上訴人所有，則縱有登記錯誤情事，在依法更正其登記前，

記，在第三人尚未信賴該登記而取得權利新登記前，並不能據以排斥真正之權利人，如該登記原因有無效或撤銷之情形，真正所有人對於登記名義人仍得為民法第七六七條所有人之物上請求權之主張（八十八臺上一五一一判決）❻。此外，私有土地供公眾通行已歷數十年，已成道路，在公法上雖應認有公用地役關係存在，其所有權之行使應受限制。惟該土地既未經徵收，仍為私人保留，則土地所有權人仍保有其所有權能，對於無權占有其土地者，仍得行使民法第七六七條之物上請求權，請求無權占有者返還土地，僅在公法上其所有權之行使應受不得違反供公眾通行之目的及不許擅自圍堵已成之道路或變更作建築基地之限制而已（八十四臺上二一五三判決）。

　　表意人與相對人通謀而為虛偽之意思表示者，其意思表示無效，為民法第八七條前段所明定。準此，出於通謀虛偽意思表示所成立之買賣債權契約及其所有權移轉登記之物權行為自應認為無效。縱使虛偽意思表示之一方（買受人），已因無效之法律行為（包括債權行為及物權行為）完成土地所有權移轉登記，仍不能取得所有權，該虛偽買受人當然不得本於所有人之地位，行使民法第七六七條之物上請求權(九十四臺上一六四〇判決)。

二、請求權之相對人（義務人）須為現在占有其物之無權占有人

㈠現在占有人

　　所有物返還請求權得追及其物之所在而行使，其相對人須為現在占有其物之占有人，故請求返還所有物之訴，應以現在占有該物之人為被告，如非現在占有該物之人，縱令所有人之占有係因其人之行為而喪失，所有人亦僅於此項行為具備侵權行為之要件時，得向其人請求賠償損害，要不得本於物上請求權，對之請求返還所有物（二十九上一〇六一）。所謂現在

　　尚難謂訟爭土地非上訴人所有，不得行使所有物返還請求權。」

❻　最高法院八十五年臺上字第二九九六號判決：「不動產所有人之登記，如有無效原因時，真正權利人得執此原因對抗登記名義人，固得主張其權利，然此等事由，僅存在於真正權利人與登記名義人間，不得執以對抗第三人，是真正權利人尚不得對第三人主張其權利。」

占有人，包括直接占有人及間接占有人（如貸與人、出租人等），不包括占有輔助人❼，蓋因占有輔助人係受他人指示而占有（民法第九四二條），非屬占有人，不得為請求之對象。

㈡占有人無權占有或侵奪其物

所有人得向占有人請求返還其物者，須占有人無權占有或侵奪其物。所謂侵奪其物，係指違反所有人之意思而取得其物，例如強盜、搶奪或侵占是，為無權占有之例示。所謂無權占有者，係指於所有人行使請求權時，無正當之權利（權源）而占有其物，或雖有占有之權利而其權利已歸消滅而言，至其取得占有之原因如何，在所不問（七十八臺上三五二判決），且不問占有期間長短及占有人之善、惡意，亦不問占有人有無過失，即無權占有，並不以故意或過失為要件，苟無正當權源而占用他人之物，即負有返還之義務（七十三臺上二九五○判決）。故租約終止後，出租人除得本於租賃物返還請求權，請求返還租賃物外，倘出租人為租賃物之所有人時，並得本於所有權之作用，依無權占有之法律關係，請求返還租賃物（七十五臺上八○一），蓋因承租人係以租賃權作為占有租賃物之本權，租約既已終止，租賃權隨之消滅，承租人即無占有租賃物之正當權源。

又共有人中之一人逾越其應有部分，而行使權利者，亦可構成無權占有，他共有人得本於所有權，請求除去其妨害或請求向全體共有人返還占用部分。最高法院八十一年臺上字第一八一八號判決謂：「各共有人按其應有部分，對於共有物之全部雖有使用收益之權。惟未經共有人協議分管之共有物，共有人對共有物之特定部分占用收益，仍須徵得他共有人全體之同意。其未經他共有人同意而就共有物之全部或一部任意占用收益，即屬侵害他共有人之權利，他共有人得本於所有權請求除去其妨害或請求向全

---

❼ (1)最高法院七十八年臺上字第一九八五號判決：「民法第七百六十七條所謂占有，係指同法第九百四十條之直接占有及第九百四十一條之間接占有而言，並不包括第九百四十二條所定輔助占有之情形在內。」

(2)最高法院八十七年臺上字第九四六號判決：「民法第七百六十七條所有權物上請求權之相對人，除直接占有人外，尚包括間接占有人，如貸與人、出租人等。」

體共有人返還占用部分，並得依侵權行為之規定，行使其損害賠償請求權。上訴人謂伊已取得系爭土地之共有權，對該土地不可能發生無權占有或侵奪之問題云云，自屬誤解。」同院九十二年臺上字第一一四三號判決謂：「按各共有人依其應有部分對於共有物之全部雖有使用收益之權，惟共有人對共有物特定部分之使用收益，仍須徵得他共有人全體之同意。如未經他共有人同意而就共有物之全部或一部任意占用收益，他共有人得本於所有權請求除去其妨害或請求向全體共有人返還占用部分。而共有物全部或一部之出租，屬民法第八二〇條第一項所定之管理行為，除契約另有訂定外，應由共有人全體共同為之。準此，周明定依其與其他共有人所訂立之新租約，縱取得其他共有人就系爭房屋依其應有部分六〇分之五四・六六計算之使用收益權利，但既未經上訴人同意而占有使用系爭房屋全部，上訴人是否不得本於所有權請求其向全體共有人返還？非無研求之餘地。」可供參考。

以無權占有為原因，提起請求返還所有物之訴，原告（請求人）就其對標的物存有所有權，固應負舉證責任，惟被告對原告就其物有所有權存在之事實無爭執，而僅以非無權占有為抗辯者，原告對於被告無權占有之事實，無舉證責任。被告應就其取得占有係有正當權源之事實證明之，如不能證明，則應認原告之請求為有理由（九十二臺上三一二判決）❽。

第二、占有人為有權占有

占有人對標的物之占有，有正當權源者，為有權占有，所有人自不得對其行使所有物返還請求權。至於所謂正當權源，有基於物權而發生者，例如基於質權、留置權、地上權或農育權等而占有他人之物是，以物權為本權，學說上稱為絕對之占有；有基於債權而發生者，例如基於買賣、租

---

❽ 最高法院九十一年臺上字第二一八二號判決：「按以無權占有為原因，請求返還所有物之訴，被告對原告就其物有所有權存在之事實無爭執，而僅以非無權占有為抗辯者，原告於被告無權占有之事實，無舉證責任。被告應就其取得占有，係有正當權源之事實證明之。」

賃、使用借貸等而占有他人之物是，以債之關係為本權。故土地出賣人將土地交付與買受人占有、使用後，縱令出賣人尚未將該土地之所有權移轉登記與買受人，買受人占有之土地，既係出賣人本於買賣關係所交付（民法第三四八條第一項），具有正當權源，出賣人自不得以土地所有權尚未移轉登記，主張買受人為無權占有而請求返還。最高法院九十四年臺上字第一四六五號判決謂：「出賣人將土地交付與買受人占有、使用後，不得以土地所有權尚未移轉登記，主張買受人為無權占有；又共有土地若經共有人協議分管，各共有人就其分管部分即有使用、收益之權限，共有人將分管之特定部分土地出賣與他人，即係將其就此特定部分土地之使用、收益權讓與買受人，雖買受人在土地分割前，不得請求移轉登記該特定之分管部分土地，僅得請求移轉登記土地之應有部分，惟依上開說明，出賣人自不得主張買受人為無權占有。」可供參考。

　　債之關係固可作為占有之權源，惟以債之關係作為占有之權源者，僅能在該債之關係當事人間主張（債之關係的相對性），即債權人（一方當事人）以債之關係作為占有之權源者，僅能對債務人（他方當事人）主張，不能對抗第三人。最高法院八十三年臺上字第三二四三號判例謂：「買賣契約僅有債之效力，不得以之對抗契約以外之第三人。因此在二重買賣之場合，出賣人如已將不動產之所有權移轉登記與後買受人，前買受人縱已占有不動產，後買受人仍得基於所有權請求前買受人返還所有物，前買受人即不得以其與出賣人間之買賣關係，對抗後買受人。」同院七十二年臺上字第九三八號判例謂：「買賣契約僅有債之效力，不得以之對抗契約以外之第三人。本件上訴人雖向訴外人林某買受系爭土地，惟在林某將系爭土地之所有權移轉登記與上訴人以前，既經執行法院查封拍賣，由被上訴人標買而取得所有權，則被上訴人基於所有權請求上訴人返還所有物，上訴人即不得以其與林某間之買賣關係，對抗被上訴人。」即在表明此項意旨。

　　又以債之關係（例如買賣）作為占有之權源者，縱令占有人（買受人、債權人）之移轉標的物所有權之請求權，已罹於消滅時效，其原有債之關係並不因而消滅，故其占有仍為有權占有，所有人（出賣人、債務人）自

不得認其係無權占有而請求返還。最高法院八十五年臺上字第三八九號判例謂：「按消滅時效完成，僅債務人取得拒絕履行之抗辯權，得執以拒絕給付而已，其原有之法律關係並不因而消滅。在土地買賣之情形，倘出賣人已交付土地與買受人，雖買受人之所有權移轉登記請求權之消滅時效已完成，惟其占有土地既係出賣人本於買賣之法律關係所交付，即具有正當權源，原出賣人自不得認係無權占有而請求返還。」同院六十九年臺上字第一六六五號判例謂：「上訴人之被繼承人鄭某既已於生前將訟爭土地出具字據贈與被上訴人，因該地實際上早由被上訴人占有使用中，故應認於贈與契約成立之日即已交付贈與物，並不因被上訴人之土地所有權移轉登記請求權罹於消滅時效而成為無權占有。」可資參照。

案　例　二——1

甲將其所有之Ａ土地出賣於乙、Ｂ房屋出賣於丙。甲雖已將Ａ土地交付於乙占有，惟尚未將Ａ土地所有權移轉登記於乙，嗣乙又將Ａ土地出賣於丁，並將Ａ土地交付於丁占有。甲出賣於丙之Ｂ房屋，雖已將其所有權移轉登記於丙，惟尚未交付於丙，仍由甲占有中。試分別說明下列問題：

1.甲得否對丁行使所有物返還請求權，請求丁返還土地？
2.丙得否對甲行使所有物返還請求權，請求甲返還房屋？

1.就Ａ土地而言

因甲仍為Ａ土地所有權之登記名義人，故得為行使所有物返還請求權之主體；而丁為現在占有Ａ土地之占有人，故得為所有物返還請求權之相對人。本件應予討論者，係乙之占有Ａ土地，以及乙將Ａ土地交付於丁，丁之占有Ａ土地，是否有合法正當權源，而構成有權占有。民法第三四八條第一項規定：「物之出賣人，負交付其物於買受人，並使其取得該物所有權之義務。」故就出賣人與買受人之關係而言，出賣人本於買賣之法律關係，而交付標的物於買受人，係在盡其出賣人交付買賣標的物之義務，買受人

因而取得對該標的物之占有者，即具有正當權源，而為合法占有，不論買受人是否取得該標的物之所有權。從而本件 A 土地出賣人甲，將 A 土地交付與買受人乙占有後，甲不得以 A 土地所有權尚未移轉登記於乙，主張乙為無權占有而請求返還。又買受人因買賣契約，而取得對買賣標的物之占有者，具有正當權源，而為合法占有，且不因其對出賣人之所有權移轉登記請求權之消滅時效已完成，而受影響。蓋因消滅時效完成，僅債務人取得拒絕履行之抗辯權，得執以拒絕給付而已，其原有之法律關係並不因而消滅。在土地買賣之情形，倘出賣人已交付土地與買受人，雖買受人之所有權移轉登記請求權之消滅時效已完成，惟其占有土地既係出賣人本於買賣之法律關係所交付，即具有正當權源，原出賣人亦不得認係無權占有而請求返還（八十五臺上三八九）。

　　以債之關係作為占有之權源者，僅能在該債之關係當事人間主張（債之關係的相對性），即債權人（一方當事人）以債之關係作為占有之權源者，僅能對債務人（他方當事人）主張，不能對抗第三人（八十三臺上三二四三、七十二臺上九三八）。惟占有之連鎖亦可作為合法占有（有權占有）之權源，即受所有人交付並允其移轉占有之人，將其直接占有移轉予第三人，該第三人得超越「債之相對性」向所有人主張其為有權占有。換言之，即第三人固不能逕以其與前手的債之關係，作為自己為占有的正當權源，而對所有人主張其為有權占有，但倘其前手得將占有移轉於該第三人時，則該第三人得對所有人主張其亦有占有的權利❾。從而買受人在取得其所買受標的物之所有權前，將其占有之標的物出賣（或出租）於他人（次買受人或承租人），並移轉占有，並不違反買賣契約之內容，次買受人（或承租人）係基於一定法律關係（買賣關係）自買受人取得占有，而買受人對出賣人又有占有之權利，故次買受人（或承租人）不構成無權占有，原出賣人雖仍為所有人，亦不得向次買受人（或承租人）行使所有物返還請求權❿。

❾　參閱王澤鑑，〈基於債之關係占有權的相對性及物權化〉，《民法學說與判例研究㈦》，自版，民國八十二年四月二版，第八十二頁以下；王澤鑑，《物權》，第一五五頁以下。

　　關於占有之連鎖亦可作為合法占有之權源，最高法院九十二年臺上字第二八九號判決謂：「按買賣標的物已交付，但尚未移轉所有權與買受人者。倘買受人在取得所有權前，將其占有之標的物出賣於第三人，並移轉其占有，並不違反買賣契約的內容。於此情形，次買受人係基於一定法律關係自買受人取得占有，而買受人對出賣人又有占有之權利，自應認為次買受人對出賣人有合法占有的權源。本件上訴人將系爭土地出賣並交付黃麒麟，黃麒麟又於系爭土地上建屋，將之出賣與被上訴人王洪存及賴張美玉等人之被繼承人賴天欽，黃麒麟占有之土地，係本於買賣關係而占有，具有正當權源，為原審所確定之事實。則系爭土地之買受人黃麒麟占有系爭土地既有正當權源，而次買受人即被上訴人王洪存及被上訴人賴張美玉等人之被繼承人賴天欽又基於『買賣關係』自黃麒麟取得占有，揆諸前揭說明，被上訴人對系爭土地應非無權占有。」可供參考。

2.就 B 房屋而言

　　甲對丙負有交付就 B 房屋，並使丙取得就 B 房屋所有權之義務，甲雖已將就 B 房屋所有權移轉登記於丙，惟尚未交付於丙，仍屬未履行其對丙之給付義務，即甲對丙仍負有交付就 B 房屋予丙之給付義務，丙得向甲請求交付就 B 房屋。至於丙向甲請求交付就 B 房屋，除基於買賣關係而為外，買受人丙得否以已取得就 B 房屋所有權為理由，依民法第七六七條規定，向出賣人甲行使所有物返還請求權，請求甲返還就 B 房屋，不無問題。本問題的關鍵，在於出賣人甲是否為無權占有。買賣當事人間的權利義務，應依買賣契約加以處理，出賣人已辦理所有權移轉登記，迄未交付其物，係屬債務履行問題，其在交付前繼續占有標的物，非屬無權占有❶❶。蓋因出賣人固負有交付買賣標的物於買受人，並使其取得該物所有權之義務，買受人有請求出賣人交付買賣標的物，並移轉該物所有權之權利，惟此為債之關係，出賣人占有買賣標的物之原有權源，並不因買賣契約之訂立而消滅，故在未履行交付義務前，繼續占有買賣標的物，既係本於其原有權

❶⓪　參閱王澤鑑，前揭❾文，第八十二至八十三頁；王澤鑑，《物權(一)》，第一五六頁。
❶❶　參閱王澤鑑，前揭❾文，第七十六至七十七頁。

源，自難指為無權占有，此不因所有權移轉登記已完成而有所不同。惟出賣人在交付其物後，藉故再行占有時，應構成無權占有，自不待言。

如上所述，出賣人已將買賣標的物所有權移轉登記予買受人，但尚未交付其物於買受人時，買受人對於出賣人僅有請求交付其物的債權，而無所有物返還請求權。最高法院八十一年臺上字第二六七三號判決謂：「物之出賣人依民法第三百四十八條第一項規定，雖負有交付其物於買受人之義務，然在未交付前之繼續占有買賣標的物，究難指為無權占有，不因移轉登記之已完成而異。被上訴人在未交付系爭房屋於上訴人前，其繼續占有所出賣之該房屋，並非無正當權源。上訴人依民法第七百六十七條規定，訴請被上訴人遷讓交還，自非正當。」同院七十六年臺上字第九七九號判決謂：「強制執行法上之拍賣，係屬買賣之一種，以債務人為出賣人，又依民法第三百四十八條第一項規定，物之出賣人固負有交付其物於買受人之義務，惟在未交付以前，出賣人繼續占有買賣標的物，究難指為無權占有，亦不因已辦理所有權移轉登記而異。」可供參考❷。

綜據上述，就 A 土地而言，丁占有該地，對甲（所有人）而言，應認為具有正當權源，甲不得對丁行使所有物返還請求權。因為①乙基於其與甲之買賣契約，對甲有合法占有的權利。②丁係基於其與乙之買賣契約，自乙取得占有的權利。③乙係 A 土地之買受人，得將其占有移轉與第三人丁。就 B 房屋而言，因出賣人占有買賣標的物之原有權源，並不因買賣契約之訂立而消滅，出賣人在交付前繼續占有標的物，非屬無權占有。故甲僅將 B 房屋所有權移轉登記於丙，尚未交付於丙，係屬未履行其對丙之給付義務問題，而買賣當事人間的權利義務，應依買賣契約加以處理，買受人丙對於出賣人甲僅有請求交付其物的債權，而無所有物返還請求權，即丙不得對甲行使所有物返還請求權，請求甲返還 B 房屋。

---

❷ 另請參閱最高法院八十九年臺上字第二五一號、八十七年臺上字第一一一五號、七十九年臺上字第一八五號、七十二年臺上字第二五三號、七十年臺上字第一一四號、七十年臺上字第二一二號、六十九年臺上字第一三八六號等判決，均表明相同意旨。

　　甲將其所有之 A 土地出租於乙，乙將其向甲所承租之 A 土地，違法轉租於丙，並交由丙占有及使用收益。試問甲得否主張丙係無權占有，而請求丙將其所占有之 A 土地交付於自己？

　　租賃物之轉租，有得轉租而為之者，是為合法轉租；有不得轉租而為之者，是為非法轉租（違法轉租）。所謂合法轉租，係指承租人經出租人之承諾，而將租賃物轉租於他人，或雖未經出租人之承諾，但租賃物為房屋，且無反對之約定，而將其一部分轉租他人（民法第四四三條第一項）。所謂非法轉租，係指承租人未經出租人之承諾，又非屬上述房屋一部轉租之情形，而將租賃物轉租於他人。在合法轉租之情形，不僅原租賃契約繼續有效（民法第四四四條第一項），轉租契約亦為有效，基於占有連鎖，故次承租人之占有租賃物，對於出租人（所有人）有正當權源，出租人不得向次承租人請求返還租賃物，應無疑義。

　　關於非法轉租（違法轉租）之效力，民法第四四三條第二項規定：「承租人違反前項規定，將租賃物轉租於他人者，出租人得終止契約。」故出租人與承租人之原租賃契約，並不因承租人非法轉租而當然無效，僅構成出租人得終止原租賃契約之事由而已。惟倘若法律有特別規定其原租賃契約因而無效者，例如耕地三七五減租條例第十六條第二項是，自應從其規定。至於轉租人（原承租人）與次承租人間之轉租契約，因轉租契約係債之契約，轉租行為係負擔行為，故縱為非法轉租，轉租人（原承租人）與次承租人間之轉租契約，仍能有效成立，轉租人與次承租人間發生租賃關係。惟倘若法律有特別規定其轉租賃契約因而無效者，例如土地法第一〇八條、耕地三七五減租條例第十六條第二項是，自應從其規定。故本件甲出租於乙之 A 土地，若非耕地，縱令乙將其所承租之 A 土地違法轉租於丙，甲與乙之原租賃契約，未經甲依法終止前，以及乙與丙之轉租契約，均仍為有效。

　　於非法轉租之情形，若轉租人（原承租人）已將租賃物交付於次承租

人占有及使用收益，出租人可否直接向次承租人請求返還租賃物於自己，不無問題。我國學者之通說，認為應視出租人是否終止其與承租人之租賃契約而定。詳言之，即認為出租人未終止原租賃契約時，原租賃契約仍屬有效，次承租人之租賃權，既係基於承租人（轉租人）之租賃權而發生，則在承租人（轉租人）有租賃權之期間，次承租人為租賃物之占有及使用收益，並非不法，故出租人不得逕向次承租人請求返還租賃物；反之，若出租人已終止其與承租人之原租賃契約，或原租賃契約因租賃物轉租而無效時，出租人自得基於所有權，逕向次承租人請求返還租賃物❸。最高法院民國四十四年七月二十六日民刑庭總會會議決議㈥：「承租人未得出租人承諾，擅將其所租出租人所有之基地，轉租於第三人，現該基地係由該第三人占有使用，出租人在未終止租賃契約以前，不能逕向該第三人請求返還。」其見解相同。

　　惟因承租人負有自己使用收益租賃物之義務，其租賃權之內容，為依約定或租賃物之性質而定之方法，而使用收益租賃物，非經出租人承諾，不得將租賃物轉租於他人，故次承租人無法自轉租人（承租人）對出租人之租賃權取得占有並使用收益之權源。又次承租人係基於轉租契約而取得獨立的使用收益權，難謂其係居於承租人之履行輔助人地位而為使用收益，且次承租人之租賃權只能對轉租人（承租人）行使，不能對出租人主張。職是之故，就次承租人對出租人之關係而言，次承租人並無占有租賃物而為使用收益之法律依據，其占有租賃物而為使用收益，自屬無權占有，並不因轉租契約仍為有效，即成為有權占有，因而自應解為不論出租人是否已終止原租賃契約，均得逕向次承租人請求返還租賃物較妥。於此種情形，如出租人已終止原租賃契約者，其得逕向次承租人請求返還租賃物於自己，固無疑義；如出租人未終止原租賃契約者，雖有認為出租人僅得請求次承

---

❸　參閱史尚寬，《債法各論（上）》，自版，民國六十一年三月三版，第一七八頁；鄭玉波，《民法債編各論（上）》，自版，民國六十年八月二版，第二五〇頁；邱聰智，《新訂債法各論（上）》，自版，民國九十一年十月初版第一刷，第四二九頁；王澤鑑，《物權》，第一五六頁。

租人將租賃物返還於承租人❶，惟因次承租人對出租人而言，既無占有租賃物而為使用收益之權源，自以解為出租人得逕向次承租人請求返還租賃物於自己較妥❶。

　　綜據上述，本件甲將其所有之Ａ土地出租於乙，乙將其向甲所承租之Ａ土地，違法轉租於丙，並交由丙占有及使用收益，因乙不得將其對Ａ土地之占有移轉於丙（第三人），丙不能逕以其與承租人乙間之轉租賃契約，作為自己有占有Ａ土地的正當權源，而對所有人（原出租人）甲主張其為有權占有，即丙對甲構成無權占有。故甲得主張丙係無權占有，而對丙行使所有物返還請求權，請求丙將其所占有之Ａ土地交付於自己。

案例二 ─ 3

　　甲與乙訂立有使用借貸契約，由甲將其所有之Ａ房屋無償出借於乙使用，乙未經甲之同意擅將Ａ房屋轉借供其職員丙使用。嗣丙因辭職而與乙終止Ａ房屋之使用借貸契約，惟丙未將Ａ房屋返還於乙，仍繼續占有使用。試問甲得否主張丙係無權占有，而請求丙將其所占有之Ａ房屋交付於自己？

　　民法第四六七條第二項規定：「借用人非經貸與人之同意，不得允許第三人使用借用物。」此為借用人之自己使用義務，原則上不得將借用物轉借而供第三人使用，故借用物之轉借，有得轉借而為之者，是為合法轉借；有不得轉借而為之者，是為非法轉借（違法轉借）。所謂合法轉借，係指借用人經貸與人之同意，而將借用物轉借於他人。所謂非合法轉借，係指借用人未經貸與人之同意，而將借用物轉借於他人。

---

❶　參閱王澤鑑，前揭❾文，第八十六頁；謝在全，《物權（上）》，第二〇八頁；黃立主編，《民法債編各論（上）》，元照出版公司，民國九十一年七月初版第一刷，第四四五頁（吳秀明）。

❶　參閱劉春堂，《民法債編各論（上）》，自版，民國九十二年九月初版第一刷，第三四二至三四三頁。

在合法轉借之情形，不僅原使用借貸契約繼續有效，轉使用借貸契約（轉借契約）亦為有效，基於占有連鎖，故次借用人之占有借用物，對於貸與人（所有人）有正當權源，貸與人不得向次借用人請求返還借用物，應無疑義。

關於非法轉借（違法轉借）之效力，依民法第四七二條第二款規定，借用人違反上述規定，允許第三人使用借用物者，貸與人得終止契約，故貸與人與借用人之原使用借貸契約，並不因借用人非法轉借而當然無效，僅構成貸與人得終止原使用借貸契約之事由而已。至於轉貸與人（原借用人）與次借用人間之轉借契約，因轉借契約係債之契約，轉借行為係負擔行為，故縱為非法轉借，轉貸與人（原借用人）與次借用人間之轉借契約，仍能有效成立，轉貸與人與次借用人間發生使用借貸關係。

於非法轉借之情形，若轉貸與人（原借用人）已將借用物交付於次借用人占有及使用，原貸與人（所有人）可否直接向次借用人請求返還借用物於自己，不無問題。我國學者有認為應視貸與人是否終止其與借用人之原使用借貸契約而定，貸與人（所有人）終止原使用借貸契約者，方能逕向次借用人請求返還借用物，未終止原使用借貸契約者，僅得請求次借用人將借用物返還於原借用人（轉貸與人），不能請求次借用人將借用物返還於自己❶❻。最高法院七十五年臺上字第二三七九號判決謂：「借用人未經貸與人同意，擅將借用物轉讓第三人使用者，貸與人固得終止契約（民法第四百七十二條第二款參照），然在借貸契約未經終止前，該第三人之使用借用物，尚難認係無權占有。」其見解相同。

惟因借用人負有自己使用借用物之義務，其使用權之內容，為依約定或借用物之性質而定之方法，而使用借用物，非經貸與人之同意，不得將借用物轉借於他人，故次借用人無法自轉貸與人（原借用人）對貸與人之使用權取得占有並使用之權源。又次借用人係基於轉借契約而取得獨立的使用權，難謂其係居於借用人之履行輔助人地位而為使用，且次借用人之使用權只能對轉貸與人（原借用人）行使，不能對貸與人主張。職是之故，

---

❶❻　參閱謝在全，《物權（上）》，第一九四頁。

就次借用人對貸與人之關係而言，因並未存有占有連鎖之情事，次借用人無占有借用物而為使用之法律依據，其占有借用物而為使用，自屬無權占有，並不因轉借契約仍為有效，即成為有權占有，因而自應解為不論貸與人是否已終止原使用借貸契約，均得逕向次借用人請求返還借用物於自己較妥。至於貸與人與借用人（轉貸與人）間之法律關係，自應依其間之使用借貸契約定之，惟此為另一問題。

　　以上係就貸與人未終止其與借用人之使用借貸契約，而借用人（轉貸與人）與次借用人間仍存有轉貸契約而言，若借用人（轉貸與人）與次借用人間之轉貸契約業已消滅，則無論對貸與人或原借用人（轉貸與人）而言，次借用人均無占有借用物而為使用之法律依據，其占有借用物而為使用，自屬無權占有，故不論貸與人是否已終止原使用借貸契約，均得逕向次借用人請求返還借用物於自己。惟最高法院八十八年臺上字第五二四號判決謂：「查系爭土地為被上訴人所有，於五十六年間借予臺灣省物資局（現改制為臺灣省物資處）興建職務宿舍，迄今被上訴人未終止與臺灣省物資處之借貸關係，為原審合法認定之事實，被上訴人既已將系爭土地借予物資處使用，且迄未終止借貸關係，則物資處仍係系爭土地之合法占有人，縱上訴人自物資處受配系爭土地上之宿舍居住後，因調職而與物資處之使用借貸關係消滅，被上訴人仍不得直接訴請上訴人拆除地上物交還土地。」其見解不同。最高法院此項見解，顯非妥適，蓋因次借用人（本判決所稱上訴人）與臺灣省物資局（臺灣省物資處）（即原借用人、轉貸與人）間之轉使用借貸契約既已消滅，當無從本該轉使用借貸契約繼續占用系爭房地，進而連鎖其前手物資處（原借用人、轉貸與人）之占有權源對抗被上訴人（即本件請求返還所有物之所有人）之餘地，自屬無權占有（本件原審判決理由參照）。

　　綜據上述，本件甲將其所有之 A 房屋無償出借於乙使用，乙未經甲之同意擅將 A 房屋轉借供其職員丙使用，嗣丙因辭職而與乙終止 A 房屋之使用借貸契約，惟丙未將 A 房屋返還於乙，仍繼續占有使用，無論對貸與人甲或原借用人（轉貸與人）乙而言，次借用人丙均無占有 A 房屋（借用物）

而為使用之法律依據，其占有借用物而為使用，自屬無權占有。故縱令甲並未終止其與乙之使用借貸契約，甲仍得主張丙係無權占有，而對丙行使所有物返還請求權，請求丙將其所占有之Ａ房屋交付於自己。

第三、法律效果

民法第七六七條第一項前段規定:「所有人對於無權占有或侵奪其所有物者，得請求返還之」，足見所有人得請求返還者，係其「所有物」之占有。申言之，所有物返還請求權之標的為「所有物」占有之返還，非所有權之返還，因而返還之方法係「所有物」占有之移轉，而非所有權之移轉（八十臺上一九五二判決）❶。故無權占有他人之房屋者，應將其對該房屋之事實上管領力，復歸於所有人；無權占有他人之土地建築房屋者，應拆屋還地；無權占有他人土地種植樹木時，應將土地連同樹木一併返還之，因樹木為土地之成分，屬於土地所有人，無權占有人得否請求所有人返還不當得利，係另一問題❶。無權占有之標的物為金錢時，應返還原物，而非償還其價額，從而該金錢已被使用時，所有人不能依民法第七六七條規定向占有人請求返還其金額（價額償還），僅能依不當得利規定，請求返還其無法律上原因所受利益❶。

無權占有人返還其物之清償地，原則上為該物之所在地；返還其物之費用，應由無權占有人負擔之。此外，所有物返還請求權，不能脫離所有權而獨立讓與，蓋此項請求權係因所有權之存續而不斷發生，依存於所有權，而與所有權同其命運，所有人若無返還請求權，所有權將失其保護，

---

❶ 最高法院八十二年臺上字第一五六二號判決:「民法第七百六十七條前段規定:『所有人對於無權占有或有侵奪其所有物者，得請求返還之』，故所有物返還請求權之標的為『所有物』占有之返還，非所有權之返還，因而返還之方法係『所有物』占有之移轉，而非所有權之移轉。」

❶ 參閱王澤鑑，《物權》，第一五八頁。

❶ 參閱王澤鑑，《物權》，第一五九頁。

失其占有及利用其物的基本功能❷。又所有物返還請求權雖係依存於物權
而發生，但於要件具備時，得對特定人主張之，結構上同於債之請求權，
故債編關於給付之規定，除民法關於占有回復關係設有特別規定（民法第
九五三條以下）外，對於所有物返還請求權原則上得予類推適用❷。例如
無權占有人返還遲延時，應負遲延賠償責任（民法第二三一條）；應返還之
物，在所有人受領遲延中毀損、滅失者，無權占有人僅就故意或重大過失，
負其責任（民法第二三七條）；因可歸責於無權占有人之事由，致其所返還
之 A 牛染有傳染病，而所有人其他牛群亦受感染時，應依債務不履行規定，
負損害賠償債任（民法第二二七條）。惟占有物因滅失、毀損或其他事由（如
無權處分）不能返還時，民法第九五三條以下設有特別規定，給付不能之
規定（尤其是民法第二二五條第二項）無類推適用餘地，例如無權占有人
應返還 A 犬，設該犬被他人駕車撞死，賠以 B 犬時，所有人不能援引民法
第二二五條第二項規定，請求該無權占有人交付其所受領之 B 犬❷。

第四、所有物返還請求權之消滅時效

關於物權的請求權，尤其是基於所有權之所有物返還請求權，是否得
為消滅時效之客體，有肯定說與否定說之爭❷。我國司法院解釋及最高法
院判例，則均採肯定說，即認為物權的請求權亦得為消滅時效之客體，例
如司法院二十八年院字第一八三三號解釋謂：「不動產所有權之回復請求，

---

❷　參閱謝在全，《物權（上）》，第四十五至四十六頁、第一九五頁；王澤鑑，《物權》，
第一六〇頁。

❷　參閱王澤鑑，《物權》，第一六〇頁。

❷　參閱梅仲協，《要義》，第一七三頁；王澤鑑，《物權》，第一六〇頁。

❷　參閱洪遜欣，《中國民法總則》，自版，民國六十七年十一月修訂再版，第五六四、
五六五頁；胡長清，《中國民法總論》，商務印書館，民國五十三年三月臺一版，
第四〇四頁；史尚寬，《民法總論》，自版，民國五十九年十一月初版，第五六六
至五六八頁；施啟揚，《民法總則》，自版，民國九十八年八月八版，第三八五、
三八六頁；王澤鑑，《民法總則》，自版，二〇〇九年六月增訂版，第五五九至五
六一頁。

應適用民法第一百二十五條關於消滅時效之規定。故所有人未經登記之不動產，自被他人占有而得請求回復之時起，已滿十五年尚未請求者，則不問占有人之取得時效已否完成，而因消滅時效之完成，即不得為回復之請求。」最高法院四十二年臺上字第七八六號判例謂：「民法第一百二十五條所稱之請求權，包括所有物返還請求權在內。此項請求權之消滅時效完成後，雖占有人之取得時效尚未完成，占有人亦得拒絕返還。該條祇規定請求權因十五年間不行使而消滅，對於所有物返還請求權既無特別規定，則不動產所有物返還請求權之消滅時效，自不以該不動產未經登記為其適用要件，此與民法第七百六十九條、第七百七十條所規定之取得時效須限於占有他人未登記之不動產之情形，迥然不同。」均在表明物權的請求權，亦應適用消滅時效之規定❷❹。

　　如上所述，依我國司法院解釋及最高法院判例，物權的請求權，尤其是基於所有權之所有物返還請求權，亦有消滅時效規定之適用。惟取得時效之完成，不以消滅時效完成為要件，即取得時效完成時，原所有權人即喪失其所有權，其所有物返還請求權當然隨之消滅，不得更以消滅時效尚未完成，請求返還（二十二上二四二八）；反之，消滅時效之完成，亦不以取得時效完成為要件，即不問占有人之取得時效已否完成，而因消滅時效之完成，即得拒絕給付（二十八院一八三三）。故如占有之不動產已經登記，占有人固無法依取得時效之規定，請求登記為所有人，而原所有權人對於該不動產之返還請求權，雖已罹消滅時效而消滅，但仍為所有權人，惟對於該不動產所生之孳息，卻不得請求返還，從而發生一極不公平現象，即不動產須負擔稅捐者（如地價稅或房屋稅等），依法均向所有人徵收之，因之所有人負擔稅捐而不能享受不動產之利益，占有人享有利益，而無須負擔稅捐及支付任何對價。為解決此等不公平現象，司法院大法官會議因最高法院之呈請，於民國五十四年六月十六日作成釋字第一○七號補充解釋

---

❷❹　另請參閱司法院三十年院字第二一四五號、三十二年院字第二五六二號解釋；最高法院二十二年上字第二四二八號、二十四年上字第四三一六號、二十八年上字第二三○一號、四十年臺上字第二五八號判例，均表明相同意旨。

謂：「已登記不動產所有人之回復請求權，無民法第一百二十五條消滅時效規定之適用。」其解釋理由為：「查民法第七百六十九條、第七百七十條，僅對於占有他人未登記之不動產者，許其得請求登記為所有人，而關於已登記之不動產，則無相同之規定，足見已登記之不動產，不適用關於取得時效之規定，為適應此項規定，其回復請求權，應無民法第一百二十五條消滅時效之適用。復查民法第七百五十八條規定：『不動產物權，依法律行為而取得、設定、喪失，及變更者，非經登記不生效力。』土地法第四十三條規定：『依本法所為之登記，有絕對效力。』若許已登記之不動產所有人回復請求權，得罹於時效而消滅，將使登記制度，失其效用。況已登記之不動產所有人，既列名於登記簿上，必須依法負擔稅捐，而其占有人又不能依取得時效取得所有權，倘所有權人復得因消滅時效喪失回復請求權，將仍永遠負擔義務，顯失情法之平。本院院字第一八三三號解釋，係對未登記不動產所有人之回復請求權而發。至已登記不動產所有人回復請求權，無民法第一百二十五條消滅時效規定之適用，應予補充解釋。」

依前揭司法院大法官會議釋字第一〇七號解釋之意旨，關於所有物返還請求權，除已登記之不動產外，均得罹於消滅時效而消滅，即動產或未登記不動產所有人之回復請求權（所有物返還請求權），仍有民法第一二五條規定之適用，因十五年間不行使而消滅。至於司法院大法官會議釋字第一〇七號解釋所謂已登記之不動產，無消滅時效之適用，其登記應係指依吾國法令所為之登記而言。系爭土地如尚未依吾國法令登記為被上訴人所有，而登記為國有後，迄今已經過十五年，被上訴人請求塗銷此項國有登記，上訴人既有時效完成拒絕給付之抗辯，被上訴人之請求，自屬無從准許（七十臺上三一一）。

又司法院大法官會議釋字第一〇七號及第一六四號解釋，謂已登記不動產所有人之回復請求權或除去妨害請求權，無民法第一二五條消滅時效規定之適用。所謂已登記不動產所有人，係指原已依土地法辦理登記之不動產真正所有人而言，並非指已登記為其名義之不動產所有人而言，良以不動產真正所有人之所有權，不因他人無權占有或侵奪其所有物或基於無

效原因所為之移轉登記而失其存在，苟已依土地法等相關法令辦理登記，其回復請求權或除去妨害請求權即不罹於時效而消滅，以免發生權利上名實不符之現象。而因繼承、強制執行、公用徵收、法院之判決或其他法律規定，於登記前已取得不動產物權者，均不以登記為生效要件，只是非經登記不得處分其物權而已，此觀民法第七五九條規定自明。又繼承人於被繼承人死亡時，當然承受被繼承人財產上之一切權利義務，為民法第一一四七條、第一一四八條所明定。故被繼承人基於已登記為其所有之不動產所有權所生之回復請求權或除去妨害請求權，既不罹於時效而消滅，則繼承人承受其權利後，自亦無罹於時效而消滅之可言。本件系爭土地已登記為上訴人之被繼承人蔡金連所有，上訴人因繼承而取得其權利，依物上請求權請求被上訴人塗銷系爭繼承登記，揆諸上開說明，似難謂該請求權有民法第一二五條消滅時效規定之適用（八十三臺上二一七五判決）㉕。

案例二──4

　　甲在其所有之 Ａ 土地上興建有 Ａ 房屋一棟，甲就 Ａ 土地雖已辦理所有權登記，就 Ａ 房屋則未辦理所有權登記。嗣後甲所有之 Ａ 土地（基地）及 Ａ 房屋為乙無權占有，經過十五年以後，甲得否主張乙係無權占有，請求乙返還 Ａ 土地及 Ａ 房屋？

　　依司法院大法官會議釋字第一〇七號解釋之意旨，關於所有物返還請求權，除已登記之不動產外，均得罹於消滅時效而消滅，即動產或未登記不動產所有人之回復請求權（所有物返還請求權），仍有民法第一二五條規定之適用，因十五年間不行使而消滅。就 Ａ 土地而言，本件甲所有之 Ａ 土地，既已辦理所有權登記，甲對 Ａ 土地之回復請求權（所有物返還請求權），

㉕　最高法院六十九年臺上字第二七七號判決：「查不動產真正所有人之所有權，不因基於無效原因所為之移轉登記，而失其存在。且司法院大法官會議釋字第一〇七號解釋所謂已登記不動產所有人，乃指已依土地法辦理登記之不動產真正所有人而言，並非指已登記為其名義之不動產所有人而言。」

自無民法第一二五條消滅時效規定之適用，甲自得主張乙係無權占有，請求乙返還 A 土地。就 A 房屋而言，本件甲所有之 A 房屋，並未辦理所有權登記，甲對 A 房屋土地之回復請求權（所有物返還請求權），仍有民法第一二五條消滅時效規定之適用，故乙無權占有 A 房屋經過十五年以後，甲對於 A 房屋之回復請求權即罹於時效而消滅，乙取得拒絕交還 A 房屋之抗辯權，即甲不得主張乙係無權占有，請求乙返還 A 房屋。

　　惟建物與基地雖為各自獨立之不動產，但兩者密不可分，建物之占有使用，無法脫離基地而單獨存在，從而乃發生對建物之回復請求權已罹於時效而消滅後，無權占有人得否以其占有建物之時效利益，擴及於基地之占有，進而拒絕交還基地？基地所有人得否以其對基地仍存有回復請求權，請求無權占有人自所占有「建物」之「基地」遷出，將「基地」交還？關於此項問題，最高法院八十三年六月七日八十三年度第七次民事庭會議決議，可供參考，茲引述如下：

　　院長提議：某子為土地及地上未辦理所有權第一次登記之建物所有人，因該建物前經某丑無權占有逾十五年以上，致子對該建物之回復請求權已罹於時效而消滅後，子得否以丑係無權占有其已登記「基地」之法律關係，請求丑自所占有「建物」之「基地」遷出，將「基地」交還？

　　甲說（肯定說）：丑原係無權占有基地上之建物，自亦無權占有建物之基地。土地所有人即子對該建物之回復請求權縱罹於時效而消滅，然丑亦僅取得拒絕交還建物之抗辯權，非謂其對基地之無權占有，即變為合法占有。其占有建物之時效利益，不能擴及於基地之占有，進而拒絕交還基地。

　　乙說（否定說）：建物與基地雖為獨立之不動產，但兩者密不可分。建物占有使用無法脫離基地而單獨存在。建物占有人因時效完成而得繼續占有建物，核屬法律時效制度所承認之利益，自應受保護。倘容許將基地與建物兩者割裂，認已取得占有建物時效利益之人，仍須自其占有之建物內遷出而交還基地，無異剝奪其因時效而取得之利益，究非時效制度承認占有利益之旨趣所在。

　　決議：採甲說。

　　又最高法院九十三年臺抗字第七二八號判決謂：「再抗告人對系爭房屋之占有，固有消滅時效之適用，惟仍無從否定其無權占有系爭房屋之基地之本質，倘因房屋所取得之消滅時效利益，得擴張反射及於已登記為相對人所有之土地，進而排除相對人本於基地所有權可得行使之物上請求權，不啻將其對系爭房屋時效利益所取得之抗辯權所生效果，擴及於相對人之土地所有權，相對人之土地所有權無端受到侵害，此自非所宜，故不得因對建物占有之消滅時效完成，已取得拒絕交還房屋之抗辯權，即得逕認建物與基地不可分，併予排除相對人本於基地所得行使之物上請求權。」顯亦係採前開決議甲說之見解。

　　綜據上述，本件甲對於Ａ房屋之回復請求權雖已罹於時效而消滅，惟其對Ａ房屋所座落之基地Ａ土地，仍有回復請求權，故甲可依Ａ土地之所有人物上請求權，請求乙自Ａ房屋遷出（所有權妨害除去請求權），並將Ａ土地交還（所有物返還請求權）❷⑥。換言之，即乙不得因對Ａ房屋占有之消滅時效完成，已取得拒絕交還Ａ房屋之抗辯權，即得逕認Ａ房屋（建物）與Ａ土地（基地）不可分，而排除甲本於對Ａ土地所有權所得行使之物上請求權，拒絕自Ａ房屋遷出並交還Ａ土地。

第二款　所有權妨害除去請求權

　　所有人對於妨害其所有權者，得請求除去之，學說上稱為所有權妨害除去請求權，屬於所有物保全請求權之一種，其目的在保持所有權之圓滿狀態。茲就有關問題，分述如下：

第一、構成要件

　　所有人對於他人妨害其所有權，欲行使所有權妨害除去請求權，必須對他人妨害其所有權之物，自己有所有權存在，及該他人現仍實際上妨害其所有權內容之實現，為其成立要件：

❷⑥　參閱謝在全，《物權（上）》，第一九七頁。

一、請求權之主體（權利人）須為物之所有人

所有權妨害排除請求權之權利人，須為所有人，與所有物返還請求權的主體相同，請參照之。

二、請求權之相對人（義務人）須為現在對所有權為妨害之人

㈠對所有權為妨害之人

所有人得向其請求排除妨害者，為任何對其所有權為妨害之人，其構成妨害之事由之發生，僅在於相對人力能支配之範圍內為已足，不必限於該相對人自身之行為，且相對人對於妨害事由之發生，是否有故意或過失，在所不問。從而不僅所謂行為妨害人，即狀態妨害人，亦包括在內，均為所有權妨害排除請求權之相對人[27]。所謂行為妨害人，係指因自己之行為對他人所有權為妨害之人，例如停車於他人之車庫前或丟棄廢料於他人庭院之人是。所謂狀態妨害人，係指持有或經營某種妨害他人所有權之物或設施之人，不限於所有人，占有人亦包括在內，凡對造成妨害之物或設施有事實上支配力者，皆屬對所有權為妨害之人。妨害縱令係基於自然力而生，例如相對人之松樹被風吹折，倒人鄰地是，或由於第三人之行為而生，例如某土地因前所有人掘取土砂致鄰地崩壞是，亦均由妨害物之現有人負責。又違章建築之買受人，雖因不能辦理登記，以致無法取得其所有權，但因占有違章建築，而取得對該違章建築之事實上支配力，亦屬妨害人，故有拆除之義務[28]。

㈡對於所有權之妨害

---

[27] 參閱王澤鑑，《物權》，第一六四頁；謝在全，《物權（上）》，第一八二至一八三頁。

[28] ⑴最高法院八十九年臺上字第九四五號判決：「按未辦理所有權登記之建物，雖因不能為移轉登記而不能為不動產所有權之讓與，但受讓人與讓與人間如無相反之約定，應認為讓與人已將該建物之事實上處分權讓與受讓人，受讓人自非無權予以拆除，土地所有人訴請拆除該建物，即非不得以受讓人為被告。」

⑵最高法院九十一年臺上字第五八三號判決：「系爭建物尚未辦理所有權第一次登記，楊金傳之繼承人如已協議分割遺產，各繼承人就其分得之部分，縱未辦理繼承登記，亦有事實上處分權，非無拆除之權能，被上訴人請求拆屋還地，即無以他繼承人為共同被告之必要。」

　　此處所謂妨害，係指以占有以外方法，客觀上不法侵害所有權或阻礙所有人之圓滿行使其所有權之行為或事實而言。而所謂「不法」，僅須所有人對於行為人之妨害，於法令上並無容忍之義務為已足，並非以行為人之妨害具有刑事責任或有民事上無效、得撤銷事由為必要（八十八臺上二四二○判決）。例如無權占有他人土地並在該土地上興建房屋；丟棄廢料或垃圾於他人庭院；在他人所有之海坦地上建築圍基、鹽田模形各工事及堆置石塊等物（三十三上一○一五）；抵押權所擔保之債權業已消滅或不存在，而抵押權人（債權人）拒絕辦理塗銷抵押權設定登記；以偽造證件或冒名之方法，將他人之不動產所有權移轉登記為自己所有；以詐欺、脅迫之方法，使他人為不動產所有權之移轉登記；基於通謀虛偽意思表示等無效事由，而為所有權之移轉登記；對他人所有之動產或不動產為物質之毀損；超量之臭氣或其他危險氣響等侵入鄰地；自己之松樹被風吹折，倒入鄰地；停車於他人車庫或出入口前等是。至於形成妨害之原因為何，有無故意或過失，均非所問，且不以造成所有權之實際損害為必要。

　　由於所有權妨害除去請求權之成立，須所有權人對於妨害其所有權者無容忍之義務，始足當之（七十三臺上二二一二判決）。從而所有人有忍受義務者，例如對於依相鄰關係之規定，或定限物權人或債權人因行使權利，而使用其物或阻礙所有人圓滿行使其所有權者，無妨害除去請求權。土地因與公路無適宜之聯絡，致不能為通常之使用者，土地所有人得通行周圍地以至公路，民法第七八七條第一項前段定有明文，其目的乃使土地與公路有適宜之聯絡，而得為通常之使用，故妨阻土地與公路適宜之聯絡，致不能為通常之使用者，土地所有人得請求除去之，所妨阻者，不限於周圍地上，即在公路上亦然，始能貫徹該條規定之目的。又所有人，於法令限制之範圍內，得自由使用、收益、處分其所有物，並排除他人之干涉。民法第七六五條亦定有明文。而主管機關，因應需要，每於公路尤其市街設置停車位、攤位等，以增進土地之利用，故就依法令設置之停車位、攤位等，土地所有人即不得本於所有權請求除去之（至設置得當否，屬公法上之問題），但非依法令設置而妨阻土地與公路適宜之聯絡，致不能為通常之

使用者，依上開說明，土地所有人自得請求除去之（八十八臺上二八六四判決）。

其次，當事人間存有諸如買賣、贈與等債之關係，負有移轉所有權予他方之原出賣人或贈與人（債務人）未為所有權移轉登記，仍由原出賣人或贈與人登記為其所有者，買受人或受贈人（債權人）僅得向其請求為所有權移轉登記，而不得提起塗銷所有權登記之訴，蓋因買受人或受贈人尚未取得所有權，原出賣人或贈與人並未妨害其所有權。最高法院五十二年臺上字第一〇四一號判例謂：「在日據時期買受之不動產，於臺灣光復後仍由原出賣人登記為其所有者，買受人僅得向原出賣人請求為所有權移轉登記，而不得提起塗銷登記之訴，固經本院著有先例，惟土地所有權之移轉，係由於強制徵收時，政府可依權力作用即取得所有權，縱須補償價金，亦與單純買賣行為不同，如原所有權人仍為所有權保存登記，則國家機關自得訴請塗銷其登記。」最高法院六十八年臺上字第一三三七號判例謂：「日據時期贈與不動產，於臺灣光復後，仍登記為贈與人之名義者，僅贈與人對於受贈人負有移轉所有權之義務，並非不法侵害受贈人之權利，受贈人於臺灣光復後，僅得請求贈與人就受贈之不動產為所有權移轉登記，如請求塗銷贈與人光復後之所有權登記者，則為法所不許。」可供參考。

第二、法律效果

所有權遭他人不法妨害者，所有人得請求以妨害人（相對人）之費用除去其妨害，例如請求相對人拆除違章建築、清理丟棄之垃圾廢土、搬遷安裝在屋內之機器設備、塗銷登記、更名登記等是。從而不動產若為夫所有，而竟登記為妻所有，其所有權之歸屬與公示方法（登記）不符，顯有妨害夫所有權之行使，則夫提起請求更名登記為其所有，以除去其妨害，而使名實相符，應非法所不許，似不因夫妻有無離婚或分析財產而有所不同（九十臺上一一六三判決）。至於除去妨害之費用，應由妨害人負擔之，若由所有人自行除去妨害，例如自行僱工搬移倒入之樹木，或拖吊占用停車位之車輛時，得依無因管理或不當得利之規定，請求妨害人償還其所支

出之費用。此外，所有權妨害除去請求權，係因所有權之存續而不斷發生，依存於所有權，而與所有權同其命運，不能脫離所有權而獨立讓與。

又所有人對於妨害其所有權者，得請求除去之，民法第七六七條中段雖定有明文，惟該條規定旨在保護所有權之圓滿狀態，如係所有物受有損害，則屬侵權行為損害賠償之範疇（九十三臺上二〇六四判決）。從而基於所有權妨害除去請求權，僅能請求除去妨害因素，不能請求損害賠償，例如相對人之樹木倒入鄰地，並壓毀鄰地所有人之汽車，鄰地所有人僅得請求相對人除去樹木，而不能請求其賠償汽車被毀所遭受之損害❷，關於汽車被毀損之損害賠償，應另依侵權行為之規定為之。

第三、所有權妨害除去請求權之消滅時效

關於物權的請求權，是否得為消滅時效之客體，有肯定說與否定說之爭，我國司法院解釋及最高法院判例，則均採肯定說，即認為物權的請求權亦得為消滅時效之客體，已如前述。嗣司法院大法官會議於民國五十四年六月十六日作成釋字第一〇七號補充解釋謂：「已登記不動產所有人之回復請求權，無民法第一百二十五條消滅時效規定之適用。」依本號解釋之意旨，關於所有物返還請求權，除已登記之不動產外，均得罹於消滅時效而消滅，即動產或未登記不動產所有人之回復請求權（所有物返還請求權），仍有民法第一二五條規定之適用，因十五年間不行使而消滅。

至於已登記不動產所有人之除去妨害請求權，是否有民法第一二五條消滅時效規定之適用，亦不無問題，嗣經司法院大法官會議於民國六十九年七月十八日作成釋字第一六四號解釋謂：「已登記不動產所有人之除去妨害請求權，不在本院釋字第一〇七號解釋範圍之內，但依其性質，亦無民法第一百二十五條消滅時效規定之適用。」依本號解釋之意旨，關於所有權妨害除去請求權，除已登記之不動產外，均得罹於消滅時效而消滅，即動產或未登記不動產所有人之所有權妨害除去請求權，仍有民法第一二五條規定之適用，因十五年間不行使而消滅。

---

❷　參閱王澤鑑，《物權》，第一六五頁。

第三款　所有權妨害預防請求權

所有人對於有妨害其所有權之虞者，得請求防止之，學說上稱為所有權妨害預防請求權，與前述所有權妨害除去請求權，同屬所有物保全請求權。此種請求權，其主體及相對人方面，與前述所有權妨害除去請求權相同，請參照之。所謂有妨害之虞，係指妨害尚未發生而有發生之可能者而言。至於是否有妨害之虞，應就具體案件依社會上一般觀念決之，不以曾一度發生，而有繼續被妨害或將來有再生侵害之可能為必要。例如甲於 A 地掘取土砂，因而與鄰接之乙所有的 B 地間形成斷崖，致 B 地鬆動而有傾圮之跡象時，不必待 B 地曾一度傾圮，即得認為有妨害之虞。

所有權妨害預防請求權，其目的在防範於未然，使所有權有遭他人妨害之虞者，該所有人得請求相對人（有妨害之虞之人）以自己之費用防止之，即得請求其對於「有妨害之虞」所由發生之原因，加以排除。例如請求其停止有發生妨害之虞之工事（不作為），或對於有傾圮之虞之土地，請求地主施作防止傾圮之支柱及牆壁（作為）是。

第三項　所有權之取得時效

第一款　取得時效之意義及性質

取得時效者，乃繼續占有他人之物經過一定期間，在一定的條件下，而取得其所有權（其他財產權亦準此）之制度也。取得時效，係一種法律事實，並非法律行為，故因取得時效而取得物權之人不必有取得權利之意思，亦不必有完全行為能力，以具有事實上行為之意識為已足。又取得時效，係依法律之規定而取得之權利，並非繼受前人之權利，故其取得是一種原始取得，原存在於該標的物之一切權利，例如抵押權、質權或留置權，均歸消滅。

此項制度之主要功能，在於尊重因一定事實繼續達一定期間，而建立之新的秩序，盡速確定當事人間之法律關係，以維持法律關係之安定，並

排除因時間久遠，以致永續的事實狀態，究竟是否與真實權利關係相一致，而產生之舉證困難。此外，尚具有促進物盡其用，以及因怠於行使權利，而成為權利上之永眠者，法律不加以保護之意旨。

第二款　動產所有權之取得時效

民法第七六八條規定：「以所有之意思，十年間和平、公然、繼續占有他人之動產者，取得其所有權。」又民法第七六八條之一規定：「以所有之意思，五年間和平、公然、繼續占有他人之動產，而其占有之始為善意並無過失者，取得其所有權。」茲就有關問題，分述如下：

第一目　構成要件

依民法第七六八條規定，動產所有權之取得時效，須具備下列要件：

第一、占有

所謂占有，係指對於物有事實上之管領力而言（民法第九四○條）。至於構成動產所有權取得時效要件之占有，雖不以占有人之善意為要件，惟尚須具備下列各種性質：

一、自主占有

所謂自主占有，係指以為自己所有之意思而占有，即對於物具有與所有人為同樣支配之意思而為占有。至於是否自信為所有人，以及有無因此取得所有權之意思，在所不問。由於所有權取得時效之第一要件，須為以所有之意思而占有，故占有依其所由發生之事實之性質，無所有之意思者，非有民法第九四五條所定，變為以所有之意思而占有之情事，其所有權之取得時效，不能開始進行（二十六上八七六）。例如承租人基於租賃關係而為租賃物之占有，並無所有之意思，當然不生所有權取得時效問題，惟如承租人向出租人表示不復以承租人之地位占有租賃物，以所有之意思而占有時，則自表示時起亦可變為自主占有。又如共有人或公同共有人中之一人單獨占有共有物或公同共有物，依其所由發生之事實之性質，無所有之

意思者（例如受全體之委託而保管時），非依民法第九四五條之規定，變為以所有之意思而占有，取得時效不能完成（三十三院二六九九）。

　　又依民法第七六八條及第七六八條之一規定：以所有之意思，十年或五年間和平、公然、繼續占有他人之動產者，取得其所有權。同法第九四四條第一項復規定：占有人，推定其為以所有之意思，善意、和平、公然及無過失占有者，因此時效取得，必須物之占有人，無任何法律權源而為物之占有，始得以所有之意思繼續占有一定期間之狀態事實，依法律規定之時效取得該占有物之所有權。倘物之占有人，係基於債權關係或物權關係而占有，自無適用時效取得之法律規定之餘地。蓋物之占有人，如出於一定之基礎權源，其對該物之占有，無論以行使何項權利之意思占有，其繼續一定期間之占有之事實狀態，仍應受其基礎權源法律關係之規範，不應適用時效取得之制度，而破壞原規範之法律效果（九十二臺上二七一三判決）。

二、和平占有

　　所謂和平占有，係指非以法律上所不許之強暴脅迫手段而開始或保持其占有。惟占有之取得雖出於強暴脅迫，但保持其占有係屬和平者，自強暴脅迫之情事終止時，可變為和平占有。反之，占有之取得雖出於和平，但以強暴脅迫保持其占有者，則變為非和平占有。

三、公然占有

　　所謂公然占有，係指無圖使他人不知其占有之事實，而特別使用隱秘方法開始或保持其占有。例如將書籍置於開放書架上，為公然占有，將書籍藏於庫房內，則為非公然占有。

四、繼續占有

　　所謂繼續占有，係指占有人之占有動產，在時間上持續並無間斷而言。

　　如上所述，此之所謂占有，須為自主占有、和平占有、公然占有、繼續占有。惟依民法第九四四條規定：「占有人，推定其為以所有之意思，善意、和平、公然及無過失占有。經證明前後兩時為占有者，推定前後兩時之間，繼續占有。」故占有人就其係自主占有、和平占有、公然占有、繼續

占有，不負舉證責任。

第二、一定期間之經過

　　動產所有權之一般取得時效期間為十年，但是其占有之始為善意並無過失者，其期間為五年。換言之，即以所有之意思十年間和平、公然、繼續占有他人之動產者，縱其占有之始為惡意或雖係善意而有過失，亦取得其所有權；如占有之始為善意並無過失者，則於以所有之意思五年間和平、公然、繼續占有他人之動產，即取得其所有權。民法第七六八條之一所規定五年之取得時效，係以占有之始善意並無過失為要件。所謂善意，乃不知情之別稱，即自信有權利占有其物，而於他人所有並不知情，占有通常推定為善意（民法第九四四條）。所謂無過失，係指雖盡善良管理人之注意，仍不知自己係無權利而言，占有人如主張其占有為無過失者，應負舉證責任。占有人是否善意及有無過失，應依占有開始時判斷之。又此五年或十年期間之占有，須繼續無間始可，且當事人不得予以延長或縮短。

第三、須為他人之動產

　　占有之標的物須為動產，且須為他人之動產，蓋因取得時效係於他人物上取得所有權之方法，在自己物上無取得時效可言（三十二上一一〇），至於無主之動產，則應適用先占之規定（民法第八〇二條）。共有物或公同共有物亦得為取得時效之客體，最高法院三十二年上字第一一〇號判例謂：「取得時效係於他人物上取得所有權之方法，在自己物上固無取得時效之可言，惟公同共有物之所有權，屬於公同共有人之全體，非各公同共有人對於公同共有物均有一個單獨所有權，如公同共有人中之一人以單獨所有人之意思占有公同共有之不動產，係民法第七百六十九條所謂占有他人之不動產。」此項判例之見解，對不動產之分別共有及動產之分別共有及公同共有，均有適用餘地❸⓿。又司法院三十三年院字第二六九九號解釋謂：「共有係數人按其應有部分，對於一物有所有權之狀態，各共有人既各按其應

❸⓿　參閱王澤鑑，《物權》，第一七〇頁。

有部分而有獨立之所有權，則其中一人對於他共有人之應有部分，自不得謂非他人之物。公同共有係數人基於公同關係而共有一物之狀態，各公同共有人既無獨立之所有權，其中一人對於該物，亦不得謂非他人之物，故共有人或公同共有人中之一人，對於共有物或公同共有物，皆得依民法關於取得時效之規定，取得單獨所有權。」可供參考。

　　其次，此之所謂他人之動產，不以私人所有者為限，即人民占有公有物，亦有民法上關於取得時效規定之適用。蓋就私法關係言，公有物係屬國家或其他公法人所有，人民占有公有物，自屬占有他人之物，除依法律規定不得為私有者（如土地法第十四條規定）外，自亦有取得時效規定之適用，惟供公用之公有物，則應在廢止公用後，始得為取得時效之標的。又國家或其他公法人之機關，以國家或公法人所有之意思而占有人民之動產者，亦有民法關於取得時效規定之適用，即可依取得時效之規定而取得所有權。司法院於數則解釋中，均明確表示此項意旨，雖係就不動產而為（參閱二十七院一七一八、三十院二一七七、三十四院解二九二六，詳後述之），惟此項見解，對於動產亦有適用之餘地。

　　應予注意者，乃吾國過去縣政府或縣佐，均與中央行政機關同為執行國家行政機構之一部，凡散在各省區之國有財產，縱為行使私法上之所有權便利起見，多由代表國家之各級行政機關分別使用收益，而各該財產之所有權，究應同屬於國家之整個國庫。故各行政機關間之彼此占有事實，與私人占有國有財產之情形不同，不能適用民法上關於因占有而取得權利之規定（三十五上六一六）。又房屋或土地之所有權狀，其所表彰者僅在證明登載名義人對該房地不動產有所有權存在，並非即為該房地權利之本身。故房地所有權狀本質上為從物及不融通物，不能與該房地所有權分離而單獨成為民法第七六八條所定動產取得時效之標的（九十五臺上一六一七判決）。

第二目　法律效果

　　凡完成動產取得時效之占有人，即可取得該動產之所有權，別無其他手續。取得時效之效力，應於時效完成時向後發生，不得溯及於占有開始

之時生效，即占有人係於十年或五年時效期間完成之日，始能取得其所有權。此項因時效而取得動產所有權者，為一種原始取得，故原所有權及以前存於該標的物上之一切法律關係或權利（例如質權或留置權），均因取得時效之完成而歸於消滅。又我民法關於取得時效，係與消滅時效異其規定，所有權之取得時效，並非以所有物返還請求權已罹於消滅時效為要件。占有人因取得時效完成而取得所有權者，於取得時效完成之同時，原所有人即喪失其所有權，其所有物返還請求權當然隨之消滅，自不得更以消滅時效尚未完成，請求返還（二十三上二四二八參照）。

此外，因取得時效而取得所有權，係基於法律之規定，占有人即有法律上之原因而受利益，自無不當得利之問題（四十七臺上三〇三），且占有人縱屬惡意，其取得所有權本身亦不構成侵權行為。又動產所有權取得時效完成後，即發生取得所有權之效果，與消滅時效完成後，債務人僅取得拒絕給付抗辯權（民法第一四四條）者不同，故取得時效之效果或利益雖未經占有人援用，法院可依職權據以裁判，惟取得時效完成之基礎事實，自須由占有人向法院提出，否則法院無從加以酌斟（二十九上一〇〇三）。

第三款　不動產所有權之取得時效

民法第七六九條規定：「以所有之意思，二十年間和平、公然繼續占有他人未登記之不動產者，得請求登記為所有人。」又依民法第七七〇條規定：「以所有之意思，十年間和平、公然繼續占有他人未登記之不動產，而其占有之始為善意並無過失者，得請求登記為所有人。」茲就有關問題，分述如下：

第一目　構成要件

依民法第七六九條及第七七〇條規定，不動產所有權之取得時效，須具備下列之要件：

第一、占有

　　此之占有須為自主占有、和平占有、繼續占有、公然占有。換言之，即依民法第七六九條、第七七〇條規定，因時效取得所有權，須其主觀上有以所有之意思而占有，在客觀上有和平繼續占有他人未登記之不動產二十年（或十年）以上之事實，始足當之。若依其所由發生之事實之性質，無行使所有權之意思者，非有變為行使所有權之意思而占有之情事，其取得時效不能開始進行（九十一臺上一八六八判決）❸。所謂以所有之意思而占有，即係占有人以與所有人對於所有物支配相同之意思而支配不動產之占有，即自主占有而言（八十一臺上二八五判決）。惟主張以所有之意思而為占有者，除必須證明其有占有之事實外，尚應證明其占有係本於所有之意思，否則，其占有縱已滿二十年期間，仍難本於上述取得時效之規定，請求登記為所有人（七十三臺上四四三九判決）。又占有他人不動產，不得以隱秘之方式為之，必須公然占有，故採隱秘方式暗闢地道，在地下而為占有者，不能主張取得時效取得。

　　又最高法院九十二年臺上字第二七一三號判決謂:「民法第七百六十八條規定：以所有之意思，五年間和平、公然占有他人之動產者，取得其所有權。同法第九百四十四條第一項復規定：占有人，推定其為以所有之意思、善意、和平及公然占有者，此即時效取得，必須物之占有人，無任何法律權源而為物之占有，始得以所有之意思繼續占有一定期間之狀態事實，依法律規定之時效取得該占有物之所有權。倘物之占有人，係基於債權關

❸　最高法院九十年臺上字第六二九號判決:「上訴人之父於四十八年占有使用系爭土地之初，目的既在依據耕地三七五減租條例之規定承租及承買系爭土地，顯非以所有之意思而占有，不符民法第七百六十九條不動產所有權取得時效之要件。上訴人續於六十九年其父死亡時繼受其父對系爭土地之占有，則其於六十九年繼受占有時，自仍係繼受其父占有系爭土地之目的，並非以所有之意思而占有系爭土地。此外，上訴人復未舉證其於六十九年繼受取得系爭土地之占有，已有民法第九百四十五條規定變更為以所有之意思而占有之新事實，空言主張，其係以所有之意思而占有系爭土地云云，自非可取。」

係或物權關係而占有，自無適用時效取得之法律規定之餘地。蓋物之占有人，如出於一定之基礎權源，其對該物之占有，無論以行使何項權利之意思占有，其繼續一定期間之占有之事實狀態，仍應受其基礎權源法律關係之規範，不應適用時效取得之制度，而破壞原規範之法律效果。」此項判決之見解，對不動產所有權之取得時效，亦有適用餘地。

第二、一定期間之經過

不動產所有權之一般取得時效期間為二十年，但是其占有之始為善意並無過失者，其期間為十年。換言之，即以所有之意思二十年間和平、公然、繼續占有他人未登記之不動產者，縱占有之始為惡意或雖係善意而有過失，亦得請求登記為所有人；如占有之始為善意並無過失者，則於以所有之意思十年間和平、公然、繼續占有他人未登記之不動產者，即得請求登記為所有人。最高法院二十六年上字第四四二號判例謂：「民法第七百七十條所定十年之取得時效，雖以占有之始善意並無過失為要件，而民法第七百六十九條所定二十年之取得時效，則無以此為要件之明文。且民法第七百七十條特設短期取得時效，係以增此要件為其唯一理由，其他關於期間以外之要件，仍與民法第七百六十九條所定者無異，則二十年之取得時效，不以此為要件，實甚明瞭。故以所有之意思二十年間和平繼續占有他人未登記之不動產者，縱令占有之始為惡意，或雖係善意而有過失，亦得請求登記為所有人。」可供參考。

民法第七七〇條所定十年之取得時效，係以占有之始善意並無過失為要件。所謂善意，乃不知情之別稱，即自信有權利占有其物，而於他人所有並不知情，占有通常推定為善意（民法第九四四條）。所謂無過失，係指雖盡善良管理人之注意，仍不知自己係無權利而言，占有人如主張其占有為無過失者，應負舉證責任。占有人是否善意及有無過失，應依占有開始時判斷之。

第三、須為他人未登記之不動產

占有之標的物須為不動產，且須為他人未登記之不動產。此之所謂他人未登記之不動產，係指該不動產未經地政機關於土地登記簿為所有權登記而言，不以私人所有者為限。故久淤成畈之湖基，如不在土地法限制私有之列，經開墾成田，且具備民法第七六九條或第七七〇條之占有要件，自得請求登記為所有人（二十七院一七一八）。又沙洲淤地未經人民依法取得所有權者，依土地法第十二條第一項之規定（民國三十年之規定——筆者附註），為公有土地，此項土地，就私法關係而論，其所有權屬於國家，國家為公法人，占有公法人之土地，自屬民法第七六九條及第七七〇條所謂占有他人之不動產，故公有土地，除土地法第八條所定不得私有者外（民國三十年之規定——筆者附註），亦有取得時效之適用，人民已因取得時效取得所有權者，既係土地法第七條所謂依法取得所有權（民國三十年之規定——筆者附註），嗣後即為私有土地，國家得向該人民徵稅，不得再令補繳地價（三十院二一七七）。此外，公有土地供公用者，在廢止公用後，得為取得時效之標的，從而公用之城壕，其一部分淤成平地，經人民占有建造房屋歷數十年者，應認為公用早已廢止，如人民之占有具備民法第七六九條或第七七〇條之條件者，自得請求登記為所有人（三十三院二六七〇）。

應予注意者，乃吾國過去縣政府或縣佐，均與中央行政機關同為執行國家行政機構之一部，凡散在各省區之國有財產，縱為行使私法上之所有權便利起見，多由代表國家之各級行政機關分別使用收益，而各該財產之所有權，究應同屬於國家之整個國庫。故各行政機關間之彼此占有事實，與私人占有國有財產之情形不同，不能適用民法上關於因占有而取得權利之規定（三十五上六一六）。至於國家或其他公法人之機關，以國家或公法人所有之意思而占有人民之不動產者，亦有民法關於取得時效規定之適用，即可依取得時效之規定而取得所有權。司法院三十四年院解字第二九二六號解釋謂：「行政機關以公庫所有之意思占有人民不動產者，如具備民法第七百七十條所定之要件，自得為公庫請求登記為所有人。」可供參考。

　　共有係數人按其應有部分，對於一物有所有權之狀態，各共有人既各按其應有部分而有獨立之所有權，則其中一人對於他共有人之應有部分，自不得謂非他人之物。公同共有係數人基於公同關係而共有一物之狀態，各公同共有人既無獨立之所有權，其中一人對於該物，亦不得謂非他人之物。故分別共有人或公同共有人中之一人，對於共有物或公同共有物，皆得依民法關於取得時效之規定，取得單獨所有權（三十三院二六九九），即共有物或公同共有物亦得為取得時效之客體。最高法院三十二年上字第一一〇號判例謂：「取得時效係於他人物上取得所有權之方法，在自己物上固無取得時效之可言，惟公同共有物之所有權，屬於公同共有人之全體，非各公同共有人對於公同共有物均有一個單獨所有權，如公同共有人中之一人以單獨所有人之意思占有公同共有之不動產，係民法第七百六十九條所謂占有他人之不動產。」此項判例之見解，對不動產之分別共有及動產之分別共有及公同共有，均有適用餘地，已如前述。職是之故，上訴人占有訟爭田產之初，縱係基於共有之關係，然嗣後如可認其已變為以獨有之意思而占有，則就他共有人之應有部分不外為他人之不動產，若其占有具備民法第七六九條或第七七〇條之要件，並與民法物權編施行法第七條、第八條之規定相符，不得謂未取得單獨所有權（三十二上八二六）。

　　至於民法第七六九條、第七七〇條所定未登記之不動產，係指應登記而不為登記之不動產而言，水利用地依法免予編號登記，其占有人無因時效之完成而取得及請求登記所有權。最高法院七十九年度臺上字第三十號判決謂：「水利用地（如溝渠、堤堰等）屬土地法第二條第三類土地，依法應免予編號登記，為土地法第四十一條所明定。又民法第七百六十九條、第七百七十條所定未登記之不動產，係指應登記而不為登記之不動產而言，系爭土地屬水利用地，為兩造所不爭執，依法免予編號登記，上訴人自無從因時效之完成而取得及請求登記所有權。」可供參考。按土地法第二條第一項所定第三類應免予編號登記之土地，所稱溝渠、水道、堤堰等，僅係所指「交通水利用地」類屬之例示而已，並非列舉規定，觀上開規定稱「等屬之」之用語自明。次按水利法所稱水道，係指河川、湖泊、水庫蓄水範

圍、排水設施範圍、運河、減河、滯洪池或越域引水路水流經過之地域；同法第七五條所稱水道防護範圍，係指河川區域，排水設施範圍或該水道水流所及地區，水利法施行細則第四條、第五十三條分別定有明文。系爭土地部分屬土地法第四一條應免於編號登記之土地，占有人無從因時效之完成而申請取得及登記其所有權，上訴人不能時效取得所有權登記請求權（九十二臺上二○二四判決）㉜。

此外，公有公用物或公有公共用物（前者為國家或公共團體以公有物供自己用，後者提供公眾共同使用，以下統稱為公物），具有不融通性，不適用民法上取得時效之規定。又在通常情形，公物如失去公用之形態（如城壕淤為平地），不復具有公物之性質，固不妨認為已經廢止公用，得為取得時效之標的，已如上述。然例外的，其中如經政府依土地法編定之公用道路或水溝，縱因人為或自然因素失去其公用之形態，在奉准廢止而變更為非公用地以前，難謂已生廢止公用之效力，仍無民法上取得時效規定之適用（七十二臺上五○四○判決）。至於森林係指林地及其群生竹、木之總稱，森林以國有為原則，森林所有權及所有權以外之森林權利，除依法登記為公有或私有者外，概屬國有，森林法第三條及該法施行細則第二條定有明文。未依法登記為公有或私有之林地，既概屬國有，則不論國家已否辦理登記，均不適用關於取得時效之規定，俾達國土保安長遠利益之目標，並符保育森林資源，發揮森林公益及經濟效用之立法意旨（森林法第一條及第五條參照），自無民法第七六九條、第七七○條取得時效規定之適用（八十九臺上九四九）。

㉜ 最高法院九十四年臺上字第七十號判決：「本案系爭土地既經臺中市政府以府工都字第五二三七○號函認定係屬上游山坡地排水使用，則系爭土地於未設護岸前，既屬野溪而供排水，依土地法第十四條之規定，自不得為私有，似非民法第七百六十九條規定取得時效之客體。原審謂系爭土地附近河段係屬野溪，迄今未規劃行水區，且無資料證明系爭土地是否為尋常水位到達地區，均不能證明系爭土地係屬可通運之水道及其沿岸一定限度內之土地而不得私有云云，遽認系爭土地得依時效取得請求登記為所有權，是否允當，尚非無斟酌研求之餘地。」

第二目　法律效果

　　取得時效完成後，占有人則僅可請求登記為所有人，故於辦妥登記前，占有人尚非該不動產之所有權人，亦即不動產占有人並不因取得時效完成，即當然取得該不動產之所有權，必須踐行登記程序，而獲准登記後，始能取得其所有權。由於占有他人未登記之不動產者，因時效期間之經過，而取得得請求登記為所有人之權利，並非由該他人將不動產所有權移轉與占有人，故該他人即無移轉所有權登記於占有人之義務（五十四臺上二〇〇七判決），所謂「得請求登記為所有人」，非謂得請求原所有人同意登記為所有人之意，係指得請求地政機關登記為所有人，因此土地法第五四條規定，占有人得依其一方之聲請，登記為土地所有人。換言之，即占有他人未登記之不動產而具備民法第七六九條或第七七〇條所定要件者，性質上係一方單獨聲請地政機關為所有權之登記，並無所謂登記義務人之存在，亦無從以原所有人為被告，訴由法院逕行判決予以准許，此就所有權取得時效之第一要件須以所有之意思，於他人未登記之不動產上而占有，暨依土地法第五四條規定旨趣參互推之，實至明瞭（六十八臺上一五八四）。

　　如上所述，占有人依民法第七六九條或第七七〇條規定，因時效而取得不動產所有權，係依據占有之事實而取得權利，並非使原所有權人負擔義務，故原所有權人並不負「同意占有人登記為所有人」之義務。又依時效取得不動產他項權利之占有人，其因時效取得不動產之他項權利（所有權以外之權利），係民法第七七二條準用同法第七六九條或第七七〇條規定之當然結果，本於前述因時效取得不動產所有權之同一法律上理由，占有人因時效取得他項權利，原所有人亦不負協同占有人取得他項權利之義務，亦即占有人因時效取得不動產所有權或他項權利時，得單獨聲請地政機關為所有權或他項權利之登記，其訴請原所有人協同辦理所有權或他項權利之登記，則非法之所許（七十臺上三八一判決）。

　　由於民法將不動產所有權取得時效之客體，限於未登記的不動產，且占有人於取得時效完成後，僅可請求登記為所有人，如未依土地法第五四

條聲請為所有權登記，亦未於公告期間內提出異議，依同法第六〇條之規定，即喪失其占有之權利，不能請求塗銷他人之所有權登記，及確認其所有權存在。故占有人於時效完成後，在未經登記為所有權人以前，原所有人如已登記完畢，占有人即不能對之主張取得時效（與民法第七六九條、第七七〇條以占有他人未經登記之不動產為要件者不合），亦不得請求塗銷原所有人之所有權登記（八十臺上二一七一判決）❸。此外，因取得時效而取得所有權，係基於法律之規定，占有人即有法律上之原因而受利益，自無不當得利之問題（四十七臺上三〇三），且占有人縱屬惡意，其取得所有權本身亦不構成侵權行為。

取得時效之效力，應於時效完成時向後發生，不得溯及於占有開始之時生效，即占有人係於完成登記之日，始能取得其所有權。占有人依民法第七六九條、第七七〇條規定，而取得所有權者，為一種原始取得，原所有權及該不動產上原有之物上負擔，均於占有人取得所有權時，即歸於消滅。又民法關於取得時效，係與消滅時效異其規定，所有權之取得時效，並非以所有物返還請求權已罹於消滅時效為要件。由於占有人取得所有權時，該未經登記之原所有權即行消滅，原所有人即喪失其所有權，其所有物返還請求權當然隨之消滅，自不得更以消滅時效尚未完成，請求返還（二十三上二四二八）。此外，因不動產所有權取得時效完成後，即發生得請求登記為所有人取得所有權之效果，與消滅時效完成後，債務人僅取得拒絕給付抗辯權（民法第一四四條）者不同，故取得時效之效果或利益雖未經占有人援用，法院可依職權據以裁判，惟取得時效完成之基礎事實，自須由占有人向法院提出，否則法院無從加以酌斟（二十九上一〇〇三）。

---

❸ 最高法院民國五十四年度第一次民、刑庭總會會議決議㈤：「占有人雖合法占有不動產十年以上，依民法第七百七十條，僅得請求登記為所有權人，在其未經登記為所有權人以前，原所有人既已登記完畢，占有人即不能對之主張取得時效（與該條以占有他人未經登記之不動產為要件者不合），不以原所有人為所有權登記，在占有人十年取得時效完成前後而有不同，占有人即不得訴請塗銷。」

第四款　取得時效之中斷

所謂取得時效之中斷，係指於時效之進行中，有與時效要件相反之事實發生，從而使已經過之期間失其效力。民法第七七一條規定：「占有人有下列情形之一者，其所有權之取得時效中斷：一、變為不以所有之意思而占有。二、變為非和平或非公然占有。三、自行中止占有。四、非基於自己之意思而喪失其占有。但依第九百四十九條或第九百六十二條規定，回復其占有者，不在此限。依第七百六十七條規定起訴請求占有人返還占有物者，占有人之所有權取得時效亦因而中斷。」茲就有關問題，分述如下：

第一、取得時效之中斷事由

依民法第七七一條規定，取得時效之中斷事由有五，分述如下：

一、占有人變為不以所有之意思而占有

此係指占有人雖繼續占有，但已變更其占有意思狀態，變為不以所有之意思而占有。例如占有人承認物主所有權，而自己變為占有輔助人，或原以所有之意思而占有，變更為以取得地上權或農育權等其他物權之意思而占有者，則取得所有權之時效因而中斷，自變更性質之時起，開始取得地上權或農育權等其他物權之新占有是。

二、占有人變為非和平或非公然占有

占有人於取得時效進行中，如自和平改變為非和平，以強暴方式占有，或自公然改變為非公然，以隱密方式占有者，皆與取得時效之基礎事實相反，故此種占有狀態之變更，亦構成取得時效之中斷。

三、占有人自行中止占有

此係指占有人以自己之意思放棄占有，例如自行將占有物返還於原所有人，或拋棄占有之動產，或占有之動物走失，占有人知而不追尋取回等是。惟占有人僅放棄其監督，而未完全脫離其管領關係者，例如因災難而暫離其占有之不動產是，尚難認其已自行中止占有。

四、占有人非基於自己之意思喪失其占有而未依法回復

　　我民法原僅規定「其占有為他人侵奪」而未依法回復者，為取得時效中斷事由。所謂侵奪，依其文義係指非基於占有人之意思而被他人奪取致喪失其占有而言，例如被盜或被搶是。在此等情形，占有人若已依民法第九四九條或第九六二條規定回復其占有者，時效不中斷（二十五院一四六○）；若不能依法回復其占有者，則時效仍應中斷。至於占有物之遺失，雖不包括在侵奪內，但衡諸時效取得制度之規範目的，通說認為應類推適用之❸❹，故占有物遺失後，如能依民法第八○五條或第九四九條之規定回復其占有時，取得時效即不中斷❸❺；若不能依法回復其占有者，則時效仍應中斷。由於民法原規定僅以「其占有為他人侵奪」而不能回復作為時效中斷事由，範圍過於狹隘，故此次修正民法物權編將之修正為「非基於自己之意思而喪失其占有」，則除侵奪外，當包括占有物之遺失在內。

五、依第七六七條規定起訴請求占有人返還占有物

　　占有人於占有狀態存續中，所有人如依民法第七六七條規定起訴請求返還占有物者，占有人之占有既已成為訟爭對象，顯已失其和平占有之性質，其取得時效自以中斷為宜。

　　應予注意者，取得時效中斷之事由，不以民法第七七一條所規定之五種事由為限。從而占有人依契約、侵權行為或不當得利規定訴請占有人返還占有物者，解釋上應認亦足當之，占有人之所有權取得時效亦因而中斷❸❻。又民法第一二九條關於消滅時效所定之中斷事由（請求、承認、起訴），對取得時效亦應類推適用之，所有人依請求或起訴行使其權利時，取得時效之進行自應中斷。至於承認，乃占有人變為不以所有之意思而占有，應構成中斷事由，自不待言❸❼。

❸❹　參閱王澤鑑，《物權(一)》，第一五八頁。我國另有學者認為所謂依第九四九條回復其占有者，僅指該條前段（被盜物）情形而言，至遺失物因民法第八○三條至第八○七條另有規定，不生取得時效中斷問題，自不在內，參閱鄭玉波，《物權》，第七十一頁。

❸❺　參閱史尚寬，《物權》，第七十三頁；謝在全，《物權（上）》，第二三二頁。

❸❻　參閱謝在全，《物權（上）》，第二三二頁。

❸❼　參閱史尚寬，《物權》，第七十四頁；鄭玉波，《物權》，第七十一頁；王澤鑑，《物

第二、取得時效中斷之效力

取得時效之中斷，使已經過之時效期間，當然失其效力，須再具備取得時效之要件，始能重新開始新取得時效之進行，且中斷之效力，具有絕對性。

第五款　其他財產權之取得時效

民法第七七二條規定：「前五條之規定，於所有權以外財產權之取得，準用之。於已登記之不動產，亦同。」故所有權以外之其他財產權，亦可依取得時效而取得之。地上權為所有權以外財產權之一，其可依取得時效而取得之，應無疑義，由於實務上不動產物權之取得時效，以地上權之案例最多，故關於地上權之取得時效，將另述之。茲就民法第七七二條規定適用上之基本問題，分述如下：

第一、得為取得時效客體之其他財產權

取得時效客體，以財產權為限，人格權與身分權，係與權利主體之人格、身分具有不可分離關係之權利，為非財產權，自不能因取得時效而取得。至於所有權以外之財產權，其種類甚廣，原則上凡以占有標的物為內容，或得成立準占有之財產權，均得為取得時效之客體，無論係物權、準物權、債權或無體財產權皆可。惟不能公然、繼續行使之權利，例如不表現或不繼續之地役權（民法第八五二條之反面解釋），或解除權、撤銷權、買回權、選擇權等行使一次即歸消滅之權利，不能因時效而取得。質權係從權利，在存有被擔保之債權（主權利）之情形，債權人以成立質權之意思而占有債務人或第三人之動產者，得依取得時效而取得質權❸。

其次，依法律規定必須支付一定對價始能成立之權利，例如永佃權、租賃權是，能否因時效而取得，不無問題。通說採否定之見解，最高法院

權》，第一七二頁。不同見解，參閱姚瑞光，《物權》，第六十八頁。

❸　參閱王澤鑑，《物權》，第一七七頁；謝在全，《物權（上）》，第二四九頁。

八十八年臺上字第二七五四號判決謂：「租賃者謂當事人約定，一方以物租與他方使用收益，他方支付租金之契約，僅係債權，並非民法第七百七十二條規定所有權以外之財產權。原審認上訴人抗辯已因時效取得租賃權，自非有據。」亦採否定之見解。惟上開判決以租賃權為債權，並非民法第七七二條規定所有權以外之財產權，其見解並非正確。於永佃權設定行為或租賃契約無效，而占有人以永佃權人或承租人之意思占有標的物，具有繼續用益之事實，且繼續支付地租或租金時，外形上已具備永佃權或租賃權之成立要件，自得主張依取得時效而取得永佃權或租賃權❸。

第二、如何準用民法第七六八條等五條之規定

關於所有權以外財產權之取得時效，究應準用動產之規定（民法第七六八條）或不動產之規定（民法第七六九條、第七七〇條），應以該財產權之變動是否須登記而定，不須登記而能生效之財產權，準用動產所有權取得時效之規定；須經登記始生效力之財產權，準用不動產所有權取得時效之規定❹。財產權本質上係屬不動產物權，須經登記始生效力者，例如地上權、地役權是，或法律已明訂該財產權應準用不動產物權之規定者，例如漁業法第二〇條、礦業法第八條規定是，自應準用不動產所有權取得時效之規定。財產權本質上係屬動產物權，不須登記而能生效力者，例如質權、抵押權是，或法律以之為動產性質之財產權，例如專利權或著作財產權，依專利法第六條第三項或著作權法第三十九條規定，均得設定質權，是法律係將其定性為動產性質之財產權，自應準用動產所有權取得時效之規定。

商標權，依商標法第三十七條規定得設定質權，是法律係將其定性為動產性質之財產權，自應準用動產所有權取得時效之規定❹，惟因商標法第二十七條第一項規定：商標自註冊公告當日起，由權利人取得商標權，

---

❸　參閱王澤鑑，《物權(一)》，第一六四頁；謝在全，《物權（上）》，第二五〇至二五一頁。

❹　參閱史尚寬，《物權》，第七十七頁；王澤鑑，《物權(一)》，第一六四頁。

❹　參閱謝在全，《物權（上）》，第二五一頁。

即其取得是以登記為生效要件，故商標權取得時效之效力，自應解為須以取得時效完成為由申請註冊，自註冊公告當日起，始取得商標專用權。最高法院八十六年度臺上字第二九九六號判決謂:「按商標法第二十一條第一項規定: 商標自註冊之日起，由註冊人取得商標專用權（現行法第二七條第一項——筆者附註）。第二十八條第一項規定: 商標專用權之移轉，應向商標主管機關申請登記,未經登記者不得對抗第三人（現行法第三五條——筆者附註）。而動產之取得與變動均不須登記，故商標專用權上開規定顯與民法第七百五十八條、第七百五十九條有關不動產物權登記規定之法律性質近似，自不得徒憑商標法第二十八條第一項（現行法第三五條——筆者附註）就商標專用權之移轉採登記對抗主義立法，即認應準用動產取得時效之規定。退而言之，上訴人就系爭商標專用權之取得時效縱已完成，然依取得時效完成而取得財產權，乃非基於繼受他人既存之權利而取得，性質上屬於原始取得，依商標法第二條、第二十一條第一項規定（現行法第二七條第一項——筆者附註），仍須以取得時效完成為由申請註冊之日起，始取得商標專用權，不得單憑時效完成即謂當然取得商標專用權。」認商標專用權之取得時效，準用不動產取得時效之規定，其見解不同❷，惟其認為「仍須以取得時效完成為由申請註冊之日起，始取得商標專用權，不得單憑時效完成即謂當然取得商標專用權」，值得讚許。

第三、不動產定限物權取得時效之客體不以未登記之不動產為限

關於不動產定限物權取得時效之客體，是否以未登記之不動產為限，我民法原未設規定，就法條文義並為貫徹土地登記之效力，自應解為須以未登記之不動產為限。惟最高法院六十年臺上字第一三一七號判例謂:「地上權為土地他項權利,其登記必須於辦理土地所有權登記同時或以後為之，如土地未經辦理所有權登記，即無從為地上權之登記。故依據民法第七百七十二條準用取得時效之規定，聲請為地上權之登記時，並不以未登記之

---

❷ 謝在全教授認為，商標專用權如準用不動產物權取得時效，則幾無適用之機會，參閱謝在全，《物權（上）》，第二五八頁註八。

土地為限。」同院六十年臺上字第四一九五號判例謂：「未登記之土地無法聲請為取得地上權之登記，故依民法第七百七十二條準用同法第七百六十九條及第七百七十條主張依時效而取得地上權時，顯然不以占有他人未登記之土地為必要。苟以行使地上權之意思，二十年間和平繼續公然在他人地上有建築物或其他工作物或竹木者，無論該他人土地已否登記，均得請求登記為地上權人。」此雖為有關地上權取得時效所作成之判例，惟就其他不動產定限物權（例如地役權、不動產役權），應為相同解釋，即我國法院實務之見解，認為就他人已登記之不動產，雖不能依時效取得所有權，但能依時效取得定限物權，不動產定限物權取得時效之客體，不以未登記之不動產為限❹。此次（民國九十八年）修正民法物權編，於第七七二條後段增訂「於已登記之不動產，亦同」，故對於已登記之不動產，亦得準用前五條之規定，因時效而取得所有權以外財產權。

第六款　地上權之取得時效

此次（民國九十九年）修正民法物權編將原第三章地上權，區分為普通地上權及區分地上權二節，本款所稱地上權，係指普通地上權，合先述明。

第一、構成要件

依時效取得地上權者，須其主觀上有以行使地上權之意思，在客觀上有在他人土地之上下建築房屋或其他工作物而使用他人土地達十年或二十年以上之事實者，始足當之。茲就其須具備之要件，分述如下：

一、須以行使地上權之意思而占有

地上權為一種物權，主張取得時效之第一要件須為以行使地上權之意思而占有，若依其所由發生之事實之性質，無行使地上權之意思者，非有變為以行使地上權之意思而占有之情事，其取得時效，不能開始進行。上訴人占有系爭土地之始，即係基於承租人之意思而非基於行使地上權之意

❹ 王澤鑑教授認為此二則判例欠缺堅強說服力，主張不動產定限物權取得時效之客體，亦須以他人未登記之不動產為限，參閱王澤鑑，《物權(一)》，第一六五頁。

思，嗣後亦非有民法第九四五條所定變為以地上權之意思而占有，自不能本於民法第七七二條準用同法第七六九條之規定，請求登記為地上權人（六十四臺上二五五二）。苟占有人於占有之始，即有於他人土地之上下有建築物或其他工作之目的而使用土地，占有後確有建造房屋或其他工作物等情事，自與單純之占有使用土地有別，則依該占有所由發生之事實之性質，自難謂占有人於占有之始無行使地上權之意思（八十五臺上六〇九判決）。此外，此處所稱占有，須為和平占有、繼續占有、公然占有；準用民法第七七〇條時並須為占有之始為善意並無過失。

又因占有人在他人土地之上下有建築物或其他工作物之原因，或係本於所有權之意思或係基於無權占有之意思，或基於越界建築使用，或界址不明致誤認他人土地為自己所有，或因不知為他人土地而誤為占有使用，或基於租賃或借用之意思，不一而足，非必皆以行使地上權之意思而占有，尚不能僅以占有人在他人土地上有建築物或其他工作物之客觀事實，即認占有人主觀上係基於行使地上權之意思而占有（九十一臺上二二二五判決），故如主張以行使地上權之意思而占有土地者，因此項行使地上權之意思，依民法第九四四條第一項規定，既不在「推定」之列，自應由占有人負證明之責（八十六臺上六一九判決）❹。此外，地上權非以地上權人交

---

❹　最高法院八十六年臺上字第七三四號判決：「依民法第七百七十二條之立法理由：『按占有人取得所有權以外之財產權，如地役權、抵押權之類，與和平繼續占有而取得之所有權無異，則其取得之時效或中斷，亦應與取得所有權之時效或中斷相同，故準用前四條規定』觀之，民法第七百七十二條規定所準用者，乃有關時效取得或中斷。而民法第九百四十四條規定『占有人，推定其為以所有之意思，善意、和平及公然占有者』，僅占有人係以所有之意思占有者，始受法律之推定，至以取得他項財產權之意思行使其權利，既為財產權取得時效要件之一，並不在民法第九百四十四條第一項所定推定之列。又同法第九百四十三條規定『占有人於占有物上，行使之權利，推定其適法有此權利』，乃基於占有之本權表彰機能而生，並非具有使占有人取得權利之作用，該規定之旨趣在於免除占有人關於本權或占有取得原因之舉證責任，並非使占有人因而取得本權或其他權利。且係指占有人就其所行使之權利，推定為適法，惟究係行使何項權利而占有，則非法律

付地租為必要，原審僅以上訴人之前手無償使用系爭土地，即認上訴人不得主張因時效取得地上權，自有未合（六十七臺上三七七九）。

二、一定期間之經過

地上權之一般取得時效期間為二十年，但是其占有之始為善意並無過失者，其期間為十年。換言之，即以行使地上權之意思二十年間和平繼續占有他人之不動產者，縱占有之始為惡意或雖係善意而有過失，亦得請求登記為地上權人；如占有之始為善意並無過失者，則於以行使地上權之意思十年間和平繼續占有他人之不動產者，即得請求登記為地上權人。

三、須為他人之不動產

占有之標的物須為不動產，且須為他人之不動產，至於是否須為他人未登記之不動產，有不同見解，實務上係採否定說，即依據民法第七七二條準用取得時效之規定，聲請為地上權之登記時，並不以未登記之土地為限，苟以行使地上權之意思，二十年間和平繼續公然在他人地上有建築物或其他工作物者，無論該他人土地已否登記，均得請求登記為地上權人，已如前述。

共有係數人按其應有部分，對於一物有所有權之狀態，各共有人既各按其應有部分而有獨立之所有權，則其中一人對於他共有人之應有部分，自不得謂非他人之物。公同共有係數人基於公同關係而共有一物之狀態，各公同共有人既無獨立之所有權，其中一人對於該物，亦不得謂非他人之物。故共有人或公同共有人中之一人，對於共有物或公同共有物，皆得依民法關於取得時效之規定，取得地上權。司法院大法官會議釋字第四五一號解釋：「時效制度係為公益而設，依取得時效制度取得之財產權應為憲法所保障，業經本院釋字第二九一號解釋釋示在案。地上權係以在他人土地上有建築物，或其他工作物，或竹木為目的而使用其土地之權，故地上權為使用他人土地之權利，屬於用益物權之一種。土地之共有人按其應有部分，本於其所有權之作用，對於共有物之全部雖有使用收益之權，惟共有人對共有物之特定部分使用收益，仍須徵得他共有人全體之同意。共有物

所推定。」

亦得因共有人全體之同意而設定負擔，自得為共有人之一人或數人設定地上權。於公同共有之土地上為公同共有人之一人或數人設定地上權者亦同。是共有人或公同共有人之一人或數人以在他人之土地上行使地上權之意思而占有共有或公同共有之土地者，自得依民法第七百七十二條準用同法第七百六十九條及第七百七十條取得時效之規定，請求登記為地上權人。內政部中華民國七十七年八月十七日臺內地字第六二一四六四號函發布時效取得地上權登記審查要點第三點第五款規定，共有人不得就共有土地申請時效取得地上權登記，與上開意旨不符，有違憲法保障人民財產權之本旨，應不予適用。」可供參考。

民法第八三二條規定，稱普通地上權者，謂以在他人土地之上下有建築物或其他工作物為目的而使用其土地之權。故設定地上權之土地，以適於建築房屋或設置其他工作物者為限，其因時效取得地上權而請求登記者亦同。土地法第八十二條前段規定，凡編為某種使用地之土地，不得供其他用途之使用。占有土地屬農業發展條例第三條第十一款所稱之耕地者，性質上既不適於設定地上權，內政部於中華民國七十七年八月十七日以臺內地字第六二一四六四號函訂頒時效取得地上權登記審查要點第三點第二款規定占有人占有上開耕地者，不得申請時效取得地上權登記，與憲法保障人民財產權之意旨，尚無抵觸（釋四〇八）。又系爭土地既係水利用地（排水溝間堤防用地），依法免於為所有權之編號登記，上訴人自無從因時效之完成而取得及請求登記其地上權（六十五臺上二五五八）。

占有人係以有建築物為目的，而使用他私人之土地者，其主張因時效取得地上權，不以該建築物係合法者為限。司法院大法官會議釋字第二九一號解釋謂：「取得時效制度，係為公益而設，依此制度取得之財產權應為憲法所保障。內政部於中華民國七十七年八月十七日函頒之時效取得地上權登記審查要點第五點第一項規定：『以建物為目的使用土地者，應依土地登記規則第七十條提出該建物係合法建物之證明文件』，使長期占有他人私有土地，本得依法因時效取得地上權之人，因無從提出該項合法建物之證明文件，致無法完成其地上權之登記，與憲法保障人民財產權之意旨不符，

此部分應停止適用。至於因取得時效完成而經登記為地上權人者，其與土地所有權人間如就地租事項有所爭議，應由法院裁判之，併此說明。」可供參考。惟司法院大法官會議釋字第二九一號解釋，係針對內政部於七十七年八月十七日訂頒時效取得地上權登記審查要點第五點第一項有關「應依土地登記規則第七十條提出合法建物證明文件」之規定，認與憲法保障人民財產權意旨不符，應停止其適用，至於該地上建物所有人，是否因時效而取得地上權而得請求為地上權登記，仍須視其是否符合民法第七六九條至第七七二條相關規定之要件，以為決定。非謂依該解釋，凡無權占有他人土地者，經過相當期間，即可請求登記為地上權人（八十一臺上二六三四判決）。

第二、地上權取得時效之中斷

民法第七七一條有關所有權取得時效中斷之規定，於地上權之取得時效，亦準用之。從而占有人變為不以取得地上權之意思而占有、變為非和平或非公然占有、自行中止占有、非基於自己之意思喪失其占有而未依法回復、原所有人依民法第七六七條規定起訴請求占有人返還占有物者，占有人之地上權取得時效亦因而中斷。

第三、法律效果

取得時效完成後，占有人則僅可請求登記為地上權人，故於辦妥登記前，占有人尚非該不動產之地上權人，亦即不動產占有人並不因取得時效完成，即當然就該不動產取得地上權，必須踐行登記程序，而獲准登記後，始能取得其地上權。最高法院六十年臺上字第一六七七號判例謂：「上訴人主張因時效而取得地役權，既未依法請求登記為地役權人，自不能本於地役權之法律關係，而向被上訴人有所請求。」又同院六十八年臺上字第二九九四號判例謂：「依占有事實完成時效而取得通行地役權者，固非不可請求地政機關登記為通行地役權人，但不動產所有人尚無協同請求登記之義務，其未登記為地役權人，尤不能本於地役權之法律關係對土地所有人有所請

求。」此雖為關於地役權之判例，惟其見解❹，於地上權之取得時效，亦有其適用，即因時效而取得地上權登記請求權者，不過有此請求權而已，在未依法登記為地上權人以前，仍不得據以對抗土地所有人而認其並非無權占有（最高法院六十九年度第五次民事庭會議決議）。惟占有人因時效而取得地上權登記請求權者，若以已具備時效取得地上權之要件，向該管地政機關請求為地上權登記，而經地政機關受理，則受訴法院即應就占有人是否具備時效取得地上權之要件，為實體上裁判（最高法院八十年度第二次民事庭會議決議）。前開決議旨在說明占有人如在土地所有人訴請拆屋還地之前，已主張具備時效取得之要件，得請求登記為地上權人者，法院即應就占有人是否具備時效取得地上權之要件，為實體上裁判。本件上訴人均在被上訴人起訴後始向地政機關申請為地上權位置之測量，原審認其不能以地上權人之地位對被上訴人主張非無權占有系爭土地，於法並無不合（八十七臺上三○八一判決）。

應予注意者，乃占有人因時效而取得地上權登記請求權者，以已具備時效取得地上權之要件，向該管地政機關聲請為地上權登記，如經地政機關受理，則受訴法院即應就占有人是否具備時效取得地上權之要件，為實體上裁判，固有最高法院八十年度第二次民事庭會議決議可資參照。惟該決議旨在調和物權登記主義與時效取得地上權間之矛盾，避免主張時效取得地上權者一方面因未經地上權登記，而於訴訟中無從主張地上權，一方面又因實體上仍有爭執而無從在地政機關辦理地上權登記之兩難局面，受訴法院不嚴格堅持從物權登記主義之觀點，形式審查，主張地上權者有無

---

❹ (1)最高法院九十二年臺上字第二三七六號判決：「依法律行為而設定地上權，或因時效而取得地上權登記請求權者，非經登記不生其效力，在未依法登記為地上權人以前，自仍不得據以對抗土地所有人而認其非無權占有。」

(2)最高法院八十三年臺上字第六八五號判決：「查因時效取得典權之人僅得請求登記為典權人，並非當然取得典權，故在典權人未以時效取得為由，登記為典權人之前，尚不得以逾期不贖為由逕行請求出典人就典物為所有權移轉登記。」最高法院八十四年臺上字第九十三號判決：「因時效而取得典權登記請求權者，不過有此請求權而已，在未依法登記為典權人之前，尚難謂其已取得典權。」

完成地上權登記，只要占有人向地政機關聲請為地上權登記，並經受理即應為實體裁判。並非符合上開要件，即係取得地上權（八十五臺上五二九判決）。

如上所述，因時效取得地上權登記請求權者，不過有此請求權而已，在未依法登記為地上權人以前，仍不得據以對抗土地所有人，而謂其係有權占有，即不能本於地上權之法律關係，向土地所有人有所主張而認其非無權占有。從而占有人之占有，縱已具備時效取得地上權之要件，倘係在土地所有權人或管理權人依民法第七六七條規定提起訴訟後，始向管轄地政機關聲請登記者，受訴法院毋庸就占有人是否具備時效取得地上權登記之要件，為實體上裁判（八十八臺上一七二九判決）。換言之，即占有人因時效取得地上權登記請求權，向該管地政機關請求為地上權登記，經地政機關受理，受訴法院應就占有人是否具備時效取得地上權之要件為實體上裁判者，須以占有人於土地所有權人請求拆屋還地前，以具備時效取得地上權之要件為由，向地政機關請求登記為地上權人為前提（八十九臺上一三七〇判決）。本件上訴人既於被上訴人訴請拆屋還地之後，始向地政機關申請登記為地上權人，且未舉證其已依時效取得地上權，則其占有系爭土地自屬無正當合法權源（八十五臺上八二九判決）❹⓿。

由於占有為一種單純事實，故占有人本於民法第七七二條準用第七七〇條取得時效規定，請求登記為地上權人時，性質上並無所謂登記義務人存在，無從以原所有人為被告，訴請命其協同辦理該項權利登記，僅能依土地法規定程序，向該管縣市地政機關而為聲請（六十八臺上三三〇八）。換言之，所謂「得請求登記為地上權人」，非謂得請求原所有人同意登記為地上權人之意，係指得請求地政機關登記為地上權人，性質上係由一方單獨聲請地政機關為地上權之登記，並無所謂登記義務人之存在，亦無從以原所有人為被告，訴由法院逕行判決予以准許。

---

❹⓺　王澤鑑教授主張，為貫徹時效取得制度之規範目的，似應認為占有人如已為登記之聲請，即非無權占有，所有人不得請求返還。參閱王澤鑑，《物權(一)》，第一六七頁。

　　占有他人之土地，依民法第七七二條準用第七六九條、第七七〇條規定主張依時效取得地上權者，土地所有人固不負擔同意占有人登記為地上權人之義務。然占有人若依土地登記規則第一一三條規定，由其一方申請登記為地上權人，經登記機關受理，在公告期間，土地所有人提出異議者，登記機關應依土地法第五十九條第二項規定予以調處；不服調處者，應於接到調處通知後十五日內向司法機關訴請處理。調處結果，若對占有人不利，占有人對土地所有人提起之訴訟，即得請求該所有人容忍其辦理地上權登記，以排除土地所有人之異議，使登記程序之障礙除去，俾完成地上權登記（八十三臺上三二五二）❹❼。

第二節　不動產所有權

第一項　土地所有權之範圍

第一、土地所有權之縱的範圍

　　土地所有權之範圍，可分為橫的範圍及縱的範圍，橫的範圍，得以土地之劃分疆界定之，在縱的方面，其範圍究屬如何，不無疑義，故民法第七七三條規定：「土地所有權，除法令有限制外，於其行使有利益之範圍內，

---

❹❼　最高法院七十七年臺上字第二二七九號判決：「占有他人之土地，依民法第七百七十二條準用第七百六十九條規定主張依時效而取得地上權者，土地所有人固不負擔同意占有人登記為地上權人之義務。然占有人若依土地登記規則第一百十三條規定，由其一方之聲請，登記為地上權人，經登記機關受理，在公告期間，土地所有人對之提出異議者，登記機關應依土地法第五十九條第二項規定予以調處。不服調處者，應於接到調處通知後十五日內向司法機關訴請處理。調處結果，若對占有人不利，占有人對土地所有人提起訴訟，即應請求該所有人容忍其辦理地上權登記，以排除土地所有人之異議，使登記程序之障礙除去。此容忍義務不作為義務，因占有人行使地上權登記請求權而發生。至請求同意辦理地上權登記則為請求履行作為義務，與請求容忍係屬兩事。」

及於土地之上下。如他人之干涉，無礙其所有權之行使者，不得排除之。」依此規定，可知土地所有權之縱的範圍，係「上窮天空，下盡地心」，其效力及於地面（地表）、地面以上之空間及地面以下之地身。

第二、土地所有權範圍之限制

如上所述，土地所有權之縱的範圍，其效力及於地面（地表）、地面以上之空間暨地面以下之地身，惟其行使應受二種限制，分述如下：

一、法令上之限制

基於所有權社會化之原則，所有權之內容及行使，自應受法令之限制，民法第七六五條及第七七三條，均設有規定。例如大樓之高度應受建築法之規範；附著於土地之礦，不因土地所有權之取得而成為私有（土地法第十五條）是。又電業法第五十一條規定：「電業於必要時，得在地下、水底、私有林地或他人房屋上之空間，或無建築物之土地上設置線路。但以不妨礙其原有之使用及安全為限，並應於事先書面通知其所有人或占有人；如所有人或占有人提出異議，得申請地方政府許可先行施工，並應於施工五日前，以書面通知所有人或占有人。」旨在推動電業基礎設施以充裕電源，並兼顧土地所有人或占有人之權利。故電業如符合「必要時」，及「不妨礙地下、水底、私有林地、他人房屋或無建築物之土地原有之使用及安全」之實質條件，並履行「事先書面通知其所有人或占有人；如所有人或占有人提出異議，得申請地方政府許可先行施工，並應於施工五日前，以書面通知所有人或占有人」之程序，即可依該條規定在地下、水底、私有林地或他人房屋上之空間，或無建築物之土地上，進行施工，設置線路（九十五臺上二六五五判決）。

二、行使有利益之限制

土地所有人之行使所有權，雖未違反法令之限制，仍須在其行使有利益之範圍內為之，若事實上不僅於自己無益，且竟有損於他人者，例如禁止他人通航飛機是，則尤不得為之。此處所稱利益，係指財產上及精神上（包括美觀上）之利益，至其範圍，應依土地位置、使用目的、建築技術、

生態環境及其他一般社會交易觀念認定之。又雖在行使有利益範圍內,但他人之干涉,無礙其所有權之行使者,亦不得排除之。例如高空懸掛之廣告氣球,偶因風吹而斜入鄰地花園之上空,尚難謂有礙所有權之行使,故鄰地花園所有人不得請求除去之。

第三、土地與土地上建築物之用益關係

土地與土地上之建築物(定著物)為各別獨立之不動產,而得各異其所有人,惟建築物性質上不能脫離土地而存在,使用建築物必須使用該建築物之基地,因此對其基地自須具有使用權而後可。關於建築物與土地(基地)分屬不同人所有時,應如何處理建築物與土地之用益關係,下列最高法院判例,可供參考:

①最高法院四十三年臺上字第六三九號判例:「土地與房屋為各別之不動產,其所有權人各得行使其權利,被上訴人雖將基地及其第一、二層房屋出賣與上訴人,其對於未出賣之部分自得行使權利,又系爭房屋所用之基地,買賣契約既無特別約定,亦應推斷默許被上訴人繼續使用。」

②最高法院四十八年臺上字第一四五七號判例:「土地與房屋為各別之不動產,各得單獨為交易之標的,且房屋性質上不能與土地使用權分離而存在,亦即使用房屋必須使用該房屋之地基,故土地及房屋同屬一人,而將土地及房屋分開同時或先後出賣,其間雖無地上權設定,然除有特別情事,可解釋為當事人之真意,限於賣屋而無基地之使用外,均應推斷土地承買人默許房屋承買人繼續使用土地。」

③最高法院六十四年臺上字第一一〇號判例:「本院四十八年臺上字第一四五七號判例係指土地及房屋同屬一人,而將土地及房屋分開同時或先後出賣時,應推斷土地承買人默許房屋承買人繼續使用基地而言。與本件無權占有土地建造房屋,其後房屋出賣與他人之情形不同,自不能謂被上訴人已知他人蓋有房屋,及後拍賣時未有所主張,即認為已容忍地上建物之存在而默許繼續使用系爭土地。」

依前揭最高法院四十八年臺上字第一四五七號判例,土地及房屋同屬

一人，而將土地及房屋分開同時或先後出賣，其間雖無地上權設定，然除有特別情事，可解釋當事人之真意為限於賣屋而無基地之使用外，均應推斷土地承買人默許房屋承買人繼續使用土地。至於此項繼續使用土地之法律關係，其性質為租賃，最高法院六十三年臺上字第七六六號判例謂：「房屋與基地同屬一人所有，先後或同時出賣與二人時，房屋在性質上不能與基地使用權分離而存在，於此情形，應認基地買受人於買受之初，即有默認房屋買受人有權繼續使用基地而成立租賃關係，併得請求辦理地上權登記。」可供參考。又此項法律關係，對於其後再因轉讓而繼受房屋或土地所有權之人，仍繼續存在，最高法院七十三年度第五次民事庭會議決議謂：「土地與房屋同屬一人，而將土地及房屋分開同時或先後出賣時，依本院四十八年臺上字第一四五七號判例，應推斷土地承買人默許房屋承買人繼續使用土地，參照該判例之原判決全部裁判意旨，係認為使用土地之房屋所有人對土地所有人應支付相當之代價，則其法律關係之性質，當屬租賃。至其租金數額，如當事人間不能協議決定，當可訴請法院裁判。其再因轉讓而承受土地所有權之人，應有民法第四百二十五條之適用，其再因轉讓而繼受房屋所有權之人，則除有反對之特約外，應推斷土地所有人對之默許其繼續承租，故不問其後為轉讓土地或轉讓房屋，其土地所有權之承受人對房屋所有人或房屋所有權之承受人對土地所有人，均繼續其原來之法律關係。」可資參照❹❽。

　　上開最高法院判例或決議之主要意旨，乃在調和建築物所有人與基地所有人間之關係，側重於房屋所有權與基地利用權一體化之體現，並基於房屋既得使用權保護原則之考量，肯認基地使用權不因基地物權之嗣後變動而受影響，藉以調和土地與建物之利用關係，庶符社會正義之要求，使

❹❽ 最高法院八十七年臺上字第一七四二號判決：「土地與房屋同屬一人，而將土地及房屋分開同時或先後出賣時，依本院四十八年臺上字一四五七號判例，應推斷土地承買人默許房屋承買人繼續使用土地，其法律關係之性質，應屬租賃，且不問其後為轉讓土地或轉讓房屋，其土地所有權之承受人對房屋所有人或房屋所有權之承受人對土地所有人，均繼續其原來之法律關係。」

原存在之建築物不因其所占用之基地移轉他人，而成無權占有土地，致遭土地所有人以所有權之作用，請求將之拆除，對建築物所有人及社會經濟造成不利之影響。故土地及其土地上所構築無頂蓋之鋼筋混凝土造養魚池設備同屬一人所有，而僅以土地為抵押，於抵押物拍賣時，該養魚池設備固非屬民法第八七六條第一項所稱之「土地上建築物」而無該條項法定地上權規定之適用。然該養魚池設備既非土地之構成部分而為繼續附著於土地上具獨立經濟價值之「土地上定著物」，與同法第六六條第一項所定之土地應屬並列之各別不動產，分別得單獨為交易之標的，且該附著於土地上具獨立經濟價值之養魚池設備，性質上不能與土地使用權分離而存在，亦即使用養魚池設備必須使用該養魚池之地基，故土地及土地上之養魚池設備同屬一人所有，而將土地及養魚池設備分開同時或先後出賣，其間縱無地上權之設定，亦應推斷土地承買人默許養魚池設備所有人得繼續使用該土地，並應認該養魚池設備所有人對土地承買人有支付相當租金之租賃關係存在，要非無權占有可比（九十一臺上八一五判決）。土地共有人經其他共有人全體之同意，在共有土地上興建房屋，而將土地（應有部分）及房屋分開同時或先後出賣者，此與全無土地共有權，而單純經土地所有人同意興建房屋之情形，有所不同，自宜推斷土地（應有部分）承買人默許房屋承買人繼續使用土地（八十七臺上六八六判決）。

　　嗣修正民法債編，增訂民法第四二五條之一規定：「土地及土地上之房屋同屬一人所有，而僅將房屋所有權讓與他人，或將土地及房屋同時或先後讓與相異之人時，土地受讓人或房屋受讓人與讓與人間或房屋受讓人與土地受讓人間，推定在房屋得使用期限內，有租賃關係。其期限不受第四百四十九條第一項規定之限制。前項情形，其租金數額當事人不能協議時，得請求法院定之。」其立法說明並指稱係將前揭最高法院四十八年臺上字第一四五七號判例、同院七十三年度第五次民事庭會議決議，予以明文化 ❹。另增訂民法第四二六條之一規定：「租用基地建築房屋，承租人房屋所有權

---

❹　關於民法第四二五條之一，參閱劉春堂，《民法債編各論（上）》，自版，民國九十九年九月初版第三刷，第二三〇頁以下。

移轉時，其基地租賃契約，對於房屋受讓人，仍繼續存在。」其立法說明並指稱係參酌最高法院四十三年臺上字第四七九號、四十八年臺上字第二二七號及五十二年臺上字第二〇四七號判例意旨而增訂❺。

第二項 土地相鄰關係

第一款 概 說

第一、不動產所有人之相鄰關係

所謂相鄰關係，乃相鄰接之不動產，其所有人相互間之權利義務關係。相鄰接之不動產，其相互間之關係，至為密切，因而其權利之行使，難免發生利害互相衝突之情事，為使所有物得以完全利用，並調和當事人間之利害衝突，以期達到共存共榮之目的，民法乃於第七七四條至第八〇〇條，特設關於相鄰不動產所有人間權利義務之規定，使所有權之內容，在一定範圍內為相鄰不動產之利益而受到限制，此時就他方觀察，即為其所有權之擴張。此種所有權有時受到限制，有時得以擴張，因而發生之各種權利義務關係，即所謂相鄰關係是也。

由於此種所有權之限制或擴張，係基於法律規定而發生，非屬獨立之權利，得以對抗第三人，不以登記為必要❺。最高法院六十三年臺上字第二一一七號判例謂：「相鄰關係之內容，雖類似地役權，但基於相鄰關係而受之限制，係所有權內容所受之法律上限制，並非受限制者之相對人因此而取得一種獨立之限制物權，而地役權則為所有權以外之他物權（限制物權），二者不能混為一談，果上訴人家庭用水及天然水非流經被上訴人之土地排除不可，亦祇能依民法第七百七十九條規定行使權利，其依相鄰關係更請求確認其排水地役權存在，尚難謂合。」又最高法院七十一年臺上字第一一九七號判決謂：「民法第七百八十七條係規定土地相鄰間之通行關係，

---

❺ 關於民法第四二六條之一，參閱劉春堂，前揭❹書，第三二四頁以下。

❺ 參閱史尚寬，《物權》，第八十頁；王澤鑑，《物權》，第一八一頁。

土地所有人僅因法律之規定，其所有權內容受有限制而已，並非受限制之相對人，因此而取得一種獨立之限制物權，至地役權則係所有權以外之一種他物權，故二者並不相同。」可資參照。

第二、所有人相鄰關係規定之準用

　　相鄰關係之規定，不限於相鄰接之所有人間，始能適用，即地上權人間、永佃權人間、農育權人間、典權人間，以及各該不動產物權人與土地所有權人間，亦均準用（參閱原民法第八三三條、第八五○條、第九一四條）。又除了上述法律已明定得以準用者外，理論上用益物權人相互間、承租人、使用借貸人相互間，以及此等權利人與所有權人間等，亦均得準用相鄰關係之規定，蓋因相鄰關係，重在不動產「利用」之調和，所不重在「所有」之調和。最高法院七十九年度第二次民事庭會議決議㈡：「民法創設鄰地通行權，原為發揮袋地之利用價值，使地盡其利，增進社會經濟之公益目的，是以袋地無論由所有權或其他利用權人使用，周圍地之所有權及其他利用權人均有容忍其通行之義務。民法第七百八十七條規定土地所有權人鄰地通行權，依同法第八百三十三條、第八百五十條、第九百十四條之規定準用於地上權人、永佃權人或典權人間，及各該不動產物權人與土地所有權人間，不外本此立法意旨所為一部分例示性質之規定而已，要非表示於所有權以外其他利用權人間即無相互通行鄰地之必要而有意不予規定。從而鄰地通行權，除上述法律已明定適用或準用之情形外，於其他土地利用權人相互間（包括承租人、使用借貸人在內），亦應援用『相類似案件，應為相同之處理』之法理，為之補充解釋，以求貫徹。」可供參考。

　　嗣修正民法物權編，為調和相鄰關係之利用與衝突，認民法第七七四條至第八○○條相鄰關係規定不僅規範相鄰土地所有人間，即地上權人、不動產役權人、典權人、承租人、其他土地、建築物或其他工作物利用人間，亦宜準用，故增訂民法第八○○條之一規定：「第七百七十四條至前條規定，於地上權人、農育權人、不動產役權人、典權人、承租人、其他土地、建築物或其他工作物利用人準用之。」

第二款　鄰地損害之防免

第一、經營工業及行使其他權利之損害防免

　　民法第七七四條規定：「土地所有人經營事業或行使其所有權，應注意防免鄰地之損害。」此乃土地所有人之注意防免鄰地損害義務之基本規定，其他如民法第七七六條、第七七七條及第七九三條至第七九五條等之規定，皆為該條規定之例示。所謂事業，其種類不拘，包涵工、農、林、漁、礦、牧或服務業等事業在內，例如經營爆竹、瓦斯、石化、鋼鐵工業等是。所謂行使其所有權，乃概括規定，農耕、養魚、開店、貯藏物品等皆屬之。由於土地所有人負有防免鄰地損害之義務，因此鄰地所有人對土地所有人有注意防免損害之請求權，可請求其為預防之設備或其他防止之行為，且鄰地所有人無自行避免損害之義務，故雖另有避免之道，仍有要求土地所有人注意防免之權利❺❷。至於所謂鄰地，不以毗鄰土地為限，凡因土地所有人行使權利可遭受損害之土地，均包括在內。

　　本條屬民法第一八四條第二項所稱保護他人之法律，因此土地所有人違反此項義務，致鄰地發生損害時，推定其有過失，應依侵權行為之規定負賠償責任。又因土地所有人經營事業或行使其所有權，應注意防免鄰地之損害，民法第七七四條定有明文。而空氣污染防制法係行政法，其立法目的，僅在維護國民健康、生活環境，以提高生活品質，此觀該法第一條之規定自明。故工廠排放空氣污染物雖未超過主管機關依空氣污染防制法公告之排放標準，如造成鄰地農作物發生損害，仍不阻卻其違法（八十三臺上二一九七）。

第二、開掘土地或為建築之危害避免

　　民法第七九四條規定：「土地所有人開掘土地或為建築時，不得因此使鄰地之地基動搖或發生危險，或使鄰地之建築物或其他工作物受其損害。」

---

❺❷　參閱姚瑞光，《物權》，第七十六頁。

故鄰地所有人不但得請求土地所有人注意防免危險發生，且可請求停止施工，除去危害，或採取其他防免損害之必要措施。本條屬民法第一八四條第二項所稱保護他人之法律，因此土地所有人違反此項義務，致鄰地發生損害時，推定其有過失，應依侵權行為之規定負賠償責任。最高法院七十二年臺上字第三八二三號判決謂：「民法第一百八十四條第二項規定，違反保護他人之法律者，推定其有過失。同法第七百九十四條所謂土地所有人開掘土地或為建築時，不得因此使鄰地之地基動搖或發生危險，或使鄰地之工作物受其損害云云，即係前述條項所指保護他人之法律。如有違反之者，即應推定其有過失。」可供參考。

又民法第七九四條係保護他人維持社會公共利益之規定，因此定作人為工作之定作或指示，亦應負該條規定避免危害之義務，定作人定作高層建築物，該工程之挖土施工足以動搖損壞鄰地房屋，為一般人皆知之事，故定作人委託建築師設計及交付承攬人施工時，均應注意建築師及承攬人之能力，並應注意工程之進行安全，以免加害於鄰地，如怠於此注意即為定作或指示有過失（七十四臺上一四五八判決）。定作人違反本條規定者，應推定其於定作或指示有過失，上訴人臺灣銀行（土地所有人、定作人）固非建築設計之專家，而係委由蔡某承攬設計，惟定作人依法令負有為特定事項之義務，而使他人代為該事項時，定作人就該他人之過失或不適當之履行，仍應負其全責，不得因該他人之代為履行而免其義務（七十二臺上二二二五判決）❸。

---

❸ 最高法院七十三年臺上字第四二一一號判決：「查土地所有人開掘土地或為建築時，不得因此使鄰地之地基動搖或發生危險，或使鄰地之工作物受其損害，民法第七百九十四條定有明文，此係保護他人維持社會公益之規定，定作人違反此項規定者，應推定其於定作或指示有過失。臺灣銀行就前揭工程，雖委由參加人蔡某承攬建築設計，惟定作人依法令負有為特定事項之義務，而使他人代為該事項時，定作人就該他人之過失或不適當之履行，仍應負其全責，不得因該他人代為履行而免其義務。」

第三、工作物傾倒危險之預防

　　民法第七九五條規定:「建築物或其他工作物之全部或一部有傾倒之危險，致鄰地有受損害之虞者，鄰地所有人，得請求為必要之預防。」故建築物或其他工作物之所有人，有預防工作物傾倒危險之義務，至於此項危險之發生原因或存在為何，究係由於人為或不可抗力（如地震），在所不問。本條屬民法第一八四條第二項所稱保護他人之法律，因此建築物或其他工作物所有人違反此項義務，致鄰地發生損害時，推定其有過失，應依侵權行為之規定負賠償責任。

第三款　排水及用水關係

第一目　排水關係

第一、自然排水

一、土地所有人之自然排水權

　　民法第七七五條第一項規定:「土地所有人不得妨阻由鄰地自然流至之水。」故土地所有人有自然排水權，鄰地所有人有承水義務。一般言之，水流固以高地流向低地為常，惟由低地自然流至高地或來自地勢相同之地者，亦屬有之，例如潮汐漲滿，河流氾濫，海水倒灌，平地相流是，因其同為自然流至之水，故在此等情形，無論其為高地所有人、低地所有人或平地所有人均負有不得妨阻之義務。此項排水權，以自然流至之水（自然流水）為限，例如雨水、泉水、溪水、雪融水、冰融水等是，至其係流於地表或地下滲出，則在所不問。由於水圳之水係由人工開設導入者，與民法第七七五條所謂由鄰地自然流至之水有別，故被上訴人所有甲號耕地就令如上訴人所稱，其地勢較上訴人耕作之乙號耕地為高，上訴人仍不得援用民法第七七五條之規定，而謂被上訴人應負不得妨阻其由水圳引水之義務（四十四臺上四九〇）。又鄰地所有人固有承水義務，惟以自然流水為限，因而

流至鄰地之水非自然流水時，鄰地所有人得請求土地所有人為一定之防止行為或設施（民法第七六七條），如因而受有損害，自可請求損害賠償。此外，為平衡當事人之權利義務關係，民法第七七五條第二項規定：「自然流至之水為鄰地所必需者，土地所有人縱因其土地利用之必要，不得妨阻其全部。」故鄰地所有人對自然流至之水，亦享有用水之權利。

二、土地所有人之疏水權

鄰地所有人對於自然流水，僅負應忍受其流至，不得加以妨阻之不作為義務，不負疏通阻塞之積極義務。民法第七七八條第一項規定：「水流如因事變在鄰地阻塞，土地所有人得以自己之費用，為必要疏通之工事。但鄰地所有人受有利益者，應按其受益之程度，負擔相當之費用。」故土地所有人有疏水權，惟此係其權利，並非其義務，鄰地所有人無請求其為必要疏通工事之權利。又土地所有人既有疏水權，則其為疏通工事時，在必要之範圍內，自得使用鄰地。其次，民法第七七八條第二項規定：「前項費用之負擔，另有習慣者，從其習慣。」

第二、人工排水

一、土地所有人之修繕、疏通或預防義務

關於自然流水，鄰地所有人固有承水義務，不得妨阻，但對於人工排水，則無承水義務。民法第七七六條規定：「土地因蓄水、排水或引水所設之工作物破潰、阻塞，致損害及於他人之土地，或有致損害之虞者，土地所有人應以自己之費用為必要之修繕、疏通或預防。但其費用之負擔，另有習慣者，從其習慣。」本條之適用，只須因蓄水、排水或引水所設之工作物，有破潰、阻塞之情事，致損害及於他人之土地，或有致損害之虞即可，至於破潰、阻塞之發生原因為何，係出於人為或事變，土地所有人有無故意或過失，均在所不問[54]。又上開工作物有破潰、阻塞之情事，他土地所

---

[54]　最高法院四十二年臺上字第二三八號判決：「該堤既係被上訴人所築，被上訴人即有使其不崩潰之義務。故該堤之崩潰，除能證明其係由於不可抗力或不應歸責於被上訴人之事由外，被上訴人不能辭其責任。」其見解不同。

有人只能請求就工作物為必要之修繕、疏通或預防，不能請求停止蓄水、排水、引水或將工作物除去❺。最高法院四十年臺上字第一九〇九號判決謂：「因他人之建閘引水，而有水患防禦之必要，儘可依照水利法第四十四條之規定，請求該主管機關查核，令興辦水利事業人（即上訴人）建築適當之防災建造物，因此不得藉口水患堪虞，訴請禁止築坡。」可供參考。

二、設置工作物排放雨水之禁止

民法第七七七條規定：「土地所有人不得設置屋簷、工作物或其他設備，使雨水或其他液體直注於相鄰之不動產。」故雨水屬自然之水，鄰地所有人本有承水義務，但不得以設置屋簷、工作物或其他設備等人工方法排放之，否則鄰地所有人得請求禁止，以保護鄰地所有人之利益。又雨水以外之其他液體，例如現代家居使用冷氣機排出之水滴，對陽臺上植栽花盆灑水排出之水滴，或抽油煙機排出之油滴是，亦不得使之直注於相鄰不動產。又本條係指土地所有人在自己土地內設置屋簷、工作物或其他設備，而此等屋簷、工作物或其他設備未侵入鄰地而言，苟已侵入鄰地，則已係妨害鄰地之所有權，鄰地所有人得請求除去之（民法第七六七條）。最高法院三十九年臺上字第八九五號判決謂：「上訴人房屋之飛簷及露臺檐伸出系爭牆外，被上訴人主張該牆外部分之土地屬伊所有，嗣經丈量結果，果屬非虛。被上訴人訴請鋸斷上訴人伸出牆外之飛簷與露臺檐，以杜侵越，當為法之所許。」可供參考。

三、土地所有人之過水權

關於人工排水，鄰地所有人原則上固不負承水義務，惟於實際上有為人工排水必要之特殊情形，則鄰地所有人亦負有容忍義務，是為例外。民法第七七九條第一項規定：「土地所有人因使浸水之地乾涸，或排泄家用或其他用水，以至河渠或溝道，得使其水通過鄰地。但應擇於鄰地損害最少之處所及方法為之。」故土地所有人有通過鄰地而排水之權，一般稱之為過水權或通過權。此項過水權（通過權）之行使，須為排水至河渠或溝道，而有使其水通過鄰地之必要，且有權將水排入河渠或溝道者為限，至於河

❺ 參閱謝在全，《物權（上）》，第二九三頁。

渠或溝道究為公有或私有，應非所問❺❻。

　　有過水權（通過權）之土地所有人固應於通過必要之範圍內，擇其鄰地損害最少之處所及方法為之。惟何者為「損害最少之處所及方法」，有時不易判定，宜於鄰地所有人有異議時，賦予有通過權之人及異議人均得請法院以判決定之。故民法第七七九條第四項規定：「第一項但書之情形，鄰地所有人有異議時，有通過權之人或異議人得請求法院以判決定之。」本項訴訟性質係屬形成之訴，對於何謂鄰地之「損害最少之處所及方法」，審理法院不受當事人聲明之拘束，得依職權認定之。惟若主張有通過權之人或異議人請求對特定之處所及方法確認其有無通過之權時，則非形成之訴，而為確認之訴，此際法院即應受當事人聲明之拘束。又各該訴訟均以有通過權為其勝訴之前提要件，故訴訟中法院必須審酌主張有通過權人之土地是否符合第一項前段規定，乃屬當然。

　　民法第七七九條第二項規定：「前項情形，有通過權之人對於鄰地所受之損害，應支付償金。」故土地所有人固有通過權（過水權），鄰地所有人負有容忍義務，惟土地所有人對於鄰地所受之損害，應支付償金。按民法規定利用或通行鄰地者，應支付償金，其條文甚多，可歸為二類，其一為對價性質，償金之支付，不以有損害發生為必要；其二為補償性質，償金之支付，以有損害發生為必要，凡條文中有類如「對於或因此所受之損害，應支付償金」之字樣者，皆屬之。此處所稱償金，應認係適法行為之損失補償，具有補償性質，雖以有損害為必要，但不問土地所有人有無故意過失或是否有責任能力，並非侵權行為損害賠償責任，故償金請求權之消滅時效，應適用民法第一二五條規定（十五年），而不適用第一九七條規定（二年或十年）。又此項償金之支付義務，係依法律規定而發生，性質上為一種法定負擔，故應支付償金之土地所有權移轉於他人時，其債務當然移轉，受讓人仍有支付償金之義務，但讓與人所拖欠之償金，則不在內❺❼。

---

❺❻　參閱謝在全，《物權（上）》，第二九一頁。

❺❼　參閱鄭玉波，《物權》，第八十七頁、第九十二頁註二；王澤鑑，《物權》，第一八四頁；謝在全，《物權（上）》，第二九一至二九二頁。

　　民法第七七九條所謂鄰地過水權之規定，限於相鄰土地始有其適用，且土地所有人因使浸水之地乾涸，或排泄家用或其他用水（例如農、工業用之水），以至河渠或溝道，固得使其水通過鄰地，但不能因而請求確認其有排水地役權存在。蓋相鄰關係之內容，雖類似地役權，但基於相鄰關係而受之限制，係所有權內容所受之法律上限制，並非受限制者之相對人因此而取得一種獨立的限制物權。而地役權則為所有權以外之他物權（限制物權），二者不能混為一談，果上訴人家庭用水及天然水非流經被上訴人之土地排出不可，亦祇能依民法第七七九條規定行使權利，其依相鄰關係而請求確認其排水地役權存在，尚難謂合（六十三臺上二一一七）。又積水地所有人因使土地乾涸，設置排洩工作物，本為法律所准許（十九上九五一），惟依民法第七八〇條規定：「土地所有人因使其土地之水通過，得使用鄰地所有人所設置之工作物。但應按其受益之程度，負擔該工作物設置及保存之費用。」故土地所有人行使過水權時，如有他人所設之排洩工作物設施，得支付費用予以使用，以免重複設置同一目的之工作物，曠廢財物，致生社會經濟之不利益，且使鄰地更增損害。

　　又民法第七七九條有關通過權（過水權）之規定，僅係民法上一般性之規定。至於農、工業用之水是否適合排放於河渠或溝道？其排放是否會造成環境污染等問題，乃涉及環境保護之範疇，法令另有規定或另有習慣者，自當從其規定或習慣。故民法第七七九條第三項規定：「前二項情形，法令另有規定或另有習慣者，從其規定或習慣。」職是之故，不符合水污染防治法規定放流水標準之農、工業用水，自不得依民法第七七九條規定使其水通過鄰地，而將水排入河渠或溝道。

第二目　用水關係

　　水為天然資源，屬於國家所有，不因人民取得土地所有權而受影響（水利法第二條）。茲就水之利用關係，分述如下：

第一、水源地或水流地所有人之用水關係

一、水源地或水流地所有人之用水權

民法第七八一條規定:「水源地、井、溝渠及其他水流地之所有人,得自由使用其水。但法令另有規定或另有習慣者,不在此限。」可知水源地(包括井)及水流地(包括溝渠)之所有人,除法令另有規定或另有習慣加以限制者外,例如水利法施行細則第二十五條規定(民國十八年之規定——筆者附註)或習慣上應許鄉人取用其水是,得自由使用公共之流水,並得因用水之必要,設置相當之工作物,但均須於不妨害他人使用之限度內為之(十八上一二四二)[58]。又自然流水已流至非其所有土地之他處時,水源地或水流地所有人不得主張在該他處仍有用水權,最高法院三十二年上字第一九〇八號判例謂:「上訴人謂西江之水係發源於碧雲山,該山為上訴人所有云云,縱令屬實,亦不得援用民法第七百八十一條之規定,主張其有使用下流西江之水之權利。」可供參考。

其次,水源地或井之所有人既有用水權,法律自應予以特別保護,故民法第七八二條第一項規定:「水源地或井之所有人,對於他人因工事杜絕、減少或污染其水者,得請求損害賠償。如其水為飲用或利用土地所必要者,並得請求回復原狀;其不能為全部回復者,仍應於可能範圍內回復之。」本條所規定之損害賠償責任,為無過失責任,不以該他人有故意或過失為要件,且損害賠償之方法,係以金錢賠償為原則,僅於其水為飲用或利用土地所必要且能回復原狀者,始得請求回復原狀。惟所謂能回復原狀,不以全部能回復原狀者為限,其不能為全部回復者,仍應於可能範圍內回復之,究應全部回復原狀或一部回復原狀,均視可能性決定之,並非若不能「全部回復原狀」,則應改為請求損害賠償。由於加害人係負無過失責任,因而

---

[58] 最高法院四十八年臺上字第一九八八號判決:「本院十八年上字第一二四二號判例,固係允許水流地所有人得自由使用公共之流水,因用水之必要並許設置相當之工作物,但均須於不妨害他人使用之限度內為之。上訴人之建築水閘堵塞溝水,使水流改道注入自己田地之內,要難謂於被上訴人使用流水之權利無所妨害。」

若使加害人負全部損害賠償責任，有失諸過苛之情事者，自宜減輕或免除加害人之賠償金額，以求衡平。故民法第七八二條第二項規定：「前項情形，損害非因故意或過失所致，或被害人有過失者，法院得減輕賠償金額或免除之。」

二、水流變更

水流地所有人之用水，常須變更水道或增減其幅員，惟對岸土地屬於他人時，水流地所有人變更水流或寬度，引起水道變更或水位減低，不免有害對岸土地用水之方便，自應加以禁止，故民法第七八四條第一項規定：「水流地對岸之土地屬於他人時，水流地所有人不得變更其水流或寬度。」又依民法第七八四條第二項規定：「兩岸之土地均屬於水流地所有人者，其所有人得變更其水流或寬度。但應留下游自然之水路。」故水流地所有人原則上無水流變更權，僅於兩岸之土地均屬於水流地所有人者，其所有人始有水流變更權。所謂應留下游自然之水路，係指由水流變更地流入下游地之水路，仍與上游連接，其入口應保存固有形狀而言。

其次，民法第七八四條第三項規定：「前二項情形，法令另有規定或另有習慣者，從其規定或習慣。」故另有可任意變更水流或寬度之法令或習慣者，水流地所有人則可變更之；反之，為顧及河道土質、河道形狀可能引發水患等因素，有不得任意變更水流或寬度之法令或習慣者，例如水利法第九條設有「變更水道或開鑿運河，應經中央主管機關核准」之規定是，水流地所有人未經中央主管機關核准者，自不得任意變更之。

三、設堰及用堰

水流地所有人為期充分利用其水流，常有設堰及用堰之必要，故民法第七八五條第一項規定：「水流地所有人有設堰之必要者，得使其堰附著於對岸。但對於因此所生之損害，應支付償金。」故水流地所有人有設堰權，對岸地所有人負有容忍設堰之義務，惟設堰權人對於對岸地所有人因設堰所生之損害，應支付償金，此項償金之性質，與前述民法第七七九條所規定償金性質相同，請參閱之，於茲不再贅述。又民法第七八五條第二項規定：「對岸地所有人於水流地之一部屬於其所有者，得使用前項之堰。但應

按其受益之程度，負擔該堰設置及保存之費用。」故對岸地所有人有用堰權，得使用水流地所有人所設之堰，設堰水流地所有人負有容忍用堰之義務。

其次，民法第七八五條第三項規定：「前二項情形，法令另有規定或另有習慣者，從其規定或習慣。」故另有得以任意設堰及用堰之法令或習慣者，水流地所有人則可依之而設堰及用堰；反之，若另有不得任意設堰及用堰之法令或習慣者，例如水利法第四六條規定，經主管機關核准，得使其堰附著於對岸是，水流地所有人未經主管機關核准者，自不得任意設堰及用堰。

第二、缺水地所有人之用水關係

民法第七八三條規定：「土地所有人因其家用或利用土地所必要，非以過鉅之費用及勞力不能得水者，得支付償金，對鄰地所有人請求給與有餘之水。」故土地所有人，對鄰地所有人之餘水有使用權，但須支付償金。此之所謂償金，係使用餘水之對價，並非損害賠償，故不以鄰地所有人有損害為必要，且償金之支付與餘水之給與，應同時履行。

第四款　管線安設及營繕之鄰地利用

第一、管線安設

民法第七八六條第一項規定：「土地所有人，非通過他人之土地，不能設置電線、水管、瓦斯管或其他管線，或雖能設置而需費過鉅者，得通過他人土地之上下而設置之。但應擇其損害最少之處所及方法為之，並應支付償金。」故土地所有人有通過他人土地之管線設置權，此處所謂他人之土地（即被通過之土地），不以緊接之鄰地為限，即隔鄰之地苟有必要亦得通過設置。又土地所有人通過他人之土地而設置管線者，並應支付償金，此項償金之性質，有認為係使用土地之對價，具有對價性質[59]，有認為係適法行為之損失補償，具有補償性質[60]，本書採前說，蓋因償金之支付，民

[59]　參閱史尚寬，《物權》，第九十二頁。

[60]　參閱王澤鑑，《物權》，第一八三至一八四頁；謝在全，《物權（上）》，第二九七

法並未以他人之土地發生損害為要件。

　　有管線設置權之土地所有人固應於設置必要之範圍內，擇其鄰地損害最少之處所及方法為之。惟何者為「損害最少之處所及方法」，有時不易判定，宜於鄰地所有人有異議時，賦予有管線設置權之人及異議人均得訴請法院以判決定之，以確保土地所有人及鄰地所有人之權利。故民法第七八六條第四項規定：「第七百七十九條第四項規定，於第一項但書之情形準用之。」至於本條項準用範圍，限於損害最少處所及方法有關之異議程序規定，不包括償金在內。

　　依民法第七八六條第一項規定，土地所有人為利用不動產之需要，固得通過他人之土地設置必要管線，他土地所有人負有容忍土地所有人設置管線之義務。惟此項規定之目的，在於考慮土地所有權人或用益權人，若均主張自由使用、收益土地，並排除他人之干涉，勢必造成衝突，故在一定範圍內限制一方之所有權，進而調和彼此間之利益，充實土地之利用價值，性質上係對土地所有權之限制，土地所有人尚不因此取得用益物權或其他既存法律體系所明認之權利，且此項規定，顯與普遍防免及禁止危害他人權益無關，難謂屬保護他人之法律。故他土地所有人拒絕土地所有人設置管線，縱導致土地所有人經濟利益可能有所減損，仍難謂係侵害土地所有人之權利或違反保護他人之法律。又民法第一八四條第一項後段規定之善良風俗，係指社會一般道德觀念而言，他土地所有人為維護本身之權益，拒絕容忍土地所有人設置管線通過其所有土地，究與社會一般道德觀念無涉，尚不生違背善良風俗之問題。由於土地所有人通過他人之土地，設置電線、水管、瓦斯管或其他管線時，應擇其損害最少之處所及方法為之，並應支付償金，從而土地所有人即應先與欲通過之他土地所有人洽商償金數額，於自行協議或取得法院確定判決前，他土地所有人拒絕容忍土地所有人設置管線，當屬權利之正當行使，自亦無不法侵害上訴人權利之可言（九十三臺上二四五三判決）。

　　其次，民法第七八六條第二項規定：「依前項之規定，設置電線、水管、

頁；鄭冠宇，《物權》，第二二九頁。

瓦斯管或其他管線後,如情勢有變更時,他土地所有人得請求變更其設置。」故於管線安設後,情勢有變更時,例如安設之原因已不存在;安設管線時,雖為對他人損害最少之處所及方法,或非通過他人之土地,設置需費過鉅,惟現在已不然是,他土地所有人有設置變更請求權,以兼顧他土地所有人之利益。至於變更設置所需費用,依民法第七八六條第三項規定:「前項變更設置之費用,由土地所有人負擔。但法令另有規定或另有習慣者,從其規定或習慣。」例如依電信法第四十五條第三項授權所定電信線路遷移費用及電信設備損壞賠償負擔辦法第八條序文「既設電信線路通過請求權人自己或他人之土地,致自己土地使用收益有下列情形之一者,土地所有權人、合法占有人或使用人得請求該電信線路所屬機關(構)免費遷移」,即為變更設置費用負擔之特別規定,自應優先適用之。

又關於管線之安設,許多特別法對之設有規定,例如電業法第五〇條至第五十六條、電信法第三十一條以下、自來水法第五十一條至第五十四條、鐵路法第十七條及第十八條等是,均係公共事業為工程或業務經營之需要,須通過他人之土地或建築物者,所設取得使用權之規定,而不問該公共事業之不動產與他人之土地或建築物是否有相鄰關係[61]。

第二、營繕之鄰地利用

民法第七九二條規定:「土地所有人,因鄰地所有人在其地界或近旁,營造或修繕建築物有使用其土地之必要,應許鄰地所有人使用其土地。但因而受損害者,得請求償金。」故土地所有人負有容忍鄰地所有人使用其土地之義務,鄰地所有人有請求使用土地所有人土地之權,其所得使用者僅以土地為限,房屋不包括在內,簡稱為鄰地使用權。此項鄰地使用權之行使,以營造或修繕建築物,且有使用他人土地之必要者為限,若為營造或修繕其他工作物,例如營造花園假山,則無本條之適用。所謂有使用他人土地之必要,係指不使用他人之土地,即無以完成其營造或修繕建築物之工作而言,若僅係為減少工作之時間或費用者,尚難謂有使用之必要。至

---

[61] 參閱謝在全,《物權(上)》,第二九七至二九八頁。

於使用之方法，不以單純進入為限，材料暫時之放置，甚或鄰地形狀之稍微改變，例如必要時挖坑、移植或修剪樹木，亦可包括之❷。土地所有人因鄰地所有人使用其土地，而受損害者，得請求償金。此項償金之支付，以有損害發生為要件，故非使用鄰地之對價，與損害賠償性質相當，惟並非侵權行為之損害賠償，具有補償性質。

第五款　鄰地通行

第一目　一般鄰地通行權

民法第七八七條第一項規定：「土地因與公路無適宜之聯絡，致不能為通常使用時，除因土地所有人之任意行為所生者外，土地所有人得通行周圍地以至公路。」故土地所有人有通行權，周圍地所有人有容忍通行之義務。依民法第七八七條第一項規定，主張有通行權者，為被包圍地所有人即可，非以其地上有房屋，有人居住為必要（七十六臺上二六四六判決）。又民法創設鄰地通行權之目的，原為發揮袋地之利用價值，使地盡其利，以增進社會經濟之公益，是以袋地無論由所有人或其他利用權人使用，周圍地之所有人及其他利用權人均有容忍其通行之義務，即民法第七八七條規定土地所有人鄰地通行權，於地上權人、永佃權人或典權人間，各該不動產物權人與土地所有人間，以及其他土地利用權人相互間（包括承租人、使用借貸人在內），均準用之（民法第八〇〇條之一）❸。茲就有關問題，分析

---

❷　參閱謝在全，《物權（上）》，第三一五頁。

❸　於修正民法物權編增訂民法第八〇〇條之一規定前，我國學說及實務即採相同見解，認為民法第七八七條規定土地所有人鄰地通行權，依同法第八三三條、第八五〇條、第九一四條之規定準用於地上權人、永佃權人或典權人間，及各該不動產物權人與土地所有人間，不外本此立法意旨所為一部分例示性質之規定而已，要非表示於所有權以外其他土地利用權人間即無相互通行鄰地之必要，而有意不予規定。從而鄰地通行權，除上述法律已明定適用或準用之情形外，於其他土地利用權人相互間（包括承租人、使用借貸人在內），亦應援用「相類似案件，應為相同之處理」之法理，為之補充解釋，以求貫徹。參閱最高法院七十九年度第

如下：

第一、構成要件

一、須土地與公路無適宜之聯絡

　　所謂「與公路無適宜之聯絡」，並非指最捷徑之聯絡（五十九臺上二八五判決），係指土地與公路隔離，以致不通公路而言，其情形有二，其一為土地與公路隔離，四周全無進出公路之通路，例如土地四周均為他人土地所圍繞是，學說上稱為袋地；其二為土地雖有他道可通公路，但通行費用過鉅、具有危險、或非常不便，例如須爬越危崖削壁，或航經湍流是，學說上稱為準袋地。最高法院五十三年臺上字第二九九六號判例謂：「民法第七百八十七條第一項所謂土地與公路無適宜之聯絡，致不能為通常之使用，其情形不以土地絕對不通公路為限，即土地雖非絕對不通公路，因其通行困難以致不能為通常之使用時，亦應許其通行周圍地以至公路。」故土地所有人之土地，不論其為袋地或準袋地，均有通行周圍地以至公路之鄰地通行權❻❹，且不以兩造所有土地直接毗連為要件。至於此二種情形之造成，究為天災或人力，一時或繼續，在所不問。又民法第七八七條第一項所謂公路，並非僅指國有、省有或縣市有通行汽車之道路（公路法第二條第一款），係指可供公眾通行之道路（包括鐵路、汽車路及一般道路）而言。故土地雖與通行汽車之公路無直接聯絡，若與供公眾通行之道路已有適宜之聯絡者，即無依據該條項之規定通行他人土地，要求直接與汽車公路聯絡之餘地（五十九臺上四九八判決）。

　　由於所謂「與公路無適宜之聯絡」，並非指最捷徑之聯絡，民法第七八

二次民事庭會議決議㈡、八十二臺上五八○判決。

❻❹　最高法院八十四年臺上字第一四七九號判決：「民法第七百八十七條第一項所謂土地與公路無適宜之聯絡，致不能為通常使用之情形，並不以土地絕對不通公路為限，即雖有道路可通至公路，但其聯絡並不適宜，致不能為通常使用之情形者，亦包括在內。祇須土地與公路無適宜之連絡，致不能為通常使用，而被通行之土地，又為損害最少之處所，即應認土地所有人有通行之權利，至其前此有無通行他人所有土地，在所不問。」

七條第一項所定之通行權，係為促進袋地之利用，而令周圍地所有人負容忍通行之義務，其目的在解決與公路無適宜聯絡之土地之通行問題；如僅為求與公路有最近之聯絡或便利之通行，尚不得依該規定主張通行他人之土地。上訴人既可經由自己之土地聯絡公路，縱其通行被上訴人土地較為便利，亦不得主張對於被上訴人之土地有通行權存在（九十五臺上二六五三判決）。又土地因與公路無適宜之聯絡，致不能為通常之使用者，土地所有人得通行周圍地以至公路，民法第七八七條第一項前段定有明文。其立法意旨在於調和土地相鄰之關係，以全其土地之利用，故明定周圍地所有人負有容忍通行之義務。惟如土地嗣後與公路已有適宜之聯絡，而能為通常之使用者，周圍地所有人自無須繼續容忍其通行，土地所有人不得再主張通行周圍地（八十五臺上一七八一）。

二、須為通常使用所必要

民法第七八七條所定之通行權，係為促進袋地之利用，而令周圍地所有人負容忍通行之義務，為對周圍地所有權所加之限制。故其通行範圍應以使土地（袋地）得為「通常使用」為已足，不得因通行權人個人特殊用途、或道路是否整齊美觀之市容考量，而損及周圍地所有人之利益（九十二臺上一三九九判決）。至於是否為通常使用所必要，應斟酌土地之形狀、面積、位置及用途定之，不以從來使用之方法為標準。因此土地用途變更時，其使用必要亦隨之變更，例如農舍改為旅館時，原供通行之小路不敷使用，得開設供通行車輛之道路是。又由於袋地通行權，非以袋地與公路有聯絡為已足，尚須使其能為通常之使用。而是否為通常使用所必要，除須斟酌土地之位置、地勢及面積外，尚應考量其用途。故袋地為建地時，倘准許通行之土地，不敷袋地建築之基本要求，自不能謂已使袋地能為通常之使用（八十七臺上二二四七判決）。

三、須非因土地所有人之任意行為所致

鄰地通行權係為調和相鄰地關係所定，此項通行權乃就土地與公路無適宜之聯絡者而設。若該土地本與公路有適宜之聯絡，可為通常使用，竟因土地所有人之任意行為而阻斷，則其土地與公路無適宜之聯絡，致不能

為通常使用者，應由土地所有人自己承受，自不能適用第一項有關必要通行權之規定。所謂任意行為，係指於土地通常使用情形下，因土地所有人自行排除或阻斷土地對公路之適宜聯絡而言，例如自拆除原有橋樑或建築圍牆，或拋棄於鄰地上原有之通行權，致使土地不能對外適宜聯絡即是。惟土地之通常使用，係因法律之變更或其他客觀情事變更，致土地所有人須改變其通行者，則不屬之。

第二、法律效果

一、通行權之取得

土地（袋地或準袋地）所有人於具備前述要件時，即得通行周圍地以至公路，對周圍地取得通行權。至土地所有人所得通行之周圍地，並非僅指以與不通公路土地直接相毗鄰者為限，如不通公路之土地，與公路之間，有二筆以上不同所有人之土地相鄰，為達通行公路之目的，亦得主張通行該周圍地，即此二筆以上之土地，亦為民法第七八七條第一項所稱周圍地（九十一臺上一八四六判決）。此項通行權，不得任意拋棄，最高法院七十五年臺上字第九四七號判例謂：「民法第七百八十七條第一項所定之通行權，其主要目的，不僅專為調和個人所有之利害關係，且在充分發揮袋地之經濟效用，以促進物盡其用之社會整體利益，不容袋地所有人任意預為拋棄。」可供參考。

其次，此項周圍地通行權之性質，為土地所有權人所有權之擴張，與周圍地所有權人所有權之限制，是以土地所有權人或使用權人，如確有通行周圍地之必要，周圍地所有權人或使用權人，即有容忍其通行之義務，此為法律上之物的負擔，且周圍地所有人既負有容忍通行之義務，自不得對於行使通行權者主張無權占有（九十三臺上四一一判決），亦不得對於行使通行權者，請求除去。又因民法第七八七條係規定土地相鄰間之通行關係，周圍地所有人僅因法律之規定，其所有權內容受有限制而已，並非受限制之相對人（即有通行權之土地所有人），因此而取得一種獨立之限制物權，至地役權則係所有權以外之一種他物權，故二者並不相同（七十一臺

上一一九七判決）。

二、通行權之行使

㈠擇周圍地損害最少之處所及方法

民法第七八七條第二項規定：「前項情形，有通行權人應於通行必要之範圍內，擇其周圍地損害最少之處所及方法為之；對於通行地因此所受之損害，並應支付償金。」故有通行權人於通行必要之範圍內，所得通行之周圍地，並不以現為道路，或係最近之聯絡捷徑為限，惟應擇其周圍地損害最少之處所及方法為之，從而如有多數周圍地可供通行，應比較各土地所有人可能受有之損害，擇其損害最少之處所通行之（九十二臺上一三九九判決）。又由於鄰地通行權之行使，在土地所有人方面，為其所有權之擴張，在鄰地所有人方面，其所有權則因而受限制，參照民事訴訟費用法第九條規定之法意，鄰地通行權訴訟標的之價額，如主張通行權之人為原告，應以其土地因通行鄰地所增價額為準；如否認通行權之人為原告，則以其土地因被通行所減價額為準（七十八臺抗三五五）。

有通行權之土地所有人固應於通行必要之範圍內，擇其周圍地損害最少之處所及方法為之。惟何者為「損害最少之處所及方法」，有時不易判定，宜於周圍地所有人有異議時，賦予有通行權之人及異議人均得請法院以判決定之，以確保土地所有人及周圍地所有人之權利。故民法第七八七條第三項規定：「第七百七十九條第四項規定，於前項情形準用之。」至於本條項準用範圍，限於損害最少處所及方法有關之異議程序規定，不包括償金在內。

㈡開設道路

民法第七八八條第一項規定：「有通行權人於必要時，得開設道路。但對於通行地因此所受之損害，應支付償金。」故有通行權人，原則上不得開設道路，僅於有必要時，始得開設道路。至於有無必要開設道路，開設如何路面、寬度之道路，道路應否附設排水溝或其他設施，則應參酌相關土地及四周環境現況、目前社會繁榮情形、一般交通運輸工具、通行需要地通常使用所必要程度、通行地所受損害程度、建築相關法規等事項酌定之

（九十五臺上一七一八判決）。有通行權人開設道路後，為謀道路通行之安全，亦得以自己之費用，設置必要之設備，例如夜間照明之燈光、彎路危險之告示等，以及具有通行權之對外表示，但亦僅以此為限，諸如設置營業看板或廣告招牌，則難認係通行權之範圍，非通行土地所有人應容忍之義務❻❺。其次，為求公平並維持不動產相鄰關係之和諧，民法第七八八條第二項規定：「前項情形，如致通行地損害過鉅者，通行地所有人得請求通行權人以相當之價額購買通行地及因此形成之畸零地，其價額由當事人協議定之；不能協議者，得請求法院以判決定之。」

㈢請求除去土地與公路適宜聯絡之妨阻

民法第七八七條第一項所定之通行權，其主要目的，乃使土地與公路有適宜之聯絡，而得為通常之使用，不僅專為調和個人所有之利害關係，且在充分發揮袋地之經濟效用，以促進物盡其用之社會整體利益，故妨阻土地與公路適宜之聯絡，致不能為通常之使用者，土地所有人得請求除去之，所妨阻者，不限於周圍地上，即在公路上亦然，始能貫徹該條規定之目的。又所有人，於法令限制之範圍內，得自由使用、收益、處分其所有物，並排除他人之干涉，民法第七六五條亦定有明文。而主管機關，因應需要，每於公路尤其市街設置停車位、攤位等，以增進土地之利用，故就依法令設置之停車位、攤位等，土地所有人即不得本於所有權請求除去之（至設置得當否，屬公法上之問題），但非依法令設置而妨阻土地與公路適宜之聯絡，致不能為通常之使用者，依上開說明，土地所有人自得請求除去之（八十八臺上二八六四判決）。土地所有人為有效利用其土地，於不妨害周圍地正常使用之範圍內，亦得變更其原有之通行方法，通行周圍地以至公路。

三、償金之支付

有通行權人因通行或開設道路，對於通行地因此所受之損害，應支付償金（第七八七條第二項後段、第七八八條第一項但書）。此處所謂償金，係補償土地所有權人不能使用土地之損害，必於有通行權者，行使其通行

---

❻❺　參閱謝在全，《物權（上）》，第三○四頁。

權後，始有是項損害之發生，與通行權無對價關係（七十六臺上二六四六判決）。換言之，即民法第七八七條第二項後段、第七八八條第一項但書所稱之償金，係指通行權人之適法通行行為，致通行地所有人不能使用土地所受損害之補償而言，該償金之計算標準與支付方法，民法雖未設有規定，惟核定該給付，仍應先確定通行地之位置與範圍，並斟酌通行地所有人所受損害之程度，即按被通行土地地目、現在使用情形，以及其形狀、附近環境、通行以外有無其他利用價值、通行權人是否獨占利用、通行期間係屬永久或暫時等具體情況而定，至通行權人因通行所得之利益，則非考量之標準（九十四臺上二二七六判決）**❻❻**。

關於支付償金之方法，民法未設規定，應按通行地所受之損害是否有繼續性或確定性而定。損害有繼續性或不能預先確定者，其支付償金之方法，以定期支付為宜；反之，損害為短期性或暫時性，而得以預先確定其損害額者，以一次支付為宜**❻❼**。最高法院八十八年臺上字第三〇四〇號判決謂：「民法第七百八十七條、第七百八十八條所謂『償金』，係指補償土地所有權人不能使用土地之損害而言，關於支付償金之方法，民法雖無規定，但行使通行權既屬繼續性質，則通行地所有人所受之損害，亦屬繼續發生，並因通行期間之久暫，其損害亦有所不同，自難預先確定其損害總額，從而支付償金之方法，應以定期支付為適當。」可供參考。

償金支付義務，為通行權土地之法定的物上負擔，故通行權土地之所有權移轉於他人時，此項支付償金之義務，亦當然移轉而由受讓人承受，惟於移轉前所未支付之償金，則不在受讓人所承受之範圍。又因此種償金，本以填補被通行地之損害為目的，並非行使通行權之對價，與地租不同，

---

❻❻　最高法院八十五年臺上字第六十七號判決謂：「土地所有人通行鄰地而依民法第七百八十七條第一項規定所應支付償金之數額，應斟酌因通行所受利益及鄰地因之所受損害之程度，並雙方之經濟狀況作為衡量之標準。」將因通行所受利益，列為衡量償金之標準，似有不妥，蓋因償金並非通行權之對價，其目的在補償土地所有權人不能使用土地之損害。

❻❼　參閱王澤鑑，《物權》，第一九一至一九二頁；謝在全，《物權（上）》，第三〇三頁。

故通行權人縱給付遲延，僅生債務不履行之效果，與通行權無影響，即通行權不因未支付償金而消滅，被通行土地之所有人，僅得請求給付償金，並依債務不履行之規定請求損害賠償(遲延賠償)，不得禁止通行權人通行。

第二目　因土地之一部讓與或分割而生之通行權

民法第七八九條規定：「因土地一部之讓與或分割，而與公路無適宜之聯絡，致不能為通常使用者，土地所有人因至公路，僅得通行受讓人或讓與人或他分割人之所有地。數宗土地同屬於一人所有，讓與其一部或同時分別讓與數人，而與公路無適宜之聯絡，致不能為通常使用者，亦同。前項情形，有通行權人，無須支付償金。」故因土地一部之讓與或分割，或數宗土地同屬於一人所有，讓與其一部（包括其中一宗或數宗或一宗之一部分）或同時分別讓與數人，而與公路無適宜之聯絡，致不能為通常使用者，受讓人或讓與人或他分割人以外之其他鄰地所有人，不負容許與公路無適宜之聯絡，致不能為通常使用之土地所有人通行之義務，該與公路無適宜聯絡之土地所有人，僅對於受讓人或讓與人或他分割人之所有地，有無償通行權。此項規定之立法理由有二：其一為因土地之一部讓與或分割，致生不通公路之土地者，係由當事人之任意行為所造成之結果，土地所有人不能因自己讓與或分割土地，致增加他人之負擔；其二為當事人於為土地一部之讓與或分割時，對於可能造成部分土地不能與公路有適宜聯絡之情況，已可預見而得事先安排。

其次，民法第七八七條第二項所謂有通行權人，應於通行必要之範圍內，擇其周圍地損害最少之處所及方法為之，此項規定，依誠信原則，對於民法第七八九條第一項所謂與公路無適宜之聯絡，致不能為通常使用之土地所有人，亦有其適用，即與公路無適宜聯絡之土地所有人行使無償通行權時，亦應擇其周圍地損害最少之處所及方法為之（六十九臺上二四一八判決）。又有通行權人於必要時，亦得開設道路，但對於通行地因此所受之損害，應支付償金（民法第七八八條之類推適用）❻❽。

───────────

❻❽　參閱王澤鑑，《物權(一)》，第一八一至一八二頁。

　　民法第七八九條規定，應優於同法第七八七條第一項適用，且不限於
「一筆」土地之一部讓與（八十五臺上七九四判決），數宗土地同屬於一人
所有，讓與其一部或同時分別讓與數人，而與公路無適宜之聯絡，致不能
為通常使用者，亦僅得通過該讓與之土地。至於所謂「同屬於一人」，非指
狹義之一人，其涵義包括相同數人。此外，土地所有人將土地之部分或分
割成數筆，同時或先後讓與數人時，亦有民法第七八九條規定之適用，並
不以與公路無適宜聯絡之土地所有人與受讓人、讓與人或其他分割人間直
接就土地一部為讓與或分割結果，而有與公路無適宜聯絡之情形為限（八
十八臺上二九四六判決）❻。由於民法第七八九條規定之適用，不以兩造
當事人間發生分割或讓與之行為為限，從而甲、乙二人原共有一筆 A 土地，
嗣後分割為 B、C 二筆土地，分別由甲取得 B 土地、乙取得 C 土地，B 土
地因而成為袋地。嗣後甲將該 B 土地所有權移轉於丙，或甲死亡，其遺產
B 土地由繼承人丙繼承，丙得依民法第七八九條規定，請求自分割人乙之
C 土地上通行；設乙將 C 土地所有權讓與丁，或乙死亡，其遺產 C 土地由
繼承人丁繼承，丙得對丁主張通行權，無須支付償金❼。又農地之共有人
協議分管，發生部分分管之土地不能與公路相通者，分管該部分土地之共

❻ 最高法院之判決，有不同見解：
　(1)最高法院六十九年臺上字第二六六號判決：「民法第七百八十九條第一項：因
　　土地一部之讓與或分割，致有不通公路之土地者，不通公路土地所有人因至公
　　路僅得通行受讓人或讓與人或他分割人之所有地，係就不通公路土地所有人與
　　受讓人或讓與人或他分割人直接間就土地一部讓與或分割結果，有不通公路土
　　地情形而為之規定。如果讓與或分割當時無此情形，於讓與或分割，及經輾轉
　　讓與第三人後，始發生有此情形，自不復有該條之適用。」
　(2)最高法院五十八年臺上字第一七一九號判決：「民法第七百八十九條固規定因
　　土地一部份之讓與或分割，致有不通公路之土地者，不通公路土地之所有人因
　　至公路，僅得通行受讓人或讓與人或他分割人之所有地。惟查茲所謂不通公路
　　之所有人，與受讓人或讓與人或他分割人，乃指就土地一部直接為讓與或分割
　　之人而言。」
❼ 參閱王澤鑑，《物權》，第一九二至一九三頁；謝在全，《物權（上）》，第三一二
　至三一三頁、第三二五頁註四十二。

有人得類推適用民法第七八九條規定，通行他共有人分管部分之土地，以至公路⓻。

　　由於民法第七八九條第一項規定之旨趣，乃在於土地所有人為土地一部之讓與或分割時，對於不能與公路適宜聯絡之情形，當為其所預見，而得事先為合理之解決。從而土地一部之讓與或分割，並非由當事人之任意行為所造成，而係由於裁判上之分割（民法第八二四條第二項）、強制拍賣等事由所造成者，應無本條之適用⓼，蓋因此非當事人所得預見，亦非其所得為事先之安排。最高法院九十六年臺上字第一四一三號判決謂：「民法第七百八十九條之立法基礎，乃在於袋地通行權本屬相鄰土地間所有權之調整，土地所有人固得本於其所有權，而就土地得任意為土地一部之讓與或處分，但不得因而增加其周圍土地之負擔，倘土地所有人就土地一部之讓與，而使之成為袋地，為其所得預見，或本得為事先之安排，即不得損人利己，許其通行周圍土地，以至公路。故土地之一部因強制執行，致造成袋地之情形，倘非出於土地所有人之任意行為或預期其得事先安排者，當無民法第七百八十九條之適用。」可供參考。

第六款　侵入他人之土地

第一、人之侵入

　　民法第七九〇條規定：「土地所有人得禁止他人侵入其土地。但有下列情形之一者，不在此限：一、他人有通行權者。二、依地方習慣，任他人入其未設圍障之田地、牧場、山林刈取雜草，採取枯枝枯幹，或採集野生物，或放牧牲畜者。」故土地所有人得禁止他人侵入其土地，此為所有權原有排除他人不法干涉權能（民法第七六五條、第七六七條）之具體規定，不以其土地已設有圍障為必要，惟於有下列情形之一者，土地所有人則有

⓻　參閱謝在全，《物權（上）》，第三一〇頁。

⓼　參閱姚瑞光，《物權》，第八十七頁；王澤鑑，《物權》，第一九二頁；謝在全，《物權（上）》，第三〇九頁。不同意見，參閱史尚寬，《物權》，第九十五頁。

容許他人侵入其土地之義務。此處所謂他人，並不以鄰地所有人為限，係泛指一般之人而言。茲就不得禁止他人侵入其土地之情形，分述如下：

一、他人有通行權者

此項通行權，包括因約定而取得之通行地役權、因相鄰關係而生之通行權、或因其他方式而取得之通行權。他人既有權通行，自不得加以禁止。

二、他人進入從事樵採牧畜者

依地方習慣，任他人入其未設圍障之田地、牧場、山林刈取雜草，採取枯枝枯幹，或採集野生物，或放牧牲畜者，土地所有人不得禁止其侵入；反之，設有圍障，或縱未設圍障而該地方無允許侵入之習慣時，所有人則得禁止其侵入。所謂圍障，係指牆垣、籬笆或其他因禁止侵入而圍繞土地所設任何設施而言。又行政機關除法律有特別規定外，不得准許私人侵害他人之土地所有權。本件訟爭山場如非官荒而為上訴人之那谷屯所有，縱令曾經百色縣政府劃為公共牧場，准許火旺村所屬六屯放牧牲畜，然上訴人屯內之所有權並不因此而受影響，苟無民法第七九○條第二款情形，仍得禁止該六屯侵入其地內放牧牲畜（三十上二十）。

三、他人進入搜尋逸失物者

民法第七九一條第一項規定：「土地所有人，遇他人之物品或動物偶至其地內者，應許該物品或動物之占有人或所有人入其地內尋查取回。」故土地所有人負有容忍他人進入其地內尋查取回之義務，而得進入他人土地行使尋查取回權者，為物品或動物之占有人或所有人，不以鄰地所有人為限。所謂偶至其地內，其原因究係出於自然力（例如風力、水力），抑或因動物之行動或人為之情事，在所不問。其次，民法第七九一條第二項規定：「前項情形，土地所有人受有損害者，得請求賠償。於未受賠償前，得留置其物品或動物。」一方面保護物品或動物占有人或所有人之利益，一方面復顧及土地所有人之利益。

第二、氣響侵入

民法第七九三條規定：「土地所有人，於他人之土地、建築物或其他工

作物有瓦斯、蒸氣、臭氣、煙氣、熱氣、灰屑、喧囂、振動、及其他與此相類者侵入時，得禁之。但其侵入輕微，或按土地形狀、地方習慣，認為相當者，不在此限。」故土地所有人有氣響或不可量物侵入之排除權（氣響或不可量物侵入禁止請求權）。所謂其他與此相類者，例如雷射、電流、或火光等是，至於固體或液體等所謂可量物，例如沙石、污水等則不包括在內，對此等侵入，可依民法第七六七條規定請求除去之。土地所有人因他人土地之氣響侵入，而受有損害者，自可請求損害賠償。職是之故，上訴人在被上訴人經營之安樂園（即葡萄園）附近，開設永和工藝社，所設煙筒吹向被上訴人之葡萄園排洩煤煙，被上訴人經營之安樂園葡萄，先後因此枯死，自應由上訴人賠償（五十二臺上二八五一判決）；於他人居住區域發出超越一般人社會生活所能容忍之噪音，應屬不法侵害他人居住安寧之人格利益，如其情節重大，被害人非不得依民法第一九五條第一項規定請求賠償相當之金額（九十二臺上一六四）。

　　關於禁止氣響侵入之權利，民法第七九三條但書設有限制，即其侵入輕微，或按土地形狀、地方習慣認為相當者，土地所有人有忍受義務。所謂輕微，係指依一般社會觀念，其侵入不會造成重大損害而言，例如白晝演奏樂器，歌韻悠悠之類是也。所謂按土地形狀認為相當者，係指依一般社會觀念，就土地之現有狀況及利用情形觀之，應忍受較高程度之干擾而言，例如居住於高速道路邊、工業區內或高地者，應忍受其非屬輕微，但屬正常運作而發生之氣響干擾是。所謂按地方習慣認為相當者，係指雖非輕微，但符合當地習慣，應忍受較高程度之干擾而言，例如喪家之佛事或廟會之歌仔戲，雖鑼鼓喧闐，甚為嘈雜，但亦不得加以禁止是。

第七款　越界建築

　　所謂越界建築，係指土地所有人建築房屋，逾越地（疆）界者而言。民法第七九六條第一項規定：「土地所有人建築房屋非因故意或重大過失逾越地界者，鄰地所有人如知其越界而不即提出異議，不得請求移去或變更其房屋。但土地所有人對於鄰地因此所受之損害，應支付償金。」此乃因土

地所有人建築房屋超越自己之地界而侵入鄰地時，若必須移去或變更其房屋，不僅使土地所有人損失過鉅，且對社會資源造成浪費，不利於社會經濟，故使越界建築之房屋在具備一定要件下，有鄰地使用權，受越界之鄰地所有人有容忍之義務。茲就有關問題，分述如下：

第一、適用要件

一、越界建築人須為土地所有人

越界建築人須為土地所有人，於條文規定甚明，從而無權占有人，在其占有之土地上建築房屋如逾越疆界時，因對自己占有之土地已無適法之權利，自不能認受越界之鄰地有容忍之義務，故應無民法第七九六條之適用。最高法院八十六年臺上字第二一〇三號判決：「民法第七百九十六條所定之『土地所有人』越界建築房屋，必以建築房屋者，為『土地所有人』或其他有利用土地權利之人（例如：地上權人、永佃權人、農育權人或典權人、承租人、使用借貸人等等），始足當之，倘建築房屋之初，尚非『土地所有人』或其他有利用土地權利之人，應屬單純之『無權占有』，不生該條所定『鄰地所有人』是否即時提出異議之問題。」可供參考。

又法律所定不動產相鄰關係，係以調和利用不動產所產生之衝突，俾發揮其經濟功能為目的，自應重在不動產利用權人間之關係，而不應重在不動產所有權之誰屬。故民法第七九六條關於越界建築之規定，於地上權人間、永佃權人間、農育權人間、典權人間、其他土地、建築物或其他工作物利用人間，及該物權人或利用權人與土地所有人間，亦在準用之列（民法第八〇〇條之一、原民法第八三三條、第八五〇條、第九一四條）。從而地上權人、基地承租人、借用人或其他土地利用權人等之建築房屋逾越疆界者，鄰地所有人如知其越界而不即提出異議，亦不得請求移去或變更其建物（五十臺上一七〇二判決、八十四臺上一五〇九判決）。

二、須為建築房屋逾越疆界

本條適用對象以房屋為限，越界建築者，須為房屋，如非為房屋，則不在適用之列（二十五院一四七四），即民法第七九六條所謂越界建築，其

建築物必為房屋，苟屬非房屋構成部分之牆垣、豬欄、狗舍或屋外之簡陋廚廁，尚不能謂有該條之適用（五十九臺上一七九九）。牆垣非房屋構成部分，如有越界建築，不論鄰地所有人是否知情而不即提出異議，要無民法第七九六條之適用。上訴人之圍牆既確有越界情事，縱令占地無幾，被上訴人亦無容忍之義務，即非不得請求拆除（六十二臺上一一一二）。至於所謂房屋，係包括建築完成及未完成者在內。

三、須逾越地界者僅為房屋之一部分

　　民法第七九六條第一項所謂土地所有人建築房屋逾越疆界，係指土地所有人在其自己土地建築房屋，僅其一部分逾越疆界者而言。若其房屋之全部建築於他人之土地，則無同條之適用（二十八上六三四）。至於因越界而占用之土地，究為鄰地之一部抑或全部，地上或地下，是否直接相鄰，均在所不問（五十八臺上一二〇）。又民法第七九六條所定鄰地所有人之忍受義務，係為土地所有人所建房屋之整體，有一部分逾越疆界，若予拆除，勢將損及全部建築物之經濟價值而設。倘土地所有人所建房屋整體之外，越界加建房屋，則鄰地所有人請求拆除，原無礙於所建房屋之整體，即無該條規定之適用（六十七臺上八〇〇）。

四、須土地所有人非因故意或重大過失逾越地界

　　土地所有人因故意或重大過失逾越地界而為建築者，亦一律加以保護，實有欠公允，故此次（民國九十八年）修正民法物權編，乃於第一項增列「非因故意或重大過失」越界建築者，始加以保障，以示平允。按民法原第七九六條對土地所有人之越界建築房屋，主觀上不區分其有無故意或重大過失，一律加以保護，換言之，即土地所有人之越界建屋，不以出於善意者為限，不問其是否有故意或過失，均有民法第七九六條規定之適用❼❸。蓋因本條規定之立法意旨，在於避免損及全部建築物之經濟價值，鄰地所

---

❼❸　參閱史尚寬，《物權》，第一〇〇頁、第一〇二頁；姚瑞光，《物權》，第九十四頁；謝在全，《物權（上）》，民國九十三年八月修訂三版，第三五五頁；王澤鑑，《物權㈠》，第一八六頁。我國學者有採不同意見，即認為因故意或重大過失而越界建築者，應不受本條之保護，參閱梅仲協，《要義》，第三八四頁。

有人有異議權、購買請求權及損害賠償請求權，亦足保障其利益。

五、須鄰地所有人知其越界而不即提出異議

　　所謂知其越界，並非依客觀情事定之，應依鄰地所有人個人主觀之情事而定，即須鄰地所有人事實上知悉越界建築，方足當之（八十三臺上六○五判決），且於越界建築當時不知其事，而於建築完竣後始知其情事者，仍無本條之適用（七十二臺上四七三四判決）。故建築房屋越界之事，一般人均已知悉，而鄰地所有人因其個人事由而不知者，例如因在外經商，久未返家而不知越界是，仍不能謂鄰地所有人為已知，又鄰地所有人雖知其建築，但不知其越界者亦同。至於鄰地為法人所有者，須其代表人或管理人知其情事，始能認為已知（八十三臺上六○五判決）；鄰地為共有者，如設有管理人，則於管理人知其情事應可認為已知，否則應以共有人過半數及其應有部分合計過半數，或其應有部分合計逾三分之二之共有人知悉時，始得認為已知（土地法第三十四條之一參照）❼❹。

　　其次，所謂不即提出異議，係指鄰地所有人或其他有異議權人，知悉有建築房屋逾越地界之情事後，依一般社會觀念，於相當時間內能表示異議而未表示而言。主張鄰地所有人或其他有異議權人知其越界而不即提出異議者，應就此項事實負舉證之責任（四十五臺上九三一）。此項異議之提出，性質上為意思通知，故應向土地所有人或房屋建築人提出，至於其提出之方法，於訴訟上或訴訟外，以書面或言詞為之，均無不可。鄰地為共有時，因異議為保存權利之行為，故由共有人中一人提出異議，即為已足。

第二、法律效果

　　土地所有人建築房屋逾越地界，鄰地所有人知其越界而即提出異議時，得依民法第七六七條規定請求移去或變更逾越地界之房屋，就其因越界建築所受之損害，尚得依侵權行為規定請求賠償。反之，鄰地所有人知其越界而不即提出異議者，其法律效果如下：

---

❼❹　參閱謝在全，《物權（上）》，第三三二頁。我國學者有主張鄰地為共有者，一人已知即可認為已知，不須全體共有人皆知其事，參閱王澤鑑，《物權》，第一九七頁。

一、鄰地所有人之忍受義務

土地所有人建築房屋逾越地界，鄰地所有人如知其越界而不即提出異議時，鄰地所有人不得請求移去或變更其房屋，即不得於房屋建築完成後，再請求拆除越界之房屋與交還占有之土地，而有容忍土地所有人使用其土地之義務，越界建築房屋之土地所有人有使用鄰地之權利。此項權利義務之發生，係基於土地相鄰關係規定，致一方之土地所有權擴張，而他方之土地所有權受限制，從而該權利義務對於嗣後受讓各該不動產而取得所有權之第三人，仍繼續存在，故鄰地所有權縱有轉讓，該土地之受讓人，亦須同樣承受此項義務（八十五臺上一一九判決）。又此項忍受義務，既因越界所建之房屋而發生，故於越界建築之房屋全部或僅其越界部分滅失時，歸於消滅，越界建築房屋之土地所有人無權重建，不得於越界之土地上再為建築。

二、鄰地所有人之損害賠償請求權

為平衡鄰地所有人忍受越界建築之不利益，依民法第七九六條第一項但書規定，土地所有人對於鄰地因此所受之損害，應支付償金。此處所謂償金，係為補償鄰地所有權人因忍受越界建築之房屋存在，以致不能使用土地之損害，並非使用鄰地之對價，與地租不同，性質上為損害賠償。此項請求損害賠償之權利，係獨立之請求權，與後述之土地購買請求權並存，得分別選擇行使或合併行使，鄰地所有人得不請求購買越界部分之土地，而單獨請求所受損害之賠償。

其次，關於此項損害賠償請求權，學說上有認為本諸過失責任主義之原則，應以土地所有人具有故意或過失為要件[75]。惟因其係本於法律規定而發生，目的在填補鄰地所有人因忍受越界建築所受之不利益，且民法第七九六條規定之立法意旨，在使房屋不因越界而被拆除，並非使土地所有人有無償使用他人土地之權利，又未規定土地所有人須有故意或過失，自應解為不以土地所有人具有過失為要件較妥[76]。又關於支付償金之方法，

---

[75]　參閱謝在全，《物權（上）》，九十三年八月修訂三版，第三五八頁。

[76]　參閱王澤鑑，《物權(一)》，第一八九頁。

民法未設規定，由於此項損害有繼續性或不能預先確定，故以定期支付為宜。

　　償金支付義務，為越界建築房屋之土地之法定物上負擔，故越界建築房屋之土地所有權移轉於他人時，此項支付償金之義務，亦當然移轉而由受讓人承受，惟於移轉前所未支付之償金，則不在受讓人所承受之範圍。又因此種償金，本以填補被越界建築鄰地之損害為目的，並非使用鄰地之對價，與地租不同，故越界建築房屋之土地所有人縱給付遲延，僅生債務不履行之效果，鄰地所有人僅得請求給付償金，並依債務不履行之規定請求損害賠償（遲延賠償），不得禁止越界建築房屋之土地所有人使用鄰地，亦不得因而請求移去或變更其房屋。

三、鄰地所有人之土地購買請求權

　　民法第七九六條第二項規定：「前項情形，鄰地所有人得請求土地所有人，以相當之價額購買越界部分之土地及因此形成之畸零地，其價額由當事人協議定之；不能協議者，得請求法院以判決定之。」故鄰地所有人有土地購買請求權，其所得請求購買之土地，不以越界建築房屋所座落部分之土地為限，如因越界建築，鄰地所有人已失其大部分土地，殘餘部分過少或形狀不齊，而成為畸零地，致不能為相當使用時，鄰地所有人得請求一併購買，土地所有人不得拒絕。此項土地購買請求權，具有形成權之性質，其買賣契約因鄰地所有人為出賣之意思表示而成立❼，土地所有權讓與時，受讓人應承受之。至其購買價格，應由當事人依請求購買時之交易價格協議定之，協議不成時，鄰地所有人得聲請法院以判決定之。又鄰地所有人知悉土地所有人越界建屋而不即提出異議者，依民法第七九六條第二項之規定，尚得請求土地所有人購買越界部分之土地，舉重以明輕，不知情而得請求移去或變更建物之鄰地所有人，當然更得不請求土地所有人移去或變更建物而請求其以相當之價額購買越界部分之土地（八十三臺上二七〇一）。

---

❼　參閱史尚寬，《物權》，第一〇三頁；王澤鑑，《物權》，第一九八頁。惟我國學者有認為此項購買請求權，即為學理上所稱之直接的締約強制，本質上仍係訂立買賣契約之請求權者，參閱謝在全，《物權（上）》，第三三四頁、第三四一頁註十四。

第三、免為全部或一部之移去或變更

　　土地所有人建築房屋逾越地界，不符合第七九六條規定者，例如鄰地所有人知其越界而即提出異議是，鄰地所有人得依民法第七六七條規定請求移去或變更逾越地界之房屋。然請求移去或變更逾越地界之房屋，有時難免對社會經濟及當事人之利益造成重大損害，為示平允，故民法第七九六條之一第一項規定：「土地所有人建築房屋逾越地界，鄰地所有人請求移去或變更時，法院得斟酌公共利益及當事人利益，免為全部或一部之移去或變更。但土地所有人故意逾越地界者，不適用之。」從而關於逾越地界之房屋，是否全部或一部予以移去或變更，法院有裁量權，於鄰地所有人請求移去或變更逾越地界之房屋時，法院得斟酌公共利益及當事人利益，例如參酌都市計畫法第三九條規定，考慮逾越地界與鄰地法定空地之比率、容積率等情形，免為全部或一部之移去或變更，以顧及社會整體經濟利益，並兼顧雙方當事人之權益。惟此為法院之權限，並非土地所有人之權利，是否予以免為全部或一部之移去或變更，由法院以職權為之，並不受土地所有人聲明之拘束。

　　土地所有人如因法院之判決，免為全部或一部房屋之移去或變更者，為示平允，宜許鄰地所有人對於越界部分之土地及因此形成之畸零地，得以相當之價格請求土地所有人購買，如有損害，並得請求賠償，故民法第七九六條之一第二項規定：「前條第一項但書及第二項規定，於前項情形準用之。」

第四、房屋以外之其他建築物越界建築

　　民法第七九六條及第七九六條之一規定之適用，以房屋為限，即越界建築者，須為房屋，如非為房屋，則不在適用之列。惟房屋以外之其他建築物，其價值常有超越房屋者，如對該等建築物之越界建築一律不予保障，亦有害於社會經濟。然其他建築物之種類甚多，如一律加以保障，亦將侵害鄰地所有人之權益，故權衡輕重，民法第七九六條之二規定：「前二條規

定，於具有與房屋價值相當之其他建築物準用之。」所謂具有與房屋價值相當之其他建築物，當係指已具備土地上定著物之要件，依一般社會觀念其價值與房屋相當，例如倉庫、立體停車場等是。

第八款　植物枝根之越界及果實自落鄰地

第一、植物枝根之越界

民法第七九七條第一項規定：「土地所有人遇鄰地植物之枝根有逾越地界者，得向植物所有人，請求於相當期間內刈除之。」故植物所有人負有刈除越界枝根之行為義務，其刈除費用自應由植物所有人負擔。其次，民法第七九七條第二項規定：「植物所有人不於前項期間內刈除者，土地所有人得刈取越界之枝根，並得請求償還因此所生之費用。」故土地所有人有自行排除妨害之權利，並對越界植物之枝根得刈而取之，使其得以較為便捷及經濟之方法處置之，一般稱之為越界植物枝根之刈取權，此亦為本條規定機能之所在。又由於土地所有人所刈取之枝根，可利用之經濟價值甚低，或需僱工搬運，將造成負擔，無法以之補償刈除枝根所需之勞力及費用，因而土地所有人並得向植物所有人請求償還因此所生之費用。至於鄰地植物之枝根有逾越地界，對於土地之利用無妨害者，自不得請求排除或刈取之，故民法第七九七條第三項規定：「越界植物之枝根，如於土地之利用無妨害者，不適用前二項之規定。」又民法第七九七條規定之適用，以植物之枝根越界者為限，若越界者為植物之主幹，則不適用本條規定，應依民法第七六七條規定處理之。

第二、果實自落鄰地

民法第七九八條規定：「果實自落於鄰地者，視為屬於鄰地所有人。但鄰地為公用地者，不在此限。」此處所稱「自落」，應從寬解釋，凡非基於鄰地所有人之行為致果實掉落者，均屬之。從而其掉落，無論係出於成熟或風吹雨打之自然力，或是由樹木所有人或第三人所為，均有本條之適

用⑱。若果實之落地，係由鄰地所有人自己或指使他人所為者，則非屬自落，可生侵權行為之問題。至於所謂鄰地，包括陸地及水面，且不限於直接相鄰之土地或水面為必要。惟鄰地若為公用地者，則該自落之果實，仍歸果樹所有人享有。

第三項　建築物之區分所有

第一、區分所有建築物

民法第七九九條第一項規定：「稱區分所有建築物者，謂數人區分一建築物而各專有其一部，就專有部分有單獨所有權，並就該建築物及其附屬物之共同部分共有之建築物。」故區分所有建築物，係以區分所有權方式存在之建築物，可分為區分所有人之專有部分與區分所有人之共有部分，有別於以該建築物之專有部分為客體之區分所有權。至於區分所有權，是指以區分所有建築物之專有部分為客體之所有權，其所有人即為區分所有人⑲。又本條項所稱「就專有部分有單獨所有權」，係指對於該專有部分有單一之所有權而言，與該單獨所有權係一人所有或數人共有者無關，專有部分得由一人單獨所有，亦得由多數人共有之。

其次，建築物區分所有權之發生，本重於一建築物已區分為數專有部分而各為建築物所有權之客體，惟同一建築物屬於同一人所有，經區分為數專有部分登記所有權者，亦即已有建築物區分所有權之存在者，其使用情形與數人區分一建築物者相同，均有專有部分與共有部分。其中一部轉讓他人時，即生應否與其共有部分、基地相關之應有部分一併讓與等問題，故民法第七九九條之二規定：「同一建築物屬於同一人所有，經區分為數專有部分登記所有權者，準用第七百九十九條規定。」

建築物區分所有之方式，有為橫的區分，即將一棟多層建築物（樓房）

---

⑱　參閱史尚寬，《物權》，第一〇六頁；王澤鑑，《物權》，第二〇〇頁；謝在全，《物權（上）》，第三三九頁。

⑲　參閱謝在全，《物權（上）》，第三四四頁。

分層橫切（分層所有）；有為縱的區分，即將一棟平排建築物分間縱切為數戶（分間所有）；有為橫縱區分，即將一棟多層建築物（樓房）分層橫切後，於各層再分間縱切為數戶（分套所有），俗稱為套房。區分所有建築物之所有權或其他物權關係，基本上有三大部分，即①以專有部分為客體之建築物區分所有權，區分所有人在其專有部分行使所有權；②區分所有建築物共用部分之共有關係，共有人對共有部分為使用、收益、管理時，相互間所發生之各種權利義務；③區分所有建築物之基地所有權及利用權，以下分述之。

第二、建築物區分所有權——專有部分

一、專有部分之成立要件

　　區分所有權是以建築物之專有部分為其客體，專有部分得由一人單獨所有，亦得由多數人共有之。為使所有人得直接支配而享受其利益，故民法第七九九條第二項前段規定：「前項專有部分，指區分所有建築物在構造上及使用上可獨立，且得單獨為所有權之標的者。」從而建築物經區分之特定部分，須具備構造上之獨立性及使用上之獨立性，始得為專有部分。至於具備專有部分要件之建築物特定部分，尚須其所有人有將該專有部分作為區分所有權之客體，以區分所有權之型態，具體化表現於外部，始能成立建築物區分所有權，並非客觀上具備專有部分之要件，即能成立建築物區分所有權，例如一人擁有一棟二十層高樓，對各該層樓房不以區分所有權型態而享有其所有權者，自不發生區分所有權問題。又一棟原非屬區分所有之建築物，得由該建築物之所有人將其變更為區分所有建築物，例如某棟四層樓之公寓，每層樓皆具構造上及使用上之獨立性時，其所有人得就每層樓為區分所有權之登記是❽。由於同一建築物屬於同一人所有，經區分為數專有部分登記所有權者，其使用情形與數人區分一建築物者相同，均有專有部分與共有部分。其中一部轉讓他人時，即生應否與其共有部分、基地相關之應有部分一併讓與等問題，故民法第七九九條之二規定：「同一

❽　參閱王澤鑑，《物權》，第二一四頁。

建築物屬於同一人所有，經區分為數專有部分登記所有權者，準用第七百九十九條規定。」

　　所謂構造上之獨立性，係指建築物經區分之特定部分，以牆壁、樓板（天花板、地板）等建築構造物，使其得以與建築物之其他部分隔離，達到適合為物之支配之程度，客觀上足以明確劃分其範圍而言❽。至建築物經區分之特定部分是否具備構造上之獨立性，其需求嚴密之程度因客體用途之不同而有差異，隨著未來建築技術之發展，與社會生活之演變亦有寬嚴之不同。一般而言，供住宅用之建築物，固需有屋頂、牆壁、地板等具有相當固定性區隔構造物，俾與外界四周完全區隔或遮斷為必要，非供住宅用之建築物，例如開放式經商用之建築物是，於無礙其機能實現之範圍內，無須以完全遮斷為必要❽。

　　所謂使用上之獨立性，係指建築物經區分之特定部分，在機能上必須與一般建築物相同，可作為一建築物單獨使用，有獨立之經濟效用始可。職是之故，建築物經區分之特定部分，必須有自己之出入門戶，可直接與建築物之外界相通，或可利用建築物之共用部分，例如共用之樓梯、大門，與建築物之外界相通，且在該特定部分內必須具有可實現目的之一定設備❽。至於作為專有部分成立要件所需具備之專用設備，不能以劃一及機械式的予以決定，必須就建築物經區分之特定部分與該建築物全部之關係，綜合全部情事予以考量，並無絕對的標準。

二、專有部分之範圍

　　關於專有部分之範圍，應如何加以界定，學說上計有四說❽：①共用部分說：專有部分僅限於牆壁、地板與天花板所圍繞之空間部分，牆壁、

---

❽　參閱謝在全，《物權（上）》，第三四九頁。

❽　參閱謝在全，《物權（上）》，第三四九至三五〇頁。

❽　參閱謝在全，《物權（上）》，第三五一至三五二頁。

❽　參閱溫豐文，〈區分所有權建物之專有部分〉，《法令月刊》，第四十二卷第七期，第十六頁以下；謝在全，《物權（上）》，第三五七至三五八頁、第三六八頁註二十八，同書，民國九十三年八月修訂三版，第三九五頁註三十二。

地板與天花板等境界部分，均屬共用部分。②壁心說：專有部分之範圍達到牆壁、地板及天花板等境界構造物之中心線。③牆面說：專有部分之範圍達到牆壁、地板及天花板等境界構造物之表層粉刷部分。④折衷說：就專有部分之範圍，在內部關係上採牆面說，在外部關係上採壁心說，即在區分所有人相互間，尤其是區分所有建築物之維持與管理之內部關係上，專有部分應僅及於牆壁、地板與天花板等境界構造物內面之外層粉刷部分，在與第三人之外部關係上，例如專有部分之買賣、投保或納稅等是，專有部分之範圍應及於境界構造物之中心線。由於折衷說，能兼顧區分所有人之利益，故為我國學者通說所採❽，本書從之。

三、專有部分之權能

區分所有權，係以區分所有建築物之專有部分為客體之所有權，性質上與一般所有權並無不同，屬於不動產所有權，關於其得、喪、變更，自應適用不動產物權之規定。從而各區分所有人，對其專有部分得為全面、直接而排他性之支配，於法令限制之範圍內，得自由使用、收益、處分其所有物（專有部分），並排除他人之干涉。惟區分所有權人對專有部分之利用，不得有妨害建築物之正常使用及違反區分所有權人共同利益之行為（公寓大廈管理條例第五條）。又民法第七九九條第三項前段規定：「專有部分得經其所有人之同意，依規約之約定供區分所有建築物之所有人共同使用。」此處所稱使用，解釋上應包括收益在內。

第三、共有部分

一、共有部分之範圍

民法第七九九條第二項後段規定：「共有部分，指區分所有建築物專有部分以外之其他部分及不屬專有部分之附屬物。」故共有部分，係指欠缺構造上及使用上之獨立性，且不屬任何專有部分者，例如區分所有建築物之基礎、樑柱、承重牆壁及樓地板構造、外牆、樓頂，供應區分所有建築物

---

❽　參閱溫豐文，前揭❽文，第十七頁；謝在全，《物權（上）》，第三五七至三五八頁；王澤鑑，《物權》，第二一六頁。

之自來水、電力、瓦斯等管線設備，防空避難室、屋頂突出物、游泳池、蓄水池、水箱、化糞池、電氣室、機械室、電梯機房等是。此等共有部分，係本於其為區分所有建築物之性質上或構造上當然之共用部分，依法律規定而生，並非由於依當事人之約定，故為法定共有部分。此外，就區分所有建築物之專有部分，亦得由區分所有人依約定而使其成為共有部分，稱為約定共有部分。例如區分所有人約定使某專有部分成為共有，作為交誼室、會議廳、傳達室、管理室等，供共同使用是。

二、共有部分之法律性質

區分所有建築物之共有部分，其性質雖有認為係公同共有❽，惟因民法第七九九條第二項係使用「共有」之文字，此為分別共有在民法條文體例上之簡稱，且民法第七九九條第四項就共有部分設有「應有部分」之規定，故其性質宜解為係分別共有而非公同共有❽。此項共有部分，因其使用目的而不得分割（土地登記規則第九四條），就其使用而言，有時亦不因區分所有人應有部分比例之不同而有差異，是性質上雖屬分別共有，但仍有其特殊之處，故學說有以「互有」稱之❽。又共有之公共設施與區分所有之專有部分，具有同一之經濟目的，不得與專有部分分離而為處分，自屬專有部分之從物，不待登記，當然為抵押權效力之所及（民法第八六二條第一項）。

共有部分既是區分所有人所分別共有，則各區分所有人自有一定比例之應有部分，關於區分所有建築物之共有部分及基地，各區分所有人應有部分比例究為若干，應有原則性之規範，故民法第七九九條第四項規定：

❽　參閱梅仲協，《要義》，第四○二頁。

❽　參閱王澤鑑，《物權》，第二二一頁；謝在全，《物權（上）》，第三五六頁。最高法院八十二年臺上字第二三八四號判決：「區分所有建物之各所有權人得自由處分其所有權，與公同共有物權利之行使，應得公同共有人全體之同意者不同，故系爭大廈屋頂平臺乃區分所有建物之共同使用部分，而非公同共有，上訴人主張係公同共有，被上訴人未得全體共有人同意，對之起訴，並非適法云云，即不可採。」

❽　參閱鄭玉波，《物權》，第七十六至七十七頁；謝在全，《物權（上）》，民國九十三年八月修訂三版，第三八二頁。

「區分所有人就區分所有建築物共有部分及基地之應有部分，依其專有部分面積與專有部分總面積之比例定之。但另有約定者，從其約定。」此處所謂約定，係指共有部分之共有人即各區分所有人全體之約定而言。又因此項應有部分得依約定定之，故約定以專有部分價值之比例計算應有部分之比例，自無不可。

三、共有部分之使用收益

區分所有人就共有部分之共有，性質上與一般共有並無不同，是以於無約定之情形，區分所有人無論其應有部分之多寡，對共有部分即共有物之全部，均有按其應有部分使用收益權（民法第八一八條），惟其使用收益必須依共有部分之性質與用法為之，例如在庭院散步、乘用電梯、在屋頂曬衣服、在地下室停車等是。又共有部分之使用方法及範圍，通常依規約定之，違反法律規定或規約而為使用收益時，其他區分所有人得主張所有物妨害除去請求權、不當得利返還請求權或侵權行為損害賠償請求權。例如區分所有人擅自占用共有部分者，他區分所有人自得依民法第八二一條規定，請求該無權占用之區分所有人除去其妨害，或請求其向全體區分所有人返還占有部分（二十八院一九五〇(1)）。

四、共有部分之專用權

民法第七九九條第三項後段規定：「共有部分除法律另有規定外，得經規約之約定供區分所有建築物之特定所有人使用。」故區分所有建築物之特定區分所有人，就區分所有建築物之共有部分或其基地之特定部分，原則上得經規約之約定取得排他之使用收益權，稱為專用使用權(簡稱專用權)，例如約定屋頂之平臺，專供頂樓之區分所有人使用收益，或基地之空地專供一樓之區分所有人使用收益是。惟區分所有建築物之共有部分或其基地之特定部分，法律有不得為專用權客體之規定者（參閱公寓大廈管理條例第七條），自應從其規定。此項專用權規約之約定，並非以物權之變動為內容，而係有關共有物利用方法之約定，僅發生債之關係，得為有償或無償，性質上並非有關不動產物權變動之物權行為，故不以訂立書面契約及登記為必要，於有關之區分所有人全體同意時，即可成立。又於區分所有建築

物（公寓大廈）預售時，由出賣人與買受人於買賣契約中約定共有部分或基地之特定部分由某買受人專用者，若買受人於區分所有建築物完成後，均已成為該建築物之區分所有人，且均依專用權之約定履行時，應解為已默示承認有此項約定之存在**❸**。

區分所有人取得專用權後，對於該專用權客體之特定部分，自得依其約定之使用目的及用法，在不變更其性質及不毀損其物體之範圍內為使用收益。由於區分所有人之專用權，係區分所有人間對共有部分或基地用益方法之約定，僅具債權之效力，該為約定之區分所有人自應受其拘束，於區分所有人讓與其區分所有權時，得否拘束其受讓人，則不無疑問。民法第七九九條之一第四項規定：「區分所有人間依規約所生之權利義務，繼受人應受拘束；其依其他約定所生之權利義務，特定繼受人對於約定之內容明知或可得而知者，亦同。」故區分所有人之專用權，若係依規約而取得者，則無論他區分所有人及其繼受人是否知悉或同意與否，均應受其拘束；若係依規約以外之其他約定而取得者，其繼承人固應承受，但特定繼受人則僅以明知或可得而知者為限，始受其拘束，即僅以受讓人知悉有專用權之約定，或有可得知其存在之情形，例如專用權人已占有約定專用部分而為使用收益是，該受讓人始應受其拘束**⑩**。又最高法院八十年臺上字第一一〇四號判決謂：「區分所有建築物之出賣人，如保留共有部分之專用權，分別附隨於專有部分出賣時，倘他區分所有人明知有此情形而買受，縱未明白約定，亦應視為保留專用權之默示承認，與共有物之約定分管相類，各區分所有人應受其拘束，僅專用權人使用該專用部分不得違反共有物之使用目的，致妨害大樓及住戶之安全而已。」可供參考。

五、共有部分修繕費及其他負擔之分擔

區分所有建築物共有部分之管理、修繕及改良，由管理負責人或管理委員會為之（公寓大廈管理條例第十條第二項規定），惟共有部分之簡易修繕及其他保存行為，仍得由各區分所有人單獨為之（民法第八二〇條第五

---

❸　參閱謝在全，《物權（上）》，第三八〇頁。

⑩　相關說明，參閱謝在全，《物權（上）》，民國九十三年八月修訂三版，第四一五頁。

項）。依民法第七九九條之一第一項規定：「區分所有建築物共有部分之修
繕費及其他負擔，由各所有人按其應有部分分擔之。但規約另有約定者，
不在此限。」故關於區分所有建築物共有部分之修繕費及其他負擔（例如稅
捐），若規約設有應如何分擔之約定者，自應從其約定，若規約對之未為約
定者，則應由各區分所有人按其應有部分分擔之。其次，區分所有建築物
之專有部分，經依民法第七九九條第三項約定供區分所有建築物之所有人
共同使用者，該專有部分之修繕費及其他負擔應如何分擔，亦宜明文規定，
故民法第七九九條之一第二項規定：「前項規定，於專有部分經依前條第三
項之約定供區分所有建築物之所有人共同使用者，準用之。」

第四、基地

　　所謂基地，係指建築物本身所占之地面及其所應留設之法定空地（建
築法第十一條第一項前段），以及當事人就上述基地所需土地以外之土地，
約定為區分所有建築物所需利用之土地（約定基地），即所謂基地，應係指
上述當然基地與約定基地而言❾。建築物與其基地（土地），係屬二個獨立
之不動產，然建築物必須存在於基地上，故建築物對於其基地必須有合法
使用權，方能合法存在，否則基地所有人得請求拆屋還地。此於區分所有
建築物，亦無不同。關於基地之使用權，於建築物與其基地屬同一人所有
者，乃基於基地（土地）之所有權權能，於分屬不同之人所有時，其使用
權不外為屬於物權之地上權、典權，或屬於債權之租賃、使用借貸是。區
分所有建築物之基地使用權，為各區分所有人所共同享有，其使用權為所
有權者，即為民法上之共有（分別共有），其使用權為所有權以外之地上權、
租賃權等者，則為準共有，至其性質，應屬分別共有或準分別共有。

　　基地之使用權既是區分所有人所分別共有或準分別共有，則各區分所
有人自有一定比例之應有部分，關於區分所有建築物之共有部分及基地，
各區分所有人應有部分比例究為若干，應有原則性之規範，故民法第七九
九條第四項規定：「區分所有人就區分所有建築物共有部分及基地之應有部

❾　參閱謝在全，《物權（上）》，第三五九頁。

分，依其專有部分面積與專有部分總面積之比例定之。但另有約定者，從其約定。」此外，區分所有建築物之基地使用權，為各區分所有人所共同享有，其性質應屬分別共有或準分別共有，惟區分所有人共有之基地，得否分割，法無明文，為維持建築物與土地一體化，並避免發生複雜之法律關係，宜認為基地依其使用目的，區分所有人不得請求分割（民法第八二三條第一項）。

第五、專有部分、共有部分及基地權利處分之一體化

由於專有部分與其所屬對應之共有部分及其基地之權利，有不可分離之關係，故民法第七九九條第五項規定：「專有部分與其所屬之共有部分及其基地之權利，不得分離而為移轉或設定負擔。」此處所稱「所屬之共有部分」，僅指區分所有建築物之專有部分所配屬之共有部分，例如游泳池、網球場等公共設施是。又為貫徹專有部分、共有部分與基地權利處分一體化之原則，土地登記規則第九十八條規定：「土地法第三十四條之一第四項之規定，於區分所有建物之專有部分連同其基地應有部分之所有權一併移轉與同一人所有之情形時，不適用之。」

第六、規約

所謂規約，係指為增進共同利益，確保良好生活環境，由區分所有人會議就區分所有人、住戶對於區分所有建築物之所有關係及管理所應共同遵守事項，決議訂定之團體規章（公寓大廈管理條例第三條第十二款及第二十三條）。規約之內容或約定，應力求公平，規約之內容或約定對特定之區分所有人若有顯失公平之情事者，宜有救濟之途徑，故民法第七九九條之一第三項規定：「規約之內容依區分所有建築物之專有部分、共有部分及其基地之位置、面積、使用目的、利用狀況、區分所有人已否支付對價及其他情事，按其情形顯失公平者，不同意之區分人得於規約成立後三個月內，請求法院撤銷之。」從而規約之內容或約定是否有顯失公平情事，須就各項具體因素及其他相關情形綜合予以斟酌，以為判斷之準據。至於所謂

不同意之區分所有人,包括自始未同意該規約約定或未參與其訂定者在內。

由於區分所有建築物之各區分所有人因各該專有建築物之一部或共同居住其內,已形成一共同團體。而規約乃係由區分所有人團體運作所生,旨在規範區分所有人相互間關於區分所有建築物及其基地之管理、使用等事項,以增進共同利益,確保良好生活環境為目的,故區分所有人及其繼受人就規約所生之權利義務,依團體法法理,無論知悉或同意與否,均應受其拘束,方足以維持區分所有人間所形成團體秩序之安定。至區分所有人依其他約定所生之權利義務,其繼承人固應承受,但因非由團體運作所生,基於交易安全之保護,特定繼受人僅以明知或可得而知者為限,始受拘束。故民法第七九九條之一第四項規定:「區分所有人間依規約所生之權利義務,繼受人應受拘束。其依其他約定所生之權利義務,特定繼受人對於約定之內容明知或可得而知者,亦同。」本條項所謂繼受人,包括概括繼受與因法律行為而受讓標的之特定繼受人在內;又區分所有人依法令所生之權利義務,繼受人應受拘束乃屬當然,無待明文。

第七、相鄰關係

一、正中宅門之使用

民法第八〇〇條第一項規定:「第七百九十九條情形,其專有部分之所有人,有使用他專有部分所有人正中宅門之必要者,得使用之。但另有特約或另有習慣者,從其特約或習慣。」此之所謂有使用必要,係指依客觀事實有使用之必要者而言,從而於諸如婚喪喜慶或搬運重大傢俱時,而有必要使用他人之正中宅門者,固得使用之,又如非使用他人之正中宅門,即無從通行出外者,亦包含在內(五十二臺上一〇五六)。

由於民法第八〇〇條區分所有人使用他人正中宅門之權利,係為解決區分所有人通行之問題而為之規定。本件上訴人將其所有二層樓房屋之底層出賣被上訴人,而與被上訴人上下層樓區分所有一建築物,其樓梯口之通道(即 B 部分被上訴人所設之通道),雖非被上訴人之正中宅門,但因其使用二樓房屋,即有使用該樓梯口通道之必要,對被上訴人言,無異使用

他人之正中宅門，就該通道自有民法第八○○條規定之適用（八十一臺上
二一一一判決）。其次，民法第八○○條第二項規定：「因前項使用，致他
專有部分之所有人受損害者，應支付償金。」此項償金之性質，與第七七九
條所定者相同，詳請參閱前述。

二、其他相鄰關係

　　區分所有建築物專有部分相鄰關係之調整，並不限於他人正中宅門之
使用一項，故民法關於相鄰關係之一般規定，對於建築物區分所有人之相
鄰關係，亦有適用或類推適用之餘地。為調和相鄰關係之利用與衝突，民
法第八○○條之一規定：「第七百七十四條至前條規定，於地上權人、農育
權人、不動產役權人、典權人、承租人、其他土地、建築物或其他工作物
利用人準用之。」由於民法第七八七條之規定，旨在調和相鄰土地用益權之
衝突，以充分發揮袋地之經濟效用，促進物盡其用之社會整體利益。從而
一棟區分所有建築物，其各區分所有人之專有部分，因受其他專有部分之
間隔或圍繞，無法對外為適宜之聯絡，致不能為通常之使用者，顯與袋地
同，為調整其專有部分相鄰關係，自得類推適用民法第七八七條之規定❾❷。

---

❾❷　最高法院九十六年臺上字第五八四號判決：「按民法第七百八十七條之規定，旨
在調和相鄰土地用益權之衝突，以充分發揮袋地之經濟效用，促進物盡其用之社
會整體利益。而一棟建築物，在物理上本屬一體，各部原不具獨立性，因法律上
承認區分所有權，得由各區分所有人就其區分建物之一部享有單獨所有權，各區
分所有人對其專有部分得全面、直接而排他性之支配，故就整體建物而細分各區
分所有時，區分所有建物專有部分，因其他專有部分之間隔，無法對外為適宜之
聯絡，不能為通常之使用，顯與袋地同，自有調整區分所有建物專有部分相鄰關
係之必要，始能充分發揮其經濟效用，此與鄰地通行權之規範目的相同；但區分
所有建物專有部分相鄰關係之調整，並不限於他人正中宅門之使用一項。從而區
分所有建物之專有部分，如為其他專有部分所圍繞，無法對外為適宜之聯絡，致
不能為通常之使用，既與袋地之情形類似，法律就此情形，本應同予規範，因立
法者之疏忽，而發生顯在之法律漏洞，自得類推適用民法第七百八十七條之規定。」

第三節　動產所有權

所謂動產所有權，乃是以動產為標的物之所有權。由於其為所有權，自具有所有權之一般性質或機能，其行使並應受法令之限制（民法第七六五條）。至於民法第三編第二章第三節（第八○一條至第八一六條）所設有關動產所有權之規定，其內容僅為動產所有權之特有的取得原因，計分為善意取得、先占、遺失物之拾得、埋藏物之發見、添附等五種。此五種取得原因，均屬動產所有權之原始取得，以下就此分述之。

第一項　善意取得

第一款　善意取得之意義

所謂動產之善意取得，亦稱動產之即時取得或善意受讓，係指動產讓與人與受讓人間，以移轉或成立動產物權為目的，由讓與人將動產交付於受讓人，縱讓與人無處分動產之權利，受讓人以善意受讓動產之占有者，受讓人仍取得其物權之法律行為（民法第八○一條、第八八六條、第九二八條、第九四八條）。按無處分權人處分他人之物者，須於事後取得其權利或經該他人之承認，始生效力（民法第一一八條），所有人對於無權占有其所有物之人，得請求其返還（民法第七六七條）。善意取得制度存在之旨趣，係以占有之公信力為基礎，植基於信賴保護原則之權利外觀原則或權利外觀理論，即無權利人占有動產，表現其具有處分動產權利之外觀，受讓人信賴此項外觀而為交易行為，基於確保及維護交易之安全，法律遂予以保護，故善意取得之規定，係民法第一一八條之特別規定，應優先適用。茲就動產所有權之善意取得，分述如下。

第二款　善意取得之要件

所謂動產所有權之善意取得，係指動產讓與人與受讓人間，以移轉動

產所有權為目的，由讓與人將動產交付於受讓人，縱讓與人無移轉動產所有權之權利，受讓人以善意而受讓動產之占有者，仍取得其所有權之法律行為。民法第八○一條規定：「動產之受讓人占有動產，而受關於占有規定之保護者，縱讓與人無移轉所有權之權利，受讓人仍取得其所有權。」所謂「受關於占有規定之保護」，主要係指民法第九四八條第一項前段規定：「以動產所有權，或其他物權之移轉或設定為目的，而善意受讓該動產之占有者，縱其讓與人無讓與之權利，其占有仍受法律之保護。」民法第八○一條及第九四八條規定，係民法第一一八條之例外規定，自應優先適用。茲依此就其構成要件，說明如下：

第一、標的物須為動產

善意取得之標的物須為動產，不動產則不適用善意取得之規定。所謂動產，指不動產（土地及其定著物）以外之物（民法第六十七條）。金錢（硬幣、紙幣）及有價證券（如車票、歌劇院入場券），均屬動產，原則上固亦有善意取得規定之適用，惟因票據之善意取得，票據法設有明文（第十四條），而記名證券（如股票）之讓與須依背書或辦理過戶為之（參閱公司法第一六五條），故均不適用民法善意取得之規定。又雖為動產，如係盜贓物或遺失物，除金錢或無記名證券外，亦不得依善意取得之規定（即民法第八○一條）而取得其所有權（參閱民法第九四九條至第九五一條）。

此外，依法律規定，物權之變動須辦理登記始能對抗第三人之動產，且已辦理登記者，例如船舶（海商法第九條）、航空器（民用航空法第二○條）、附條件買賣之動產（動產擔保交易法第五條）、信託之動產（信託法第四條）是，其物權之變動情形既已依法辦理登記，第三人可自登記簿而認知其權利歸屬及存在之狀態，自不能任憑占有而賦予公信力，是以均無善意取得之適用。至於汽車過戶雖需辦理過戶手續，惟其所有權之移轉仍因交付而生效力，不以向監理機關聲請過戶為必要（七十臺上三○七七判決），故仍得為善意取得之客體。

第二、讓與人須為無移轉動產所有權之動產占有人

讓與人必須為動產之占有人始可，否則受讓人無從信賴而受讓。至於讓與人之占有，則不問其係直接占有、間接占有、輔助占有，縱屬瑕疵占有，亦包括在內。又讓與人須為無處分權人，即民法第八○一條所謂讓與人無移轉所有權之權利，係指欠缺處分權而言，解釋上應包括無所有權及無為他人以自己名義處分其物之權利。由於動產所有權善意取得，須以讓與人無處分權為要件，從而讓與人有處分權者，無適用善意取得規定之必要。最高法院七十一年臺上字第二八一九號判決謂：「讓與動產所有權，如讓與人無讓與其所有權之權利；而受讓人又非善意者（指明知或可得而知該讓與人無讓與權利之謂），受讓人固不因之取得其所有權。惟如讓與人非無讓與所有權之權利，當不發生受讓人是否非善意之問題，受讓人依讓與之效力自當然取得其所有權。」可供參考。

第三、須受讓人基於法律行為而受讓動產所有權

動產所有權之移轉須基於法律行為（物權行為），即受讓人與讓與人間須有移轉動產所有權之合意與標的物之交付，且此項法律行為尚須具備交易行為之性質，其非基於法律行為或交易行為而移轉動產所有權者，例如依繼承、公司之合併或拾得遺失物等，而移轉動產所有權是，均無善意取得之適用[93]。最高法院八十六年臺上字第六○二號判決：「此所謂『受讓』，係指依法律行為而受讓之意，受讓人與讓與人間以有物權變動之合意與標的物之交付之物權行為存在為已足，至受讓動產占有之原因，舉凡有交易行為存在，不問其為買賣、互易、贈與、出資、特定物之遺贈、因清償而為給付或其他以物權之移轉或設定為目的之法律行為，均無不可。」可供參考。

關於受讓人之善意取得動產所有權，是否須以原因行為（如買賣、贈與、互易）之有效存在為要件，我國學者有肯定說與否定說之不同見解。

---

[93] 參閱謝在全，《物權（上）》，第四二○頁；王澤鑑，《物權》，第五八四頁。

所謂肯定說，即認為受讓人之善意取得動產所有權，須以原因行為之有效存在為要件❹；所謂否定說，即認為受讓人之善意取得動產所有權，不以原因行為之有效存在為要件❺。基於物權行為係與債權行為分離而具獨立性及無因性，原因行為有效與否，並不影響物權行為之效力，故應以否定說之見解為是。惟於原因行為不存在或無效之情形，善意受讓人雖可取得所有權，但因其取得所有權係無法律上之原因，故應依不當得利之規定負返還義務❻。

第四、須受讓人受讓動產之占有

受讓人必須已受動產之交付，即動產已依民法第七六一條規定交付受讓人而由其占有始可，如尚未交付，動產所有權既尚未移轉，自無取得所有權可言。至於受讓占有之情形有四，即現實交付、簡易交付、占有改定及指示交付（返還請求權之讓與）是，分別說明如下：

一、現實交付

此係指動產所有權之讓與人，將其對於動產之現實的事實上管領力，移轉於受讓人而使其取得直接占有，一般所稱之交付即指此而言。現實交付得由讓與人自己、占有輔助人或間接占有人為之，受讓人均可因而善意取得其動產之所有權。

二、簡易交付

此係指受讓人已占有動產者，於讓與人與受讓人就動產所有權之讓與，達成合意時，即發生動產所有權讓與之效力（民法第七六一條第一項但書）。於此種情形，因讓與人已喪失動產之占有，而受讓人之占有動產得自外部

---

❹　參閱史尚寬，《物權》，第五〇六頁；姚瑞光，《物權》，第一〇一頁；鄭玉波，《物權》，第三八九頁。

❺　參閱王澤鑑，〈無權處分與不當得利〉，《民法學說與判例研究第二冊》，自版，民國六十八年六月初版，第一一九頁以下；王澤鑑，《債法原理㈡不當得利》，自版，二〇〇二年三月增訂版，第一八七頁以下；謝在全，《物權（上）》，第四二一頁。

❻　參閱劉春堂，〈無權處分與不當得利〉，刊載《輔仁法學》，第二十一期，民國九十年六月，第九十七頁以下。

認識，故無須再為現實交付，受讓人即可因而善意取得其動產之所有權。

三、占有改定

民法第七六一條第二項規定：「讓與動產物權，而讓與人仍繼續占有動產者，讓與人與受讓人間得訂立契約，使受讓人因此取得間接占有，以代交付。」此即為占有改定，立法理由在於簡化動產物權之移轉。例如甲將其所有之汽車出賣於乙，因甲尚須使用此汽車，得與乙成立讓與汽車所有權之合意，並與乙訂立租賃或使用借貸契約，使乙取得間接占有，以代現實交付是。於此種情形，因讓與人仍繼續占有動產，受讓人得否依善意取得而取得動產之所有權，不無問題[97]。我國民法對此原未設明文規定，因此學者有採否定說，即認為善意取得人如係以占有改定受讓動產之占有者，於受現實交付前，不能取得動產之所有權[98]；有採肯定說，蓋因我國民法原未如德國民法第九三三條設有以占有改定讓與動產時，須讓與人已將其物交付於受讓人，受讓人取得其動產之直接占有，始能取得其所有權之明文，而占有改定亦屬受讓動產之占有，故受讓人亦可善意取得其物之所有權[99]。惟民國九十九年修正民法物權編增訂第九四八條第二項規定：「動產占有之受讓，係依第七百六十一條第二項規定為之者，以受讓人受現實交付且交付時善意為限，始受前項規定之保護。」顯係採否定說之見解。

四、指示交付

民法第七六一條第三項規定：「讓與動產物權，如其動產由第三人占有時，讓與人得以對於第三人之返還請求權，讓與於受讓人，以代交付。」此即為指示交付，亦稱返還請求權之讓與，或返還請求權之代位，立法理由亦係基於簡便原則。例如甲將其出租與乙之汽車讓售於丙，因租期未滿，暫時無法收回而為現實交付，惟甲與丙亟欲讓與行為之成立，而丙亦願意

[97] 詳細之討論，參閱劉得寬，〈占有改定與即時取得〉，《民法諸問題與新展望》，自版，民國六十八年五月，第三二三頁以下。

[98] 參閱謝在全，《物權（上）》，第四二一至四二二頁；劉得寬，前揭[97]文，第三二七頁。

[99] 參閱史尚寬，《物權》，第五〇八頁；王澤鑑，《物權》，第五九〇至五九二頁。

承受該租賃契約（民法第四二五條），或丙取得該汽車所有權後，亦擬繼續
將該汽車出租於乙，在此情形，甲依返還請求權之讓與，將其對乙之返還
該汽車請求權讓與丙，以代交付，使丙取得該汽車所有權，符合當事人利
益。於此種情形，因讓與人已喪失動產之占有，故無須再為現實交付，受
讓人即可因而善意取得其動產之所有權。

第五、受讓人須為善意

所謂善意，係指受讓人不知讓與人無處分（移轉或讓與）該動產所有
權之權利而言，故讓與人必須為動產之占有人始可，否則受讓人無從信賴
而受讓。至於受讓人善意之準據時點，以於受讓時為善意即為已足。具體
言之，即在現實交付，係指交付之時；在簡易交付，係指讓與合意之時；
在占有改定，係指受讓人取得間接占有之時；在讓與返還請求權，係指受
讓人取得返還請求權之時。職是之故，受讓人於受讓時為善意，縱令嗣後
知悉讓與人並無處分該動產所有權之權利，仍可適用善意取得之規定而取
得其所有權。又善意取得制度旨在補救讓與人處分權之欠缺，其保護範圍
限以受讓人對於處分權存在之信賴為限，對於行為能力或代理權存在之信
賴，無適用或類推適用善意取得規定之餘地。

其次，受讓人不知讓與人無處分權，是否出於過失原非所問，然因受
讓人是否為善意，具有決定受讓人對占有權利外觀之信賴是否值得保護之
價值判斷功能，從而依客觀情勢，在交易經驗上，一般人皆可認定讓與人
無讓與之權利，而仍受讓者，即應認係惡意（八十一臺上二九三七判決）。
惟民法第九四四條第一項推定占有人為以所有之意思「善意」占有，故否
定受讓人為善意者，應負舉證責任。又受讓人不知讓與人無讓與之權利，
如係因重大過失所致者，因其本身具有疏失，衡諸當事人利益及交易安全，
自應明文將其排除於保護範圍之外，以維護原所有權靜的安全，故民國九
十九年民法物權編修正第九四八條第一項乃增列但書規定，即「以動產所
有權，或其他物權之移轉或設定為目的，而善意受讓該動產之占有者，縱
其讓與人無讓與之權利，其占有仍受法律之保護。但受讓人明知或因重大

過失而不知讓與人無讓與之權利者，不在此限。」

　　甲將其所有之高級電腦交付於乙，請乙加以保管，乙擅自將該高級電腦以分期付價買賣方式出賣於丙，以每一個月為一期，計分十期，約定於丙支付全部價金時始取得其所有權，在丙支付全部價金以前，乙仍保留該高級電腦之所有權。丙於訂立分期付價買賣（附條件買賣）契約及受該高級電腦之交付時，均不知乙並無處分（讓與）該高級電腦所有權之權利，惟於支付第五期價金時，始知悉乙並無處分（讓與）該高級電腦所有權之權利。試問丙得否依善意取得之規定，於支付全部價金時取得該高級電腦之所有權？

　　動產擔保交易法第二十六條規定：「稱附條件買賣者，謂買受人先占有動產之標的物，約定至支付一部或全部價金，或完成特定條件時，始取得標的物所有權之交易。」故本件乙與丙之高級電腦分期付價買賣，應屬附條件買賣，買受人丙雖先占有標的物（高級電腦），但在買受人丙依契約支付全部價金前，仍不能取得其所有權，換言之，即買賣標的物所有權之移轉附有停止條件，買受人丙有取得買賣標的物所有權之期待權。

　　關於買受人所取得之期待權，其性質為何，學者有不同見解[100]，但其得為讓與之客體，則為學說一致之見解[101]。至於無處分權人將動產以附條件買賣方式（即出賣人保留所有權方式）出賣於善意買受人，買受人不知其無處分權而受讓該動產之交付，所附條件業已成就者（例如已支付全部價金），善意買受人得以取得該動產之所有權，應無疑義，蓋此仍為所有權

---

[100]　參閱王澤鑑，〈附條件買賣買受人之期待權〉，《民法學說與判例研究第一冊》，自版，民國七十五年九月八版，第一六三頁以下；劉得寬，〈賴札 (Ludwig Raiser)「物權期待」之研究〉，前揭[97]《民法諸問題與新展望》，第四八一頁以下；劉春堂，《動產擔保交易法研究》，自版，民國八十八年八月增訂版，第一三五頁以下。

[101]　關於買受人期待權之讓與性，參閱王澤鑑，前揭[100]文，第二二二頁以下。

之善意取得問題❿。此處應予討論者，乃附條件買賣買受人之期待權本身有無善意取得規定之適用，即無處分權人將動產所有權附停止條件讓與買受人（受讓人），該買受人不知讓與人（出賣人）無處分權而受讓其交付者，得否類推適用民法善意取得之規定，使買受人取得期待權，並於依約支付一部或全部價金或完成其他條件時，取得標的物之所有權。關於此項問題，學者之見解相當一致，認為應肯定買受人善意取得期待權❿。職是之故，本件買受人（受讓人）丙，就該高級電腦，自可類推適用善意取得之規定而取得期待權。

如上所述，關於買受人之取得期待權，亦可類推適用民法善意取得之規定。至於買受人是否為善意之判斷，究應以受讓標的物之交付時為準，抑或以條件成就取得所有權之時為準，不無問題。我國學者有認為應以條件成就取得所有權之時為準❿，有認為以受讓標的物之交付時為準❿，應以後說為是。蓋因此處所涉及者，係期待權本身之善意取得問題，且某一行為或情事是否形成某種權利，基於交易安全之考慮，其要件涉及當事人之主觀事由時，關於該主觀事由之存否，自應以該行為或情事發生或存在時之狀況判斷之。職是之故，買受人於受讓標的物之交付時為善意，且能依約履行債務，則雖於條件成就時或成就前已知悉出賣人（讓與人）係無權處分人，仍能取得標的物之所有權❿。其次，於條件成就前，該善意買受人得否以其期待權對抗原所有權人，換言之，即可否對原所有權人主張其對標的物有占有及使用收益權，亦不無問題。對於此項問題，雖有採否

---

❿　參閱劉春堂，前揭❿書，第一一八頁。

❿　參閱王澤鑑，〈動產擔保交易法上登記之對抗力、公信力與善意取得〉，《民法學說與判例研究第一冊》，自版，民國七十五年九月八版，第二七一頁；蘇永欽，〈動產善意取得若干問題〉，《民法經濟法論文集㈠》，自版，七十七年七月初版，第一九五頁；劉春堂，前揭❿書，第一一八頁。

❿　參閱史尚寬，《物權》，第五一一頁；謝在全，《物權（上）》，第四二三頁。

❿　參閱王澤鑑，前揭❿文，第二七一頁；王澤鑑，《物權》，第五九六頁；劉春堂，前揭❿書，第一一九頁。

❿　參閱王澤鑑，前揭❿文，第二七一頁；劉春堂，前揭❿書，第一一九頁。

定見解者，惟吾人既已承認善意買受人能善意取得期待權，又否認其對標的物有占有及使用收益權，前後不無矛盾之處，否定說之見解，自難贊同。職是之故，善意買受人自得以其期待權對抗原所有權人，可以對原所有權人主張其對標的物有占有及使用收益權[107]。

　　綜據上述，本件買受人（受讓人）丙於訂立分期付價買賣（附條件買賣）契約及受該高級電腦之交付時，均不知乙（出賣人或讓與人）並無處分（讓與）該高級電腦所有權之權利，雖於支付第五期價金時，知悉乙並無處分（讓與）該高級電腦所有權之權利，仍可類推適用善意取得之規定，取得期待權。又買受人（受讓人）丙得以其期待權對抗原所有權人甲，主張其對該高級電腦有占有及使用收益權，並於依約支付全部價金時因條件成就而取得該高級電腦之所有權。

第三款　法律效果

　　動產之受讓人占有動產，而有民法第九四八條規定之情形者，依同法第八〇一條之規定，縱讓與人無移轉所有權之權利，受讓人仍取得其所有權（三十一上一九〇四），換言之，受讓人受讓動產所有權，一旦具備善意取得之要件，受讓人即取得其所有權。關於因善意取得而取得所有權，究係原始取得，抑為繼受取得，學者見解不一。有認為此種讓與行為，讓與人除欠缺處分權此點以外，其餘與有效之法律行為無異，即因善意取得而取得所有權，並非因占有而生之效力，而係依法律行為（讓與、受讓）而生之效力，故善意取得，應屬繼受取得[108]，德國多數學者主張之。有認為善意取得係原始取得，蓋善意取得非基於前主之權利而取得權利，由無讓與權人取得權利，實與繼受取得之本質不合，故此種取得並非基於讓與之法律行為，而係基於法律之直接規定，故應為原始取得，我國及日本之多

---

[107]　同[106]。

[108]　參閱姚瑞光，《物權》，第一〇三至一〇四頁；王澤鑑，《物權》，第五九七至五九八頁。

數學者採之❿。由於繼受取得人，不能從無權利人之手取得權利，為保護交易安全與占有之公信力，故對於善意受讓動產者，法律乃特別規定使之取得其所有權，亦即此項取得所有權之效果係基於法律規定，並非基於讓與人之讓與行為或讓與人既存之權利，故應以原始取得說較為可採。職是之故，動產之原所有人，自因受讓人之善意取得而喪失其所有權，原存在於該動產上之一切負擔，例如質權、留置權、抵押權是，亦當然歸於消滅。惟若受讓人於受讓時明知該動產上存有負擔者，即無保護之必要，故存在於該動產上之負擔仍不消滅❿。

　　由於善意受讓人取得動產之所有權，係法律基於保護交易安全之需要，故受讓人因善意取得而取得動產所有權者，係屬終局確定，得以終局的保有其所取得之所有權，對該動產有處分權。從而善意受讓人將其取得之動產所有權再讓與他人，並非無權處分，縱該他人（受讓人）為惡意，該他人（受讓人）仍能取得其所有權❿。惟若該無處分權之讓與人，嗣後又回首自受讓人取得讓與標的物之所有權時，無論是否由於讓與人之惡意安排，或是讓與人之偶然復得，或是讓與人與受讓人間讓與原因關係不存在，讓與人再取回占有，解釋上均應認為讓與人不能取得所有權，於受讓人返還其物之所有權於讓與人時，原來所有權之狀態即因此而回復，由原所有人取得其物之所有權，該標的物上之權利（如質權）亦應隨之復活❿。蓋善意取得乃在保護交易安全，該無處分權之讓與人並非此項交易安全所須保護之人，並無加以保護致原所有人之所有權受損害之必要。

---

❿　參閱梅仲協，《要義》，第三三八頁；史尚寬，《物權》，第五一四頁；鄭玉波，《物權》，第九十六頁、第三九三頁；楊與齡，《物權》，第八十九至九十頁；謝在全，《物權（上）》，第四二三頁。

❿　參閱王澤鑑，《物權》，第五九八頁。

❿　同❿。

❿　參閱謝在全，《物權（上）》，第四二四至四二五頁；王澤鑑，《物權》，第五九九頁。

第二項　先　占

第一、先占之意義及性質

先占者，乃以所有之意思，占有無主之動產，而取得其所有權之法律事實（民法第八〇二條）。關於先占之法律性質，有法律行為說、準法律行為說及事實行為說之三種不同見解，通說採事實行為說，本書從之。蓋因為法律條文中所謂「以所有之意思」，非為效果意思，不過指事實上對物有完全支配管領之意思，而基於此種占有無主動產之事實，法律遂賦予取得所有權之效果。因此凡具有意思能力，對物有管領力者，皆得為有效之先占，不以具有行為能力為必要。

第二、要件

民法第八〇二條規定：「以所有之意思，占有無主之動產者，除法令另規定外，取得其所有權。」茲依此就其構成要件，說明如下：

一、須為動產

先占之標的物，須為動產。蓋因土地，依憲法第一四三條及土地法第一〇條規定，屬於國民全體，人民雖能依法取得其所有權，但私有土地所有權消滅時，則仍歸公有，故不能以先占而取得其所有權。至於房屋或其他建物，雖無明文規定不得先占，但因其非屬動產，解釋上自不得為先占的客體[113]。

二、須為無主之動產

所謂無主之動產，係指現在不屬於任何人所有之動產而言，至於該動產是否曾屬於他人則非所問。動產之成為無主，有自始即為無主者，例如野生之飛禽走獸、水中之魚類等是；有原為有主，而被其所有人拋棄者。拋棄係物權行為（單獨行為），動產是否已被拋棄，應就具體情形，探求當

---

[113] 參閱梅仲協，《要義》，第三八九頁；鄭玉波，《物權》，第九十八頁；姚瑞光，《物權》，第一〇七頁；王澤鑑，《物權》，第二三七頁。

事人真意認定之。陪葬物品不能認為係屬拋棄物；捕獲之野生動物逃逸，所有人放棄追尋者，得解為有拋棄之意思；丟棄破舊衣物於垃圾車，固屬拋棄，但所丟棄者，倘為私人信件（如情書、日記），學說上有認為其目的在於經由垃圾處理而銷毀，不得認為拋棄❶❹。又動產是否為有主，應依客觀之事實認定之，只須該動產在客觀上確屬無主物即為已足，先占人之主觀上認識如何，是否認識其為無主物，在所不問。因而誤認有主物為無主物而先占，固不因之而取得其所有權，但誤認無主物為有主而先占之，仍可依先占而取得其所有權。

三、須以所有之意思而占有

先占為事實行為之一種，故此處所稱「以所有之意思」，無須為有以法律行為而取得所有權之意思，僅以事實上有欲與所有人立於同一地位，而將其物歸於自己管領支配之意識即為已足。先占人只須有意識能力，具有占有事實行為之能力即為已足，不必有行為能力。又此處所稱占有，不限於自己占有，利用或指示他人（占有輔助人）為占有亦可，例如僱人捕捉動物或打魚等是。

四、須無法令禁止取得所有權之規定

法令禁止取得其所有權，而不得為物權客體之不融通物，自不得為先占之標的。自然紀念物，即具有保育自然價值之珍貴稀有植物及礦物，依文化資產保存法第八十三條本文規定，原則上禁止採摘、砍伐、挖掘或以其他方式破壞，並應維護其生態環境；瀕臨絕種、珍貴稀有及其他應予保育之保育類野生動物，依野生動物保育法第十六條規定，原則上不得騷擾、虐待、獵捕、宰殺、買賣、陳列、展示、持有、輸入、輸出或飼養、繁殖，自均不得為先占之標的。又依文化資產保存法第七十四條規定，發見具古物價值之無主物，應即通知所在地直轄市、縣（市）主管機關，採取維護措施，故具古物價值之無主物，亦不得為先占之標的。其次，他人有排他先占權之動產，亦不得為先占之標的，例如漁業權人對於一定水面內之水產動植物，有獨占之採捕權（漁業法第十五條以下），無此權利之人，雖以

---

❶❹　參閱王澤鑑，《物權》，第二三七頁；謝在全，《物權（上）》，第四三六頁。

所有之意思而占有，仍不能取得其所有權。在此情形，漁業權人對侵害人得依侵權行為規定請求損害賠償，或依不當得利規定請求返還占有之利益**⑮**。

第三、法律效果

先占人具備上述要件後，即取得該動產之所有權。由於依先占而取得所有權，係直接基於法律之規定，並非基於他人既存之權利，故為原始取得。職是之故，原存在於該動產上之負擔或權利（例如質權），亦因而歸於消滅**⑯**。

第三項　拾得遺失物

第一款　拾得遺失物之意義

所謂拾得遺失物（或遺失物之拾得），係指發現他人之遺失物，而加以占有之一種法律事實。關於拾得遺失物，民法除就遺失物拾得人與所有人間之權利義務，設有詳細規定，因而使兩者之間產生法定債之關係外，並在一定條件之下，使拾得人取得遺失物之所有權。故遺失物之拾得，亦為動產所有權取得原因之一，惟因遺失物之拾得係事實行為，從而拾得人不以具有行為能力為必要。此外，拾得遺失物為無因管理之一種，故民法關於無因管理之規定亦有補充適用之餘地。

第二款　拾得遺失物之要件

第一、須為遺失物

所謂遺失物，乃指非基於占有人之意思，所喪失之有主而現在無人占

---

⑮　參閱史尚寬，《物權》，第一一五頁；王澤鑑，《物權》，第二三八至二三九頁；謝在全，《物權（上）》，第四三七頁。

⑯　參閱鄭玉波，《物權》，第九十九頁；王澤鑑，《物權》，第二三九頁。

有之動產。茲分下列幾點說明之：

一、須為有主動產

由於不動產（土地或其定著物）有一定之位置，性質上不致遺失，縱經湮滅或為風沙埋沒，亦非屬遺失物，且民法將拾得遺失物規定為動產所有權特殊得喪之原因，故遺失物應以動產為限。又遺失物須為有主物，若係無主物，則為先占之客體。是否為遺失物，依客觀情形認定之，不以拾得人主觀認識為準。

二、須非基於占有人之意思而喪失占有

占有人是否喪失物之占有，應就具體個案，依社會觀念及客觀情形，視原占有人有無對物行使事實上管領力之可能性而決定之。管領力僅一時不能實行者，固非喪失占有（民法第九六四條但書），占有之物品或動物偶至他人土地內者，依民法第七九一條之規定，尚應許其所有人或占有人入其地內尋回，自非遺失物。在公共場所忘置之物，因該場所為公眾所得自由出入，占有人對該物之事實上管領力殆已喪失，則可認為係遺失物。至於占有之喪失是否由於占有人之疏忽，或有無其他原因，則非所問。喪失占有之占有人，不以所有人或有權占有人為限，無權占有人喪失占有，例如竊盜丟棄贓物時，對所有人仍可構成遺失物。

三、須現無人占有

動產雖非因占有人之意思而脫離其占有，但如其物現在有人占有者，仍非遺失物。換言之，即喪失物之占有，而現在不為任何人所占有，始為遺失物，至其原因如何，在所不問。從而物主遺忘其物於他人住處或車船飛機上，占有人之喪失占有，雖非出於己意，但遺忘物之占有，已於遺忘之時移轉於場地之占有人（私宅、旅館或車船主人），自非遺失物，應僅適用無因管理的規定。在公共場所（如旅館大廳、火車站候客室、飛機場廁所）忘置之物，因眾人出入，事實上管領力殆不存在，則為遺失物❶❶❼。又

---

❶❶❼　參閱王澤鑑，《物權》，第二四〇至二四一頁；謝在全，《物權（上）》，第四四一頁；鄭玉波，〈論遺失物之拾得〉，《民商法問題研究㈢》，自版，民國七十一年五月出版，第九十三頁。我國學者有認為遺忘物之占有不當然移轉於該場所之占有

所謂誤占物，乃因錯誤而占有他人之物，例如散會後誤戴他人之草帽，或誤撐他人之雨傘，歸家發覺，但不知其所有人為誰是，亦非遺失物，因其脫離占有人之占有，係因誤取者之行為，且其物已有人占有。

第二、須有拾得之行為

所謂拾得，係指發見與占有兩者之結合行為，即認識物之所在而對該物取得事實上支配管領力。兩者之中，占有重於發見，從而如僅發見而未占有者，尚不能謂之拾得；先發見而未占有，後發見而占有，以後者為拾得人。又所謂拾得，並不以拾得人本身對物有物理上之支配為限，得依占有機關或占有輔助人為之，例如發見後僱人看守或指示其受僱人為占有是。從而崗警值勤時查獲之遺失物，以其所屬機關為拾得人（二十五院一四三二）；店員有交付遺失物之義務者，以店主為拾得人。其次，拾得遺失物之行為，係事實行為，而非法律行為，故拾得人不以具有行為能力為必要，且不以有所有意思為必要，具有識別能力之無行為能力人或限制行為能力人，均得為拾得人。

第三款 法律效果

第一、拾得遺失物之通知或報告交存及招領交存義務

一、拾得遺失物之通知或報告交存義務

民法第八〇三條第一項規定：「拾得遺失物者，應從速通知遺失人、所有人或其他有受領權人或報告警察、自治機關。報告時，應將其物一併交存。但於機關、學校、團體或其他公共場所拾得者，亦得報告於各該場所之管理機關、團體或其負責人、管理人，並將其物交存。」故拾得人有通知或報告交付義務，關於此拾得人有選擇權，即得選擇自己通知遺失人等，亦得選擇逕行向警察或自治機關等報告並交存拾得物。茲就有關問題，分

人，但亦不能即謂為遺失物，如其場所占有人代為保管時，應屬於一般之無因管理，參閱史尚寬，《物權》，第一一八頁。

述如下：

㈠拾得人之通知及保管義務

遺失物之拾得人已知其遺失人、所有人或其他有受領權人者，得選擇由自己為通知。為顧及遺失人急於搜尋遺失物之情形，且為使遺失物歸屬早日確定，故此項通知應從速為之，至於是否為從速，應依具體情事及社會一般觀念決定。拾得人已為此項通知者，即得不必再為下述之報告及交存遺失物，而由自己負保管遺失物之責。又拾得人於將遺失物返還受領權人之前，或依下述規定而交存遺失物（拾得物）之前，就該遺失物（拾得物）均負有保管義務。由於拾得人就遺失物之保管，係居於無因管理人之地位，故應以善良管理人之注意，負保管義務，但為免除遺失物之急迫危險而為事務之管理者，則僅就故意或重大過失，負其責任（民法第一七五條）。

㈡拾得人之報告及交存義務

遺失物之拾得人雖已知其遺失人、所有人或其他有受領權人者，惟不願意由自己對之為通知，或不知其遺失人、所有人或其他有受領權人者，應從速報告警察、自治機關。報告時，應將其物一併交存。又為期事實上之便捷及實益，於機關、學校、團體或其他公共場所拾得者，亦得由拾得人自由選擇報告於各該場所之管理機關、團體或其負責人、管理人，並將其物交存，例如學生於學校內拾得遺失物，得向老師、學務處或校長報告並交存遺失物是。拾得人交存其拾得物之後，該受交存之警察、自治機關或公共場所之管理機關、團體或其負責人、管理人，自亦應以善良管理人之注意，負保管遺失物之責。

二、受報告者之招領義務

民法第八〇三條第二項規定：「前項受報告者，應從速於遺失物拾得地或其他適當處所，以公告、廣播或其他適當方法招領之。」故依前述規定而接受遺失物交存之受報告者，除負有保管義務外，尚負有從速為招領之義務。招領之地點，不以遺失物拾得地為限，而招領方法，亦不以公告為限，凡適當處所，例如警察、自治機關是，或適當方法，例如登報、電臺廣播、

電視廣播等是，均得為之。

三、受領權人未為認領時拾得人或招領人之交存義務

民法第八〇四條第一項規定：「依前條第一項為通知或依第二項由公共場所之管理機關、團體或其負責人、管理人為招領後，有受領權之人未於相當期間認領時，拾得人或招領人應將拾得物交存於警察或自治機關。」故經通知或招領後，有受領權之人未於相當期間為認領者，拾得人或招領人即應將拾得物交存於警察或自治機關，一經交存於警察或自治機關，其招領及保管義務即因而消滅，改由警察或自治機關負責保管。至於所謂有受領權之人，係指遺失物之遺失人、所有人、限定物權人、占有人等而言，不以所有人為限。又為保護有受領權之人之利益，俾有受領權之人更有適當機會知悉遺失物之所在，故民法第八〇四條第二項規定：「警察或自治機關認原招領之處所或方法不適當時，得再為招領之。」

第二、拾得物之拍賣或變賣

民法第八〇六條規定：「拾得物易於腐壞或其保管需費過鉅者，招領人、警察或自治機關得拍賣或逕以市價變賣之，保管其價金。」故得將拾得物以拍賣或市價變賣方式為變價處分者，以招領人、警察或自治機關為限，拾得人不得為之。從而拾得人遇有需為變價處分之急迫情形時，惟有向招領人、警察或自治機關官署報告並交存其拾得物，以資解決⓲。至於此處所稱招領人，係指民法第八〇三條第一項但書所定之人，即機關、學校、團體或其他公共場所之管理機關、團體或其負責人、管理人而言。

第三、遺失物之返還

民法第八〇五條第一項規定：「遺失物自通知或最後招領之日起六個月內，有受領權之人認領時，拾得人、招領人、警察或自治機關，於通知、招領及保管之費用受償後，應將其物返還之。」茲就有關問題，分述如下：

一、返還義務人

⓲　參閱謝在全，《物權（上）》，第四八四頁。

有受領權之人認領時，拾得人、招領人、警察或自治機關有返還遺失物之義務，詳言之，即於拾得人未交存拾得物（遺失物）之情形，由拾得人負返還義務；於拾得人已交存拾得物（遺失物）之情形，由招領人、警察或自治機關負返還義務。至於返還之標的物，固為遺失物（拾得物）本身，惟拾得物已被拍賣或變賣者，則應返還其價金。拾得人、招領人、警察或自治機關於履行返還義務時，須以善良管理人之注意，審查認領人是否為遺失人、所有人或其他有受領權之人，例如詢問遺失物之品質、數量、廠牌、顏色、型態或包裝、遺失時間或地點等，以證明其係有受領權之人，對於認領人是否為有受領權之人有疑問時，應報告警察或自治機關決定，或請認領人以訴請求之。若拾得人、招領人、警察或自治機關，已盡其查詢義務而返還遺失物（拾得物）時，縱其人無權受領，例如拾得人不知遺失人為竊盜者而予以返還是，對真正之受領權人，亦可免負返還義務。又拾得人拾得遺失物後，知其所有人或有受領權人之所在，不待其認領，而自動將遺失物送還該所有人或有受領權人，亦無不可。

二、返還義務人之費用償還請求權

有受領權之人認領時，拾得人、招領人、警察或自治機關固有返還遺失物之義務，惟關於其所支出之通知、招領或保管之費用，對於受領權人有償還請求權，受領權人就其所支出之通知、招領或保管費用負有償還義務。所謂通知費用，例如郵寄掛號費是；所謂招領費用，例如登報費、廣播電臺或電視臺之播報費、製作招領看板或公告費是；所謂保管費用，包括維持費，例如貴重物品寄存於銀行之保管箱費，動物寄放於動物園或動物旅館之寄放費，動物之飼料費或醫療費，依民法第八〇六條所生之拍賣或變價費用等是。拾得人、招領人、警察或自治機關於受上開費用之償還後，始有返還遺失物或其賣得價金之義務，於受費用償還之前，得留置該應返還之物，以資擔保。

第四、拾得人之報酬請求權

民法第八〇五條第二項規定：「有認領權之人認領遺失物時，拾得人得

請求報酬。但不得超過其物財產上價值十分之三；其不具有財產上價值者，拾得人亦得請求相當之報酬。」故遺失物經所有人認領後，其所有權即確定為認領之所有人所有，拾得人對於拾得物無任何權利可資主張，僅得請求所有人給付報酬。拾得人有報酬請求權，拾得人於受領報酬前，得留置該遺失物。茲就有關問題，分述如下：

一、報酬請求權之發生

㈠須有受領權之人認領遺失物

拾得人之報酬請求權，僅於有受領權之人認領遺失物時始存在，有受領權之人得拒絕認領遺失物，此際拾得人自不得強要報酬。至於有受領權人之認領遺失物，無論係因拾得人之通知，或因警察、自治機關、管理機關、團體或其負責人、管理人之招領，拾得人均有報酬請求權。又拾得人拾得遺失物後，知其所有人或有受領權人之所在，不待其認領，而自動將遺失物送還該所有人或有受領權人，亦有報酬請求權，惟如該所有人或有受領權人不願給付報酬，得拒絕收受送還之遺失物，斯時拾得人不得強要報酬[119]。又所有人或占有人於物品遺失後，曾以懸賞廣告找尋而定有報酬時，發生懸賞廣告之報酬請求權與遺失物拾得之報酬請求權競合關係，拾得人就此二請求權得擇一行使之[120]。

㈡須無下列情事

民法第八〇五條之一規定：「有下列情形之一者，不得請求前條第二項之報酬：一、在公眾得出入之場所或供公眾往來之交通設備內，由其管理人或受僱人拾得遺失物。二、拾得人違反通知、報告或交存義務或經查詢仍隱匿其拾得之事實。」蓋因拾得人之報酬，乃其招領、報告、保管等義務之酬勞，惟遺失物在公眾得出入之場所或供公眾往來之交通設備內，由其管理人或受僱人拾得遺失物者，其管理人或受僱人本有招領及保管之義務，自不宜有報酬請求權。所謂公眾得出入之場所，例如飯店大廳、車站、公

---

[119]　參閱鄭玉波，前揭[117]文，第九十八頁。

[120]　參閱鄭玉波，前揭[117]文，第九十八頁；王澤鑑，《物權》，第二四四頁；謝在全，《物權（上）》，第四四八頁。

共機構等是，私人商店僅屬不特定之人得隨時出入，則不屬之。所謂供公眾往來之交通設備內，例如供大眾乘坐之公共舟、車、飛機等是，計程車則不在其內[121]。又拾得人之報酬，不獨為處理遺失物事務之報酬，亦為拾物不昧之榮譽給付，故拾得人如違反通知、報告或交存義務或經查詢仍隱匿其拾得之事實，不履行其義務，顯已為不法之處置，於有受領權人認領遺失物時，卻仍有報酬請求權，實有失情理之平。

二、報酬之數額

報酬之數額與拾得物價值攸關，茲分述如下：

(一)拾得物具有財產上價值者

報酬之數額，不得超過其物財產上價值十分之三，即以認領時具有客觀標準之財產上價值十分之三為上限，如請求十分之三以下，自無不可。拾得物原為金錢，或拾得物已因拍賣或出賣而變為金錢者，以該總金額之十分之三為報酬額上限。拾得物為金錢以外之物，而以原來物返還時，則應估計其價額，以該價額之十分之三為報酬額上限。若拾得物為代替物且係可分物（例如白米）時，以該可分物之十分之三為報酬額上限，亦屬合法。若拾得物為有價證券（例如股票或支票）時，是否得逕以其券（票）面金額為準，而請求其金額十分之三之報酬，不無問題。我國學者有採肯定見解者[122]，惟因有價證券乃權利之表彰，並非該權利之本體，且是否動產，尚成問題，故只能準用遺失物之規定，且既屬於證券之遺失，原持有人尚得依公示催告、除權判決等程序宣告其無效，使歸於毫無價值之廢紙，其財產上價值有時難以估定，因而於計算其價值時，不得不加以變通，而依其個別情形解決之，不宜逕以其券（票）面金額為準。換言之，即須以有價證券遺失後，該有價證券落入善意無過失之第三人之手，致遺失人可能遭受之經濟上不利益或危險之程度，及遺失人因證券之返還，在防止危險上所受利益之大小等通盤考量決定之。例如遺失物為支票，無記名者較記名者，遺失人發生損失之機會為多；有劃線者較無劃線者，遺失人損失

[121] 參閱謝在全，《物權（上）》，第四五〇頁。

[122] 參閱王澤鑑，《物權(一)》，第二二六至二二七頁。

之機會為少。於計算價值時，先由當事人協議定之，協議不成時，得訴諸法院，法院得依上述損失機會之多少解決之❿。

㈡拾得物不具有財產上價值者

拾得物有不具財產上價值，但對有受領權之人重要者，例如學歷證書或其他證明公私法上權利之證明文件等是，或對遺失人具有感情價值，對他人言則一無用處者，例如遺失人之先人所遺墨蹟、書信、相片等是，為獎勵拾物不昧之精神，亦應承認拾得人有報酬請求權。惟其報酬額之多寡，難作具體規定，因而其價值計算，惟有依當事人協議定之，不能協議者，自得依法定程序訴請法院解決，由法院依受領權人之資力、身分、地位、其感情程度與其他有關係之價額，算定其價值，憑以計算其報酬額。

三、報酬請求權之消滅時效

民法第八○五條第三項規定：「前項報酬請求權，因六個月間不行使而消滅。」此乃為使當事人間之權利狀態早日確定，所設之短期消滅時效規定。至於其起算點，參照民法第一二八條規定意旨，自以有受領權之人認領遺失物時起算。

第五、特殊留置權之發生

民法第八○五條第四項規定：「第一項費用之支出者或得請求報酬之拾得人，在其費用或報酬未受清償前，就該遺失物有留置權；其權利人有數人時，遺失物占有人視為為全體權利人占有。」此項特殊留置權，乃在使費用支出者之費用償還請求權或拾得人之報酬請求權，得以確保，依其性質，當然可準用物權編第九章留置權相關規定（參照民法第九三九條）。至於得主張此項留置權者，為支出費用之拾得人、招領者、警察或自治機關，以及得請求報酬之拾得人；其所擔保之債權，係為通知、招領及保管之費用，以及拾得人之報酬。

又由於就遺失物之拾得，通常有多數得請求償還費用或報酬之權利人，

---

❿　參閱鄭玉波，前揭❿文，第九十八頁；謝在全，《物權（上）》，第四四七至四四八頁。

例如拾得人、招領者、保管遺失物之警察或自治機關，而各有不同之費用或報酬請求權是，因此各人對遺失物均有留置權。然遺失物實際上僅由其中一人占有，為免輾轉交付遺失物之繁，充分保障多數留置權人之權利，故民法特別規定遺失物占有人之占有視為係為全體留置權人而占有。從而該占有遺失物之留置權人，須於受領權人償還各留置權人之費用或報酬之後，始得將遺失物返還於受領權人，否則應對該未能受費用或報酬償還之留置權人，負損害賠償責任。然若受領權人僅償還通知、招領及保管之費用，關於拾得人之報酬，則因其數額有爭執以致未能償還時，該占有遺失物之留置權人，自得將遺失物交由拾得人占有，俾保留其留置權。

第六、拾得人之取得遺失物所有權

民法第八〇七條第一項規定：「遺失物自通知或最後招領之日起逾六個月，未經有受領權之人認領者，由拾得人取得其所有權。警察或自治機關並應通知其領取遺失物或賣得之價金；其不能通知者，應公告之。」故拾得人有取得遺失物所有權之權利，茲就有關問題分述如下：

一、要件

㈠須拾得人已完成報告及交存遺失物之程序

拾得人之取得遺失物所有權，雖不以曾通知有受領權人或揭示為要件，但須經過報告及交存遺失物於警察或自治機關之程序始可。

㈡須逾六個月未經有受領權之人認領

所謂未經有受領權之人認領，包括無人認領或有受領權之人不為認領兩種情形。至於此六個月期間，係自通知或最後招領之日起算。詳言之，即拾得人已為通知者，自通知之日起算；如拾得人未為通知，而由民法第八〇三條第二項規定之受報告人為招領者，自招領之日起算；警察或自治機關依民法第八〇四條後段規定再為招領者，則自該最後招領之日起算。

二、遺失物所有權之取得

具備上述要件，拾得人於法定期間屆滿，即取得遺失物之所有權，若遺失物已變賣者，拾得人當然取得該價金之權利，並非以警察或自治機關

交付遺失物或價金予拾得人為要件。拾得人一經取得遺失物之所有權，遺失物之原所有權人自因而喪失其所有權，至於拾得人取得遺失物之所有權，應解為並無溯及效力，僅能向後發生❹。因拾得人之取得遺失物所有權，係直接基於法律之規定，故為原始取得，原存於該物之其他權利（例如質權），均歸消滅。又拾得人於拾得時雖不能取得遺失物之所有權，但將來有取得之希望，是謂期待權。此項期待權具有財產價值，得處分或繼承，亦得為侵權行為之標的。

三、警察或自治機關之通知及交付義務

拾得人於法定六個月期間屆滿，而未經有受領權之人認領者，即取得遺失物之所有權，警察或自治機關有交付遺失物或其價金於拾得人之義務，警察或自治機關不交付時，拾得人得主張所有物返還請求權（民法第七六七條）。又為期拾得人早日領取遺失物或因拍賣或變賣所得之價金，警察或自治機關負有通知拾得人領取遺失物之義務；其不能通知者，例如拾得人已遷居，無從查知其住居所是，則應公告之。

四、拾得人交付請求權之喪失及遺失物所有權之移屬

拾得人依法取得遺失物或其價金之所有權後，警察或自治機關未為交付，拾得人亦未領取時，其交付請求權應於何時消滅，不無問題。為使警察或自治機關得以從速解除保管義務，並定遺失物或其價金之最後歸屬，故民法第八〇七條第二項規定：「拾得人於受前項通知或公告後三個月內未領取者，其物或賣得之價金歸屬於保管地之地方自治團體。」此三個月期間之性質，我國學者有解釋為係拾得人交付請求權（所有物返還請求權）之消滅時效期間❺，惟因此項期間一經屆滿，即發生使拾得人喪失遺失物或其價金之所有權，而當然歸屬於保管地之地方自治團體之效力，並非僅發

---

❹ 參閱史尚寬，《物權》，第一二三頁；鄭玉波，《物權》，第一〇三頁。

❺ 參閱謝在全，《物權（上）》，第四五二頁。我國民法關於拾得人交付請求權之行使期間，原未設特別規定，因而有認為應適用民法第一二五條一般請求權之十五年消滅時效者，參閱姚瑞光，《物權》，第一一〇頁；王澤鑑，《物權(一)》，第二二八頁。

生警察或自治機關得拒絕交付之抗辯權，故宜解釋為係除斥期間較妥。

第四款　財產價值輕微遺失物之簡易程序

新臺幣五百元以下之財產價值輕微遺失物，考量招領成本與遺失物價值成本效益，並求與社會脈動一致，故民法增訂第八〇七條之一規定，對之設簡易招領程序。本條僅適用於具財產價值之遺失物，其價值在新臺幣五百元以下者，不具財產價值之遺失物不適用之。茲就有關問題，分述如下：

第一、通知或報告並交存遺失物

民法第八〇七條之一第一項規定：「遺失物價值在新臺幣五百元以下者，拾得人應從速通知遺失人、所有人或其他有受領權之人。其有第八百零三條第一項但書之情形者，亦得依該條第一項但書及第二項規定辦理。」故遺失物價值在新臺幣五百元以下者，拾得人如知遺失人、所有人或其他有受領權之人時，始負通知義務。其若於機關、學校、團體或其他公共場所拾得者，亦得向各該場所之管理機關、團體或其負責人、管理人報告並交存其物，由其招領較為便捷，可以簡化程序，達成迅速及節省招領成本之目的。

第二、拾得人取得遺失物所有權或其變賣價金

民法第八〇七條之一第二項規定：「前項遺失物於下列期間未經有受領權之人認領者，由拾得人取得其所有權或變賣之價金：一、自通知或招領之日起逾十五日。二、不能依前項規定辦理，自拾得日起逾一個月。」由是可知，拾得人取得遺失物所有權或其變賣之價金，所需經過之期間大為縮短，以達節省招領成本及迅速之旨。

第三、性質相同者之準用

民法第八〇七條之一第三項規定：「第八百零五條至前條規定，於前二

項情形準用之。」

第五款　拾得漂流物、沈沒物等之準用

民法第八一○條規定：「拾得漂流物、沈沒物或其他因自然力而脫離他人占有之物者，準用關於拾得遺失物之規定。」所謂漂流物，係指因水之自然力漂流於水上或已附著於岸邊，非因占有人之意思而喪失占有之物，例如船舶因遭到碰撞毀損，漂流於水面之船具是。所謂沈沒物，係指因水之自然力由水面沈入於水底，非因占有人之意思而喪失占有之物，例如船舶因遭到碰撞毀損，沈沒於水底之貨物是。所謂其他因自然力而脫離他人占有之物，係指除漂流物、沈沒物以外，其他因諸如颱風、大雨等自然力致物品脫離他人占有之情形，非因占有人之意思而喪失占有之物。此等物品，原均為有主動產，而現屬無人占有，實質上與遺失物並無不同，拾得此等物品與拾得遺失物，本質上亦無不同，故一切權利義務，均準用關於拾得遺失物之規定。

第四項　埋藏物之發見

第一、意義

所謂埋藏物之發見，乃發見埋藏物，而占有之一種法律事實。發見埋藏物，其法律性質與先占、遺失物之拾得相同，係屬事實行為，而非法律行為，因此發見人不以具有所有之意思為必要，且只須有意思能力為已足，不須為完全行為能力人。

第二、要件

民法第八○八條規定：「發見埋藏物而占有者，取得其所有權。但埋藏物係在他人所有之動產或不動產中發見者，該動產或不動產之所有人與發見人，各取得埋藏物之半。」茲依此分述其要件如下：

一、須為埋藏物

所謂埋藏物，乃埋藏於土地或他物之中，而不知其原屬何人所有之動產而言，故埋藏物並非無主物，僅不易辨別其所有人而已。茲就有關問題，分述如下：

(一)須為動產

埋藏物須以動產為限，至動產之價值如何則非所問，通常為金銀財寶，但不以此為限。古代房屋或城市因地震、火山爆發等事變被埋沒於地下，已成為土地之一部，非屬埋藏物 **⑫**。

(二)須為被埋藏之物

埋藏物依其文義自須隱藏或包藏於他物之中，而不易自外部得知其存在之狀態。該隱藏或包藏埋藏物之他物，學說上稱之為包藏物，不以不動產為限，動產亦可，其為公有或私有，均非所問。至於隱藏或包藏之原因，究出於有意或無意、人為或天然，均非所問；埋藏之時間，不以久經年月為必要。

(三)須為所有人不明

此係指依埋藏物之性質或其存在之狀態，足以推知其係屬有主物，現在仍有其所有人，然其所有人究為何人，現在難以辨明者而言。從而動產雖埋藏於他物之中，但得以辨明其所有人者，仍非埋藏物。故埋藏物之所有人，通常均已喪失占有，蓋因如仍在其占有中，則其所有人已可推知，無所有人不明之可言。埋藏物與無主物不同，無主物乃為無人所有之物，或其為何人所有，現已無可查考之情形。又埋藏物與遺失物亦不同，其主要不同，在於前者必藏於他物之中，而其所有人不明；後者非以藏於他物為必要，通常知其所有人或所有人所在不明 **⑫**。

二、須經發見且加以占有

所謂發見，係指認識埋藏物之所在而言，至其發見之原因，究係出於有意或無意（偶然），則在所不問，且不以適法為限，例如擅自破壞他人之牆壁而發見埋藏於其中之珠寶是，然如屬非合法，則可能構成侵權行為或

---

⑫　參閱王澤鑑，《物權》，第二四六頁。

⑫　參閱謝在全，《物權（上）》，第四六一頁。

其他責任，惟此為另一問題。又發見埋藏物得指示他人為之，例如僱用他人挖掘埋藏之寶物而發見者，應以該僱用人為發見人是。惟受僱人發見埋藏物，並非基於僱用人之指示時，例如僱工拆屋，受僱之工人在拆除牆壁時發見埋藏於其中之寶物，則其發見人並非僱用人，應以該受僱之工人為發見人❷。

　　其次，發見埋藏物尚有未足，更須加以占有始可，惟依「發見埋藏物而占有」之規定，應認為重在發見，此與拾得遺失物重在占有（拾得）者，有所不同。因此埋藏物之發見人與占有人如非同一人時，應依占有人之占有是否基於他人發見之結果以決定其發見人。例如甲拆除建築物，先發見其牆壁中之埋藏物，惟乙搶先加以占有，應以甲為埋藏物之發見人，蓋因乙之占有乃基於甲發見之結果❷。

第三、法律效果

　　發見埋藏物而占有者，取得其所有權，但埋藏物係在他人所有之動產或不動產中發見者，該動產或不動產之所有人與發見人，各取得埋藏物之半。所謂各取得埋藏物之半，係指應由動產或不動產之所有人與發見人平分，各取得其一半是，如埋藏物無從分割，則由發見人與包藏物所有人共有之，應有部分各為二分之一。又須與發見人平分者，僅限於包藏物之所有人，其他物權人或債權人均無此項權利。此項所有權之取得，係基於法律之規定，並非基於他人既存之所有權，故為原始取得，存在於該物上之其他負擔，亦因而消滅。

　　其次，民法第八〇九條規定：「發見之埋藏物足供學術、藝術、考古、或歷史之資料者，其所有權之歸屬，依特別法之規定。」此乃因此類埋藏物之發見，對於社會文化之進步、研究及保存，具有極為重大關係，因而關

❷　參閱王澤鑑，《物權》，第二四六頁；謝在全，《物權（上）》，第四六二頁。
❷　參閱謝在全，《物權（上）》，第四六二頁。我國學者，有認為該搶先占有之人，係侵害先發見人之期待權，先發見人得向該搶先占有之人請求返還埋藏物，參閱王澤鑑，《物權》，第二四七頁。

於其所有權之歸屬，應依特別法之規定。所謂特別法，主要係指文化資產保存法而言。又如國有財產被埋藏沉沒者，其掘發打撈，國有財產法第七十二條設有特別規定是。

第五項　添　附

附合、混合、加工，三者總稱為添附。此三者均為動產所有權得喪之原因，附合及混合乃物與物相結合；加工則為勞力與他人之物相結合。添附為法律事實，故因添附而取得所有權，屬於原始取得。民法關於添附之規定，乃在使添附物能為社會經濟利益而繼續存在，法律上必使其成為一物，而以單一所有權之型態出現，並以此型態繼續存在，法律就此種添附物所有權單一化之規定，屬於強行規定❸，故當事人間縱有回復原狀之特約，此項特約亦應解為違反強行規定而無效❸。此外，基於添附（附合、混合、加工）所產生之添附物（合成物、混合物、加工物），需具有經濟上之價值才可，如所產生之添附物非但不增加材料之經濟上價值，反而使材料之經濟上價值減少或失其原有效用，且當事人有故意或過失者，例如擅取他人之高貴衣料，作成粗劣不堪之衣服是，則不適用添附有關規定，僅發生侵權行為問題。

第一款　附　合

所謂附合，係指所有人不同之二個以上之物，相結合成為一物，而尚可識別各物之所在之謂。我國民法就動產與不動產附合及動產與動產附合設有規定，至於不動產與不動產不發生附合問題，例如甲於乙之土地上建築房屋，由於房屋為獨立不動產，不由土地所有人取得其所有權。

---

❸　參閱史尚寬，《物權》，第一二八頁；謝在全，《物權（上）》，第四六四至四六五頁；王澤鑑，《物權》，第二四九頁。

❸　我國學者有認為此項約定，應解為違背公共秩序而無效，參閱姚瑞光，《物權》，第一一四頁。

第一、動產與不動產附合

民法第八一一條規定:「動產因附合而為不動產之重要成分者,不動產所有人,取得動產所有權。」故所謂動產與不動產附合(簡稱不動產附合),係指動產與他人之不動產相結合,因而發生動產所有權變動之法律事實。茲就有關問題,分述如下:

一、要件

㈠須為動產與不動產附合

附合者,須為動產,被附合者,須為不動產(包括土地及定著物)。附合之原因,究係出於人之行為或自然力,如出於人之行為,究為當事人或第三人之行為,有無行為能力,是善意或惡意,均在所不問。惟附合之結果,須增加其經濟價值,若不僅未增加其經濟價值,反減少其經濟價值或失其效用者,則無附合之問題,應依侵權行為解決❶❸❷。

㈡須動產成為不動產之重要成分

動產附合於不動產後,須已成為不動產之重要成分,始有附合之問題,例如取得他人之磚瓦,以之修繕自己之房屋,而成為房屋之重要成分是。最高法院五十六年臺上字第二三四六號判例謂:「上訴人主張對系爭房屋曾加以裝修,縱屬真實,然其所購買之磚、瓦、塑膠板等,既因附合於債務人之不動產而成為系爭不動產之成分,無單獨所有權存在,亦自無足以排除強制執行之權利。」可供參考。至於所謂成為不動產之重要成分,係指兩物結合後,此種結合具有固定性、繼續性,而未成為另一獨立之定著物而言(八十四臺上二六二五判決)。換言之,即所謂重要成分,係指兩物結合後,非經毀損或變更其物之性質,不能分離而言,且此種結合,並以非暫時性為必要,從而設置於房屋內各項固定設備、電器照明設備及空調系統等,倘不經毀損即輕易可與系爭房屋分離,而不失其獨立性,又於其經濟價值及使用效能不生影響者,自無因附合而成為系爭房屋之重要成分可言(八十七臺上七二二判決)。其成為重要成分者,例如以磚、水泥修繕房屋;

❶❸❷ 參閱謝在全,《物權(上)》,第四六九頁。

以油漆粉刷牆壁；以肥料施於農田是。至於在他人土地上播種五穀或種植菜蔬植物，學者通說認為已成為不動產（土地）之重要成分❸，惟最高法院六十四年臺上字第二七三九號判例謂：「系爭地上茶樹、桐樹等未與土地分離前為土地之一部分，並非附合於土地之動產而成為土地之重要成分，與民法第八百十一條至第八百十五條所定之情形無一相符，則上訴人依同法第八百十六條規定訴求被上訴人返還不當得利，自難謂合。」其見解不同。

由於動產與不動產結合後，必須已達上述不能分離之程度，且未成為另一獨立之定著物，始可謂為已成為不動產之重要成分。從而在他人之土地上建築房屋，如得獨立存在而可達經濟上使用之目的者，即為獨立之不動產，並無附合而為他人不動產之重要成分之可言（八十五臺上二五七七判決）。惟若該建造之房屋未至完成為獨立之定著物以前，該未完成之房屋固非不動產，而建築房屋原即在土地之外，另創獨立之不動產標的物，故定著物在未完成以前亦非土地之重要成分，依民法第六十七條之規定，仍應認為動產，土地所有人不因此而取得其所有權（七十五臺上一一六判決）❹。至於上訴人在原配住房屋加蓋之增建部分，或與原建物使用共同壁，或加建在原建物之上，仍須利用原建物之門戶進出，而無獨立之進出通路，各該增建部分，既已與原建物附合而成為一整體，即成為原建物之重要成分，依民法第八一一條之規定，應由原建物之所有權人取得各該增建部分之所有權（八十五臺上八〇七判決）。主建物附加之增建物如無獨立出入口，不能為獨立使用者，應屬主建物之附屬物而為主建物之一部分，成為主建物之重要成分（九十四臺抗二五〇判決）。

㈢須非屬同一人所有

民法第八一一條雖未明定「附合於他人之不動產」，但既規定「不動產所有人，取得動產所有權」，故我國學者通說認為動產與其附合之不動產，須非屬於同一人所有，蓋以自己之動產附合於自己之不動產，該動產本屬

❸　參閱鄭玉波，《物權》，第一〇八頁；王澤鑑，《物權》，第二五一頁；謝在全，《物權（上）》，第四七〇頁。
❹　參閱王澤鑑，《物權》，第二五一至二五二頁。

自己所有，何來因附合取得動產所有權之問題❶❸❺。此項見解，單就取得動產所有權之法律效果而言，自有其立論基礎。惟因動產既已因附合而成為不動產之重要成分，自不得單獨作為所有權之客體，該動產之所有權應解為因而歸於消滅❶❸❻，第三人存在於該動產上之權利（例如質權或抵押權），亦因動產所有權之消滅而歸於消滅，發生動產物權變動之問題。此項效果，不因動產與其附合之不動產，是否屬於同一人所有而有不同，於此種情形，該喪失權利而受損害者，仍得依關於不當得利之規定請求償金（民法第八一六條）❶❸❼。

二、法律效果

具備上開要件，不動產所有人即取得動產所有權，動產所有人即因而喪失其所有權。由於此項動產所有權之取得，係直接基於法律之規定，並非基於他人既有之所有權，故為原始取得。此為強行規定，當事人約定動產所有人仍保留其所有權者，其約定無效。其次，此項物權變動具有終局確定性，已消滅之動產所有權不生復活之問題，故附合之動產縱再自其所附合之不動產分離，仍屬不動產所有人所有。又因動產之原所有權業已消滅，故第三人存在於該動產上之權利（例如質權或抵押權），亦因動產所有權之消滅而歸於消滅，發生動產物權變動之問題（民法第八一五條），該因喪失權利而受損害者，得依關於不當得利之規定，請求償金（民法第八一六條），詳後述之。惟動產擔保交易法第四條之一規定：「動產擔保交易之標的物，有加工、附合或混合之情形者，其擔保債權之效力，及於加工物、

❶❸❺　參閱鄭玉波，《物權》，第一〇八頁；姚瑞光，《物權》，第一一四頁；謝哲勝，《物權》，第一八九頁；謝在全，《物權（上）》，第四七〇頁。

❶❸❻　最高法院八十一年臺上字第一〇七四號判決：「茲被上訴人利用該鐵架石棉瓦棚築造屋頂、天花板、墻壁，完成系爭房屋，已足避風雨，而達經濟上使用之目的，即屬土地之定著物。被上訴人既為系爭房屋之出資建造人，即取得其所有權。原鐵架、石棉瓦已因附合而成為系爭房屋之重要成分，依民法第八百十一條規定，即無單獨所有權之存在。」

❶❸❼　參閱王澤鑑，《物權》，第二五三頁。我國學者有認為動產與其附合之不動產，不以屬於同一人所有為必要者，參閱史尚寬，《物權》，第一二九頁。

附合物或混合物。但以原有價值為限。」故動產擔保權不因附合而消滅，應予注意。

第二、動產與動產附合

民法第八一二條規定：「動產與他人之動產附合，非毀損不能分離，或分離需費過鉅者，各動產所有人，按其動產附合時之價值，共有合成物。前項附合之動產有可視為主物者，該主物所有人，取得合成物之所有權。」故所謂動產與動產之附合（簡稱動產之附合），係指異其所有人之動產互相結合，而發生動產所有權變動之法律事實。茲就有關問題，分述如下：

一、要件

㈠須為動產與動產附合

附合者，須為動產，被附合者，亦須為動產。至於附合之原因，究係出於人之行為或自然力，如出於人之行為，究為當事人或第三人之行為，有無行為能力，是善意或惡意，均在所不問。

㈡須非毀損不能分離或分離需費過鉅

動產與動產附合後，須達於非毀損不能分離或分離需費過鉅之程度，而何種情形始可謂已達此種程度，不僅以物理上決定之，倘分離之結果，影響其經濟價值甚鉅者，亦足當之，故應依社會經濟觀念認定之。所謂非毀損不能分離，例如使用油漆塗布他人之桌椅，或以絲線於衣服上繡花，若加以分離必須損毀桌椅或衣服是；所謂分離需費過鉅，例如以紙糊窗，雖僱裱工可以將其揭下，但需費較紙價為高是。反之，雖附合而容易加以分離者，例如將他人輪胎裝於汽車上，或將他人鈕釦縫製在自己衣服上，取下輪胎或鈕釦甚為容易是，則非此處所稱附合。

㈢須非屬同一人所有

附合之動產須非屬於同一人所有，法有明文。惟應注意的是，附合之動產同屬於一人，而一物成為他物之重要成分（例如以漆漆桌），其所有權亦應歸於消滅，該動產上之其他權利（如質權）亦同消滅，喪失權利而受損害者，亦得依不當得利規定請求償金（民法第八一六條）❶❸。

二、法律效果

動產與動產附合後之總體，稱之為合成物。此項合成物，原則上由各動產所有人，按其動產附合時之價值共有之（民法第八一二條第一項），各動產所有人對其原有動產之所有權，因而消滅。例如以甲之衣料與乙之襯裏布縫成大衣；或以丙之紙糊於丁之窗，由甲乙或丙丁共有各該合成物是。動產所有人共有合成物時，各動產所有人對其原有動產之所有權既已消滅，因而原存在於各該動產上之其他權利，亦應消滅，惟各該動產所有人既以應有部分之比例共有合成物，則該應有部分在經濟上應認為係原所有權之代替物，從而該其他權利為擔保物權時，依擔保物權物上代位之法理，當解為該擔保物權移存於合成物之應有部分❶❸❾。

然附合後之動產，有可視為主物者，該主物所有人，取得合成物之所有權（民法第八一二條第二項），從物之原所有權消滅。所謂可視為主物，應視物之價值、效用、性質、數量等，依一般交易觀念定之。例如甲之鑽石鑲入乙之金戒指時，則甲之鑽石可視為主物，由甲取得該鑽戒（合成物）之所有權是。主物所有人取得合成物所有權時，因其原所有權未消滅，故第三人於主物上之權利，不僅仍繼續存在，並擴及於合成物之全部。又主物所有人取得合成物之所有權時，從物之原所有權消滅，故該從物上原存在之其他權利，自亦同歸於消滅（民法第八一五條）。惟動產擔保交易法第四條之一規定：「動產擔保交易之標的物，有加工、附合或混合之情形者，其擔保債權之效力，及於加工物、附合物或混合物。但以原有價值為限。」故動產擔保權不因附合而消滅，應予注意。

第二款　混　合

所謂混合，係指所有人不同之二個以上之動產，互相結合成為一物，不能加以識別或識別需費過鉅之事實。動產與動產混合，有為固體與固體混合者，例如金塊與銀塊熔合，成一合金塊，或米與黃豆混合是；有為液

---

❶❸❽　參閱王澤鑑，《物權》，第二五四頁。

❶❸❾　參閱王澤鑑，《物權》，第二五四頁；謝在全，《物權（上）》，第四七四頁。

體與液體混合者，例如葡萄酒與冰水混合，或汽水與果汁混合是；有為氣體與氣體混合，例如瓦斯之混合是。金錢與金錢互相混合者，亦有混合規定之適用。混合後須達不能識別或識別需費過鉅之程度，前者例如純度不相同之二片金塊熔成一片金塊是；後者例如在來米與蓬萊米混合，雖非不能逐粒檢分而加以識別，但加以識別須付出極大之勞費是。由混合而成之物，稱之為混合物。

民法第八一三條規定：「動產與他人之動產混合，不能識別，或識別需費過鉅者，準用前條之規定。」從而動產與他人之動產混合者，由各該動產所有人，按其動產混合時之價值，共有混合物，惟混合之動產，有可視為主物者，該主物所有人，取得混合物之所有權，例如甲之威士忌酒與乙之汽水混合，因威士忌酒之價值遠高於汽水之價值，威士忌酒可視為主物，由威士忌酒之所有人甲取得混合物之所有權是。又混合之數量或價值有相當之差距時，可以數量或價值之多寡作為主物決定之標準，例如甲之羔羊混入乙之羊群時，因乙之羊群在數量上遠超過甲之羔羊，可視為主物，由乙取得該羔羊所有權；或甲之在來米與乙之蓬萊米混合，若在來米為多數，蓬萊米為少數者，則該在來米可視為主物，由其所有人甲取得合成物之所有權是❹。又主物所有人取得混合物之所有權時，從物之原所有權消滅，故該從物上原存在之其他權利，自亦同歸於消滅（民法第八一五條）。惟動產擔保交易法第四條之一規定：「動產擔保交易之標的物，有加工、附合或混合之情形者，其擔保債權之效力，及於加工物、附合物或混合物。但以原有價值為限。」故動產擔保權不因混合而消滅，應予注意。

第三款　加　工

所謂加工，係指就他人之動產，施以勞力加以製作或改造，使成為新物之事實，例如雕刻於他人之木料，使其成為雕刻品，或將他人之黃豆製成豆漿是。此項因加工後而變成之新物，稱之為加工物。民法第八一四條

---

❹　參閱史尚寬，《物權》，第一三三頁；王澤鑑，《物權》，第二五五頁；謝在全，《物權（上）》，第四八四頁。

規定：「加工於他人之動產者，其加工物之所有權，屬於材料所有人。但因加工所增之價值顯逾材料之價值者，其加工物之所有權屬於加工人。」茲就有關問題，分述如下：

第一、要件

一、加工之標的物須為動產

對於不動產之加工，例如開墾他人之土地或修繕他人之房屋，不引起所有權變動，非屬此處所稱加工，惟可發生無因管理或不當得利。加工於動產，製出之新物為不動產時，例如利用他人之建材，建成新房屋是，因加工之標的物仍係動產，故亦適用加工之規定。加工為結合人之勞力與材料的行為，係屬事實行為，因而加工人有無行為能力，是否有取得所有權之意思，善意或惡意，均所不問[141]。

二、加工之材料須為他人所有

加工之客體須為他人所有之材料，加工於自己之材料者，當然由自己取得加工物（新物）之所有權，而非此之加工問題。惟加工之際，得加入一部分自己或他人之材料，例如以他人之布料而用自己之線、襯裏布、鈕扣作成西裝是。

三、加工後須成新物

加工是否須以製成新物為要件，民法第八一四條未設明文規定，學者見解不一[142]，有採否定說[143]，但通說肯定之[144]。例如將棉花紡成紗，將紗

---

[141] 參閱鄭玉波，《物權》，第一一三頁；王澤鑑，《物權》，第二五六頁；謝在全，《物權（上）》，第四八六頁。

[142] 參閱蘇永欽，〈論動產加工的物權及債權效果〉，《民法經濟法論文集㈠》，自版，民國七十七年十月初版，第二一八頁以下。

[143] 參閱蘇永欽，前揭[142]文，第二四二頁以下；謝在全，《物權（上）》，第四八六至四八七頁。

[144] 參閱曹傑，《物權》，第九十三頁；倪江表，《物權》，第一一三頁；史尚寬，《物權》，第一三四頁；鄭玉波，《物權》，第一一三頁；姚瑞光，《物權》，第一一六頁；王澤鑑，《物權》，第二五六至二五七頁；謝哲勝，《物權》，第一八九頁；吳

織成為布匹，以布料作成衣服；或將麥製成麵粉，以麵粉作成麵包；以木材製紙，以紙繪畫是。至於是否為新物，則應依交易觀念定之，其名稱及用途常為主要之判斷標準，加工後產出之物與材料，各為一物，或異其名稱者，通常可認為係新物，例如紗與布，布料與衣服，麥與麵粉，麵粉與麵包，木材與紙張，紙張與繪畫，其名稱及功用皆有不同，應屬新物。對動產之修繕，例如修復古董或藝術品，使其回復原貌；醫治垂死之名駒，使之仍能馳騁千里，重振雄風；在地窖封存好酒，使其成為陳年佳釀等，並未因此而製成新物，縱其價值大增，依通說之見解，仍不適用加工規定，僅發生無因管理或不當得利之問題[145]。

第二、法律效果

民法第八一四條規定：「加工於他人之動產者，其加工物之所有權，屬於材料所有人。但因加工所增之價值顯逾材料之價值者，其加工物之所有權屬於加工人。」故加工物所有權之歸屬，繫於加工所增加之價值是否顯逾材料之價值，而決定之。所謂材料之價值，係指材料於加工時之價值。所謂加工所增加之價值，應依新物之交易價值與材料價值之差額而定之，惟若加工人有加添自己材料為加工時，則應再加上其添入材料之價值作為其加工所增價值。加工物之所有權如歸屬於加工人時，則因加工人係依法律規定取得所有權，故屬原始取得，材料所有人之所有權因而消滅，該材料上原存在之其他權利，自亦同歸於消滅（民法第八一五條）。惟動產擔保交易法第四條之一規定：「動產擔保交易之標的物，有加工、附合或混合之情形者，其擔保債權之效力，及於加工物、附合物或混合物。但以原有價值為限。」故動產擔保權不因加工而消滅，應予注意。

民法第八一四條應解釋為具強行性質，加工物所有權之歸屬，不能依當事人意思加以變動。其次，實施加工不自行為之，而依僱傭、承攬等契約或指示他人為之者，自無不可，此際誰為加工人，應依客觀情事，依誰

光明，《物權》，第一六六頁；鄭冠宇，《物權》，第一五四頁。
[145] 參閱王澤鑑，《物權》，第二五七頁。

對生產過程在經濟上具有支配力判斷之。例如工廠生產物品，其加工人為僱主（企業），而非該事實上為加工行為之受僱人。承攬人基於承攬契約而完成之工作物（製作物或完成物），其加工之效果，應解為仍直接對定作人發生，而非對承攬人發生，應由定作人原始取得工作物（製作物或完成物）之所有權[146]。最高法院五十四年臺上字第三二一號判例：「因承攬契約而完成之動產，如該動產係由定作人供給材料，而承攬人僅負有工作之義務時，則除有特約外，承攬人為履行承攬之工作，無論其為既成品之加工或新品之製作，其所有權均歸屬於供給材料之定作人。」可供參考。

第四款　求償關係

第一、不當得利請求權之成立

民法因添附事實之發生而重定添附物之所有權，使一方當事人取得所有權，使他方當事人喪失所有權或其他權利人喪失權利，其規定旨在避免回復原狀，以維護物之經濟利益，純係基於法律技術上之便宜措施，非在使一方當事人終局實質地取得其利益，他方當事人或其他權利人更無因而無端喪失權利，忍受損害之理由。為平衡有關當事人之損益，民法第八一六條規定：「因前五條之規定而受損害者，得依關於不當得利之規定，請求償還價額。」本條之適用須以一方受有利益，係基於民法第八一一條至第八一五條規定之添附事由而發生，如非基於該五條規定之原因者，自不得依本條之規定，請求償還價額。

民法第八一六條規範意義有二：其一為宣示不當得利請求權，縱使財產上損益變動係依法（例如民法第八一一條至第八一五條規定）而發生，仍屬無法律上原因。其二係指明此本質上為不當得利，故本法第一七九條至第一八三條均在準用之列，僅特別排除第一八一條關於不當得利返還客

---

[146] 關於承攬人完成工作所製成之製作物（工作物或完成物），其所有權應歸由何人原始取得之問題，詳請參閱劉春堂，《民法債編各論（中）》，自版，民國九十三年三月初版第一刷，第三十四頁以下。

體規定之適用。因添附而受損害者，依關於不當得利之規定請求因添附而
受利益者返還其所受之利益時，僅得適用民法第一八一條但書規定請求「償
還價額」，不能適用同條本文規定，請求返還「利益原形」，以貫徹添附制
度重新分配添附物所有權歸屬、使所有權單一化、禁止添附物再行分割之
立法意旨。

　　由於民法第八一六條之規定係一闡釋性之條文，旨在揭櫫依同法第八
一一條至第八一五條規定因添附喪失權利而受損害者，仍得依不當得利之
法則向受利益者請求償還價額，故該條所謂「依關於不當得利之規定，請
求償還價額」，係指法律構成要件之準用。易言之，此項償還價額請求權之
成立，除因添附而受利益致他人受損害外，尚須具備不當得利之一般構成
要件始有其適用。至於民法第八一六條所謂之「價額」，應以受損人因添附
喪失其所有權或其他權利時，該動產或其他權利之客觀價值計算之，是償
還價額計算之準據時點自以該受益者受利益之時為準❶⑭⑦。

　　此項不當得利之請求權人，為因添附而喪失動產所有權或其他權利之
人，或因加工單純提供勞務而受損害之人；返還義務人（債務人）則為因
添附而取得所有權之人，如非因添附而取得所有權之人，則無民法第八一
六條規定之適用。最高法院八十七年臺上字第五四六號判決謂：「動產因附
合而為不動產之重要成分者，不動產所有人取得動產所有權。其因而喪失
權利受有損害者，得依關於不當得利之規定請求償金，固為民法第八百十
一條、第八百十六條所明定。惟查本件系爭建物，上訴人主張之增建部分，
係就原有建物為改建，並非於原有建物外另增獨立建物，為上訴人所自承，

---

⑭⑦　最高法院八十八年臺上字第四一九號判決謂：「一、按民法第八百十六條之規定
　　係一闡釋性之條文，旨在揭櫫依同法第八百十一條至第八百十五條規定因添附喪
　　失權利而受損害者，仍得依不當得利之法則向受利益者請求償金，故該條所謂「依
　　不當得利之規定，請求償金」，係指法律構成要件之準用。易言之，此項償金請
　　求權之成立，除因添附而受利益致他人受損害外，尚須具備不當得利之一般構成
　　要件始有其適用。二、按民法第八百十六條所謂之『償金』，應以受損人因添附
　　喪失其所有權時，該動產之客觀價值計算之，是償金計算之準據時點自以該受益
　　者受利益之時為準。」

亦經第一審法院勘驗屬實，有勘驗筆錄可按，上訴人所增建之部分，於完成加工後，依上揭民法第八百十一條規定，其所有權應歸屬於當時之系爭房屋所有權人，亦即訴外人王○英所有。上訴人既主張本件增建部分係完成於八十二年間，因添附之完成即產生權利移轉變動之效果，上訴人於添附完成之時即受有損害，因添附而受有利益者則為當時之房屋所有人王○英，並非被上訴人。被上訴人係於八十五年二月間始因拍賣取得系爭標的（含增建部分），並支付相當之代價，其取得上訴人所稱之增建部分並非因民法第八百十一條之規定，而係因標買而來，非無法律上之原因而受利益，自無同法八百十六條規定之適用，上訴人依該條規定對被上訴人請求返還不當得利，自乏依據。」可供參考。

　　添附如基於給付關係或其他法律關係而生者，原則上無民法第八一六條規定之適用。例如承攬人甲以自己所有之材料為定作人乙修繕房屋，乙雖因不動產附合而取得材料所有權，受有利益，致甲受損害，但因係基於承攬契約而取得，具有法律上之原因，故不成立不當得利。承攬人僅得依承攬契約之約定，請求給付報酬，承攬契約不成立或無效時，應適用民法第一七九條關於不當得利之規定。又因添附而取得添附物所有權，其客觀價值不符合受益人主觀利益者，時常有之，例如修繕他人預定拆除之老屋，開墾他人預定作為垃圾處理場的土地等是。關於此類所謂強迫得利(aufgedrängte Bereicherung) 之案例，王澤鑑教授認為應依下列原則處理之：①具備侵權行為或無權占有之要件時，所有人得請求回復原狀或除去其妨害。②民法第九五四條以下關於占有人費用返還請求權之規定，係屬特別規定，排除第八一六條之適用。③就不當得利請求權而言，其取得所有權不合受益人之主觀利益者，應認為所受利益不存在，免負返還償金之責任。④受損人係屬惡意者，行使不當得利請求權，依其情形，衡諸誠信原則，顯為不當時，受益人得主張惡意抗辯權，拒絕償還[148]。此項見解，可供參考。

<hr>

[148]　參閱王澤鑑，《物權》，第二六二至二六三頁；王澤鑑，《債法原理(二)不當得利》，自版，民國九十一年三月增訂版，第二四九頁。

第二、損害賠償請求權

　　不當得利常因受領人的侵權行為而發生，賠償義務人因侵權行為受有利益時，得發生損害賠償請求權與不當得利返還請求權的競合。最高法院四十八年臺上字第一一七九號判例謂：「主債務人因竊取債權人之財物，債權人對之既得基於損害賠償之法律關係，請求回復原狀，同時又得基於不當得利之法律關係，請求返還其所受之利益，此即學說上所謂請求權之並存或競合，有請求權之債權人，得就二者選擇行使其一，請求權之行使已達目的者，其他請求權即行消滅，如未達目的者，仍得行使其他請求權。」可供參考。職是之故，因添附而喪失權利，受有損害者，除不當得利請求權外，添附行為如該當侵權行為之要件者，例如因故意或過失以他人之肥料施於自己之農地是，尚有侵權行為損害賠償請求權之適用。此外，因添附而喪失權利，受有損害者，除不當得利請求權外，添附行為如該當債務不履行之要件，例如受寄人以寄託人所寄託之肥料施於自己之農地，致不能返還是，尚有債務不履行損害賠償請求權之適用。在此二種情形，負損害賠償者，應回復原狀（民法第二一三條），但不能回復原狀或回復原狀顯有重大困難者，應以金錢賠償之（民法第二一五條）。

第四節　共　有

　　所有權為事實上、法律上能於其範圍內全面的完全的管領物之物權，故數人不得同時於一物上有數個所有權，然數人共於一物之上有一所有權，則並不反於所有權之觀念，故共有制度為近世各國民法所公認，我民法亦設有規定。民法上之所有權，依其主體係一人抑或為數人，可分為單獨所有與共同所有（共有）。所謂單獨所有，係指一物之所有權由一人享有之狀態，所有權之主體為一人而言。所謂共有，係指一物之所有權同時由數人共同享有之狀態，所有權之主體為數人而言。發生共有之原因，有由於當事人意思者，有由於法律規定者，前者如數人共同受讓一間房屋；後者如

民法第六六八條、第八〇八條、第八一二條等是。共有依我民法規定可分為分別共有（民法第八一七條至第八二六條之一）、公同共有（民法第八二七條至第八三〇條）及準共有（民法第八三一條）三種，以下分述之。

第一項　分別共有

第一款　分別共有之意義及發生

民法第八一七條第一項規定：「數人按其應有部分，對於一物有所有權者，為共有人。」故所謂分別共有，係指數人按其應有部分，對於一物共享其所有權之狀態。通常所稱之共有，即指此而言，其權利人，曰共有人，民法逕以「共有」稱之，學說或稱為通常共有，以有別於公同共有。

分別共有之發生原因，有由於當事人意思者，有由於法律規定者，前者如數人共同受讓一間房屋；後者如民法第六六八條、第八〇八條、第八一二條等是。

第二款　應有部分

第一目　應有部分之意義、性質及比例

第一、應有部分之意義

所謂應有部分，乃各共有人對於該所有權在分量上應享之部分，亦即各分別共有人行使權利範圍之比例。應有部分在日本民法稱為持分，臺灣民間契約書仍沿用之[149]。所謂在分量上應享有之部分，乃指其成數（或比例）而言，例如甲乙丙共有三層樓之房屋，其應有部分各為三分之一，甲乙丙係各享有該房屋所有權之三分之一。應有部分係抽象的存在於共有物之任何一部分，而非具體的侷限於共有物之特定部分，故應有部分之權能、

---

[149]　最高法院五十三年臺上字第一七四〇號判決謂：「所謂持分係抽象計算之權利比例，而非特定之土地。」

性質及效力等，除其行使時不得不受其他共有人應有部分之限制外，與單獨所有權無異。最高法院五十七年臺上字第二三八七號判例謂：「分別共有之各共有人，按其應有部分對於共有物之全部有使用收益之權，所謂應有部分，係指分別共有人得行使權利之比例，而非指共有物之特定部分，因此分別共有之各共有人，得按其應有部分之比例，對於共有物之全部行使權利。至於共有物未分割前，各共有人實際上劃定範圍使用共有物者，乃屬一種分管性質，與共有物之分割不同。」可資參照。

第二、應有部分之性質及比例

一、應有部分之性質

應有部分係所有權之量的分割，而非所有權之質的（權能的）分割（例如一共有人享有使用收益之權能，他共有人享有處分之權能是），其分量雖不如單獨所有權之大，惟其成分則無異於單獨所有權，是其行使時，除應受他共有人應有部分之限制外，其內容、性質及效力與單獨所有權無異。職是之故，應有部分之處分、設定負擔或所受之保護等，與所有權相同，從而讓與不動產所有權之應有部分者，非經登記不生效力；讓與動產所有權之應有部分者，非經交付不生效力。又因共有人之應有部分，係指共有人權利範圍之抽象比率，並非指共有物量的具體存在之大小，為對物之所有權之抽象的成數，而非該物具體的特定的某一部分，故應有部分不可能為分管之標的（七十八臺上一四〇六判決），既不發生占有某物應有部分若干之問題，亦無從為某物應有部分若干之返還（七十三臺上三三八八判決）。

二、應有部分之比例

各共有人應有部分之多寡，通常係依分別共有發生原因而定。基於當事人意思而發生之共有，依當事人之意思定之，例如甲乙丙丁四人共購某屋，約定應有部分各為四分之一是；基於法律規定而發生之共有，則依法律之規定定之，例如民法第八〇八條、第八一二條、第八一三條是。不能依上述方法決定應有部分時，則依民法第八一七條第二項規定：「各共有人之應有部分不明者，推定其為均等。」應予注意者，乃各共有人之應有部分

不明者，固推定其為均等，惟各共有人之應有部分通常應依共有關係發生原因定之，如數人以有償行為對於一物發生共有關係者，除各共有人間有特約外，自應按出資比例定其應有部分（二十九上一○二）。

第二目 應有部分之處分

第一、應有部分處分之自由

民法第八一九條第一項規定：「各共有人，得自由處分其應有部分。」所謂得自由處分，係指共有人處分其應有部分得自由為之，不必得他共有人之同意而言。其受讓人為何人，更非他共有人所得干涉。共有人間就應有部分之自由處分權，如有相反之約定時，僅於共有人間發生債之效力，不能發生物權的效力，故對於受讓應有部分之第三人自不生效力（三十三上三七六八）❿。惟應有部分之處分，應受法律之限制，與所有權同。至於此處所謂處分，僅指法律上之處分，尤其是物權行為而言，事實上之處分不包括在內，蓋因應有部分係抽象的成數，並非具體特定之一部。又各共有人在共有物分割前，祇有得自由處分其應有部分之權利，而不得指定共有物之某一部分加以任意處分，否則其所處分者，不問有無超過其應有部分，如未得他共有人全體之同意，均難認為有效（四十二臺上三一一判決）。茲就有關問題，分述如下：

一、應有部分之讓與

關於應有部分之處分，最主要者係應有部分之讓與，由於應有部分之讓與，係所有權分量上之讓與，因此應適用關於不動產或動產所有權之規定，在不動產，須作成書面契約，並經登記，始生效力（第七五八條）；在動產，則須交付，使受讓人與其他共有人共同占有之（第七六一條）。讓與應有部分之原因行為（如買賣或贈與）不成立或無效時，受讓人取得應有

---

❿ 最高法院三十年上字第一二一號判例謂：「所有權之讓與人與受讓人，於不違反公益之程度，所訂禁止受讓人處分所有權之特約，固應認為有效，但僅於當事人間發生債之關係，不能發生物權的效力。」

部分，係無法律上原因而受利益，應依不當得利規定負返還之義務。又共
有人固得自由讓與其應有部分，惟讓與應有部分時，受讓人仍按其應有部
分與他共有人繼續共有關係，若將共有特定之一部分讓與他人，使受讓人
就該一部分取得單獨所有權，則非民法第八一九條第一項所謂應有部分之
處分，而為同條第二項所謂共有物之處分，雖該一部之所值低於按其應有
部分所應分得之一部，其讓與亦非得共有人全體之同意，不生效力（三十
二上十一、四十臺上一四七九）。

二、應有部分之設定負擔

民法第八一九條第一項規定僅言及處分，是否包括「設定負擔」不無
疑問。就文義言，由於處分係高度行為，設定負擔係低度行為，所謂處分，
本應包括設定負擔在內，但參照同條第二項將處分、設定負擔並列，似又
不包括之，致生疑義。司法院二十五年院字第一五一六號解釋曾認為共有
人雖得依民法第八一九條第一項處分其應有部分，但不得為抵押權之標的
物。惟嗣後司法院大法官會議釋字第一四一號解釋改採肯定見解，認為：
「共有之房地，如非基於公同關係而共有，則各共有人自得就其應有部分
設定抵押權。」❸本號解釋雖係就共有之房地而為，由於動產抵押權亦不以
債權人占有標的物為要件，其情形與不動產抵押權相同，基於相同之法理，
共有之動產，各共有人自亦得就其應有部分設定抵押權。

以上係就設定擔保物權而言，若係設定用益物權，則因其權利之內容，
係由權利人占有具體的特定的標的物而為使用或收益，與應有部分之性質
不相容，且有害於他共有人之利益，故各共有人原則上不得就其應有部分，
為他人設定用益物權❷。惟司法院二十九年院字第二〇一一號解釋謂：「自

❸ 解釋理由書謂：「按『各共有人得自由處分其應有部分』，為民法第八百十九條第
一項所明定。除基於共同關係而共有者另有規定外，如共有物為不動產，各共有
人本於前開規定，既得自由處分其應有部分，則遇有不移轉占有而供擔保之必要
時，自得就其應有部分設定抵押權。至於同條第二項所謂『共有物之處分、變更
及設定負擔，應得全體共有人之同意』，係指共有人以共有物為處分、變更，或
設定負擔之標的，並非就各共有人之應有部分而言。此比照第一項得自由處分之
規定，法意至為明顯。本院院字第一五一六號解釋，應予補充釋明。」

應解為僅以該田地六分之五出典，此與共有人以其應有部分六分之五出典
無異，典權人依民法物權編施行法第五條第一項、民法第九百二十四條但
書取得典物所有權時，僅按其應有部分六分之五對於該田地有共有權，出
典人對於該田地尚有應有部分六分之一之共有權。」雖非就應有部分得否設
定典權而為解釋，但依該解釋，足證應有部分得為典權之標的。另依公寓
大廈管理條例第四條第二項規定，如就專有部分設定典權時，就專有部分
所屬建築物共用部分之應有部分及基地所有權之應有部分，亦應一併設定
典權。由是可知，應有部分得為典權之標的❸。此外，共有人約定將其應
有部分出租與承租人者，性質上係該共有人約定將其按應有部分對於共有
物所具有之使用收益權（民法第八一八條參照），於契約關係存續期限內，
供由承租人享有，與民法第四二一條規定之租賃，係以物為標的者，固有
不同，然既不違反公序良俗，法律上復無禁止之規定，本諸契約自由原則，
當事人間自得有效成立並準用民法上租賃之規定（七十七臺上四一三判
決）❹。

三、對應有部分之強制執行

應有部分具有財產價值，可為債務人之責任財產，自得為強制執行之
標的，惟債權人就債務人與人共有之物，祇得扣押債務人之應有部分，不
得扣押共有物之全部或一部（二十二上八〇五）。換言之，即債權人就債務
人與人共有之物，如僅請求執行法院查封債務人之應有部分，而非查封共
有物之全部或一部者，自為民法第八一九條第一項之所許（四十五臺上一

---

❷ 參閱姚瑞光，《物權》，第一二二頁。

❸ 參閱謝在全，《物權（上）》，第五五九至五六〇頁。

❹ 最高法院五十八年臺上字第一一五二號判決謂：「分割共有之土地在分割前，各
共有人僅有應有部分（持分），而無特定部分，又我國民法尚不認應有部分得為
租賃之標的。原判決所謂被上訴人使用系爭土地並為收益，曾每年提出稻穀交與
值年者作為維持公所及祭祀之需云云，無非屬於共有人就共有物所約定之使用收
益及管理方法，似不能以共有人相互間發生之租賃關係目之。又此項共有物管理
方法等之約定，必須以共有關係之存在為前提，如共有關係已因分割而廢止，則
該項約定，自亦隨之失其存在。」其見解不同。

五六七判決）。從而系爭房屋，既係被上訴人與上訴人之債務人等七人，按其應有部分有所有權，則依民法第八一七條之規定，即屬七人全體之共有。在未分割前，上訴人就其債務人與被上訴人共有之物，祇得對於該債務人應有部分之權利，請求依法執行，不得聲請查封共有物之全部或一部，從而被上訴人，以此為理由，對於原執行法院因上訴人與債務人債務執行事件，就系爭房屋所為查封之強制執行，提起異議之訴，請求予以撤銷，自為強制執行法第十五條之所許（四十五臺上一五一一判決）。

四、應有部分之拋棄

拋棄亦屬法律上之處分，共有人得自由拋棄其應有部分。關於共有人之一人拋棄其應有部分或死亡而無人繼承者，其應有部分是否歸屬於他共有人，不無問題。日本民法第二五五條規定：「共有人之一人，拋棄其應有部分，或死亡而無繼承人者，其應有部分歸屬於其他共有人。」我民法未設規定，我國大理院判例曾採日本民法第二五五條規定為肯定解釋，即認為「共有人中一人或數人之應有部分消滅者，他共有人之應有部分即因之擴充」（大理院三年上字第一二〇七號判例），「共有人中一人死亡，無繼承人者，其應有部分，分屬於他共有人」（大理院八年上字第九八九號判例），我國學者有依所有權彈力性之法理及前開大理院判例，而採肯定見解者❺。惟因應有部分僅為所有權分量上之一部分，各共有人之應有部分，並非他物權對於應有部分所加之限制，故他共有人拋棄其應有部分，其他共有人之應有部分，不生回復原來圓滿狀態之問題，又應有部分縱應受他共有人應有部分之限制，於他共有人拋棄其應有部分時，亦不過僅能回復受限制之應有部分原來圓滿之狀態而已，仍不能說明經拋棄之應有部分，應歸其他共有人取得之原因❻。此外，在無人繼承之情況，其遺產於清償債務並交付遺贈物後，如有賸餘，應歸屬國庫（民法第一一八五條），關於應有部分，於共有人死亡而無人繼承時，法律並未特設其應有部分歸屬於其他共有人之規定，自亦無法為違反民法第一一八五條之規定之解釋。故認為共

---

❺ 參閱曹傑，《物權》，第一〇一頁；鄭玉波，《物權》，第一二〇頁。

❻ 參閱姚瑞光，《物權》，第一二四頁註五。

有人之一人拋棄其應有部分或死亡而無人繼承者，其應有部分歸屬於他共有人之解釋，於法無據❺。

第二、對應有部分之優先承買權

　　土地法第三十四條之一第四項規定：「共有人出賣其應有部分時，他共有人得以同一價格共同或單獨優先承購。」故共有人對他共有人出賣其應有部分時，有優先承買（購）權，茲就有關問題，分述如下：

一、適用範圍及要件

　　共有人對他共有人出賣其應有部分時，有優先承買（購）權，惟此僅適用於土地或建築物，對動產不適用之。又因土地法第三十四條之一第四項所定共有土地優先購買權之行使，須以共有人有效出賣其應有部分與第三人為基礎，苟共有人與第三人間之出賣行為根本無效，亦即自始不存在，則所謂優先購買權即無從發生（六十五臺上二一一三）。此外，土地法第三十四條之一第四項規定共有人出賣應有部分時，他共有人得以同一價格共同或單獨優先承購，其立法意旨無非為第三人買受共有人之應有部分時，承認其他共有人享有優先承購權，簡化共有關係。若共有人間互為買賣應有部分時，即無上開規定適用之餘地。相對人既為土地共有人之一，則其於執行法院拍賣程序中買受共有人陳甲、陳乙之應有部分，其他共有人即不得主張優先承購權（七十二臺抗九十四）。又共有人中之一人或數人，以其應有部分合計達三分之二，而依土地法第三十四條之一第一項將共有土地全部出賣於他人者，他共有人仍得依同條第四項規定，對之主張優先承購權。例如甲、乙、丙三人共有土地一塊，其應有部分各為三分之一，茲甲、乙二人以其應有部分合計三分之二，依土地法第三十四條之一第一項將共有土地全部出賣於丁，事前並未通知丙優先承購，亦不能剝奪丙之優先承購權。最高法院民國七十八年度第十二次民事庭會議決議㈡：「共有人甲、乙二人依土地法第三十四條之一第一項，將共有土地之全部，出賣於

❺　參閱姚瑞光，《物權》，第一二二頁；錢國成，《民法判解研究》，第七十一頁；王澤鑑，《物權》，第二七八頁；謝在全，《物權（上）》，第五一五頁。

丁，他共有人丙得依同條第四項規定，對之主張優先承購權。蓋共有人甲、乙二人依同條第一項出賣共有土地之全部，然就各該共有人言，仍為出賣其應有部分，不過對於丙之應有部分，有權代為處分而已，並非以此剝奪丙優先承購之權利。」可供參考。

二、他共有人優先承買（購）權之性質及效力

共有人對他共有人出賣其應有部分時，有優先承買（購）權，惟此項優先購買權，係屬債權性質，僅有債權效力[158]。最高法院六十五年臺上字第八五三號判例謂:「土地法第三十四條之一第四項僅規定共有人出賣共有土地或建築改良物之應有部分時，他共有人得以同一價格共同或單獨先承購，並未如同法第一百零四條第二項後段設有出賣人未通知優先購買權人而與第三人訂立買賣契約者，其契約不得對抗優先購買權人之明文。故該條項規定之優先承購權，係指他共有人於共有人出賣共有土地或建築改良物時，對於該共有人有請求以同樣條件訂立買賣契約之權而言，倘共有人違反法律規定將應有部分賣與他人已依法取得所有權時，他共有人不得主張該買賣為無效而塗銷其依法所為之登記。」又最高法院六十六年臺上字第一五三〇號判例謂:「土地法第三十四條之一第四項之優先購買權，係屬債權性質，此由該條項用語，與同法第一百零四條第二項及耕地三七五減租條例第十五條第三項用語不同，可以知之。被上訴人相互間就系爭土地應有部分之買賣，既經辦畢所有權移轉登記，則上訴人本於土地法第三十四條之一第四項規定之優先承購權，請求塗銷被上訴人間之所有權移轉登記及將該應有部分出賣並移轉登記於伊，即無可准許。」均在表明此項意旨，可供參考。

三、優先承買（購）權之競合

依民法第四六〇條之一、土地法第一〇四條及第一〇七條、耕地三七五減租條例第十五條規定，土地（基地或耕地）承租人（或地上權人、典權人）亦有優先購買權，立法目的在於避免土地所有與土地利用關係分離。

---

[158] 相關說明，請參閱劉春堂，〈論土地共有人之優先承購權〉，《民商法論集(一)》，自版，民國七十四年八月初版，第二五三頁以下。

至於此項優先承購權，通說認為具有物權之效力，判例之見解亦同❺。最
高法院六十七年臺上字第四七九號判例謂:「土地法第一百零四條第一項規
定: 承租人於基地出賣時，有依同樣條件優先購買之權，在六十四年七月
二十四日該條文修正前，僅為承租人與基地所有人間之權利義務關係，即
祗發生債之效力。如出租基地之所有人違反此項義務，將其基地之所有權
出賣與第三人，並已辦理所有權移轉登記時，承租人僅得向出租基地之所
有人請求賠償損害，不得主張第三人承買基地之契約為無效（參看四十七
年臺上字第一五二號判例）。現行法該條文第二項所定出賣人未通知優先購
買權人，而與第三人訂立買賣契約者，其契約不得對抗優先購買權人，為
六十四年七月二十四日修正時所新增，自是厥後該項優先購買權始具物權
之效力。本件被上訴人間就系爭建地為出賣並辦畢所有權移轉登記行為，
時在六十三年三月二十五日舊法尚未修改之際，雖未通知上訴人優先購買，
然依法律不溯既往之原則，並無上開修正條文之適用。」可供參考。

　　共有土地（基地或耕地）出租後，於租賃關係存續中，共有人出賣其
應有部分時，他共有人對之有優先承購權，承租人亦得對之主張優先承購
權，兩者因而發生競合，於此情形，究應以何人之優先購買權為優先，殊
值研究。由於共有人出賣其應有部分時，依土地法第三十四條之一第四項
規定，他共有人固得以同一價格優先承購，惟此僅有債權效力，非如承租
土地建築房屋之人，對於出租人出賣其土地時之優先購買權，具有相對的
物權之效力（六十八臺上三一四一）。故關於上開問題，我國最高法院之實
務見解，係採取承租人優先購買權優先說，茲引最高法院判決三則如下，
用供參考:

　　①最高法院六十七年臺上字第二〇六二號判決:「查修正土地法第一百
零四條第一項所規定之優先購買權，其立法理由在於避免土地所有與土地
利用分離，違反該條項規定者，依同條第二項之規定，其買賣契約不得對
抗優先購買權人，反之，同法第三十四條之一第四項所規定之他共有人優
先承購權，僅係共有人間之權利義務關係，並無對抗第三人之效力，足見

❺　相關說明，請參閱劉春堂，前揭❺文，第二六一頁以下。

前者之效力較之後者強大，且現行土地政策之避免土地畸零及所有權分散等，係對農地及空地而言，如地上已由第三人建有房屋，即無保護基地共有人，使其優先承購他共有人應有部分之必要，故應認修正土地法第一百零四條第一項之優先購買權，較共有人之優先承購權優先，方合立法本旨。」

②最高法院六十八年臺上字第一一四七號判決：「修正土地法第三十四條之一所規定之共有人優先承購權，其立法重在防止土地之細分，並兼及消除共有關係而使地盡其利，僅有債權的效力。而同法第一百零四條第一項所規定之地上權人與基地所有人互相間之優先購買權，則於同條第二項明定為具有準物權的效力。又該一百零四條第一項並未限制地上權人對於共有之基地，必其共有人全部出售時，始得主張優先購買權，其與同法第三十四條之一第四項共有人優先承購權競合時，依本院最近見解，應以地上權人之優先購買權更為優先。」

③最高法院九十二年臺上字第三九六號判決：「按土地法第三十四條之一第四項所定之共有人優先承購權，僅有債權之效力，非如同法第一百零四條所定之優先購買權及耕地三七五減租條例第十五條第一項規定之優先承受權，具有相對的物權之效力。出租耕地之共有人依土地法第三十四條之一第四項規定行使優先承購權時，雖可簡化耕地之共有關係，惟耕地之所有與耕地之利用關係仍屬分離。而承租人依耕地三七五減租條例第十五條第一項規定行使優先承受權時，則可使耕地之所有與耕地之利用關係合一，裨盡經濟上之效用，並杜紛爭。故承租人此項優先承受權，應優先於共有人之優先承購權。」

關於土地（基地或耕地）承租人優先購買權與共有人優先承購權競合時，最高法院上開判決認為以承租人之優先購買權較為優先，理由構成頗稱嚴謹，就現行法之解釋適用而言，亦有所據，故值贊同⑯。惟就其所產

---

⑯　關於最高法院六十七年臺上字第二〇六二號及六十八年臺上字第一一四七號判決之評釋，請參閱王澤鑑，〈共有人優先承購權與基地承租人優先購買權之競合〉，《民法學說與判例研究第三冊》，自版，一九八一年三月初版，第三一九頁以下。

生之法律狀態而言，此項見解是否符合簡化土地上法律關係而使地盡其利之原則，則不無疑問。在立法政策上，為貫徹土地法創設共有人優先承購權之立法目的，似應考慮使共有人之優先承購權具有物權之效力，並明定共有人享有較優先之優先承購權，始稱允當，此乃他日修改土地法時應加重視之一重要課題**❶**。

第三款　分別共有之內部關係

第一目　共有物之使用收益權

第一、關於共有物使用收益權能之分配

　　民法第八一八條規定：「各共有人，除契約另有約定外，按其應有部分，對於共有物之全部，有使用收益之權。」茲就有關問題，分述如下：

一、共有人以契約另為約定

　　共有人關於共有物使用收益權能之分配，得依契約定之，當事人已有分管之協議（約定）者，自應依其協議，共有人只能就各自分管部分而為使用收益，縱使各共有人依該協議實際可為使用或收益之範圍超過或小於其應有部分，亦屬契約自由範圍。至於共有人對於共有物之使用收益方法不能獲致協議時，不能訴請法院以裁判定之，蓋因共有物使用收益之方法，涉及管理問題，應由共有人共同為之（民法第八二〇條第一項）**❷**。最高法院七十年臺上字第二六〇三號判決謂：「民法第八百二十條第一項規定：共有物除契約另有訂定外，由共有人共同管理之。是共有人就共有物之分管等行為，應依協議方法而定，此與分割共有物不同，不能因分管協議不成，訴請法院命為分管，從而上訴人請求依各共有人持分面積，判命分管自非有據。再按各共有人依其應有部分，對共有物之全部有使用收益之權利，民法第八百十八條定有明文。上訴人請求將各共有人之持分，固定於

---

❶　參閱王澤鑑，前揭**❶**文，第三二三頁以下；劉春堂，前揭**❶**文，第二六四頁。

❷　參閱王澤鑑，《物權㈠》，第二八三頁。

特定位置及範圍，並進而主張被上訴人超過持分面積，占耕部分為無權占有而將土地交付上訴人，於法亦有未合。」可供參考。又共有人於分管範圍，對於共有物有使用收益之權，固非無權占有，即共有人將自己分管範圍，同意他人使用收益者，該他人亦非無權占有。

二、共有人未以契約另為約定

共有人關於共有物使用收益權能之分配，未以契約另為約定者，則各分別共有人本其所有權之作用，按其應有部分，對於共有物之全部，均有使用收益之權。惟此係指抽象的得為使用受益之比例而言，非指共有物之特定部分，如就共有物之特定部分為占有使用，未經全體共有人之協議決定，或未徵得其他共有人全體之同意，仍不得為之（五十八臺上二八九七判決、六十二臺上一八○三）。從而共有人使用特定部分共有土地，並於該土地建築房屋居住，既非抽象之使用收益，自應得他共有人全體之同意，若未經他共有人全體同意，即屬侵害他共有人之權利，縱令其使用面積未超過其應有部分，亦非法之所許（七十五臺上一九二七判決）。共有人之一人指共有物為己有，私擅典押，無論其相對人是否善意，不生物權法上之效力（十八上一九一二）。然所謂同意，原不以於行為時，分別以書面出之為必要；其因明示或默示所為之事前允許或事後承認（追認），均足當之（八十三臺上一二八二判決）。至於共有人協議分管共有物，如共有人分管之特定部分，因不可歸責於雙方當事人之事由致不能為使用收益，且已不能回復者，依民法第二二五條第一項、第二六六條第一項規定，各共有人即免其提供共有物特定部分予他共有人使用收益之義務，分管契約當然從此歸於消滅。嗣後共有人對共有物之特定部分使用收益，仍須徵得他共有人全體之同意，如共有人不顧他共有人之利益，而就共有物之全部或一部任意使用收益，自屬侵害他共有人之權利（八十九臺上一一四七判決）。

第二、共有人超過應有部分而為使用收益

一、侵權行為損害賠償請求權

由於各分別共有人對共有物之使用收益權，應按其應有部分而行使，

不得損及他共有人之利益，若有侵害，則與侵害他人之所有權同。被侵害之他共有人，自得依侵權行為之規定，而行使其損害賠償請求權（五十一臺上三四九五）。其次，各共有人按其應有部分，對於共有物之全部雖有使用收益之權。惟共有人對共有物之特定部分使用收益，仍須徵得他共有人全體之同意，非謂共有人得對共有物之全部或任何一部有自由使用收益之權利。如共有人不顧他共有人之利益，而就共有物之全部或一部任意使用收益，即屬侵害他共有人之權利（六十二臺上一八〇三）。又損害本於侵權行為者，須有侵權之行為，如共有人中一人，私將共有物締結典押契約，固屬侵害行為，要與承受典押人無直接之關係，故非證明承受典押人確係共同侵害，則承受典押人自不負何等賠償之責（十八上一九一二）。

二、不當得利請求權

　　民法第八一八條所定各共有人按其應有部分，對於共有物之全部有使用收益之權，係指各共有人得就共有物全部，於無害他共有人之權利限度內，可按其應有部分行使用益權而言。故共有人如逾越其應有部分之範圍使用收益時，即係超越其權利範圍而為使用收益，其所受超過利益，要難謂非不當得利（五十五臺上一九四九）。

三、所有物返還請求權

　　關於共有人超過其應有部分占有共有物而為使用收益時，其他共有人得否主張該共有人構成無權占有，而有民法第七六七條規定之適用，不無問題。最高法院七十二年臺上字第四七三七號判決謂：「各共有人之應有部分，為對於共有物所有權之成數，抽象的存在於共有物之全部，在分割之前，無從具體辨明何者為何共有人所有，故性質上不可能為其他共有人無權占有或侵奪，各共有人相互間就其應有部分，即無主張民法第七百六十七條所定所有物妨害除去請求權之餘地。」係採否定說[163]。惟司法院二十八年院字第一九五〇號解釋謂：「㈠（前略）共有人之一人，越其應有部分，行使所有權時，他共有人得對之行使物權的或債權的請求權，並得單獨對之提起以此項請求權為標的之訴，尤不待言。」又最高法院七十四年度第二

---

[163]　我國學者亦有採否定說之見解者，參閱姚瑞光，《物權》，第一二一頁。

次民事庭會議決議㈢：「未經共有人協議分管之共有物，共有人對共有物之特定部分占用收益，須徵得他共有人全體之同意。如未經他共有人同意而就共有物之全部或一部任意占用收益，他共有人得本於所有權請求除去其妨害或請求向全體共有人返還占用部分。但不得將各共有人之應有部分固定於共有物之特定部分，並進而主張他共有人超過其應有部分之占用部分為無權占有而請求返還於己。」另最高法院八十一年臺上字第一八一八號判決謂：「各共有人按其應有部分，對於共有物之全部雖有使用收益之權。惟未經共有人協議分管之共有物，共有人對共有物之特定部分占用收益，仍須徵得他共有人全體之同意。其未經他共有人同意而就共有物之全部或一部任意占用收益，即屬侵害他共有人之權利，他共有人得本於所有權請求除去其妨害或請求向全體共有人返還占用部分，並得依侵權行為之規定，行使其損害賠償請求權。上訴人謂伊已取得系爭土地之共有權，對該土地不可能發生無權占有或侵奪之問題云云，自屬誤解。」均採肯定說（另請參照八十七臺上二三五判決、八十三臺上二五三八判決、七十七臺上一七六六判決），此項見解應值贊同。

案例二——6

甲乙兩人共有土地一塊，面積一百坪，應有部分各二分之一，關於該共有土地之使用收益權限及方法等，並未另有約定。甲未得乙之同意，擅自占用該共有土地之一部分，面積四十坪，於該土地上蓋有房屋一棟。試問乙得對甲行使如何之權利？

本件土地應屬甲乙兩人之分別共有，關於該共有土地之使用收益權限及方法等，既未以契約另為約定，則各分別共有人本其所有權之作用，按其應有部分，對於共有物之全部，均有使用收益之權。惟此係指為抽象之使用受益而言，非謂共有人對共有物之全部或任何一部有自由使用收益之權利，蓋因應有部分係抽象的存在於共有物之任何一部分，而非具體的存在於共有物之特定部分。從而共有人中之一人，如就共有物之特定部分為

占有使用，未經全體共有人之協議決定，或未徵得其他共有人全體之同意，縱未逾其應有部分，仍屬侵奪其他共有人之所有權，自不得為之（五十八臺上二八九七判決、六十二臺上一八○三）。甲未得乙之同意，擅自占用該共有土地之一部分，面積四十坪，於該土地上蓋有房屋一棟，縱未逾其應有部分，仍屬侵奪其他共有人乙之所有權，乙得對甲行使下列之權利：

1.侵權行為損害賠償請求權：甲就其與乙所共有土地之全部雖有使用收益之權，惟對該共有土地之特定部分為使用收益，仍須徵得他共有人乙之同意，非謂甲得對該共有土地之全部或任何一部有自由使用收益之權利。從而共有人甲不顧他共有人乙之利益，擅自占用共有土地之一部分，於該土地上蓋有房屋一棟，勢將使他共有人乙就該土地無法行使其使用收益之權能，即屬侵害他共有人乙之權利（六十二臺上一八○三）。侵害他共有人按其應有部分對共有物所得行使之使用收益權能，與侵害他人之所有權同，該被侵害之他共有人，自得依侵權行為之規定，而行使其損害賠償請求權（五十一臺上三四九五），故乙得依侵權行為之規定（民法第一八四條），請求甲為損害賠償。

2.不當得利請求權：民法第八一八條所定各共有人按其應有部分，對於共有物之全部有使用收益之權，係指各共有人得就共有物全部，於無害他共有人之權利限度內，按其應有部分行使用益權而言。故共有人如逾越其應有部分之範圍使用收益時，即係超越其權利範圍而為使用收益，其所受超過利益，要難謂非不當得利（五十五臺上一九四九）。就甲所擅自占用並蓋有房屋之土地而言，因乙就該土地已無法按其應有部分加以使用收益，甲顯已超過其應有部分而對共有物為使用收益，自係無法律上原因，取得在權益歸屬秩序上應歸屬他共有人乙享有之權益，而受有利益，致乙受損害，應成立權益侵害不當得利，故乙得依不當得利之規定（民法第一七九條以下），請求甲返還不當得利。由於甲所受之利益為「土地之使用」本身，而「土地之使用」本身，依其性質不能返還，自應償還其價額（民法第一八一條第二項）。至於此項應償還之價額，得以相當的租金計算之。就本件而言，由於甲就共有土地之應有部分為二分之一，其未徵得他共有人乙之

同意，而擅自占用其中之四十坪土地建築房屋，自應就其占用範圍（即四十坪），按其逾越應有部分比例（即二分之一）計算其所得之不當得利❶❻❹。

3.所有物返還請求權：民法第八一八條固規定，各共有人按其應有部分，對於共有物之全部有使用收益之權，惟此之使用收益係指於無害他共有人之權利限度內，按其應有部分行使用益權而言。共有人之應有部分，雖不生由他共有人占有之問題，而無主張返還應有部分之餘地，但共有人未經其他共有人全體之同意，就共有物之特定部分占有使用，縱未逾其應有部分，仍屬侵奪或妨害其他共有人之所有權，其他共有人得本於所有權請求除去其妨害，或請求向全體共有人返還該部分。最高法院八十五年臺上字第一九五〇號判決謂：「按共有物除契約另有訂定外，由共有人共同管理之，民法第八百二十條第一項定有明文。是未經共有人協議分管之共有物，共有人對共有物之特定部分占用收益，須徵得他共有人全體之同意。如未經他共有人同意而就共有物之全部或一部任意占用收益，他共有人得本於所有權除去妨害或請求向全體共有人返還占用部分。吳〇〇建造系爭房屋時既未經全體共有人同意，即屬無權占用基地。此與土地及房屋同屬一人所有，而將土地及房屋分別或先後出賣，應推斷土地所有人默許房屋承買人繼續使用土地之情形，尚有不同。被上訴人依民法第七百六十七條、第八百二十一條規定，請求上訴人將附圖所示 A 部分土地上房屋拆除，將土地交還予伊及其他共有人全體，於法自屬有據。」

綜據上述，關於甲擅自占用之四十坪土地並建築房屋，乙得主張甲構

❶❻❹ 最高法院八十四年臺上字第二八〇八號判決：「各共有人按其應有部分，對於共有物之全部雖有使用收益之權，惟共有人對於共有物之特定部分為使用收益，仍須徵得他共有人全體之同意，非謂共有人得對共有物之全部或任何一部有自由使用收益之權利。如共有人不顧他共有人之利益，而就共有物之全部或一部任意為使用收益，即屬侵害他共有人之權利，其逾越應有部分為使用收益，所受超過之利益，即為不當得利。被上訴人就系爭土地之應有部分僅有十分之一，其未徵得他共有人全體之同意，而占用一三二七號土地一九三平方公尺中之二九平方公尺建屋，即應就其占用範圍（即二九平方公尺），按其逾越應有部分比例（即十分之九）計算其所得之不當得利。」

成無權占有，屬於侵奪或妨害其他共有人之所有權，而有民法第七六七條之適用，請求甲將擅自占用土地上所蓋房屋拆除，並將土地交還予共有人全體[165]。

第二目　共有物之處分

第一、應得共有人全體之同意

　　民法第八一九條第二項規定：「共有物之處分、變更及設定負擔，應得共有人全體之同意。」此處所謂處分，包括事實上之處分及法律上之處分。所謂事實上之處分，例如拆除房屋或圍牆是；所謂法律上之處分，係指處分行為而言，例如所有權之讓與是，不包括債權行為（負擔行為）在內。所謂變更，係指改變物之本質或用途而言，例如將農田變為魚池、住宅變為店面、基地變更為種菜建屋使用（六十七臺上九四九）等是。所謂設定負擔，係指設定用益物權或擔保物權而言。其次，共有物之處分、變更或設定負擔，不以對共有物全部為必要，亦包括對共有物之特定部分在內，從而共有人固得自由讓與其應有部分，惟讓與應有部分時，受讓人仍按其受讓之應有部分與他共有人繼續共有關係，若將共有物特定之一部讓與他人，使受讓人就該一部取得單獨所有權，則非民法第八一九條第一項所謂應有部分之處分，而為同條第二項所謂共有物之處分，雖該一部之所值低於按其應有部分所應分得之一部，其讓與亦非得共有人全體之同意，不生效力（三十二上十一）[166]。又共有人將共有物特定之一部讓與他人，固為

----

[165] 最高法院九十二年臺上字第四十一號判決：「按物之使用，乃指依物之用法，不毀損其物體或變更其性質，以供吾人需要而言，而大樓屋頂平臺之用途，一般作為火災之避難場、電梯之機械室、屋頂之出入口、避雷針、共同天線、火災時之通路，如住戶於屋頂平臺加蓋建物，影響全建築物之景觀及住戶之安全，已達變更屋頂之用途或性質，自非適當，共有人為全體共有人之利益，自得本於所有權請求除去之。」

[166] 最高法院四十年臺上字第一四七九號判例：「共有人固得自由讓與其應有部分，

共有物之處分,其讓與非得共有人全體之同意,對於其他共有人不生效力。然受讓人得對於締約之共有人,依據債權法則而請求使其就該一部取得單獨所有權,對於不履行之締約人除要求追償定金或損害賠償外,亦得請求使其取得按該一部計算之應有部分,與他共有人繼續共有之關係(五十五臺上三二六七)。

共有物之處分、變更或設定負擔,如已得共有人全體之同意,則可由共有人中之一人或數人為該行為。所謂全體之同意,並非必須由全體共有人分別為同意之明示,且不必限於行為時為之,事前預示或事後追認,均在有效之列(十九上二〇一四、十七上一〇一四)。又所謂同意,不必限以一定形式表示,且非僅以處分該財產之約據形式上曾否表示為斷,苟有其他明確之事實,足以證明他共有人已經為明示或默示之同意者,則共有人中一人或數人之處分行為,仍不能不認為有效(十九上九八一)。此外,關於共有物之處分等,共有人如願召開會議依多數議決之方式決定,並經各分別共有人均舉有代表到場預議者,該決議即有拘束全體共有人之效力,共有人自應遵從議決,不得事後翻異(十九上二二〇八)。至於管理家務之人處分共有財產,能否即認為代表全家之行為,仍應以其處分家產有無必要用途,即是否用以清償公共負擔之費用為斷(二十上一八八八),管理家務之人因清償公共負擔之費用,而處分其家產之全部或一部者,其他共有人除於處分當時表示異議外,固不得於事後以無權處分為理由,主張其代理處分之不當(二十上三二〇四)。

共有人未經全體共有人同意而對共有物為處分時,其處分為事實上處分或變更者,例如拆除房屋是,行為人對他共有人應依侵權行為規定負損害賠償責任;其處分為法律上處分(包括設定負擔)者,則構成無權處分,並非無效,而係效力未定,須經其他共有人之承認,始生效力(民法第一

惟讓與應有部分時,受讓人仍按其應有部分與他共有人繼續共有關係,若將共有特定之一部分讓與他人,使受讓人就該一部分取得單獨所有權,則非民法第八百十九條第一項所謂應有部分之處分,而為同條第二項所謂共有物之處分,其讓與非得共有人全體之同意,不生效力。」

一八條）。惟共有物如為動產，占有其物之共有人，縱未經他共有人之同意而讓與其所有權或設定質權，而受讓人或質權人屬善意受讓其占有時，依民法第八○一條、第八八六條之規定，該受讓人或質權人仍取得其權利，他共有人不得主張無效，僅能對為處分行為之共有人，依侵權行為或不當得利之規定，主張其權利。

第二、土地法第三十四條之一規定之適用

以上係就一般共有物之處分而言，至於共有土地或建築改良物，其處分、變更及設定地上權、農育權、不動產役權或典權時，依土地法第三十四條之一第一項規定，則以共有人過半數及其應有部分合計過半數之同意行之，但其應有部分合計逾三分之二者，其人數不予計算。土地法第三十四條之一第一項規定，為民法第八一九條第二項之特別規定，自應優先適用。最高法院六十七年臺上字第九四九號判例謂：「土地法已於六十四年七月二十四日修正公布施行，依其第三十四條之一第一項前段規定共有土地之處分、變更，以共有人過半數及其應有部分合計過半數即可行之，非必需共有人全體同意，上訴人將共有之墓地變更使用種菜建屋，如在該法修正之後，且已獲過半數共有人及應有部分合計過半數同意，即無適用民法第八百十九條第二項餘地。」可供參考。

土地法第三十四條之一第一項所稱之處分，其意義為何，不無爭議❿，應解為僅指法律上之處分行為，並以有償者為限較妥❿，且不包括分割行為在內。職是之故，關於共有物之分割，不得以共有人中一人之應有部分或數共有人之應有部分合併已逾三分之二，即可不經他共有人全體之同意，而得任意分割共有物（七十四臺上二五六一）。又共有物之利用行為，係以滿足共有人共同需要為目的，不變更共有物之性質之行為。其與處分行為相異者，在不移轉共有物之權利或增加其物上負擔，其與保存行為不同者，在不以防止共有物之毀損或滅失為目的，而其不增加共有物之效用或價值

---

❿　參閱謝在全，《物權（上）》，第五三二頁註十四所引諸說。

❿　參閱謝在全，《物權（上）》，第五二六頁以下。

一點，與改良行為，亦有不同之處。民法對於共有物之利用方法，並無如保存行為與改良行為，有特別之規定，解釋上應適用民法第八二〇條第一項之規定，即在共有人未以契約訂定時，應由共有人共同管理之（此為舊規定——筆者註）。而共有物之出租出借，乃典型之利用行為，自應依民法第八二〇條第一項共有物「管理」之規定為之，而無同法第八一九條第二項或土地法第三四條之一共有物之「處分」、「變更」及「設定負擔」規定之適用（八十四臺上二一六四判決）❻。

案例二——7

甲乙共有一筆面積三百坪之建地，應有部分各二分之一，甲私自將該地某部分一百坪（以下稱 A 區土地）出賣予丙，並完成移轉其所有權予丙之登記，試說明其法律效果。

(1)就甲與丙間關於 A 區土地所訂立之買賣契約而言，由於買賣契約之訂立，係屬債權行為（負擔行為），非以出賣人對於標的物有所有權為要件，不以出賣人對於標的物有處分權為必要，且非屬民法第八一九條第二項所稱「處分」，自亦不須得到全體共有人之同意，故甲與丙間關於 A 區土地所訂立之買賣契約，當然有效。最高法院六十九年臺上字第三八〇八號判決謂：「民法第八百十九條第二項固規定共有物之處分，應得共有人全體之同意，但共有人中之一人與他人訂立出賣共有物內特定部分之債權契約，並非法所不許。債權契約成立後，該共有人得以請求分割共有物方式取得該特定部分之單獨所有權，亦得按該部分計算之應有部分，移轉登記與買受

---

❻ 最高法院七十九年度第二次民事庭會議決議：「按土地法第三十四條之一係就共有土地或建築物改良物之處分、變更及設定地上權、永佃權、地役權或典權所設之特別規定，共有土地之出租乃共有物之管理行為，與上述規定所指情形不同，尚無該條規定之適用。共有土地之出租，既屬共有物管理行為，則應適用民法第八百二十條第一項之規定，除契約另有訂定外，由共有人全體共同為之。甲、乙、丙、丁共有某筆土地，既未約定管理方法，甲、乙、丙未經丁之同意，擅將該筆土地出租與他人，對丁應屬不生效力。」

人，使買受人與他共有人繼續共有關係（參看本院五十五年度臺上字第三二六七號判例），以履行其出賣人之義務。是以出賣共有物內特定部分之債權契約，尚不得謂係以不能之給付為契約之標的，其契約應屬有效。」可供參考。

如上所述，甲與丙間關於Ａ區土地所訂立之買賣契約，當然有效，與乙無關。因此丙對甲有請求交付Ａ區土地，並移轉其所有權之權利；甲對丙負有交付Ａ區土地，並移轉其所有權之義務（民法第三四八條第一項）。若甲不能獲得他共有人乙之同意，或不能取得該Ａ區土地之所有權時，以致不能履行交付Ａ區土地，並移轉其所有權之義務時，係屬給付不能，應依民法第二二六條規定，對丙負債務不履行之損害賠償責任。此外，丙亦可請求甲將Ａ區土地一百坪換算為應有部分，辦理移轉登記，而與乙維持共有關係（五十五臺上三二六七）❿。

⑵就甲私自將Ａ區土地之所有權移轉予丙而言，係屬物權行為，以出賣人對於標的物有處分權為必要，且屬民法第八一九條第二項所稱「處分」，自亦須得到全體共有人之同意。又共有人固得自由讓與其應有部分，惟讓與應有部分時，受讓人仍按其受讓之應有部分與他共有人繼續共有關係，若將共有物特定之一部讓與他人，使受讓人就該一部取得單獨所有權，則非民法第八一九條第一項所謂應有部分之處分，而為同條第二項所謂共有物之處分，雖該一部之所值低於按其應有部分所應分得之一部，其讓與亦非得共有人全體之同意，不生效力（三十二上十一、四十臺上一四七九）。

❿ 最高法院八十八年臺上字第九十號判決：「共有人如未經全體共有人同意，將共有物全部讓與他人，對於其他共有人固不生效力，但締約共有人與受讓人間所為之買賣債權行為，仍然有效。故締約共有人因不能取得全體共有人之同意或無法取得其物，受讓人仍得對於該締約之共有人，依據債權法則請求使其取得該締約之共有人之應有部分與他共有人維持共有關係。本件上訴人未經共有人鄭○淵等三人同意將系爭土地全部出售與被上訴人，為原審認定之事實。則原審認定上訴人辦妥繼承登記後，將其應有部分合計二分之一移轉登記與被上訴人，由被上訴人與其他共有人鄭○淵等三人維持共有關係，並未違反農業發展條例第三十條之規定，自無違背法令可言。」

職是之故，甲將 A 區土地之所有權移轉予丙，使丙就該一部取得單獨所有權，非民法第八一九條第一項所謂應有部分之處分，而為民法第八一九條第二項所謂共有物之處分，雖該一部之所值低於按其應有部分所應分得之一部，其讓與非得共有人全體之同意，不生效力。換言之，即甲未得共有人乙之同意，其所為移轉 A 區土地所有權予丙之物權行為，並非無效，係效力未定，須經其他共有人乙之承認，始生效力。

第三目　共有物之管理

民法第八二〇條第一項規定：「共有物之管理，除契約另有約定外，應以共有人過半數及其應有部分合計過半數之同意行之。但其應有部分合計逾三分之二者，其人數不予計算。」此處所謂共有物之管理，係指共有物之保存、利用及改良而言，不包括共有物之處分、變更及設定負擔在內（參照民法第八一九條第二項）。又共有物之出租，為共有物管理行為，應適用民法第八二〇條規定，已如前述❶。茲就有關問題，分述如下：

第一、共有人訂有分管契約

共有人對共有物之特定部分占用收益，須徵得其他共有人全體同意，惟共有人間就共有物之全部劃定範圍，各自占用共有物之特定部分而為管理者，為共有物之分管契約，自非法所不許。茲就有關問題，分述如下：

一、分管契約之意義及訂立

共有物之管理，共有人訂有契約者，依其契約。此項契約，一般稱之為分管契約，係指共有人間就共有物之特定部分，約定得由共有人各自分別占有而為使用、收益或管理之契約。分管契約應由全體共有人以契約定

---

❶ 最高法院八十五年臺上字第二一三九號判決：「共有物全部或一部之出租，係屬民法第八百二十條第一項所定管理行為，除契約另有訂定外，應由共有人全體共同管理之，如共有人中之一人未經其他共有人之同意，擅將共有物之全部或一部出租他人，對於他共有人，不生效力。」

之，此與共有物之分割不同，不能因分管協議不成，訴請法院命為分管由法院判決，共有人訴請分管，於法無據。最高法院七十二年臺上字第四七一一號判決謂：「民法第八百二十條第一項規定，共有物除契約另有訂定外，由共有人共同管理之。而所謂管理者，其方法不一，各共有人依其應有部分各佔有部分特定共有物而為使用收益者，固屬之，即依其應有部分各按年輪流佔有全部共有物而為使用收益者，亦屬之。惟不論以何方法管理，均應由全體共有人以契約訂定之，此與共有物之分割不同，不能訴由法院判決命為如何管理。」可供參考⓱。

分管契約係諾成契約，其訂立不以書面為必要，明示或默示為之均無不可。從而共有人間就共有物倘若已實際上劃定使用範圍，對各自占有管領之部分，互相容忍，對於他共有人使用、收益，各自占有之土地，未予干涉，已歷有年所，即非不得認有默示分管契約之存在（八十三臺上一三七七判決）。地下室倘登記為共有，由共有人全體劃分停車位分別停車使用者，應視為全體共有人就該地下室有分管之約定（八十一臺上一〇六〇判決）。又契約固須當事人互相表示意思一致始能成立，但所謂互相表示意思一致，不限於當事人直接為之，其經第三人為媒介而將當事人互為之意思表示從中傳達而獲致意思表示一致者，仍不得謂契約未成立。故就公寓大廈之買賣，建商與各承購戶分別約定，該公寓大廈之共有部分或其基地之空地由特定共有人使用者，除別有規定外，應認共有人間已合意成立分管契約（九十六臺上二〇二五判決）。

二、分管契約之性質

分管契約之訂立，係以繼續維持共有關係為前提，故分管契約訂立後，共有人之共有關係繼續存在，此與共有物之分割契約，目的在消滅共有關係者有異（五十七臺上二三八七）。其次，分管契約是共有人間關於共有物

⓱ 最高法院七十一年臺上字第四三一四號判決：「依民法第八百二十條第一項規定，共有物除契約有訂定外，由共有人共同管理之，是共有土地之如何分別管理，應由全體共有人以契約為之，此與共有物之分割不同，不能由法院判決，各共有人訴請分管，於法無據。」

管理之約定，非以發生共有物之物權變動為內容，亦非共有物上之物權負擔，而係債權契約⓭。

三、因情事變更而聲請法院裁定變更

民法第八二〇條第三項規定：「前二項所定之管理，因情事變更難以繼續時，法院得因任何共有人之聲請，以裁定變更之。」職是之故，由共有人全體同意所約定之管理，只要因情事變更以致難以繼續時，任何共有人均得聲請法院以裁定變更之。此項規定，可謂係情事變更原則之具體化。

四、分管契約之效力

㈠對內效力

共有人間訂有分管契約者，自應受該契約之拘束，共有人得依分管內容，就共有物之分管部分，為使用收益及管理，取得管理權。由於民法第八二〇條第一項所謂管理，旨在就共有物為使用、收益，足見民法第八一八條之規定，係指共有物尚未經共有人為分管之約定時始有其適用，倘共有人就共有物已為分管之約定，共有人只能就各自分管部分而為使用、收益（八十六臺上一六五六判決）⓮。至於分管後，除經授予分管人有處分共有物之權利外，自仍不得自由處分其分管部分或共有物（十七上一一七九）。共有人就共有物分管之特定部分，既有依分管契約而為使用收益及管理之權，故凡屬契約範圍內之管理行為，該分管之共有人均得自由為之，將分管部分出租、出借他人，皆在許可之列。共有人於分管範圍，對於共有物有使用收益之權，固非無權占有，即共有人將自己分管範圍，同意他人使用收益者，該他人亦非無權占有（七十九臺上二三三六）。

⓭ 參閱謝在全，《物權（上）》，第五四七頁。

⓮ 最高法院八十八年臺上字第六十一號判決：「民法第八百十八條固規定：各共有人按其應有部分，對於共有物之全部，有使用、收益之權；同法第八百二十一條但書亦規定：回復共有物之請求，僅得為共有人全體之利益為之。惟同法第八百二十條第一項明定：共有物除契約另有訂定外，由共有人共同管理之。所謂管理，旨在使用、收益，足見上開第八百十八條及第八百二十一條但書之規定係指共有物尚未經共有人為分管之約定時，始有其適用。倘共有人就共有物已為分管之約定，各共有人僅能就各自分管部分為使用、收益，乃當然之解釋。」

㈡對外效力

　　由於分管契約僅具債權之效力，本不能以之對抗第三人，且法律原亦未規定應有部分之受讓人應受此項分管契約之拘束，故此項特約並不當然隨應有部分之移轉而移轉於受讓人，亦即應有部分之受讓人，除契約另有約定外，可不受前手分管契約之拘束。惟此次（民國九十八年）修正之民法物權編，增訂第八二六條之一規定，對分管契約及法院之裁定，賦予物權效力，即此項分管契約及法院之裁定，具備該條第一項、第二項規定之要件者，對於應有部分之受讓人或取得物權之人，具有效力。關於民法第八二六條之一規定之適用，詳後述之。

　　在增訂民法第八二六條之一規定公布施行前，關於共有物之管理或協議分割契約，實務上認為對於應有部分之受讓人仍繼續存在。最高法院四十八年臺上字第一〇六五號判例謂：「共有人於與其他共有人訂立共有物分割或分管之特約後，縱將其應有部分讓與第三人，其分割或分管契約，對於受讓人仍繼續存在。」此項判例使分管契約具有物權效力，其主要考量，係基於分管契約為共有人間關於共有物管理之約定，與各共有人之應有部分確有不宜分離之關係，為避免破壞原有分管之狀態及效力，並顧全其他共有人之利益。嗣司法院大法官會議釋字第三四九號解釋謂：「最高法院四十八年度臺上字第一〇六五號判例，認為『共有人於與其他共有人訂立共有物分割或分管之特約後，縱將其應有部分讓與第三人，其分割或分管契約，對於受讓人仍繼續存在』，就維持法律秩序之安定性而言，固有其必要，惟應有部分之受讓人若不知悉有分管契約，亦無可得而知之情形，受讓人仍受讓與人所訂分管契約之拘束，有使善意第三人受不測損害之虞，與憲法保障人民財產權之意旨有違，首開判例在此範圍內，嗣後應不再援用。至建築物為區分所有，其法定空地應如何使用，是否共有共用或共有專用，以及該部分讓與之效力如何，應儘速立法加以規範，併此說明。」❼❺

---

❼❺　本號解釋之理由書：「民法上之法律行為，有債權行為與物權行為，除法律有特別規定外，前者於特定人間發生法律上之效力，後者於以公示方法使第三人得知悉之狀態下，對任何第三人均發生法律上之效力。故動產以交付為公示方法，不

由於司法院大法官會議釋字第三四九號解釋，僅謂最高法院四十八年臺上字第一〇六五號判例，關於共有人與其他共有人訂立共有物分管契約後，受讓該共有人應有部分之第三人若不知悉有分管契約，亦無可得而知之情形時，亦受分管契約之拘束，將有受不測損害之虞，與憲法保障人民財產權之意旨有違，故該判例於此範圍內嗣後應不再援用，非謂上開判例全部違背憲法保障人民財產權之意旨（八十三臺再一四一判決）。從而分管契約對共有物應有部分之受讓人有無拘束力，應以受讓人是否知悉有分管契約，或有無可得而知之情形為斷。共有物之分管契約雖屬債權契約性質，但對於契約成立後以惡意受讓應有部分之第三人，仍有拘束力（八十三臺上二五四四判決）。

五、分管契約之消滅

分管契約之消滅原因，主要有下列幾種⑯：①分管契約定有存續期限者，於期限屆滿時失其效力。②經全體共有人之同意，予以終止者。共有物分管契約其未定有分管期限者，因終止分管契約係關於共有物管理方法之變更，自須經共有人全體同意，始得為之，難認各共有人得隨時終止分管契約（八十九臺上五八五判決）。至於定有期限時，仍得經共有人全體協議終止分管契約。③共有人協議分管共有物，如共有人分管之特定部分，因不可歸責於雙方當事人之事由致不能為使用收益，且已不能回復者，依

動產以登記為公示方法，而以之作為權利取得、喪失、變更之要件，以保護善意第三人。如其事實為第三人明知或可得而知，縱為債權契約，其契約內容仍非不得對第三人發生法律上之效力。最高法院四十八年度臺上字第一〇六五號判例，認為『共有人於與其他共有人訂立共有物分割或分管之特約後，縱將其應有部分讓與第三人，其分割或分管契約，對於受讓人仍繼續存在』，就維持法律秩序之安定性而言，固有其必要，惟應有部分之受讓人若不知悉有分管契約，亦無可得而知之情形，受讓人仍受讓與人所訂分管契約之拘束，有使善意第三人受不測損害之虞，與憲法保障人民財產權之意旨有違，上述判例在此範圍內，嗣後應不再援用。至建築物為區分所有，其法定空地應如何使用，是否共有共用或共有專用，以及該部分讓與之效力如何，應儘速立法加以規範，併此說明。』

⑯ 參閱謝在全，《物權（上）》，第五四九頁。

民法第二二五條第一項、第二六六條第一項規定，各共有人即免其提供共有物特定部分予他共有人使用收益之義務，分管契約當然從此歸於消滅（八十九臺上一一四七判決）。④應有部分經讓與第三人，該第三人因善意而不受分管契約之拘束，分管契約亦因而歸於消滅。⑤共有物分割，蓋共有物之分割乃在消滅共有關係，故以維持共有關係為目的之分管契約自無繼續存在之必要。因此共有物於分割以前，共有人間縱訂有分管契約，亦因分割共有物而失其效力（八十二臺上二五六六判決）。換言之，即共有物係屬全體共有人所共有，在分割前，各共有人固得約定範圍而使用之，但此項分管行為，不過定暫時使用之狀態，與消滅共有關係之分割有間。故共有物經法院判決分割確定時，先前共有人間之分管契約及使用借貸契約，即應認為終止。共有人先前依該契約占用分割判決仍判歸全體共有人保持共有之部分共有物，即成無權占有，其他共有人自得依民法第七六七條、第八二一條之規定請求返還（八十五臺上一〇四六判決）。

分管契約消滅後，共有關係如仍繼續存在，則共有物之用益及管理回復原來之關係，即適用民法第八一八條、第八二〇條規定定之。從而共有人因分管契約而占有共有物之特定部分者，自應返還於全體共有人或特定之共有人，例如因共有物分割而取得該特定部分者是，否則成為無權占有。嗣後共有人對共有物之特定部分使用收益，仍須徵得他共有人全體之同意，如共有人不顧他共有人之利益，而就共有物之全部或一部任意使用收益，自屬侵害他共有人之權利（八十九臺上一一四七判決）。

第二、共有人未訂有分管契約

一、依多數議決定之

關於共有物之管理，共有人未訂有分管契約者，民法第八二〇條第一項原係採共同管理❿，惟此次（民國九十八年）修正民法物權編，為促使共有物有效利用，改採依多數決為之。民法第八二〇條第一項規定：「共有

---

❿ 原民法第八二〇條第一項規定：「共有物，除契約另有訂定外，由共有人共同管理之。」

物之管理，除契約另有約定外，應以共有人過半數及其應有部分合計過半數之同意行之。但其應有部分合計逾三分之二者，其人數不予計算。」此處所稱管理，係指共有物保存行為以外之管理而言，基本上為共有物之改良、利用行為，蓋因關於共有物之保存行為，民法第八二○條第五項已另設有規定。所謂共有物之改良行為，係指不變更共有物之性質，而增加其效用或價值之行為，例如墾荒地為耕地是。又共有物之非簡易修繕，例如修復毀損之舊畫是，亦屬此處所稱改良行為⓱。共有物之管理，除保存及改良行為外，尚有其他管理行為，共有物之利用行為，乃其中最具代表之典型。所謂共有物之利用行為，係以滿足共有人共同需要為目的，不變更共有物性質而為使用收益之行為，故恆涉及共有物之用益問題。其與處分行為相異者，在不移轉共有物之權利或增加其物上負擔，其與保存行為不同者，在不以防止共有物之毀損或滅失為目的，而其不增加共有物之效用或價值一點，與改良行為，亦有不同之處。共有物之出租出借，乃典型之利用行為，自應依民法第八二○條第一項共有物「管理」之規定為之，而無同法第八一九條第二項或土地法第三四條之一共有物之「處分」、「變更」及「設定負擔」規定之適用（八十四臺上二一六四判決）。

其次，民法第八二○條第四項規定：「共有人依第一項規定為管理之決定，有故意或重大過失，致共有人受損害者，對不同意之共有人連帶負損害賠償責任。」本項規定，旨在保護不同意該管理方法之少數共有人權益，凡參與該多數議決而為管理決定之共有人，無論是積極同意或消極未表示意見，而有故意或重大過失者，均屬本項應負連帶損害賠償責任之人，至於有無故意或重大過失，應就同意之共有人個別情形分別認定之。又此項損害賠償責任為法定責任，但不排除侵權行為規定之適用。

二、由共有人單獨為之

民法第八二○條第五項規定：「共有物之簡易修繕及其他保存行為，得由各共有人單獨為之。」所謂保存行為，係指對共有物物質上之保全，及權

⓱　參閱史尚寬，《物權》，第一四五頁；謝在全，《物權（上）》，第五四○頁；王澤鑑，《物權》，第二九八頁。不同見解，參閱姚瑞光，《物權》，第一二八頁。

利上之保全之行為而言（七十四臺上二二一八判決），無論是事實行為或法律行為，均包括在內。換言之，所謂保存行為，係指以防止共有物之滅失、毀損或權利之喪失、限制等為目的，以維持現狀之行為。本件上訴人為維持國宅之公共設施、停車場之現狀，不被毀損或妨礙，請求被上訴人拆除妨害停車位之違建雨棚、除去花圃等雜物，並請求交還土地，不得為妨礙其管理停車位之行為，即非無據（八十二臺上三五八判決）。簡易修繕，例如換修破碎之門窗玻璃、整修阻塞之水管等，目的在防止共有物之滅失、毀損，自屬保存行為。簡易修繕以外之其他保存行為，例如聲請所有權之登記、中斷消滅時效、受領共有物之交付、收拾放置在外而有日晒雨淋之虞的動產、為維持共有房屋完整免被拆除而成立和解（七十臺上一九九二判決）、本於所有權為回復共有物之請求（二十三上二〇六一）等是。

　由於共有物之保存行為，係指保全共有物之本體或物上所存權利之行為，舉凡以防止共有物之有形毀損、滅失及其價格低落或權利喪失等為目的，而維持其現狀之行為均屬之。因此等行為，原則上均係為共有人之共同利益，故各共有人均得單獨為之，縱令為保存行為之共有人因其行為之結果，可得較大之利益，亦屬無妨。本件原判決已記載上訴人陳述：系爭共有土地之土地使用分區為學校用地，不得移作他用，目前為空地，時有民眾傾倒垃圾及侵入校區，危及師生安全，伊為避免減損土地之價值，及維護校區之安全，乃修築圍牆，並預留出入口，共有人得自由進入使用等語，果屬真實，上訴人為免已編為學校用地之系爭共有土地淪為垃圾場，而減損其價值，因而築牆圍止，能否因其兼為維護校區師生住宿之安全，即指為非屬保存行為？即有值推求之餘地。倘其為保存行為，而上訴人果又預留出入口供共有人進入使用，於共有人之權利並無妨害，上訴人自非不得單獨為之（八十二臺上八四一判決）。共有人出賣行將腐敗之食物而移轉其所有權，以保全價值，雖係對共有物之處分，但如非緊急處理，不足維護其物之價值，因而亦屬保存行為[179]。

[179]　參閱倪江表，《物權》，第一二五頁；史尚寬，《物權》，第一四四頁；謝在全，《物權（上）》，第五四〇頁；王澤鑑，《物權》，第二九九頁。

三、聲請法院裁定變更

㈠因顯失公平而聲請

民法第八二〇條第二項規定:「依前項規定之管理顯失公平者,不同意之共有人得聲請法院以裁定變更之。」本條項規定,旨在避免多數決之濫用,而保障全體共有人之權益。此處所稱依前項規定之管理,係指多數決或應有部分超過三分之二所定之管理。聲請法院裁定變更之聲請人,以不同意之共有人為限,凡是未參與同意之決定者,無論是積極不同意或消極未參與表決,均應認係不同意之共有人❶❽❶。至於有無顯失公平之情形,則由法院斟酌一切具體客觀情事定之,例如決定共有物僅供一共有人長期無償使用是。

㈡因情事變更而聲請

民法第八二〇條第三項規定:「前二項所定之管理,因情事變更難以繼續時,法院得因任何共有人之聲請,以裁定變更之。」職是之故,無論是由共有人全體同意所約定之管理,抑或由共有人多數議決所決定之管理,抑或由法院裁定所定之管理,只要因情事變更以致難以繼續時,任何共有人均得聲請法院以裁定變更之。此項規定,可謂係情事變更原則之具體化。

四、關於共有物管理之決定及裁定之效力

共有人間依民法第八二〇條第一項規定所為共有物管理之多數決決定,對於為決定時之共有人,無論是否為同意、未表示意見、甚或反對之共有人,均有效力。法院依同條第二項、第三項所為共有物管理之裁定,對於為裁定時之共有人,亦均有效力。又此次(民國九十八年)修正之民法物權編,增訂第八二六條之一規定,對共有物管理之多數決決定及法院之裁定,均賦予物權效力,即此項決定或裁定具備該條第一項、第二項規定之要件者,對於應有部分之受讓人或取得物權之人,具有效力。關於民法第八二六條之一規定之適用,詳後述之。

---

❶❽❶ 參閱謝在全,《物權(上)》,第五四二頁。

第四目　共有物之費用負擔

民法第八二二條第一項規定:「共有物之管理費及其他負擔,除契約另有約定外,應由各共有人按其應有部分分擔之。」所謂共有物之管理費,係指因共有物保存、改良及利用所生之費用。所謂共有物之其他負擔,包含公法上之負擔及私法上之負擔,前者如共有物應繳納之稅捐(例如土地之土地稅、房屋之房屋稅),後者如保險費之支付,土地上工作物致他人損害所應負之損害賠償(民法第一九一條)是。又如分別共有人全體之同意所為變更共有物之費用,亦包括在內。此等費用或負擔如何分擔,共有人得依契約定之,契約未訂定時,由各共有人按其應有部分分擔之。

其次,民法第八二二條第二項規定:「共有人中之一人,就共有物之負擔為支付,而逾其所應分擔之部分者,對於其他共有人得按其各應分擔之部分,請求償還。」例如甲乙共有一棟房屋,應有部分各二分之一,該房屋每年應繳各類稅捐及管理費計二十萬元,甲乙各應分擔十萬元,甲先為全部繳納時,得向乙請求償還十萬元是。設乙未償還此項應分擔之費用,而將其應有部分移轉於丙時,甲得否向丙請求償還,民法原未設明文規定,因而甚有爭論[181]。關於此項問題,有採肯定說,即認為此種求償權乃附隨於應有部分而存在,該應有部分既已移轉,則對該應有部分之特定繼受人亦得主張[182];有採否定說,即認為此種求償權乃係屬債權,非屬物上負擔,僅於當事人間發生效力,不因應有部分之移轉而當然移轉於受讓人[183],應以否定說為可採。

惟此次(民國九十八年)修正之民法物權編,增訂第八二六條之一第

---

[181] 相關說明,參閱謝在全,《物權(上)》,民國九十三年八月修訂三版,第六〇八至六〇九頁。

[182] 參閱鄭玉波,《物權》,第一二三頁。

[183] 參閱梅仲協,《要義》,第四〇〇頁;姚瑞光,《物權》,第一二九頁;王澤鑑,《物權》,第三〇〇頁;謝在全,《物權(上)》,民國九十三年八月修訂三版,第六〇九頁。

三項規定:「共有物應有部分讓與時，受讓人對讓與人就共有物因使用、管理或其他情形所生之負擔連帶負清償責任。」職是之故，共有人中之一人，就共有物之負擔為支付，而逾其所應分擔之部分者，對其他共有人之求償權，於共有物應有部分讓與時，不僅得對應有部分之讓與人主張，請求其償還，亦得對該應有部分之受讓人主張，請求其償還。就上舉案而言，甲得向乙請求償還之十萬元，設乙未償還此項應分擔之費用，而將其應有部分移轉於丙時，乙丙就此十萬元債務，應對甲負連帶清償責任，甲得向丙請求償還。至於應有部分之受讓人清償後，自得依民法第二八〇條但書規定，向該應有部分之讓與人求償。又共有物應有部分之讓與，其原因行為若為有償行為者（例如買賣），應有部分之受讓人對於讓與人，尚得依法行使瑕疵擔保請求權或不完全給付之損害賠償請求權。

第四款　分別共有之外部關係

第一、對第三人之權利

　　民法第八二一條規定:「各共有人對於第三人，得就共有物之全部為本於所有權之請求。但回復共有物之請求，僅得為共有人全體之利益為之。」茲就有關問題，分述如下:

一、就共有物之全部為本於所有權之請求

　　依民法第八二一條規定，各共有人對於第三人，既得就共有物之全部，為本於所有權之請求，此為各共有人之權利，因此各共有人不問其他共有人之意思如何，縱令他共有人有反對之表示，均得單獨行使此項權利，如以此為標的之訴訟，無由共有人全體提起之必要（三十八臺上六十二）。所謂「本於所有權之請求」，實務上採狹義說，認為係指民法第七六七條規定之所有權請求權，即對於無權占有或侵奪其共有物者，得請求返還之，對於妨害其共有物所有權者，得請求除去，有妨害其共有物所有權之虞者，得請求防止之。

　　司法院二十八年院字第一九五〇號解釋謂:「㈠為訴訟標的之權利，非

數人共同不得行使者，固須數人共同起訴，原告之適格，始無欠缺。惟民法第八百二十一條規定，各共有人對於第三人得就共有物之全部為本於所有權之請求，此項請求權，既非必須由共有人全體共同行使，則以此為標的之訴訟，自無由共有人全體共同提起之必要。所謂本於所有權之請求權，係指民法第七百六十七條所規定之物權的請求權而言，故對於無權占有或侵奪共有物者，請求返還共有物之訴，對於妨害共有權者，請求除去妨害之訴，對於有妨害共有權之虞者，請求防止妨害之訴，皆得由各共有人單獨提起，惟請求返還共有物之訴，依民法第八百二十一條但書之規定，應求為命被告向共有人全體返還共有物之判決，不得請求僅向自己返還。至債權的請求權，例如共有物因侵權行為而滅失毀損之損害賠償請求權，固不在民法第八百二十一條規定之列，惟應以金錢賠償損害時（民法第一百九十六條、第二百十五條參照），其請求權為可分債權，各共有人僅得按其應有部分，請求賠償，即使應以回復原狀之方法賠償損害，而其給付不可分者，依民法第二百九十三條第一項之規定，各共有人亦得為共有人全體請求向其全體為給付，故以債權的請求權為訴訟標的之訴訟，無論給付是否可分，各共有人均得單獨提起。以上係就與第三人之關係言之，若共有人之一人，越其應有部分，行使所有權時，他共有人得對之行使物權的或債權的請求權，並得單獨對之提起以此項請求權為標的之訴，尤不待言。」可供參考。又最高法院二十八年上字第二三六一號判例謂：「依民法第八百二十一條之規定，各共有人對於第三人，得就共有物之全部，為本於所有權之請求，此項請求權既非必須由共有人全體共同行使，則以此為標的之訴訟，自無由共有人全體共同提起之必要。所謂本於所有權之請求權，係指民法第七百六十七條所規定之物權的請求權而言，故對於無權占有或侵奪共有物者，請求返還共有物之訴，得由共有人中之一人單獨提起，惟依民法第八百二十一條但書之規定，應求為命被告向共有人全體返還共有物之判決而已。」其見解相同。惟為保全共有物及增進物之利用，宜採廣義說，認為凡本於所有權之請求，包括因相鄰關係而生之各種權利，例如鄰地損害之預防（民法第七七四條、第七九四條、第七九五條）等，均應包括在內❿。

共有人依民法第八二一條規定,就共有物之全部為本於所有權之請求,除請求回復共有物須為共有人全體利益為之外,非不得僅由其中一人起訴請求,上訴人提起本件訴訟,僅在請求被上訴人拆除牆垣,以回復原有巷道之寬度,並非請求被上訴人交還其占有之土地,自不必為共有人全體之利益為之(七十一臺上一六六一)。又按物之使用,乃指依物之用法,不毀損其物體或變更其性質,以供吾人需要而言,而大樓屋頂平臺之用途,一般作為火災之避難場、電梯之機械室、屋頂之出入口、避雷針、共同天線、火災時之通路,如住戶於屋頂平臺加蓋建物,影響全建築物之景觀及住戶之安全,已達變更屋頂之用途或性質,自非適當,共有人為全體共有人之利益,自得本於所有權請求除去之(九十二臺上四十一判決)。至於分別共有之土地,經協議分管之後,各共有人就其分管部分,固得依約定之方法為使用收益,然在共有土地分割前,且未徵得全體共有人之同意,而將分管部分出賣他人並移轉其占有時,即不能仍謂該共有人係依約定之方法為使用收益,他共有人尚非不得依據民法第八二一條規定為共有人全體之利益請求回復原狀(五十八臺上二二四二判決)。

　　如上所述,民法第八二一條規定,各共有人對於第三人得就共有物之全部為本於所有權之請求,係指民法第七六七條所規定之「物權」請求權而言,並不及於共有人基於債之法律關係對於第三人為賠償之請求。從而請求返還不當得利,並無該條規定之適用,請求返還不當得利,而其給付可分者,各共有人僅得按其應有部分,請求返還(八十八臺上一三四一判決)。原審准被上訴人得為其他共有人汪瑜,基於不當得利法律關係,請求上訴人給付占有系爭土地所受相當於租金利益之損害金,其法律見解亦有違誤(九十四臺上六六八判決)。又因債權的請求權,不在民法第八二一條規定之列,僅於共有物被侵害,請求損害賠償,而其給付不可分者,依民法第二九三條之規定,各共有人方得為共有人全體請求向其全體為給付(司法院二十八年院字第一九五〇號解釋參照)。本件上訴人訴請被上訴人給付

---

⑱　參閱姚瑞光,《物權》,第一二五頁;王澤鑑,《物權》,第三〇一頁;謝在全,《物權(上)》,第五五七頁。

不當得利部分，核屬可分之金錢債權，各該上訴人僅得按其應有部分，請求被上訴人返還所受利益，尚不得依民法第八二一條規定為全體共有人訴請被上訴人向上訴人及其他共有人為給付（八十五臺上二三九一判決）。上訴人主張被上訴人應負損害賠償之責及返還不當得利，而對之為金錢之請求，該金錢給付既非不可分，且與系爭共有物之回復無涉，竟為全體共有人之利益，請求被上訴人應給付金錢予伊及其他共有人全體，於法尚屬不合（八十一臺上四九一判決）。職是之故，以債權之請求權為訴訟標的之訴訟，無論給付是否可分，各共有人均得單獨提起之。

二、回復共有物之請求權

民法第八二一條本文所謂「本於所有權之請求」，係指同法第七六七條所規定之所有物返還請求權、所有權妨害除去請求權及所有權妨害妨止請求權三種而言；至第八二一條但書所謂「回復共有物之請求」，則僅指「所有物返還請求權」而言（七十一臺上五〇七三判決）。回復共有物之請求權，並非必須由共有人全體共同行使，得由共有人中之一人單獨行使，惟依民法第八二一條但書規定，僅得為共有人全體之利益為之。從而共有人中之一人，無論其應有部分及面積如何，依法均得對於第三人就共有物之全部，為共有人全體之利益，而為回復共有物之請求，其為共有人全體就共有物全部提起返還之訴時，無由共有人全體提起之必要（三十八臺上六十二）。所謂僅得為共有人全體之利益為之，係指應請求將共有物返還於共有人全體，而不得請求返還於自己。共有人中之一人或數人為請求回復共有物而起訴時，倘已在聲明中請求應將共有物返還於共有人全體，即係為共有人全體利益請求，無須表明全體共有人之姓名（八十四臺上三三九）。

由於回復共有物之請求，僅得為共有人全體之利益為之，從而關於共有物之回復如係起訴請求，雖無由共有人全體共同提起之必要，惟對於無權占有或侵奪共有物者，請求返還共有物之訴，應求為命被告向共有人全體返還共有物之判決，不得請求僅向自己返還（四十一臺上六一一），其請求僅向自己返還者，應將其訴駁回（三十七上六七〇三）。又民法第八二一條但書所稱之利益，乃指客觀之法律上利益而言，至各共有人主觀上有無

行使回復共有物請求權之意思，原非所問（五十八臺上八七二），因此縱令一部分共有人為反對回復共有物之表示，其他共有人仍得請求被告向共有人全體返還共有物，亦不因其他共有人同意第三人使用，而得阻卻此項返還請求權之單獨行使（五十八臺上一三九七判決）。共有人取得勝訴判決之執行名義後，得為共有人全體之利益，聲請強制執行，其他共有人縱未具名起訴，亦得據該判決聲請強制執行，惟以該共有人身分已為執行名義所認定或為債務人所不爭執為限，債務人如有爭執時，應由該共有人提起確認之訴，俟判決確定後，該共有人始得聲請執行（最高法院三十一年九月二十二日民刑庭總會決議㈡）。

第二、對第三人之義務

因共有物所生之對第三人之義務，例如共有物之修繕費、管理費，因共有物而生之損害賠償債務（例如民法第一九一條），出賣共有物之給付義務是，各共有人所應負之責任，除當事人另有約定外，應依該義務之性質是否具有可分性定之。義務之性質可分者，例如修繕費、保管費、以金錢為損害賠償是，由各共有人按其應有部分，對第三人負責。最高法院十八年上字第一六四五號判例謂：「兄弟共有之商店分歸一人時，僅該店嗣後所負債務與其他兄弟無涉，其於未分以前所負債務，仍應由各兄弟分任清償之責。兄弟間約明未分以前所負債務概歸分得之人負擔，在兄弟間之內部關係固非無效，而對於債權人，則非依債務承擔之法則，通知債權人得其同意，不能發生債務移轉之效力。」可供參考。義務性質不可分者，例如以回復原狀為損害賠償、物之交付是，則由各分別共有人對第三人負連帶責任。

第五款　分別共有物之分割

第一目　共有物分割請求權

民法第八二三條第一項規定：「各共有人，除法令另有規定外，得隨時請求分割共有物。但因物之使用目的不能分割或契約訂有不分割之期限者，

不在此限。」茲就有關問題，分述如下：

第一、意義及性質

　　共有物分割請求權，係各共有人得以一方之意思表示，使共有人間發生應依一定分割方法以消滅共有關係之權利。此項權利雖名為請求權，條文亦定為請求，但通說認係分割共有物的權利，非請求他共有人同為分割行為的權利，其性質為形成權之一種，並非請求權，故民法第一二五條所謂請求權不包括共有物分割請求權在內（二十九上一五二九），於共有關係存續中各共有人隨時皆可行使，不適用關於消滅時效之規定[185]。

　　其次，共有物之原物分割，依民法第八二四條之一第一項、第八二五條及第一一六八條規定觀之，係各共有人就存在於共有物全部之應有部分，互相移轉，使各共有人取得各自分得部分之單獨所有權。共有物之價金分割則係變賣共有物，以價金分配於各共有人。可知共有物之分割，對於物之權利既有所變動，性質上屬於處分行為之一種，不因協議分割或裁判分割而有不同。

第二、分割請求權人及分割之請求

　　共有物分割請求權，為分割共有物之權利，非請求他共有人同為分割行為之權利，其性質為形成權之一種，而非請求權，故非物之共有人，不得行使之（五十二臺上八七九判決），其參與分割之當事人僅以共有人為限。請求分割之共有物如為不動產，其共有人為何人，以及應有部分各為若干，應以土地登記總簿登記者為準，因此雖共有人已將其應有部分讓與他人，在辦妥所有權移轉登記前，受讓人仍不得以共有人之身分，參與共有物之分割（六十七臺上三一三一），該出賣應有部分之讓與人，仍得本於共有權

---

[185]　參閱王澤鑑，《物權》，第三〇四頁；謝在全，《物權（上）》，第五六四頁。不同見解，參閱謝在全，《物權（上）》，第五六八頁註三所引及說明；陳榮傳，〈共有物分割請求權是否為形成權?〉，收錄於蘇永欽主編，《民法物權爭議問題研究》，第二一七頁。

請求分割共有物。又因繼承於登記前已取得不動產物權者，其取得雖受法律之保護，不以其未經繼承登記而否認其權利，但繼承人如欲分割其因繼承而取得公同共有之遺產，因屬於處分行為，依民法第七五九條規定，自非先經繼承登記，不得為之（最高法院民國六十八年度第十三次民事庭會議決議）❶⑱⑥。

如上所述，共有物之分割性質上為處分行為，不因協議分割或裁判分割而有不同，依民法第七五九條規定，不動產之共有人中有人死亡時，於其繼承登記前，不得分割共有物。然為便利共有物分割和訴訟經濟，不動產之共有人中有一人死亡，他共有人請求分割共有物時，應許原告就請求繼承登記及分割共有物之訴訟合併提起，即以一訴請求該死亡之共有人之繼承人辦理繼承登記，並請求該繼承人於辦理繼承登記後，與原告及其餘共有人分割共有之不動產（最高法院民國七十年度第二次民事庭會議決議）。職是之故，分割共有物之訴，倘於第二審言詞辯論終結前有共有人死亡時，其繼承人因繼承，固於登記前已取得不動產物權，惟非經登記不得處分其物權，則在辦畢繼承登記前，其繼承人仍不得以共有人身分參與共有物之分割，但為求訴訟經濟起見，可許原告就請求繼承登記及分割共有物之訴合併提起，即以一訴請求該死亡之共有人之繼承人辦理繼承登記，並請求該繼承人於辦理繼承登記後，與原告及其餘共有人分割共有之不動產。原告如不追加請求該死亡之共有人之繼承人辦理繼承登記，因該繼承人就共有物並無處分權可資行使，法院即無從基此為裁判分割，其分割共有物之請求，自屬不能准許（九十一臺上八三二判決）。

共有物未分割前，各共有人實際上劃定範圍使用共有物者，乃屬一種分管性質，與共有物之分割不同。系爭土地既為兩造所共有，過去雖曾分管，在法律上仍不能認為分割，故在合法分割前共有關係猶無稍變，且政

---

❶⑱⑥　最高法院七十二年臺上字第二六四號判決：「查分割共有物對於共有物之權利，既有所變動，即屬處分行為之一種，凡因繼承於登記前已取得不動產物權者，其取得雖不以登記為要件，然依民法第七百五十九條之規定，共有人中有人死亡時，於其繼承人未為繼承登記前，仍不得分割共有物。」

府徵收放領之對象又係向共有人全體為之，則因徵收所生之損失，自應由全體共有人共同負擔（四十七臺上八六一判決）。故分管該被徵收土地之共有人，就未被徵收部分之土地，仍有分割請求權。又共有乃數人共同享有一所有權，故各共有人本其所有權之作用，分別使用共有物之一部分，除另有特約外，不得謂已默示依照使用狀態分割（五十四臺上九二六判決）。

　　債務人就查封物所為移轉、設定負擔或其他有礙執行效果之行為，依強制執行法第五十一條第二項規定，僅對於債權人不生效力而已，並非絕對無效；裁判分割，既係法院基於公平原則，決定適當之方法分割共有物，自不發生有礙執行效果之問題，債權人即不得對之主張不生效力；且債務人之應有部分，經實施查封以後，因裁判分割，其權利即集中於分割後之特定物，此為債務人原有權利在型態上之變更，當為查封效力之所及，於假處分亦無影響（七十二臺上二六四二）。因此共有物之應有部分經實施查封後，共有人（包含執行債務人及非執行債務人）仍得依民法第八二四條規定之方法，請求分割共有物。惟協議分割之結果有礙執行效果者，對於債權人不生效力，至於裁判分割，係法院基於公平原則，決定適當之方法而分割共有物，自不發生有礙執行效果之問題，債權人即不得對之主張不生效力（六十九第十四次民庭會決議）。

　　由於假扣押之禁止處分，其目的在禁止債務人將假扣押之財產移轉於他人或設定負擔，以保全將來之執行。分割共有物並非將自己所有財產移轉於他人或設定負擔之行為，分割後各共有人之財產並不因而減少價值或難於執行，故共有物縱經法院實施假扣押，亦非不得分割（五十九臺上一八〇判決）。假處分之效力，僅在禁止債務人就特定財產自由處分，並不排除法院之強制執行，亦不能因此而阻礙共有人請求法院分割共有物之權能。且依強制執行法第五十一條第二項之規定，實施查封後，債務人就查封物所為移轉、設定負擔或其他有礙執行效果之行為，僅對債權人不生效力。而裁判分割，係由法院依職權為之。既於查封之效力無礙，殊無於實施假處分之後，不准分割之法律上理由（六十九臺上二四〇三）。

第三、請求分割之自由與限制

一、共有物分割自由原則

關於共有物之分割，民法係採自由原則，即除有民法第八二三條第一項但書所列限制分割之情形外，各共有人得隨時請求分割，以消滅共有關係。該條立法理由書作有如下之說明：「分割者，以共有關係消滅為目的之清算程序。共有於改良共有物，不無妨礙（例如甲共有人欲改良，而乙共有人不欲是），且於共有物之融通亦多阻窒（例如欲賣共有物非各共有人同意不得為之，而得各共有人同意其事甚難）。國家經濟既受損害，並易啟各共有人彼此之爭論，故法律不能不予各共有人以隨時請求分割之權，使共有之關係容易消滅，於公私皆有神益。」

共有物依其使用目的並非不能分割，而又未有不分割之期約者，各共有人自得隨時請求分割（十九上一八五三）。共有物未分割前，各共有人實際上劃定範圍使用共有物者，乃屬一種分管性質，與共有物之分割不同。分管契約係共有人就共有物之使用、收益或管理方法所訂定之契約，不過就共有物之管理定暫時使用之狀態，並無消滅共有關係之特約，即與分割有間。從而，共有物訂立分管契約後，除因物之使用目的不能分割或契約訂有不分割之期限者外，各共有人仍得隨時請求分割（九十二臺上一一二四判決）。又分管契約，係以共有關係繼續存在為前提，分割則以消滅共有關係為目的，故共有人請求分割共有物，應解為有終止分管契約之意思。

二、共有物分割自由原則之限制

共有人固得隨時請求分割共有物，然有下列情形之一者，不得請求分割：

㈠法令有禁止或限制分割之規定者

各共有人原則上得隨時請求分割共有物，惟如法令另有禁止或限制分割規定者，自當從其規定。例如民法第一一六五條第一項、第一一六六條第一項，遺產及贈與稅法第八條，土地法第三十一條及建築法第十一條與基於其授權訂定之建築基地法定空地分割辦法第三、四條，農業發展條例第十六條等是。由於法令就共有物所設禁止或限制分割規定，其立法目的

乃在防止細分，應屬強行規定，因此共有物之分割違反此項規定者，自應認屬無效，縱當事人無異議亦然。最高法院六十五年臺上字第五六三號判例謂：「土地法第三十一條第一項規定市縣地政機關於其管轄區域之土地，得斟酌地方經濟情形，依其性質及使用之種類，為最小面積單位之規定，並禁止其再分割，乃旨在防止土地細分，影響經濟效用。市縣地政機關為此最小面積單位之規定，即為執行土地法此項意旨，共有土地之分割倘有違反此項規定，自應認屬無效，縱當事人無異議亦然。」可供參考。

由於共有物之分割方法，依民法第八二四條第二項之規定，可以為原物分配或變賣共有物而分配其價金。土地法第三十一條、農業發展條例第十六條（同條例原第二十二條）係為防止土地或耕地細分，故對現有每宗土地或耕地之分割，加以限制或禁止，依其立法意旨，係指限制共有土地或耕地以原物分配為分割而言，現行法律並無禁止土地或耕地買賣之規定（原土地法第三〇條規定承受人應能自耕），因此倘將共有土地或耕地整筆變賣，以價金分配共有人，並不發生土地或農地細分情形，應不在上開規定限制之列。是以共有土地或耕地之共有人請求採變賣共有物分配價金之分割方法，並非不得准許（六十四臺上四二〇），即共有人仍可請求分割，但分割之方法，僅限於變賣共有物分配價金（最高法院民國六十三年度第二次民事庭會議決議㈠）。

又農業發展條例原第二十二條規定：「為擴大農場經營規模，防止農地細分，現有之每宗耕地不得分割及移轉為共有。但因繼承而移轉者，得為共有；部分變更為非耕地使用者，其變更部分得為分割。」惟最高法院六十五年臺上字第六八六號判例謂：「農業發展條例第二十二條上段雖規定現有每宗耕地不得分割及移轉為共有，但如該耕地原屬共有土地，共有人僅出售其應有部分，將其應有部分移轉為買受人所有，仍保持與他共有人之共有關係，應不在上開法條禁止之列，亦不發生給付不能之問題。」此雖為有關農業發展條例原第二十二條規定之判例，然其法律見解，仍可供參考。據此判例，可知關於共有物（例如原屬共有之土地或耕地），法令雖設有禁止移轉為共有或分割之規定，惟共有人僅出售其應有部分，將其應有部分

移轉為買受人所有，仍保持與其他共有人之共有關係者，則應不在禁止移轉為共有或分割之列。

(二)因物之使用目的不能分割者

各共有人，得隨時請求分割共有物，但因物之使用目的不能分割者，不在此限（民法第八二三條第一項但書）。此項規定的立法意旨，在於增進共有物之經濟效用，並避免不必要的紛爭。所謂因物之使用目的不能分割，係指共有物繼續供他物之用，而為其物之利用所不可缺，或為一權利之行使所不可缺者而言（五十臺上九七〇），例如界標、界牆、區分所有建築物之共同部分、共有之契據等是（九十二臺上五六四判決）。又既稱「不能分割」，當包括原物分割與變價分割在內。又所謂因物之使用目的不能分割，係指該共有物現在依其使用目的不能分割者而言，倘現在無此情形，則將來縱有可能有此不能分割之情形，亦無礙共有人之分割請求權。例如經都市計畫法編為道路預定地而尚未闢為道路之共有土地，其共有人自仍得請求分割（七十臺上二六〇判決）**❿**。

已闢為道路之共有土地，除請求分割之共有人，願就其分得部分土地為他共有人設定地役權外，原則上不得分割（五十八臺上二四三一）。蓋因已闢為道路之共有土地，屬供公眾通行使用，事涉公益，自應認係因使用目的不能分割。而河川水道及行水區，性質與道路類似，其重要性及牽涉公益之範圍，較道路有過之而無不及，自應認亦屬因使用目的不能分割（八十七臺上一三八六判決）。又如已闢為市場使用之共有建物，亦因係供公眾

---

❿ 最高法院七十五年度第五次民事庭會議決議(三)：「民法第八百二十三條第一項但書所謂因物之使用目的不能分割，係指該共有物現在依其使用目的不能分割者而言。倘現在尚無不能分割之情形，則將來縱有可能依其使用目的不能分割情事，亦無礙於共有人之分割請求權。依都市計畫法第四十二條、第五十條、第五十一條之規定，道路預定地屬於公共設施用地。於一定期限內以徵收等方式取得之，逾期即視為撤銷，且於未取得前，所有權人仍得繼續為原來之使用或改為妨礙指定目的較輕之使用，並得申請為臨時建築使用。故經都市計畫法編為道路預定地而尚未闢為道路之共有土地，其共有人非不能訴請分割（本院七十年度臺上字第二六〇號判決參照）。」

使用，事涉公益，自應認屬因使用目的而不能分割。本件系爭建物主要用途為「商業用」，使用種類係「市場」，原判決以其因使用目的不能分割，而駁回上訴人分割系爭建物之請求，於法並無不合（九十五臺上一五〇判決）。至於僅因聚族而居之傳統關係，則難認有不能分割情形存在（五十臺上九七〇）。區分所有建築物的共同使用部分，為各區分所有人利用該建築物所不可欠缺，其性質亦屬於因物之使用目的不能分割。內政部中華民國六十一年十一月七日（六一）臺內地字第四九一六六〇號函，關於太平梯、車道及亭子腳為建築物之一部分，不得分割登記之釋示，符合上開規定之意旨，與憲法尚無牴觸（釋三五八）❿。兩造共有之系爭地下室，性質上為繼續供大樓避難及停車使用之不可或缺，依目前法令尚不得為分割，上訴人以該地下室獨立編有建號及門牌，即謂得為分割之客體，訴請准為原物分割或以變賣共有物分配價金為分割方法，自屬無理（八十一臺上八三八判決）。

㈢契約訂有不分割之期限者

各共有人，得隨時請求分割共有物，但契約訂有不分割之期限者，不在此限（民法第八二三條第一項但書）。此乃因共有物急速分割，有不利於共有人者，故使各共有人得以特約訂明於一定之期間內，不得請求分割，但此種期間，亦不宜過長，使社會經濟，轉形濡滯，因而民法第八二三條

---

❿ 本號解釋之理由書：「數人區分一建築物而各有其一部者，該建築物及其附屬物之共同部分，推定為各所有人之共有，民法第七百九十九條前段定有明文。各共有人得隨時請求分割共有物，但因物之使用目的不能分割者，不在此限，亦為同法第八百二十三條第一項所規定。該但書之立法意旨，乃在增進共有物之經濟效用，並避免不必要之紛爭。區分所有建築物之共同使用部分，為各區分所有人利用該建築物所不可或缺，其性質屬於因物之使用目的不能分割之情形。土地登記規則第七十二條第二款及第三款規定，區分所有建築物之共同使用部分之所有權，應於各相關區分所有建築物所有權移轉時，隨同移轉於同一人，不得分割，亦在揭示同一意旨。內政部中華民國六十一年十一月七日（六一）臺內地字第四九一六六〇號函，關於太平梯、車道及亭子腳為建築物之部分，不得分割登記之釋示，符合上開意旨，與憲法第十五條及第二十三條尚無牴觸。」

第二項規定：「前項約定不分割之期限，不得逾五年；逾五年者，縮短為五年。但共有之不動產，其契約訂有管理之約定，約定不分割之期限，不得逾三十年；逾三十年者，縮短為三十年。」此乃因不動產利用恆須長期規劃且達一定經濟規模，始能發揮其效益，若共有人間就共有之不動產已有管理之協議時，該不動產之用益已能圓滑進行，共有制度無效率之問題足可避免，是法律對共有人此項契約自由及財產權之安排，自應充分尊重，因而放寬約定不分割期限至三十年。

上開約定不分割之期限屆滿時，應解為得予更新，蓋此為重新締約，當事人自有衡量，似無禁止的必要❶❽❾。共有人訂有不分割之期限者，於該禁止分割期限內自不得請求分割，惟若能得共有人全體之同意，自可不受其限制而提前分割。最高法院十八年上字第二一九九號判例謂：「㈠共有物雖得由共有人請求分析，但已經分析，並於分析時約定保留某部分為各共有人公共之用者，嗣後非得各共有人全體之同意，自不得將該保留部分強求分析。」可供參考。其次，民法第八二三條第三項規定：「前項情形，如有重大事由，共有人仍得隨時請求分割。」故共有人間雖訂有禁止分割期限之契約，但在該期限內如有重大事由發生，共有人仍得隨時請求分割。至於所謂「重大事由」，係指法院斟酌具體情形認為該共有物之通常使用或其他管理已非可能，或共有難以繼續之情形而言，例如共有人之一所分管之共有物部分已被徵收，分管契約之履行已屬不能或分管契約有其他消滅事由等是。

又此次（民國九十八年）修正之民法物權編，增訂第八二六條之一規定，對不分割共有物的契約（禁止分割之約定），賦予物權效力，即此項契約具備該條第一項、第二項規定之要件者，對於應有部分之受讓人或取得物權之人，具有效力。關於民法第八二六條之一規定之適用，詳後述之。

---

❶❽❾　參閱姚瑞光，《物權》，第一三〇頁；王澤鑑，《物權》，第三〇六頁。
　　不同見解，參閱謝在全，《物權（上）》，第六五六頁。

第四、分割之方法

共有物的分割方法，計有二種，一為協議分割，一為裁判分割。所謂協議分割，係由共有人以協議決定共有物分割之方法而為分割；所謂裁判分割，係由法院以裁判決定共有物分割之方法而為分割。關於分割之方法，詳後述之。

第二目　協議分割

民法第八二四條第一項規定：「共有物之分割，依共有人協議之方法行之。」此項分割方法，稱之為協議分割。共有物非有特種情形，各共有人固得隨時請求分割，但其分割，須依共有人協議之方法行之（十九上一〇〇四）。茲就有關問題分述如下：

第一、協議分割之成立

協議分割共有物為契約之一種，應由全體共有人參與協議訂立，必須共有人全體以消滅共有關係為目的，同意分割方法之意思合致，始生協議分割之效力，屬於債權契約。協議分割既屬債權契約，為法律行為之一種，自須有行為能力者始得為之，無行為能力人未由法律代理人為之代理，與限制行為能力人未得法定代理人之允許，而參與協議者，前者之意思表示無效，後者之意思表示非經法定代理人之承認不生效力（四十臺上一五六三）。

協議分割係不要式行為，不以書面為之為必要，關於協議內容，法無限制，苟有明示或默示之意思表示，對分割之方式（方法）為事前之同意或事後之承認者，均可認有協議分割之效力。從而兩造間就系爭房屋與基地及其他共有物，既經協議以抽籤方法實行分割，即生分割之效力，不因上訴人未在鬮分證書加蓋名章而受影響（四十三臺上九五二）。如有其他證據足認被上訴人已同意共有人間之協議方法，自不能僅以其拒絕在共有物分割證書蓋章，即認其不受分割契約之拘束（五十七臺上三四三七判決），

祇須共有人間確有協議分割之事實，各共有人即須受該協議之拘束，不因共有人未在分割證書上簽章，即謂仍得訴請裁判分割（五十四臺上九九五判決）。又共有物之協議分割，祇須共有人全體同意分割方法，即生協議分割之效力，不因共有人中之一人或數人因協議分割取得之利益不等，而受影響（六十八臺再四十四）。

第二、協議分割之效力

一、協議分割契約之履行請求權

協議分割契約為債權契約，該契約有效成立後，各共有人並未取得依協議所分得部分共有物之單獨所有權，僅取得請求履行協議分割契約而辦理分割之請求權。共有人如有不按已成立之協議分割契約履行者，他共有人僅得訴請履行，此際為給付之訴，而非為分割共有物之形成之訴。又協議分割契約所訂分割方法，性質上為不可分，故共有人中之一人或數人提起請求履行協議分割契約之訴，其訴訟標的對於共有人全體必須合一確定，應以其他共有人全體為被告，於當事人之適格始無欠缺。且其應受判決事項之聲明，應為命兩造依協議分割契約所訂分割方法協同辦理分割登記，不得僅命被告就原告自己分得部分協同辦理分割登記（九十三臺上五五七判決）。

由於共有物或權利之協議分割與裁判分割，皆以消滅各共有人就共有物或權利之共有關係為目的，須全體共有人均依協議分割契約履行，始能消滅共有人間之共有關係。至於辦理分割之行為，性質上為處分行為，在動產須經交付，在不動產須經分割登記，始生效力。又共有人依協議分割而發生之債務，為基於契約互負債務，因而有民法第二六四條同時履行抗辯權的適用，從而協議分割共有物採原物分割兼為金錢補償時，共有人於他共有人未提出金錢補償者，得拒絕為分割行為（辦理分割登記）。

二、消滅時效

共有人請求履行協議分割契約之權利，性質上為債權之請求權，故有民法第一二五條消滅時效規定之適用。最高法院六十七年臺上字第二六四

七號判例謂：「司法院大法官會議釋字第一○七號解釋係就物上回復請求權而言，與登記請求權無涉。共有人成立不動產協議分割契約後，其分得部分所有權移轉請求權，乃係請求履行協議分割契約之權利，自有民法第一百二十五條消滅時效規定之適用。」可供參考。

　　共有人履行協議分割契約之請求權，因罹於時效而消滅時，他共有人自得為消滅時效完成之抗辯而拒絕給付。惟鑑於各共有人得隨時請求分割共有物，為民法第八二三條第一項前段所明定，此項規定，旨在消滅物之共有狀態，以利融通與增進經濟效益。不動產共有人協議分割後，其辦理分割登記請求權之消滅時效完成，共有人中有為消滅時效完成之抗辯而拒絕給付者，該協議分割契約既無從請求履行，協議分割之目的無由達成，於此情形，若不許裁判分割，則該不動產共有之狀態將永無消滅之可能，揆諸分割共有物之立法精神，自應認為得請求裁判分割（八十一臺上二六八八）❿。又此次（民國九十八年）修正民法物權編，已於民法第八二四條第二項序文中，將於協議決定後因消滅時效完成經共有人拒絕履行者，增列為得請求法院為裁判分割事由之一。

三、對第三人之效力

　　此次（民國九十八年）修正之民法物權編，增訂第八二六條之一規定，對共有人間關於分割共有物之約定（協議分割契約），賦予物權效力，即此項契約具備該條第一項、第二項規定之要件者，對於應有部分之受讓人或取得物權之人，具有效力❿。關於民法第八二六條之一規定之適用，詳後述之。

❿ 最高法院六十九年度第八次民事庭會議決議㈠謂：「依民法第八百二十三條第一項前段規定，各共有人得隨時請求分割共有物，以利融通與增進經濟效益，不動產共有人協議分割後，其請求辦理分割登記之消滅時效完成，共有人中為拒絕給付之抗辯者，該協議分割之契約，既無從請求履行，以達原有分割之目的，揆諸分割共有物之立法精神，自應認為得請求裁判分割。」

❿ (1)最高法院四十八年臺上字第一○六五號判例：「共有人於與其他共有人訂立共有物分割或分管之特約後，縱將其應有部分讓與第三人，其分割或分管契約，對於受讓人仍繼續存在。」另請參閱司法院大法官會議釋字第三四九號解釋。

　(2)最高法院八十九年臺上字第三三三號判決：「共有人成立不動產協議分割契約

第三目　裁判分割

民法第八二四條第二項規定:「分割之方法不能協議決定,或於協議決定後因消滅時效完成經共有人拒絕履行者,法院得因任何共有人之請求,命為下列之分配:　一、以原物分配於各共有人。但各共有人均受原物之分配顯困難者,得將原物分配於部分共有人。二、原物分配顯有困難者,得變賣共有物,以價金分配於各共有人;或以原物之一部分分配於各共有人,他部分變賣,以價金分配於各共有人。」此為共有人不能以協議分割共有物的補救方法,提供另一消滅共有關係之道,由於此係由法院以裁判決定共有物分割之方法,故稱之為裁判分割。茲就有關問題,分述如下:

第一、分割共有物之訴

民法第八二四條第二項所稱請求法院 (法院得因任何共有人之請求),應以提起訴訟之方式為之,共有人據此請求法院以裁判分割共有物之訴訟,即為分割共有物之訴。由於法院裁判分割的結果,在於消滅共有關係,創設共有人的權義關係,故分割共有物之訴為形成之訴,其判決為形成判決 (四十三臺上一〇一六) [192]。至於提起分割共有物之訴,須具備下列要件:

一、須共有人不能協議分割

裁判分割,以共有人無法協議分割為前提,須共有人不能協議分割,

後,其分得部分所有權移轉請求權,係請求履行協議分割契約之權利,既有民法第一百二十五條消滅時效規定之適用 (參見本院六十七年臺上字第二六四七號判例意旨),該協議分割契約即屬債權契約,而與共有人間之分管契約同其性質。則依前開釋字第三四九號解釋意旨,分管契約倘不能拘束善意受讓應有部分之第三人,揆之同一法理,於協議分割契約之適用上,自不容另為歧異之解釋。」

[192] 最高法院九十五年臺上字第一一八三號判決謂:「共有人中之一人或數人依共有物之協議分割契約,提起請求履行協議分割契約之訴,性質上仍屬給付之訴,非如共有物裁判分割之屬形成訴訟,依民事訴訟法第三百八十八條規定,法院尚不得就當事人所未聲明之事項逕為裁判。」

始得訴請法院裁判分割，倘共有人已協議分割，法院即不得為裁判分割（八十四臺上二七四六判決）。共有人就共有物已訂立協議分割契約者，縱使拒絕辦理分割登記，當事人亦僅得依約請求履行是項登記義務，而不得訴請法院按協議之方法，再為分割共有物之判決（五十九臺上一一九八）。又未經協議前，固不得遽向法院訴請分割，然被上訴人主張西南角之田八十畝、西北角之田三十畝均應歸伊所有，不願與上訴人分割，既為原判決所認定之事實，則兩造不能協議決定分割之方法，已甚明顯，上訴人依民法第八二四條第二項訴請分割，尚非法所不許（二十九上四七二）。至於各共有人起訴請求他共有人履行協議分割契約時，因共有物之協議分割，係以消滅各共有人就共有物之共有關係為目的，因之其所為應受判決事項之聲明，應為命各共有人（包括原告及被告全體），依協議分割契約所訂分割方法協同辦理分割登記（最高法院民國九十年度第十一次民事庭會議決議）。

二、當事人須為共有人

分割共有物之訴，其當事人以共有人為限。至是否為共有人，在不動產應以登記為準，因此僅買受共有物之應有部分，尚未完成物權行為辦妥所有權移轉登記者，自非共有人，該受讓人仍不得以共有人之身分，參與共有物的分割（六十七臺上三一三一），自不得為分割共有物之訴之當事人。又因共有物之分割，其目的為廢止共有關係，足使共有物之所有權發生變動，性質上係處分行為，對於共有人全體均有利害關係，故分割共有物之訴，須由共有人全體為之，無論原告或被告必須為全體共有人，為固有的必要共同訴訟。換言之，即分割共有物之訴，必須由同意分割之共有人全體一同起訴，並以反對分割之其他共有人全體為共同被告，始屬合法（三十上一三五、三十七上七三六六），如共有人中有人不反對分割，又不願共同起訴者，仍應將之列為被告，於當事人之適格，始屬無欠缺（三十二上四九八六）。共有人因共有物分割之方法不能協議決定，而提起請求分割共有物之訴，應由法院依民法第八二四條命為適當之分配，關於分割方法，無須由起訴之原告為主張。

三、共有人須有處分權

　　法院裁判分割共有物而以原物分配於各共有人時，係使共有關係變更為單獨所有，其性質為共有人間應有部分之交換，自屬處分行為，如係變賣共有物而以價金分配於共有人，即係以處分共有物為分割之方法，均以共有人之處分權存在為前提，如果共有人就共有物並無處分權可資行使，法院即無從基此為裁判分割。本件被上訴人之被繼承人某甲及某乙死亡後，被上訴人迄未辦理繼承登記，依民法第七五九條規定，自不得處分該應有部分，上訴人未先行或同時請求被上訴人辦理繼承登記，逕訴請分割共有物，自有未當（六十九臺上一一三四）。

四、須無不得請求分割之情形

　　提起分割共有物之訴，須無民法第八二三條第一項所定不得請求分割之情形始可。從而共有人訂有不分割特約者，在其期限內，自不得訴請分割；請求分割的共有物，如因使用之目的不能為分割時，法院應認為其訴為無理由而駁回之。又依公寓大廈管理條例第四條第二項規定，專有部分不得與其所屬建築物共用部分之應有部分及其基地所有權之應有部分分離而為移轉，共有人自應請求就該專有部分與其所屬建築物共用部分之應有部分及其基地所有權之應有部分合併分割，不得單獨就其中之一請求分割（八十九臺上六六六判決）。

第二、裁判分割的分割方法

　　協議分割時，其分割方法，法無限制，在裁判分割，民法第八二四條第二項明定二種基本分割方法，其一以原物分配於各共有人（原物分配），其二為變賣共有物，以價金分配於各共有人（變價分配）。裁判上定共有物分割之方法時，分配原物與變賣之而分配價金，孰為適當，法院本有自由裁量之權，不受任何共有人主張之拘束（二十九上一七九二）。職是之故，裁判分割，不問係以原物分配於各共有人，抑變賣共有物，而以價金分配於共有人，皆係合法處置，不生違法之問題（五十一臺上四二八）。又定共有物分割之方法，固可由法院自由裁量，但亦須以其方法適當者為限（五十一臺上一六五九），即仍應斟酌各共有人之意願、共有物之性質、價格、

分割前之使用狀態、經濟效用、分得部分之利用價值及全體共有人之利益等有關情狀，定一適當公平之方法以為分割（九十六臺上一〇八判決）。從而建地之分割，自應以分割結果得以建築房屋，方能地盡其利，發揮其經濟效用；若以原物分配時，受分配人因分得之土地過小，變成畸零地而不能利用者，對該受分配人或社會言，均係損害，即難謂該分割方法為適當（九十三臺上五九五判決）。茲就裁判分割的分割方法，分述如下：

一、原物分配

裁判分割共有物，如採原物分割者，法院僅須斟酌共有物之性質及其經濟效用，作公平合理之分配即可。各共有人在分割前之使用狀況，固應加以考量，惟該使用狀況縱共有人間有分管之約定，法院亦不受其拘束（八十八臺上一七九九判決）。茲就原物分配之方法，分述如下：

㈠以原物全部分配於各共有人

此係指將共有物本身，全部按應有部分之比例分配於各共有人，各共有人均受原物之分配，使共有關係變為單獨所有而言。法院為裁判分割時，原則上以原物分配於各共有人（民法第八二四條第二項第一款本文），此為第一優先之分割方法，蓋其對全體共有人最有利益也。由於分割共有物之訴，係使共有關係變為單獨所有，因此以原物分配於各共有人時，除應顧及均衡之原則外，並須就各共有人應行分得之範圍，例如面積多寡、交通、位置等等，予以確定，否則名為判決分割，實際仍難收判決分割之效果，自非法之所許（五十五臺上一九八二）。又法院為原物分配者，關於何共有人應分得共有物之何一部分，亦為法院應決定之分割方法，應由法院裁量決之。例如甲乙丙三人共有一塊土地，應有部分各三分之一，法院裁判將該土地之全部，劃分為ＡＢＣ三小塊，Ａ小塊土地分配予甲、Ｂ小塊土地分配予乙、Ｃ小塊土地分配予丙，由甲乙丙各取得其中一小塊土地之單獨所有權是。至於共有物之分割，如依原物之數量按其應有部分之比例分配，價值顯不相當者，依其價值按其應有部分比例分配，仍不失為以原物分配於各共有人，否則不顧慮經濟上之價值，一概按其應有部分核算之原物數量分配者，將顯失公平（六十三臺上二六八〇）。

㈡以原物分配於部分各共有人

法院為裁判分割時，原則上以原物分配於各共有人，但各共有人均受原物之分配顯有困難者，得將原物分配於部分共有人（民法第八二四條第二項第一款），其餘共有人則受原物分配者之金錢補償。所謂各共有人均受原物之分配顯有困難，包括法律上之困難及事實上之困難，前者係指法律上禁止共有物細分，例如共有農地面積未逾零點二五公頃，而又無可再細分之例外情形是（農業發展條例第十六條）；後者係指事實上無法加以分割，例如共有一輛汽車或共有一隻狼犬是；或加以分割後之共有物各部分性質上難以利用或價值有相當之減損，例如三人共有一塊五坪之土地，如按應有部分分配，各共有人所獲配之共有物極少，致難以利用是❶⑨③。於此情形，法院得將該共有之農地、汽車、狼犬或土地，分配於部分共有人中之一人。

㈢以原物分配兼一部分仍維持共有

分割共有物，係以消滅共有關係為目的。法院裁判分割共有土地時，除因該土地內部分土地之使用目的不能分割（如為道路）或部分共有人仍願維持其共有關係，應就該部分土地不予分割或准該部分共有人成立新共有關係外，應將土地分配於各共有人單獨所有（六十九臺上一八三一）。惟此次修正民法物權編，增訂民法第八二四條第四項規定：「以原物為分配時，因共有人之利益或其他必要情形，得就共有物之一部分仍維持共有。」此乃因法院為裁判分割時，固應消滅其共有關係，然因共有人之利益或其他必要情形，有時仍有維持共有之必要。例如分割共有土地時，需保留部分土地供為通行道路之用是，自有賦予法院就共有物之特定部分不予分割之裁量權，以符實際並得彈性運用。又此項共有，應包括由原共有人全體或部分共有人維持共有之二種情形。

㈣以原物分配並以金錢補償

民法第八二四條第三項規定：「以原物為分配時，如共有人中有未受分配，或不能按其應有部分受分配者，得以金錢補償之。」此乃因以原物為分配時，而各共有人均受原物之分配顯有困難者，固得將原物分配於部分共

---

❶⑨③ 參閱謝在全，《物權（上）》，第五七九頁；王澤鑑，《物權》，第三一〇頁。

有人，惟對未受分配之共有人，自應由受原物分配者以金錢補償之，始為平允。又共有人雖已就原物受分配，但其受分配部分較按其應有部分計算者為少時，為求公平，對該受配部分較少之共有人，自應由受原物分配較多者以金錢補償之。至於共有物之原物分配，如依原物之數量，按其應有部分比例核算之原物數量為分配，而其價值顯不相當者，雖得依其價值按其應有部分比例而為分配。惟依其價值按應有部分比例分配原物，如有害經濟上之利用價值者，亦應認有民法第八二四條第三項之共有人中有不能按其應有部分受分配之情形，得以金錢補償之（六十三臺上二六八〇）。同一區段內各宗土地，政府規定之地價數額，固屬相同，但實際上每宗土地，甚或同一宗地內之土地，因所處位置臨街深度不同，仍有優劣之分，以致價格差異。法院為共有物之分割時，自必須考量此種情形以定其分割方法。倘共有人中所受分配之部分，其價格不相當時，當應命以金錢補償之（七十臺上三六二三判決）。

　　所謂以金錢補償，係指依原物市場交易之價格予以補償而言（七十三臺上一〇一四判決）。蓋因分割共有物而以原物分配於各共有人者，係以各共有人存於共有物之應有部分相互移轉，使共有人就各該分配所得之部分，取得單獨之所有權。故以原物為分配時，因共有人中，有不能按其應有部分而受分配，經法院依民法第八二四條第二項之規定命以金錢補償者，其補償金額之多寡，即應斟酌該共有物之一般市價決定之，否則對於受補償之共有人，不免有所出入，殊非持平之道（六十九臺上三〇八二判決）。

　　由於法院裁判分割共有物，除應斟酌各共有人之利害關係，及共有物之性質外，尚應斟酌共有物之價格，倘共有人中有不能按其應有部分受分配，或所受分配之不動產，其價格不相當時，法院非不得命以金錢補償之（五十七臺上二一一七）。至於價格是否相當，應以經採用之方案分割後，各共有人實際分得原物（土地）之價格作為比較基礎，非以不同分割方案之差價作為計算標準（九十二臺上六四二判決）。又因分割共有物，除當事人同意外，應以各共有人分得部分之價值符合其持分（應有部分）始為適當，而土地價格之高低，係以其使用價值為標準。本件兩造分割系爭土地，

上訴人就不足其持分（應有部分）部分請求被上訴人以金錢予以補償，自應以兩造分得部分土地之使用價值，依其持分（應有部分）計算相差若干以為斷，倘若使用價值不相等，即不能以面積之大小為決定之標準（五十四臺上一六○三判決）。

此外，共有物之原物分割，依民法第八二五條規定觀之，係各共有人就存在於共有物全部之應有部分互相移轉，使各共有人取得各自分得部分之單獨所有權。故原物分割而應以金錢為補償者，倘分得價值較高及分得價值較低之共有人均為多數時，該每一分得價值較高之共有人即應就其補償金額對於分得價值較低之共有人全體為補償，並依各該短少部分之比例，定其給付金額，方符共有物原物分割為共有物應有部分互相移轉之本旨（八十五臺上二六七六）。換言之，即關於共有物之分割，如依原物之數量按應有部分之比例分配，價值不相當，而須以金錢補償時，應依原物之總價值，按各共有人應有部分比例算出其價值，再與各共有人實際分得部分之價值相較，由分得價值較高之共有人，就其超出應有部分價值之差額部分，對分得價值較低之共有人全體為補償，並依各該短少部分之比例，定其給付金額，方為公允（九十臺上一二四五判決）。

法院如依民法第八二四條第三項規定，兼採金錢補償為共有物之分割方法，則原物分配與金錢補償已合併為分割方法之一種，兩者即有不可分之關係。若當事人僅就命金錢補償部分之判決提起上訴，雖就原物分配部分未表示不服，關於原物分配部分，亦為上訴效力之所及（六十九臺上一八四八），第二審法院仍應就全部分割方法為審判。關於定分割之方法，為事實審法院職權之事項，不受當事人主張之拘束，如審理結果，認第一審判決，關於金錢補償之酌定不當，自屬分割方法之不當，即應認上訴為有理由，自行決定分割方法。原判決既認第一審判決之分割方法不當，竟未將第一審判決之分割方法全部廢棄，自行決定分割方法，自有未合（七十二臺上七十三判決）。

二、變價分配

民法第八二四條第二項第二款規定：「原物分配顯有困難時，得變賣共

有物，以價金分配於各共有人；或以原物之一部分分配於各共有人，他部分變賣，以價金分配於各共有人。」茲就有關問題，分述如下：

(一)**變價分配之要件**

法院為變價分配，須以原物分配顯有困難為要件。所謂原物分配顯有困難，有因共有物性質上不能為原物分配者，例如共有一匹馬是；有因就共有物為原物分配，勢必減損其價值者，例如共有一粒鑽石，雖性質上並非不能為原物分配，惟為原物分配必減損其價值是；有因就共有物為原物分配，勢必難為通常之使用，例如共有供建築房屋使用之土地一塊，雖性質上並非不能為原物分配，惟因其面積不夠大，為原物分配後即不能供建築房屋使用是。最高法院八十二年臺上字第五一二號判決謂：「若以原物分割，各當事人分得之土地，面積過小，顯然不能作何用途，徒然減損系爭土地之經濟效用，故本件不能原物分割，只得予以變賣，所得價金各按應有部分比例分配予各共有人。如此始能將本件土地發揮最高之經濟上利用價值，並符合分割共有物應澈底消滅共有關係及公平合理之旨。」可供參考。

此外，尚有因法令規定禁止細分，以致不能為原物分配者，法院亦得為變價分配。例如關於農地，依農業發展條例第十六條規定，為擴大農地經營規模，防止其細分，雖有每宗耕地於分割後每人所得面積未達零點二五公頃者，不得分割之限制，但依其立法意旨，僅係指限制共有耕地以原物分配為分割而言，現行法律並無禁止耕地買賣之規定，倘將共有耕地整筆變賣，以價金分配各共有人，並不發生農地細分之情形，應不在上開規定限制之列，是以共有耕地，共有人仍可請求分割，但分割方法限於變價分配或受該條但書之限制而已。最高法院六十四年臺上字第四二〇號判例謂：「共有耕地整筆變賣，以價金分配共有人，並不發生農地細分情形，應不在農業發展條例第二十二條限制之列。是以共有耕地之共有人請求採變賣共有物分配價金之分割方法，並非不得准許。」可供參考。

法院為裁判分割者，固不問係以原物分配於各共有人，抑變賣共有物，而以價金分配於共有人，皆係合法處置，不生違法之問題（五十一臺上四二八），惟須以其方法適當者為限。共有物分割之方法，須先就原物分配，

於原物分配有困難時，則予變賣，以價金分配於各共有人。而就原物分配時，如發見共有人中有不能按其應有部分受分配者，亦得以金錢補償之，並非定出於變賣之一途（五十一臺上二七一）。本件兩造共有之土地，上訴人請求按其在第一審所提出之圖樣分割，被上訴人亦非絕對不願分割。只求按各人占有形勢以為分割而已，是將原物分配於各共有人之原則，兩造已有同意，惟應如何按其成分，劃分地區分配於各共有人，或對不能按其應有部分受分配者，如何酌以金錢補償之，在審理事實之法院，非不能定一適當之方法以為分割，若遽將土地予以變賣，則兩造在系爭地上建築居住之房屋，勢非拆遷不可，其方法自非適當（五十一臺上一六五九）。

㈡**變價分配之方法**

依民法第八二四條第二項第二款規定，變價分配之方法有二：①將共有物全部予以變賣，以賣得價金按應有部分分配於各共有人。②以原物之一部分分配於各共有人，將其餘部分變賣，以賣得價金依共有部分之價值比例妥為分配於各共有人。

㈢**共有人的優先承買權**

民法第八二四條第七項規定：「變賣共有物時，除買受人為共有人外，共有人有依相同條件優先承買之權，有二人以上願優先承買者，以抽籤定之。」此乃因共有物變價分割之裁判，係賦予各共有人變賣共有物，分配價金之權利，故於變價分配之執行程序，為使共有人仍能繼續其投資規劃，維持共有物之經濟效益，並兼顧共有人對共有物之特殊感情，因而賦予共有人有依相同條件優先承買之權。惟為避免回復共有狀態，與裁判分割之本旨不符，乃規定有二人以上願優先承買者，以抽籤定之。又買受人為共有人時，因本項規範目的已實現，且為免法律關係之複雜化，故明定於此項情形時，排除本項之適用，即買受人為共有人時，其他共有人並無依相同條件優先承買之權。

三、數宗不動產之合併分割

㈠**合併分割之禁止**

共有係以一物為客體，故民法關於分割的規定，係以一物為其適用對

象。由於我國民法關於分割共有物之效力，係採移轉主義，即各共有人因分割而成為單獨所有人，係由於彼此相互移轉，讓與部分權利所致，此觀民法第八二四條之一第一項及第八二五條之規定旨趣自明。因此數筆共有之土地，得予合併分割者，必以該數筆共有土地之共有人及其應有部分均相同，且得全體共有人之同意為必要（七十七臺上二○六一判決）。共有物如為數宗不同地號之土地，其共有人如非以成立一共有關係之意思而共有數宗土地時，應認其共有關係分別存在於每宗土地之上，除經全體共有人同意外，法院為分割時，尚不能任意予以合併為一共有物，視作一所有權而予分割，此乃一物一權原則之當然解釋（九十臺上一五九四判決）。分割共有物之訴，係就有共有關係之共有物，以消滅共有關係為目的，予以分割，使共有人就共有物之一部分單獨取得所有權之形成訴訟。兩筆土地之共有人及應有部分若非全部相同者，除經共有人全體同意外，法院不能任意予以合併分割（九十一臺上七二八判決）❿。

㈡得請求合併分割之增訂

　為促進土地利用，避免土地過分細分，有礙社會經濟發展，故此次修正民法物權編，特增訂法院得為合併分割之規定。茲就此分述如下：

　1.共有人相同：民法第八二四條第五項規定：「共有人相同之數不動產，除法令另有規定外，共有人得請求合併分割。」此乃因共有人相同之數筆土地常因不能合併分割，致分割方法採酌上甚為困難，且因而產生土地細分，有礙社會經濟之發展，故增訂第五項規定，以資解決。但法令有不得合併分割之限制者，例如兩土地使用分區不同，一為建地，一為農地是，自不

---

❿ ⑴最高法院七十五年臺上字第二三七五號判決：「共有物如為數宗不同地號之土地，其共有人如非以成立一共有關係之意思而共有數筆土地時（例如共有土地原僅一筆，其後分割為數筆），應認其共有關係分別存在於數筆土地之上，除經全體共有人同意外，法院為分割時，尚不能任意予以合併。」
　⑵最高法院五十九年臺上字第四○五二號判決：「共有物如有不同地號之數筆土地，其共有人苟非以成立一共有關係之意思而共有數筆土地時，應認為其共有關係分別存在於每筆土地之上，除經全體共有人同意外，法院為分割時，尚不能任意予以合併，將其中某號土地全部分與某甲或某乙。」

得合併分割。

　　此處所謂共有人相同之數不動產，僅須共有人全部相同即可，不以相鄰之不動產為限，且不問各共有人之應有部分是否相同。惟因得依本條項規定請求合併分割者，以共有人相同之數不動產為限，從而對於共有人相同之數動產，或共有人部分相同之數不動產，均不適用之，關於共有人部分相同之數不動產，應依民法第八二四條第六項規定，請求合併分割。至於共有人之請求合併分割，固得於提起分割共有物之訴時，即為此項請求，亦得於起訴後以訴之追加方式，為合併分割之追加，被告可依反訴之程序行之。法院為合併分割時，自得依前開有關裁判分割之方法，進行分割🄐。

　　2.共有人部分相同：民法第八二四條第六項規定：「共有人部分相同之相鄰數不動產，各該不動產均具應有部分之共有人，經各不動產應有部分過半數人之同意，得適用前項規定，請求合併分割。但法院認合併分割為不適當者，仍分別分割之。」立法目的在於促進土地利用，避免土地過分細分。此項合併分割之請求，亦以法令未為不得合併分割之限制者，始得為之。至其請求權人，以相鄰數不動產之部分相同共有人，而就各不動產均具應有部分者為限，且須經各不動產應有部分過半數人之同意，始得請求合併分割。共有人之請求合併分割，固得於提起分割共有物之訴時，即為此項請求，亦得於起訴後以訴之追加方式，為合併分割之追加，被告可依反訴之程序行之。又因共有物分割方法如何適當，法院本有斟酌之權，故法院為裁判時，得斟酌具體情形，認為合併分割不當者，則不為合併分割而仍分別分割之。法院為合併分割時，自得依前開有關裁判分割之方法，進行分割。

第三、法院之裁量及衡酌

　　綜據前述，可知關於共有物的裁判分割，法院有多種方法可供選擇。共有人因共有物分割之方法不能協議決定，而提起請求分割共有物之訴，即應由法院依民法第八二四條命為適當之分配，關於分割方法，無須由起

🄐　參閱謝在全，《物權（上）》，第五八二頁。

訴之原告為主張。由於裁判上定共有物分割之方法時，分配原物與變賣原物而分配價金，孰為適當，法院本有自由裁量之權，不受任何共有人主張之拘束（二十九上一七九二），原告所主張之分割方法，僅供法院參考而已，不得以原告所主張分割方法之不當，遽為駁回分割共有物之訴之判決（四十九臺上二五六九），設未採其所主張之方法，亦非其訴一部分無理由，故毋庸為部分敗訴之判決❶⑨⑥。

又分割共有物之訴，係以共有物分割請求權為其訴訟標的，法院認原告請求分割共有物為有理由，即應依民法第八二四條第二項定其分割方法，毋庸為准予分割之諭知，不可將之分為「准予分割」及「定分割方法」二訴。故如當事人對於「定分割方法」的判決，聲明不服，提起上訴，其上訴效力應及於訴之全部，包括准予分割和定分割方法在內（最高法院民國六十九年度第八次民事庭會議決議㈡、八十七臺上一九五一判決）。

第四、裁判分割之效力

共有物之分割，經分割形成判決確定者，即生共有關係終止及各自取得分得部分所有權之效力。共有人對於他共有人分得之部分，既喪失共有權利，則其占有，除另有約定外，即難謂有何法律上之原因（五十一臺上二六四一）。職是之故，分割共有土地，各共有人於分割前，在土地上有建築物，法院為原物分配之分割時，如將其中一共有人之建築物所占有之土地，分歸他共有人取得者，他共有人本於其所有權，得請求除去該建築物，從而系爭房屋雖係前土地共有人即上訴人之前手廖水故所建築，但其基地既因分割而分歸被上訴人取得，上訴人又係因買賣而繼受取得該房屋，被

⑥ 最高法院六十九年度第八次民事庭會議決議㈡謂：「共有物分割之方法，法院斟酌各共有人之利害關係及共有物之性質價格等，本有自由裁量之權，共有人訴請分割共有物，其聲明不以主張分割之方法為必要，即令有所主張，法院亦不受其主張之拘束，不得以原告所主張之方法為不當，而為駁回分割共有物之訴之判決（參照本院二十九年上字第一七九二號及四十九年臺上字第二五六九號判例）。是原告所主張之分割方法，僅供法院參考而已，設未採其所主張之方法，亦非其訴一部分無理由，故毋庸為部分敗訴之判決。」

上訴人亦得本於所有權，請求其拆屋還地（七十一臺上一四八二判決）❿。又共有物分割方法之判決一經確定，則各共有人對他共有人因分割而取得之物，按其應有部分，即應負與出賣人同一之擔保義務，自不得於判決確定後，再行主張使用已久，交還困難，以圖翻異（五十臺上九一九）。

第四目　分割之效力

關於共有物分割之效力，除協議分割部分及裁判分割部分，已各有說明者外，尚有下列效力：

第一、各分別共有人取得單獨所有權

共有物經共有人協議為原物分割時，此項協議係屬債權契約，須再為分割（處分行為），並經登記（不動產）或交付（動產），始生物權變動的效力，由各共有人分別取得單獨所有權，已如前述。至於裁判分割，由法院判決為原物分割時，因法院所為之判決係形成判決，故於判決確定時即生分割效力，各共有人不待登記或交付即取得分得部分之單獨所有權（民法第七五九條）❾，共有關係因而同時消滅；由法院判決為變價分割時，

❿　參閱謝在全，《物權（上）》，第六〇〇頁；王澤鑑，《物權》，第三一七至三一八頁。最高法院七十二年臺上字第二八〇八號判決謂：「原審認定：坐落彰化縣員林鎮員林段六二八之二號建地原屬邱魏義、邱魏英傑、邱魏柳、邱魏堆四人所共有。嗣上訴人買受該土地之應有部分（指上訴人向原共有人邱魏堆買受其應有部分四分之一），經共有物分割而由上訴人取得系爭土地之單獨所有權。準此事實以觀，他共有人在分割前占用系爭土地者，在分割後即喪失其共有權利，原在系爭土地建造之房屋，除另有約定外，即難認其占有有何法律上之原因。原審見未及此，竟謂上訴人買受同段六二八之二號建地之應有部分，被上訴人林天一等買受地上房屋，均係繼受而來，所應承受其前手之權利義務，自不因分割而受影響，所持法律上之見解，已有違誤。」

❾　最高法院四十三年臺上字第一〇一六號判例：「不動產物權因法院之判決而取得者，不以須經登記為生效要件，固為民法第七百五十九條之所明定。惟此之所謂判決，係僅指依其宣告足生物權法上取得某不動產物權效果之力，恆有拘束第三人之必要，而對於當事人以外之一切第三人亦有效力者（形成力亦稱創效力）而

共有人之共有關係，於共有物變賣而由第三人取得所有權後，始歸於消滅。

第二、共有物分割效力的發生時期

　　關於共有物分割效力係自何時發生，立法例有採認定主義（權利認定主義或宣示主義、宣言主義），有採移轉主義（權利移轉主義或付與主義）。所謂認定主義，係認為各共有人因分割而分得之部分，自始本既屬於各自所有，現不過因分割而加以宣示而已，故分割之效力應溯及於共有關係發生之初而發生。所謂移轉主義，係認為各共有人原係共有一所有權，因共有物之分割，共有人各以其應有部分相互移轉，始取得單獨所有權，故分割之效力不應溯及共有關係發生之初，而應自分割完畢時發生。我國民法對此原未設明文規定，惟通說依民法第八二五條規定，認為係採移轉主義。

　　此次（民國九十八年）修正民法物權編，增訂民法第八二四條之一第一項規定：「共有人自共有物分割之效力發生時，取得分得部分之所有權。」明確表示不採認定主義，而採移轉主義，即共有物分割後，共有人取得分得部分單獨所有權，其效力係向後發生而非溯及既往。又本條所謂「效力發生時」，在協議分割，如分割者為不動產，係指於辦畢分割登記時；如為動產，係指於交付時。至於裁判分割，則指在分割之形成判決確定時。在協議分割，當事人不得約定，其分割的效力溯及於共有關係成立時發生效力**[199]**。

　　共有物分割的效力，既係自分割時向將來發生，則共有物上原有的其他物權，自不因分割而受影響。最高法院七十二年臺上字第二二五五號判決謂：「數人共享一物權，其應有部分，皆抽象存在於共有標的物之任何部分，而非存在於某一特定位置。又共有物於分割前，在共有物上合法存在之他物權，並不因分割而受影響。」可供參考。職是之故，於共有物上設定的抵押權或地上權，於共有物分割後，仍存在於各共有人所分得部分之上；以應有部分設定抵押權者，抵押權人仍得按其應有部分就共有物之全部行使抵押權**[200]**。共有人於分割前出租共有物者，其租賃契約於共有物分割後，

言，惟形成判決（例如分割共有物之判決）始足當之，不包含其他判決在內。」
[199]　參閱王澤鑑，《物權》，第三一四頁。

對各共有人仍繼續存在（民法第四二五條）。

第三、應有部分原有抵押權或質權的處理

民法第八二四條之一第二項規定：「應有部分有抵押權或質權者，其權利不因共有物之分割而受影響。但有下列情形之一者，其權利移存於抵押人或出質人所分得之部分：一、權利人同意分割。二、權利人已參加共有物分割訴訟。三、權利人經共有人告知訴訟而未參加。」茲就有關問題，說明如下：

一、其權利仍存於原應有部分之上

分割共有物之效力，因採移轉主義，故應有部分原有抵押權或質權者，於分割時，其權利仍存在於原應有部分上，即乃繼續存在於共有物，不因共有物之分割而受影響。因之，原以應有部分為標的所設定之抵押權，於共有物分割後，仍以應有部分存於各共有人分得部分土地上，亦即不僅於原設定抵押之共有人其分得部分上有抵押權之存在，其他共有人分得部分亦有抵押權之存在。惟此係原則，為避免法律關係轉趨複雜，並保護其他共有人之權益，有民法第八二四條之一第二項但書情形時，則其抵押權或質權僅移存於抵押人或出質人所分得之部分，詳後述之。

二、其權利移存於抵押人或出質人所分得之部分

有民法第八二四條之一第二項但書所定三款情形之一時，則其抵押權或質權僅移存於抵押人或出質人所分得之部分。此處所謂分得部分，包括所分得之原物、價金、所受之補償金或其他分得物。第一款所稱權利人同意分割，係指於協議分割時，權利人同意其分割方法而言。惟當事人仍得另行約定其權利移存方法，要屬當然，不待明文。第二款、第三款係指於裁判分割時，權利人已參加共有物分割訴訟或已受告知訴訟之情形。權利人於該訴訟中，有法律上之利害關係，故適用民事訴訟法有關訴訟參加之規定，權利人於訴訟參加後，就分割方法陳述之意見，法院於為裁判分割

---

⑳ 參閱王澤鑑，《物權》，第三一六頁；謝在全，《物權（中）》，民國九十六年六月修訂四版，第九頁。

時，應予斟酌，乃屬當然。若權利人未自行參加，於訴訟繫屬中，任何一共有人均可請求法院告知權利人參加訴訟。如其已參加訴訟，則應受該裁判之拘束，若經訴訟告知而未參加者，亦不得主張本訴訟之裁判不當。從而應有部分原有之抵押權或質權（擔保物權），於分割共有物訴訟經上述程序後，其權利遂當然移存於抵押人或出質人所分得之部分。

其次，民法第八二四條之一第三項規定：「前項但書情形，於以價金分配或以金錢補償者，準用第八百八十一條第一項、第二項或第八百九十九條第一項規定。」故共有人將其應有部分抵押或出質者，嗣該共有物經分割，抵押人或出質人並未受原物分配，其所分得者係共有物變賣之價金或補償之金錢時，該抵押人或出質人所受之價金分配或金錢補償，按各抵押權人或質權人之次序分配之，其次序相同者，按債權額比例分配之，抵押權人或質權人並對該價金債權或金錢債權有權利質權，俾保障抵押權人或質權人之權益。

三、原物分配並以金錢補償與法定抵押權之發生

依民法第八二四條第三項規定，在法院裁判分割，如共有人中有未受分配，或不能按其應有部分分配者，得以金錢補償之。由於分割共有物之判決係形成判決，於判決確定時，即生共有關係終止及各自取得分得部分單獨所有權之效力，此在命原物分配並以金錢補償之情形，並無不同，故應對他共有人為金錢補償之共有人（補償義務人），雖未提出應補償之金錢，亦因分割判決之確定而取得分得部分之單獨所有權。為保障因不動產之裁判分割而應受金錢補償共有人之權益，故民法第八二四條之一第四項規定：「前條第三項之情形，如為不動產分割者，應受補償之共有人，就其補償金額，對於補償義務人所分得之不動產，有抵押權。」本項發生法定抵押權之規定，僅適用於不動產分割之情形。蓋因動產，請求法院裁判分割之案例甚少，且動產質權之設定，必以占有質物為要件，如分割時，共有物由補償義務人占有，則與動產質權之精神不符；又動產有善意受讓問題，如予規定，實益不大，故本項適用範圍不及於動產。

其次，民法第八二四條之一第五項規定：「前項抵押權應於辦理共有物

分割登記時，一併登記。其次序優先於第二項但書之抵押權。」故任一共有人聲請辦理分割登記時，就民法第八二四條之一第四項所規定之法定抵押權，應一併申請登記之。此項登記，係宣示登記，因此該法定抵押權若漏未一併登記，對其成立並無影響，但因未經登記以致欠缺公示力及公信力，將無法對抗第三人。此項法定抵押權之次序，應優先於因共有物分割訴訟而移存於特定應有部分之抵押權，始足以確保應受金錢補償之共有人之利益，並兼顧交易安全。至此項法定抵押權與其他抵押權之次序，仍應依民法第八六五條規定定之。又不動產分割，應受補償者有多數人時，應按受補償金額比例登記為共有抵押權人。

第五目　共有人的擔保責任

民法第八二五條規定：「各共有人，對於他共有人因分割而得之物，按其應有部分，負與出賣人同一之擔保責任。」故共有人間就共有物之分割，相互負有擔保責任，屬於一種法定責任，惟當事人得以特約加以排除或限制（民法第三六六條），從而共有人所負與出賣人同一擔保責任之規定，倘經當事人另以契約約定排除該擔保責任者，自可不負擔保責任。至於此項擔保責任，可分為權利瑕疵擔保責任及物之瑕疵擔保責任，分述如下：

第一、權利瑕疵擔保責任

共有人應擔保第三人就其他共有人分得之物，不得主張任何權利（民法第三四九條）[201]。例如甲乙共有古董名錶一隻，應有部分各二分之一，經協議分割，由甲單獨取得其所有權，而甲以五十萬元補償乙，嗣後發現該古董名錶係盜贓物，其真正所有人丙向甲請求返還回復其物是。在此情形，乙應對甲負權利瑕疵擔保責任，依民法第三五三條規定，甲得依債務不履行之規定，行使其權利。由於因權利之全部或一部屬於第三人，而被追奪時，其情形如同給付不能，故①甲得請求乙為二十五萬元之損害賠償

---

[201] 關於出賣人之權利瑕疵擔保責任，詳請參閱劉春堂，《民法債編各論（上）》，自版，民國九十二年九月初版第一刷，第三十四頁以下。

（民法第二二六條）。②甲得解除協議分割契約，並請求不履行之損害賠償（民法第二五六條、第二六〇條）。③如有違約金之約定者，自得請求違約金（民法第二五六條）。應予注意者，乃關於解除契約，只適用於協議分割；在裁判分割，因判決係法院所為的公法行為，非屬私法上契約，且判決確定後並有既判力，故不生解除契約之問題。

第二、物之瑕疵擔保責任

共有人應擔保其他共有人分得部分之物本身，在價值、效用或品質上並無瑕疵（民法第三五四條）[202]。例如甲乙共有某建築用地，經協議（或裁判）為原物分割。設甲分得部分之建地，地質不良，不適於建築，或因相關建築法規之限制，不得為任何建築（四十九臺上三七六），則不惟其通常效用有所減少，抑且減低經濟上之價值是。在此情形，乙對甲負物之瑕疵擔保責任（民法第三五四條），甲得依民法第三五九條規定，請求減少價金或解除契約。職是之故，甲得就其經濟上所減少之價值（例如一千萬元），請求乙補償二分之一（例如五百萬元）（相當於減少價金）；或不請求乙為補償（相當於減少價金），而解除協議分割契約。應予注意者，乃關於解除契約，只適用於協議分割；在裁判分割，因判決係法院所為的公法行為，非屬私法上契約，且判決確定後並有既判力，故不生解除契約之問題。此外，在協議分割，若乙故意不告知其瑕疵者，甲得不請求乙為補償（相當於減少價金）或解除協議分割契約，而選擇請求乙為不履行之損害賠償（民法第三六〇條）。

其次，關於分割共有土地，各共有人於分割前，在地上有建築物，法院為原物分配之分割時，如將其中一共有人之建築物所占有之土地，分歸他共有人取得時，我國最高法院有以民法第八二五條之規定為其立論基礎，認為他共有人得請求除去該建築物者。例如最高法院八十七年臺上字第二八九四號判決謂:「各共有人對於他共有人因分割而得之物，按其應有部分，負與出賣人同一之擔保責任，民法第八百二十五條定有明文。共有土地經

[202]　關於出賣人之物的瑕疵擔保責任，詳請參閱劉春堂，前揭[201]書，第四十七頁以下。

協議分割並辦竣登記後，各共有人就其分割所得部分，有單獨之所有權；
如其中一共有人之建築物所占有之土地，分歸他共有人取得，他共有人即
不能完全使用其分得之土地，依民法第三百五十四條規定，該共有人應負
不減少該地通常效用之擔保責任，應拆除房屋，他共有人本於其所有權，
自得請求除去該建築物。」❷⁰³

　　由於共有人所分得之土地上存有他共有人之建築物，就分得該土地之
共有人而言，勢必使其不能完全使用其分得之土地，因而有土地之價值或
效用減少之問題，自可發生物之瑕疵擔保責任。惟物之瑕疵擔保責任之內
容，僅有解除契約、請求減少價金與請求損害賠償三種，我國學者通說認
為瑕疵擔保請求權人並無除去瑕疵之請求權❷⁰⁴，因此排除物之瑕疵（例如
除去土地上之建築物），非屬物之瑕疵擔保責任之內容。故最高法院上開見
解是否妥適，尚有商榷餘地❷⁰⁵。

第六目　共有物證書之保管及使用

　　共有物分割後，有關共有物證書的保存及利用，涉及各共有人的利益
甚鉅，分述如下：

第一、所得物證書之保管

　　民法第八二六條第一項規定：「共有物分割後，各分割人應保存其所得

---

❷⁰³ 最高法院七十一年臺上字第二七七號判決謂：「各共有人對於他共有人因分割而
得之物，按其應有部分，負與出賣人同一之擔保責任，民法第八百二十五條定有
明文。又法院以判決以原物分配於各共有人後，各共並有人就分割所得部分，有
單獨之所有權。本件被上訴人所之房屋既在上訴人分得之土地上，（上訴人分得
面積〇‧〇〇五三公頃，其中〇‧〇〇三三公頃為該被上訴人房屋所占用），上
訴人即不能完全使用其分得土地，依民法第三百五十四條規定，被上訴人即應負
不減少該地通常效用之擔保責任，即應拆除房屋，此與土地及房屋同屬一人而將
土地及房屋分開，同時或先後出賣之情形不同。」
❷⁰⁴ 相關說明，詳請參閱劉春堂，前揭❷⁰¹書，第八十四頁以下。
❷⁰⁵ 參閱王澤鑑，《物權》，第三一八頁；謝在全，《物權（上）》，第六〇一頁註十。

物之證書。」此係指共有物有數個，而以原物分配，共有人各分得某個物而有證書時之情形，自應由該分得人保存所得物之證書。此處所謂所得物之證書，例如所得物原購入時之契據或所得物之納稅單據即屬之，惟不包括分割共有物的協議書或判決書，如有此等證書，當然各保存一份，無待法律規定之必要。

第二、共有物證書之保管

民法第八二六條第二項規定：「共有物分割後，關於共有物之證書，歸取得最大部分之人保存之，無取得最大部分者，由分割人協議定之，不能協議決定者，得聲請法院指定之。」此係指共有物之證書僅有一份，以原物分配，而該共有物又分歸數人取得之情形，自應交由其中一人保存。所謂共有物之證書，亦係指共有物原購入時之契據或納稅單據等證書而言，不包括分割共有物的協議書或裁判書。所謂取得最大部分，究指面積或價值，不無疑問，應以價值為準，較為合理，如價值相同者，則以體積或面積最大者為準●。若無取得最大部分者，由分割人協議定之，不能協議決定時，得聲請法院指定之。所謂法院，指共有物分割地的法院（非訟事件法第七〇、七十一條）。

第三、他人保存證書之利用

民法第八二六條第三項規定：「各分割人，得請求使用他分割人所保存之證書。」此處所謂證書，包括所得物之證書和共有物之證書。證書之保存人，有允許他分割人使用其所保存證書之義務，若拒絕時，分割人得以訴請求之。

● 參閱王澤鑑，《物權》，第三一九頁；謝在全，《物權（上）》，第五九八頁。

案例二——8

甲乙丙三人共有三層樓房屋一棟，每層樓房屋面積均為一百坪，各有應有部分三分之一，一樓之市價為五百萬元，二樓之市價為四百萬元，三樓之市價為三百萬元。關於此棟房屋之使用，甲乙丙三人訂有分管契約，甲使用一樓，乙使用二樓，丙使用三樓。甲在一樓開設公司經營事業，乙及丙則以之供住家使用。嗣後甲乙丙欲分割該共有三層樓房屋，惟不能達成協議，甲乃向法院提起分割共有物之訴訟，請求法院為裁判分割。試分別說明下列問題：

　　1.甲得否請求法院依分管契約所定房屋之使用現況為分配？

　　2.法院為原物分配時，應依如何標準為之，始屬公平妥適分配？

　　共有人因共有物分割之方法不能協議決定，而提起請求分割共有物之訴，即應由法院依民法第八二四條命為適當之分配，關於分割方法，無須由起訴之原告為主張。由於裁判上定共有物分割之方法時，分配原物與變賣之而分配價金，孰為適當，法院本有自由裁量之權，不受任何共有人主張之拘束（二十九上一七九二）。

　　分管契約，係共有人就共有物之使用、收益或管理方法所訂定之契約，而共有人請求分割共有物，應解為有終止分管契約之意思。是系爭土地之分管契約，已因被上訴人提起本件分割共有物訴訟，而當然終止。且分管契約與協議分割契約不同，前者以共有關係繼續存在為前提，後者以消滅共有關係為目的，故裁判上分割共有土地時，並非必須完全依分管契約以為分割，而應斟酌土地之經濟上價值，並求各共有人分得土地之價值相當，利於使用（八十五臺上五十三判決）。裁判分割共有物，如採原物分割者，法院僅須斟酌共有物之性質及其經濟效用，作公平合理之分配即可。各共有人在分割前之使用狀況，固應加以考量，該使用狀況縱共有人間有分管之約定，除達成將來按分管部分為分割之合意外，法院為裁判分割，並不受其拘束（八十八臺上一七九九判決、九十一臺上一七九五判決）。故甲請

求法院依分管契約所定房屋之使用現況為分配，法院可不受其拘束，得另採取公平妥適之分割方法。

共有物分割之方法，須先就原物分配，於原物分配有困難時，則予變賣，以價金分配於各共有人（民法第八二四條第二項第二款）。本件並無原物分配有困難之情事，故法院不得為變價分配，須以原物分配於共有人甲、乙、丙。以原物為分配時，共有人中如有受分配部分較按其應有部分計算者為少時，為求公平，對該受分配部分較少之共有人，自亦應由受原物分配較多者以金錢補償之（民法第八二四條第三項）。至於共有物之原物分配，如依原物之數量，按其應有部分比例核算之原物數量為分配，而其價值顯不相當者，雖得依其價值按其應有部分比例而為分配。惟依其價值按應有部分比例分配原物，如有害經濟上之利用價值者，亦應認有民法第八二四條第三項之共有人中有不能按其應有部分受分配之情形，得以金錢補償之（六十三臺上二六八〇）。

本件甲乙丙共有之三層樓房屋，法院應為原物分配，惟以原物分配於共有人，如按應有部分的比例計算原物的數量以為分配，每人分配一層樓房屋，並考量甲乙丙三人之使用現況，將一樓分配於甲，二樓分配於乙，三樓分配於丙，其數量雖合於按應有部分的比例，但因每層樓房屋之市價不同，以致其價值不相當，自非公平妥適。為期公平，在此情形依該三層樓房屋價值按應有部分比例分配，仍不失為以原物分配於共有人。甲乙丙三人共有之三層樓房屋，總價值為一千二百萬元，依其價值按應有部分比例分配，每人可分得價值四百萬元之房屋。乙分得二樓，其價值符合按應有部分比例所能分得者，固無問題。甲分得一樓，其價值高於按應有部分比例所能分得者，丙分得三樓，其價值低於按應有部分比例所能分得者，如依其價值每人四百萬元分配，則丙除分得三樓房屋外，更將分得部分一樓之房屋，如此分配，恐將使甲或丙就一樓之房屋，無法為符合經濟效益的利用。在此情形，應認為亦構成共有人中有不能按其應有部分受分配，得以金錢補償之。易言之，即由甲乙丙三人分別分得一、二、三層樓房屋，而由分得一樓房屋之甲，以金錢一百萬元補償分得三樓房屋之丙。

　　由於分割共有物之判決係形成判決，於判決確定時，即生共有關係終止及各自取得分得部分單獨所有權之效力，此在命原物分配並以金錢補償之情形，並無不同，故應對他共有人為金錢補償之共有人（補償義務人），雖未提出應補償之金錢，亦因分割判決之確定而取得分得部分之單獨所有權。故法院就本件共有三層樓房屋為原物分配並以金錢補償之判決，一經確定，甲乙丙之共有關係即當然終止，而由甲乙丙自取得分得部分一樓、二樓、三樓之單獨所有權。惟為保障因不動產之裁判分割而應受金錢補償共有人之權益，依民法第八二四條之一第四項規定，應受補償之共有人，就其補償金額，對於補償義務人所分得之不動產，有法定抵押權。故本件應受補償之共有人丙，就其補償金額，對於補償義務人甲所分得之一樓房屋，有法定抵押權。

　　設若本件三層樓房屋，一樓市價為六百萬元，二樓及三樓之市價相同，各為三百萬元，則分得一樓房屋之甲，應分別各以金錢一百萬元補償分得二、三樓房屋之乙及丙。應受補償之共有人乙及丙，就其補償金額，對於補償義務人甲所分得之一樓房屋，有同一次序之法定抵押權。又若本件三層樓房屋，一樓之市價為五百萬元，二樓之市價為四百五十萬元，三樓之市價為二百五十萬元，則分得一樓房屋之甲，應以金錢一百萬元，分得二樓房屋之乙，應以金錢五十萬元，補償分得三樓房屋之丙。應受補償之共有人丙，就其補償金額，對於補償義務人甲所分得之一樓房屋及乙所分得之二樓房屋，有法定抵押權。

第六款　關於共有物之約定、決定等對第三人的效力

　　共有人間關於共有物使用、管理、分割或禁止分割之約定，或法院依民法第八二〇條第一項規定就共有物管理所為之決定，性質上屬債權行為，基於債之相對性原對第三人不生效力。惟為保持原約定或決定的安定性，此次修正民法物權編，特參照最高法院四十八年臺上字第一〇六五號判例及司法院釋字第三四九號解釋，增訂民法第八二六條之一，對此等關於共有

物之約定及決定等，賦予物權的效力，得以對第三人主張之。茲分述如下：

第一、關於不動產之約定及決定等

　　民法第八二六條之一第一項規定：「不動產共有人間關於共有物使用、管理、分割或禁止分割之約定或依第八百二十條第一項規定所為之決定，於登記後，對於應有部分之受讓人或取得物權之人，具有效力。其由法院裁定所定之管理，經登記後，亦同。」此乃因在不動產可以登記之公示方法，使受讓人或取得物權之人有知悉之機會，故以於登記後，對其具有效力；反之，若未經登記，則不具有對抗第三人之效力。又本項所稱其由法院裁定所定之管理，係指經由法院依民法第八二〇條第二項、第三項裁定所定之管理。此係屬非訟事件，該裁定之效力是否及於受讓人，尚有爭議（最高法院六十七年臺上字第四〇四六號判例參照），且該非訟事件裁定之公示性與判決及登記不同，故特別明定該裁定之管理亦經登記後，對於應有部分的受讓人或取得物權人始具效力。

第二、關於動產之約定及決定等

　　民法第八二六條之一第二項規定：「動產共有人間就共有物為前項之約定、決定或法院所為之裁定，對於應有部分之受讓人或取得物權之人，以受讓或取得時知悉其情事或可得而知者為限，亦具有效力。」此乃因動產無登記制度，法律上又保護善意受讓人，故以受讓人等於受讓或取得時知悉或可得而知其情事者為限，始對之發生法律上之效力。

第三、對所生負擔的連帶責任

　　民法第八二六條之一第三項規定：「共有物應有部分讓與時，受讓人對讓與人就共有物因使用、管理或其他情形所生之負擔連帶負清償責任。」所稱其他情形所生之負擔，例如協議分割或禁止分割所生之負擔（第八二二條參照）是。又所積欠之債務雖明定由讓與人與受讓人連帶負清償責任，則於受讓人清償後，自得依民法第二八〇條規定定其求償額。

第二項　公同共有

第一款　公同共有之意義及成立

第一、公同共有之意義

　　民法第八二七條第一項規定:「依法律規定、習慣或法律行為,成一公同關係之數人,基於其公同關係,而共有一物者,為公同共有人。」依此可知,所謂公同共有,指依法律規定、習慣或法律行為,成一公同關係之數人,基於其公同關係,而共同享有一物之所有權。各該共同享有一物所有權之權利人,即為公同共有人。所謂公同關係,係指足以構成公同共有基礎的法律關係,例如多數繼承人對於未分割遺產的共同繼承關係,合夥人基於合夥契約共同經營事業之合夥關係是,因此公同共有人間,乃存有人的結合關係。

　　公同共有與分別共有均係數人共有一物,惟前者係基於公同關係而享有,後者係按其應有部分而享有,此為其法律上結構基本差異之所存。最高法院三十七年上字第六四一九號判例謂:「民法第八百十九條第一項所謂各共有人得自由處分其應有部分云云,係指分別共有,即同法第八百十七條規定數人按其應有部分,對於一物有所有權者而言,其依同法第八百二十七條第一項基於公同關係而共有一物者,依同條第二項(現行民法為第三項——筆者附註)之規定,各公同共有人之權利,既係及於公同共有物之全部,則各該共有人自無所謂有其應有部分,從而公同共有人中之一人如無法律或契約之根據,亦未得其他公同共有人之同意,而就公同共有物為處分,自屬全部無效。」可供參考。

第二、公同共有之成立

　　公同共有係基於公同關係而共有一物,故其成立以公同關係存在為前提。至於此項公同關係之發生原因有三:①依法律之規定而發生,例如依

民法第一一五一條規定，繼承人因繼承遺產而生之繼承公同關係是。②依法律行為而發生，即依某種契約或單獨行為（例如遺囑），亦得成立公同關係，例如依合夥契約而生之合夥公同關係（民法第六六八條）。③依習慣而發生。本項所稱「習慣」，例如最高法院十九年上字第一八八五號判例（祭田）、十八年上字第一四七三號判例（祀產）、三十九年臺上字第三六四號判例（祭祀公業）、四十二年臺上字第一一九六號判例（同鄉會館）、九十三年臺上字第二二一四號判決（家產），均屬之❼。

又依法律行為（契約或單獨行為）固可成立公同關係，惟因公同共有乃為共有之特殊狀態，權利義務關係甚為複雜，故依法律行為而成立之公同關係，其範圍不宜過廣，並避免誤解為依法律行為得任意成立公同關係。故增訂民法第八二七條第二項規定：「前項依法律行為成立之公同關係，以有法律規定或習慣者為限。」例如民法第六六八條規定，各合夥人之出資及其他合夥財產，為合夥人全體之公同共有是。

第三、公同共有人之潛在的「應有部分」

公同共有，係基於公同關係而共有一物，並非按應有部分享有所有權，各公同共有物之所有權屬於共有人全體，故對該公同共有物的全部，公同共有人並無應有部分存在，已如前述。至於繼承人就繼承財產之應繼分（民法第一一四四條）、合夥人就合夥財產之股份（民法第六八三條）、祭祀公業之房份、神明會之曾份等，係就抽象的總財產（遺產、合夥財產、祭祀公業財產）之一切權利義務，所得享有權利之比例而言，而非對個別的公同共有物之權利比例。最高法院八十四年臺上字第一九二二號判決謂：「繼承人有數人時，在分割遺產前，各繼承人對於遺產全部為公同共有，而各公同共有人之權利，及於公同共有物之全部，故各公同共有人對於公同共有物無應有部分可言，此觀民法第一千一百五十一條及第八百二十七條第

❼ 關於公同共有之成立，最高法院有直接以判例承認者，例如最高法院十九年上字第三〇一二號判例謂：「兄弟同居共財時所創之營業商號，若無特別證據證明為兄弟中一人或少數人所獨有，應推定為公同共有。」

二項（現行民法為第三項——筆者附註）之規定即明。又應繼分係各繼承人對於遺產之一切權利義務，所得繼承之比例，並非對於個別遺產之權利比例。查上開房地係賴懋霖所有，為原審認定之事實，則賴懋霖死亡後，應由其繼承人，即被上訴人及上訴人賴泱如、賴泱同共同繼承，在遺產分割前，係屬全體繼承人公同共有，並無應有部分可言，各繼承人尚不得按其應繼分之比例行使權利。」可供參考❷❹。

其次，關於繼承人之應繼分、合夥人之股份、祭祀公業之房份等，縱令可認為係公同共有人之應有部分，惟因此項「應有部分」，公同共有人不得自由處分，應受公同關係之拘束，因此學說稱之為潛在的「應有部分」。最高法院八十九年臺再字第八一號判決謂：「共同繼承之遺產在分割之前，為各繼承人公同共有，而民法第八百二十七條第一項基於公同關係而共有一物者，依同條第二項（現行民法為第三項——筆者附註）之規定，各公同共有人之權利，及於公同共有物之全部，故各該共有人並無應有部分存在，通說亦認為公同共有人之應有部分係屬潛在者，與分別共有人之應有部分為顯在者不同，如繼承人就繼承財產之應繼分，此項潛在之應有部分，在公同關係存續期間內，不得自由處分。公同共有人將其繼承之權利讓與於第三人，乃以此為契約之標的，係以不能之給付為標的，自有民法第二百四十六條第一項前段規定之適用。」可供參考。又公同共有人對於公同共有物既顯在的無應有部分，自無單獨予以處分之可能，故無從以應有部分設定擔保（如抵押權）❷⓪❾。

❷⓪❽ 最高法院七十年臺上字第三三九五號判決：「繼承人有數人時，在分割遺產前，各繼承人對於遺產全部為公同共有，民法第一千一百五十一條定有明文。而依同法第八百二十七條第二項（現行法第三項——筆者附註）規定，各公同共有人之權利，及於公同共有物之全部，故各共有人無所謂有其應有部分。又應繼分係各繼承人對於遺產上之一切權利義務，所得繼承之比例，並非對於個別遺產之權利比例。」

❷⓪❾ 參閱王澤鑑，《物權》，第三二三頁。

第二款 公同共有人之權利義務

第一目 權利範圍及權利義務決定之依據

第一、對於公同共有物之權利範圍

民法第八二七條第三項規定:「各公同共有人之權利,及於公同共有物之全部。」故各公同共有人,對於公同共有物之全部均有所有權存在,且各共有人無所謂有其應有部分,已如前述。最高法院三十年上字第二○二判例謂:「繼承人有數人時,在分割遺產前,各繼承人對於遺產全部為公同共有,民法第一千一百五十一條定有明文。被上訴人自不得在分割遺產前,主張遺產中之特定部分,由其個人承受。」依此判例意旨,各公同共有人,自不得在公同共有物分割前,主張其對於公同共有物之特定部分有單獨所有權。又公同共有人中之一人或數人,以其他公同共有人處分公同共有物為無效,對於主張因處分而取得權利之人,雖非不可提起確認該物仍屬公同共有人全體所有之訴,但提起確認自己部分公同共有權存在或交還自己部分之訴,則為法所不許(三十七上七三○二)。

其次,公同共有物未分割前,公同共有人中一人之債權人,雖不得對於公同共有物聲請強制執行,對於該公同共有人公同共有之權利,則得請求執行(二十三院一○五四)。最高法院九十七年臺抗字第三五五號判決謂:「公同共有物未分割前,公同共有人中一人之債權人,雖不得對於公同共有『物』聲請強制執行,而對於該公同共有人公同共有之『權利』,得請求執行,已經司法院院字第一○五四號㈡解釋在案,該解釋既未區分一般公同共有及因繼承而公同共有之權利,復未限縮於僅為『查封』之執行,且債務人因繼承而取得不動產公同共有之權利,如可依其應繼分估算出潛在之應有部分,並非不能比照或類推適用對於不動產之執行方法換價,則遽將相對人因繼承而公同共有不動產權利之『拍賣』執行排除在上開解釋適用範圍外,非無不適用該解釋之違誤。」可供參考。

第二、權利義務決定之依據

民法第八二八條第一項規定:「公同共有人之權利義務,依其公同關係所由成立之法津、法律行為或習慣定之。」職是之故,關於繼承遺產,應適用民法第一一五一條以下規定定之;關於合夥財產,應依合夥契約之約定及民法債編關於合夥規定(第六六七條以下)定之;關於依遺囑或習慣而成立的公同共有,依遺囑或習慣定之,可見各公同共有人間之權利義務內容,因公同關係之不同,而有所不同。

第三、分別共有規定的準用

民法第八二八條第二項規定:「第八百二十條、第八百二十一條及第八百二十六條之一規定,於公同共有準用之。」故關於公同共有物之管理,可準用民法第八二○條規定;關於公同共有人對第三人之權利,可準用民法第八二一條規定[210];就公同共有物使用、管理、分割或禁止分割之約定或法院依民法第八二○條第一項規定所為之決定等,對繼受人(第三人)之效力等,可準用民法第八二六條之一規定。

第二目　共有物之處分及其他權利之行使

民法第八二八條第三項規定:「公同共有物之處分及其他之權利行使,除法律另有規定外,應得公同共有人全體之同意。」本項所謂「法律另有規定」之意義,就法條適用順序而言,應先適用第一項,其次依第二項,最

[210] 關於公同共有人行使對第三人之權利,是否應得公同共有人全體之同意,最高法院二十九年上字第四九四號判例曾採肯定說,認為:「民法第八二一條之規定,於公同共有不適用之。故公同共有物所有人中之一人,未得公同共有人全體之同意,對侵害公同共有物無妨害除去請求權,對無權占有人亦不得就共有物之全部為本於所有權之行使,請求返還於公同共有人全體。」此項法律見解,是否妥適,似值商榷(本判例業經最高法院民國九十九年第一次民事庭會議決議不再援用,不再援用理由:本則判例與修正後民法第八二八條第二項規定不符)。參閱梅仲協,《要義》,第四○三頁;王澤鑑,《物權》,第三三○頁。

後方適用本項所定應得公同共有人全體同意之方式。茲就有關問題，分述如下：

第一、共有物之處分

公同共有物之處分，除法律另有規定外，應得公同共有人全體之同意。此處所謂處分，包括事實上處分及法律上處分（處分行為）。事實上處分，如拆除房屋❹；法律上處分，例如共有物所有權的讓與、用益物權或擔保物權的設定是。時效利益之拋棄係處分行為之一種，公同共有人中一人未得全體共有人同意，向他人為拋棄時效利益之意思表示者，依法即非有效（五十三臺上二七一七）。公同共有物被一部分公同共有人為處分行為時，須得處分行為人以外之公同共有人全體之同意，始得起訴（三十二上一一五）。故因公同共有物被一部分公同共有人為移轉物權之處分，而其他公同共有人對之提起物權契約無效之訴時，仍應得處分行為人（包含同意處分人）以外之公同共有人全體之同意，始為當事人適格（八十六臺上二七三判決）。茲就有關問題，分述如下：

一、公同共有人全體之同意

公同共有物之處分，除法律另有規定外，應得公同共有人全體之同意。茲就有關問題，分述如下：

㈠同意之時期及方式

公同共有人之同意，並不以於行為當時同意者為限，即於事前預為允許或事後加以追認亦均非法之所不許，且其同意，不論以明示或默示為方法，苟能以明確之事實加以證明者已足當之，殊不以文書證明或限於一定之形式為必要（六十五臺上一四一六、八十七臺上二八五四判決）。一經公同共有人全體之同意，其權利之行使得由公同共有人中之一人或數人為之，無須全體公同共有人共同為之（三十三上五三四二）。從而因公同共有物被

---

❹　最高法院六十九年臺上字第二四八九號判決：「拆屋係屬一種處分，公同共有物非得公同共有人全體同意，不得處分。故非僅就公同共有物有管理權者即得為此處分。」

一部分公同共有人為移轉物權之處分，而其他公同共有人對之提起物權契約無效之訴時，如已得處分行為人（包含同意處分人）以外之公同共有人全體之同意，則無論公同共有人中之一人或數人，自均得單獨或共同起訴，要不能謂其當事人之適格有所欠缺（三十七上六九三九）。又公同共有物之處分，固應得公同共有人全體之同意，而公同共有人中之一人，已經其他公同共有人授與處分公同共有物之代理權者，則由其一人以公同共有人全體之名義所為處分，不能謂為無效。此項代理權授與之意思表示不以明示為限，如依表意人之舉動或其他情事，足以間接推知其有授權之意思者，即發生代理權授與之效力（三十二上五一八八）。

（二）**公同共有人同意之推定**

繼承人數人公同共有之遺產，依民法第八二八條第三項（原民法規定為第二項——筆者附註）之規定，固非得公同共有人全體之同意不得設定負擔，惟該數人同居一家而由其中一人為家長管理家務者，如因清償共同負擔之債務，而有就遺產設定負擔之必要時，其在必要限度內就遺產設定負擔，自可推定其已得公同共有人全體之同意（三十三上五七六）。又因公同共有祭產與第三人涉訟，縱其公同關係所由規定之契約未明定得由何人起訴或被訴，然我國一般習慣，祭產設有管理人者，其管理人有數人時，得共同以自己名義代表派下全體起訴或被訴，如僅一人，得單獨以自己名義代表派下全體起訴或被訴，無管理人者，各房長得共同以自己名義代表派下全體起訴或被訴，此項習慣，通常可認祭產公同共有人有以之為契約內容之意思（三十七上六〇六四）。從而公同共有祭產之處分，如由公同共有人中之一人或數人為之者，固應以得其他公同共有人全體之同意，為生效要件。惟該地如有祭產管理人得代表祭產公同共有人全體處分祭產之習慣，可認祭產公同共有人有以此為契約內容之意思者，自不得謂祭產管理人之處分為無效（四十臺上九九八）。

（三）**事實上無法取得公同共有人同意之處理**

所謂「事實上無法得公同共有人之同意」，係指在一般情形下，有此事實存在，依客觀判斷，不能得其同意而言，如公同共有人間利害關係相反，

或所在不明等屬之（八十五臺上二二四三判決、九十七臺上一〇三判決）。從而公同共有物被一部分共有人所侵害而為處分，事實上無法取得其同意，如已得處分行為人（包含同意處分人）以外之公同共有人全體之同意，則無論公同共有人中之一人或數人，自均得單獨或共同起訴，要不能謂其當事人之適格有所欠缺（三十七上六九三九）。又以公同共有之財產為訴訟標的，但該財產之公同共有人，若僅存甲乙二人，而甲又所在不明，事實上無從取得其同意，則乙就公同共有財產之全部，為公同共有人全體之利益計，對於第三人為回贖之請求，要難謂為當事人不適格（二十五院一四二五）。

二、就公同共有物所為之債權行為

公同共有人中之一人或數人，就公同共有物所為之買賣或租賃等債權行為（負擔行為），並未使公同共有物之權利直接發生變動，故不在民法第八二八條之適用範圍，即此等債權行為（負擔行為），不以得到其他公同共有人之同意為必要，縱令未得到其他公同共有人之同意，仍屬有效。最高法院七十一年臺上字第二四一三號判決謂：「查買賣債權契約，並非處分行為。林信宏在孫鳳遺產分割前，就其與上訴人等共同繼承屬於全體繼承人公同共有之系爭土地，與被上訴人訂立買賣契約，既與民法第八百二十八條第二項規定無涉，無論其他公同共有人事前有無同意或事後是否承認，該買賣契約在林信宏與上訴人間，要均不發生是否無效之問題。」可供參考。

如上所述，因買賣並非處分行為，故公同共有人中之人，未得其他公同共有人之同意，出賣公同共有物，應認為僅對其他公同共有人不生效力，而在締約當事人間非不受其拘束。苟被上訴人簽立之同意書，果為買賣，縱出賣之標的為公同共有土地，而因未得其他公同共有人之同意，對其他公同共有人不生效力。惟在其與上訴人間既非不受拘束，而如原審認定之事實，該土地其後又已因分割而由被上訴人單獨取得，則上訴人請求被上訴人就該土地辦理所有權移轉登記，尚非不應准許（七十一臺上五〇五一），亦即該出賣公同共有土地，其後因分割而歸出賣人單獨取得所有權時，買受人得請求出賣人就該土地辦理所有權移轉登記。若買賣標的物並未分割歸出賣人所有，致原買賣契約陷於給付不能時，買受人得主張債務不履行

之損害賠償（民法第二二六條）。

三、未得公同共有人同意所為處分行為之效力

共有人未經他共有人之同意，擅自就共有物之全部或一部任意使用收益時，即係侵害其他共有人之權利（九十六臺上五八○判決）。至於公同共有人中之一人或數人，未得其他共有人之同意，而就共有物為處分行為（物權行為），最高法院三十七年上字第六四一九號判例謂：「民法第八百十九條第一項所謂各共有人得自由處分其應有部分云云，係指分別共有，即同法第八百十七條規定數人按其應有部分，對於一物有所有權者而言，其依同法第八百二十七條第一項基於公同關係而共有一物者，依同條第二項（現行民法為第三項——筆者附註）之規定，各公同共有人之權利，既係及於公同共有物之全部，則各該共有人自無所謂有其應有部分，從而公同共有人中之一人如無法律或契約之根據，亦未得其他公同共有人之同意，而就公同共有物為處分，自屬全部無效。」顯係採無效說。惟因無權處分行為，依民法第一一八條規定，係效力未定，並非無效，故最高法院此項見解是否妥適，尚值斟酌，宜採效力未定說，使其得因其他公同共有人的追認而發生效力，較為妥適❷。

四、土地法第三十四條之一規定的準用

土地法第三十四條之一第五項規定：「前四項規定於公同共有準用之。」故公同共有不動產之處分、變更及設定地上權、農育權、不動產役權或典權，應以公同共有人過半數及其應有部分（潛在）合計過半數之同意行之。但其應有部分合計逾三分之二者，其人數可不予計算。此項土地法之特別規定，就公同共有不動產之處分，自應優先於民法第八二八條第三項（原民法規定為第二項——筆者附註）規定而適用，無須經全體公同共有人之同意（八十四臺上六十八判決）。惟民法第八二八條第一項規定仍優先於土地法之上開規定而適用，是以成立公同共有之規約如有特別約定時，自可排除該土地法規定之適用❷。又土地法第三十四條之一第五項、第一項有

──────
❷　參閱王澤鑑，《物權》，第三二七頁。
❷　參閱謝在全，《物權（中）》，第十頁。

關公同共有土地處分之規定，應僅於數人公同共有一土地時始有其適用，如因數人就土地之應有部分有公同共有權利者,自無該條項規定之適用(八十五臺上八七二判決)。

遺產係各繼承人公同共有，依民法第七五九條之規定，非先辦妥公同共有之繼承登記，不得處分。依土地法第七十三條第一項及土地登記規則第二十七條第三款規定，任何繼承人就繼承之不動產得為全體繼承人之利益，單獨聲請繼承之登記，無需為裁判上之請求（六十九臺上一一六六）。惟此項繼承登記僅能聲請為公同共有之登記，其經繼承人全體同意者，始得申請為分別共有之登記（土地登記規則第一二○條），繼承人之一訴請他繼承人協同辦理載明應有部分各為若干之繼承登記，則非法所許。其次，依民法第一一六四條之規定，繼承人固得隨時請求分割公同共有之遺產，惟繼承人將公同共有之遺產，變更為分別共有，係使原公同關係消滅，另創設繼承人各按應有部分對遺產有所有權之新共有關係，其性質應仍屬分割共有物之處分行為。故該遺產如係不動產，繼承人中一人或數人除經全體繼承人同意外，非先為全體繼承人之利益，辦理公同共有之繼承登記（土地登記規則原第三一條第一項、現第一二○條第一項）後，依民法第七五九條之規定，應不得逕行請求將該遺產變更為分別共有登記（八十五臺上一八七三判決）。

土地法第三十四條之一第一項所稱之處分，不包括分割行為在內，不得以共有人中一人之應有部分或數共有人之應有部分合併已逾三分之二，即可不經他共有人全體之同意，而得任意分割共有物（七十四臺上二五六一）。繼承人將遺產之公同共有關係終止改為分別共有，性質上屬分割遺產方法之一，故繼承人將公同共有之遺產變更為分別共有，依民法第八二八條第三項規定，經全體繼承人同意後，方得為之，部分繼承人（公同共有人）自不得依據土地法第三十四條之一第一項規定，以經共有人人數及應有部分合計過半數或應有部分合計逾三分之二之同意，逕申請變更為分別共有之登記。最高法院八十二年臺上字第七四八號判決謂：「終止遺產之公同共有關係，應以分割方式為之，將遺產之公同共有關係終止改為分別共

有關係，性質上屬分割遺產方法之一，而共有物之分割並無土地法第三十四條之一第一項之適用（最高法院七十四年臺上字第二五六一號判例參照）。故欲將遺產之公同共有關係變更（即分割）為分別共有關係，依民法第八百二十八條第二項（現行民法為第三項——筆者附註）規定，應經全體共有人同意始得為之（土地登記規則第二十九條亦明定繼承之土地應登記為公同共有；經繼承人全體同意者，得登記為分別共有）（現為第一二○條——筆者附註）。參以分割遺產時，並非完全按繼承人之應繼分分割，尚有民法第一千一百七十二條、第一千一百七十三條規定之扣除項目，如許部分繼承人依土地法第三十四條之一第五項、第一項規定將遺產依應繼分轉換為應有部分，其同意處分之共有人若有前述應自應繼分中扣除之事項，其獲得之應有部分較諸依法分割遺產所得者為多，有違民法就遺產分割之計算所設特別規定，應無土地法第三十四條之一規定適用之餘地。上訴人主張系爭請求權之公同共有關係，已依土地法第三十四條之一規定，經多數共有人同意終止，變更為分別共有云云，自無足採。」可供參考❹。

第二、其他權利之行使

民法第八二八條第三項所謂其他權利之行使，係指處分（如移轉物權、設定負擔）以外之其他權利之行使，例如祀產的清算、優先承買權的行使（六十九臺上一二五二判決）、土地徵收補償費的領取、時效利益的拋棄❺、提起第三人異議之訴等是。又繼承人共同出賣公同共有之遺產，其所取得之價金債權，仍為公同共有，並非連帶債權。公同共有人受領公同共有債權之清償，應共同為之，除得全體公同共有人之同意外，無由其中一人或

❹ 王澤鑑教授認為將公同共有物之公同共有權利變更為分別共有，並非分割共有物，而係分割以外之處分行為，此項處分行為，依民法第七五九條規定，非經登記不得為之。惟辦妥公同共有繼承登記者，則部分繼承人如合於土地法第三四條之一第五項準用第一項規定之情形時，其申辦為分別共有之登記，應非為法所不許。參閱王澤鑑，《物權》，第三二八頁。

❺ 時效利益之拋棄雖屬處分行為，但非對公同共有物之處分，似應列入其他權利之行使較妥，參閱王澤鑑，《物權》，第三二九頁註三。

數人單獨受領之權(七十四臺上七四八)。此等對公同共有物之權利的行使，除法律另有規定外，應得公同共有人全體之同意，其相關問題，請參照前開對公同共有物之處分所述。

第三、公同共有物處分或其他權利行使以外的行為

民法第八二八條第三項所定應得公同共有人全體之同意者，係指對公同共有物之處分或對公同共有物其他權利之行使而言，公同共有物之處分或其他權利行使以外之行為，不適用民法第八二八條第三項規定，公同共有人中之一人亦得為之，無須得他共有人之同意。由於公同共有物之管理權與公同共有物本身之權利有別，確認管理權之有無，並非公同共有物之處分行為，亦非對公同共有物之其他權利行使行為，應無民法第八二八條第三項之適用，從而被上訴人未得其他派下同意而提起本件確認管理權之訴，仍應認其當事人之適格並無欠缺(五十四臺上二○三五)。又如公同共有人中之一人對於負欠公同共有債權之債務人公司，訴請查閱帳簿乃至財務報表等，純係維護及保全公同共有債權之行為，而非行使公同共有債權之行為，性質上無須得其他公同共有人全體之同意(九十六臺上一八三九判決)。祀產公同共有人中之一人，對於祀產管理人，訴求查閱帳簿，無須得其他公同共有人全體之同意(最高法院民國三十一年九月二十二日民刑庭總會決議十九)。

繼承人在分割遺產前，以否認其繼承權之人為被告所提起之確認其繼承權存在之訴訟，並非公同共有物之處分或其他之權利行使行為，自得單獨起訴，且無庸得其他繼承人全體之同意(八十五臺上二七六四判決)。確認派下權關係存否，並非公同共有物之處分行為，亦非對公同共有物之其他權利行使行為，應無前開法條之適用。上訴人苟為連氏公業合法管理人，即得獨立提起本件訴訟，無另經全體派下員同意之必要(七十八臺上一七四九判決)。

民法第一二九條第一項第二款所稱之承認，乃債務人向請求權人表示認識其請求權存在之觀念通知(二十六年鄂上字第三十二號判例參照)，並

非權利之行使，公同共有人之一人，出賣其共有物，於立買賣契約之初，果已得全體共有人之同意或授權，則其嗣後本於出賣人之地位所為之承認，自應使其發生時效中斷之效力（六十一臺上六一五）。

第三款　公同共有之消滅及公同共有物之分割

第一、公同共有之消滅

民法第八三〇條第一項規定：「公同共有，自公同關係終止，或因公同共有物之讓與而消滅。」茲依此規定，分述公同共有之消滅原因如下：

一、公同關係之終止

公同共有之發生及存續，以公同關係之存在為前提，公同關係一旦終止，公同共有之關係自應消滅。至於公同關係之終止原因，應依該公同關係所由生之法律、契約或習慣之規定，例如合夥之解散（民法第六九二條）、繼承人請求分割遺產（民法第一一六四條）等是。因契約而生之公同關係，原則上得由公同共有人全體之同意而加以終止。由於民法第一一六四條所稱之「得隨時請求分割」，應解為包含請求終止公同共有關係在內，其所定之遺產分割，係以遺產為一體，整個的為分割，而非以遺產中各個財產之分割為對象，亦即遺產分割之目的，在遺產公同共有關係全部之廢止，而非各個財產公同共有關係之消滅（八十六臺上一四三六判決），應予注意。公同關係終止後，公同共有之關係歸於消滅，故除同時就公同共有物予以分割外，此數人原依公同關係對共有物共享一所有權之狀態，將因此而成為分別共有。

二、公同共有物之讓與

此係指公同共有之標的物讓與後，對該標的物已喪失所有權，就該標的物而言，公同共有自因而消滅。應予注意者，乃於有償讓與之情形，就該被讓與之標的物本身而言，公同共有自因而消滅，惟公同共有仍將繼續存在於該讓與後之對價（例如出賣公同共有物所取得之價金債權）上。從而繼承人共同出賣公同共有之遺產，其所取得之價金債權，仍為公同共有，

並非連帶債權。而公同共有人之一人或數人受領公同共有債權之清償，除得全體公同共有人之同意外，應共同為之，無單獨受領之權（七十四臺上七四八）。又公同共有物固因政府之徵收，使其公同共有因而消滅，惟該公同共有物因徵收而發放之補償仍屬於公同共有人之公同共有。因此已故許明智所遺之十二筆土地，應由其全體繼承人繼承為公同共有，於徵收前未為分割辦理繼承登記，則該土地因徵收而發放之補償仍屬於遺產之一部，而由全體繼承人所公同共有（六十九臺上三六四三判決）；祭祀公業之祀產為政府徵收而領得之補償金，仍屬派下全體所公同共有（八十八臺上四一〇判決）。

第二、公同共有物之分割

一、請求分割之限制

民法第八二九條規定：「公同關係存續中，各公同共有人，不得請求分割其公同共有物。」惟此項公同關係之存續既非不可終止，則公同共有人中之一人或數人於訴訟外或於起訴時，以訴狀向其他公同共有人表示終止公同關係之意思，而請求分割公同共有物，在審理事實之法院，自應審認其所為終止公同關係之意思表示是否正當，能否認為已有合法之終止，為適當之裁判，如可認終止為合法，則其公同關係已不復存續，即無適用民法第八二九條之餘地（三十七上七三五七）。

二、公同共有物之分割方法及效力

在公同關係存續中，各公同共有人，固不得請求分割其公同共有物，於公同共有關係消滅後，公同共有人自得隨時請求分割公同共有物。民法第八三〇條第二項規定：「公同共有物之分割，除法律另有規定外，準用關於共有物分割之規定。」此處所稱公同共有物之分割，包括分割之方法及分割之效力在內，即公同共有物分割之方法，準用民法第八二四條之規定；公同共有物分割之效力，準用民法第八二四條之一至第八二六條之一之規定。惟關於公同共有物之分割，如法律另有規定者，例如民法第六九九條、第一〇三九條、第一一六五條等是，自應優先適用。

應予注意者,乃繼承人有數人時,在分割遺產前,各繼承人對於遺產全部為公同共有,繼承人得隨時請求分割遺產,民法第一一五一條、第一一六四條前段定有明文。是繼承人欲終止其間之公同共有關係,惟有以分割遺產之方式為之。至最高法院三十七年上字第七三五七號判例所謂公同共有關係得由公同共有人中之一人或數人向其他公同共有人表示終止公同共有關係之意思表示,係就民法第八二九條所定不得請求分割公同共有物之公同共有關係所為之詮釋,與遺產得隨時請求分割者,自屬有間,尚無民法第八二九條規定適用之餘地,自無上開判例適用之可言(八十二臺上七四八判決)。又民法第一一六四條所定之遺產分割,係以遺產為一體,整個的為分割,而非以遺產中各個財產之分割為對象,亦即遺產分割之目的在遺產公同共有關係全部之廢止,而非各個財產公同共有關係之消滅。上訴人既依民法第一一六四條規定訴請分割遺產,除非依民法第八二八條、第八二九條規定,經全體公同共有人同意,僅就特定財產為分割,否則依法自應以全部遺產為分割對象(八十八臺上二八三七判決),是以當事人對分割判決一部聲明不服,提起上訴,其上訴效力應及於訴之全部,不發生部分遺產分割確定之問題(九十七臺上一○三判決)。

又因分割遺產共有物之訴,係以遺產之共有物分割請求權為其訴訟標的,法院認原告請求為有理由,即應依民法第八三○條第二項、第八二四條第二項定其分割方法,毋庸為「准予分割」之諭知,不可將之分為「准予分割」及「定分割方法」二訴。故如當事人對於「定分割方法」之判決,聲明不服,提起上訴,其上訴效力應及於訴之全部(准予分割及定分割方法)。本件原判決主文第二項於定分割方法外,另為准予分割之諭知,揆諸上開說明,即有違誤(九十七臺上一三五七)。

第三項　準共有

第一、概說

民法第八三一條規定:「本節規定,於所有權以外之財產權,由數人共

有或公同共有者準用之。」此乃因除所有權外，尚有其他財產權由數人共有或公同共有者，亦不在少數，因法律規定準用關於所有權之共有或分別共有之規定，故學說上稱為準共有。職是之故，所謂準共有，係指數人分別共有或公同共有所有權以外之財產權之謂。至於數人共有或公同共有所有權以外之財產權，究應準用分別共有或公同共有之規定，自須視其共有關係屬於分別共有或公同共有之不同而定。一般言之，數人共有一財產權，係基於公同關係而生者，自應準用公同共有之規定；反之，數人共有一財產權，係按其應有部分而享有，並非基於公同關係而生者，自屬準用分別共有規定之範圍。

本條所稱所有權以外之財產權，包括定限物權（擔保物權及用益物權）；礦業權、漁業權、水權等準物權；著作權、專利權、商標權等無體財產權；以及債權、股份、營業秘密等在內。人格權、身分權，因非屬財產權，固不在其範圍之內，又占有依民法之規定並非權利，故亦無準共有可言。又準共有準用共有或公同共有之規定，仍須以關於該財產權之共有或公同共有，法律無特別規定者為限，若法律有特別規定者，自應優先適用。例如礦業法第九條就共有礦業權有禁止分割之規定；共有漁業權於漁業法第二六條有禁止分割規定；共有股份於公司法第一六〇條就其權利之行使與義務之負擔有特別規定等是，自應優先適用。

第二、財產權之準公同共有

數人共有一財產權，係基於公同關係而生者，為財產權之準公同共有，自應準用公同共有之規定。職是之故，財產權屬數人公同共有者，其權利之處分及其他之權利行使，應得公同共有人全體之同意，民法第八三一條準用同法第八二八條第三項定有明文。既曰公同共有財產權之權利行使，應得公同共有人全體之同意，則公同共有人中之一人或數人苟得其他公同共有人之同意，即得單獨行使其權利，且公同共有權利之行使，如事實上無法得公同共有人全體之同意時，如該事實上無法同意者以外之公同共有人已全體同意，由其中之一人或數人行使權利，苟不予准許，則其權利將

永無行使之可能。是應解為其得行使其公同共有物之權利，始合法理（八十四臺上一〇一三判決）。茲以債權之公同共有為例，就有關問題，說明如下：

債權為財產權之一種，自得為準公同共有之標的物，即依法律規定或依契約而成一公同關係之數人，基於該公同關係而共有一債權者，係屬公同共有債權，而準用所有權公同共有之規定。茲就有關問題，分述如下：

一、權利之行使

公同共有債權，除依其公同關係所由規定之法律或契約另有規定者外，依民法第八三一條準用同法第八二八條第三項之規定，該公同共有債權之權利，應得全體公同共有人之同意行使之。例如繼承人共同出賣公同共有之遺產，其所取得之價金債權，仍為公同共有，並非連帶債權。從而公同共有人之一人或數人受領公同共有債權之清償，除得全體公同共有人之同意外，應共同為之，無單獨受領之權（七十四臺上七四八）。又如繼承人因繼承而取得之遺產，於受侵害時，其所生之損害賠償債權，乃公同共有債權。如由公同共有人即繼承人中之一人或數人就此項債權為訴訟上之請求時，自須得其他繼承人全體之同意，始能謂當事人適格無欠缺。再者，上述債權既為全體繼承人公同共有，則繼承人即公同共有人中一人或數人，請求就自己可分得之部分為給付，仍非法之所許（最高法院三十七年上字第七三〇二號判例意旨參照）。從而上訴人請求被上訴人就上述債權按其應繼分計算可分得金額對伊賠償，自非合法（七十七臺上六十六判決）。至於被害人生前所支出之醫藥費，得請求加害人為損害賠償，此項損害賠償債權，於被害人死亡後亦屬遺產之一部分，依民法第一一五一條規定，應為繼承人所公同共有，故僅得由公同共有人（繼承人）全體請求給付，若由繼承人即公同共有人中一人或數人，請求就自己可分得之部分為給付或單獨請求對自己一人為給付，仍非法之所許。

公同共有債權之行使，依其公同關係所由規定之法律或契約得由公同共有人中之一人為之者，得由該一人為之，即使此項法律或契約無此規定，如得公同共有人全體之同意時，仍得由其中一人為之。觀民法第八三一條、

第八二八條之規定即明。此際，該公同共有人即得單獨以自己名義向債務人起訴，並請求向其個人為給付，自無由公同共有人全體起訴之必要（七十七臺上一二○四判決）。

二、債務之履行

公同共有債權與多數債權人有同一目的之數個債權，得各自或共同為全部或一部之請求，而債權人對其中一人為全部之給付，即可消滅其債務之連帶債務不同。債務人須向公同共有人全體為清償始生消滅債權之效力。上訴人於合夥終止後將應分配與詹賴玉枝之土地價金僅返還與詹○○、詹○○二人，既非向公同共有人全體為清償，自不生清償之效力（八十五臺上二六○三判決）。

第三、財產權之準分別共有

數人共有一財產權，係按其應有部分而享有，並非基於公同關係而生者，為財產權之準分別共有，自應準用分別共有之規定。債權為財產權之一種，自得為準分別共有之標的物。所謂債權之準分別共有，乃數人按其應有部分，共享有一債權，其效力應準用分別共有之規定，即各共有人惟得請求債務人向全體共有人為給付，而債務人亦僅得對共有人全體為給付，各共有人固按其應有部分享有其債權，但此究屬抽象之存在，分割之前，不能認為因其給付為可分，即可按其應有部分行使權利[216]。惟最高法院七十一年臺上字第三一二一號判決謂：「兩造對於華南商業銀行赤嵌分行之存款債權，如為可分之債，兩造之權利，依法推定為均等，各得單獨行使其權利，固無請求分割之必要。然依上訴人起訴所主張之原因事實以觀，必須兩造全體蓋章，始得向銀行領取存款，核其性質，似為當事人間約定之不可分之債，果係如此，上訴人自非不得依民法第八百三十一條準用共有物分割之規定，就系爭存款為分割之請求。」似認為在給付可分之債權，由共有債權人平均分享（民法第二七一條），各得按其應有部分請求債務人為

[216] 參閱鄭玉波，〈準共有之債及公同共有之債〉，《民商法問題研究(一)》，自版，民國六十五年二月初版，第一九六頁；王澤鑑，《物權》，第三三七頁。

一部之給付，無民法第八三一條之適用，在不可分之債權，始有民法第八三一條之適用。此項見解似以司法院二十八年院字第一九五〇號解釋為依據，但是否妥適，有待商榷[217]。

---

[217] 參閱王澤鑑，《物權》，第三三七頁。

第三章

地上權

第一節　總　說

第一、用益物權

地上權為用益物權之一種，所謂用益物權，乃以對於他人之物，在一定範圍內得為具體的使用、收益或利用為目的之定限物權。擔保物權，則係以確保債務之履行為目的，而於債務人或第三人之特定物或權利上所設定之一種定限物權，其非以標的物本身之使用、收益或利用為目的，而係專以就標的物賣得價金受債權之清償為目的，亦即擔保物權乃以取得擔保物之交換價值，以之供確保債務之清償為目的，故可稱為價值權。用益物權，則係以取得標的物之實體的利用價值為目的，故可稱為利用權。兩者雖同為定限物權，惟其性質，顯有不同。我國民法所規定之用益物權有四種，即地上權、農育權、不動產役權及典權是，均以不動產為其標的物，屬於不動產物權，茲先就地上權說明之。

第二、地上權內涵之修正及區分地上權之創設

民法原第八三二條規定：「稱地上權者，謂以在他人土地上有建築物，或其他工作物，或竹木為目的而使用其土地之權。」其權利人謂之地上權人；供給土地之該他人，謂之土地所有人。所謂竹木，係指以植林為目的者而言，如係以耕作為目的之培植茶、桑、果樹等，則屬永佃權之範圍。司法院二十一年院字第七三八號解釋謂：「茶桑雖係木本植物，惟依民法第八百三十二條之規定，僅以在他人土地上有竹木而使用他人之土地為目的者，始稱為地上權，若其目的在於定期收穫，而施人工於他人之土地以栽培植物，則為耕作，其支付佃租而以永久為目的者，依民法第八百四十二條第二項之規定，稱為永佃權，若當事人間定有期限，則依該條第二項規定，視為租賃，適用關於租賃之規定。」可供參考。

此次（民國九十九年）修正民法物權編將原第三章地上權，區分為普

通地上權及區分地上權二節是，將原民法第八三二條至第八四一條為有關地上權之規定，修正為有關普通地上權之規定。為避免地上權與農育權之內容重複，將原民法第八三二條中「或竹木」三字刪除，俾地上權之使用土地目的僅限於有建築物或其他工作物。民法第八三二條規定：「稱普通地上權者，謂以在他人土地之上下有建築物或其他工作物為目的而使用其土地之權。」其立法說明為：「一、本章將地上權分為普通地上權及區分地上權二節，本條至第八百四十一條為有關普通地上權之規定。而本條係關於普通地上權之定義性規定，故仍表明『普通地上權』之文字。至於本節以下各條規定中所稱之『地上權』，既規定於同一節內，當然係指『普通地上權』而言。二、本編已增訂第四章之一『農育權』，其內容包括以種植竹木為目的，在他人之土地為使用、收益之情形。為避免地上權與農育權之內容重複，爰將本條『或竹木』三字刪除，俾地上權之使用土地目的僅限於有建築物或其他工作物。又當事人間為上開目的約定已構成地上權之內容，地政機關於辦理登記時，宜將該設定目的予以配合登記。三、地上權之範圍依現行條文規定『……以在他人土地上……』等文字觀之，易使人誤解為僅限於在土地之上設定，惟學者通說及實務上見解均認為在土地上空或地下均得設定。為避免疑義，爰將『土地上』修正為『土地之上下』，以期明確。」

其次，區分地上權雖屬地上權之一種，惟區分地上權性質及效力仍有其特殊性，故為求體系完整，爰仿質權章，分設二節規範普通地上權及區分地上權，並於修正條文第八四一條之一增訂區分地上權之定義性規定，以示其不同之特性。民法第八四一條之一規定：「稱區分地上權者，謂以在他人土地上下之一定空間範圍內設定之地上權。」其立法說明為：「一、本條新增。二、由於人類文明之進步，科技與建築技術日新月異，土地之利用已不再侷限於地面，而逐漸向空中與地下發展，由平面化而趨於立體化，遂產生土地分層利用之結果，有承認土地上下一定空間範圍內設定地上權之必要。爰仿日本民法第二百六十九條之二第一項之立法例，增訂『區分地上權』之定義性規定。」

第二節　普通地上權

第一項　普通地上權之意義及與其他土地利用權之比較

第一、普通地上權之意義

　　民法第八三二條規定：「稱普通地上權者，謂以在他人土地之上下有建築物或其他工作物為目的而使用其土地之權。」其權利人謂之普通地上權人；供給土地之該他人，謂之土地所有人。又本節以下所稱之「地上權」，係指「普通地上權」而言。茲依上開規定，就普通地上權之意義，析述如下：

一、地上權為存在於他人土地上之物權

　　地上權之標的物為土地，建築物上自不得設定地上權。由於地上權惟有在他人特定範圍內之土地，始可設定，而分別共有人之應有部分，係按比例存在於共有物之每一部分，在分割前無由特定，因此無於應有部分上設定地上權之餘地（八十八臺上二九四三判決）。又地上權之設定，非僅限於土地之上，在土地上空（例如建高架道路）或地下（例如建地下街），均得為地上權的設定。地上權設定的範圍，無須為一宗土地的全部，就一宗土地之一部分亦得設定地上權，於申請設定登記時，應提出位置圖（土地登記規則第一〇八條）❶，且於不妨礙的範圍內，在同一土地並得設定數地上權於不同之人。此外，地上權人使用土地之範圍，不以建築物或其他工作物等本身占用的土地為限，其周圍的附屬地，如房屋的庭院，或屋後的空地等，如在設定的範圍內，不得謂無地上權之存在（四十八臺上九二八）。

---

❶　參閱王澤鑑，《物權》，第三五四頁；謝在全，《物權（中）》，第三十五頁。

二、地上權為以有建築物或其他工作物為目的之物權

所謂建築物，係指定著於土地上或地面下，具有頂蓋、樑柱、牆垣，足以避風雨供人起居出入之構造物而言，通稱之地下室自包括在內。所謂其他工作物，指建築物以外，在土地上空、地表與地下之一切設備而言，例如池埤、水圳、深水井、堤防等引水、防水或蓄水之建造物，橋樑、隧道、高架陸橋或道路等交通設備，電線桿或鐵塔、銅像、紀念碑、地窖等均屬之，且不以定著物為限。至於以有建築物為目的而設定地上權，於其建築物周圍種植花草果蔬，予以耕作收穫，可視為居住之附屬行為，既不違背設定地上權之目的，自不得認為已超出地上權之範圍❷。

三、地上權為使用他人土地上之物權

設定地上權之目的，係在使用他人之土地，故地上權為使用他人土地之物權，屬於用益物權之一種。從而地上物（建築物、工作物）之有無，與地上權之成立或存續無關，先有地上物存在，固可設定地上權，無地上物存在，亦無礙於地上權的成立，故其以有建築物為目的者，並不禁止先設定地上權，然後在該地上進行建築（四十八臺上九二八）。又依民法第八四一條規定：「地上權不因建築或其他工作物之滅失而消滅。」從而地上物滅失後，地上權人仍有依原定內容使用土地之權（三十六院解三五九六）。

第二、地上權與土地租賃權之區別

地上權與土地租賃權，同為使用他人土地之權利，且在租賃權物權化（民法第四二五條、第四二六條、第四二六條之一）❸，加強土地租賃權保護之後，兩者效力與經濟機能已頗多重複之處，然地上權為物權，土地租賃權為債權，在本質上兩者仍有不同。又承租他人之土地建築房屋之租賃權，亦係在他人土地上有建築物而使用其土地之權，故在他人土地上有

❷　參閱史尚寬，《物權》，第一七二頁；鄭玉波，《物權》，第一六〇頁；王澤鑑，《物權》，第三五五頁；謝在全，《物權（中）》，第三十六至三十七頁。

❸　詳請參閱劉春堂，《民法債編各論（上）》，自版，民國九十二年九月初版第一刷，第二五九頁以下、第三〇四頁以下、第三二四頁以下。

建築物而使用其土地之權，究為地上權抑為租賃權，應觀察地上權與租賃權在法律上種種不同之點，解釋當事人之意思，予以判定，不得僅以在他人土地上有建築物之一端，遂認為地上權（二十九滬上一○一）。茲就其主要區別，分述如下：

一、成立要件

地上權為物權，其得喪變更，由於法律行為者，非經登記不生效力，且應以書面為之（民法第七五八條）；土地租賃權為債權，租賃契約之成立，無須登記，且無須以書面為之，耕地租約之登記（耕地三七五減租條例第六條第一項），與租賃之生效要件無關，僅為其存在之證據（五十一臺上二六二九），土地租賃期限逾一年者，固應以字據訂立之，惟以未以字據訂立，視為不定期限之租賃而已（民法第四二二條）。

二、地租之有無

地上權不以有地租為必要（民法第八三五條）；土地租賃權，則以有租金為必要（民法第四二一條）。

三、讓與性

地上權得讓與他人（民法第八三八條），亦得供債權之擔保而為抵押權之標的物（民法第八八二條）；土地租賃權原則上不得讓與（民法第二九四條），轉租亦受限制（民法第四四三條）或禁止（土地法第一○三條，耕地三七五減租條例第十六條），基地租賃權原則上僅得隨建築物所有權而讓與（四十三臺上四七九，民法第四二六條之一）。

四、存續期間

地上權無存續期間之限制，理論上可以永久存續；土地租賃權，則除基地租賃權不受限制外，其餘不得超過二十年（民法第四四九條、第四二五條之一）。

五、修繕義務

地上權人不得請求土地所有人為土地之修繕；承租人則得請求出租人修繕租賃物（民法第四二九條）。

第三、基地租賃與地上權登記

　　租用基地建築房屋者，承租人於契約成立後，得請求出租人為地上權之登記（土地法第一○二條，民法第四二二條之一），故除有相反之約定外，出租人自負有與承租人同為聲請登記之義務（四十一臺上一一七）。惟租用基地建築房屋，縱令未依土地法第一○二條、民法第四二二條之一規定為地上權之登記，亦不過不生地上權之效力而已，究不得以此指為影響於租賃契約之成立（四十三臺上四五四）。

　　出租人聲請為地上權登記後，當事人間之法律關係，究為物權的地上權關係，抑仍為債權的租賃權關係，有不同見解❹。由於此項地上權之登記，不過為加強租賃關係而已，並非在使基地租賃權因而消滅，其基地租賃權與地上權，除依法有混同之原因外（如民法第七六二條規定），仍各別獨立存在，故應解為在當事人間係同時存有租賃關係與地上權關係，從而地上權消滅後，承租人仍可本於原租賃契約，依民法第四五一條之規定，主張其權利（六十四年第五次民庭推總會決議㈤）❺。最高法院八十五年臺上字第二九二八號判決謂：「同一物上之債權與物權，個別獨立存在，除依法有混同原因外，不能使之消滅。本件上訴人如就系爭土地有不定期租賃關係存在，雖嗣復設定地上權登記，不過為加強租賃關係，二者自可並存，地上權雖因期限屆滿而消滅，該不定期租賃關係如無其他消滅原因，當可繼續存在。」可資贊同。

---

❹　參閱謝在全，《物權（中）》，第五十至五十一頁；王澤鑑，《物權》，第三四九頁以下；劉春堂，前揭❸書，第四○二至四○三頁。

❺　王澤鑑教授認為此為法律關係的轉換，即租賃因登記而轉換為地上權，在地上權存續期間，應適用地上權的規定，在地上權消滅後，鑑於此項法律關係的轉換係在加強租賃關係，承租人本於原租賃契約得主張援用民法第四五一條規定的權利，應不因此而受影響，參閱王澤鑑，《物權》，第三五一頁。

第二項　地上權之發生及存續期間

第一款　地上權之發生

地上權之發生，有基於法律行為者，例如地上權之設定、地上權之讓與是；有基於法律行為以外之原因者，其主要事由有四，即繼承、取得時效、法定地上權之發生及徵收是。茲分述如下：

第一、地上權之設定

地上權通常係基於設定行為而取得，此項設定行為，不限於以契約為之，以單獨行為（例如遺囑）為之，亦無不可。地上權之設定，須作成書面(民法第七五八條第二項)，並須登記始生效力(民法第七五八條第一項)。至於當事人約定設定地上權之債權契約，則非要式行為（民法第一六六條之一尚未施行，施行後則須依該條規定為之），若雙方就其設定已互相同意，則同意設定地上權之一方，自應負使他方取得該地上權之義務。

其次，就土地的上空得為第三人設定地上權，蓋因地上權固以在他人土地上有建築物或其他工作物為目的，而使用其土地之權。但所謂在他人土地上有建築物，非單指建築物與土地直接接觸者而言。凡以在他人土地上有建築物為目的而使用其土地者，不論建築物係直接或間接與土地接觸，均得設定地上權。尤以現今二層以上房屋，各層房屋所有權，多分屬數人所有，雖對於房屋之基地多為共有，然上層房屋，在底層房屋之上，與土地並無直接占有關係，而對於其土地所有權之行使，則無任何影響。同理，房地為一人所有，就房屋基地（上空）為第三人設定地上權，由其在頂層上建築房屋使用，自非法所不許（七十四臺再五十九判決）。

此外，司法院大法官釋字第四〇八號解釋，固認為設定地上權之土地，以適於建築房屋或設置其他工作物或種植竹木（修正民法物權編已將種植竹木刪除）者為限。土地法第八十二條前段規定，凡編為某種使用之土地，不得供其他用途之使用。從而占有他人之土地，而該土地屬農業發展條例

第三條第十一款所稱之耕地者，性質上既不適於設定地上權，自亦不得申請時效取得地上權登記。惟查其解釋意旨，係顧及地上權的內容及農地的使用目的，若於農地上空或地下設定「空間地上權」或「區分地上權」，於不妨礙農地使用目的之範圍內，應不受限制❻。

第二、地上權之讓與

地上權人得將其地上權讓與他人（民法第八三八條），該他人即因受讓而取得地上權。惟其讓與須以書面為之，於依法登記後始生取得地上權之效力（民法第七五八條）。

第三、基於法律行為以外之原因

一、繼承

地上權為財產權，不具專屬性，自得因繼承而取得。被繼承人死亡時，其地上權，不須登記，即一併由繼承人取得（民法第一一四八條），惟若欲加以處分，則必須辦理登記（民法第七五九條）。

二、取得時效

依民法第七七二條之規定，地上權亦得因時效而取得，惟準用民法第七六九條、第七七〇條之結果，於取得時效完成後，僅取得登記請求權，尚需經登記始能取得地上權。由於因時效而取得地上權登記請求權者，不過有此請求權而已，在未依法登記為地上權人以前，仍不得據以對抗土地所有人而認其並非無權占有（最高法院民國六十九年度第五次民事庭會議決議參照）。關於地上權之取得時效，詳如前述。

三、法定地上權之發生

地上權依法律規定而發生者，稱為法定地上權。民法第八三八條之一第一項規定：「土地及其土地上之建築物，同屬於一人所有，因強制執行之拍賣，其土地與建築物之拍定人各異時，視為已有地上權之設定，其地租、期間及範圍由當事人協議定之；不能協議者，得請求法院以判決定之。其

❻ 參閱王澤鑑，《物權》，第三五九頁；謝在全，《物權（中）》，第四十九頁。

僅以土地或建築物為拍賣時，亦同。」此乃因土地及其土地上之建築物，同屬於一人所有，宜將土地及其建築物，併予查封、拍賣，如未併予拍賣，致土地與其建築物之拍定人各異時，因無從期待當事人依私法自治原則洽定土地使用權，為解決基地使用權問題，自應擬制當事人有設定地上權之意思，以避免建築物被拆除，危及社會經濟利益，爰明定此時視為已有地上權之設定。惟其地租、期間及範圍，宜由當事人協議定之；如不能協議時，始請求法院以判決定之。如土地及其土地上之建築物同屬一人所有，執行法院僅就土地或建築物拍賣時，依前述同一理由，亦宜使其發生法定地上權之效力。又法定地上權係為維護土地上之建築物之存在而設，而該建築物於當事人協議或法院判決所定期間內滅失時，即無保護之必要（最高法院八十五年臺上字第四四七號判例參照），故民法第八三八條之一第二項規定：「前項地上權，因建築物之滅失而消滅。」

其次，民法第八七六條規定：「設定抵押權時，土地及其土地上的建築物，同屬於一人所有，而僅以土地或僅以建築物為抵押者，於抵押物拍賣時，視為已有地上權的設定，其地租、期間及範圍由當事人協議定之。不能協議者，得聲請法院以判決定之。設定抵押權時，土地及其土地上的建築物，同屬於一人所有，而以土地及建築物為抵押者，如經拍賣，其土地與建築物之拍定人各異時，適用前項之規定。」故無論係僅以土地或僅以建築物為抵押，抑或係以土地及建築物一併為抵押，拍賣結果致土地與建築物各異其所有人者，建築物之所有人依本條規定，即可對土地取得地上權。又民法第八七六條第一項規定之法定地上權，係為維護土地上建築物之存在而設，則於該建築物滅失時，其法定地上權即應隨之消滅，此與民法第八三二條所定之地上權，得以約定其存續期限，於約定之地上權存續期限未屆至前，縱地上之工作物滅失，依同法第八四一條規定其地上權仍不因而消滅者不同（八十五臺上四四七）。關於此項法定地上權，詳如前述，於茲不贅。

此外，民法第九二七條第三項、第四項規定：「典物為土地，出典人同意典權人在其上營造建築物者，除另有約定外，於典物回贖時，應按該建

築物之時價補償之。出典人不願補償者，於回贖時視為已有地上權之設定。出典人願依前項規定為補償而就時價不能協議時，得聲請法院裁定之；其不願依裁定之時價補償者，於回贖時亦視為已有地上權之設定。」關於此項法定地上權，詳後述之，於茲不贅。

四、因徵收而取得地上權

依大眾捷運法第十九條第一、二項規定，大眾捷運系統因工程之必要，得穿越公、私有土地之上空或地下，但應選擇其對土地之所有人、占有人或使用人損害最少之處所及方法為之，並應支付相當之補償。前項情形，必要時主管機關得就其需用之空間範圍協議取得地上權，協議不成時，準用徵收規定取得之。

第二款　地上權之存續期間

關於地上權的存續期間，民法無明文規定，應視當事人有無約定而定。茲就其存續期間，分述如下：

第一、當事人定有存續期間者

當事人於設定地上權時，如有存續期間之約定者，為定期地上權，自應從其約定。又因關於地上權之存續期間，我國民法或其他法律並未設有最短期間或最長期間之限制，故其所約定存續期間之長短，悉聽當事人自由決定，縱長逾千載，或短不及年，不能不認為有效（四十二臺上一四二），甚至當事人約定其地上權為永久存續，亦無不可，蓋此有助於促進土地的利用，符合地上權的社會功能，且無害於所有權的本質❼。又當事人於設定地上權時，定明為「無期限者」，依其文義自應解為係永久存續，蓋「無期限」係指期限永無終止之意，此與設定「未定存續期間」者，顯不相同之故❽。至於以有建築物為目的而設定地上權者，非有相當之期限不能達

---

❼　參閱梅仲協，《要義》，第四一○頁；史尚寬，《物權》，第一七五頁；鄭玉波，《物權》，第一六二頁；姚瑞光，《物權》，第一五一頁；王澤鑑，《物權》，第三七○頁；謝在全，《物權（中）》，第五十九頁。

其目的，此際當事人雖未明定地上權之期限，但依地上權設定之目的，探求當事人之真意，自應解為定有至建築物不堪使用時為止之期限（三十年渝上三一一意旨參照）。

第二、當事人未定有存續期間者

地上權的存續期間，當事人未訂定者，為不定期地上權。由於地上權雖未定有期限，但非有相當之存續期間，難達土地利用之目的，不足以發揮地上權之社會機能。又因科技進步，建築物或工作物之使用年限有日漸延長趨勢，為發揮經濟效用，兼顧土地所有人與地上權人之利益，故民法第八三三條之一規定：「地上權未定有期限者，存續期間逾二十年或地上權成立之目的已不存在時，法院得因當事人之請求，斟酌地上權成立之目的、建築物或工作物之種類、性質及利用狀況等情形，定其存續期間或終止其地上權。」故不定期地上權，當事人不得隨時終止，只能於存續期間逾二十年或地上權成立之目的已不存在時，請求法院定其存續期間或終止其地上權。此項請求係變更原物權之內容，性質上為形成之訴，應以形成判決為之。若地上權經設定抵押權者，法院得依民事訴訟法第六七條之一規定告知參加訴訟，以保障抵押權人之權益。

其次，以公共建設（例如大眾捷運、高速鐵路等）為目的而成立之地上權，原即難以定其使用年限，故民法第八三三條之二規定：「以公共建設為目的而成立之地上權，未定有期限者，以該建設使用目的完畢時，視為地上權之存續期限。」

第三、因時效取得地上權之存續期間

因地上權時效取得完成，而登記為地上權者，其地上權的存續期間，由取得地上權人決定之，得登記一定期限、永久存續或無期限的地上權❾。

---

❽　參閱姚瑞光，《物權》，第一五一頁；王澤鑑，《物權》，第三七○頁；謝在全，《物權（中）》，第五十九頁。我國學者有認為以「無期限」字樣登記者，「除有反證外，自應解為不定期，並非永久」，參閱鄭玉波，《物權》，第一六二頁。

第三項　地上權之效力

第一款　地上權人之權利

第一、土地之使用收益

　　地上權係以在他人土地之上下有建築物或其他工作物為目的而使用其土地之權，故在上開目的範圍之內，當然有占有標的物之土地，而加以使用收益之權利，為地上權人之主要權利。至於其使用收益之內容及範圍，應依設定行為的約定及登記範圍而定；在因時效而取得地上權之情形，則依原來之使用目的定之。地上權人如有超過其範圍而為使用，且已違反其設定目的時，土地所有人得依民法第七六七條、第一八四條之規定，請求除去侵害，若有損害並得請求賠償，並得依民法第一七九條規定，請求返還不當得利。

　　由於地上權人就土地有使用收益之權利，故土地所有人的所有權，在地上權設定之目的範圍內，自應受其限制。惟土地所有人，就其土地之利用方面，原則上僅負容忍地上權人為一定行為或自己不為一定行為之義務，不負為積極行為之義務。又土地所有人於不妨害地上權行使的範圍內，仍有行使其所有權的權能，地上權的設定，如為有償者，則土地所有人尚有地租請求權，詳後述之。

　　民法第八三六條之二第一項規定：「地上權人應依設定之目的及約定之使用方法，為土地之使用收益；未約定使用方法者，應依土地之性質為之，並均應保持其得永續利用。」蓋因土地是人類生存之重要資源，一方面應物盡其用，他方面則應維護土地之本質，保持其生產力，必須謀求兩者間之平衡，俾得永續利用。從而地上權人使用土地不僅應依其設定之目的及約定之方法為之，且應保持土地之本質，不得為使其不能回復原狀之變更、過度利用或戕害其自我更新能力，以維護土地資源之永續利用。又地上權有約定

❾　參閱王澤鑑，《物權》，第三七一頁。

之使用方法者，其約定須經登記，方能構成地上權之內容，發生物權效力，始足以對抗第三人，故民法第八三六條之二第二項規定：「前項約定之使用方法，非經登記，不得對抗第三人。」從而當事人約定之使用方法，一經登記，土地及地上權之受讓人或其他第三人（例如抵押權人），當受其拘束。

其次，第八三六條之三規定：「地上權人違反前條第一項規定，經土地所有人阻止而仍繼續為之者，土地所有人得終止地上權。地上權經設定抵押權者，並應同時將該阻止之事實通知抵押權人。」故地上權人就土地為使用收益，而有違反前開規定之方法者，土地所有人得先加以阻止。此處所稱阻止，屬於意思通知，不論是以言語或行動為之，只要足以表達其有反對之意思即可。經土地所有人先加以阻止後，而地上權人仍繼續為之者，土地所有人得終止地上權，以維護土地資源之永續性及土地所有人之權益。若地上權經設定抵押權者，為保障抵押權人之權益，應同時將該阻止之事實通知抵押權人。

第二、相鄰關係及物上請求權

地上權既為使用土地之物權，自以占有土地為必要，且地上權人就土地而為使用，與土地所有人地位無異，為調和相鄰關係之利用與衝突，故民法第八〇〇條之一規定：「第七百七十四條至前條規定，於地上權人、農育權人、不動產役權人、典權人、承租人、其他土地、建築物或其他工作物利用人準用之。」另依新修正民法第七六七條第二項規定，所有人的物權請求權，於所有權以外之物權準用之，故地上權人亦得行使民法第七六七條第一項規定之物權請求權。

第三、地上權之讓與或設定抵押權

地上權為財產權之一種，且無專屬性，依其性質，地上權人原則上得自由處分其權利，亦得以其權利設定抵押權，以供擔保債務之履行。故民法第八三八條第一項規定：「地上權人得將其權利讓與他人或設定抵押權。但契約另有約定或另有習慣者，不在此限。」從而當事人就地上權有不得讓

與或設定抵押權之約定者，自應從其約定，惟此項約定，非經登記不得對抗第三人（民法第八三八條第二項），換言之，即此項約定經登記者，方能構成地上權之內容，發生物權效力，始足以對抗第三人，故土地及地上權之受讓人或其他第三人（例如抵押權人），當受其拘束。

其次，地上權之社會作用，係在調和土地與地上物間之使用關係，建築物或其他工作物通常不能脫離土地而存在，兩者必須相互結合，方能發揮其經濟作用。故民法第八三八條第三項規定：「地上權與其建築物或其他工作物，不得分離而為讓與或設定其他權利。」例如不得單獨將其建築物之所有權讓與他人，或不得單獨將其建築物為他人設定典權是。職是之故，地上權與其建築物或其他工作物之讓與或設定其他權利，應同時為之，以免地上物失其存在之權源，有違地上權設置之目的。

應予注意者，乃地上權依民法第八三二條之規定，係以在他人土地之上下有建築物或其他工作物為目的而使用其土地之權，是為地上權人，設定地上權之他人，應為土地所有人（三十二上一二四），因此地上權人雖得將其地上權讓與他人，但不得再將土地為第三人設定地上權。

第四、土地之出租或出借

地上權人得將地上物（例如房屋）出租他人，亦得將其地上物連同土地，一併出租與他人，以收取法定孳息。惟在未有地上物之前，地上權人得否將土地出租他人，雖不無問題，應以肯定說之見解為是❿。又出租既得為之，出借他人使用更無不可。最高法院八十三年臺上字第二一〇四號判決謂：「按稱地上權者，謂以在他人土地上有建築物，或其他工作物，或竹木為目的而使用其土地之權，民法第八百三十二條定有明文。又並無禁止地上權人將土地出租或提供他人使用之規定，地上權人自己不使用土地，而將土地出租或提供他人使用，應非法律所不許。是上訴人以地上權人吳〇山於五十四年間將其在系爭土地上之木造平房拆除，供蔡吳〇月興建五層樓房之情事，推測吳〇山有拋棄或讓與系爭地上權之意思，即無可採。」

---

❿　參閱王澤鑑，《物權》，第三七四頁；謝在全，《物權（中）》，第六十六頁。

可供參考。

第五、土地或房屋之優先承買權

土地法第一〇四條規定:「基地出賣時,地上權人、典權人或承租人有依同樣條件優先購買之權。房屋出賣時,基地所有權人有依同樣條件優先購買之權。其順序以登記之先後定之。前項優先購買權人,於接到出賣通知後十日內不表示者,其優先權視為放棄。出賣人未通知優先購買權人而與第三人訂立買賣契約者,其契約不得對抗優先購買權人。」故地上權人就土地有優先承買權,此項優先承買權具有物權效力。

又土地法第一〇四條關於基地或房屋優先購買權之規定,旨在使房屋與基地之所有權合歸於一人所有,使法律關係單純化,以盡經濟上之效用,並杜紛爭。故必須對於基地有地上權、典權或租賃關係之存在,且地上權人、典權人或承租人於基地上有房屋之建築者,始有本條優先購買權之適用。本件上訴人雖在系爭土地上設有地上權,惟既未在該土地上有房屋之建築,自無前開優先購買權之適用。至最高法院四十八年臺上字第九二八號判例,其內容僅在說明地上權設定之時間及範圍,與地上權人可否適用土地法第一〇四條優先購買權之規定無關(八十四臺上八十三判決)。

第二款　地上權人之義務

第一、支付地租義務之發生

地上權非以地上權人交付地租為必要,得為有償,亦得為無償,如為有償,其使用土地之對價則稱地租或租金。換言之,所謂地租,係地上權人就其使用他人之土地,對土地所有人所支付之報酬[11]。由於地租之支付,並非地上權之成立要件,即地上權之設定得為有償或無償,從而當事人間有支付地租之約定者,地上權人始負有支付地租之義務。

---

[11]　關於地租的性質,有單純債之關係說、物上負擔說及折衷說,通說採折衷說,參閱鄭玉波,《物權》,第一六五至一六六頁。

關於地租之標的（金錢或金錢以外之物）、租額之多寡、支付之方法及期限等，均應由當事人一一約明，並加以登記，始具對抗第三人的效力。職是之故，地租之約定未經登記者，僅發生債之關係，地上權讓與時，該地租支付義務並不當然隨同移轉於受讓人，土地所有人僅能向原地上權人請求支付，不能向新地上權人主張之。在土地所有權讓與之情形，已發生的地租債權亦不隨同移轉，僅原土地所有人得向地上權人請求之。反之，地租之約定已經登記者，因該地租已為地上權之內容，具有物權效力。地上權讓與時，則將來的地租支付義務，隨同地上權移轉於地上權的受讓人，前地上權人積欠之地租，應併同計算，受讓人就前地上權人積欠之地租，應與讓與人連帶負清償責任（民法第八三六條第二項）。從而前地上權人積欠的地租與新地上權人積欠的地租，合計達二年以上的總額時，得構成終止地上權之事由（民法第八三六條第一項）。至於受讓人就前地上權人積欠之地租清償後，得否向該前地上權人求償，則依其內部關係定之。

此外，地上權有支付地租之約定，而地上權人並已將地租預付予土地所有權人者，於土地所有權讓與時，此項已預付之地租，非經登記，不得對抗第三人（民法第八三六條之一）。換言之，即其預付地租之事實經登記者，方能發生物權效力，足以對抗第三人，故土地及地上權之受讓人或其他第三人（例如抵押權人），當受其拘束。至於未經登記者，僅發生債之效力，地上權人仍應向受讓人支付地租，惟其得向讓與人請求返還該預付部分，自不待言。

第二、地租之調整

一、租額的免除或減少

民法第八三七條規定：「地上權人，縱因不可抗力，妨礙其土地之使用，不得請求免除或減少租金。」惟如因社會經濟情形發生重大變動，非當時所得預料，而依其原有效果顯失公平者，地上權人仍得聲請法院減少其給付（民法第二二七條之二）。

二、因土地價值之升降而增減

　　地上權有支付地租之約定者，由於土地之價值，在社會經濟有變遷之情形下，常多變動，如於地上權設定後，因土地價值之升降，地上權人給付原定地租，依一般觀念顯然不公平者，為保障雙方當事人之權益，並避免爭議，當事人得提起民事訴訟，請求法院以判決酌定增減其地租（民法第八三五條之一第一項），以期允當。此外，關於原未訂有地租之地上權，如因土地所有人就土地之租稅及其他費用等負擔增加，而非設定地上權當時所得預料者，如仍無償供地上權人使用，而令土地所有人單獨負擔，有顯失公平之情事者，基於情事變更法則，土地所有人亦得提起民事訴訟，請求法院酌定地租（民法第八三五條之一第二項）。

第三、地租之遲付

　　地上權人應依約定日期支付地租，如地租支付有遲延者，應負給付遲延之債務不履行責任，土地所有人除得請求地上權人支付地租外，並得請求地上權人支付遲延利息（民法第二三三條）或為遲延賠償（民法第二三一條）。又地租之遲付，可構成土地所有人終止契約之理由，即地上權人積欠地租達二年之總額，除另有習慣外，土地所有人得定相當期限催告地上權人支付地租，如地上權人於期限內不為支付，土地所有人得終止地上權（民法第八三六條第一項前段）。此項積欠地租的給付遲延，須因可歸責於地上權人的事由。所謂積欠地租達二年之總額，係指多年積欠地租之累計額而言，非以連續二年未支付租金為限。所謂另有習慣，衡諸本條規範意旨，應係指雖積欠地租已達二年之總額，但仍不得終止地上權之利於地上權人的習慣而言，並非指積欠地租不達二年總額，亦可終止地上權之不利於地上權人的習慣。

　　土地所有人依前開規定終止地上權者，應向地上權人以意思表示為之（民法第八三六條第三項）。地上權經設定抵押權者，土地所有人依前開規定催告地上權人支付地租時，並應同時將該催告之事實通知抵押權人（民法第八三六條第一項後段），俾抵押權人得以利害關係人之身分代位清償，使地上權不被終止。土地所有人如違反本條項規定不予通知時，則對抵押

權人因此所受之損害，應負損害賠償之責。

第四項　地上權之消滅

第一款　地上權消滅之原因

地上權為物權之一種，當然因物權之一般消滅原因而消滅。茲就民法所特設之消滅原因，分述如下：

第一、存續期間之屆滿

地上權定有存續期限者，期限屆滿，即歸消滅。至於地上權期限屆滿後，地上權人仍繼續為土地的用益時，並不發生更新的效果而成為不定期的地上權。蓋因法律關係定有存續期間者，於期間屆滿時消滅，期間屆滿後，除法律有更新規定，得為不定期限外，並不當然發生更新之效果，地上權並無如民法第四五一條之規定，其期限屆滿後，自不生當然變更為不定期限之效果，因而應解為定有存續期間之地上權於期限屆滿時，地上權當然消滅（七十臺上三六七八）。

應予注意者，乃地上權不因建築物或其他工作物之滅失而消滅（民法第八四一條），故約定有存續期限之地上權，於約定之地上權存續期限未屆至前，縱地上之建築物或其他工作物滅失，其地上權仍不因而消滅。至於民法第八七六條第一項規定之法定地上權，係為維護土地上建築物之存在而設，則於該建築物滅失時，其法定地上權即應隨之消滅，此與民法第八三二條所定之地上權，得以約定其存續期限，於約定之地上權存續期限未屆至前，縱地上之建築物或其他工作物（工作物或竹木）滅失，依同法第八四一條規定其地上權仍不因而消滅者不同（八十五臺上四四七）。

第二、地上權之拋棄

地上權為財產權的一種，地上權人自得拋棄之，惟其要件因有無地租之約定而有所不同，茲分述如下：

一、無地租之約定者

地上權無支付地租之約定者，地上權人得隨時拋棄其權利（民法第八三四條）。換言之，即無支付地租約定之地上權，無論該地上權是否定有期限，地上權人均得任意拋棄其權利，蓋此對於土地所有人有利而無害。

二、有地租之約定者

地上權定有期限，而有支付地租之約定者，地上權人得支付未到期之三年分地租後，拋棄其權利（民法第八三五條第一項）。蓋因支付地租而定有期限之地上權，於地上權人拋棄其權利時，對土地所有人而言，較諸支付地租而未定有期限之地上權人拋棄權利之影響為大，為保障其利益，故地上權人須支付未到期之三年分地租後，始得拋棄其權利。至於殘餘之地上權期限不滿三年者，即無此項規定之適用，僅應支付殘餘期間之地租，自不待言。其次，地上權未定有期限，而有支付地租之約定者，地上權人拋棄權利時，應於一年前通知土地所有人，或支付未到期之一年分地租（民法第八三五條第二項）。

由於地上權旨在充分使用土地，如因不可歸責於地上權人之事由，致不能達原來使用土地之目的時，應許地上權人拋棄其權利。惟如仍依前二項規定始得拋棄，未免過苛，為兼顧土地所有人及地上權人雙方之利益，其危險應由雙方平均負擔。故民法第八三五條第三項前段規定：「因不可歸責於地上權人之事由，致土地不能達原來使用之目的時，地上權人於支付前二項地租二分之一後，得拋棄其權利。」又土地所有人因負有消極容忍地上權人使用土地之義務，是以如因可歸責於土地所有人之事由，致不能達地上權原來使用土地之目的時，地上權人已無法行使權利，此際應許其免支付地租，無條件拋棄地上權，始為公允，故民法第八三五條第三項後段規定：「其因可歸責於土地所有人之事由，致土地不能達原來使用之目的時，地上權人亦得拋棄其權利，並免支付地租。」

地上權已為抵押權之標的物者，拋棄地上權將影響抵押權的存在，故無論有無地租或期限的約定，均須經抵押權人的同意始得為之，否則對其不生效力（民法第七六四條第二項），應予注意。又地上權之拋棄，係有相

對人的單獨行為（物權行為），且因地上權之拋棄，係依法律行為使不動產物權消滅，故此項拋棄之意思表示應以書面為之，並須經登記，始生效力（民法第七五八條）。

第三、地上權之終止

此處所謂地上權之終止，係指設定地上權的物權契約之終止而言。地上權之終止，為有相對人的單獨行為，具形成權的性質，以意思表示向土地所有人或地上權人為之即可，無須以訴訟為之（民法第二六三條準用第二五八條）。惟因所謂地上權之終止，係依法律行為使不動產物權消滅，故此項終止之意思表示，須以書面為之，且非經登記，不生效力（民法第七五八條）。至於地上權之終止事由，主要如下：

一、地上權人遲付地租

地租之遲付，可構成土地所有人終止契約之理由，即地上權人積欠地租達二年之總額，除另有習慣外，土地所有人得定相當期限催告地上權人支付地租，如地上權人於期限內不為支付，土地所有人得終止地上權（民法第八三六條第一項前段）。其有關問題詳如前述，於茲不贅述。

二、地上權人未依約定之目的及方法為土地之使用收益

地上權人使用土地不僅應依其設定之目的及約定之方法為之，且應保持土地之生產力或得永續利用。地上權人就土地為使用收益，而有違反前開規定之方法者，土地所有人得先加以阻止，經土地所有人加以阻止後，而仍繼續為之者，土地所有人得終止地上權（民法第八三六條之三）。其有關問題詳如前述，於茲不贅述。

三、法院因當事人之請求而終止地上權

地上權未定有期限者，存續期間逾二十年或地上權成立之目的已不存在時，法院得因當事人之請求，終止地上權（民法第八三三條之一）。其有關問題詳如前述，於茲不贅述。

第四、約定消滅事由的發生

地上權當事人間得約定地上權特定消滅事由，例如建築物滅失時地上權即消滅是，惟此際仍須辦理塗銷地上權登記後，始生消滅之效力。又地上權的設定行為得附解除條件，則於解除條件成就時，地上權亦失其效力（二十二上四十二參照）。

第二款　地上權消滅之法律效果

第一、地上權人之取回權及有益費用償還請求權

一、地上權人之取回權

民法第八三九條第一項規定：「地上權消滅時，地上權人得取回其工作物。但應回復土地原狀。」故地上權人有取回權，此為地上權人之權利，是否行使由地上權人決定之，地上權人取回其工作物前，應通知土地所有人（民法第八三九條第三項前段），俾使土地所有人早日知悉地上權人是否行使取回權。地上權人取回其土地上之工作物時，有回復土地原狀義務，此項義務係地上權人行使取回權所生的附屬義務❷。若地上權人不於地上權消滅後一個月內取回其土地上之工作物者，工作物歸屬於土地所有人。惟工作物之存在如有礙土地之利用，土地所有人得請求地上權人回復原狀（民法第八三九條第二項）。

二、地上權人之有益費用償還請求權

地上權消滅時，地上權人雖得取回工作物，但其有不能取回者，例如設置之排水溝，或因改良整治土地支出有益費用，而增加土地的價值時，應解得類推適用民法第四三一條或民法第九五五條規定，使土地所有人於地上權消滅時現存之增額為限，負償還責任，即地上權人就其所支出之有益費用，對土地所有人有償還請求權❸。至於地上權人之有益費用請求權

❷　參閱王澤鑑，《物權》，第三八二頁；謝在全，《物權（中）》，第九十三至九十四頁。

❸　參閱史尚寬，《物權》，第一八三頁、第一八五頁；王澤鑑，《物權》，第三八二頁；

與土地所有人在地上權消滅後之返還土地請求權，有交換履行之必要，自得類推適用民法第二六四條有關同時履行抗辯權之規定。惟最高法院認為此二者非有互為對價關係，不得藉口其支付之有益費用，未受清償，而拒絕土地之返還❶。

第二、土地所有人之購買權

地上權消滅時，地上權人雖得取回其工作物，但此際依民法第八三九條第三項後段規定：「土地所有人願以時價購買其工作物者，地上權人非有正當理由，不得拒絕。」故土地所有人對工作物有購買權，此為土地所有人之權利，性質上為請求權，是否行使，為土地所有人之自由，非地上權人所能強求。土地所有人購買權之行使，須以提出時價為要件，而此處所稱時價，應係指地上權消滅時，工作物之市價而言。土地所有人以時價購買其工作物者，地上權人固不得拒絕，惟若有正當理由時，例如工作物為地上權人研究之成果或具有特別紀念價值者，衡諸誠實信用原則，地上權人得拒絕之❷。

又地上權人得取回的客體為工作物，在解釋上，所謂工作物應包括建築物在內，但民法第八四〇條關於建築物設有特別規定，自應優先適用之。惟因民法第八四〇條規定，係以地上權因存續期間屆滿而消滅者，始有其適用，故地上權非因存續期間屆滿而消滅者，例如地上權之終止是，仍有民法第八三九條規定的適用，故土地所有人關於建築物仍有以時價購買之權。

謝在全，《物權（中）》，第一〇三至一〇四頁。不同見解，參閱姚瑞光，《物權》，第一六三頁。

❶　最高法院三十三年上字第二三二六號判例謂：「承租人所有民法第四百三十一條第一項之費用償還請求權，與其在租賃關係終止後所負返還租賃物之義務，非有互為對價之關係，不得藉口其支出之有益費用未受清償，即拒絕租賃物之返還。」

❷　參閱梅仲協，《要義》，第四〇七頁；王澤鑑，《物權》，第三八三頁；謝在全，《物權（中）》，第九十七頁。

第三、土地所有人對建築物之補償義務及延長地上權期間請求權

一、對建築物之補償義務

民法第八四〇條第一項規定：「地上權人之工作物為建築物者，如地上權因存續期間屆滿而消滅，地上權人得於期間屆滿前，定一個月以上之期間，請求土地所有人按該建築物之時價為補償。但契約另有約定者，從其約定。」故關於建築物的處理方式，應任由當事人依其約定為之，若當事人未為約定或無法為約定，始適用本項有關補償之規定。又地上權人之工作物為建築物者，如地上權因存續期間屆滿而歸消滅，究由土地所有人購買該建築物，抑或延長地上權期間，宜盡速確定，俾該建築物能繼續發揮其社會經濟功能，故民法第八四〇條第一項乃增列「地上權人得於期間屆滿前，定一個月以上之期間，請求土地所有人按該建築物之時價為補償」之規定。至於地上權人所定一個月以上期間之末日，不得在地上權存續期間屆滿之日之後，是乃當然之理。

其次，本項所謂「按該建築物之時價為補償」，實係指土地所有人以時價購買該建築物，就地上權人言，則為建築物之補償請求權（收買請求權）。土地所有人之補償（收賣）義務，應具三個要件：其一補償對象限於建築物，所謂建築物，不僅指房屋而言，其他定著之建築物亦包括在內，惟若建築物已近於朽腐不堪使用者，土地所有人亦可不負補償義務❻。其二須地上權因存續期間屆滿而歸於消滅，若地上權因欠租而被終止，或因拋棄（三十二上二五八八）或因解除條件成就（二十二上四十二）等其他事由而消滅者，均無本條之適用。於此情形，應適用民法第八三九條規定，由地上權人取回（拆除）建築物，或由土地所有人行使購買權。其三須土地所有人未請求延長地上權之期間，關於此詳後述之。

土地所有人願按該建築物之時價補償者，其時價由地上權人與土地所有人協議定之；於不能協議時，地上權人或土地所有人得聲請法院為時價之裁定（民法第八四〇條第三項前段）。此項聲請法院為時價之裁定，性質

❻　參閱姚瑞光，《物權》，第一六二頁。

上係非訟事件（如同非訟事件法第一八二條第一項有關收買股份價格之裁定）。若土地所有人不願依裁定之時價補償時，適用第二項規定酌量延長地上權之期間（民法第八四〇條第三項後段）。

地上權人之建築物補償請求權（收買請求權），與土地所有人在地上權消滅後之返還土地請求權（塗銷地上權登記請求權），有交換履行之必要，自得類推適用民法第二六四條有關同時履行抗辯權之規定。惟最高法院七十九年臺上字第二六二三號判例謂：「民法第八百四十條第一項規定：地上權人之工作物為建築物者，如地上權因存續期間屆滿而消滅，土地所有人應按該建築物之時價為補償。與被上訴人請求塗銷地上權登記係屬二事，互無對價關係，上訴人不得執此為拒絕塗銷地上權登記之理由。」其見解不同。

二、地上權期間之延長

為維持建築物之社會經濟功能，兼顧地上權人之利益，並迅速確定其法律關係，故民法第八四〇條第二項前段規定：「土地所有人拒絕地上權人前項補償之請求或於期間內不為確答者，地上權之期間應酌量延長之。」使地上權期間當然接續原存續期間而延長，僅生應延長期間之長短問題。地上權人不願延長者，不得請求土地所有人對建築物為補償（民法第八四〇條第二項後段），應適用民法第八三九條規定。

至於依上開第二項規定地上權應延長期間者，其延長之期間為何，亦由土地所有人與地上權人協議定之，惟此係當事人依法律行為變更地上權內容，自須以書面為之，且須經登記，始生效力（民法第七五八條）；於不能協議時，土地所有人或地上權人得請求法院斟酌建築物與土地使用之利益，以判決酌定延長期間（民法第八四〇條第四項）。此項請求，應依民事訴訟程序行之，性質上係形成之訴，法院酌定期間之判決，為形成判決。又依民法第八四〇條第四項規定延長期間，以一次為限，故於延長之期間屆滿後，不再適用第一項及第二項規定，俾免地上權期間反覆綿延；但如土地所有人與地上權人另達成協議延長地上權期間者，當尊重其協議（民法第八四〇條第五項）。

第三節　區分地上權

第一項　概　說

第一、區分地上權之增訂

　　我國民法就區分地上權原並未規定，惟為促進公共建設，加強土地之多元化利用，近年以來，依設定區分地上權，穿越公、私有土地之上空或地下，興建公共建設之特別立法紛紛出籠。例如大眾捷運法第十九條規定：「大眾捷運系統因工程上之必要，得穿越公、私有土地及其土地改良物之上空或地下。……前項須穿越私有土地及其土地改良物之上空或地下之情形，主管機關得就其需用之空間範圍，在施工前，於土地登記簿註記，或與土地所有權人協議設定地上權……。」獎勵民間參與交通建設條例第十九條第一項規定：「民間機構興建本條例所獎勵之交通建設，需穿越公、私有土地之上空或地下，應與該土地管理機關或所有權人就其需用之空間範圍協議取得地上權……。」促進民間參與公共建設法第十八條第一項規定：「民間機構興建公共建設，需穿越公有、私有土地之上空或地下，應與該土地管理機關或所有權人就其需用之空間範圍協議設定地上權……。」土地徵收條例第五十七條第一項規定：「需用土地人因興辦第三條規定之事業，需穿越私有土地之上空或地下，得就需用之空間範圍協議取得地上權……。」可見區分地上權之利用，於大眾捷運系統、高速鐵路、共同管溝等公共建設之必要性與實益性。

　　鑑於區分地上權之運用，日益增多，於實務上極為廣泛，由於人類文明之進步，科技與建築技術日新月異，土地之利用已不再侷限於地面，而逐漸向空中與地下發展，由平面化而趨於立體化，遂產生土地分層利用之結果，有承認土地上下一定空間範圍內設定地上權之必要。因此自有於民法確立「區分地上權」制度並予以法制化之必要，故此次（民國九十九年）

修正民法物權編乃增訂區分地上權，其立法說明為：「按區分地上權雖屬地上權之一種，惟區分地上權性質及效力仍有其特殊性，故為求體系完整，爰仿質權章，分設二節規範普通地上權及區分地上權，並於修正條文第八百四十一條之一增訂區分地上權之定義性規定，以示其不同之特性。」「區分地上權與普通地上權不同，已於本章第一節為說明，且關於區分地上權之規定已增訂六條，為使地上權章之體系更為完整，爰增訂本節節名。」

第二、準用普通地上權之規定

區分地上權與普通地上權僅有支配客體範圍量上之差異，於性質上則無不同，其與普通地上權主要不同，乃在設定普通地上權時，於設定面積內，非僅限於土地之上，土地上空或地下，均包括在內，所及之範圍，與該設定面積內之土地所有權同。然若設定者為區分地上權時，於設定面積內，其上下所及之範圍，非為該面積內土地所有權之全部，而僅為其中一定空間部分。故民法第八四一條之六規定：「區分地上權，除本節另有規定外，準用關於普通地上權之規定。」

第三、區分地上權之意義

民法第八四一條之一規定：「稱區分地上權者，謂以在他人土地上下之一定空間範圍內設定之地上權。」其權利人謂之區分地上權人；供給土地上下之一定空間之該他人，謂之土地所有人。茲依此規定，析述如下：

一、區分地上權為存在於他人土地上下之一定空間範圍內之物權

區分地上權之標的物為土地，建築物上自不得設定地上權。普通地上權係以土地所有權上下之全部為其客體，區分地上權係以土地上下之一定空間範圍為其客體。所謂一定空間範圍，係指以兩個水平面間之平行空間為範圍，包括①土地上空之上下一定範圍，例如土地上空之一百五十至二百公尺是；②土地地下之上下一定範圍，例如土地地下二百至二百五十公尺是；③以地表為準之上下一定空間，例如土地地表以上之一百公尺及其下五十公尺是；④土地上下僅有一端有限制之一定範圍，例如土地上空一

百公尺以下之範圍，僅就上方有限制，或如土地下方五十公尺以上範圍，則係就下方有限制是 ❶。區分地上權設定的範圍，無須為一宗土地的全部，就一宗土地一部分之上下一定空間亦得設定區分地上權。

二、區分地上權為以有建築物或其他工作物為目的之物權

由於區分地上權，除本節另有規定外，係準用關於普通地上權之規定（民法第八四一條之六），而普通地上權，僅得以在他人土地有建築物或工作物為目的，故區分地上權之設定，自亦限於有建築物或其他工作物為目的。所謂建築物，係指定著於土地上或地面下，具有頂蓋、樑柱、牆垣，足以避風雨供人起居出入之構造物而言，通稱之地下室自包括在內。所謂其他工作物，指建築物以外，在土地上空、地表與地下之一切設備而言，例如池埤、水圳、深水井、堤防等引水、防水、排水或蓄水之建造物，橋樑、隧道、高架陸橋或道路等交通設備，電線桿或鐵塔、銅像、紀念碑、地窖等均屬之，且不以定著物為限。

三、區分地上權為使用他人土地上下之一定空間範圍之物權

設定區分地上權之目的，係在使用他人之土地上下之一定空間範圍，故區分地上權屬於用益物權之一種。從而地上物（建築物、工作物）之有無，與區分地上權之成立或存續無關，先有地上物存在，固可設定區分地上權，無地上物存在，亦無礙於區分地上權的成立，故其以有建築物為目的者，並不禁止先設定區分地上權，然後在該土地上下之一定空間範圍進行建築（四十八臺上九二八）。又因準用民法第八四一條規定：「地上權不因建築或其他工作物之滅失而消滅。」從而地上物滅失後，區分地上權人仍有依原定內容使用土地之權（三十六院解三五九六）。

第二項　區分地上權之發生及存續期間

第一款　區分地上權之發生

區分地上權之本質與普通地上權並無不同，故其成立與普通地上權之

❶　參閱謝在全，《物權（中）》，第一一二至一一三頁。

成立相同。區分地上權之發生，有基於法律行為者，例如區分地上權之設定、區分地上權之讓與是；有基於法律行為以外之原因者，其主要事由有四，即繼承、取得時效、法定區分地上權之發生及徵收是。茲分述如下：

第一、區分地上權之設定

　　區分地上權通常係基於設定行為而取得，此項設定行為，不限於以契約為之，以單獨行為（例如遺囑）為之，亦無不可。區分地上權之設定，須作成書面，並須登記始生效力（民法第七五八條）。至於當事人約定設定地上權之債權契約，則非要式行為（民法第一六六條之一尚未施行，施行後則須依該條規定為之）。

　　此外，司法院大法官釋字第四〇八號解釋，固認為設定（普通）地上權之土地，以適於建築房屋或設置其他工作物或種植竹木（修正民法物權編已將種植竹木刪除）者為限。土地法第八十二條前段規定，凡編為某種使用之土地，不得供其他用途之使用。從而占有他人之土地，而該土地屬農業發展條例第三條第十一款所稱之耕地者，性質上既不適於設定（普通）地上權，自亦不得申請時效取得（普通）地上權登記。惟查其解釋意旨，係顧及（普通）地上權的內容及農地的使用目的，若於農地上空或地下設定「空間地上權」或「區分地上權」，於不妨礙農地使用目的之範圍內，應不受限制[18]。

第二、區分地上權之讓與

　　區分地上權人得將其區分地上權讓與他人（準用民法第八三八條），該他人即因受讓而取得區分地上權。惟其讓與須以書面為之，於依法登記後始生取得區分地上權之效力（民法第七五八條）。

第三、基於法律行為以外之原因

一、繼承

---

[18] 參閱王澤鑑，《物權》，第三五九頁；謝在全，《物權（中）》，第四十九頁。

　　區分地上權為財產權，不具專屬性，自得因繼承而取得。被繼承人死亡時，其區分地上權，不須登記，即一併由繼承人取得（民法第一一四八條），惟若欲加以處分，則必須辦理登記（民法第七五九條）。

二、取得時效

　　依民法第七七二條之規定，區分地上權亦得因時效而取得，惟準用民法第七六九條、第七七○條之結果，於取得時效完成後，僅取得登記請求權，尚需經登記始能取得區分地上權。由於因時效而取得區分地上權登記請求權者，不過有此請求權而已，在未依法登記為區分地上權人以前，仍不得據以對抗土地所有人而認其並非無權占有（參閱最高法院六十九年度第五次民事庭會議決議）。關於地上權之取得時效，詳如前述。

三、法定區分地上權之發生

　　區分地上權依法律規定而發生者，稱為法定區分地上權。土地及其上下之一定空間範圍內之建築物，同屬於一人所有，因強制執行之拍賣，其土地與建築物之拍定人各異時，視為已有區分地上權之設定，其地租、期間及範圍由當事人協議定之；不能協議者，得請求法院以判決定之。其僅以土地或建築物為拍賣時，亦同（準用民法第八三八條之一第一項）。又此項法定區分地上權，係為維護土地上下之一定空間範圍內之建築物之存在而設，而該建築物於當事人協議或法院判決所定期間內滅失時，即無保護之必要（最高法院八十五年臺上字第四四七號判例參照），故此項區分地上權，因建築物之滅失而消滅（準用民法第八三八條之一第二項）。

　　其次，設定抵押權時，土地及其上下之一定空間範圍內的建築物，同屬於一人所有，而僅以土地或僅以建築物為抵押者，於抵押物拍賣時，視為已有區分地上權的設定，其地租、期間及範圍由當事人協議定之。不能協議者，得聲請法院以判決定之。設定抵押權時，土地及其上下之一定空間範圍內的建築物，同屬於一人所有，而以土地及建築物為抵押者，如經拍賣，其土地與建築物之拍定人各異時，適用前項之規定（類推適用民法第八七六條）。故無論係僅以土地或僅以其上下之一定空間範圍內的建築物為抵押，抑或係以土地及建築物一併為抵押，拍賣結果致土地與建築物各

異其所有人者，建築物之所有人準用民法第八七六條規定，即可對土地取得區分地上權。又此項法定區分地上權，係為維護土地上下之一定空間範圍內之建築物之存在而設，而該建築物於當事人協議或法院判決所定期間內滅失時，即無保護之必要（最高法院八十五年臺上字第四四七號判例參照），故此項區分地上權，因建築物之滅失而消滅（準用民法第八三八條之一第二項）。此與民法第八三二條所定之地上權，得以約定其存續期限，於約定之地上權存續期限未屆至前，縱地上之工作物滅失，依同法第八四一條規定其地上權仍不因而消滅者不同（八十五臺上四四七）。

此外，典物為土地，出典人同意典權人在其上下之一定空間範圍內營造建築物者，除另有約定外，於典物回贖時，應按該建築物之時價補償之。出典人不願補償者，於回贖時視為已有區分地上權之設定。出典人願依前項規定為補償而就時價不能協議時，得聲請法院裁定之；其不願依裁定之時價補償者，於回贖時亦視為已有區分地上權之設定（類推適用民法第九二七條第三項、第四項）。

四、因徵收而取得區分地上權

依大眾捷運法第十九條第一、二項規定，大眾捷運系統因工程之必要，得穿越公、私有土地之上空或地下，但應選擇其對土地之所有人、占有人或使用人損害最少之處所及方法為之，並應支付相當之補償。前項情形，必要時主管機關得就其需用之空間範圍協議取得區分地上權，協議不成時，準用徵收規定取得之。

第二款　區分地上權之存續期間

關於區分地上權的存續期間，民法無明文規定，應視當事人有無約定而定。茲就其存續期間，分述如下：

第一、當事人定有存續期間者

當事人於設定區分地上權時，如有存續期間之約定者，為定期區分地上權，自應從其約定。又因關於區分地上權之存續期間，我國民法或其他

法律並未設有最短期間或最長期間之限制，故其所約定存續期間之長短，悉聽當事人自由決定，縱長逾千載，或短不及年，不能不認為有效（四十二臺上一四二參照），甚至當事人約定其區分地上權為永久存續，亦無不可，蓋此有助於促進土地的利用，符合區分地上權的社會功能，且無害於所有權的本質。又當事人於設定區分地上權時，定明為「無期限者」，依其文義自應解為係永久存續，蓋「無期限」係指期限永無終止之意，此與設定「未定存續期間」者，顯不相同之故。至於以有建築物為目的而設定區分地上權者，非有相當之期限不能達其目的，此際當事人雖未明定區分地上權之期限，但依區分地上權設定之目的，探求當事人之真意，自應解為定有至建築物不堪使用時為止之期限（三十渝上三一一意旨參照）。

第二、當事人未定有存續期間者

區分地上權的存續期間，當事人未訂定者，為不定期區分地上權。由於區分地上權雖未定有期限，但非有相當之存續期間，難達土地利用之目的，不足以發揮區分地上權之社會機能。又因科技進步，建築物或工作物之使用年限有日漸延長趨勢，為發揮經濟效用，兼顧土地所有人與區分地上權人之利益，故區分地上權未定有期限者，當事人不得隨時終止，只能於存續期間逾二十年或區分地上權成立之目的已不存在時，請求法院斟酌區分地上權成立之目的、建築物或工作物之種類、性質及利用狀況等情形，定其存續期間或終止其區分地上權（準用民法第八三三條之一）。此項請求係變更原物權之內容，性質上為形成之訴，應以形成判決為之。若區分地上權經設定抵押權者，法院得依民事訴訟法第六七條之一規定告知參加訴訟，以保障抵押權人之權益。

其次，以公共建設（例如大眾捷運、高速鐵路等）為目的而成立之區分地上權，原即難以定其使用年限，故此項區分地上權，未定有期限者，以該建設使用目的完畢時，視為區分地上權之存續期限（準用民法第八三三條之二）。

第三、因時效取得區分地上權之存續期間

因區分地上權時效取得完成，而登記為區分地上權者，其區分地上權的存續期間，由取得區分地上權人決定之，得登記一定期限、永久存續或無期限的區分地上權。

第三項　區分地上權之效力

區分地上權之效力，大體言之，與普通地上權相同，例如就設定範圍內之空間，依其登記之目的有使用收益權等是，可參照普通地上權部分之說明。茲就其重要及特殊不同者，分述之。

第一款　區分地上權人之權利義務

第一、土地上下一定空間範圍之使用收益

區分地上權係以在他人土地上下之一定空間範圍內，有建築物或其他工作物為目的而使用其土地之權，故在上開目的範圍之內，當然有占有標的物土地上下之一定範圍空間，加以使用收益之權利，而為區分地上權人之主要權利。至於其使用收益之內容及範圍，應依設定行為的約定及登記範圍而定；在因時效而取得區分地上權之情形，則依原來之使用目的定之。區分地上權人如有超過其範圍而為使用，且已違反其設定目的時，土地所有人得依民法第七六七條、第一八四條之規定，請求除去侵害，若有損害並得請求賠償，並得依民法第一七九條規定，請求返還不當得利。

區分地上權人應依設定之目的及約定之使用方法，為土地或其一定空間之使用收益；未約定使用方法者，應依土地或其一定空間之性質為之，並均應保持其得永續利用（準用民法第八三六條之二第一項）。又區分地上權有約定之使用方法者，其約定須經登記，方能構成地上權之內容，發生物權效力，始足以對抗第三人（準用民法第八三六條之二第二項）。從而當事人約定之使用方法，一經登記，土地及區分地上權之受讓人或其他第三

人（例如抵押權人），當受其拘束。

其次，區分地上權人就土地為使用收益，而有違反前開規定之方法者，土地所有人得先加以阻止。經土地所有人先加以阻止後，而區分地上權人仍繼續為之者，土地所有人得終止地上權（準用民法第八三六條之三前段），以維護土地資源之永續性及土地所有人之權益。若地上權經設定抵押權者，為保障抵押權人之權益，應同時將該阻止之事實通知抵押權人（準用民法第八三六條之三後段）。

第二、相鄰關係及物上請求權

區分地上權既為使用土地上下一定空間範圍之物權，自以占有土地或其一定空間為必要，且區分地上權人就土地或一定空間而為使用時，與土地所有人地位無異，為調和相鄰關係之利用與衝突，故民法第八○○條之一規定：「第七百七十四條至前條規定，於地上權人、農育權人、不動產役權人、典權人、承租人、其他土地、建築物或其他工作物利用人準用之。」另依新修正民法第七六七條第二項規定，所有人的物權請求權，於所有權以外之物權準用之，故區分地上權人亦得行使民法第七六七條第一項規定之物權請求權。

第三、與鄰接用益權人為使用收益限制之約定

區分地上權呈現垂直鄰接狀態，具有垂直重力作用之特性，與平面相鄰關係不同。為解決區分地上權人與就其設定範圍外上下四周之該土地享有使用、收益權利之人相互間之權利義務關係，民法第八四一條之二第一項規定：「區分地上權人得與其設定之土地上下有使用、收益權利之人，約定相互間使用收益之限制。其約定未經土地所有人同意者，於使用收益權消滅時，土地所有人不受該約定之拘束。」本條適用之主體為區分地上權人與其設定範圍外四周上下之土地所有人、用益物權人或其他債權之用益權人（例如承租人或使用借貸借用人），且土地所有人不僅指平面相鄰之非區分地上權標的物土地之他土地所有人，亦兼指其上下相鄰之區分地上權標

的物土地之土地所有人 ❶。此項使用收益之限制，包括使用收益之範圍、方法及得施作或放置之工作物等在內，且包括限制土地所有人對土地之使用收益，例如約定土地所有人於地面上不得設置若干噸以上重量之工作物，或區分地上權人工作物之重量範圍等是。

關於使用收益之限制，若係由區分地上權人與土地所有權人約定者，土地所有權人自應受該約定之拘束，若僅由區分地上權人與其他用益權人約定，而未經土地所有人同意者，於使用收益權消滅時，土地所有人不受該約定之拘束。至所謂使用收益權，包括區分地上權與普通地上權均屬之。

其次，民法第八四一條之二第二項規定：「前項約定，非經登記，不得對抗第三人。」故此項限制使用收益之約定，縱未經登記，於當事人間仍具有債之效力，當事人應受拘束，自屬當然，必須經登記者，方能發生物權效力，始足以對抗第三人。故此項限制使用收益之約定經登記後，土地及區分地上權之受讓人或其他第三人（例如抵押權人），當受其拘束。

第四、區分地上權之讓與或設定抵押權

區分地上權為財產權之一種，且無專屬性，依其性質，區分地上權人原則上得自由處分其權利，將其權利讓與他人，亦得以其權利設定抵押權，以供擔保債務之履行。故民法第八三八條第一項規定：「地上權人得將其權利讓與他人或設定抵押權。但契約另有約定或另有習慣者，不在此限（民法第八四一條之六準用民法第八三八條第一項）。從而當事人就地上權有不得讓與或設定抵押權之約定者，自應從其約定，惟此項約定，非經登記不得對抗第三人（民法第八四一條之六準用民法第八三八條第二項），換言之，即此項約定經登記者，方能構成區分地上權之內容，發生物權效力，始足以對抗第三人，故土地及地上權之受讓人或其他第三人（例如抵押權人），當受其拘束。

其次，區分地上權之社會作用，係在調和土地與地上物間之使用關係，建築物或其他工作物通常不能脫離土地而存在，兩者必須相互結合，方能

---

❶ 參閱謝在全，《物權（中）》，第一一七頁。

發揮其經濟作用。故區分地上權與其建築物或其他工作物，不得分離而為讓與或設定其他權利（民法第八四一條之六準用民法第八三八條第三項）。例如不得單獨將其建築物之所有權讓與他人，或不得單獨將其建築物為他人設定典權是。職是之故，區分地上權與其建築物或其他工作物之讓與或設定其他權利，應同時為之，以免地上物失其存在之權源，有違區分地上權設置之目的。

第五、土地或其上下一定空間之出租或出借

區分地上權人得將地上物（例如房屋）出租他人，亦得將其地上物連同土地，一併出租與他人，以收取法定孳息。惟在未有地上物之前，地上權人得否將土地或其上下一定空間出租他人，雖不無問題，應以肯定說之見解為是。又出租既得為之，出借他人使用更無不可。

第六、土地或房屋之優先承買權

土地法第一○四條規定：「基地出賣時，地上權人、典權人或承租人有依同樣條件優先購買之權。房屋出賣時，基地所有權人有依同樣條件優先購買之權。其順序以登記之先後定之。前項優先購買權人，於接到出賣通知後十日內不表示者，其優先權視為放棄。出賣人未通知優先購買權人而與第三人訂立買賣契約者，其契約不得對抗優先購買權人。」故區分地上權人就土地有優先承買權，此項優先承買權具有物權效力。

第七、地租之支付義務、調整及遲付之效果

一、支付地租義務之發生

區分地上權非以區分地上權人交付地租為必要，得為有償，亦得為無償，如為有償，其使用土地之對價則稱地租或租金。換言之，所謂地租，係區分地上權人就其使用他人之土地，對土地所有人所支付之報酬。由於地租之支付，並非區分地上權之成立要件，即區分地上權之設定得為有償或無償，從而當事人間有支付地租之約定者，區分地上權人始負有支付地

租之義務。

關於地租之標的（金錢或金錢以外之物）、租額之多寡、支付之方法及期限等，均應由當事人一一約明，並加以登記，始具對抗第三人的效力。職是之故，地租之約定未經登記者，僅發生債之關係，區分地上權讓與時，該地租支付義務並不當然隨同移轉於受讓人，土地所有人僅能向原區分地上權人請求支付，不能向新區分地上權人主張之。在土地所有權讓與之情形，已發生的地租債權亦不隨同移轉，僅原土地所有人得向區分地上權人請求之。反之，地租之約定已經登記者，因該地租已為區分地上權之內容，具有物權效力。區分地上權讓與時，則將來的地租支付義務，隨同區分地上權移轉於區分地上權的受讓人，前區分地上權人積欠之地租，應併同計算，受讓人就前區分地上權人積欠之地租，應與讓與人連帶負清償責任（民法第八四一條之六準用民法第八三六條第二項）。從而前區分地上權人積欠的地租與新區分地上權人積欠的地租，合計達二年以上的總額時，得構成終止區分地上權之事由（民法第八三六條第一項）。至於受讓人就前區分地上權人積欠之地租清償後，得否向該前區分地上權人求償，則依其內部關係定之。

此外，區分地上權有支付地租之約定，而區分地上權人並已將地租預付予土地所有權人者，於土地所有權讓與時，此項已預付之地租，非經登記，不得對抗第三人（民法第八四一條之六準用民法第八三六條之一）。換言之，即其預付地租之事實經登記者，方能發生物權效力，足以對抗第三人，故土地及地上權之受讓人或其他第三人（例如抵押權人），當受其拘束。至於未經登記者，僅發生債之效力，區分地上權人仍應向受讓人支付地租，惟其得向讓與人請求返還該預付部分，自不待言。

二、地租之調整

㈠租額的免除或減少

區分地上權人，縱因不可抗力，妨礙其土地或其上下一定空間之使用，不得請求免除或減少租金（民法第八四一條之六準用民法第八三七條）。惟如因社會經濟情形發生重大變動，非當時所得預料，而依其原有效果顯失

公平者，區分地上權人仍得聲請法院減少其給付（民法第二二七條之二）。

(二)因土地價值之升降而增減

區分地上權有支付地租之約定者，如於區分地上權設定後，因土地價值之升降，區分地上權人給付原定地租，依一般觀念顯然不公平者，為保障雙方當事人之權益，並避免爭議，當事人得提起民事訴訟，請求法院以判決酌定增減其地租（民法第八四一條之六準用民法第八三五條之一第一項），以期允當。此外，關於原未訂有地租之區分地上權，如因土地所有人就土地之租稅及其他費用等負擔增加，而非設定區分地上權當時所得預料者，如仍無償供區分地上權人使用，而令土地所有人單獨負擔，有顯失公平之情事者，基於情事變更法則，土地所有人亦得提起民事訴訟，請求法院酌定地租（民法第八四一條之六準用民法第八三五條之一第二項）。

三、地租之遲付

區分地上權人應依約定日期支付地租，如地租支付有遲延者，應負給付遲延之債務不履行責任，土地所有人除得請求區分地上權人支付地租外，並得請求區分地上權人支付遲延利息（民法第二三三條）或為遲延賠償（民法第二三一條）。又地租之遲付，可構成土地所有人終止契約之理由，即區分地上權人積欠地租達二年之總額，除另有習慣外，土地所有人得定相當期限催告區分地上權人支付地租，如區分地上權人於期限內不為支付，土地所有人得終止區分地上權（民法第八四一條之六準用民法第八三六條第一項前段）。此項積欠地租的給付遲延，須因可歸責於區分地上權人的事由。所謂積欠地租達二年之總額，係指多年積欠地租之累計額而言，非以連續二年未支付租金為限。所謂另有習慣，衡諸本條規範意旨，應係指雖積欠地租已達二年之總額，但仍不得終止區分地上權之利於區分地上權人的習慣而言，並非指積欠地租不達二年總額，亦可終止區分地上權之不利於區分地上權人的習慣。

土地所有人依前開規定終止區分地上權者，應向區分地上權人以意思表示為之（民法第八四一條之六準用民法第八三六條第三項）。區分地上權經設定抵押權者，土地所有人依前開規定催告區分地上權人支付地租時，

並應同時將該催告之事實通知抵押權人（民法第八三六條第一項後段），俾抵押權人得以利害關係人之身分代位清償，使區分地上權不被終止。土地所有人如違反本條項規定不予通知時，則對抵押權人因此所受之損害，應負損害賠償之責。

第二款　土地所有人之權利義務

第一、行使所有權之權能

土地所有人於不妨害區分地上權行使的範圍內，仍有行使其所有權的權能。又區分地上權的設定，如為有償者，則土地所有人尚有地租請求權，詳如前述。

第二、設定用益權

基於區分地上權係就土地分層立體使用之特質，自不宜拘泥於用益物權之排他效力，是土地所有人於同一土地上下之一定空間設定區分地上權後，宜許其得再設定用益物權（包括區分地上權），反之，亦然，以達土地充分利用之目的，惟應明確規定用益權人間之優先次序。故民法第八四一條之五規定:「同一土地有區分地上權與以使用收益為目的之物權同時存在者，其後設定物權之權利行使，不得妨害先設定之物權。」

依民法第八四一條之五規定，土地所有人於其土地上下之一定空間先設定區分地上權後，無須得其同意，得再設定用益物權（包括不動產役權），反之，亦然。此際，同一不動產上用益物權與區分地上權同時存在，自應依設定時間之先後，定其優先效力，亦即後設定之區分地上權或其他用益物權不得妨害先設定之其他用益物權或區分地上權之權利行使。又區分地上權（或用益物權）若係獲得先存在之用益物權（或區分地上權）人之同意而設定者，後設定之區分地上權（或用益物權）則得優先於先物權行使權利，蓋先物權人既已同意後物權之設定，先物權應因此而受限制。至於所謂同一土地，乃指同一範圍內之土地，要屬當然。

第三、容忍及不作為義務

土地所有人的所有權，在區分地上權設定之目的範圍內，受到限制。惟土地所有人，就其土地之利用方面，原則上僅負容忍區分地上權人為一定行為或自己不為一定行為之義務，不負為積極行為之義務。

第四項　區分地上權之消滅

第一款　區分地上權消滅之原因

區分地上權為物權之一種，當然因物權之一般消滅原因而消滅。茲就民法所特設之消滅原因，分述如下：

第一、存續期間之屆滿

區分地上權定有存續期限者，期限屆滿，即歸消滅。至於區分地上權期限屆滿後，區分地上權人仍繼續為土地的用益時，並不發生更新的效果而成為不定期的區分地上權。蓋因法律關係定有存續期間者，於期間屆滿時消滅，期間屆滿後，除法律有更新規定，得為不定期限外，並不當然發生更新之效果，區分地上權並無如民法第四五一條之規定，其期限屆滿後，自不生當然變更為不定期限之效果，因而應解為定有存續期間之區分地上權於期限屆滿時，區分地上權當然消滅（七十臺上三六七八參照）。

應予注意者,乃區分地上權不因建築物或其他工作物之滅失而消滅（民法第八四一條之六準用民法第八四一條），故約定有存續期限之區分地上權，於約定之區分地上權存續期限未屆至前，縱地上之建築物或其他工作物滅失，其區分地上權仍不因而消滅。至於民法第八七六條第一項規定之法定地上權，係為維護土地上建築物之存在而設，則於該建築物滅失時，其法定地上權即應隨之消滅,此與民法第八四一條之一所定之區分地上權，得以約定其存續期限，於約定之區分地上權存續期限未屆至前，縱地上之建築物或其他工作物（工作物或竹木）滅失，準用同法第八四一條規定其

區分地上權仍不因而消滅者不同（八十五臺上四四七）。

第二、區分地上權之拋棄

區分地上權為財產權的一種，區分地上權人自得拋棄之，惟其要件因有無地租之約定而有所不同，茲分述如下：

一、無地租之約定者

區分地上權無支付地租之約定者，區分地上權人得隨時拋棄其權利（民法第八四一條之六準用民法第八三四條）。換言之，即無支付地租約定之區分地上權，無論該區分地上權是否定有期限，區分地上權人均得任意拋棄其權利，蓋此對於土地所有人有利而無害。

二、有地租之約定者

區分地上權定有期限，而有支付地租之約定者，區分地上權人得支付未到期之三年分地租後，拋棄其權利（民法第八四一條之六準用民法第八三五條第一項）。蓋因支付地租而定有期限之區分地上權，於區分地上權人拋棄其權利時，對土地所有人而言，較諸支付地租而未定有期限之地上權人拋棄權利之影響為大，為保障其利益，故區分地上權人須支付未到期之三年分地租後，始得拋棄其權利。至於殘餘之區分地上權期限不滿三年者，即無此項規定之適用，僅應支付殘餘期間之地租，自不待言。至於區分地上權未定有期限，而有支付地租之約定者，區分地上權人拋棄權利時，應於一年前通知土地所有人，或支付未到期之一年分地租（民法第八四一條之六準用民法第八三五條第二項）。

由於區分地上權旨在充分使用土地，如因不可歸責於區分地上權人之事由，致不能達原來使用土地之目的時，應許區分地上權人拋棄其權利。惟如仍依前二項規定始得拋棄，未免過苛，為兼顧土地所有人及區分地上權人雙方之利益，其危險應由雙方平均負擔。故因不可歸責於區分地上權人之事由，致土地不能達原來使用之目的時，區分地上權人於支付前二項地租二分之一後，得拋棄其權利（民法第八四一條之六準用民法第八三五條第三項前段）。又土地所有人因負有消極容忍區分地上權人使用土地之義

務，是以如因可歸責於土地所有人之事由，致不能達區分地上權原來使用土地之目的時，區分地上權人已無法行使權利，此際應許其免支付地租，無條件拋棄區分地上權（民法第八四一條之六準用民法第八三五條第三項後段），始為公允。

區分地上權已為抵押權之標的物者，拋棄區分地上權將影響抵押權的存在，故無論有無地租或期限的約定，均須經抵押權人的同意始得為之，否則對其不生效力（民法第七六四條第二項），應予注意。又區分地上權之拋棄，係有相對人的單獨行為（物權行為），且因區分地上權之拋棄，係依法律行為使不動產物權消滅，故此項拋棄之意思表示應以書面為之，並須經登記，始生效力（民法第七五八條）。

第三、區分地上權之終止

此處所謂區分地上權之終止，係指設定區分地上權的物權契約之終止而言。區分地上權之終止，為有相對人的單獨行為，具形成權的性質，以意思表示向土地所有人或區分地上權人為之即可，無須以訴訟為之（民法第二六三條準用第二五八條）。惟因所謂區分地上權之終止，係依法律行為使不動產物權消滅，故此項終止之意思表示，須以書面為之，且非經登記，不生效力（民法第七五八條）。至於區分地上權之終止事由，主要如下：

一、區分地上權人遲付地租

地租之遲付，可構成土地所有人終止契約之理由，即區分地上權人積欠地租達二年之總額，除另有習慣外，土地所有人得定相當期限催告區分地上權人支付地租，如區分地上權人於期限內不為支付，土地所有人得終止區分地上權（民法第八四一條之六準用民法第八三六條第一項前段）。其有關問題詳如前述，於茲不贅。

二、區分地上權人未依約定之目的及方法為土地之使用收益

區分地上權人使用土地不僅應依其設定之目的及約定之方法為之，且應保持土地之生產力或得永續利用。區分地上權人就土地為使用收益，而有違反前開規定之方法者，土地所有人得先加以阻止，經土地所有人加以

阻止後，而仍繼續為之者，土地所有人得終止區分地上權（民法第八四一條之六準用民法第八三六條之三）。其有關問題詳如前述，於茲不贅。

三、法院因當事人之請求而終止區分地上權

區分地上權未定有期限者，存續期間逾二十年或區分地上權成立之目的已不存在時，法院得因當事人之請求，終止區分地上權（民法第八三三條之一）。其有關問題詳如前述，於茲不贅。

第四、約定消滅事由的發生

區分地上權當事人間得約定區分地上權之特定消滅事由，例如建築物滅失時區分地上權即消滅是，惟此際仍須辦理塗銷區分地上權登記後，始生消滅之效力。又區分地上權的設定行為得附解除條件，則於解除條件成就時，區分地上權亦失其效力（參閱二十二上四十二）。

第二款　區分地上權消滅之法律效果

第一、區分地上權人之取回權及有益費用償還請求權

一、區分地上權人之取回權

區分地上權消滅時，區分地上權人得取回其工作物，即區分地上權人有取回權，但應回復土地原狀（民法第八四一條之六準用民法第八三九條第一項）。此項取回權，為區分地上權人之權利，是否行使由區分地上權人決定之，區分地上權人取回其工作物前，應通知土地所有人（民法第八四一條之六準用民法第八三九條第三項前段），俾使土地所有人早日知悉區分地上權人是否行使取回權。區分地上權人取回其土地上之工作物時，有回復土地原狀義務，此項義務係區分地上權人行使取回權所生的附屬義務。若區分地上權人不於區分地上權消滅後一個月內取回其土地上之工作物者，工作物歸屬於土地所有人。惟工作物之存在如有礙土地之利用，土地所有人得請求區分地上權人回復原狀（民法第八四一條之六準用民法第八三九條第二項）。

二、區分地上權人之有益費用償還請求權

區分地上權消滅時，區分地上權人雖得取回工作物，但其有不能取回者，例如設置之排水溝，或因改良整治土地支出有益費用，而增加土地的價值時，應解得類推適用民法第四三一條或民法第九五五條規定，使土地所有人於區分地上權消滅時現存之增額為限，負償還責任，即區分地上權人就其所支出之有益費用，對土地所有人有償還請求權。至於區分地上權人之有益費用請求權，與土地所有人在區分地上權消滅後之返還土地請求權，有交換履行之必要，自得類推適用民法第二六四條有關同時履行抗辯權之規定。

第二、土地所有人之購買權

區分地上權消滅時，區分地上權人雖得取回其工作物，惟土地所有人願以時價購買其工作物者，區分地上權人非有正當理由，不得拒絕（民法第八四一條之六準用民法第八三九條第三項後段）。故土地所有人對地上物有購買權，此為土地所有人之權利，性質上為請求權，是否行使，為土地所有人之自由，非區分地上權人所能強求。土地所有人購買權之行使，須以提出時價為要件，而此處所稱時價，應係指區分地上權消滅時，工作物之市價而言。土地所有人以時價購買其工作物者，區分地上權人固不得拒絕，惟若有正當理由時，例如工作物為區分地上權人研究之成果或具有特別紀念價值者，衡諸誠實信用原則，區分地上權人得拒絕之。

又區分地上權人得取回的客體為工作物，在解釋上，所謂工作物應包括建築物在內，但民法第八四〇條關於建築物設有特別規定，自應優先適用之。惟因民法第八四〇條規定，係以區分地上權因存續期間屆滿而消滅者，始有其適用，故地上權非因存續期間屆滿而消滅者，例如區分地上權之終止是，仍有民法第八三九條規定的適用，故土地所有人關於建築物仍有以時價購買之權。

第三、土地所有人對建築物之補償義務及延長區分地上權期間請求權

一、對建築物之補償義務

區分地上權人之工作物為建築物者，如區分地上權因存續期間屆滿而消滅，區分地上權人得於期間屆滿前，定一個月以上之期間，請求土地所有人按該建築物之時價為補償。但契約另有約定者，從其約定（民法第八四一條之六準用民法第八四〇條第一項）。換言之，即關於建築物的處理方式，應任由當事人依其約定為之，若當事人未為約定或無法為約定，始適用本項有關補償之規定。至於區分地上權人所定一個月以上期間之末日，不得在區分地上權存續期間屆滿之日之後，是乃當然之理。

其次，此處所謂「按該建築物之時價為補償」，實係指土地所有人以時價購買該建築物，就區分地上權人言，則為建築物之補償請求權（收買請求權）。土地所有人之補償（收賣）義務，應具備三個要件：其一補償對象限於建築物，所謂建築物，不僅指房屋而言，其他定著之建築物亦包括在內，惟若建築物已近於朽腐不堪使用者，土地所有人亦可不負補償義務。其二須區分地上權因存續期間屆滿而歸於消滅，若區分地上權因欠租而被終止，或因拋棄（三十二上二五八八）或因解除條件成就（二十二上四十二）等其他事由而消滅者，均無民法第八四〇條之準用。於此情形，應準用民法第八三九條規定，由區分地上權人取回（拆除）建築物，或由土地所有人行使購買權。其三須土地所有人未請求延長區分地上權之期間，關於此詳後述之。

土地所有人願按該建築物之時價補償者，其時價由區分地上權人與土地所有人協議定之；於不能協議時，區分地上權人或土地所有人得聲請法院為時價之裁定（民法第八四一條之六準用民法第八四〇條第三項前段）。此項聲請法院為時價之裁定，性質上係非訟事件（如同非訟事件法第一八二條第一項有關收買股份價格之裁定）。若土地所有人不願依裁定之時價補償時，適用第二項規定酌量延長區分地上權之期間（民法第八四一條之六

準用民法第八四〇條第三項後段）。

　　區分地上權人之建築物補償請求權（收買請求權），與土地所有人在區分地上權消滅後之返還土地請求權（塗銷地上權登記請求權），有交換履行之必要，自得類推適用民法第二六四條有關同時履行抗辯權之規定。惟最高法院七十九年臺上字第二六二三號判例謂：「民法第八百四十條第一項規定：地上權人之工作物為建築物者，如地上權因存續期間屆滿而消滅，土地所有人應按該建築物之時價為補償。與被上訴人請求塗銷地上權登記係屬二事，互無對價關係，上訴人不得執此為拒絕塗銷地上權登記之理由。」其見解不同。

二、區分地上權期間之延長

　　土地所有人拒絕區分地上權人前項補償之請求或於期間內不為確答者，區分地上權之期間應酌量延長之（民法第八四一條之六準用民法第八四〇條第二項前段），使區分地上權期間當然接續原存續期間而延長，僅生應延長期間之長短問題。區分地上權人不願延長者，不得請求土地所有人對建築物為補償（民法第八四一條之六準用民法第八四〇條第二項後段），應準用民法第八三九條規定。

　　至於依民法第八四〇條第二項規定，地上權應延長期間者，其延長之期間為何，亦由土地所有人與區分地上權人協議定之，惟此係當事人依法律行為變更區分地上權內容，自須以書面為之，且須經登記，始生效力（民法第七五八條）；於不能協議時，土地所有人或區分地上權人得請求法院斟酌建築物與土地使用之利益，以判決酌定延長期間（民法第八四一條之六準用民法第八四〇條第四項）。此項請求，應依民事訴訟程序行之，性質上係形成之訴，法院酌定期間之判決，為形成判決。又依民法第八四〇條第四項規定延長期間，以一次為限，故於延長之期間屆滿後，不再適用第一項及第二項規定，俾免區分地上權期間反覆綿延；但如土地所有人與區分地上權人另達成協議延長區分地上權期間者，當尊重其協議（民法第八四一條之六準用民法第八四〇條第五項）。

　　又民法第八四一條之三規定：「法院依第八百四十條第四項定區分地上

權之期間，足以影響第三人之權利者，應併斟酌該第三人之利益。」此乃因區分地上權如為第三人之權利標的或第三人有使用收益權者，法院依民法第八四○條第四項定該區分地上權延長之期間時，勢必影響該第三人之權利，為兼顧該第三人之權益，故法院就有無影響第三人利益之情事及有多少影響等，自應一併斟酌，以期允當。

第四、對第三人為相當之補償

民法第八四一條之四規定：「區分地上權依第八百四十條規定，以時價補償或延長期間，足以影響第三人之權利時，應對該第三人為相當之補償。補償之數額以協議定之；不能協議時，得聲請法院裁定之。」此乃因區分地上權之工作物為建築物，依民法第八四○條規定以時價補償或延長期間，足以影響第三人之權利時，例如同意設定區分地上權之第三人或相鄰之區分地上權人，其權利原處於睡眠狀態或受限制之情況下，將因上開情形而受影響等是，基於公平原則，自應由土地所有人或區分地上權人對該第三人為相當之補償。補償之數額宜由當事人以協議方式行之；如不能協議時，始聲請法院裁定，此裁定性質上屬非訟事件。

依前開規定應為補償之義務人，於依民法第八四○條第一項、第三項為時價補償時，係土地所有人，於依該條第二、四項規定延長期間時，為區分地上權人[20]。受補償之權利人，為因上述以時價補償或延長期間，致權利行使受有影響之第三人。從而雖有第三權利人存在，但其權利之行使不因上述以時價補償或延長期間而受影響者，自無須對其為補償。

---

[20]　參閱謝在全，《物權（中）》，第一二二頁。

第四章

農育權

第一節　總　說

第一、永佃權之廢止及過渡規定

一、永佃權之廢止

　　所謂永佃權，係指支付佃租永久在他人土地上為耕作或牧畜之權（原民法第八四二條第一項）。其權利人謂之永佃權人，供給土地之人，謂之土地所有人。永佃權之目的，在乎於他人土地上為耕作或牧畜，故屬於一種用益物權。民法物權編原第四章（原民法第八四二條至第八五〇條）對之設有規定，其立法理由為：「查民律草案物權編第四章原案謂永佃權者，支付佃租而於他人土地上為耕作或牧畜，利用他人土地之物權也。其權利人謂之永佃權人，此權利能使土地所有人既受佃租，又受改良土地之利益，並使永佃權人於他人土地上得為耕作或牧畜之利益，實際良便。故特設本章之規定。」

　　永佃制度在人類社會中由來已久，惟歷經時間與社會經濟之變遷，此項制度之社會機能逐漸式微而失去了存在之價值。蓋因此項制度，不僅將造成土地之所有權與使用永久分離，影響農地之合理利用，且現今從事農業生產之經濟效益偏低，鮮少有人願意於他人之土地上設定永佃權，再加上耕者有其田土地改革政策之推動及施行，農民大多自己有田地可以自己耕種，沒有再於他人土地上設定永佃權之必要。職是之故，此次（民國九十九年）修正民法物權編乃將原第四章永佃權全部刪除，其立法理由為：「一、本章刪除。二、永佃權之設定，將造成土地所有人與使用人之永久分離，影響農地之合理利用。且目前實務上各地政事務所受理永佃權設定登記案件甚少，且部分案件係基於為保障抵押權或保障農地所有權移轉之權利而設定，已扭曲永佃權之本旨，足見目前永佃權之規定已無存在之價值。且按民法物權編施行法修正條文第十三條之二明定過渡條款，故刪除本章規定，對於修正施行前已發生之永佃權，亦無任何影響，爰將『永佃

權』一章刪除。」

二、永佃權廢止之過渡規定

民法物權編原第四章永佃權雖經修正刪除廢止，惟在修正施行前已發生之永佃權，不應因而即歸消滅，因此須有過渡規定。民法物權編施行法第十三條之二規定：「民法物權編中華民國九十九年一月五日修正之條文施行前發生之永佃權，其存續期限縮短為自修正施行日起二十年。前項永佃權仍適用修正前之規定。第一項永佃權存續期限屆滿時，永佃權人得請求變更登記為農育權。」其立法說明為：「一、本條新增。二、民法物權編第四章永佃權經刪除後，修正施行前已發生之永佃權，應有一定之消滅機制，以免修正施行後仍永久存在，爰於第一項明定存續期限縮短為自修正施行日起二十年。第二項則明定仍適用修正前之規定，俾杜爭議。三、由於民法物權編修正條文已刪除永佃權章，故新法適用後，永佃權不復存在，改以功能相近之農育權代之，為符合物權秩序與尊重當事人意思，一方面將修正施行前已發生之永佃權，仍於一定期限內（二十年）可繼續存在，以保障既有法律秩序及當事人利益；另一方面，使當事人雙方有適當之過渡期間，以適應法律之變更。又為兼顧永佃權人之利益，第三項爰規定永佃權人於上開存續期限屆滿時，得請求變更登記為設定目的及約定使用方法相近之農育權，使其可依土地使用目的作適當之轉換。又依民法本次修正條文第八百五十條之一第二項規定，該農育權之期限，最長不得逾二十年，至永佃權於存續期限屆滿時未轉換為農育權者，該權利即當然消滅，均併指明。」

第二、地上權內涵之修正

民法原第八三二條規定：「稱地上權者，謂以在他人土地上有建築物，或其他工作物，或竹木為目的而使用其土地之權。」其權利人謂之地上權人；供給土地之該他人，謂之土地所有人。所謂竹木，係指以植林為目的者而言，如係以耕作為目的之培植茶、桑、果樹等，則屬永佃權之範圍。

此次（民國九十九年）修正民法物權編將原第三章地上權，區分為普

通地上權及區分地上權二節，為避免地上權與農育權之內容重複，將原民法第八三二條中「或竹木」三字刪除，俾地上權之使用土地目的僅限於有建築物或其他工作物。

第三、農育權之增訂

此次（民國九十九年）修正民法物權編增訂第四章之一農育權，其立法說明為：「一、本章新增。二、本法修正條文已將永佃權章刪除，另地上權章修正條文第八百三十二條亦已刪除『或竹木』，俾地上權之使用目的僅限於有建築物或其他工作物，是民法就用益物權有以建築物或其他工作物為目的之地上權，而對於以農業之使用收益為內容之用益物權則付諸闕如，參酌我國農業政策、資源永續利用及物盡其用之本法物權編修正主軸，增訂本章，以建立完整之用益物權體系，並符實際需要。又此項新設物權係以農業使用及土地保育為其重要內容，且單純之種植竹木，未達森林之程度，亦非農業使用所能涵蓋，爰名為『農育權』，俾求名實相符。」

第二節　農育權之意義、取得及期限

第一、農育權之意義

民法第八五〇條之一第一項規定：「稱農育權者，謂在他人土地為農作、森林、養殖、畜牧、種植竹木或保育之權。」其權利人謂之農育權人；供給土地之該他人，謂之土地所有人。農育權之標的物為土地，建築物上自不得設定農育權。由於農育權之目的，在乎於他人土地上為農作、森林、養殖、畜牧、種植竹木或保育，係使用他人土地之物權，屬於一種用益物權。

所謂農作，乃指施勞力資本於土地以栽培植物而言，包括五穀雜糧之播種，花、草之栽培，菇菌之種植及園藝等，其農作物不以五穀為限，其他如瓜、果、蔬菜、茶、桑等均包括在內，範圍甚為廣泛。所謂「森林」，依森林法第三條第一項規定，指林地及其群生竹、木之總稱，與「種植竹

木」二者程度容有差異。所謂畜牧，通常係指放牧及飼養畜牲而言。所謂保育，係基於物種多樣性與自然生態平衡之原則，對於野生物或棲地所為保護、復育、養護、管理之行為。此外，使用上並包括為達成上開農作、森林、養殖、畜牧、種植竹木或保育目的所設置、維持之相關農業設施。

第二、農育權之取得及期限

一、農育權之取得

農育權通常係基於設定行為而取得，此項設定行為，不限於以契約為之，以單獨行為（例如遺囑）為之，亦無不可。農育權之設定，須作成書面(民法第七五八條第二項)，並須登記始生效力(民法第七五八條第一項)。至於當事人約定設定農育權之債權契約，則非要式行為（民法第一六六條之一尚未施行，施行後則須依該條規定為之），若雙方就其設定已互相同意，則同意設定農育權之一方，自應負使他方取得該農育權之義務。

此外，農育權亦可基於繼承而取得，即農育權人死亡者，其繼承人當然可以繼承其農育權。又民法第七七二條規定：「前五條之規定，於所有權以外財產權之取得，準用之。於已登記之不動產，亦同。」故所有權以外之其他財產權，亦可依取得時效而取得之。農育權為所有權以外財產權之一，其可依取得時效而取得之，應無疑義。

二、農育權之期限

關於農育權，當事人定有存續期限者，為定期農育權；未定有存續期限者，為不定期農育權。定期農育權，其期限之長短，當事人本得自由訂定，惟該期限如過於長久，使當事人長期受其拘束，有礙土地之改良及流通，殊有害於公益，故民法第八五〇條之一第二項規定：「農育權之期限，不得逾二十年；逾二十年者，縮短為二十年。但以造林、保育為目的或法令另有規定者，不在此限。」所謂造林，係指以人工營造林木，或對林木進行撫育、保護、更新及林地養護等工作。

第三節　農育權之效力

第一項　農育權人之權利

第一、使用收益權

農育權係在他人土地上為農作、森林、養殖、畜牧、種植竹木或保育之權，故在上開目的範圍之內，當然有占有標的物之土地，加以使用收益土地之權利，而為農育權人之主要權利。至於其使用收益之內容及範圍，依設定行為的約定及登記範圍而定。

土地是人類生存之重要自然資源，農育權本即以土地之農業生產或土地保育為其內容，故一方面應物盡其用，他方面則應維護土地之本質，保持其生產力，俾得永續利用，為謀兩者間之平衡，故民法第八五〇條之六第一項規定:「農育權人應依設定之目的及約定之方法,為土地之使用收益;未約定使用方法者，應依土地之性質為之，並均應保持其生產力或得永續利用。」從而農育權人使用土地不僅應依其設定之目的及約定之方法為之，且應保持土地之生產力；土地之使用不得為使其不能回復原狀之變更、過度利用或戕害其自我更新能力，以避免自然資源之枯竭，例如某種殺蟲劑或除草劑之過度、連年使用，有害土地之自我更新能力時，即不得任意施用等，方符農育權以農業使用或保育為內容之本質。至所謂設定之目的，係指民法第八五〇條之一第一項所定農作、森林、養殖、畜牧、種植竹木或保育等目的而言。又當事人關於土地之使用收益，約定有使用方法者，自應從其約定，惟此項約定之使用方法，非經登記，不得對抗第三人（民法第八五〇條之九準用第八三六條之二第二項）。

其次，民法第八五〇條之六第二項規定:「農育權人違反前項規定，經土地所有人阻止而仍繼續為之者，土地所有人得終止農育權。農育權經設定抵押權者，並應同時將該阻止之事實通知抵押權人。」故農育權人就土地

為使用收益，而有違反前開規定之方法者，土地所有人得先加以阻止。此處所稱阻止，屬於意思通知，不論是以言語或行動為之，只要足以表達其有反對之意思即可。經土地所有人先加以阻止後，而仍繼續為之者，土地所有人得終止農育權。若農育權經設定抵押權者，為保障抵押權人之權益，應同時將該阻止之事實通知抵押權人。

第二、農育權之讓與或設定抵押權

農育權為財產權之一種，且無專屬性，依其性質，農育權人原則上得自由處分其權利，亦得以其權利設定抵押權，以供擔保債務之履行。故民法第八五〇條之三第一項規定：「農育權人得將其權利讓與他人或設定抵押權。但契約另有約定或另有習慣者，不在此限。」當事人就農育權有不得讓與或設定抵押權之約定者，自應從其約定，惟此項約定，非經登記不得對抗第三人（民法第八五〇條之三第二項），換言之，即此項約定經登記者，方能構成農育權之內容，發生物權效力，始足以對抗第三人，故土地及農育權之受讓人或其他第三人（例如抵押權人），當受其拘束。此外，因農育權而設置於土地上之農育工作物例如農舍、水塔、倉庫等，應與農育權相互結合，始能發揮其經濟作用。為避免該權利與其農育工作物之使用割裂，故民法第八五〇條之三第三項規定：「農育權與其農育工作物不得分離而為讓與或設定其他權利。」例如不得單獨將農育工作物之所有權讓與他人，或不得單獨將農育工作物為他人設定典權是。

第三、地租減免或變更原約定土地使用目的請求權

農育權人在他人之土地為農作、森林、養殖、畜牧或種植竹木等收益，通常情形雖可預期，然若遭遇不可抗力，致其原約定目的之收益減少或全無者，事所恆有。例如耕作因天旱水災，皆屬不可抗力，此種收益減少或全無之事實，既非農育權人故意或過失所致，於有支付地租約定之農育權，若仍令其依原約定給付全額地租，有失公平。又土地設定農育權之用途不止一端，雖因不可抗力致其原約定目的之收益減少或全無，惟農育權人如

變更原約定土地使用之目的仍可繼續使用該土地回復原來之收益者，如原約定之目的為養殖，嗣因缺水而不能養殖，惟仍可作為畜牧使用而回復原來之收益是。此種情形，宜許其有請求變更之權，俾求地盡其利。故民法第八五〇條之四第一項規定：「農育權有支付地租之約定者，農育權人因不可抗力致收益減少或全無時，得請求減免其地租或變更原約定土地使用之目的。」又本項所定農育權人之減免地租請求權，一經行使，即生減免地租之效果，應屬形成權之性質（最高法院七十一年臺上字第二九九六號判例意旨參照）。

　　農育權人因不可抗力致收益減少或全無時，固得請求減免其地租或變更原約定土地使用之目的，惟若農育權人如因不可抗力致不能依原約定之目的使用時，有違農育權設定之目的，為兼顧農育權人及土地所有人雙方之利益，俾使土地資源得另作合理之規劃，自有賦與農育權人及土地所有人均得終止農育權之必要。故民法第八五〇條之四第二項規定：「前項情形，農育權人不能依原約定目的使用者，當事人得終止之。」此外，於無約定支付地租之農育權者，如因不可抗力致不能依原約定之目的使用時，農育權人可依民法第八五〇條之九準用民法第八三四條規定，隨時使其權利消滅。此際為兼顧土地所有人之利益，自應另賦予土地所有人亦得終止農育權，始為公允。故民法第八五〇條之四第三項規定：「前項關於土地所有人得行使終止權之規定，於農育權無支付地租之約定者，準用之。」

第四、土地之特別改良及特別改良費償還請求權

　　農育權人於保持土地原有性質及效能外，其因增加勞力、資本，致增加土地生產力或使用上之便利者，為土地特別改良。民法第八五〇條之八第一項規定：「農育權人得為增加土地生產力或使用便利之特別改良。」故農育權人就土地之特別改良，得自由為之，蓋因土地之特別改良，可增進土地利用及土地生產之增加，對土地所有人、農育權人及整體社會均屬有益無害。

　　農育權人因土地特別改良所支出之費用，屬於有益費用之一種，為調

整農育權人與土地所有人財產損益變動，並兼顧雙方當事人權益之保障，避免土地所有人不勝負荷，故民法第八五〇條之八第二項規定：「農育權人將前項特別改良事項及費用數額，以書面通知土地所有人，土地所有人於收受通知後不即為反對之表示者，農育權人於農育權消滅時，得請求土地所有人返還特別改良費用。但以其現存之增價額為限。」從而農育權人支出費用就土地為特別改良，雖不必得到土地所有人積極的同意，但須農育權人將特別改良事項及費用數額，以書面通知土地所有人，土地所有人於收受通知後不即為反對之表示者，始可請求土地所有人返還特別改良費用。職是之故，農育權人未將特別改良事項及費用數額，以書面通知土地所有人，或雖已以書面通知土地所有人，但土地所有人於收受通知後即為反對之表示者，則農育權人不得請求土地所有人償還該項有益費用，即土地所有人無償還義務。土地所有人所為反對之表示，須足以使農育權人知悉其不同意該項土地特別改良費之支出，性質上應屬意思通知。

農育權人請求土地所有人償還特別改良費用之時期，為農育權消滅時；其得請求償還之數額，以農育權消滅時現存之增價額為限。又為使法律關係得以從速確定，因而關於特別改良費償還請求權之行使，民法設有短期消滅時效之規定，即民法第八五〇條之八第三項規定：「前項請求權，因二年間不行使而消滅。」此二年消滅時效期間，係自農育權消滅時起算。

第五、相鄰關係及物上請求權

農育權人為使用收益土地，則必須占有土地，且農育權人就土地而為使用，與土地所有人地位無異。依民法第八〇〇條之一規定：「第七百七十四條至前條規定，於地上權人、農育權人、不動產役權人、典權人、承租人、其他土地、建築物或其他工作物利用人準用之。」以調和相鄰關係之利用與衝突。另依民法第七六七條第二項規定，所有人的物權請求權，於所有權以外之物權準用之，故農育權人亦得行使民法第七六七條第一項規定之物上請求權，或行使民法第九六二條之占有人物上請求權。

第二項　農育權人之義務

第一、支付地租

一、支付地租義務之發生

農育權非以農育權人交付地租為必要，得為有償，亦得為無償，如為有償，其使用土地之對價則稱地租或租金。換言之，所謂地租，係農育權人就其使用他人之土地，對土地所有人所支付之報酬。由於地租之支付，並非農育權之成立要件，即農育權之設定得為有償或無償，從而當事人間有支付地租之約定者，農育權人始負有支付地租之義務。

關於地租之標的（金錢或金錢以外之物）、租額之多寡、支付之方法及期限等，均應由當事人一一約明，並加以登記，始具對抗第三人的效力。職是之故，地租之約定未經登記者，僅發生債之關係，農育權讓與時，該地租支付義務並不當然隨同移轉於受讓人，土地所有人僅能向原農育權人請求支付，不能向新農育權人主張之。在土地所有權讓與之情形，已發生的地租債權亦不隨同移轉，僅原土地所有人得向農育權人請求之。反之，地租之約定已經登記者，農育權讓與時，則將來的地租支付義務，隨同農育權移轉於農育權的受讓人，前農育權人積欠之地租，應併同計算，受讓人就前農育權人積欠之地租，應與讓與人連帶負清償責任。從而前農育權人積欠的地租與新農育權人積欠的地租，合計達二年以上的總額時，得構成終止農育權之事由（民法第八五○條之九準用民法第八三六條）。至於受讓人就前農育權人積欠之地租清償後，得否向該前農育權人求償，則依其內部關係定之。

此外，農育權有支付地租之約定，而農育權人並已將地租預付予土地所有權人者，於土地所有權讓與時，此項已預付之地租，非經登記，不得對抗第三人（民法第八五○條之九準用民法第八三六條之一）。換言之，即其預付地租之事實經登記者，方能發生物權效力，足以對抗第三人，故土地及農育權之受讓人或其他第三人（例如抵押權人），當受其拘束。至於未

經登記者，僅發生債之效力，農育權人仍應向受讓人支付地租，惟其得向讓與人請求返還該預付部分，自不待言。

二、地租之調整

(一)租額的免除或減少

農育權有支付地租之約定者，自應依約定支付地租，惟農育權人因不可抗力致收益減少或全無時，得請求減免其地租或變更原約定土地使用之目的（民法第八五○條之四第一項），詳如前述，於茲不贅。

(二)因土地價值之升降而增減

農育權有支付地租之約定者，由於土地之價值，在社會經濟有變遷之情形下，常多變動，如於農育權設定後，因土地價值之升降，農育權人給付原定地租，依一般觀念顯然不公平者，為保障雙方當事人之權益，並避免爭議，當事人得提起民事訴訟，請求法院以判決酌定增減其地租（民法第八五○條之九準用民法第八三五條之一第一項），以期允當。此外，關於原未訂有地租之農育權，如因土地所有人就土地之租稅及其他費用等負擔增加，而非設定農育權當時所得預料者，如仍無償供農育權人使用，而令土地所有人單獨負擔，有顯失公平之情事者，基於情事變更法則，土地所有人亦得提起民事訴訟，請求法院酌定地租（民法第八五○條之九準用民法第八三五條之一第二項）。

三、地租之遲付

農育權人應依約定日期支付地租，如地租支付有遲延者，應負給付遲延之債務不履行責任，土地所有人除得請求農育權人支付地租外，並得請求農育權人支付遲延利息（民法第二三三條）或為遲延賠償（民法第二三一條）。又地租之遲付，可構成土地所有人終止契約之理由，即農育權人積欠地租達二年之總額，除另有習慣外，土地所有人得定相當期限催告農育權人支付地租，如農育權人於期限內不為支付，土地所有人得終止農育權（民法第八五○條之九準用民法第八三六條第一項前段）。此項積欠地租的給付遲延，須因可歸責於農育權人的事由。所謂積欠地租達二年之總額，係指多年積欠地租之累計額而言，非以連續二年未支付租金為限。所謂另

有習慣，衡諸本條規範意旨，應係指雖積欠地租已達二年之總額，但仍不得終止農育權之利於農育權人的習慣而言，並非指積欠地租不達二年總額，亦可撤銷農育權之不利於農育權人的習慣。土地所有人依前開規定終止農育權者，應向農育權人以意思表示為之（民法第八五〇條之九準用民法第八三六條第三項）。農育權經設定抵押權者，土地所有人依前開規定催告農育權人支付地租時，並應同時將該催告之事實通知抵押權人（民法第八五〇條之九準用民法第八三六條第一項後段），俾抵押權人得以利害關係人之身分代位清償，使農育權不被終止。土地所有人如違反本條項規定不予通知時，則對抵押權人因此所受之損害，應負損害賠償之責。

第二、土地或農育工作物出租之禁止

民法第八五〇條之五第一項規定：「農育權人不得將土地或農育工作物出租於他人。但農育工作物之出租另有習慣者，從其習慣。」由是可知，土地或農育工作物原則上禁止出租，僅於有得將農育工作物出租之習慣者，例如倉庫之短期出租等是，始得例外將農育工作物出租。此乃因土地所有人設定農育權於農育權人，多置重於農育權人能有效使用其土地。如農育權人不自行使用土地或設置於土地上之農育工作物，而以之出租於他人，使農地利用關係複雜化，並與土地所有人同意設定農育權之原意不符。農育權人違反前項規定，而將土地或農育工作物出租於他人者，土地所有人得終止農育權（民法第八五〇條之五第二項）。

第四節　農育權之消滅

第一項　農育權消滅之原因

農育權為物權之一種，當然因物權之一般消滅原因而消滅。茲就民法所特設之消滅原因，分述如下：

第一、存續期間之屆滿

農育權定有存續期限者，期限屆滿，即歸消滅。至於農育權期限屆滿後，農育權人仍繼續為土地的用益時，並不發生更新的效果而成為不定期的農育權。蓋因法律關係定有存續期間者，於期間屆滿時消滅，期間屆滿後，除法律有更新規定，得為不定期限外，並不當然發生更新之效果，農育權並無如民法第四五一條之規定，其期限屆滿後，自不生當然變更為不定期限之效果，因而應解為定有存續期間之農育權於期限屆滿時，農育權當然消滅（七十臺上三六七八參照）。

第二、農育權之拋棄

農育權為財產權的一種，農育權人自得拋棄之，惟其要件因有無地租之約定而有所不同，茲分述如下：

一、無地租之約定者

農育權無支付地租之約定者，農育權人得隨時拋棄其權利（民法第八五〇條之九準用民法第八三四條）。換言之，即無支付地租約定之農育權，無論該農育權是否定有期限，農育權人均得任意拋棄其權利，蓋此對於土地所有人有利而無害。

二、有地租之約定者

農育權定有期限，而有支付地租之約定者，農育權人得支付未到期之三年分地租後，拋棄其權利（民法第八五〇條之九準用民法第八三五條第一項）。蓋因支付地租而定有期限之農育權，於農育權人拋棄其權利時，對土地所有人而言，較諸支付地租而未定有期限之農育權人拋棄權利之影響為大，為保障其利益，故農育權人須支付未到期之三年分地租後，始得拋棄其權利。至於殘餘之農育權期限不滿三年者，即無此項規定之適用，僅應支付殘餘期間之地租，自不待言。至於農育權未定有期限，而有支付地租之約定者，農育權人拋棄權利時，應於一年前通知土地所有人，或支付未到期之一年分地租（準用民法第八三五條第二項）。

　　農育權已為抵押權之標的物者，農育權拋棄將影響抵押權的存在，故無論有無地租或期限的約定，均須經抵押權人的同意始得為之，否則對其不生效力（民法第七六四條第二項），應予注意。又農育權之拋棄，係有相對人的單獨行為（物權行為），且因農育權之拋棄，係依法律行為使不動產物權消滅，故此項拋棄之意思表示應以書面為之，並須經登記，始生效力（民法第七五八條）。

第三、農育權之終止

　　此處所謂農育權之終止，係指設定農育權的物權契約之終止而言。農育權之終止，為有相對人的單獨行為，具形成權的性質，以意思表示向土地所有人或農育權人為之即可，無須以訴訟為之（民法第二六三條準用第二五八條）。惟因謂農育權之終止，係依法律行為使不動產物權消滅，故此項終止之意思表示，須以書面為之，且非經登記，不生效力（民法第七五八條）。關於農育權之終止，有雙方當事人均得終止者，有僅土地所有人一方得終止者，茲歸納說明如下：

一、雙方當事人均得終止

㈠未定期限之農育權

　　民法第八五〇條之二規定：「農育權未定有期限時，除以造林、保育為目的者外，當事人得隨時終止之。前項終止，應於六個月前通知他方當事人。第八百三十三條之一規定，於農育權以造林、保育為目的而未定有期限者準用之。」故未定期限之農育權，除以造林、保育為目的者外，無論農育權人或土地所有人均有任意終止權，不必具備任何理由得隨時終止農育權。惟此之所謂「隨時」，並非毫無限制，而解為農育權一經生效，即得終止，仍應顧及誠實信用原則，解為自農育權生效時起經過相當期限，始得終止。又此項終止，應於六個月前通知他方當事人。

　　至於農育權以造林、保育為目的而未定有期限者，非有相當之存續期間，難達土地利用之目的，故準用民法第八三三條之一規定，土地所有人或農育權人均得於農育權存續期間逾二十年造林、保育之目的不存在時，

請求法院斟酌造林或保育之各種狀況而定農育權之存續期間；或於造林、保育之目的不存在時，法院得終止其農育權。又此項請求係變更原物權之內容，性質上為形成之訴，應以形成判決為之。若農育權經設定抵押權者，法院得依民事訴訟法第六十七條之規定告知參加訴訟，以保障抵押權人之權益。

㈡**農育權人不能依原約定目的使用**

農育權人如因不可抗力致不能依原約定之目的使用時，有違農育權設定之目的，為兼顧農育權人及土地所有人雙方之利益，故民法第八五○條之四第二項規定，農育權人及土地所有人均得終止農育權，俾使土地資源得另作合理之規劃。其有關問題詳如前述，於茲不贅。

二、土地所有人終止

㈠**農育權人違反規定將土地或農育工作物出租於他人**

農育權人原則上不得將土地或農育工作物出租於他人，農育權人違反規定，而將土地或農育工作物出租於他人者，土地所有人得終止農育權（民法第八五○條之五第二項）。其有關問題詳如前述，於茲不贅。

㈡**農育權人未依約定之目的及方法為土地之使用收益**

農育權人使用土地不僅應依其設定之目的及約定之方法為之，且應保持土地之生產力或得永續利用。農育權人就土地為使用收益，而有違反前開規定之方法者，土地所有人得先加以阻止，經土地所有人加以阻止後，而仍繼續為之者，土地所有人得終止農育權（民法第八五○條之六第二項）。其有關問題詳如前述，於茲不贅。

㈢**農育權人不能依原約定目的使用**

農育權無支付地租之約定，而農育權人不能依原約定目的使用者，農育權人得準用民法第八三四條規定，隨時拋棄農育權而使其消滅，土地所有人則得終止農育權（民法第八五○條之四第三項）。其有關問題詳如前述，於茲不贅。

㈣**農育權人積欠地租達二年之總額**

農育權人積欠地租達二年之總額，除另有習慣外，土地所有人得定相

當期限催告農育權人支付地租，如農育權人於期限內不為支付，土地所有人得終止農育權（民法第八五〇條之九準用民法第八三六條第一項前段）。其有關問題詳如前述，於茲不贅。

第四、約定消滅事由的發生

農育權當事人間得約定農育權特定消滅事由，例如土地經依法編定或變更為工、商業用地或滅失時農育權即消滅是，惟此際仍須辦理塗銷農育權登記後，始生消滅之效力。又農育權的設定行為得附解除條件，則於解除條件成就時，農育權亦失其效力（二十二上四十二參照）。

第二項　農育權消滅之法律效果

第一、農育權人之取回權

民法第八五〇條之七第一項規定：「農育權消滅時，農育權人得取回其土地上之出產物及農育工作物。」故農育權人對於土地上之出產物及農育工作物，有取回權。至於農育權人於取回前項之出產物及工作物時應盡之義務，以及不取回時該物之歸屬等，依民法第八五〇條之七第二項規定，則準用民法第八三九條有關地上權之規定。職是之故，農育權人取回其土地上之出產物及農育工作物前，應通知土地所有人，俾使土地所有人早日知悉地上權人是否行使取回權。農育權人取回其土地上之出產物及農育工作物時，有回復土地原狀義務，此項義務係農育權人行使取回權所生的附屬義務。

農育權人有取回權，此為農育權人之權利，是否行使由農育權人決定之。若農育權人不於農育權消滅後一個月內取回其土地上之出產物及農育工作物者，土地上之出產物及農育工作物歸屬於土地所有人。惟農育工作物之存在如有礙土地之利用，土地所有人得請求農育權人回復原狀。又農育權消滅時，土地上之出產物因尚未成熟而未及收穫，土地所有人又不願以時價購買者，應許農育權人得請求延長農育權期間至該出產物可收穫時

為止，土地所有人不得拒絕，俾保障農育權人之權益，惟為兼顧土地所有人之權益，其期間最長不得逾六個月（民法第八五〇條之七第三項），以期平允。

第二、農育權人之有益費用償還請求權

農育權消滅時，農育權人雖得取回土地上之出產物及農育工作物，但其有不能取回者，例如設置之排水溝，或因改良整治土地支出有益費用是。由於農育權人就土地之特別改良，得自由為之，其因土地特別改良所支出之費用，屬於有益費用之一種，此際若農育權人已將特別改良事項及費用數額，以書面通知土地所有人，土地所有人於收受通知後不即為反對之表示者，農育權人於農育權消滅時，得請求土地所有人返還特別改良費用。但以其現存之增價額為限（民法第八五〇條之八第二項）。其有關問題詳如前述，於茲不贅。

第三、農育權人之延長農育權期間請求權

民法第八五〇條之七第三項規定：「第一項之出產物未及收穫而土地所有人又不願以時價購買者，農育權人得請求延長農育權期間至出產物可收穫時為止，土地所有人不得拒絕。但延長之期限，不得逾六個月。」故農育權人有延長農育權期間之請求權，是否行使，為農育權人之自由，非土地所有人所能強求。此項請求權應解為係形成權，一經農育權人行使，農育權存續期間因而更新，延長至出產物可收穫時為止，惟延長之期限，不得逾六個月。由於此係當事人依法律行為變更農育權內容，自須以書面為之，且須經登記，始生效力（民法第七五八條）。

第四、土地所有人之購買權

農育權消滅時，農育權人雖得取回其土地上之出產物及農育工作物，惟若土地所有人以時價購買其土地上之出產物及農育工作物，農育權人非有正當理由，不得拒絕（民法第八五〇條之七第二項準用民法第八三九條

第三項)。故土地所有人對地上物有購買權，此為土地所有人之權利，性質上為請求權，是否行使，為土地所有人之自由，非農育權人所能強求。土地所有人購買權之行使，須以提出時價為要件，而此處所稱時價，應係指農育權消滅時，土地上之出產物及農育工作物之市價而言。

第五章

不動產役權

第一節　總　說

第一、地役權擴大為不動產役權

民法原第八五一條規定:「稱地役權者，謂以他人土地供自己土地便宜之用之權。」地役權之目的在於使用他人土地，故屬於一種用益物權，其成立以有兩土地之存在為必要，享有地役權之地，謂之需役地，供其便宜之地，謂之供役地，需役及供役之客體以土地為限。惟隨社會之進步，不動產役權之內容變化多端，具有多樣性，現行規定僅限於土地之利用關係已難滿足實際需要。為發揮不動產役權之功能，促進土地及其定著物之利用價值，故此次（民國九十九年）修正民法物權編，將需役及供役之客體從土地擴張至其他不動產，為使章名名實相符，乃將本章章名由地役權修正為不動產役權，其他相關條文併配合調整之。

第二、不動產役權與土地相鄰關係

不動產役權與土地相鄰關係，同係法律為調和相鄰土地間之利用所設的規定，其作用並無不同。惟相鄰關係之規定，係於必要限度內，法律上當然而生之最少限度的利用之調節，使一方之所有權，得有限的擴張，他方之所有權，受有限的限制，亦即相鄰關係之調和，係法定的、最少限度的調和。不動產役權則係超越此最少限度外之一種更廣泛的調節，其調節係意定的，不必具備相鄰關係所須具備之要件，亦即不動產役權係依當事人之約定，而存於所有權外之一種從屬性的物權，對於相鄰關係之規定，常具有補充其不足之功能，更能促進「地盡其利」。故各國立法例，每多於相鄰關係之規定外，另設有不動產役權制度。

第三、公用地役關係

民法所規定的地役權（不動產役權），又稱為「私有地役權（不動產役

權）」，此項概念之創設，旨在與所謂的「公用地役關係」加以區別❶。公用地役關係，乃私有土地具有公共用物性質的法律關係，久為實務所承認。最高行政法院四十五年判字第八號判例謂：「行政主體得依法律規定或以法律行為，對私人之動產或不動產取得管理權或他物權，使該項動產或不動產成為他有公物，以達行政之目的。此際該私人雖仍保有其所有權，但其權利之行使，則應受限制，不得與行政目的相違反。本件土地成為道路供公眾通行，既已歷數十年之久，自應認為已因時效完成而有公用地役關係之存在。此項道路之土地，即已成為他有公物中之公共用物。原告雖仍有其所有權，但其所有權之行使應受限制，不得違反供公眾通行之目的。原告擅自將已成之道路廢止，改闢為田耕作，被告官署糾正原告此項行為，回復原來道路，此項處分，自非違法。」可供參考❷。

關於公用地役關係，攸關人民財產權甚鉅，乃實務上重要問題。司法院大法官釋字第四○○號解釋，就既成道路成立公用地役關係的性質及成立要件、土地所有權人的特別犧牲及徵收補償、公用地役關係被侵害的救濟及土地所有人的容忍義務等有詳細之說明，可供參考。其解釋文謂：「憲法第十五條關於人民財產權應予保障之規定，旨在確保個人依財產之存續狀態行使其自由使用、收益及處分之權能，並免於遭受公權力或第三人之侵害，俾能實現個人自由、發展人格及維護尊嚴。如因公用或其他公益目的之必要，國家機關雖得依法徵收人民之財產，但應給予相當之補償，方符憲法保障財產權之意旨。既成道路符合一定要件而成立公用地役關係者，其所有權人對土地既已無從自由使用收益，形成因公益而特別犧牲其財產上之利益，國家自應依法律之規定辦理徵收給予補償，各級政府如因經費困難，不能對上述道路全面徵收補償，有關機關亦應訂定期限籌措財源逐年辦理或以他法補償。若在某一道路範圍內之私有土地均辦理徵收，僅因

---

❶ 相關問題及說明，請參閱王澤鑑，《物權》，第三九六頁以下；謝在全，《物權（中）》，第一七五頁以下。

❷ 另請參閱司法院大法官釋字第二五五號解釋、最高行政法院六十一年判字第四三五號判例。

既成道路有公用地役關係而以命令規定繼續使用，毋庸同時徵收補償，顯與平等原則相違。至於因地理環境或人文狀況改變，既成道路喪失其原有功能者，則應隨時檢討並予廢止。行政院中華民國六十七年七月十四日臺六十七內字第六三〇一號函及同院六十九年二月二十三日臺六十九內字第二〇七二號函與前述意旨不符部分，應不再援用。」

上開解釋之理由書中謂：「公用地役關係乃私有土地而具有公共用物性質之法律關係，與民法上地役權之概念有間，久為我國法制所承認（參照本院釋字第二五五號解釋、行政法院四十五年判字第八號及六十一年判字第四三五號判例）。既成道路成立公用地役關係，首須為不特定之公眾通行所必要，而非僅為通行之便利或省時；其次，於公眾通行之初，土地所有權人並無阻止之情事；其三，須經歷之年代久遠而未曾中斷，所謂年代久遠雖不必限定其期間，但仍應以時日長久，一般人無復記憶其確實之起始，僅能知其梗概（例如始於日據時期、八七水災等）為必要。至於依建築法規及民法等之規定，提供土地作為公眾通行之道路，與因時效而形成之既成道路不同，非本件解釋所指之公用地役關係，乃屬當然。私有土地因符合前開要件而存在公用地役關係時，有關機關自應依據法律辦理徵收，並斟酌國家財政狀況給予相當補償。」

第二節　不動產役權之意義、特性及種類

第一、不動產役權之意義

民法第八五一條規定：「稱不動產役權者，謂以他人不動產供自己不動產通行、汲水、採光、眺望、電信或其他以特定便宜之用為目的之權。」其權利人謂之不動產役權人；供給不動產之該他人，謂之不動產所有人。茲依此規定，析述如下：

一、不動產役權為存在於他人不動產上之物權

不動產役權之標的物以不動產為限，但非以一宗不動產為必要，其成

立以有兩不動產之存在為必要，享有不動產役權之不動產，謂之「需役不動產」，供其便宜使用之不動產，稱為「供役不動產」。需役不動產與供役不動產雖多為相鄰之二不動產，但不以此為必要。例如通行不動產役權亦得就非直接相鄰之不動產設定之，故只須供役不動產在事實上可供需役不動產利用上之便宜者，即為已足。

供役不動產原則上須為他人之不動產，因於自己之不動產上，自己得為任何之使用，通常情形下，殊無設定不動產役權之必要。惟因不動產役權制度之精神，不在調節不動產之「所有」，而在調節不動產之「利用」，故學者通說認為對「他人不動產」一語，不宜過於拘泥文義，而嚴格解釋為非他人所有之不動產不可，從而雖屬同一人所有之甲乙兩不動產，但現已異其占有人時，例如甲地自用，乙地出典，或甲地典於張三，乙地典於李四，如有必要，亦可設定不動產役權。

二、不動產役權為以他人不動產供通行、汲水、採光、眺望、電信或其他以特定便宜之用為目的之物權

不動產役權係以他人之不動產承受一定負擔以提高自己不動產利用價值之物權，具有以有限成本實現提升不動產資源利用效率之重要社會功能，然因民法原規定「便宜」一詞過於抽象及概括，不僅致社會未能充分利用，且登記上又僅以「地役權」登記之，而無便宜之具體內容，無從發揮公示之目的，故此次（民國九十九年）修正民法第八五一條乃明文例示不動產役權之便宜類型，以利社會之運用，並便於地政機關為便宜具體內容之登記。又條文所稱「通行、汲水」係積極不動產役權便宜類型之例示，凡不動產役權人得於供役不動產為一定行為者，均屬之；至「採光、眺望」則為消極不動產役權便宜類型之例示，凡供役不動產所有人對需役不動產負有一定不作為之義務，均屬之。至「其他以特定便宜之用為目的」，則除上述二種類型以外之其他類型，例如「電信」依其態樣可能是積極或消極，或二者兼具，均依其特定之目的定其便宜之具體內容。不動產役權便宜之具體內容屬不動產役權之核心部分，基於物權之公示原則以及為保護交易之安全，地政機關自應配合辦理登記。

第二、不動產役權之特性

不動產役權之成立,須需役不動產與供役不動產同時存在,其特性如下:

一、從屬性

民法第八五三條規定:「不動產役權不得由需役不動產分離而為讓與,或為其他權利之標的物。」從而需役不動產所有人不得自己保留需役不動產之所有權,而僅以不動產役權讓與第三人,違反者,不動產役權的讓與無效,受讓人不能取得不動產役權,不動產役權仍為需役不動產而存在。需役不動產所有人不得僅將需役不動產所有權讓與他人,而自己保留不動產役權,違反者,不動產役權應歸於消滅。需役不動產所有人不得以需役不動產所有權與不動產役權讓與不同之人,違反者,不動產役權讓與無效,受讓人不能取得不動產役權,不動產役權應歸於消滅。又不動產役權不得為其他權利之標的物,且民法未規定不動產役權得設定抵押權,故當事人約定就不動產役權設定抵押權者,應屬無效。

二、不可分性

民法第八五六條規定:「需役不動產經分割者,其不動產役權為各部分之利益,仍為存續。但不動產役權之行使,依其性質,祇關於需役不動產之一部分者,僅就該部分仍為存續。」例如有 A 地一筆,其隅有園庭,為其園庭就 B 地設觀望役權,當 A 地(需役不動產)未分割時,其地全部皆為需役不動產,嗣後 A 地分割為二筆,甲乙各有其一筆,甲乙仍得各向 B 地行使觀望役權,惟若僅甲分得有園庭之土地,則祇有園庭之土地為需役不動產,亦即僅取得該園庭所占土地之所有人甲有不動產役權(觀望役權)是。

其次,民法第八五七條規定:「供役不動產經分割者,不動產役權就其各部分,仍為存續。但不動產役權之行使,依其性質,祇關於供役不動產之一部分者,僅對於該部分仍為存續。」例如有 A 地一筆,其隅有園庭,為其園庭觀望就 B 地設觀望役權,當供役不動產(B 地)未分割時,其地全部皆為供役不動產,嗣後 B 地分割為二筆,甲乙各有其一筆,該觀望役權仍然存在於甲乙分得之各筆土地上,惟若僅甲所分得之土地可供觀望,則

該觀望役權僅對甲所分得之土地繼續存在是。

第三、不動產役權之種類

一、積極不動產役權與消極不動產役權

此種分類，係以不動產役權之內容為標準。積極不動產役權，亦稱作為不動產役權，乃以不動產役權人得在供役不動產積極為一定行為為內容之不動產役權，例如通行、放牧等不動產役權屬之。消極不動產役權，亦稱不作為不動產役權，乃使供役不動產所有人，於供役不動產上，不得有積極作為之不動產役權，例如眺望不動產役權，使供役不動產所有人於一定不動產範圍內不得為一定高度之建築是。

二、繼續不動產役權與非繼續不動產役權

此種分類，係以不動產役權之行使狀態為標準。不動產役權內容之實現，繼續無間，無須每次有不動產役權人之行為者，謂之繼續不動產役權，以一定設備為內容之不動產役權及消極不動產役權屬之。不動產役權內容之實現，間斷而不繼續，每次行使權利時，均以有不動產役權人之行為為必要者，謂之非繼續不動產役權，此種不動產役權並無一定設備，例如汲水不動產役權是。

三、表見不動產役權與非表見不動產役權

此種分類，係以不動產役權內容之實現，外觀上有無足資認識事實為標準。不動產役權內容之實現，伴有外形的事實，得由外部查知者，謂之表見不動產役權，例如通行不動產役權是。不動產役權內容之實現，未伴有外形的事實，無法由外部查知者，謂之非表見不動產役權，例如埋水管於地下之引水不動產役權、採光等是。

第三節　不動產役權之發生

不動產役權之發生，有基於法律行為者，例如不動產役權之設定、不動產役權之讓與是；有基於法律行為以外之原因者，其主要事由有二，即

繼承、取得時效是。茲分述如下：

第一、不動產役權之設定

　　不動產役權通常係基於設定行為而取得，此項設定行為，不限於以契約為之，以單獨行為（例如遺囑）為之，亦無不可。不動產役權之設定，無論是否出於必要，均得任意為之（十九上七九四），惟須作成書面（民法第七五八條第二項），並須登記始生效力（民法第七五八條第一項）。至於當事人約定設定不動產役權之債權契約，則非要式行為（民法第一六六條之一尚未施行，施行後則須依該條規定為之），若雙方就其設定已互相同意，則同意設定不動產役權之一方，自應負使他方取得該不動產役權之義務。

　　不動產役權之設定，係以他人不動產供自己不動產便宜之用，惟為發揮不動產役權的功能，增進土地及其定著物之價值，應認所謂「他人」或「自己」不動產，均不以不動產所有人為限❸，且雖屬同一人所有之不動產，而其占有人不同時，亦可設定不動產役權，需役不動產與供役不動產，不以異其所有人為必要。蓋因不動產役權之目的，乃在乎調節土地之利用，故不動產役權之主體，亦即得就需役不動產設定不動產役權者，應不限於不動產所有人。民法第八五九條之三第一項規定：「基於以使用收益為目的之物權或租賃關係而使用需役不動產者，亦得為該不動產設定不動產役權。」從而典權人、地上權人、農育權人、承租人（租賃權）❹等現實利用需役不動產者，均得為不動產役權之主體。至於已取得不動產役權之需役不動產，如再設定典權、地上權、永佃權或租賃權時，此等權利人亦得行使該不動產役權，自不待言。惟依民法第八五九條之三第一項規定而設定之不動產役權，乃基於以使用收益為目的之物權或租賃關係而使用需役不

---

❸　參閱王澤鑑，《物權》，第三九四頁。

❹　關於租賃權人是否得為不動產役權（地役權）之主體，民法原未設明文規定，學者間有不同見解，通說採肯定說，即認為租賃權人亦得為租賃地取得不動產役權（地役權），參閱史尚寬，《物權》，第二〇八頁；姚瑞光，《物權》，第一七八頁；王澤鑑，《物權》，第三九四頁；謝在全，《物權（中）》，第一九一頁。

動產者，為自己使用需役不動產之利益而設定，其設定又無須得到土地所有人之同意，是以，該不動產役權之存續自應與原得使用需役不動產之權利同。故民法第八五九條之三第二項規定：「前項不動產役權，因以使用收益為目的之物權或租賃關係之消滅而消滅。」

又民法第八五九條之四規定：「不動產役權，亦得就自己之不動產設定之。」其立法說明為：「按現行供役不動產僅限於對他人土地設定之，若供役不動產為需役不動產所有人所有，所有人本得在自己所有之不動產間，自由用益，尚無設定不動產役權之必要，且有權利義務混同之問題，是自己不動產役權承認與否，學說上不無爭議。然而隨社會進步，不動產資源有效運用之型態，日新月異，為提高不動產之價值，就大範圍土地之利用，對各宗不動產，以設定自己不動產役權方式，預為規劃，即可節省嗣後不動產交易之成本，並維持不動產利用關係穩定。例如建築商開發社區時，通常日後對不動產相互利用必涉及多數人，為建立社區之特殊風貌，預先設計建築之風格，並完整規劃各項公共設施，此際，以設定自己不動產役權方式呈現，遂有重大實益。對於自己不動產役權，德國學說及實務見解亦予以承認。為符合社會脈動，使物盡其用，並活絡不動產役權之運用，爰增設自己不動產役權之規定（瑞士民法第七三三條規定參照），以利適用。」

基於以使用收益為目的之物權或租賃關係而使用需役不動產者，為該不動產設定之不動產役權，以及自己不動產役權，除不動產役權之設定人及設定客體與一般不動產役權有異者外，於性質不相牴觸之情形下，仍得準用一般不動產役權之規定。故民法第八五九條之五規定：「第八百五十一條至第八百五十九條之二規定，於前二條準用之。」

至於得就供役不動產設定不動產役權之人，應以其所有人為限，蓋因不動產役權之設定行為乃處分行為，足使供役不動產造成負擔，對供役不動產所有人不利，故須對供役不動產有處分權之人始得為之。現行法既未授與地上權人、永佃權人、典權人或承租人此項權能，因此不得就其用益之不動產為他人不動產之便宜，設定不動產地役權。

第二、不動產役權之讓與

關於不動產役權之讓與，民法未設直接明文規定，然民法第八五三條規定：「不動產役權不得由需役不動產分離而為讓與。」由此可知，不動產役權仍具有讓與性，惟應與需役不動產共同讓與之。不動產役權之讓與，須以書面為之，於依法登記後始生取得不動產役權之效力（民法第七五八條）。

第三、基於法律行為以外之原因

一、繼承

不動產地役權為財產權，不具專屬性，自得因繼承而取得。被繼承人死亡時，其不動產地役權，不須登記，即一併由繼承人取得（民法第一一四八條），惟若欲加以處分，則必須辦理登記（民法第七五九條）。

二、取得時效

不動產役權係所有權以外的財產權，依民法第七七二條規定，得準用民法第七六八條至第七七一條規定，依時效取得之。茲就有關問題，分述如下：

㈠要件

民法第八五二條第一項規定：「不動產役權因時效而取得者，以繼續並表見者為限。」故以行使不動產役權之意思，二十年間（如其占有之始，為善意並無過失者，十年間）和平、公然、繼續占有，表見以他人不動產供自己不動產便宜之用者，得請求登記為不動產役權人。由於不動產役權時效取得要件之特色，在於須兼具繼續及表見的要件，排除不繼續之不動產役權或不表見之不動產役權的時效取得。故不得建築橫牆遮蔽窗戶光線與空氣之不動產役權，雖係繼續而不表見，汲水不動產役權之行使，以不動產役權人每次之行為為必要，雖係表見而不繼續，均與民法第八五二條第一項所定不動產役權因時效而取得之要件不合，無法因時效而取得（三十二上一五二七）。

如上所述，因時效而取得之不動產役權，以繼續並表見者為限，如僅

表見而不繼續，則不能依時效而取得不動產役權。至於所謂繼續不動產役，乃依不動產之位置，不必由於人為，而自無間斷而行之者，如需由人每次之行為而行之，非繼續存在無間者，即不為繼續不動產役（五十七臺上一六九五判決）。土地因與公路無適宜之聯絡，致不能為通常使用者，土地所有人得通行周圍地以至公路，是為民法第七八七條所規定之「通行權」。此項通行權即以周圍地之忍受義務，為其土地所有權之內容。至「通行不動產役權」則屬民法第八五一條所稱不動產役權之一種，二者並不相同。不動產役權固可因時效而取得，但以繼續並表見者為限，如未開設道路之通行不動產役權，其每次行使權利，須有權利人之行為，且其權利之行使，不能使人就外形之設施而認知，自非繼續並表見之不動產役權，即無從因時效而取得（五十臺上二○六一判決）。

又不動產役權的時效取得，亦不以他人未登記之不動產為限。蓋因不動產役權係以他人不動產之利用為其目的，而得直接支配該不動產之一種不動產物權，性質上僅為限制他人不動產所有權之作用，而存在於他人所有不動產之上，故有繼續並表見利用他人不動產之情形，即可因時效而取得不動產地役權，並不以他人所有未經登記之不動產為限（五十四臺上六九八）。

需役不動產為共有者，可否因時效而取得不動產役權？再者，如數人共有需役不動產，其中部分需役不動產所有人終止役權之行使（例如終止通行），其餘需役不動產所有人是否因此而受影響？民法就此原未設明文規定，易滋疑義。鑑於共有人間利害攸關，權利與共，故此次修正民法物權編，增訂第八五二條第二項規定：「前項情形，需役不動產為共有者，共有人中一人之行為，或對於共有人中一人之行為，為他共有人之利益，亦生效力。」本項規定係本於不動產役權之不可分性而設，從而需役不動產共有人中之一人，得為該共有需役不動產依取得時效而取得不動產役權。至於本項中之「行為」係包括「作為」及「不作為」，自不待言。

又為對供役不動產所有人之衡平保護，民法第八五二條第三項規定：「向行使不動產役權取得時效之各共有人為中斷時效之行為者，對全體共

有人發生效力。」職是之故，如部分需役不動產共有人因行使不動產役權時效取得進行中者，則供役不動產所有人為時效中斷之行為時，僅需對行使不動產役權時效取得進行中之各共有人為之，不需擴及未行使之其他共有人，即對全體共有人發生效力；準此，中斷時效若非對行使不動產役權時效取得之共有人為之，自不能對他共有人發生效力。

　㈡**法律效果**

　　依民法第七七二條之規定，不動產役權固亦得因時效而取得，惟準用民法第七六九條、第七七〇條之結果，於取得時效完成後，僅取得登記請求權，使需役不動產人獲有得請求登記為不動產役權人之權利，尚需經登記始能取得不動產役權，在未登記為不動產役權人以前，無不動產役權存在之可言，自不能本於不動產役權之法律關係對土地所有人有所請求或主張（六十臺上一六七七），亦無依民法第七六七條第二項（原民法第八五八條準用第七六七條）規定準用民法第七六七條第一項規定請求排除侵害之餘地（六十三臺上一二三五）。

　　需役不動產人因取得時效完成而取得不動產役權時，得單獨聲請地政機關為不動產役權之登記，土地所有人並不負協同需役不動產人完成登記之義務。從而依占有事實完成時效而取得通行不動產役權者，固非不可請求地政機關登記為通行不動產役權人，但不動產所有人尚無協同請求登記之義務，其未登記為不動產役權人，尤不能本於不動產役權之法律關係對土地所有人有所請求（六十八臺上二九九四）。

第四節　不動產役權之效力

第一項　不動產役權人之權利義務

第一、供役不動產之使用

　　不動產役權人在設定不動產役權目的範圍內，得使用供役不動產，例

如道路通行不動產役權人，得在供役不動產上開設道路供通行；眺望不動產役權人，得請求供役不動產所有人不得違反約定而為建築是。又此之所謂使用，不必限於獨占的使用，即與供役不動產人共同使用，亦無不可，且在同一供役不動產上，尚可同時存在多數性質可以相容之不動產役權，例如一為通行不動產役權，一為採光不動產役權是。

　　不動產役權人應依設定不動產役權之目的及約定之使用方法，為不動產（尤其土地）之使用收益；未約定使用方法者，應依不動產之性質為之，並均應保持其得永續利用（民法第八五九條之二準用第八三六條之二第一項）。蓋因不動產（尤其土地）是人類生存之重要資源，一方面應物盡其用，他方面則應維護不動產（尤其土地）之本質，保持其生產力，必須謀求兩者間之平衡，俾得永續利用。從而不動產役權人使用不動產（尤其土地）不僅應依其設定之目的及約定之方法為之，且應保持不動產之本質，不得為使其不能回復原狀之變更、過度利用或戕害其自我更新能力，以維護不動產（尤其土地）資源之永續利用。又不動產役權有約定之使用方法者，其約定須經登記，方能構成不動產役權之內容，發生物權效力，始足以對抗第三人，換言之，即此項約定之使用方法，非經登記，不得對抗第三人（民法第八五九條之二準用第八三六條之二第二項）。從而當事人約定之使用方法，一經登記，不動產及不動產役權之受讓人或其他第三人（例如抵押權人），當受其拘束。

　　其次，不動產役權人違反前開規定而使用供役不動產，經供役不動產所有人阻止而仍繼續為之者，供役不動產所有人得終止不動產役權（民法第八五九條之二準用第八三六條之三）。故不動產役權人就不動產為使用，而有違反前開規定之方法者，供役不動產所有人得先加以阻止。此處所稱阻止，屬於意思通知，不論是以言語或行動為之，只要足以表達其有反對之意思即可。經供役不動產所有人先加以阻止後，而不動產役權人仍繼續為之者，供役不動產所有人得終止不動產役權，以維護不動產（尤其土地）資源之永續性及供役不動產所有人之權益。

第二、相鄰關係及物上請求權

不動產役權既為使用不動產之物權，自以占有不動產為必要，且不動產役權人就不動產而為使用，與不動產所有人地位無異，而相鄰關係於不動產利用人相互間亦應有準用餘地，以調和相鄰關係之利用與衝突。民法第八〇〇條之一規定：「第七百七十四條至前條規定，於地上權人、農育權人、不動產役權人、典權人、承租人、其他土地、建築物或其他工作物利用人準用之。」從而有關相鄰關係之規定，於不動產役權人間或不動產役權人與土地所有人間，亦準用之。

又依民法第七六七條第二項規定，所有人的物權請求權，於所有權以外之物權準用之，故不動產役權人亦得行使民法第七六七條第一項規定之物上請求權，即對於無權占有或侵奪其不動產役權之標的者，得請求返還之，對於妨害其不動產役權者，得請求除去之，對於有妨害其不動產役權之虞者，得請求防止之。又不動產役權的內容若須占有供役不動產，而不動產役權人已占有供役不動產者，自亦得適用民法第九六〇條以下規定，而受保護，或行使民法第九六二條之占有人物上請求權。

第三、得為必要之附隨行為

不動產役權人為遂行其權利之目的，於行使其不動產役權或維持其不動產役權起見，有另須為必要行為之時，學者有稱此必要行為為「附隨不動產役權」，並認為其與「主不動產役權」同其命運。故此處所稱必要行為，非指行使不動產役權之行為，乃行使不動產役權以外之另一概念，例如汲水不動產役權之汲水行為，係行使汲水不動產役權之行為，為達汲水不動產役權之目的，於必要時，得為埋設涵管或通行之附隨行為，即其適例。故民法第八五四條規定：「不動產役權人因行使或維持其權利，得為必要之附隨行為。但應擇於供役不動產損害最少之處所及方法為之。」又基於誠信原則，不動產役權人於行使不動產役權時，應盡可能保全供役不動產所有人的利益，從而於使用供役不動產時，自應於為達不動產役權目的所必要

之範圍內，選擇於供役不動產損害最少之處所及方法為之。

第四、維持設置物及容忍使用之義務

　　民法第八五五條第一項規定：「不動產役權人因行使權利而為設置者，有維持其設置之義務；其設置由供役不動產所有人提供者，亦同。」職是之故，不動產役權人因行使權利「得為設置」，例如安設引水的管線是，惟對此等設置，應負維持之義務，俾避免供役不動產所有人因其設置的毀損，而遭受損害。又為行使不動產役權而須使用工作物者，該工作物有由不動產役權人設置者，亦有由供役不動產所有人提供者。在該設置如由供役不動產所有人提供之情形，因其係為不動產役權人之利益，自亦應由不動產役權人負維持其設置之義務，始為平允。不動產役權人既有維持其設置之義務，自係以自己費用為之。

　　其次，民法第八五五條第二項規定：「供役不動產所有人於無礙不動產役權行使之範圍內，得使用前項之設置，並應按其受益之程度，分擔維持其設置之費用。」故不動產役權人於無礙其不動產役權行使之範圍內，對於供役不動產所有人使用其所為設置，負有容忍之義務，以達物盡其用，並節省無益之費用。至於供役不動產所有人使用此項設置而獲有利益者，自應按其受益之程度，分擔維持其設置之費用。

第五、不動產役權行使處所或方法之變更

　　當事人於設定不動產役權時，雖定有行使不動產役權之處所或方法，惟供役不動產所有人或不動產役權人認有變更之必要時，如其變更不甚妨礙不動產役權人或供役不動產所有人權利之行使，基於誠信原則，應許其有請求變更之權。故民法第八五五條之一規定：「供役不動產所有人或不動產役權人因行使不動產役權之處所或方法有變更之必要，而不甚妨礙不動產役權人或供役不動產所有人權利之行使者，得以自己之費用，請求變更之。」

第六、地租之支付義務及減少請求權

一、支付地租義務之發生

　　不動產役權非以不動產役權人交付地租（或租金）為必要，得為有償，亦得為無償，如為有償，其使用供役不動產之對價則稱地租或租金。換言之，所謂地租，係不動產役權人就其使用他人之不動產，對供役不動產所有人所支付之報酬。由於地租之支付，並非不動產役權之成立要件，即不動產役權之設定得為有償或無償，從而當事人間有支付地租之約定者，不動產役權人始負有支付地租之義務。

　　關於地租之標的（金錢或金錢以外之物）、租額之多寡、支付之方法及期限等，均應由當事人一一約明，並加以登記，始具對抗第三人的效力。職是之故，地租之約定未經登記者，僅發生債之關係，不動產役權讓與時，該地租支付義務並不當然隨同移轉於受讓人，供役不動產所有人僅能向原不動產役權人請求支付，不能向新不動產役權人主張之。在供役不動產所有權讓與之情形，已發生的地租債權亦不隨同移轉，僅原供役不動產所有人得向不動產役權人請求之。反之，地租之約定已經登記者，因該地租已成為不動產役權之內容，具有物權效力。不動產役權讓與時，則將來的地租支付義務，隨同不動產役權移轉於不動產役權的受讓人，前不動產役權人積欠之地租，應併同計算，受讓人就前不動產役權人積欠之地租，應與讓與人連帶負清償責任（民法第八五九條之二準用第八三六條第二項）。從而前不動產役權人積欠的地租與新不動產役權人積欠的地租，合計達二年以上的總額時，得構成終止不動產役權之事由（民法第八五九條之二準用第八三六條第一項）。至於受讓人就前不動產役權人積欠之地租清償後，得否向該前不動產役權人求償，則依其內部關係定之。

　　此外，不動產役權有支付地租之約定，而不動產役權人並已將地租預付予供役不動產所有權人者，於供役不動產所有權讓與時，此項已預付之地租，非經登記，不得對抗第三人（民法第八五九條之二準用第八三六條之一）。換言之，即其預付地租之事實經登記者，方能發生物權效力，足以

對抗第三人，故供役不動產及不動產役權之受讓人或其他第三人（例如抵押權人），當受其拘束。至於未經登記者，僅發生債之效力，不動產役權人仍應向受讓人支付地租，惟其得向讓與人請求返還該預付部分，自不待言。

二、地租之調整

不動產役權有支付地租之約定者，由於不動產之價值，在社會經濟有變遷之情形下，常多變動，如於不動產役權設定後，因不動產價值之升降，不動產役權人給付原定地租，依一般觀念顯然不公平者，為保障雙方當事人之權益，並避免爭議，當事人得提起民事訴訟，請求法院以判決酌定增減其地租（民法第八五九條之二準用第八三五條之一第一項），以期允當。此外，關於原未訂有地租之不動產役權，如因供役不動產所有人就供役不動產之租稅及其他費用等負擔增加，而非設定不動產役權當時所得預料者，如仍無償供不動產役權人使用，而令供役不動產所有人單獨負擔，有顯失公平之情事者，基於情事變更法則，土地所有人亦得提起民事訴訟，請求法院酌定其地租（民法第八五九條之二準用第八三五條之一第二項）。

三、地租之遲付

不動產役權人應依約定日期支付地租，如地租支付有遲延者，應負給付遲延之債務不履行責任，供役不動產所有人除得請求不動產役權人支付地租外，並得請求不動產役權人支付遲延利息（民法第二三三條）或為遲延賠償（民法第二三一條）。

又地租之遲付，可構成供役不動產所有人終止契約之理由，即不動產役權人積欠地租達二年之總額，除另有習慣外，供役不動產所有人得定相當期限催告不動產役權人支付地租，如不動產役權人於期限內不為支付，供役不動產所有人得終止不動產役權（民法第八五九條之二準用第八三六條第一項前段）。此項積欠地租的給付遲延，須因可歸責於不動產役權人的事由。所謂積欠地租達二年之總額，係指多年積欠地租之累計額而言，非以連續二年未支付租金為限。所謂另有習慣，衡諸本條規範意旨，應係指雖積欠地租已達二年之總額，但仍不得終止不動產役權之利於不動產役權人的習慣而言，並非指積欠地租不達二年總額，亦可終止不動產役權之不

利於不動產役權人的習慣。供役不動產所有人依前開規定終止不動產役權者，應向不動產役權人以意思表示為之（民法第八五九條之二準用第八三六條第三項）。

第二項　供役不動產所有人之權利義務

第一、行使所有權之權能

供役不動產所有人於不妨害不動產役權行使的範圍內，仍有行使其所有權的權能。又不動產役權的設定，如為有償者，則供役不動產所有人尚有地租請求權，詳如前述。

第二、設定用益權

不動產役權人使用供役不動產，因多不具獨占性，故不動產役權人不僅可與供役不動產所有人或其他用益權人共同使用供役不動產，且因供役不動產上可設定多數不動產役權，內容相同與否，在所不問，故不動產役權人尚得與其他不動產役權人共同使用供役不動產。為期物盡其用，宜不拘泥於用益物權之排他效力，即供役不動產所有人得再設定用益物權（包括不動產役權），惟應明確規定用益權人間之優先次序。故民法第八五一條之一規定：「同一不動產上有不動產役權與以使用收益為目的之物權同時存在者，其後設定物權之權利行使，不得妨害先設定之物權。」

依民法第八五一條之一規定，則不動產所有人於其不動產先設定不動產役權後，無須得其同意，得再設定用益物權（包括不動產役權），反之，亦然。此際，同一不動產上用益物權與不動產役權同時存在，自應依設定時間之先後，定其優先效力，亦即後設定之不動產役權或其他用益物權不得妨害先設定之其他用益物權或不動產役權之權利行使。又不動產役權（或用益物權）若係獲得先存在之用益物權（或不動產役權）人之同意而設定者，後設定之不動產役權（或用益物權）則得優先於先物權行使權利，蓋先物權既已同意後物權之設定，先物權應因此而受限制。而所謂同一不動

產，乃指同一範圍內之不動產，要屬當然。

第三、使用不動產役權人之設置

供役不動產所有人於無礙不動產役權行使之範圍內，得使用不動產役權人因行使其權利而為之設置，並應按其受益之程度，分擔維持其設置之費用（民法第八五五條第二項），詳如前述。

第四、容忍及不作為義務

供役不動產所有人的所有權，在不動產役權設定之目的範圍內，受到限制。惟供役不動產所有人，就其不動產之利用方面，原則上僅負容忍不動產役權人為一定行為或自己不為一定行為之義務，例如容忍不動產役權人通行、汲水，或自己不為建築、夜間不彈奏樂器等是，不負為積極行為之義務。從而供役地（不動產）因故以致不能提供原便宜之用時，例如通行供役地（不動產），因遭土石流沖走，而不能供通行使用時，供役地（不動產）所有人不負重建或修繕，使不動產役權得為繼續行使之義務。

第五、不動產役權行使處所或方法之變更請求權

供役不動產所有人或不動產役權人因行使不動產役權之處所或方法有變更之必要，而不甚妨礙不動產役權人或供役不動產所有人權利之行使者，得以自己之費用，請求變更之（民法第八五五條之一），詳如前述。

第五節　不動產役權之消滅

第一項　不動產役權之消滅事由

不動產役權為物權的一種，關於物權消滅的一般原因（例如標的物滅失、徵收、混同），自應予以適用。茲就其特別的消滅事由，分述如下：

第一、不動產滅失

　　不動產役權之成立，以需役不動產與供役不動產同時並存為前提，故二者若有一方滅失或不能再供原定之便宜之用時，不動產役權自應歸於消滅。

第二、需役不動產滅失或不堪使用

　　民法第八五九條第二項規定:「不動產役權因需役不動產滅失或不堪使用而消滅。」故需役不動產滅失或不堪使用，其不動產役權當然消滅，毋待法院為形成判決之宣告。

第三、不動產役權之拋棄

　　不動產役權為財產權的一種，不動產役權人自得拋棄之，惟其要件因有無地租之約定而有所不同（民法第八五九條之二準用第八三四條、第八三五條），茲分述如下:

　一、無地租之約定者

　　不動產役權無支付地租之約定者，不動產役權人得隨時拋棄其權利（準用民法第八三四條）。換言之，無支付地租約定之不動產役權，無論該不動產役權是否定有期限，不動產役權人均得任意拋棄其權利，蓋此對於供役不動產所有人有利而無害。

　二、有地租之約定者

　　不動產役權定有期限，而有支付地租之約定者，不動產役權人得支付未到期之三年分地租後，拋棄其權利（民法第八五九條之二準用民法第八三五條第一項）。蓋因支付地租而定有期限之不動產役權，於不動產役權人拋棄其權利時，對供役不動產所有人而言，較諸支付地租而未定有期限之不動產役權人拋棄權利之影響為大，為保障其利益，故不動產役權人須支付未到期之三年分地租後，始得拋棄其權利。至於殘餘之不動產役權期限不滿三年者，即無此項規定之適用，僅應支付殘餘期間之地租，自不待言。至於不動產役權未定有期限，而有支付地租之約定者，不動產役權人拋棄

權利時，應於一年前通知供役不動產所有人，或支付未到期之一年分地租（民法第八五九條之二準用民法第八三五條第二項）。

由於不動產役權旨在充分使用不動產，如因不可歸責於不動產役權人之事由，致不能達原來使用不動產之目的時，應許不動產役權人拋棄其權利。惟如仍依前開規定支付地租始得拋棄，未免過苛，為兼顧供役不動產所有人及不動產役權人雙方之利益，其危險應由雙方平均負擔。故因不可歸責於不動產役權人之事由，致不動產不能達原來使用之目的時，不動產役權人於支付前開地租二分之一後，得拋棄其權利（民法第八五九條之二準用民法第八三五條第三項前段）。又供役不動產所有人因負有消極容忍不動產役權人使用不動產之義務，是以如因可歸責於供役不動產所有人之事由，致不能達不動產役權原來使用供役不動產之目的時，不動產役權人已無法行使權利，此際應許其得無條件拋棄不動產役權，免支付地租（民法第八五九條之二準用民法第八三五條第三項後段）。

又不動產役權之拋棄，係有相對人的單獨行為（物權行為），且因不動產役權之拋棄，係依法律行為使不動產物權消滅，故此項拋棄之意思表示應以書面為之，並須經登記，始生效力（民法第七五八條）。

第四、不動產役權之終止

此處所謂不動產役權之終止，係指設定不動產役權的物權契約之終止而言。不動產役權之終止，為有相對人的單獨行為，具形成權的性質，以意思表示向供役不動產所有人或不動產役權人為之即可，無須以訴訟為之（民法第二六三條準用第二五八條）。惟因所謂不動產役權之終止，係依法律行為使不動產物權消滅，故此項終止之意思表示，須以書面為之，且非經登記，不生效力（民法第七五八條）。至於不動產役權之終止事由，主要如下：

一、不動產役權人遲付地租

地租之遲付，可構成供役不動產所有人終止契約之理由，即不動產役權人積欠地租達二年之總額，除另有習慣外，供役不動產所有人得定相當

期限催告不動產役權人支付地租，如不動產役權人於期限內不為支付，供役不動產所有人得終止不動產役權（民法第八五九條之二準用民法第八三六條第一項前段）。其有關問題詳如前述，於茲不贅。

二、不動產役權人未依約定之目的及方法為不動產之使用

不動產役權人使用供役不動產，不僅應依其設定之目的及約定之方法為之，且應保持供役不動產之生產力或得永續利用。不動產役權人就供役不動產為使用，而有違反前開規定之方法者，供役不動產所有人得先加以阻止，經供役不動產所有人加以阻止後，而仍繼續為之者，供役不動產所有人得終止不動產役權（民法第八五九條之二準用民法第八三六條之三）。其有關問題詳如前述，於茲不贅。

第五、法院宣告

民法第八五九條第一項規定：「不動產役權之全部或一部無存續之必要時，法院因供役不動產所有人之請求，得就其無存續必要之部分，宣告不動產役權消滅。」所謂不動產役權無存續之必要，係指不動產役權之存在，已不能或難於供原定通行、汲水、採光、眺望、電信或其他特定便宜之用而言。例如溫泉汲水不動產役權，供役不動產因地層變動，水源斷絕，不能繼續供應溫泉用水是，供役不動產所有人即得以此為由，向法院聲請審查此項不動產役權有無存續之必要，法院如認此項不動產役權無存續之必要，即得宣告不動產役權消滅，於判決確定時，發生消滅效力（形成判決）。此項不動產役權之全部無存續之必要者，法院得依供役不動產所有人之請求，宣告不動產役權全部消滅；此項不動產役權之一部無存續必要時，法院得依供役不動產所有人之請求，就其無存續必要之部分，宣告該部分不動產役權消滅。不動產役權原已支付對價者，不動產役權消滅時，不動產役權人得依不當得利之規定，向供役不動產所有人請求返還超過部分之對價。

第六、約定消滅事由的發生

不動產役權當事人間得約定不動產役權特定消滅事由，例如建築物滅

失時不動產役權即消滅是，惟此際仍須辦理塗銷不動產役權登記後，始生消滅之效力。又不動產役權的設定行為得附解除條件，則於解除條件成就時，不動產役權亦失其效力（二十二上四十二參照）。

第二項　不動產役權消滅之法律效果

不動產役權消滅時，應申請塗銷登記（土地登記規則第一四三條以下）。不動產役權人因行使權利而占有供役不動產者，應返還供役不動產，關於供役不動產上之設置（工作物），例如引水管線、排水設施、通行天橋等是，則依民法第八五九條之一規定：「不動產役權消滅時，不動產役權人所為之設置，準用民法第八百三十九條規定。」茲就有關問題，分述如下：

第一、不動產役權人之取回權

不動產役權消滅時，不動產役權人得取回其為行使不動產役權所為之設置，但應回復土地原狀（民法第八五九條之一準用民法第八三九條第一項）。惟取回權為不動產役權人之權利，是否行使由不動產役權人決定之，不動產役權人取回其所為之設置前，應通知供役不動產所有人（民法第八五九條之一準用民法第八三九條第三項前段），俾使供役不動產所有人早日知悉不動產役權人是否行使取回權。不動產役權人取回其所為之設置時，有回復供役不動產原狀義務，此項義務係不動產役權人行使取回權所生的附屬義務。若不動產役權人不於不動產役權消滅後一個月內取回其所為之設置者，該設置歸屬於供役不動產所有人。惟該設置之存在如有礙供役不動產之利用，供役不動產所有人得請求不動產役權人回復原狀（民法第八五九條之一準用民法第八三九條第二項）。

第二、不動產役權人之有益費用償還請求權

不動產役權消滅時，不動產役權人雖得取回其所為之設置，但其有不能取回者，例如設置之排水溝是，如因此項設置之存在而增加供役不動產的價值時，應解為得類推適用民法第四三一條或民法第九五五條規定，使

供役不動產所有人於不動產役權消滅時現存之增額為限，負償還責任，即不動產役權人就其所支出之有益費用，對供役不動產所有人有償還請求權。至於不動產役權人之有益費用請求權與供役不動產所有人在不動產役權消滅後之返還不動產請求權，有交換履行之必要，自得類推適用民法第二六四條有關同時履行抗辯權之規定。

第三、供役不動產所有人之購買權

不動產役權消滅時，不動產役權人雖得取回其所為之設置，惟供役不動產所有人願以時價購買其所為之設置者，不動產役權人非有正當理由，不得拒絕 (準用民法第八三九條第三項後段)。供役不動產所有人對不動產役權人所為之設置有購買權，此為供役不動產所有人之權利，性質上為請求權，是否行使，為供役不動產所有人之自由，非不動產役權人所能強求。供役不動產所有人購買權之行使，須以提出時價為要件，而此處所稱時價，應係指不動產役權消滅時，該設置之市價而言。供役不動產所有人以時價購買不動產役權人所為之設置者，不動產役權人固不得拒絕，惟若有正當理由時，例如該設置為不動產役權人研究之成果或具有特別紀念價值者，衡諸誠實信用原則，不動產役權人得拒絕之。

第六章

典　權

第一節　總　說

第一、典權之意義

　　民法第九一一條規定:「稱典權者,謂支付典價在他人之不動產為使用、收益,於他人不回贖時,取得該不動產所有權之權。」典權屬於用益物權之一種,為我國固有之制度,設定典權者稱為出典人,取得典權者稱為典權人。典權之標的為不動產,且須為他人之不動產,而所謂不動產,包括土地及其定著物,並得為全面的使用收益,其內容豐富,僅次於所有權。永佃權並非不動產,在民法上雖有得為抵押權標的物之明文,而無得為典權標的物之規定,故永佃權人就其永佃權設定典權,自屬無效。惟當事人之真意,係在基於買賣契約讓與永佃權,而其買賣契約訂明出賣人得返還其受領之價金,買回永佃權者,雖誤用出典之名稱,亦應認為出賣人於買賣契約保留買回之權利(二十八上九九六)。

　　典權的成立,以支付典價為必要,故典權的設定為有償行為,典價乃典權人取得典物的對價。又典權制度的核心在於出典人的回贖,以及典權人於出典人未為回贖時取得典物所有權,故當事人之一方支付定額之金錢,取得占有他方之不動產,而為使用及收益之權,約明日後他方得以同額之金錢回贖者,不問當事人所用名稱如何,在法律上應認為出典(三十三上一七九,三十院二一四五)。

　　由於典權人支付之典價為取得典權之對價,非以此成立借貸關係,故出典人有於一定期間內以原典價回贖典物之權利,不負返還原典價之義務。雖其典物因不可抗力而滅失,或價值低落至少於原典價,典權人亦不得請求出典人返還原典價之全部或一部,此由民法第九一一條、第九二三條、第九二四條、第九二〇條即可觀之,為典權特質之所在,而與他國民法所認不動產質權屬於一種擔保物權者不同者也。當事人之一方移轉不動產之占有於他方以押借金錢,約定他方得就其賣得價金受清償,如有不足仍得

請求補償者，不過與他國民法所認不動產質權相當，在我國民法上無論是否可認他方就該不動產有抵押權，要不得謂為典權之設定（三十二上五〇一一）。

第二、典權之性質

典權為我國特有之制度，由來已久，此種習慣，各地均有，蓋因典僅用找貼之方法，即可取得所有權，非若不動產質於出質人不為清償時，須將其物拍賣，而就其賣得價金內扣還，手續至為繁複，且出典人於典物價格低減時，尚可拋棄其回贖權，於典物價格高漲時，可主張找貼之權利，有自由伸縮之餘地，實足以保護經濟上之弱者，故民法特設典權之規定（參閱民法第八章典權立法理由）。關於其性質為何，學說不一❶，有認為係擔保物權者，有認為係用益物權。前者認為典權之成立，多由出典人方面發動，實際上多係因通融金錢而出典不動產，以為借款之擔保手段，且民法將典權章次，列於質權之後留置權之前，而質權及留置權均為擔保物權，故典權為擔保物權（大理院四年統字第二二六號解釋，亦認為典權係擔保物權）。後者則基於我民法第九一一條規定：「稱典權者，謂支付典價在他人之不動產為使用、收益」，或民法第九一一條原規定：「稱典權者，謂支付典價，占有他人之不動產，而為使用收益之權。」認為民法就典權之內容，已明定為使用及收益，且典權為主權利，典權人得將典權獨立的讓與他人（民法第九一七條），其本身亦有其特定的存續期間（參閱民法第九一二條、第九二三條、第九二四條），凡此皆與擔保物權之為從權利者，有所不同，故典權非擔保物權，而為用益物權之一種。

以上兩說，當以用益物權說為是，蓋我民法第九一一條就典權之意義及性質，已為立法解釋，認其係用益物權之一種也。最高法院二十年上字第七六三號判例謂：「不動產之出典，係將該不動產移轉於受典人使用收益為目的，在出典期限內，無論其受益之減少或增加，出典人與受典人兩方

---

❶　參閱鄭玉波，《物權》，第一三七頁以下；謝在全，《物權（中）》，第二三三頁以下；王澤鑑，《物權》，第四一七頁以下。

均應受典約之拘束，殊無翻異之餘地。」又最高法院三十二年上字第五〇一一號判例謂：「典權人支付之典價為取得典權之對價，非以此成立借貸關係，故出典人有於一定期間內以原典價回贖典物之權利，不負返還原典價之義務。雖其典物因不可抗力而滅失，或價值低落至少於原典價，典權人亦不得請求出典人返還原典價之全部或一部，此由民法第九百十一條、第九百二十三條、第九百二十四條、第九百二十條觀之可知，為典權特質之所在，而與他國民法所認為不動產質權不同者也。」顯然亦認典權係用益物權之一種也。

第三、典權與買回權之區別

典權人所支付之典價，其性質雖與附有買回權之買賣契約之價金（民法第三七九條）相似，惟典權與買回權，仍有下列之區別：

①典權為物權關係，可以對抗第三人；買回權則為債權關係，不可以對抗第三人。

②設定典權後，出典人對於典物仍保有所有權，出典人僅移轉典物之占有於典權人；附有買回權之買賣契約成立後，出賣人須移轉其標的物之所有權於買受人。

③典權之標的物，以不動產為限；買回之標的物，包括不動產及動產。

④典權回贖之價金，以原典價為限（民法第九二三條、第九二四條），而典物之回贖，其目的雖係消滅典權，但在出典人方面觀之，實乃使其所有權不致消滅之一種辦法；買回之價金，得另行約定，不以原買賣之價金為限（民法第三七九條第二項），在買回契約之買回其標的物，則為出賣人對於其所出賣標的物所有權之再取得❷。

---

❷ 參閱劉春堂，《民法債編各論》，自版，民國九十二年九月初版第一刷，第一一六頁以下。

第二節　典權之發生及期限

第一項　典權之發生

第一、典權之設定

　　典權通常係基於設定行為而取得，此項設定行為，不限於以契約為之，以單獨行為（例如遺囑）為之，亦無不可。典權之設定，須作成書面，並須登記始生效力（民法第七五八條）。至於當事人約定設定典權之債權契約，則非要式行為（民法第一六六條之一尚未施行，施行後則須依該條規定為之），若雙方就其設定已互相同意，則同意設定典權之一方，自應負使他方取得該典權之義務。

　　典權之成立，是否以占有他人之不動產為要件，不無問題。由於民法第九一一條原規定中有「占有他人之不動產」字樣，故最高法院三十八年臺上字第一六三號判例謂：「典權之成立，依民法第九百十一條規定，固以移轉占有為要件。惟該條所謂占有，不以典權人直接占有為必要。此觀同法第九百十五條之規定自明。是出典人於典權設定後，苟因典物在第三人占有中，而將其對於第三人之返還請求權讓與典權人，使典權人因此取得間接占有時，依同法第九百四十六條第二項、第七百六十一條第二項之規定，即不得謂典物之占有尚未移轉於典權人。」又最高法院三十三年上字第三七五四號判例謂：「民法第九百十一條所稱之占有，不以典權人直接占有為必要，此觀於民法第九百十五條之規定自明。出典人於典權設定後，仍繼續占有典物者，如已與典權人訂立契約，使典權人因此取得間接占有時，依同法第九百四十六條第二項、第七百六十一條第二項之規定，即不得謂典物之占有尚未移轉於典權人。」可知最高法院肯定占有典物為典權的成立要件，並認所謂占有不限於直接占有，當包括間接占有在內❸。

❸　最高法院八十六年臺上字第一九四三號判決謂：「稱典權者，謂支付典價，占有

　　按典權為用益物權之一種，典權人就典物為使用收益時，當然必須占有典物，故「占有他人之不動產」，乃典權人就他人之不動產為使用收益之當然結果，因此就典權的性質、當事人的利益衡量（尤其是典權人的保護）及民法第七五八條規定言，並無以占有典物為典權成立要件的必要，民法原第九一一條將占有他人之不動產亦列為典權成立要件之一，在法理上不無再斟酌之餘地❹。此次修正民法物權編將原民法第九一一條規定之「占有」他人之不動產，修正為「在」他人之不動產，明確規定典權之成立，不以占有他人之不動產為要件。

　　典權之標的物為不動產，基地及其上之房屋為各別獨立之不動產，自非不得分別出典。惟因使用房屋必同時使用基地，房屋與基地同屬一人所有者，該所有人出典房屋恆連基地一併出典，故有疑義時，應解為基地同在出典之列（三十三上一二九九）。從而房屋與基地同屬一人所有者，其所有人設定典權之書面，雖僅載明出典房屋若干間並無基地字樣，但使用房屋必須使用該房屋之基地，除有特別情事可解釋當事人之真意僅以房屋為典權標的外，自應解為基地亦在出典之列（三十七院解四〇九四）。最高法院八十一年臺上字第二九九號判例謂：「房屋與基地同屬一人所有者，其所有人設定典權之書面，雖無基地字樣，但使用房屋必須使用該房屋之基地，除有特別情事可解釋當事人之真意僅以房屋為典權標的外，應解為基地亦

　　他人之不動產，而為使用收益之權，民法第九百十一條定有明文。是典價之支付及典物之移轉占有，應為典權之成立要件。又所稱占有，包括直接占有及間接占有在內（參閱本院三十二年度上字第五〇一一號及三十八年度臺上字第一六三號判例參照）。準此，典權縱已為設定登記，如未交付典價及移轉典物之占有，則其典權既未依法成立，出典人非不得請求塗銷其設定登記。乃原判決謂上訴人主張之被上訴人未支付典價予林美鈴及林美鈴未移轉系爭房地之占有予被上訴人，縱屬實在，亦不得謂系爭典權尚未成立或發生效力等語，其所持法律上見解，已屬可議。」

❹ 參閱謝在全，《物權（中）》，第二二七至二二八頁；王澤鑑，《物權》，第四二〇至四二一頁；楊與齡，〈有關典權之幾項爭議〉，收錄於蘇永欽主編，《民法物權爭議問題研究》，第二六六頁。

在出典之列。」再度重申上開意旨。

第二、典權之讓與

典權人得將其典權讓與他人（民法第九一七條），該他人即因受讓而取得典權。惟其讓與須以書面為之，於依法登記後始生取得典權之效力（民法第七五八條）。

第三、基於法律行為以外之原因

一、繼承

典權為財產權，不具專屬性，自得因繼承而取得。被繼承人死亡時，其典權，不須登記，即一併由繼承人取得（民法第一一四八條），惟若欲加以處分，則必須辦理登記（民法第七五九條）。

二、取得時效

依民法第七七二條之現定，典權亦得因時效而取得，惟因準用民法第七六九條、第七七〇條之結果，於取得時效完成後，僅取得登記請求權，尚需經登記始能取得典權，在未依法登記為典權人之前，尚難謂其已取得典權。

第二項　典權之期限

典權之期限，對典權人言，為典權人有權占有典物而為使用及收益的期限；對出典人言，則為典權設定時所定回贖權停止行使期限，與一般權利（包括地上權、不動產役權）之存續期限，因期限屆滿而使該權利消滅者，尚有不同，故具有重要的規範功能。

第一、當事人定有期限者

此之所謂定有期限，並非典權存續之期限，而係指其典權定有回贖權停止行使之期限而言（三十一院二四二〇，三十一上三五二三）。故當事人明白表示該典權期限若干年者，固為定有期限之典權，即僅記明出典後一

定期限內不得回贖，或若干年外始得回贖，或典權人死亡後始准回贖者，亦均為定有期限之典權（三十一院二四二〇、三十三院二七三四，二十九上一八五五）。至於出典人與典權人約定出典人僅得於出典後三年內回贖者，乃就未定期限之典權，減短其回贖權之除斥期間為三年，並非謂定有期限之典權（三十一上三五二三）。

其次，民法第九一二條規定：「典權約定期限不得逾三十年，逾三十年者縮短為三十年。」此項期限，理論上言之，應自典權登記完畢之翌日起算，較為合理，惟依司法院三十五年院解字第三一三四號解釋謂：「典權之約定期限為典權人有權占有典物而為使用及收益之最短期限，自應由移轉典物之占有於典權人之翌日起算。」又典權約定之期限，於期限屆滿前，或原為未定期限之典權，於可得回贖期限內（民法第九二四條但書），得由當事人合意訂定、伸長或縮短，其加長之期限，應與該典權已經過之時期合併計算，惟無論如何，此項從新訂定或經變更之期限，連同已經過之期限合計，仍受不得逾三十年之限制（三十二院二五五八）。應予注意者，乃典權定有期間者，典權人縱令因不可歸責於己之事由，致有一時期未能就典物使用收益者，亦不得將該一時期從典期內扣除，即原約定之典期並不因而在該一時期內延長之（三十五院解三二二六、三十五院解三二五一）。

第二、當事人未定期限者

當事人於設定典權時，訂明未定期限或得隨時回贖，或就期限無任何約定者，均為未定期限之典權。民法第九二四條規定：「典權未定期限者，出典人得隨時以原典價回贖典物。但自出典後經三十年不回贖者，典權人即取得典物所有權。」故此種典權，其期限亦不得逾三十年。此三十年期間，係屬無時效性質之法定期間（二十二上一六六八判決，二十九院二〇六四），且此項期間，雖出典後曾有加典情事，仍應從出典之翌日起算（二十一上二三四），蓋加典找價，不過就已設定之典權變更其典價之數額，並非使原典權消滅，重新設定典權，至於加價時換立典契，形式上雖與批載於典契者不同，而其加價之性質並不因此變更，苟無其他特別情事，不能僅據換

立典契一事，即認為重新設定典權，故此三十年期間，自不應由加找典價時起算（二十九上一九七四，二十九院二〇五〇）。應予注意者，乃出典人於此三十年期間內，提出原典價回贖，而典權人無正當理由拒絕受領者，仍應認為已有合法之回贖（二十七上一六八〇）。

第三、絕賣條款

所謂絕賣條款，係指典權之設定，附有典權期限屆滿後，若不即回贖典物，典物所有權即歸屬典權人所有之條款。典權之設定，雖可以附絕賣條款，惟依民法第九一三條第一項規定：「典權之約定期限不滿十五年者，不得附有到期不贖即作絕賣之條款。」如有違反者，典權之設定雖仍屬有效，但該項條款之約定，則因違反強制規定而無效（民法第七一條），出典人於約定期限屆滿時，仍得依民法第九二三條第二項之規定，於典期屆滿後二年內，行使其回贖權，非謂民法第九二三條第二項僅適用於典期屆滿十五年之典權（三十一院二三七〇，三十四上一八八）。又民法第九一三條第三項規定：「絕賣條款非經登記，不得對抗第三人。」從而當事人約定有絕賣條款者，經登記後方能發生物權效力，足以對抗第三人，土地及典權之受讓人或其他第三人（例如抵押權人），當受其拘束。

民法第九一三條第二項規定：「典權附有絕賣條款者，出典人於典期屆滿不以原典價回贖時，典權人即取得典物所有權。」故典權之典期在十五年以上而附有絕賣條款者，出典人於典期屆滿後不以原典價回贖時，典權人即當然取得典物之所有權。至於此之所謂取得典物所有權者，與民法第九二三條、第九二四條所定之「取得典物所有權」，性質上同屬繼受取得。

此外，由於民法第九一三條第一項之設，係在保護出典人之利益，從而設定典權附有到期不贖聽憑典權人出賣典物之特約者，實不啻將典物之所有權移屬於典權人，於典期未滿十五年之情形，按諸上開規定之意旨，該項特約自應解為無效。

第三節　典權之效力

第一項　對典權人之效力

第一款　典權人之權利

第一、典物之使用收益

　　典權之內容在乎使用、收益，故典權人對於典物，自得占有而為使用、收益（參閱民法第九一一條），使用收益典物乃典權人之主要權利，其使用內容及範圍，依設定行為的約定及登記範圍而定；在時效取得典權的情形，則依原來之使用目的定之。典權人如有超過其範圍而為使用，且已違反其設定目的時，土地所有人得依民法第七六七條、第一八四條之規定，請求除去侵害，若有損害並得請求賠償，並得依民法第一七九條規定，請求返還不當得利。

　　民法第九一七條之一第一項規定：「典權人應依典物之性質為使用收益，並應保持其得永續利用。」蓋因不動產（典物）是人類生存之重要資源，固應物盡其用，發揮其最大經濟效益，然為免自然資源之枯竭，與不動產（典物）本質之維護，使其得永續利用，仍應力求其平衡。從而典權人對典物之使用收益應依其性質為之，不得為性質之變更，就建築物之用益不得有不能回復其原狀之變更，土地尤不得過度利用，戕害其自我更新之能力，以保持典物得永續利用。

　　其次，民法第九一七條之一第二項規定：「典權人違反前項規定，經出典人阻止而仍繼續為之者，出典人得回贖其典物。典權經設定抵押權者，並應同時將該阻止之事實通知抵押權人。」故典權人關於典物之使用收益，倘有違反上開義務之情事，為維護出典人權益及不動產（典物）資源之永續性，出典人得先加以阻止。此處所稱阻止，屬於意思通知，不論是以言

語或行動為之，只要足以表達其有反對之意思即可。經出典人先加以阻止後，而典權人仍繼續為之者，出典人得終止典權，以維護不動產（典物）資源之永續性及出典人之權益。若典權經設定抵押權者，為保障抵押權人之權益，應同時將該阻止之事實通知抵押權人。

第二、相鄰關係及物上請求權

典權既為使用收益不動產（典物）之物權，自以占有不動產（典物）為必要，且典權人就不動產（典物）而為使用收益，與不動產（典物）所有人地位無異，為調和相鄰關係之利用與衝突，故民法第八〇〇條之一規定：「第七百七十四條至前條規定，於地上權人、農育權人、典權人、承租人、其他土地、建築物或其他工作物利用人準用之。」另依新修正民法第七六七條第二項規定，所有人的物權請求權，於所有權以外之物權準用之，故典權人亦得行使民法第七六七條第一項規定之物權請求權，或行使民法第九六二條之占有人物上請求權。

第三、典物之轉典權

所謂轉典，係典權人與出典人仍保持原有典之關係，而將典物再出典於他人。民法第九一五條第一項規定：「典權存續中，典權人得將典物轉典或出租於他人。但另有約定或另有習慣者，依其約定或習慣。」故轉典為典權人之權利，稱之為轉典權。轉典為典權之再設定，轉典權屬於物權之一種，不僅對於轉典人（即原典權人）存在，對於出典人亦有效力（三十二上三一六四）。

典權人固有轉典之權利，然如不加限制，即不免使出典人受到損害，故民法第九一五條第二項、第三項規定：「典權定有期限者，其轉典或租賃之期限，不得逾原典權之期限，未定期限者，其轉典或租賃，不得定有期限。轉典之典價，不得超過原典價。」此處所謂轉典之期限，不得逾原典權之期限，係指轉典期限屆滿之時期，不得後於原典權期限屆滿之時期而言，故原典權之期限經過一部分後轉典者，其轉典之期限不得逾原典權之殘餘

期限，原典權之期限屆滿後轉典者，其轉典不得定有期限（三十二上三九三四）。又同一人所有之土地及土地上建築物，同時或先後為同一人設定典權者，該土地及土地上建築物之同一典權人，就其典權原得自由而為轉典或其他處分，然為避免法律關係之複雜化，故民法第九一五條第四項規定：「土地及其土地上之建築物同屬一人所有，而為同一人設定典權者，典權人就該典物不得分離而為轉典或就其典權分離而為處分。」

轉典為不動產物權之設定，屬於依法律行為而取得不動產物權，故應以書面為之，且須經登記，始生效力（民法第七五八條）。因此縱有轉典得不以書面為之之習慣，亦無法之效力，蓋民法第九一五條第一項但書所稱之習慣，係指限制典權人將典物轉典或出租於他人之習慣而言，並不包含轉典得不以書面為之之習慣在內（二十八上一〇七八）。此外，典權人於其權利存續之期間，雖得以自己之責任逕行將典物轉典於他人，然轉典之範圍，應以原典權之範圍為準，苟典權人於原典權範圍以外，更指定該典產為他項債權之擔保，或加價轉典者，其責任即應由原典權人負擔，而原出典人（即業主）祇須備齊原價，即能向轉典人（原典權人）取贖，消滅其物上之擔負（十八上一八七）。另依民法第九一六條規定：「典權人對於典物因轉典或出租所受之損害，負賠償責任。」此項損害之發生，典權人有無故意或過失，在所不問。

又因轉典為典權之再設定，轉典權亦為物權之一種，原典權人於取得典物所有權後，轉典權人之權利，仍有效存在。此際原典權人對於轉典權人言，其地位與出典人無異，而轉典權人對於原典權人取得之權利，亦與典權人相同。從而出典人及原典權人均逾期不回贖時，轉典權人即取得典物之所有權（八十一臺上二九九）。

第四、典物之出租權

民法第九一五條第一項規定：「典權存續中，典權人得將典物轉典或出租於他人。但另有約定或另有習慣者，依其約定或習慣。」故典權人就典物，有出租於他人之權利，惟為保護出典人之權利，故民法第九一五條第二項

規定:「典權定有期限者,其轉典或租賃之期限,不得逾原典權之期限,未定期限者,其轉典或租賃,不得定有期限。」因典權存續中,典權人將典物出租於他人者,其租賃之期限不得逾原典權之期限,則典物經出典人回贖後,該他人與典權人所訂之租約,對於出典人,自無援用民法第四二五條規定,主張其租賃權對於出典人繼續存在之餘地(四十五臺上八四一)。另依民法第九一六條規定:「典權人對於典物因轉典或出租所受之損害,負賠償責任。」此項損害之發生,典權人有無故意或過失,在所不問。

第五、典權之讓與及設定抵押權

典權為財產權之一種,依其性質,典權人得自由處分其權利,亦得以其權利設定抵押權,以供擔保債務之履行。故民法第九一七條第一項規定:「典權人得將典權讓與他人或設定抵押權。」典權之讓與,為物權之移轉,自應以書面為之,且須經登記,始生典權讓與之效力(民法第七五八條),乙將甲向其設定之典權轉讓於丙,既未以書面為之,雖將原典契交丙,亦不生典權讓與之效力(三十四院解三〇四四㈤);以典權設定抵押權時,係依法律行為而取得不動產物權,故亦應以書面為之,且須經登記,始生設定抵押權之效力。由於典權讓與,係典權主體變更,典權讓與一經生效,原典權人即脫離典權關係,其典權關係存在於典權受讓人與出典人之間,故典權之受讓人,不僅對於出典人取得與典權人同一之權利,並應負與典權人同一之義務❺。至於以典權設定抵押權者,其內容如何,由典權人與抵押權人約定之,不受典權之典價或典權期限之限制。

讓與典權與轉典,其效力尚不同。所謂轉典,乃典權人以自己之責任,將典物再為他人設定典權,係於典物上設定新典權之行為,其與出典人間之典權關係,依然存在。轉典權為物權之一種,不僅對於轉典人存在,對

---

❺ 原民法第九一七條第二項規定:「前項受讓人對於出典人取得與典權人同一之權利。」惟此次修正民法物權編已將本項規定刪除,其立法說明:「典權之受讓人當然取得其權利,無特別規定之必要,且修正條文第八百三十八條僅規定得讓與,而無受讓人取得原權利之文字,爰刪除現行條文第二項。」

於出典人亦有效力。典權之讓與，則係原典權人（即讓與人）脫退典權關係，而由受讓人繼受的為典權人，對於出典人取得與原典權人同一之權利義務❻。從而在轉典之情形下，出典人回贖典物時，應向典權人及轉典權人各為回贖之意思表示；在典權讓與之情形下，出典人回贖典物時，僅向該典權之受讓人為回贖之意思表示即可。在出典人回贖權消滅時，其典物所有權之歸屬，如係轉典，則仍屬於原典權人，如係典權讓與，則應屬於受讓人（二十七院一七八七）。

由於建築物或其他工作物通常不能脫離土地而存在，兩者必須相互結合，方能發揮其經濟作用。故民法第九一七條第二項規定：「典物為土地，典權人在其上有建築物者，其典權與建築物，不得分離而為讓與或其他處分。」例如不得單獨將其建築物之所有權讓與他人，或不得單獨將其建築物為他人設定典權；將建築物設定抵押權時，典權亦應一併設定抵押權，反之亦同，俾免因建築物與土地之使用權人不同，造成法律關係複雜之困擾。職是之故，典權與其建築物之讓與或設定其他權利，應同時為之，以免建築物失其存在之權源。

第六、典物之留買權

民法第九一九條第一項規定：「出典人將典物出賣於他人時，典權人有以相同條件留買之權。」故典權人有留買權，出典人不得以任何理由拒絕出賣。惟此項留買權，限於出典人將典物所有權出賣於他人時始得行使（三十三上六四七九），換言之，即限於典權存續中出典人將典物之所有權出賣於他人時始能適用，若出典人於回贖典物後將其所有權出賣於他人，則其

❻ 最高法院八十年臺上字第一一七三號判決：「民法第九百十五條所定之轉典，係指典權人於典權存續期間內，以自己之責任，逕將典物另為他人設定新典權之謂。又典權非專屬性之財產權，故同法第九百十七條第一項規定，典權人得將典權讓與他人。然兩者之性質並不相同。典權一經讓與，受讓人對於出典人，取得與典權人同一之權利（民法第九百十七條第二項），且承受典權人對於出典人之同一義務，而原典權人則脫離典權之關係。至於轉典既係典權人另設定一典權，典權人則不脫離其原有之典權關係。」

時典權已因回贖而消滅，該物既不復為典物，當事人雙方亦各失其出典人與典權人之地位，自無適用民法第九一九條之餘地（二十九上二〇一五）。又典權人之留買，並非僅限於以同一之價額，必條件完全相同，始生留買問題。至於此處所稱「相同條件」，係指出典人與他人間所訂契約條件或他人承諾之條件而言，並非謂僅依出典人一方所提出之條件。出典人因無人承買而再行出賣時，仍應再將出賣條件以書面通知典權人，俾典權人得以決定是否行使留買權。

　　其次，為期留買權之行使與否早日確定，民法第九一九條第二項規定：「前項情形，出典人應以書面通知典權人。典權人於收受出賣通知後十日內不以書面表示依相同條件留買者，其留買權視為拋棄。」故出典人應踐行通知典權人之義務，此項書面通知，應解為係要約，至於典權人以書面表示依相同條件留買，應解為係承諾。又民法第九一九條第三項規定：「出典人違反前項通知之規定而將所有權移轉者，其移轉不得對抗典權人。」故典權人之留買權，具有物權的效力，得以對抗第三人。從而出典人違反上開規定，將典物出賣於第三人，且已為所有權移轉登記，典權人得主張該第三人承買典物之契約，以及移轉所有權之行為無效，請求塗銷已為之所有權登記。

第七、土地或房屋之優先承買權

　　土地法第一〇四條規定：「基地出賣時，地上權人、典權人或承租人有依同樣條件優先購買之權。房屋出賣時，基地所有權人有依同樣條件優先購買之權。其順序以登記之先後定之。前項優先購買權人，於接到出賣通知後十日內不表示者，其優先權視為放棄。出賣人未通知優先購買權人而與第三人訂立買賣契約者，其契約不得對抗優先購買權人。」故典權人就基地有優先承買權，此項優先承買權具有物權效力。又土地法第一〇四條關於基地或房屋優先購買權之規定，旨在使房屋與基地之所有權合歸於一人所有，使法律關係單純化，以盡經濟上之效用，並杜紛爭。故必須對於基地有地上權、典權或租賃關係之存在，且地上權人、典權人或承租人於基

地上有房屋之建築者，始有本條優先購買權之適用。

第八、重建修繕權

民法第九二一條規定：「典權存續中，典物因不可抗力致全部或一部滅失者，除經出典人同意外，典權人僅得於滅失時滅失部分之價值限度內為重建或修繕。原典權對於重建之物，視為繼續存在。」是為典權人就典物之重建或修繕權。職是之故，典權人若經出典人同意者，自得以超過滅失時滅失部分之價值，為重建或修繕。若未得出典人同意者，縱令出典人表示反對重建或修繕，典權人亦得於滅失時滅失部分之價值限度內，為重建或修繕。又典物因不可抗力致全部或一部滅失者，就其滅失部分，典權與回贖權，固均歸消滅（民法第九二〇條第一項），然典物經典權人依上開規定重建或修繕後，既已回復原狀，原典權仍應視為繼續存在於重建之標的物上，該已消滅之典權及回贖權，當然回復。至於典物非因不可抗力而全部或一部滅失者，典權人是否有重建修繕權，法律雖無規定，但通說均認典權人有重建或修繕之權，蓋此對於雙方當事人與社會經濟均屬有利，故無予否定之理由❼。

此外，物權通常因標的物之滅失而消滅，標的物於其後回復者，非有物權發生之原因或法律之規定，要不能當然回復。典權人因受賠償所重建滅失之典物，既已回復原狀，在重建範圍內原典權宜視為繼續存在。故民法第九二二條之一規定：「因典物滅失受賠償而重建者，原典權對於重建之物，視為繼續存在。」此際，典權人因未支出費用，自不生償還費用之問題。

第九、費用償還請求權

民法第九二七條第一項：「典權人因支付有益費用，使典物價值增加，或依第九百二十一條規定，重建或修繕者，於典物回贖時，得於現存利益之限度內，請求償還。」故典權人有費用償還請求權，至於必要費用（例如

---

❼ 參閱史尚寬，《物權》，第四一三頁；倪江表，《物權》，第二三五頁；李肇偉，《物權》，第三四七頁；謝在全，《物權（中）》，第二七八頁。

修補漏水之屋頂），則不在請求償還之列，因典權人負有保管典物之義務，應自己承擔此類費用。由於出典人行使回贖權，回贖典物，屬形成權之行使，並非對於典權人之請求權，且出典人之回贖權與典權人之費用償還請求權，並無對價關係存在，因此典權人不得以此等費用未償還，為拒絕出典人回贖典物之理由（三十二上三一六四），亦即出典人回贖典物時，縱未提出上述應返還之費用，典權人亦不能拒絕其回贖，僅能另行請求出典人返還之。

　　典權人支付之費用，係有益費用時，民法上開條項既不以支出有益費用先經出典人同意為償還請求權之發生要件，自不因未得出典人之同意影響償還請求權之行使（三十九臺上一〇五二）。至於典權人於典物滅失時，就滅失部分之價值限度內為重建或修繕所支出之費用，以及經出典人同意後，超過原價值為重建或修繕所支出之費用，於典物回贖時，得於現存利益之限度內，請求償還，固無問題。至未經出典人同意，超過原價值為重建或修繕時，所支出之費用，則就民法第九二七條而論，典權人超過原價限度而為重建，雖與支出有益費用使典物價值增加有別，其使出典人受增加典物原價之利益則一，同條既不以支出有益費用先經出典人同意為償還請求權之發生要件，則典權人不經出典人同意超過原價限度而為重建時，其超過部分之費用償還請求權，自亦不在同條排斥之列（三十院二一九〇），亦即不因未得出典人之同意而影響償還請求權之行使。

第十、工作物取回權及有益費用償還請求權

　　民法第九二七條第二項規定：「第八百三十九條規定，於典物回贖時準用之。」從而典物上有工作物者，典權消滅時，典權人得取回其工作物（準用民法第八三九條第一項本文），即典權人有取回權。惟此為典權人之權利，是否行使由典權人決定之，典權人取回其工作物前，應通知出典人（準用民法第八三九條第三項前段），俾使出典人早日知悉典權人是否行使取回權。典權人取回其典物上之工作物時，有回復典物原狀義務（準用民法第八三九條第一項但書），此項義務係典權人行使取回權所生的附屬義務。若

典權人不於典權消滅後一個月內取回其典物上之工作物者，工作物歸屬於出典人。惟工作物之存在如有礙典物之利用，出典人得請求典權人回復原狀（準用民法第八三九條第二項）。

典權消滅時，典權人雖得取回工作物，但其有不能取回者，例如設置之排水溝，或因改良整治土地（典物）支出有益費用，而增加典土地（典物）的價值時，應解得類推適用民法第四三一條或民法第九五五條規定，使出典人於典權消滅時現存之增額為限，負償還責任，即典權人就其所支出之有益費用，對出典人有償還請求權。

第十一、建築物之時價補償權或地上權之取得

民法第九二七條第三項前段規定：「典物為土地，出典人同意典權人在其上營造建築物者，除另有約定外，於典物回贖時，應按該建築物之時價補償之。」故典權人就其在土地（典物）上所營造之建築物，有按該建築物之時價受補償之權利，以維護典權人之利益。惟若出典人不願以時價補償者，為顧及社會整體經濟利益，並解決建築基地使用權源之問題，故民法第九二七條第三項後段規定：「出典人不願補償者，於回贖時視為已有地上權之設定。」

出典人願依前項規定為補償者，其補償之時價自應由當事人協議定之，若不能達成協議時，為兼顧雙方之權益，宜聲請法院裁定之。故民法第九二七條第四項前段規定：「出典人願依前項規定為補償而就時價不能協議時，得聲請法院裁定之。」如經裁定後，出典人仍不願依裁定之時價補償，為保障典權人之利益及解決基地使用權問題，故民法第九二七條第四項後段規定：「其不願依裁定之時價補償者，於回贖時亦視為已有地上權之設定。」

由於依前開規定而視為已有地上權設定之情形，係基於法律規定而發生，屬於一種法定地上權，自不以登記為要件。關於其地租、期間及範圍等，基於私法自治之原則，自宜由當事人協議定之；如不能協議時，始請求法院以判決定之。故民法第九二七條第五項規定：「前二項視為已有地上

權設定之情形，其地租、期間及範圍，當事人不能協議時，得請求法院以判決定之。」

應予注意者，乃以上係就典物為土地，出典人同意典權人在其上營造建築物而言。至如出典人未曾同意典權人營造建築物者，則除另有約定外，於典物回贖時，出典人得請求典權人拆除並交還土地，乃屬當然。

第二款　典權人之義務

第一、支付典價之義務

典權的成立，須支付典價，典權人因典權的設定，負有支付典價的義務，此項典價之支付，乃典權人取得典權之對價（三二上五〇一一），故典權之設定為有償行為。典價之數額、標的物（金錢或金錢以外之物）、支付期間及支付之方法等，均應依當事人約定，至於典價之支付與典物之交付，不生「同時履行」問題。

第二、保管典物之義務

出典人依法行使回贖權時，典權人應返還典物，故在典權存續中，典權人負有保管典物之義務。民法第九二二條規定：「典權存續中，因典權人之過失，致典物全部或一部滅失者，典權人於典價額限度內，負其責任。但因故意或重大過失致滅失者，除將典價抵償損害外，如有不足，仍應賠償。」茲分述如下：

一、因過失之損害賠償責任

因典權人之過失，致典物全部或一部滅失者，典權人於典價額限度內，負其責任。所謂過失，係指欠缺善良管理人之注意而言。所謂於典價額限度內負其責任，係指僅以典價為限，負賠償之責，就不足之數，無須另為賠償。從而典物如全部滅失，而其損害額縱超過典價額，典權人亦僅以典價額為限負其賠償之責，就不足之數，無須另為賠償。於此種情形，因典物業已滅失，且典價已完全扣抵出典人之損害，用益典物之對價，亦失其

存在，故典權自因而消滅。又因典權人之過失，致典物全部或一部毀損者，於具備侵權行為之要件時，自亦應負損害賠償責任，然舉重以明輕，自應解為仍以典價額限度內為限，以期平衡❽。

二、因故意或重大過失之損害賠償責任

因典權人之故意或重大過失，致典物全部或一部滅失者，除將典價抵償損害外，如有不足，仍應賠償。如典價已全部充作賠償時，因典權既失其對價，故應歸於消滅。

第三、分擔危險之義務

民法第九二〇條第一項規定：「典權存續中，典物因不可抗力致全部或一部滅失者，就其滅失部分，典權與回贖權，均歸消滅。」故就滅失部分之典物，典權人不得請求返還典價，出典人亦不能請求返還該典物，即典權人應承擔典價的損失，出典人應承擔典物所有權的損失，各自分擔危險。換言之，即典物全部滅失時，典權與回贖權全部歸於消滅，出典人固無典物可得回贖，而應負擔喪失所有權之損失，典權人亦不能收回典價，而應負擔典價之損失；典物一部滅失時，典權與回贖權僅就該滅失部分消滅，典權與回贖權就典物之餘存部分仍繼續存在，該滅失部分，由典權人與出典人按比例分擔損失。至於典物是否為全部滅失，應以餘存之典物是否仍得為典權之標的物為斷，易言之，應以該餘存之物是否仍有不動產之性質為標準。例如出典之房屋因不可抗力，毀損至不能遮蔽風雨之程度，而其牆壁屋架仍存者，僅係典物之一部滅失（三十三院二七三一㈡），非全部滅失是。

其次，民法第九二〇條第二項規定：「前項情形，出典人就典物之餘存部分，為回贖時，得由原典價扣除滅失部分之典價。其滅失部分之典價，依滅失時滅失部分之價值與滅失時典物之價值比例計算之。」例如出典房屋一棟，典價為九十萬元，因不可抗力致房屋一部滅失，經估算滅失時房屋價值為三百萬元，該滅失部分為一百八十萬元，滅失時滅失部分之典價為

---

❽ 參閱謝在全，《物權（中）》，第二九〇頁。

五十四萬元 (90×180/300)，回贖金額為三十六萬元 (90-54)，即出典人須按比例支付三十六萬元，始得回贖典物房屋餘存之部分。

第四、返還典物之義務

典權人於典權因回贖、拋棄典權或其他原因而消滅時，除典物已滅失（民法第九二○條、第九二二條）或典權人依法取得所有權（民法第九一三條、第九一九條、第九二三條、第九二四條、第九二六條）外，典權人均負有交還典物之義務。典權人拒不返還時，應負無權占有、不當得利或侵權責任。又典權人返還典物義務與出典人返還費用的義務，雖非屬對待給付關係，惟有交換履行之必要，故可類推適用民法第二六四條規定，典權人得以出典人未返還費用，作為拒絕返還典物的理由❾。

第五、繳納稅捐之義務

土地設定典權後，典權人有繳納地價稅、田賦、土地增值稅之義務（土地稅法第三條第一項第二款、第五條第一項第三款，土地法第一七二條）。又建築改良物稅（例如房屋稅），房屋之典權人有繳納義務（土地法第一八六條、第一七二條）。

第二項　對出典人之效力

第一款　出典人之權利

第一、典物所有權之讓與

出典人於典權設定後，對於典物之使用收益，固受限制，然典物之所有權仍屬於出典人所有，故民法第九一八條規定：「出典人設定典權後，得將典物讓與他人。但典權不因此而受影響。」從而受讓人應承受原出典人的地位，原出典人則脫離典權的法律關係，典權人之典權，並不因而受影響，

---

❾　不同見解，參閱王澤鑑，《物權》，第四四三頁。

仍存在於受讓人所取得之典物上，得本於追及效力，向原典權標的物行使
權利，並負同一的義務❿。又出典人將典物所有權讓與他人時，其回贖權
一併移轉於受讓人，故原出典人不得再向典權人行使回贖權（三十一上一
六五五）。至於強制執行法第十五條所謂就執行標的物，有足以排除強制執
行之權利，除所有權外，固兼括典權在內，惟此指典權本身因強制執行受
有妨礙之情形而言。倘出典人之債權人，僅就典物為禁止出典人讓與其所
有權之假扣押，或僅請就典物之所有權執行拍賣時，則依民法第九一八條
規定之精神，典權人自不得提起異議之訴（二十八上一二七五、五十一臺
上三四五）。

第二、擔保物權之設定

出典人既得將典物所有權讓與他人，故亦得就典物為他人設定抵押權
（釋一三九）。出典人於典權設定後，於典物上設定抵押權，該抵押權所擔
保之債權清償期在典權人依民法第九二三條第二項、第九二四條之規定取
得典物所有權以前，縱抵押物（即典物）被拍賣，亦係將有典權負擔之抵
押物拍賣，基於物權優先之效力，先成立之典權有優於後成立之抵押權之
效力，拍定人取得之不動產所有權後，在典權存續期限內，典權人仍得占
有使用典物，並不受其影響（八十六臺上二五五八判決）。關於出典人就典
物設定抵押權問題，前已詳述，於茲不贅述。

第三、典物上工作物之購買權

民法第九二七條第二項規定：「第八百三十九條規定，於典物回贖時準
用之。」從而典物上有工作物者，典權消滅時，典權人雖得取回其工作物，
但若出典人願以時價購買其工作物者，典權人非有正當理由，不得拒絕（準

---

❿　原民法第九一八條第二項規定：「典權人對於前項受讓人，仍有同一之權利。」惟
　　此次修正民法物權編已將本項規定刪除，其立法說明：「現行條文第二項只言權
　　利未及義務，不夠周延，且易使人誤解典權為對人權，爰參酌現行條文第八百六
　　十七條規定，刪除現行條文第二項，並於第一項酌為文字調整後增訂但書。」

用民法第八三九條第三項後段)，即出典人對典物上之工作物有購買權。惟此為出典人之權利，性質上為請求權，是否行使，為出典人之自由，非典權人所能強求。出典物購買權之行使，須以提出時價為要件，而此處所稱時價，應係指典權消滅時，工作物之市價而言。出典人以時價購買其工作物者，典權人固不得拒絕，惟若有正當理由時，例如工作物為典權人研究之成果或具有特別紀念價值者，衡諸誠實信用原則，典權人得拒絕之。又典權人得取回的客體為工作物，在解釋上，所謂工作物應包括建築物在內，故出典人關於建築物仍有以時價購買之權。

第二款　出典人之義務

第一、償還費用義務

典權人因支付有益費用，使典物價值增加或依民法第九二一條所支出之重建修繕費，於典物回贖時，出典人應依典權人之請求，於現存利益之限度內償還之(民法第九二七條)。關於此項問題，前已詳述，於茲不贅述。

第二、擔保義務

典權之設定為有償契約，故出典人對於交付典權人使用收益之典物，負與出賣人同一之擔保責任(參照民法第三四七條)，即出典人對於典權人，應負權利瑕疵擔保責任（民法第三四九條）及物之瑕疵擔保責任（民法第三五四條）。

第三項　租賃關係之發生

關於同屬於一人所有之土地及其建築物，可否僅以土地或建築物出典或將土地及其建築物分別出典於二人，不無問題。實務上認為所有人設定典權之書面，雖僅記載出典者為建築物，並無基地字樣，但使用建築物必須使用該土地，除有特別情事，可解為當事人之真意，僅以建築物為典權之標的物外，應解為該土地亦在出典之列（司法院三十六年院解字第三七

〇一號、第四〇九四號㈤解釋，最高法院三十三年上字第一二九九號判例參照）。惟查土地與建築物為各別獨立之不動產（民法第六六條第一項），原得獨立處分，而法律又未限制典權人用益典物之方法，典權人不自為用益亦無不可，僅以土地或建築物設定典權或分別設定，亦有可能，是上開見解非無斟酌餘地。

從而同一人所有之土地及建築物單獨或分別設定典權時，建築物所有人與土地典權人、建築物典權人與土地所有人、建築物典權人與土地典權人間，關於土地之利用關係如何，倘當事人間有特別約定，自應依其特別約定，如無特別約定，為維護當事人及社會之經濟利益，應擬制當事人真意為建築物得繼續利用其基地。故民法第九二四條之二第一項規定：「土地及其土地上之建築物同屬一人所有，而僅以土地設定典權者，典權人與建築物所有人間，推定在典權或建築物存續中，有租賃關係存在；其僅以建築物設定典權者，典權人與土地所有人間，推定在典權存續中，有租賃關係存在；其分別設定典權者，典權人相互間，推定在典權均存續中，有租賃關係存在。」例如：建築物與土地之所有人只出典土地，於典權存續中推定土地典權人與建築物所有人間有租賃關係，但若建築物先滅失時，租賃關係應歸於消滅；倘所有人只出典建築物，於典權存續中，推定建築物典權人與土地所有人間有租賃關係，若因建築物滅失而未重建致典權消滅者，租賃關係應歸於消滅；倘所有人將土地及建築物出典給不同人，於典權均存續中，建築物典權人與土地典權人間推定有租賃關係，如土地及建築物典權之一先消滅，則回歸適用本項前段或中段規定，至若建築物及土地均未經回贖者，則屬本條第三項之適用問題。

當事人間依前開規定而推定有租賃關係存在者，關於其租金之數額、種類（金錢或金錢以外之物）、支付期間及方法等，基於私法自治之原則，自宜由當事人協議定之；如不能協議時，始請求法院以判決定之。故民法第九二四條之二第二項規定：「前項情形，其租金數額當事人不能協議時，得請求法院以判決定之。」

又依民法第九二四條之二第三項規定：「依第一項設定典權者，於典權

人依第九百十三條第二項、第九百二十三條第二項、第九百二十四條規定取得典物所有權，致土地與建築物各異其所有人時，準用第八百三十八條之一規定。」蓋因依民法第九二四條之二第一項設定典權者，於典權人依民法第九一三條第二項、第九二三條第二項及第九二四條規定取得典物所有權，致土地與建築物各異其所有人時，已回歸為建築物所有人與土地所有人間之關係，為使建築物對基地使用權單純及穩定，故在土地所有人與建築物所有人間，視為已有地上權之設定。至於其地租、期間及範圍由當事人協議定之；不能協議者，得請求法院以判決定之。又因此項法定地上權，係為維護土地上之建築物之存在而設，該建築物若於當事人協議或法院判決所定期間內滅失時，即無保護之必要（最高法院八十五年臺上字第四四七號判例參照），故此項地上權，當因建築物之滅失而消滅。

第四節　典權之消滅

典權為物權的一種，關於物權消滅的一般原因（例如標的物滅失、徵收、拋棄、混同），自應予以適用。絕賣條款的實現（民法第九一三條）及典權人行使留買權（民法第九一九條），亦為典權的特別消滅原因，前已論及。此外，我民法關於典權之特別消滅原因，尚設有「回贖」與「找貼」兩種。此兩者從另一方面觀之，亦為出典人或典權人之權利。茲就此二者，分述如下。

第一項　回　贖

第一、回贖之意義及性質

所謂回贖者，乃出典人提出原典價，向典權人表回贖之意思，使典權歸於消滅之行為也。回贖乃出典人之權利，稱之為回贖權，其性質屬於形成權之一種，出典人提出原典價向典權人表示回贖之意思時，雖因典權消滅而有不動產之返還請求權，然此係行使回贖權所生之效果，不能據此即

認回贖權為請求權，故關於出典人之回贖權，應依民法第九二三條、第九二四條辦理，不適用民法第一二五條之規定（三十院二一四五、三十二院二六二七）。由於典權契約之成立，為典權人支付典價，出典人將典物移轉他方使用收益而成立之物權契約，典權人支付之典價為取得典權之對價，非以此成立借貸之關係，故出典人設典權後祇有回贖之權利，不負以原典價回贖典物之義務，行使回贖權與否，悉聽出典人之自由，出典人不願回贖典物時，典權人無請求其備價回贖之權（二十九上一〇〇六、三十三上六三八七，三十五院解三二二七）。

第二、回贖之當事人

行使回贖權之人，僅限於出典人，出典人已死亡者，僅其繼承人始得行使回贖權。又出典人已將典物之所有權讓與他人時，其回贖權即一併移轉於受讓人，故在讓與後不得復向典權人回贖（三十一上一六五五），僅該受讓人始得行使回贖權。典權人將典物轉典於他人後，固得向轉典權人回贖，惟轉典之後又將其典權讓與於轉典權人者，自不得再向該轉典權人回贖（三十一上一六三一）。至於行使回贖權之相對人，則為典權人，如典權人已將其典權轉讓於他人者，則回贖權即應向該受讓人為之。

其次，在轉典之情況下，出典人回贖時究應向典權人抑轉典權人為之，民法原對之並無明文規定，易滋疑義。按行使回贖權時原應提出原典價為之，然轉典後，可能有多數轉典權存在，若須由出典人一一分別提出差額及轉典價，而分別向典權人及轉典權人為回贖之意思表示，未免過苛❶。為避免增加出典人行使回贖權之負擔，及向典權人回贖，而其未能塗銷轉典權時，出典人若向最後轉典權人回贖，須再次提出典價，恐遭受資金風險之不利益，故民法第九二四條之一第一項規定：「經轉典之典物，出典人向典權人為回贖之意思表示時，典權人不於相當期間向轉典權人回贖並塗銷轉典權登記者，出典人得於原典價範圍內，以最後轉典價逕向最後轉典權人回贖典物。」職是之故，出典人回贖時，僅須先向典權人為回贖之意思

---

❶　參閱錢國成，《民法判解研究》，第八十二至八十三頁。

表示，典權人即須於相當期間內，向其他轉典權人回贖，並塗銷轉典權，嗣出典人提出原典價回贖時，典權人始塗銷其典權。如典權人不於相當期間向轉典權人回贖並塗銷轉典權登記者，為保障出典人之利益，出典人得提出於原典價範圍內之最後轉典價，逕向最後轉典權人回贖典物。又因典物之所有權，原屬於出典人，典權人將典物轉典後，如未依法取得典物所有權，則轉典權人在典權人之回贖權消滅時，僅取得典權人之典權，與典權人讓與典權無異，並不取得出典人之所有權，此時出典人自得逕向轉典權人回贖典物（三十三上六八〇）。

出典人依前開規定向最後轉典權人回贖時，原典權及全部轉典權均歸消滅。民法第九二四條之一第二項規定：「前項情形，轉典價低於原典價者，典權人或轉典權人得向出典人請求原典價與轉典價間之差額。出典人並得為各該請求權人提存其差額。」從而轉典價低於原典價或後轉典價低於前轉典價者，典權人及各轉典權人得分別向出典人請求相當於自己與後手間典價之差額，出典人為免除其給付責任，並得為各該請求權人提存該差額，俾能保護典權人與轉典權人之權益，而符公平。例如：甲將土地一宗以一千萬元出典於乙，乙以九百萬元轉典於丙，丙復以八百萬元轉典於丁。乙、丙、丁如仍有回贖權時，甲依前項規定以最後轉典價即八百萬元向丁回贖者，乙之典權及丙、丁之轉典權均歸消滅，乙、丙就自己與後手間各一百萬元之典價差額，均得向甲請求返還。出典人甲並得分別為乙、丙提存典價之差額各一百萬元。

又轉典固為典權人之權利，非出典人所得過問，然究不能因此過度增加出典人之負擔，為避免增加出典人行使回贖權之困難，民法第九二四條之一第三項規定：「前二項規定，於下列情形亦適用之：一、典權人預示拒絕塗銷轉典權登記。二、典權人行蹤不明或有其他情形致出典人不能為回贖之意思表示。」職是之故，若典權人已預示拒絕塗銷轉典權登記；行蹤不明或有其他情形致出典人不能為回贖之意思表示者，出典人得提出於原典價範圍內之最後轉典價，逕向最後轉典權人回贖典物，原典權及全部轉典權均歸消滅。於此情形，若轉典價低於原典價或後轉典價低於前轉典價者，

典權人及各轉典權人得分別向出典人請求相當於自己與後手間典價之差額，出典人為免除其給付責任，並得為各該請求權人提存該差額。

第三、行使回贖權之時限

一、典權定有期限者

民法第九二三條規定：「典權定有期限者，於期限屆滿後，出典人得以原典價回贖典物。出典人於典期屆滿後，經過二年，不以原典價回贖者，典權人即取得典物所有權。」本條第一項所稱典權之期限，係附於回贖權之始期，亦即回贖權停止行使之期限，在始期屆滿前，出典人不得回贖典物，同條第二項所稱之典期，即係第一項所稱之期限，非指當事人約定若干年內得為回贖之期限而言，故當事人約定若干年外始得回贖之期限者，雖依其意思或習慣，在若干年外，不拘年限隨時可以回贖，出典人之回贖，亦僅得於典期屆滿後二年內為之，未便反於法律明文解為未定期限之典權，以排斥第二項之適用（三十一院二三七〇）。從而典權定有期限，而未附有其他條款者，應於期限屆滿後，二年以內回贖。至於民法第九一三條，不過就典期不滿十五年之典權，禁止當事人附有到期不贖即作絕賣之條款，違者出典人仍得於典期屆滿後二年內回贖，非謂民法第九二三條第二項僅適用於典期滿十五年之典權，故所定期限不滿十五年，而附有到期不贖即作絕賣之條款者，仍得於典期屆滿後二年內回贖（三十院二一一七、三十一院二三七〇）；所定之期限滿十五年，且附有到期不贖即作絕賣之條款者，於該期限屆滿時，即應行使回贖權（參閱民法第九一三條）。

上述二年期間，為無時效性質之法定期間（除斥期間），不得以當事人之合意而加長，惟得以法律行為（約定）縮短之（三十三上二五六六，三十五院解三二二七）⑫。此項期間經過時，回贖權即絕對消滅，並不因典權人之有無催告回贖而受影響（三十一上一八五六），亦不得因當事人之行

---

⑫ 王澤鑑教授認為民法第九二三條所定二年期間，既為除斥期間，不得以法律行為延長之，除法律另有規定外，當不得以特約減短之，參閱王澤鑑，《物權》，第四三九頁。

為使之回復。如其取得典物所有權之典權人，與出典人約定出典人支付與原典價同額之價金時，即將該物之所有權移轉於出典人，其契約固非無效，然此為別一法律關係，並非使出典人已經喪失之回贖權因此回復（二十九上一七九五）。又因民法第九二三條第二項所定二年之期間，為無時效性質之法定期間，不適用民法關於時效之規定（二十九院二〇六四），自亦無適用民法第一四一條之餘地（二十九上二〇三四）。職是之故，當事人雖曾約定出典人得於典期屆滿後，不拘年限隨時回贖者，亦應於典期屆滿後二年內回贖（三十院二二〇五）。定有期限之典權復以契約加長期限者，為典權之變更，非典權之更新設定（三十二上五九〇二）。至於增加典價，不過變更典價之數額，苟非同時別為伸長典期之訂明，則原定之典期自不因之而變更（三十上四十四）。

出典人回贖權之除斥期間，不許以法律行為加長，故定有期限之典權，當事人如欲加長其期限，自應於期限屆滿前為之，若於期限屆滿後之二年回贖權除斥期間內始為典期延長之約定，無異由當事人以契約加長回贖權之除斥期間，即為法所不許（三十九臺上一四二六），其約定自為無效，出典人自不得於原有期限之回贖期間經過後，據此項加長期限之契約回贖典物（三十八臺上三一七）。定有期限的典權，當事人於期限屆滿前以契約加長期限者，其二年期間自該加長期間屆滿時起算。又所定期限（或與加長期間合併計算）逾三十年者，縮短為三十年（民法第九一二條），故應於三十年屆滿後二年內回贖。此外，典權雖定有期限，典權人得拋棄其期限利益，而許出典人於期限屆滿前回贖典物（三十上五一四），惟典權人已先將典物轉典於他人，定有轉典之期限者，其拋棄期限利益之效力既無及於轉典權人之理由，則在轉典之期限屆滿前，自不得向轉典權人回贖典物（三十上一六六），蓋轉典權為物權之一，有對抗第三人之效力也。

二、典權未定有期限者

民法第九二四條規定：「典權未定期限者，出典人得隨時以原典價回贖。但自出典後經過三十年不回贖者，典權人即取得典物所有權。」故典權未定期限者，出典人得於出典後三十年內隨時回贖，屆滿三十年時，若不為行

使，其回贖權即歸於消滅，此與定有期限的典權，於期限屆滿後尚有二年回贖期間不同。

　　民法第九二四條但書所定之三十年期間，為無時效性質之法定期間，不適用民法關於時效之規定（二十九院二〇六四），且不得以當事人之合意而加長，惟得以法律行為（約定）縮短之，故未定期限之典權，約定僅得於出典後十年內回贖者，自應認為有效（三十三上二五六六，三十五院解三二二七）。又民法上所謂定有期限之典權，係指其典權定有回贖權停止行使之期限者而言。若出典人與典權人約定出典人僅得於出典後三年內回贖者，乃就未定期限之典權減短其回贖權之除斥期間為三年，並非所謂定有期限之典權（三十二上三五二三），應予注意。至於此三十年期間，不論其後有無加典或續典等情事，均應從出典之翌日起算（二十一上二三四）。此外，定有期限之典權變更為不定期限之典權者，此三十年期間亦仍應自出典時起算（三十二院二五五八）。

　三、回贖時期之限制

　　民法第九二五條規定：「出典人之回贖，應於六個月前通知典權人。」本條應於六個月前通知典權人之規定，於定有期限及未定有期限的典權，且不論典物為耕作地或其他不動產，均有其適用，俾使典權人有從容預備之機會，而免意外之損失。出典人行使回贖權違背此項規定時，雖仍發生回贖的效果，但典權人於時間未到前得拒絕返還典物（三十院二一九〇）。此外，尚須注意軍人及其家屬優待條例第七條、第八條、第九條有關回贖時期之限制。

第四、回贖之方法

　　出典人之回贖權，為提出原典價向典權人表示回贖之意思，使典權歸於消滅之權利。故出典人回贖典物之方法，應向典權人為回贖之意思表示，並提出原典價，始生回贖典物消滅典權的效力，屬於要物行為，從而出典人僅向典權人表示回贖之意思而未提出典價者，仍無消滅典權之效力（三十上三七一）。出典人回贖典物，不得回贖一部，惟得典權人之同意而回贖

一部，自無不可。如典權為數人所準共有者，出典人僅就共有人中一人之應有部分，向該共有人回贖得其同意，依民法第八三一條、第八一九條第一項規定，固應認為有效。然出典人向共有人中之一人回贖全部者，雖得該共有人之同意，依民法第一一一條之規定，亦屬全部無效（三十二上一六八）。

出典人於其得回贖典物之期間內，提出原典價向典權人回贖典物，而典權人無正當理由拒絕受領者，仍應認為已有合法之回贖（三十一上二四一〇）。又因出典人回贖典物，祇須提出原典價向典權人提示回贖之意思，即生消滅典權之效力。縱令典權人對於出典人提出之原典價拒絕收領，出典人亦未依法提存，於典權之消滅均不生影響（三十二上四〇九〇）。惟出典人於回贖期間內依法行使回贖權者，係以法律行為使典權歸於消滅，故仍須辦理塗銷登記，始生效力（民法第七五八條）。

其次，於轉典之情況下，依民法第九二四條之一第一項規定，出典人回贖時，僅須先向典權人為回贖之意思表示，典權人即須於相當期間內，向其他轉典權人回贖，並塗銷轉典權，嗣出典人提出原典價回贖時，典權人始塗銷其典權。如典權人不於相當期間向轉典權人回贖並塗銷轉典權登記者，為保障出典人之利益，出典人得提出於原典價範圍內之最後轉典價，逕向最後轉典權人回贖典物。出典人依前開規定向最後轉典權人回贖時，原典權及全部轉典權均歸消滅，依民法第九二四條之一第二項規定，若轉典價低於原典價或後轉典價低於前轉典價者，典權人及各轉典權人得分別向出典人請求相當於自己與後手間典價之差額，且出典人為免除其給付責任，並得為各該請求權人提存該差額。

由於轉典權為物權之一種，不僅對於轉典權人存在，對於出典人亦有效力，且典權人既已將典物得價轉典，則出典人回贖典物時，典權人就原典價內相當於轉典價數額之部分，自無受領權，從而出典人僅向原典權人提出原典價而為回贖之意思表示者，並不能消滅轉典權人之轉典權。惟出典人直接向典權人提出全部典價，而為回贖之意思表示，並請求返還典物者，雖不能使轉典權人之轉典權消滅，即轉典權人仍得以其轉典權對抗出

典人，拒絕典物之返還，此時典權人仍負有消滅其設定之轉典權，取回典物返還於出典人之義務（三十三上三六五六），蓋轉典係原典權人以其自己之責任為之，其與出典人間之原典權關係，依然存在，當不能因其轉典，而脫免其對出典人之責任。

第五、逾期不贖之效果

一、典權人取得典物所有權

在定有期限的典權，出典人於期限屆滿後，經過二年，不以原典價回贖者，典權人即取得典物所有權（民法第九二三條第二項）；在未定期限的典權，自出典後經過三十年，出典人不以原典價回贖者，典權人亦即取得典物所有權（民法第九二四條但書），典權歸於消滅。又房屋與地基同屬一人所有者，其所有人設定典權之書面，雖僅載明出典房屋若干間，並無地基字樣，但使用房屋必須使用該房屋之地基，除有特別情事可解釋當事人之真意，僅以房屋為典權標的外，自應解為地基亦在出典之列，前已述及，故典權人因出典人回贖權消滅而取得典物所有權時，除房屋外，當然包括地基在內（三十六院解三七〇一）。又轉典為典權之再設定，轉典權亦為物權之一種，原典權人於取得典物所有權後，轉典權人之權利，仍有效存在。此際原典權人對於轉典權人言，其地位與出典人無異，而轉典權人對於原典權人取得之權利，亦與典權人相同。從而出典人及原典權人均逾期不回贖時，轉典權人即取得典物之所有權（八十一臺上二九九）。此外，因出典人回贖權除斥期間經過後，回贖權即絕對的消滅，典權人因而當然的取得典物所有權，前已述及，故如典權人因不知其已依法取得典物所有權，而與出典人就典物約定加長其典期者，此項約定自非有效（三十七院解三七八一）。

二、非經登記不得處分其所有權

典權人因出典人回贖權消滅而取得典物所有權，係直接基於法律之規定而當然取得，與因繼承於登記前已取得不動產所有權者無異，不以經過登記為必要，惟依民法第七五九條之規定，非經登記不得處分其所有權（三

十院二一九三、三十一院二三九九)，其登記應依移轉登記之方法為之(三
十一院二三〇〇)。由於典權人依民法第九二三條第二項或第九二四條之規
定取得典物之所有權者，係直接依法律規定而取得，無待出典人為所有權
之移轉登記，故出典人並無為所有權移轉登記之義務。又按土地權利變更
登記，原則上固應由權利人及義務人會同聲請之。惟其無義務人者，僅由
權利人聲請之，此觀土地法第七三條第一項前段規定自明。從而典權人自
得依此規定及土地登記規則第二七條，單獨向地政機關申請為所有權之登
記，無庸為裁判上之請求(六十九臺上一一六六、八十五臺上二三四一判
決)。

三、繼受取得

　　典權人因出典人回贖權消滅而取得典物所有權，係直接基於法律之規
定而當然取得，此項直接基於法律規定而取得不動產所有權，究為原始取
得抑為繼受取得，甚有爭論[13]，應以繼受取得說較為可採。蓋因典權人取
得典物所有權，非由典權變為所有權，乃係基於回贖權消滅而生所有權移
轉的法定事由，此與原典權有牽連關係，而原典權係因設定行為而發生。
司法院三十一年院字第二三〇〇號解釋謂:「為第一次所有權登記後典權人
依民法第九百二十三條第二項或第九百二十四條但書取得典物所有權者，
其登記應依移轉登記之方法為之，此項登記依土地法第五十八條之規定，
自應由典權人及出典人或代理人聲請之，如出典人不肯會同聲請，典權人
得對之起訴，俟得有勝訴之確定判決後，再依土地法第五十九條後段單獨
聲請登記。」取得典物所有權者，既應依移轉登記之方法為之，而移轉登記
為繼受取得之表徵之一，可見其係採繼受取得說。又司法院三十七年院解
字第三九〇八號解釋謂:「典權人依民法第九百二十三條第二項或第九百二
十四條但書取得典物之所有權，係依法律之規定而移轉，其性質為特定繼
承，自應依土地法第一百七十六條第一項、第一百七十八條第二款、第一
百八十二條之規定，徵收土地增值稅。」顯已明認其屬繼受取得。

---

[13]　相關說明及不同見解之整理分析，參閱謝在全，《物權(中)》，第三〇〇頁以下。

第二項 找 貼

第一、找貼之意義及性質

一、找貼之意義

　　找貼亦稱「找貼作絕」，乃於典權存續中，出典人表示將典物所有權讓與典權人，典權人表示願意承受，而找回其物之時價與典價之差額，以消滅典權之一種方法。民法第九二六條第一項規定：「出典人於典權存續中，表示讓與其典物之所有權於典權人者，典權人得按時價找貼，取得典物所有權。」又找貼與留買，其效果雖無不同，但二者互相排斥，即留買後不得再為找貼，找貼後不得再為留買。

二、找貼之性質

　　找貼雖有認為係典權人之權利者，實際上則係出典人與典權人就典物所成立的一種買賣契約，蓋找貼須基於雙方之合意（出典人表示欲賣，典權人表示欲找），始能成立，故嚴格言之，找貼並非典權人之權利。又找貼亦非出典人之權利，蓋就民法第九二六條第一項僅規定，出典人於典權存續中，表示讓與其典物之所有權於典權人者，典權人得按時價找貼，取得典物所有權，並未認出典人有按時價找貼之請求權，即同條第二項亦不過規定典權人自願取得典物所有權時，所為之找貼以一次為限，仍不足為出典人有一次找貼請求權之論據（三十二上四二八三）。從而出典人在典權存續中，表示讓與其典物之所有權於典權人時，典權人並無必須應其請求，以時價找貼而取得典物所有權之義務。

第二、找貼之行使及其法律效果

　　找貼必須於典權存續中為之，若典權人已因出典人不得回贖典物，依法取得典物所有權者，民法既無許出典人向典權人再行找貼之規定，自無再行找貼的餘地（二十二上九七九）。又民法第九二六條第二項規定：「前項找貼，以一次為限。」故一經為找貼後，典權之關係，即行消滅。

　　出典人與典權人因找貼而成立買賣契約，發生債之關係。典權人負交付補找價金（即典物時價與典價之差額）於出典人的義務；出典人負移轉典物所有權於典權人的義務。此項不動產所有權的移轉，因訂立書面並辦理登記而發生效力（民法第七五八條）。典權人因找貼而取得典物所有權，其典權即因混同而消滅。

第七章

抵押權

　　抵押權為擔保物權之一種，所謂擔保物權，乃以確保債務之履行為目的，而於債務人或第三人之特定物或權利上所設定之一種定限物權。用益物權，則係對於他人之物，在一定範圍內得為具體的使用、收益或利用為目的之定限物權。擔保物權，非以標的物本身之使用、收益或利用為目的，而係專以就標的物賣得價金受債權之清償為目的，亦即擔保物權乃以取得擔保物之交換價值，以之供確保債務之清償為目的，故可稱為價值權。用益物權，則係以取得標的物之實體的利用價值為目的，故可稱為利用權。兩者之性質，顯有不同。

　　擔保物權，旨在確保債權得以獲優先受償，有助於誘導債權之發生，促進資金融通，活潑市場經濟。擔保物權基於其價值權之性質，具有下列共通性質：

　　㈠**從屬性：**擔保物權從屬於債權而存在，其成立以存有被擔保之債權為前提，並因債權之移轉而移轉（民法第二九五條），因債權之消滅而消滅（民法第三〇七條）。

　　㈡**不可分性：**擔保債權未全部受清償前，擔保物權人仍得就擔保物之全部行使權利。

　　㈢**物上代位性：**擔保物因滅失、毀損而得受賠償金者，該賠償金成為擔保物之代替物，擔保物權人得就該代替物行使擔保物權。

　　我民法所規定之擔保物權有三種，即抵押權、質權與留置權是，茲先就抵押權說明之。關於抵押權，除民法第八六〇條規定之普通抵押權（以不動產為標的物，一般單稱抵押權時，即指此種抵押權而言）外，尚有特殊抵押權不少。所謂特殊抵押權，乃較一般抵押權在某一要件或效力上有所出入者是也，我國民法設有最高限額抵押權及其他抵押權之特別規定。

第一節　普通抵押權

第一項　普通抵押權之意義、特性及發生

第一、普通抵押權之意義

民法第八六○條規定：「稱普通抵押權者，謂債權人對於債務人或第三人不移轉占有而供其債權擔保之不動產，得就該不動產賣得價金優先受償之權。」設定抵押權之債務人或第三人，稱之為抵押人；享有抵押權之債權人，稱之為抵押權人；該供債權擔保之不動產，稱之為抵押物。普通抵押權乙節所稱抵押權，乃指普通抵押權而言。茲就有關問題，析述如下：

一、抵押權為擔保物權

抵押權之目的，在確保債權人（抵押權人）的債權能優先獲得清償，故為一種擔保物權。至於抵押權所擔保債權之種類，並無限制。

二、抵押權係由債務人或第三人就其不動產所設定之擔保物權

抵押權之標的物以不動產為限，且抵押權之標的物不以債務人自己提供者為限，由第三人提供者亦無不可，該第三人通稱為物上保證人。

案例七——1

　　甲向乙借款三百萬元，由丙提供其房屋及土地所有權狀，交付予乙作為其對甲之三百萬元債權之擔保，乙能否取得抵押權？

抵押權之標的物以不動產為限，所謂不動產，係指土地及其定著物而言（民法第六十六條），不動產之所有權狀等書類，不過為權利之證明文件，並非權利之本身，故不能為抵押權之標的，惟如不動產所有人同意以其所有權狀交與他人擔保借款，自係就該不動產設定抵押權，而非就所有權狀設定質權（四十九臺上二三五）。從而本件如係以丙所提供之房屋及土地所

有權狀本身為標的物（擔保物），因其非不動產，自無法以之設定抵押權。惟丙之同意以其房屋及土地所有權狀交付予乙擔保借款，探求當事人之真意，係以該所有權狀所表徵之房屋及土地（不動產）約定設定抵押權者，則於依法完成設定抵押權登記，債權人乙自可取得抵押權，如尚未登記，債權人乙得依約請求丙為抵押權之登記。

關於共有不動產之應有部分，能否設定抵押權，學者通說均採肯定見解，即認為不動產共有人得就其應有部分設定抵押權，換言之，亦即認為應有部分得為抵押權之標的物❶。蓋土地或其定著物為共有者，各共有人之應有部分，必須登記於登記簿，而具有獨立的交換價值，且各共有人得自由處分其應有部分（民法第八一九條第一項），此之所謂處分，僅指法律上的處分，事實上的處分則不包括在內，前已述及。各共有人既得自由處分其應有部分，自得就之設定負擔而為抵押權之設定。惟司法院二十五年院字第一五一六號解釋，則持否定見解，認為應有部分不得為抵押權之標的物，此號解釋，頗受學者非難❷。嗣後司法院大法官會議釋字第一四一號解釋，則將司法院前開解釋予以變更，認為「共有之房地，如非基於公同關係而共有，則各共有人自得就其應有部分設定抵押權。」故共有不動產之應有部分，得以設定抵押權，此不但合乎法理，且合乎使一物於法律上發揮最大之功效，俾更能增進吾人社會生活福祉之現代物權法要求。本件甲與丙如非基於公同關係而共有土地，甲以其與丙所共有土地之應有部分為乙設定抵押權，乙自能取得抵押權。

又關於不動產所有權人於同一不動產設定典權後，可否再設定抵押權之問題，基於用益物權之目的，在於取得物之使用收益價值；擔保物權之目的，在於取得物之交換價值，內容各有不同，應可並存無妨。進一步言之，在同一不動產上，權利重疊，正所以發揮其功能，我國民法既設有登

---

❶　參閱梅仲協，《要義》，第三九八頁；史尚寬，《物權》，第一四八、二四六頁；姚瑞光，《物權》，第一二二、二〇一頁。

❷　參閱鄭玉波，〈應有部分與抵押權〉，《民商法問題研究(一)》，第三六三頁以下。

記制度，以成立先後，定其次序，可謂層次井然，並無衝突混淆之虞，故應採肯定之見解。司法院十八年院字第一九二號解釋亦謂：「按不動產所有權人將標的物出典於人後，依法雖有不得重典之限制，但所有權既未喪失，故於不妨害典權之範圍內，仍得為他人設定抵押權。（以下從略）。」惟最高法院五十三年臺上字第一三五四號判決，則持否定見解，認為不動產所有權人於同一不動產設定典權後，不得再設定抵押權，此項見解頗受學者非難❸。

由於上述最高法院五十三年臺上字第一三五四號判決之見解，與司法院十八年院字第一九二號解釋之見解不同，司法院十八年院字第一九二號解釋之適用不無疑義，前司法行政部（法務部之前身）乃請行政院轉司法院大法官會議解釋，司法院大法官會議釋字第一三九號解釋謂：「不動產所有人於同一不動產設定典權後，在不妨害典權之範圍內，仍得為他人設定抵押權。本院院字第一九二號解釋毋庸變更。」其解釋理由為：「按典權乃支付典價，占有他人之不動產，而為使用收益之權，與抵押權之係不移轉占有，為擔保債務之履行而設之擔保物權，其性質並非不能相容。不動產所有人於同一不動產設定典權後，其所有權尚未喪失，在不妨害典權之範圍內，再與他人設定抵押權，民法物權編既無禁止規定，自難認為不應准許。本院院字第一九二號解釋毋庸變更。」原則上採肯定說，惟附有「在不妨害典權之範圍內」為條件，關於此學者亦有加以非議者❹。

在大法官會議釋字第一三九號解釋所附金世鼎大法官之不同意見書，其論點對於本問題之澄清，頗有參考價值，節錄如下：「依民法第九百十八條之規定，出典人於設定典權後，得將典物之所有權讓與他人，典權人對於前項受讓人仍有同一權利。出典人於設定典權後，典物之所有權縱因抵押債權人行使其抵押權而讓與第三人，典權人對該第三人仍有同一之權利，

---

❸　參閱王澤鑑，〈典權設定後何以不得再設定抵押權?〉，《民法學說與判例研究㈠》，第四八七頁以下；姚瑞光，《物權》，第三五二頁；林榮耀，《民事個案研究》，第二卷，自版，民國五十九年十月初版，第十八頁以下。

❹　參閱王澤鑑，〈同一不動產上後設定之抵押權會妨害先設定之典權?〉，《民法學說與判例研究㈠》，第四九五頁以下。

自難謂典權人之典權因抵押權之設定，而受有影響。且典權為絕對權，對世人均得主張其權利。典權人於典期屆滿後經過二年，出典人不以原典價回贖者，即取得典物之所有權（民法第九百二十三條第二項），此項權利係法律賦予典權人，典權人對於抵押權人自得主張其權利，請求塗銷其抵押權之登記。亦難謂典權人之典權因設定在後之抵押權而受影響。（以下從略）。」

綜上所述，可知關於同一不動產於設定典權後，得否再設定抵押權之問題，應採絕對肯定見解，大法官會議釋字第一三九號解釋所附「在不妨害典權之範圍內」之條件，應予刪除。

三、抵押權係不移轉占有之擔保物權

民法物權編所規定之擔保物權，有質權、留置權及抵押權三種，前二者以債權人占有標的物，為其成立及存續要件（民法第八八五條、第八九七條、第八九八條、第九三七條第二項）。抵押權之成立及存續，則不以抵押權人（債權人）占有標的物為要件，自不須移轉標的物之占有於抵押權人，此對抵押人、抵押權人，皆屬有利。蓋設定抵押權後，抵押人仍可繼續占有抵押物而為使用收益處分之；抵押權人則不負保存標的物之義務，而能取得就標的物變價受償之擔保權。又因抵押物仍存在於抵押人之手，於改良並無妨礙，故對社會亦屬有利。此外，民法第八六〇條規定抵押權之意義，雖有不移轉占有字樣，即不以權利人占有標的物為構成其權利之內容，然當事人基於別一法律關係而移轉該標的物之占有，則非上開法條之所禁止，故設定抵押權之當事人，同時另成立租賃關係等，將抵押物交由抵押權人占有收取孳息抵充利息者，仍無礙其為抵押權（二十七院一七九二、三十三院二七三一）❺。

四、抵押權係就其標的物賣得價金優先受清償之擔保物權

抵押權人不占有抵押物，僅於其債權不獲清償時，得拍賣抵押物，就

---

❺　最高法院五十四年臺上字第一八七〇號判例：「抵押權之設定，依法固無須將抵押之不動產移轉占有，但當事人間有特約以不動產交與債權人使用收益以抵利息，並由債權人負擔稅捐者，並非法所不許，不得以此遽推定抵押權設定契約為買賣契約。」

其賣得之價金，有優先受償之權利，即附有抵押權之債權人，得排除無抵押權之債權而優先受償；次序在先之抵押權人，得較次序在後之抵押權人優先受償。職是之故，抵押權之標的物，必須具有讓與性，如不具讓與性，無從實行抵押權將之變價受償，抵押權之擔保作用無法實現。

第二、抵押權之特性

一、從屬性

抵押權為債權之擔保，不能離開其所擔保之債權而單獨存在，因而具有從屬性。此可分下列三點說明之：

(一)發生上之從屬

抵押權為從物權，以其擔保之債權存在為發生之要件，主債權（即抵押權所擔保之債權）若不發生，抵押權亦不能發生。惟主債權不以在抵押權設定時，已現實發生為必要，只須於實行抵押權，拍賣抵押物時，有被擔保之債權存在，即為已足，從而以將來可發生之債權或附條件債權，為被擔保債權，所設定之抵押權，並非法所不許，仍為有效❻。但該將來可發生之債權，嗣後如不成立或無效者，則抵押權因而不發生效力，縱為抵押權之設定登記，仍難認其抵押權業已成立。

───── 案例七──❷ ─────

乙向丙借款五百萬元，由甲提供其所有之土地一塊，設定抵押權予丙作為擔保，惟設定抵押權之登記，係登記甲為債務人，甲得否以其未自丙受領五百萬元（實際上係丙交付五百萬元予乙），丙對甲並未存有五百萬元債權，而主張丙之抵押權並不存在，訴請塗銷抵押權之登記？

---

❻ 最高法院四十七年臺上字第五三五號判例：「抵押權所擔保之債權，原可由契約當事人自行訂定，此觀民法第八百六十一條但書之規定自明。故契約當事人如訂定以將來可發生之債權為被擔保債權，自非法所不許。」

關於本問題，最高法院於民國七十年度第十八次民事庭會議決議㈢，有所討論，分為甲、乙兩說。「甲說：抵押權為不動產物權，非經登記，不生效力，抵押權人僅能依設定登記內容行使其權利。本件抵押權既登記為某甲本人債務之擔保，而不及其他，自應審究某甲對某丙是否負有債務，而為應否准許塗銷登記之判斷。乙說：所謂抵押權僅能依設定內容行使權利，係指設定屬於物權之抵押權本身內容而言，所擔保之債權，其債務人究為本人，抑為第三人，在所不問，蓋屬於債權債務關係，應非抵押權登記效力之所及，如該抵押物確為提供第三人擔保，即不因與本人無債務存在，而認抵押權有無效之原因。」決議：採甲說。另最高法院七十二年臺上字第二四三二號判例謂：「抵押權為不動產物權，非經登記，不生效力，抵押權人僅能依設定登記之內容行使權利，是抵押債務人究為何人，應以設定登記之內容為準。」

綜據上開實務上見解，本件抵押債務人，既已登記為甲，自應以甲為債務人。由於丙係將五百萬元交付予乙，而非交付予甲，故甲與丙間並未存有五百萬元之消費借貸（消費借貸為要物契約，參閱民法第四七四條），即丙對甲並未存有五百萬元債權。甲為該不存在之五百萬元債權所設定之抵押權，基於抵押權成立或發生上之從屬性而言，自亦不生效力，甲得訴請塗銷抵押權之登記。至於甲為此項主張，顯有違背誠實信用原則，應對丙負如何之損害賠償責任，則為另一問題。

㈡處分上之從屬

民法第八七〇條規定：「抵押權不得由債權分離而為讓與，或為其他債權之擔保。」從而僅將抵押權讓與者，其讓與不生效力。惟僅將債權讓與者，則其效力及於抵押權，即抵押權隨同債權之讓與而移轉於受讓人（民法第二九五條第一項）。此外，抵押權人固得以其債權為其他債權之擔保，但不得單獨以抵押權為其他債權之擔保，欲以抵押權供擔保時，須連同其主債權一併為之，成立附隨抵押權之債權質（民法第九〇五條、第二九五條第一項）。又由於讓與債權時該債權之擔保及其他從屬之權利，除與讓與人有

不可分離之關係者外，隨同移轉於受讓人，為民法第二九五條第一項所定。該條所謂「隨同移轉」，係屬法定移轉，無待登記即發生移轉之效力，與意定移轉須經登記始發生移轉效力者有異。又抵押權從屬於主債權，觀之民法第八七○條規定自明。則主債權之讓與，依前開說明，該抵押權自應隨同移轉，此與抵押權係依法律行為而為讓與須經登記始發生移轉效力之情形不同（八十七臺上五七六判決）。

㈢**消滅上之從屬**

主債權如因清償、提存、抵銷、免除、混同等原因而全部消滅時，其抵押權除有特別規定（如民法第七六二條但書）外，原則上亦隨之消滅（民法第三○七條）。惟如主債權一部消滅時，則否，此乃基於抵押權不可分性所使然。抵押權所擔保之主債權未全部消滅前，抵押人尚不得請求塗銷該抵押權設定登記（八十五臺上二二七判決）。

二、不可分性

抵押物之全部，擔保債權的每一部分，抵押物的每一部分，擔保債權的全部，稱為抵押權的不可分性。茲就有關問題，分述如下：

㈠**抵押之不動產經分割或讓與其一部**

民法第八六八條規定：「抵押之不動產如經分割，或讓與其一部，或擔保一債權的數不動產而以其一讓與他人者，其抵押權不因此而受影響。」所以抵押物即使被分割，或讓與其一部於他人，各該部分仍擔保全部債權，抵押權人仍得對各該部分行使全部的抵押權。

案例七——3

　　甲向乙借款三千萬元，由甲提供其所有之土地一塊，設定抵押權予乙作為擔保，該項借款，經甲任意清償一千萬元，甲尚欠乙二千萬元，嗣後甲將該抵押之土地讓與丙、丁共有（丙之應有部分價值五百萬元，丁之應有部分價值一千五百萬元），甲未能清償其尚欠乙之二千萬元債務時，乙得如何行使其抵押權？丙或丁得否僅支付與其受讓部分相當之金額，而免其責任？

抵押物之全部，擔保債權的每一部分，只要被擔保之債權未全部消滅，抵押權對剩餘未受償之債權仍繼續存在，抵押權人得就抵押物之全部行使其權利。故本件抵押權所擔保之債權，雖已由三千萬元縮減為二千萬元，債權人乙仍得就抵押物之全部，實行抵押權。又本件抵押之土地，雖已讓與丙、丁共有，但乙之抵押權不因此而受影響（民法第八六七條但書），仍得本於追及其物之效力，就該抵押之土地實行抵押權。其次，抵押之不動產雖讓與為數人所共有，抵押權人對於受讓抵押物之各人之應有部分，仍得就全部債權行使權利，受讓抵押物應有部分之人，不得僅支付與受讓部分相當之金額，而免其責任（八十二臺上三一五三）。故債權人乙對受讓人丙、丁之應有部分，仍得就其全部債權行使權利，丙或丁不得僅支付與其受讓部分相當之金額（即丙僅支付五百萬元，或丁僅支付一千五百萬元），而免其責任，債權人乙仍得就該抵押土地之全部，實行抵押權。

㈡債權分割或讓與其一部

民法第八六九條第一項規定：「以抵押權擔保之債權，如經分割或讓與其一部者，其抵押權不因此而受影響。」故抵押權所擔保之債權，雖經分割成為兩個以上之債權，各該債權都處於同一受償次序，而得就抵押物行使抵押權。

㈢債務分割或承擔其一部

民法第八六九條第二項規定：「前項規定，於債務分割或承擔其一部時適用之。」故於債務分割或承擔後，縱令其中之一個或部分債務人已清償其債務，抵押權不因此而受影響，關於未受清償部分，抵押權人仍得就抵押物之全部行使其權利。

三、物上代位性

所謂物上代位性，係指抵押權之標的物滅失時，抵押人因而得以請求賠償或補償等，存有代替抵押物價值之代位物者，抵押權仍存於此等代位物而言。茲就有關問題，分述如下：

㈠抵押物之代位物

　　民法第八八一條第一項規定：「抵押權除法律另有規定外，因抵押物滅失而消滅。但抵押人因滅失得受賠償或其他利益者，不在此限。」從而抵押物雖滅失，然有確實之賠償義務人者，抵押權即移存於抵押人因而得受之賠償或其他利益上，此即所謂抵押權之代物擔保性（五十九臺上三一三）。至於本條項中所稱除法律另有規定，主要係指民法第八六二條之一規定：「抵押物滅失之殘餘物，仍為抵押權效力所及。抵押物之成分非依物之通常用法而分離成為獨立之動產者，亦同。前項情形，抵押權人得請求占有該殘餘物或動產，並依質權之規定，行使其權利。」

　　其次，民法第八八一條第一項所稱因滅失得受「賠償或其他利益」，即為抵押物之代位物，例如損害賠償金、補償金、保險金等是，惟必須是發生抵押物完全絕對滅失之情事（例如房屋倒塌全毀或被依法徵收是），抵押人因而得受之賠償或其他利益始可，抵押權人或其他第三人所得受領之賠償或其他利益，則不包括在內。由於在賠償義務人未給付前，抵押人對賠償義務人僅有給付請求權，給付物並未特定，從而損害賠償請求權、金錢、動產、不動產或其他財產權，均有可能成為抵押物之代位物，不以賠償金為限❼。又因抵押物之代位物（即抵押人因抵押物滅失得受之賠償或其他利益），既為抵押權效力所及，故抵押權人自得就該項代位物行使權利，是以抵押權人得逕向賠償義務人請求給付，賠償義務人則有對抵押權人給付之義務。

---

❼　民法第八八一條第一項之修正理由（說明）：「一、關於抵押物滅失時，抵押權之效力問題，本法修正草案已增訂第八百六十二條之一，為期周延，爰增訂『除法律另有規定』之除外規定。又現行條文所稱之『賠償金』，易使人誤解為抵押物之代位物僅限於金錢，實則抵押物之代位物，在賠償或其他給付義務人未給付前，抵押人對該義務人僅有給付請求權，給付物並未特定，金錢、動產、不動產或其他財產權均有可能，為避免疑義，爰將『賠償金』修正為『賠償或其他利益』。（以下從略）。」

案例七——4

　　甲向乙借款三千萬元，由甲提供其所有之房屋 A、B 兩棟，設定抵押權予乙作為擔保，並登記完畢。嗣甲將 A 房屋拆毀，在 A 房屋原座落基地上興建新房屋；另 B 房屋因火災燒毀，惟甲就 B 房屋以自己作為受益人，投保有火災保險，甲自保險公司獲得保險金賠償，債權人乙之抵押權是否消滅？

　　就 A 房屋而言，一經拆毀而滅失，該以 A 房屋為標的物而設定之抵押權，除存有代替 A 房屋價值之代位物，否則即應隨 A 房屋之滅失而消滅。本件後來興建之新房屋，與原來之 A 房屋，並非同一物，且非抵押人甲因A 房屋滅失得受賠償或其他利益，並未存有代替 A 房屋價值之代位物，故債權人乙就 A 房屋之抵押權因而消滅。最高法院於民國五十七年度第一次民、刑庭總會會議決議(四)，就此項案例，有所討論，其內容為：「某子將其所有木造房屋設定抵押向某丑借款，並登記完畢後，將該木屋拆毀，在原地重建磚造房屋，某丑對該磚造房屋，有無抵押權？有下列兩説：甲説：某子既將供抵押之木造房屋拆毀，某丑之抵押權即因抵押物之滅失而消滅。乙説：按抵押物價值減少時，抵押權人得請求抵押人回復抵押物之原狀。（參照民法第八七二條）易言之，抵押人有回復抵押物原狀之義務。某子在原地重建之磚造房屋，係代替拆毀之木造房屋，即某丑對該磚造房屋，應有抵押權。」決議：某子將其所有木造房屋設定抵押向某丑借款，並登記完畢後，將該木屋拆毀，在原地重建磚造房屋，按此情形，某子既將供抵押之木造房屋拆毀，某丑之抵押權即因抵押物之滅失而消滅。（同甲説）。」可供參考。

　　就 B 房屋而言，關於抵押人甲因其被火災燒毀，自保險公司所獲得保險金賠償，是否為 B 房屋（抵押物）之代位物，我國學者雖有採否定説，認為保險金並非 B 房屋（抵押物）之代位物❽，惟通説則採肯定説，認為

----

❽　參閱謝哲勝，《物權》，第三三九頁。

保險金為 B 房屋（抵押物）之代位物❾。司法院七十四年五月二十二日（七四）廳民一字第三八六號函復臺高院研究意見：民法第八八一條及第八九九條所稱之賠償金是否包括保險金？學說上雖有肯定說與否定說兩種，但通說認為保險金既為賠償金之一種，而民法第八八一條及第八九九條所稱之賠償金，又未設任何限制，無論其係依法律規定取得，或依契約約定取得，均不失其為賠償金之性質，研討結果採甲說，核無不當。甲說：按擔保物權之標的物滅失，而其價值化為別種形態時，不論所轉化者係經濟上之代位物或物理上之變形物，均為擔保物權之效力所及，保險金為經濟上之代位物，自為抵押權及質權效力之所及。顯然係採肯定說。

　　由於保險係一種分散損失、填補損害之制度，要保人投保之主要目的，在就因保險事故發生所致之損害，能獲得財物上之賠償，保險金在經濟上正係保險標的物（本件抵押物）價值之代替，故肯定說之見解應可採取。從而本件抵押人甲因 B 房屋被燒毀，自保險公司所獲得保險金賠償，為 B 房屋（抵押物）之代位物。

㈡抵押權之質變

　　由於抵押權之標的物（不動產）業已滅失，從而抵押權人就抵押物之代位物（抵押人因抵押物滅失得受之賠償或其他利益），依物上代位所得行使之擔保權，其性質為何，不無問題。民法第八八一條第二項規定：「抵押權人對於前項抵押人所得行使之賠償或其他請求權有權利質權，其次序與原抵押權同。」故抵押物滅失而無殘餘物，並且抵押人因而取得損害賠償請求權或其他請求權者，抵押權人之擔保權由抵押權轉變為「權利質權」，存在於該請求權上，抵押權人應依權利質權之規定行使其權利。又此項質權雖係嗣後始發生，然基於抵押權之物上代位性，該質權實為抵押權之代替，

---

❾　參閱梅仲協，《要義》，第四三〇頁；鄭玉波，《物權》，第二三二頁；姚瑞光，《物權》，第二一九頁；史尚寬，《物權》，第二八二頁；劉得寬，《民法諸問題與新展望》，第三五七頁以下；謝在全，《物權（中）》，第四二二頁；王澤鑑，《物權》，第四五一頁；鄭冠宇，《物權》，第四四八頁。

故該質權之次序，應與原抵押權同。

(三)給付義務人之責任

抵押物滅失時，依民法第八八一條第一項及第二項規定之意旨，抵押權人自得逕向負賠償或其他給付義務之給付義務人，請求給付，該負賠償或其他給付義務之給付義務人，自應向抵押權人為給付，不得再向抵押人為清償。惟民法第八八一條第三項規定:「給付義務人因故意或重大過失向抵押人為給付者，對於抵押權人不生效力。」故給付義務人非因故意或重大過失向抵押人為給付者，仍生清償之效力，抵押權人不得再向給付義務人請求給付;反之，給付義務人因故意或重大過失向抵押人為給付者，對於抵押權人不生效力，抵押權人請求給付義務人為給付時，給付義務人仍負給付之義務。

(四)抵押物毀損時之物上代位

民法第八八一條第四項規定:「抵押物因毀損而得受之賠償或其他利益，準用前三項之規定。」故抵押物發生毀損之情事，抵押人因而得受之賠償或其他利益，亦為抵押物之代位物，可以發生抵押權之物上代位。又本條項與民法第八七二條可同時並存，抵押權人依本項所生之物上代位權與依該條所生之提出擔保請求權，發生請求權競合時，由抵押權人擇一行使之。

第三、抵押權之發生

一、設定

抵押權通常係基於設定行為而取得，稱之為意定抵押權。此項設定行為，不限於以契約為之，以單獨行為（例如遺囑）為之，亦無不可。抵押權之設定，須作成書面（民法第七五八條第二項），並須登記始生效力（民法第七五八條第一項）。又抵押權為對於債務人或第三人不移轉占有而供擔保之不動產，得就其賣得價金優先受清償之權利，從而債務人就其所有之不動產向債權人設定如斯內容之權利時，雖其設定之書面稱為質權而不稱為抵押權，亦不得拘泥於所用之辭句，即謂非屬抵押權之設定（二十八上五九八）。此外，抵押權之成立，祇須合法訂立書據，不以附交不動產契據

或所有權狀等為要件（十八上二○六四、二十二上九二五判決、二十二上二三六○判決），抵押權人亦無權占有該不動產契據或所有權狀。抵押權之設定人，對其所提供之抵押物，不但須為其自己所有，同時尚須有處分權始可。又抵押權係在取得抵押物之交換價值，得以將之變價受償，故抵押物須為得以讓與之物，不得讓與之物，不得為抵押權之標的物。

　　其次，抵押權之設定，依法固無須將抵押之不動產移轉占有，但須訂立書面(要式的物權行為)。至於當事人約定設定不動產抵押權之債權契約，則非要式行為（民法第一六六條之一尚未施行，施行後則須依該條規定為之）。若雙方就其設定已互相同意，則同意設定抵押權之一方，自應負使他方取得該抵押權之義務。又口頭約定設定抵押權時，若為有償行為，當不因債務人以後為履行義務，補訂書面抵押權設定契約及辦理抵押權設定登記，而使原有償之抵押權設定行為變為無償行為（七十臺上四五三）。此外，抵押權為不動產物權，非經登記，不生效力，而抵押權所擔保之債權，其種類及範圍，屬於抵押權之內容，依法應經登記，始生物權之效力，但如因內容過於冗長，登記簿所列各欄篇幅不能容納記載，可以附件記載，作為登記簿之一部分。因此關於最高限額抵押權所擔保之債權，雖未記載於土地登記簿，然於聲請登記時提出之最高限額抵押權設定契約書，有該項債權之記載者，此契約書既作為登記簿之附件，自為抵押權效力所及（八十四臺上一九六七）。

案例七——5

　　甲自己出資興建房屋一棟，惟甲與乙約定，將該房屋在名義上登記為乙所有，乙未得甲之同意，就該房屋不得為出賣、出租或處分等任何行為，且該房屋之所有權狀，交由甲保管。嗣乙未得甲之同意，擅自以該房屋為丙設定抵押權，用以擔保其向丙之三百萬元借款，丙能否就該房屋取得抵押權？

　　本件房屋（抵押物），係由甲自己所出資興建，與依法律行為而取得者

有別，縱使不經登記，亦不在民法第七五八條所謂非經登記不生效力之列
（四十一臺上一〇三九），故甲於房屋興建完成時，不待甲辦理所有權登記，
甲即原始取得該房屋之所有權（建築法第七〇條參照），且得依土地登記規
則第七十二條以下規定，申請辦理建物第一次所有權登記，此項登記與民
法第七五九條規定之登記相同，僅具有宣示之效力。甲雖與乙約定，將該
房屋登記為乙所有，惟因甲與乙之間並未有移轉所有權之合意，故乙僅為
名義上之所有權人，甲仍為真正之所有權人。乙既非為真正之所有權人，
且甲與乙約定，乙未得甲之同意，就該房屋不得為出賣、出租或處分等任
何行為，故乙對該房屋並無處分權，設定抵押權為處分行為，乙未得甲之
同意，擅自以該房屋為丙設定抵押權，用以擔保其向丙之三百萬元借款，
自屬無權處分行為，依民法第一一八條第一項規定，須經甲之承認，始生
效力。此處應予檢討者，係丙得否以信賴登記為理由，而主張善意取得抵
押權。

關於動產物權之善意取得，民法設有規定，即以動產物權之移轉或設
定為目的，而善意受讓動產之交付者，除法律另有規定外，縱為移轉或設
定之人，無移轉或設定之權利，受移轉或受設定之人，仍取得其權利（民
法第八〇一條、第八八六條及第九四八條參照）。關於不動產物權之善意取
得，民法原未設規定，其他法律亦乏直接明文，第三人得否以信賴登記為
理由，而主張善意取得不動產物權，不無疑義。最高法院六十一年臺上字
第六五六號判決❿，涉及不動產抵押權之善意取得問題，可供參考。其事
實簡述如下：甲所有座落某處之土地一筆為水利局乙所徵收，徵收手續已
完畢，甲已收領補償金，該土地之所有權因而即歸水利局乙，惟未辦理土
地所有權移轉登記（即未登記為乙所有）。嗣後甲死亡，其子丙不知該筆土
地已被徵收之事實，仍辦理繼承，並將該地登記為己有，其後並以該地為
其債權人丁設定抵押權。由於甲之土地因被徵收，於登記前已歸屬水利局

❿ 此一判決之全文及對該判決理由之評釋，請參閱王澤鑑，〈善意取得權利之拋棄
　與損害賠償〉，《民法學說與判例研究㈠》，第四七五頁以下；王澤鑑，〈不動產抵
　押權之善意取得〉，《民法學說與判例研究㈢》，第三二七頁以下。

乙所有，丙雖辦理繼承登記，仍不能取得該地之所有權，丙以其名義登記之土地為丁設定抵押權時，係屬無權處分，丁能否主張其係善意信賴登記之土地為丙所有，而設定抵押權者，仍能取得其權利。本判決中所稱：「第查被上訴人因繼承而取得土地登記簿上之所有人名義，並無土地法第四十三條規定之適用，其所為繼承登記並無絕對效力，對於被徵收之二○五之一號土地，仍為無權利人，雖上訴人信賴登記而取得合法有效之抵押權，應受土地法第四十三條之保護」云云，顯然認為第三人得以信賴登記為理由，而主張善意取得抵押權。最高法院上開判決之見解，應可讚許。蓋因土地法第四十三條規定：「依本法所為之登記，有絕對效力。」所謂登記有絕對效力，應解釋為「係為保護第三人起見，將登記事項賦予絕對真實之公信力」（三十三上六七八、四十一臺上三二三、五十臺上九二九），或「係為保護因信賴登記取得土地權利之第三人而設」（三十三上四九八三、四十臺上一八九二），或「係為保護善意第三者因信賴登記而設」（六十三臺上一八九五）。易言之，善意第三人因信賴登記，自不動產登記名義人受讓取得不動產所有權，或於不動產上設定擔保物權或用益物權者，仍取得其權利。

應予注意者，乃民國九十八年修正民法物權編，增訂第七五九條之一第二項規定：「因信賴不動產登記之善意第三人，已依法律行為為物權變動之登記者，其變動之效力，不因原登記物權之不實而受影響。」此為關於不動產物權善意取得之規定，於抵押權之取得，自亦有其適用。

綜據上述，本案例中之丙，因善意信賴登記之房屋為乙所有，而設定抵押權者，仍能取得其權利。又抵押權之成立或取得，祇須合法訂立契約並完成登記即可，不以附交不動產契據或所有權狀等為要件，已如前述，故該房屋之所有權狀，縱令仍由甲保管中，並未交付予丙，丙仍能就該房屋取得抵押權。

二、法定

此乃基於法律規定而取得抵押權，稱之為法定抵押權，例如民法第五一三條所規定之承攬人之抵押權❶，以及國民住宅條例第十七條所規定之

抵押權是。

三、繼承

　　抵押權為財產權，自得因繼承而取得。被繼承人死亡時，其債權以及擔保該債權的抵押權，不須登記，即一併由繼承人取得（民法第一一四八條），惟若欲連同其所擔保之債權而加以處分，則必須辦理登記（民法第七五九條）。

第二項　抵押權之效力

第一款　抵押權效力之範圍

第一、所擔保債權之範圍

　　民法第八六一條第一項規定：「抵押權所擔保者為原債權、利息、遲延利息、違約金及實行抵押權之費用。但契約另有約定者，不在此限。」故抵押權所擔保之債權，原可由當事人於設定抵押權之物權契約中自行約定（應以書面為之），有約定並經登記者，則應優先依該物權契約決定被擔保債權之範圍，從而契約當事人如約定以將來可發生之債權為被擔保債權，自非法所不許（四十七臺上五三五）。又當事人所約定之擔保範圍，構成抵押權之內容，自應於抵押權設定登記時一併登記，始生物權之效力，然如因擔保債權之種類及範圍內容過於冗長，登記簿所列各欄篇幅不能容納記載，可以附件記載，作為登記簿之一部分，因此關於抵押權所擔保之債權，雖未記載於土地登記簿，然於聲請登記時提出之抵押權設定契約書，有該項債權之記載者，此契約書既作為登記簿之附件，自為抵押權效力所及（八十四臺上一九六七）。此外，基於擔保物權所擔保者及於債務全體之原則，故在債務本身有應增加給付之情形時，該抵押物本身所負擔保之義務，自

⓫　關於民法第五一三條所規定之承攬人之抵押權，是否為法定抵押權，學者有不同見解，詳請參閱劉春堂，《民法債編各論（中）》，自版，民國九十六年二月初版第二刷，第七十七頁以下。

亦不能不隨之而增加（四十六臺上一○九八）。

抵押權所擔保之「原債權」，其重要內容，包括債權的種類、數額、債務人為何人等事項，必須在設定抵押權之物權契約中加以約定，並經登記，才能發生物權法上之效力；利息⑫、遲延利息⑬、違約金及實行抵押權之費用，如未約定排除或限制，則無須在設定抵押權之物權契約中加以約定，且不以經登記為必要，當然受抵押權之擔保⑭。所謂實行抵押權之費用，包括取得執行名義之費用與聲請強制執行之費用。至於債權人（抵押權人）因債務不履行而取得之損害賠償請求權（例如民法第二二六條），為原債權在型態上之變更或延長，與抵押權所擔保之原債權具有同一性，自屬抵押權擔保之範圍。又利息、遲延利息、違約金，如未約定排除或限制，固當然受抵押權之擔保，惟為兼顧第三人及抵押權人之權益，並參照民法第一二六條關於短期消滅時效之規定，故民法第八六一條第二項規定：「得優先受償之利息、遲延利息、一年或不及一年定期給付之違約金債權，以於抵押權人實行抵押權聲請強制執行前五年內發生及於強制執行程序中發生者為

---

⑫　最高法院十九年上字第一九五號判例：「以抵押權擔保之債權，除有特約外，其利息當然受抵押權之擔保。」

⑬　最高法院七十三年臺抗字第二三九號判例：「抵押權所擔保債權之範圍，應包括遲延利息在內，且不以登記為必要。」

⑭　行政院函送立法院審議之物權法部分條文修正草案，原設有第八六一條第二項規定：「約定之利息、違約金或前項但書契約之約定，以經登記者為限。其利率未經登記者，依法定利率計算之。」修正理由為：「二、利息、違約金、遲延利息或其他契約之約定，是否須經登記，始為抵押權效力所及？現行法尚無明文規定，易滋疑義。為避免爭議，並貫徹物權公示效力，以保障交易安全，爰參照實務上見解，增訂第二項，明定約定之利息、違約金或其他契約之約定，應經登記，始生抵押權之效力。至於遲延利息，乃原本債務不履行時法律上當然發生之附隨債權（本法第二百三十三條第一項），無待登記。但利息、遲延利息之利率另有約定者，仍應登記。如未經登記者，則依法定利率計算之。又『原債權』係抵押權成立之要件，當然應經登記，始為抵押權擔保之範圍，不待明文。至原債權之種類及範圍，宜由地政機關於登記簿上或以附件方式記明（參照最高法院七十六年度第六次民事庭會議決定事項）。」惟本條項規定，經立法院審議後予以刪除。

限。」故利息、遲延利息、一年或不及一年定期給付之違約金債權，並非均得優先受償，而有其法定限額，超過法定限額部分無優先受償權。至於該條項所稱實行抵押權，包括抵押權人聲請強制執行及聲明參與分配之情形。

第二、抵押權標的物之範圍

抵押權之效力，不但及於抵押物本身，尚及於下列各物：

一、抵押物之從物及從權利

民法第八六二條第一項規定：「抵押權之效力，及於抵押物之從物與從權利。」分述如下：

㈠從物

民法第六十八條規定：「非主物之成分，常助主物之效用，而同屬於一人者，為從物。但交易上有特別習慣者，依其習慣。主物之處分，及於從物。」從物須為獨立之物，亦即主物、從物須為個別獨立之二物，且依一物一權主義，應各為一個所有權，惟就主物設定抵押權，其效力及於抵押物之從物。就主物設定抵押權時，已存有從物者，其效力及於從物，固無疑義；反之，主物設定抵押權時，尚未存有從物，於抵押權設定後，始存有從物者，抵押權之效力是否及於從物，則不無疑義。關於此項問題，有採肯定說，認為抵押權之效力仍及於從物[15]；有採否定說，認為抵押權之效力不及於從物[16]；有採折衷說，認為抵押權之效力不及於從物，然為避免影響其經濟價值，宜類推適用民法第八七七條規定，於必要時併付拍賣之，惟抵押權人就從物部分所賣得價金，並無優先受償權[17]。以上三說，宜採折衷說。

又抵押權之效力，固及於抵押物之從物，惟為保護第三人之權益，民

---

[15] 參閱史尚寬，《物權》，第二五一頁；謝在全，《物權（中）》，第四○七至四○八頁。

[16] 參閱曹傑，《物權》，第一九七頁；倪江表，《物權》，第三○一頁；李肇偉，《物權》，第四○四頁；李光夏，《物權》，第一九六頁。

[17] 參閱鄭玉波，〈論抵押權標的物之範圍〉，《民商法問題研究㈡》，第一三六頁；王澤鑑，〈不動產抵押權與從物〉，《民法學說與判例研究㈢》，第三四一頁。

法第八六二條第二項規定:「第三人於抵押權設定前,就從物取得之權利,不受前項規定之影響。」所謂就從物取得之權利,係指取得擔保物權、用益物權或物權化之用益性債權(如租賃),但不包括所有權在內❽。所謂就從物取得之權利,不受前項規定之影響者,係指抵押權之效力,雖及於從物,惟第三人所取得者,若係擔保物權,該第三人仍具有較抵押權為優先之受償地位;若係用益物權,此項用益權之存在,對於抵押權之實行,縱有所妨害,抵押權人亦不能請求法院除去之。

案例七——6

甲向乙借款一千萬元,以廠房及基地設定抵押權予乙為擔保,其時廠房內安裝有 A 及 B 兩部機器,惟未隨同抵押權一併辦理登記,另其中 A 機器於本件抵押權設定前,已為丙設定動產抵押權。嗣甲未能依約清償上開借款時,乙得否就廠房及基地、A 及 B 兩部機器,以及存放於該廠房內之原料,實行抵押權一併予以拍賣,就其賣得價金優先受償?

本件案例之主要問題,為 A 及 B 兩部機器,以及存放於該廠房內之原料,是否為抵押權效力所及之從物。就 A 及 B 兩部機器而言,司法院二十五年院字第一五一四號解釋謂:「工廠中之生財機器,如與工廠同屬一人,依民法第六十八條第一項之規定,自為工廠之從物。若以工廠設定抵押權,除有特別約定外,依同法第八百六十二條第一項規定,其抵押權效力當然及於生財機器(院字第一四〇四號解釋參照)。至抵押權之設定聲請登記時,雖未將生財機器一併註明,與抵押權所及之效力,不生影響。」另司法院二十五年院字第一五五三號解釋,更認為上開解釋所謂工廠中之機器可認為工廠之從物者,凡該工廠所設備之機器,皆可認為從物,不以已經登記或附著於土地房屋者為限。

綜據上述,可知 A 及 B 兩部機器為「工廠」之從物,雖未於抵押權之

❽ 參閱鄭玉波,前揭❼文,第一三七頁。

設定聲請登記時，將生財機器一併註明，仍為抵押權效力所及。惟其中 A 機器於本件抵押權設定前，已為丙設定動產抵押權，該動產抵押權，若已依動產擔保交易法第五條第一項規定為登記者，丙得以其動產抵押權對抗乙，故應較乙之不動產抵押權為優先；反之，動產抵押權未登記者，乙於就廠房及基地設定不動產抵押權時，倘不知 A 機器（抵押物之從物）已設定動產抵押權者，則丙不得以其動產抵押權對抗乙，乙之不動產抵押權應享有較為優先之地位。

就存放於該廠房內之原料而言，由於原料係工廠所欲加工製造生產之物品，其經濟目的非在常助工廠之效用，二者之間不具有主從關係，故不得謂為「工廠」之從物，自非抵押權效力之所及。

又上開以機器為「工廠」之從物之傳統見解，於動產擔保交易法未公布施行前，為促進融資之方便（依我民法第八六〇條規定，抵押權之標的物以不動產為限，動產不能為抵押權之標的物），並謀事實上之救濟以保護債權人，固有其可取之處，惟在法理上似尚非無可議。蓋工廠之機器，其價值在整個工廠中占有甚為重要之地位，依交易上之通常觀念，與其謂機器係補助房屋場地之經濟上效用，毋寧謂房屋場地係補助機器之經濟上效用❶。動產擔保交易法公布實施之後，上述解釋，自無仍予援用之理由❷。

(二)從權利

抵押權之效力，及於抵押物之從權利。例如甲為了使其所有之 A 土地能與公路有適宜之聯絡，乃就與 A 土地相鄰而為乙所有之 B 土地取得通行地役權（通行不動產役權），此項通行地役權，有助於 A 土地之利用價值，故屬於 A 土地之「從權利」。又如丙在丁所有之 C 土地上享有地上權（或基地租賃權），嗣後丙在 C 土地上興建 D 樓房一棟，由於此項地上權（或基地租賃權），乃 D 樓房繼續合法座落於 C 土地上所不可或缺的權利，有

---

❶　參閱錢國成，《民法判解研究》，第三至四頁。

❷　我國學者有認為以機器為「工廠」之從物之傳統見解，仍有繼續維持之必要，參閱王澤鑑，前揭❶文，第三三七頁。

助於 D 樓房之利用價值，故應認屬 D 樓房之「從權利」。甲以 A 土地為戊設定抵押權，或丙以 D 樓房為戊設定抵押權，戊所取得抵押權，不問是否已就上開「從權利」一併辦理登記，通行地役權及地上權（或基地租賃權），均為其效力所及是。

二、建築物之附加部分

民法第八六二條第三項規定：「以建築物為抵押者，其附加於該建築物而不具獨立性之部分，亦為抵押權效力所及。但其附加部分為獨立之物，如係於抵押權設定後附加者，準用第八百七十七條之規定。」故附加於該為抵押之建築物之部分，其不具獨立性者，不問係於抵押權設定前抑或抵押權設定後所附加，均為抵押權效力所及；其具獨立性之部分，除為從物外，不問係於抵押權設定前抑或抵押權設定後所附加，則非抵押權效力所及。惟該附加部分為獨立之物，如係於抵押權設定後附加者，抵押權人於必要時，得聲請法院將該建築物及其附加物併付拍賣，但就附加物賣得價金，無優先受清償之權。至於此處所稱「不具獨立性」，係指不具備構造上獨立性，或雖具備構造上獨立性，但不具備經濟上或使用上獨立性等情況而言。

職是之故，所有人於原有建築物之外另行增建者，如增建部分與原有建築物無任何可資區別之標識存在，而與之作為一體使用者，因不具構造上及使用上之獨立性，自不得獨立為物權之客體，原有建築物所有權範圍因而擴張，以原有建築物為擔保之抵押權範圍亦因而擴張。倘增建部分於構造上及使用上已具獨立性，即為獨立之建築物。苟其常助原有建築物之效用，而交易上無特別習慣者，即屬從物，而為抵押權之效力所及。若增建部分已具構造上之獨立性，但未具使用上之獨立性而常助原有建築物之效用者，則為附屬物。其使用上既與原有建築物成為一體，其所有權應歸於消滅；被附屬之原有建築物所有權範圍因而擴張，抵押權之範圍亦同。是從物與附屬物雖均為抵押權之效力所及，惟兩者在概念上仍有不同（八十八臺上四八五判決）。

三、抵押物之殘餘物

民法第八六二條之一第一項規定：「抵押物滅失之殘餘物，仍為抵押權

效力所及。抵押物之成分非依物之通常用法而分離成為獨立之動產者，亦同。」所謂抵押物滅失之殘餘物，例如抵押之建築物因倒塌而成為動產是；所謂抵押物之成分，非依物之通常用法，因分離而成為獨立之動產者，例如自抵押建築物拆取之「交趾陶」是，均屬抵押物之變形物，故應為抵押權效力所及。於此種情形，依民法第八六二條之一第二項規定：「前項情形，抵押權人得請求占有該殘餘物或動產，並依質權之規定，行使其權利。」抵押權因而質變為「動產質權」，惟如抵押權人不請求占有該殘餘物或動產者，其抵押權仍不受影響。

四、抵押物被扣押後的天然孳息

抵押權設定後，抵押人仍得使用收益或處分擔保標的物（即抵押物），故由抵押物所生之天然孳息，當由抵押人收取之，惟為保護抵押權人並鞏固抵押權之信用，避免抵押人故意延滯或阻擾抵押權之實行程序，致有害抵押權，民法第八六三條規定：「抵押權之效力，及於抵押物扣押後自抵押物分離，而得由抵押人收取之天然孳息。」故抵押權設定後，抵押物所生之天然孳息，非抵押人所得收取者，例如抵押之土地上存有地上權或租賃權等用益權時，其天然孳息之收取權人為地上權人或承租人是，或在抵押權設定前，抵押物上已設定有地上權或成立其他用益權，其效力得以對抗或優先於抵押權者，抵押權之效力，自不及於該分離的天然孳息。反之，若抵押物所生之天然孳息，為抵押人所得收取者，於抵押物扣押前自抵押物分離，固非抵押權效力所及，於抵押物扣押後自抵押物分離，則為抵押權效力所及。

五、抵押物扣押後之法定孳息

抵押權人無收取抵押物所生法定孳息之權利，縱令抵押權所擔保之原債權應由債務人支付利息者，除別有法律關係外，抵押權人亦不得收取孳息以充利息之清償（二十二上二三五）。惟民法第八六四條本文規定：「抵押權之效力，及於抵押物扣押後抵押人就抵押物得收取之法定孳息。」故抵押權設定後，抵押物所生之法定孳息，非抵押人所得收取者，抵押權之效力，自不及於該法定孳息；若為抵押人所得收取者，於抵押物扣押前，固

非抵押權效力所及，於抵押物扣押後，則為抵押權效力所及。又抵押物扣押後之法定孳息，固為抵押權效力所及，然為保護清償法定孳息義務人之利益，故民法第八六四條但書規定：「但抵押權人，非以扣押抵押物之事情，通知應清償法定孳息之義務人，不得與之對抗。」所謂不得與之對抗，係指該義務人若因未受通知，不知抵押物已被扣押之事情，仍向抵押人清償時，其清償發生效力，抵押權人不得主張其清償無效，從而該義務人不必負責任。

六、抵押物滅失或毀損得受之賠償或其他利益

民法第八八一條第一項及第四項規定：「抵押權除法律另有規定外，因抵押物滅失而消滅。但抵押人因滅失得受賠償或其他利益者，不在此限。」、「抵押物因毀損而得受之賠償或其他利益，準用前三項之規定。」故抵押人因抵押物滅失或毀損得受之賠償或其他利益，亦為抵押權效力所及，即抵押權人就該賠償或其他利益，仍有優先受償權也。

第二款　對於抵押人之效力

由於抵押權係價值權，抵押權人不占有抵押物，僅就抵押物享有得予以變價而優先受償的權利，故抵押人將抵押物設定抵押權之後，其所有權、處分權、使用收益權等，並不因此而受影響。茲就民法有關規定，分述如下：

第一、抵押權之再設定

抵押人就抵押物並未失其處分權，故得於同一不動產上為擔保數債權而設定數抵押權，此時依民法第八六五條規定：「不動產所有人，因擔保數債權，就同一不動產，設定數抵押權者，其次序依登記之先後定之。」從而於同一不動產上設定之數抵押權，不論其設定行為之先後，先登記者，效力優先於後登記者，蓋抵押權以登記為要件，因登記而成立也。惟以上所述，係指能依土地法及土地登記規則辦理登記者而言（物權編施行法第三條），若不能依該法律辦理登記者（例如收復淪陷區後，尚無登記機關），則應依其設定之先後定其次序（二十八上一三三六）。又就同一不動產或其應有部分設定二以上抵押權者，始有發生抵押權應以登記次序先後定其優

先效力之問題，是以不同區分所有之各建物基地之應有部分為標的，分別為他人設定之抵押權，各該基地之應有部分乃屬各個不同之抵押權標的之內容，各該抵押權人應僅得就其所設定抵押權標的基地之應有部分行使優先受償之權利，各抵押權人間並不因登記先後而對不同之標的基地應有部分享有優先受償之權（八十六臺上一五九七判決）。

　　其次，關於法定抵押權與設定抵押權，其效力孰優，如法律對之設有明文規定者，自應從其規定❷，如法律對之未設有明文規定，則應如何決定其優先受償次序，學者見解不一，不外有法定抵押權優先說、設定抵押權優先說、同一次序說（依債權金額比例分配說）及依成立之先後決定其次序說（先成立者優先說）❷。我國最高法院見解，則認為應依其成立之先後定其效力，即成立生效在先者，其效力較優是（六十三臺上一二四〇）❷。

---

❷　國民住宅條例第十七條規定：「政府出售國民住宅及其基地，於買賣契約簽訂後，應即將所有權移轉與承購人。其因貸款所生之債權，自契約簽訂之日起，債權人對該住宅及其基地，享有第一順位之法定抵押權，優先受償。」同條例第二七條規定：「申請貸款自建之國民住宅，其因貸款所生之債權，自簽訂契約之日起，貸款機關對該住宅及其基地，享有第一順位之法定抵押權，優先受償。」此項法定抵押權，無須經過登記，因貸款債權之發生而隨即成立，且法律已明文規定其係居於第一順位，故享有最優先受償之權利，不問其成立是否在設定抵押權或民法第五一三條之法定抵押權之前。

❷　參閱鄭玉波，《民法債編各論（上）》，自版，民國五十九年八月初版，第三七七頁以下。

❷　最高法院六十三年臺上字第一二四〇號判例謂：「參照民法第八百六十五條規定，就同一不動產設定數抵押權者，其次序依登記（即抵押權生效）之先後定之之法意，被上訴人之法定抵押權，雖無須登記，但既成立生效在先，其受償順序自應優先於上訴人嗣後成立生效之設定抵押權。」顯然係採依成立之先後決定其優先受償次序說。由於本判例是針對原民法第五一三條規定而作成，嗣因民法第五一三條規定業經修正，最高法院於民國九十一年八月二十一日九十一年度第九次民事庭會議，以與現行民法第五一三條規定之意旨不符為理由，決議：不再援用。惟其所表現之法理，仍有參考價值。

第二、用益權之設定

民法第八六六條第一項規定：「不動產所有人設定抵押權後，於同一不動產上，得設定地上權或其他以使用收益為目的之物權，或成立租賃關係。但其抵押權不因此而受影響。」故抵押人在設定抵押權之後，不但可以就同一標的物設定用益物權，也可以將抵押物出租予他人，但其抵押權不因此而受影響。所謂抵押權不因此而受影響，係指抵押人為他人設定地上權、其他用益物權或成立租賃關係，如抵押權受有影響者，對於抵押權人不生效力（二十五院一四四六）。故土地所有人於設定抵押權後，在抵押之土地上營造建築物，並將該建築物出租於第三人，致影響於抵押權者，抵押權人自得聲請法院除去該建築物之租賃權，依無租賃狀態將該建築物與土地併付拍賣（八十六臺抗五八八）。至於抵押權與上開用益權（包括用益物權與租賃權）之間，其效力的先後順序，完全是依其成立生效的先後順序決定之，若抵押權成立生效在先，其效力當然優先於成立生效在後的用益權，若用益權成立生效在先，則其效力仍優先於成立生效在後的抵押權。另依民法第八六六條第三項規定：「不動產所有人，設定抵押權後，於同一不動產上，成立第一項以外之權利者，準用前項之規定。」本條項所稱「成立第一項以外之權利」，當係指成立以使用收益權能為目的之權利，例如訂立使用借貸契約而發生之借用權是。惟因此等用益權僅具有債權的效力，縱令其成立生效在先，亦不得對抗抵押權，後成立之抵押權，其效力仍然優先於借用權。

綜據上述，可知不動產所有人設定抵押權後，於同一不動產上，仍得為他人設定用益權。此等用益權，其效力若優先於抵押權，或其效力雖未優先於抵押權，但用益權的存在並不影響抵押物之交換價值，抵押權人實行抵押權聲請拍賣抵押物時，該用益權仍可繼續存在。惟於抵押權的效力優先於用益權，且因此等用益權的存在而影響抵押物之交換價值，抵押物價值因而減少，發生無人應買或出價不足以清償擔保債權之情形，使抵押權受影響者，在抵押權人聲請拍賣抵押物時，得聲請執行法院除去該項權

利，執行法院亦得依職權除去之，以抵押物無該項負擔之狀態予以拍賣（釋一一九、釋三〇四參照）。民法第八六六條第二項及第三項規定：「前項情形，抵押權人實行抵押權受有影響者，法院得除去其權利或終止其租賃關係後拍賣之。不動產所有人設定抵押權後，於同一不動產上，成立第一項以外之權利者，準用前項之規定。」即在明示上開意旨。至於執行法院所為此種除去其權利或租賃關係之處分，性質上係強制執行方法之一種，當事人或第三人如有不服，應依強制執行法第十二條規定，向執行法院聲明異議，不得逕行對之提起抗告（七十四臺抗二二七）。

　　依民法第八六六條第二項及第三項規定，不動產所有人設定抵押權後，於同一不動產上，為他人所設定之用益權，若使抵押權受影響者，法院得除去其權利或終止其租賃關係後拍賣之。此等用益權，若係以得在土地上興建建築物為內容者，例如地上權或基地租賃權是，一經依法除去，將使興建在土地上之建築物成為無權占有，而須拆屋還地，對用益權人或社會經濟，均將造成重大的不利影響。故民法第八七七條第二項規定：「前項規定，於第八百六十六條第二項及第三項之情形，如抵押之不動產上，有該權利人或經其同意使用之人之建築物者，準用之。」從而抵押權人得依本條項準用同條第一項規定，向法院聲請併付拍賣用益權人所興建之建築物，惟就該建築物所賣得之價金，抵押權人並無優先受償權，應返還予用益權人。

案例七──7

　　甲向乙借款五百萬元，甲以自己所有之 A 土地為乙設定抵押權，作為擔保，嗣後甲又就 A 土地為丙設定典權；另甲向丁借款三百萬元，甲以自己所有之 B 土地為丁設定抵押權，作為擔保，嗣後甲又就 B 土地與戊訂立基地租賃契約，戊在 B 土地上興建有房屋一棟。抵押權人乙及丁對甲之債權均屆清償期而未能受清償，乙及丁得如何實行其抵押權？

就乙對甲之五百萬元債權而言，縱令丙在Ａ土地上亦享有典權，惟因乙之抵押權成立生效在先，丙之典權成立生效在後，乙之抵押權，其效力優先於丙之典權，乙之抵押權自不因此而受影響，故乙屆期未受清償，仍得實行抵押權聲請拍賣Ａ土地（抵押物）。此際，若丙之典權，於抵押權之實行無影響時，即丙之典權並未妨礙乙實行抵押權，得以將Ａ土地拍賣，使乙對甲之抵押債權可以完全獲得清償者，則仍得繼續存在（釋三〇四），即丙之典權，仍繼續存在於Ａ土地上。反之，若丙之典權，於抵押權之實行有影響者，即抵押權人乙實行抵押權聲請拍賣Ａ土地（抵押物）時，因有典權之存在，以致無人應買，或出價不足清償抵押債權，執行法院得因抵押權人乙之聲請或依職權除去典權負擔，重行估價拍賣。拍賣之結果，清償抵押債權有餘時，典權人之典價，對於登記在後之權利人，享有優先受償權。執行法院於發給權利移轉證書予拍定人時，依職權通知地政機關塗銷其典權之登記（釋一一九），丙之典權因而消滅。

就丁對甲之三百萬元債權而言，縱令戊在Ｂ土地上亦享有基地租賃權，惟因丁之抵押權成立生效在先，戊之基地租賃權成立生效在後，丁之抵押權，其效力優先於戊之基地租賃權，丁之抵押權自不因此而受影響，故丁屆期未受清償，仍得實行抵押權聲請拍賣Ｂ土地（抵押物）。此際，若戊之基地租賃權，於抵押權之實行無影響時，即戊之基地租賃權並未妨礙丁之實行抵押權，得以將Ｂ土地拍賣，使丁對甲之抵押債權可以完全獲得清償者，則仍得繼續存在，即戊之基地租賃權，仍繼續存在於Ｂ土地上。反之，若戊之基地租賃權，於抵押權之實行有影響者，即抵押權人丁實行抵押權聲請拍賣Ｂ土地（抵押物）時，因有戊之基地租賃權存在，以致無人應買，或出價不足清償抵押債權，執行法院得因抵押權人丁之聲請或依職權除去戊之基地租賃權負擔，依無租賃狀態逕行重為估價拍賣（七十四臺抗二二七）。又縱然抵押人於抵押權設定後，與第三人訂立租約，致影響於抵押權者，對於抵押權人雖不生效，但執行法院尚不依聲請或依職權認為有除去該影響抵押權之租賃關係之必要，而為有租賃關係存在之不動產拍賣，並於拍賣公告載明有租賃關係之事實，則該租賃關係非但未被除去，

且已成為買賣（拍賣）契約內容之一部，無論應買人投標買得或由債權人承受，依繼受取得之法理，其租賃關係對應買人或承受人當然繼續存在（六十臺上四六一五），應予注意。

其次，本件基地承租人戊已在Ｂ土地上興建有房屋一棟，抵押權人丁除得聲請執行法院除去戊之基地租賃權負擔外，依民法第八七七條第二項準用同條第一項規定，得向法院聲請併付拍賣基地承租人所興建之建築物（房屋），惟就該建築物所賣得之價金，抵押權人丁並無優先受償權，應返還予基地承租人戊。又若本件抵押人甲，就Ｂ土地為丁設定抵押權後，並非就Ｂ土地與戊成立基地租賃關係，而係自己在Ｂ土地興建房屋一棟，並將該房屋出租於戊，致影響於抵押權者，抵押權人丁亦得聲請法院除去該建築物之租賃權，依無租賃狀態將該建築物與土地併付拍賣（八十六臺抗五八八），惟就該建築物所賣得之價金，抵押權人丁並無優先受償權。

第三、所有權之讓與

民法第八六七條規定：「不動產所有人設定抵押權後，得將不動產讓與他人。但其抵押權不因此而受影響。」故抵押權人不得阻止抵押人讓與其所有權，亦不能妨礙抵押物之交付或讓與，對抵押物亦無排除強制執行之權利，抵押人之他債權人就抵押物聲請強制執行時，抵押權人僅得行使優先受償之權利，不得據以訴請阻止執行（二十二上二一一七、二十八上一七三四）。所謂其抵押權不因此而受影響，乃指抵押物所有人於抵押權設定後，將所有權讓與第三人，其原設定之抵押權，仍隨其物之所在而存在，抵押權人於其債權未獲清償時，仍得追及抵押之不動產之所在行使抵押權，依民法第八七三條規定，聲請法院拍賣，以清償其債權（二十六院一六九〇）。故不動產所有人於設定抵押權後，將抵押物自行出賣時，苟未依清償或其他方法消滅抵押權，則抵押權人自可本於追及其物之效力，就抵押物全部而行使權利（十八抗六）。又此項追及權之行使，自亦不因抵押物係由法院拍賣而有差異，即民法第八六七條所稱之讓與，不以抵押人自由意思讓與

者為限，法院依他債權人之聲請，拍賣該不動產之強制的讓與，亦包括在內。從而抵押物由普通債權人聲請法院拍賣後，抵押權人未就賣得價金請求清償，亦僅喪失此項受償之機會，而其抵押權既未消滅，自得對於拍定人行使追及權（二十七院一七七一）。惟如普通債權人在強制執行程序中聲請拍賣抵押物，而抵押權人亦就其賣得價金參與分配時，則應認為抵押權人已實行其抵押權，不問其債權是否得完全之清償，其抵押權應歸消滅。其未能依實行抵押權而受清償之餘額債權，即成為普通債權，僅得就債務人其餘財產受普通之清償，而無優先受償之權利❷❹。

第三款　對於抵押權人之效力

第一、抵押權之次序

一、抵押權人之次序權

所謂抵押權之次序，乃於同一標的物上，有多數抵押權存在時，其各抵押權人優先受償之順序，一般稱之為次序權。抵押權人對一般債權人而言，無論其先後次序如何，均得優先於一般債權人而受清償，至於因擔保數債權，就同一不動產存有數抵押權者，其各抵押權人之優先受償次序，依登記之先後定之，次序在前（先成立）之抵押權人，有較次序在後（後成立）之抵押權人優先受償之權利，相同次序之抵押權人則按債權額之比例受償（民法第八六五條、第八七四條）。故抵押權人依其次序所能支配者，係抵押物之交換價值，即抵押權人就抵押物之變價所得，依其次序可優先受償之分配額。又次序權以抵押權之存在為前提，不能離抵押權而獨立。

其次，先次序抵押權如因實行抵押權以外的原因而消滅時，例如因債務人清償債務致抵押權消滅是，後次序抵押權是否依序升進，有兩種不同的立法例，即次序固定主義與次序升進主義是。所謂次序固定主義，係指抵押權人於設定登記時所取得的次序，並不會因為先次序的抵押權消滅而往前升進，德、瑞等國採之。所謂次序升進主義，係指先次序抵押權因實

❷❹　參閱錢國成，《民法判解研究》，第七十九頁。

行以外的原因而消滅時，後次序抵押權當然依序升進，法、日等國採之，關於我民法，通說亦解為係採次序升進主義。

二、次序權之處分（可優先受償分配額之調整）

為使抵押權人對其可優先受償之分配額，得以彈性靈活運用，因而民法第八七〇條之一第一項規定：「同一抵押物有多數抵押權者，抵押權人得以下列方法調整其可優先受償之分配額。但他抵押權人之利益不受影響：一、為特定抵押權人之利益，讓與其抵押權之次序。二、為特定後次序抵押權人之利益，拋棄其抵押權之次序。三、為全體後次序抵押權人之利益，拋棄其抵押權之次序。」此處所謂「特定抵押權人」，係指因調整可優先受償分配額而受利益之該抵押權人而言，不包括其他抵押權人在內。此外，尚有所謂次序之變更者，係指同一抵押人之數抵押權人，約定將其抵押權之次序互為交換，民法就此雖未規定，但基於與抵押權次序之讓與及拋棄相同之理由，應無禁止之理。茲就次序讓與及拋棄之有關問題，分述如下：

㈠次序之讓與

所謂次序之讓與，係指抵押權人為特定抵押權人之利益，讓與其抵押權之次序，亦即指同一抵押物之先次序或同次序抵押權人，為特定後次序或同次序抵押權人之利益，將其可優先受償之分配額讓與該後次序或同次序抵押權人之謂。抵押權次序之讓與，以在「同一抵押物」且「抵押人相同」之數個抵押權人之間，始得為之。又抵押權次序之讓與，只在讓與人與受讓人之間，就「可優先受償之分配額」的調整發生相對的效力，對於其他抵押權人之利益不發生影響，且對讓與人及受讓人的抵押權，亦不發生影響，即讓與人與受讓人仍保有原抵押權及次序，讓與人與受讓人仍依其原次序受分配，惟依其次序所能獲得分配之合計金額，由受讓人優先受償，如有剩餘，始由讓與人受償。立法說明關於此所舉例子：「例如債務人甲在其抵押物上分別有乙、丙、丁第一、二、三次序依次為新臺幣（以下同）一百八十萬元、一百二十萬元、六十萬元之抵押權，乙將第一優先次序讓與丁，甲之抵押物拍賣所得價金為三百萬元，則丁先分得六十萬元，乙分得一百二十萬元，丙仍為一百二十萬元。又如甲之抵押物拍賣所得價

金為二百八十萬元，則丁先分得六十萬元，乙分得一百二十萬元，丙分得一百萬元。」可供參考。

(二)次序之拋棄

次序之拋棄，可分為相對拋棄及絕對拋棄兩種，分述如下：

1. 相對拋棄：所謂相對拋棄，係指抵押權人為特定後次序抵押權人之利益，拋棄其抵押權之次序，亦即指同一抵押物之先次序抵押權人，為特定後次序抵押權人之利益，拋棄其優先受償利益之謂。抵押權次序之相對拋棄，以在「同一抵押物」且「抵押人相同」之數個抵押權人之間，始得為之。又抵押權次序之相對拋棄，只在拋棄抵押權次序人（拋棄人）與受拋棄抵押權次序利益人（受拋棄人）之間，就「可優先受償之分配額」的調整發生相對的效力，對於其他抵押權人之利益不發生影響，此時各抵押權人之抵押權歸屬與次序，並無變動，僅拋棄抵押權次序之人（拋棄人），因拋棄次序之結果，與受拋棄利益之抵押權人（受拋棄人）成為同一次序，將其所得受分配之金額共同合計後，按各人債權額之比例分配之。立法說明關於此所舉例子：「例如前例，甲之抵押物拍賣所得價金為三百萬元，乙將其第一次序之優先受償利益拋棄予丁，則乙、丁同列於第一、三次序，乙分得一百三十五萬元，丁分得四十五萬元，至丙則仍分得一百二十萬元，不受影響。又如甲之抵押物拍賣所得價金為二百八十萬元，則乙、丁所得分配之債權總額為一百八十萬元（如乙未為拋棄，則乙之應受分配額為一百八十萬元，丁之應受分配額為零），乙拋棄後，依乙、丁之債權額比例分配（三比一），乙分得一百三十五萬元，丁分得四十五萬元，丙仍分得一百萬元不受影響。」可供參考。

2. 絕對拋棄：所謂絕對拋棄，係指抵押權人為全體後次序抵押權人之利益，拋棄其抵押權之次序，亦即指同一抵押物之先次序抵押權人，並非專為某一特定後次序抵押權人之利益，拋棄其優先受償利益之謂。抵押權次序之絕對拋棄，以在「同一抵押物」且「抵押人相同」之數個抵押權人之間，始得為之。抵押權次序一經絕對拋棄，後次序抵押權人（受拋棄人）之次序即各依次序升進，而拋棄人退處於最後之地位，但於拋棄後新設定

之抵押權，其次序仍列於拋棄人之後，如為普通債權，不論其發生在抵押權次序拋棄前或後，其次序本列於拋棄人之後，乃屬當然。立法說明關於此所舉例子：「例如前例，甲之抵押物拍賣所得價金為三百萬元，乙絕對拋棄其抵押權之第一次序，則丙分得一百二十萬元，丁分得六十萬元，乙僅得一百二十萬元。又如甲之抵押物拍賣所得價金為四百八十萬元，戊之抵押權二百萬元成立於乙絕對拋棄其抵押權次序之後，則丙分得一百二十萬元，丁分得六十萬元，乙可分得一百八十萬元，戊分得一百二十萬元。」可供參考。

三、次序讓與或拋棄之登記

次序之讓與或拋棄，須由當事人（讓與人與受讓人或拋棄人與受拋棄人）以契約為之，惟無須得債務人、抵押人或其他抵押權人之同意。又因抵押權次序之讓與或拋棄，已涉及抵押權內容之變更，故民法第八七〇條之一第二項規定：「前項抵押權次序之讓與或拋棄，非經登記，不生效力。並應於登記前，通知債務人、抵押人及共同抵押人。」此項通知，乃辦理抵押權次序讓與或拋棄登記之要件，若未為通知，地政機關將不受理其登記，惟通知並非次序讓與或拋棄之要件，通知縱有不實，其讓與或拋棄仍可發生效力。

四、因調整而受利益抵押權人之實行抵押權

由於抵押權人間所為可優先受償分配額之調整（次序之讓與或拋棄），對各抵押權人之抵押權歸屬並無變動，僅使因調整而受利益之抵押權人（受讓人或受拋棄人）獲得優先分配利益而已，故民法第八七〇條之一第三項規定：「因第一項調整而受利益之抵押權人，亦得實行調整前次序在先之抵押權。」從而受讓人或受拋棄人，除得實行自己之抵押權外，亦得實行次序在先之讓與人或拋棄人之抵押權，惟須讓與人與受讓人或拋棄人與受拋棄人之抵押權，均已具備實行之要件，始得為之。

五、共同抵押人之保護

為同一債權之擔保，於數不動產上設定抵押權者，抵押權人本可就各個不動產賣得之價金，受債權全部或一部之清償。如先次序或同次序之抵

押權人，因調整可優先受償分配額而喪失其優先受償利益，則必使其他共同抵押人增加負擔，為示公平，民法第八七〇條之一第四項規定：「調整優先受償分配額時，其次序在先之抵押權所擔保之債權，如有第三人之不動產為同一債權之擔保者，在因調整後增加負擔之限度內，以該不動產為標的物之抵押權消滅。但經該第三人同意者，不在此限。」從而共同抵押之抵押權人，有將其存在於同一抵押物上之抵押權次序為調整（讓與或拋棄），致其他共同抵押人之抵押物增加負擔者，其次序之讓與或拋棄，除經該其他共同抵押人之同意，否則存在於該其他共同抵押人之抵押物上之抵押權，在因調整後增加負擔之限度內消滅。

六、保證人之免責

抵押權所擔保之債權有保證人者，於保證人向債權人清償債務後，在其清償之限度內，債權人對於債務人或抵押人之債權，當然移轉於保證人，該債權之抵押權亦隨同移轉（民法第七四九條、第二九五條），足見該抵押權關乎保證人之權益甚大。基於誠信原則，債權人不應依自己之意思，使保證人之權益受影響。又先次序抵押權人有較後次序抵押權人優先受償之機會，則次序在先抵押權所擔保債權之保證人代負履行債務之機會較少。如因調整可優先受償分配額而使先次序或同次序之抵押權喪失優先受償利益，將使該保證人代負履行債務之機會大增，對保證人有失公平。故民法第八七〇條之二規定：「調整可優先受償分配額時，其次序在先之抵押權所擔保之債權有保證人者，於因調整後所失優先受償之利益限度內，保證人免其責任。但經該保證人同意調整者，不在此限。」

第二、抵押權之保全

一、抵押物價值減少之防止

民法第八七一條第一項規定：「抵押人之行為，足使抵押物之價值減少者，抵押權人得請求停止其行為。如有急迫之情事，抵押權人得自為必要之保全處分。」此處所稱抵押人之行為，係指不依抵押物之性質及通常用法所為之使用收益或處分行為而言，不問其係作為（例如拆除房屋）或不作

為（例如不修補房屋），只要足以使抵押物價值減少者即屬之，不以因可歸責於抵押人之事由所致者為必要，且只須足以使抵押物價值有減少之虞即可，不以抵押物之價值已經減少為必要。至於所謂請求抵押人停止其行為，除請求抵押人不作為外，例如停止拆除房屋是，應解為包括請求抵押人為一定之作為，例如修補房屋以免即將來襲的颱風將其毀損是。其次，抵押權人因保全抵押權所支出的費用，不僅保全抵押權人的抵押權，也保全抵押人的財產，對其他抵押權人或普通債權人也是有利，故民法第八七一條第二項規定：「因前項請求或處分所生之費用，由抵押人負擔。其受償次序優先於各抵押權所擔保之債權。」

二、抵押物價值減少之補救

民法第八七二條第一項規定：「抵押物之價值因可歸責於抵押人之事由致減少時，抵押權人得定相當期限，請求抵押人回復抵押物之原狀，或提出與減少價額相當之擔保。」此處所謂相當之擔保，不以物之擔保為限，人之擔保（保證）亦可。若抵押人不於前項所定期限內履行抵押權人之請求時，民法設有使債務人喪失債務清償期限利益之規定，其要件因抵押人是否為債務人而有不同，即抵押人為債務人以外之第三人者（例如物上保證人或抵押物第三取得人），依民法第八七二條第二項規定：「抵押人不於前項所定期限內，履行抵押權人之請求時，抵押權人得定相當期限請求債務人提出與減少價額相當之擔保。屆期不提出者，抵押權人得請求清償其債權。」抵押人為債務人者，依民法第八七二條第三項規定：「抵押人為債務人時，抵押權人得不再為前項請求，逕行請求清償其債權。」

其次，民法第八七二條第四項規定：「抵押物之價值因不可歸責於抵押人之事由致減少者，抵押權人僅於抵押人因此所受利益之限度內，請求提出擔保。」故抵押人如未受有利益，則抵押權人對抵押人無提出擔保之請求權，倘若受有利益，抵押權人對抵押人雖有提出擔保之請求權，惟其所得請求提出擔保之範圍，僅以抵押人因此所受利益為限。至於此處所謂因此所受利益，不以所受損害賠償為限，包括所受不當得利或公法上之損失補償等利益在內。

三、抵押權人之物上請求權

關於抵押權人得否以其抵押權受侵害或妨害為由，準用民法第七六七條有關物上請求權之規定，而享有抵押物返還請求權、抵押權妨害排除請求權或抵押權妨害防止請求權，民法未設直接明文規定，學者通說採肯定說 ㉕。惟最高法院五十二年臺上字第九○四號判例謂：「物上請求權，除法律另有規定外，以所有人或占有人始得行使之，此觀民法第七百六十七條及第九百六十二條之規定自明。地上權人既無準用第七百六十七條規定之明文，則其行使物上請求權，自以設定地上權之土地已移轉地上權人占有為前提。」按其意旨，則因抵押權人所支配者僅為抵押物之交換價值，抵押物仍由抵押人占有，抵押權人並無占有抵押物的權利，自不認為抵押權人得準用民法第七六七條有關物上請求權之規定，而享有物上請求權。

基於抵押權係以直接支配抵押物交換價值為內容之擔保物權，於其交換價值之直接支配受有妨害時，理論上言，抵押權人自應有物上請求權以排除妨害，俾回復其支配之應有圓滿狀態，方符物權之本旨。又此次（民國九十八年）修正民法物權編，增訂民法第七六七條第二項規定：「前項規定，於所有權以外之物權，準用之。」故應認為抵押權人得準用民法第七六七條第一項有關物上請求權之規定，而享有物上請求權較妥 ㉖。職是之故，第三人不法占有抵押不動產，因而對拍賣程序之進行，有所妨害，或使拍賣價格有較適正價額為低之可能等情形，而妨害抵押不動產變價受償之實現，致抵押權人優先受償權之行使陷於困難時，即可評價為對抵押權之妨害，抵押權人可主張抵押權妨害除去請求權，甚至請求該第三人將抵押物交付其占有，以作為排除抵押權妨害之一項方法 ㉗。

㉕ 參閱謝在全，〈抵押權物上請求權之研究——民法物權修正草案評析〉，《台灣本土法學雜誌》，第二十二期，民國九十年五月，第一頁以下。另請參閱謝在全，《物權（中）》，第四九五頁以下。

㉖ 參閱謝在全，《物權（中）》，第四九六頁；謝哲勝，《物權》，第三五六頁。

㉗ 參閱謝在全，《物權（中）》，第四九七頁以下。我國學者有認為抵押權關於物上請求權的準用，只及於妨害除去和妨害預防請求權的部分，而不及於返還請求權，參閱謝哲勝，《物權》，二○○九年八月增訂二版，第三六二頁。

第三、抵押權之處分

抵押權為財產權，得連同其所擔保之債權而為讓與，亦得連同其所擔保之債權一併設定權利質權，而為他債權之擔保（民法第八七〇條）。此外，抵押權亦得拋棄，可分為絕對拋棄與相對拋棄。通常所稱之抵押權拋棄，係指絕對拋棄而言，即抵押權人以消滅抵押權之意思，而放棄其抵押權，屬於有相對人之單獨行為，應以意思表示向抵押人為之，並經塗銷抵押權登記後始生效力（民法第七五八條），一經拋棄，抵押權因而消滅，其債權即成為無擔保之債權。至於相對拋棄，係指抵押權人為抵押人之特定無擔保債權人之利益，拋棄其優先受償之利益而言。此項拋棄，僅於抵押權拋棄人與受拋棄利益之特定無擔保債權人間發生效力，對其他抵押權人之抵押權不生影響，拋棄人之抵押權並不因而消滅，故抵押權拋棄人就抵押物價金所能獲得分配之金額，由拋棄人與受拋棄利益之債權人，按兩者合計之債權額比例受償。

第四、實行抵押權

所謂實行抵押權，係指抵押權人於其債權已屆清償期，而未受清償時，依法律所規定之方法及程序，處分抵押物而優先受償之行為也。由於抵押權之本質，係在擔保債權之受償，因而債權屆清償期而未受清償時，抵押權人自得處分抵押物取償，以發揮抵押權之作用，故抵押權之實行乃抵押權之中心的效力。關於抵押權人實行抵押權之方法及程序等問題，於後另詳述之。

第三項　抵押權之實行

第一款　抵押權實行之自由

擔保物權之設定，乃為確保債務之履行，債權人於債務人逾期不履行債務時，固得行使其擔保物權，而以擔保物變價備抵，但其是否行使此項

權利，乃債權人之自由，在債務人則無強以擔保物供清償債務之權，且抵押物如因意外事變而致減損滅失者，此等危險仍應由設定抵押權人（即抵押人）負擔，尤不能藉口抵押物現狀變更，要求免責（十九上八九五）。詳言之，即債權之附有擔保者，債權人固得就擔保物行使權利，然並非其義務，從而抵押權人於債權已屆清償期，而未受清償者，雖可聲請拍賣抵押物就其賣得價金優先受償（參閱民法第八六〇條、第八七三條、第八七四條及第八七七條但書）（二十二上二五二），然不能因其設有抵押權，即謂清償債務，應以抵押物變賣之價金為限（十八上一六二四），債權人如不就抵押物行使權利而向債務人請求清償，債務人不得以附有擔保物品或應先就抵押物行使權利為抗辯（十八上八十四、十九上七四六），亦不得藉口有抵押權或擔保物之存在，而拒絕債權人清償之請求（十九上三八〇），且擔保債務之抵押物，除經債權人同意得以抵償債款外，債務人不得強以抵押物作價代充債務之清償（十八上二〇二九），縱令債權人得以行使將抵押物變賣以償本利之權利而不行使，要無因此喪失其債權之理（二十上二三七三）。至於抵押權人之實行抵押權，其方法以拍賣為主，亦得以拍賣以外之方法為之，以下分述之。

第二款　拍賣抵押物

民法第八七三條規定：「抵押權人，於債權已屆清償期，而未受清償者，得聲請法院，拍賣抵押物，就其賣得價金而受清償。」故拍賣為實行抵押權的主要方法，茲就有關問題，分述如下：

第一、拍賣之聲請

拍賣為實行抵押權的主要方法，屬非訟事件，應先聲請抵押標的物所在地的法院為准許拍賣之裁定（強制執行法第四條第一項第五款，非訟事件法第七二條），然後以該許可拍賣之裁定為執行名義，聲請法院的民事執行處為查封拍賣。法院為准許拍賣抵押物之裁定後，抵押權人即得以之為執行名義聲請強制執行，若該抵押權人嗣後重複聲請法院裁定拍賣，為無

實益，應不予准許（八十臺抗六十六）。又不動產所有人設定抵押權後，將不動產讓與他人者，依民法第八六七條但書規定，其抵押權不因此而受影響，抵押權人得本於追及其物之效力實行抵押權，系爭不動產既經抵押人讓與他人而屬於受讓之他人所有，則因實行抵押權而聲請法院裁定准許拍賣該不動產時，自應列受讓之他人為相對人（七十四臺抗四三一）。

　　拍賣抵押物之聲請，祗須其抵押權已經依法登記，且債權已屆清償期而未受清償，法院即應為准許拍賣之裁定，受聲請法院並無審查或確定實體法上法律關係存否之權利（三十院二二三五），至於為拍賣程序基礎之私法上權利有瑕疵時，應由爭執其權利之人提起訴訟，以資救濟，抵押權人並無於聲請拍賣抵押物前，先行訴請確認其權利存在之義務（四十九臺上二四四判決）。從而抵押權經依法設定登記後，債權人因債務屆期未受清償，依民法第八七三條之規定，即得聲請法院拍賣抵押物，如對於此項法律關係有爭執時，應由有爭執之人提起訴訟，以求解決，不得僅依抗告程序聲明其有爭執，並據為廢棄拍賣裁定之理由（五十一臺抗二六九），抵押權人以依登記之清償期業已屆滿而未受清償，聲請拍賣抵押物時，法院即應為許可拍賣之裁定，實際上之清償期有無變更，本非所問，倘當事人就此有爭執時，不妨提起訴訟以求解決，殊不容依抗告程序聲明不服（五十八臺抗五二四）。又所謂清償期，係指應為清償之時期而言，不以約定者為限，惟依民法第三一五條規定，債權人得隨時請求清償，債務人亦得隨時為清償者，須經債權人請求清償，而債務人不為清償時，始與所謂已屆清償期而未受清償之情形相符（三十院二一八七）。

第二、拍賣之標的物

　　拍賣之標的物應為抵押物，惟為保護抵押權人，民法第八七七條第一項規定：「土地所有人於設定抵押權後，在抵押之土地上營造建築物者，抵押權人於必要時，得於強制執行程序中聲請法院將其建築物與土地併付拍賣。但對於建築物之價金，無優先受清償之權。」此為得將營造建築物與土地併付拍賣的規定，依本條項規定之文義觀之，固應解釋為該建築物除須

於設定抵押權後興建者外，尚須為土地所有人（抵押人）所興建者，始有其適用。惟土地所有人於土地上營造建築物後，將該建築物連同抵押之土地讓與他人，或將抵押之土地讓與他人，而由該他人於土地上營造建築物，或土地抵押後，其上之建築物雖非土地所有人所營造，然於抵押權實行時，土地與建築物已歸一人所有者，均應解為仍有本條項規定之適用，即抵押權人於必要時，得於強制執行程序中聲請法院將其建築物與土地併付拍賣❷❽。最高法院八十九年臺抗字第三五二號判例謂：「民法第八百七十七條係為保護抵押權人之利益，及社會之經濟而設之規定，故於土地抵押後，在其上營造之建築物，雖非土地所有人所建，但於抵押權實行時，該建築物若與抵押之土地已歸一人所有，則為貫徹上開立法目的，宜解為有該條之適用，得於必要時，將土地抵押後，在其上營造之建築物，與該土地併付拍賣。」可供參考。至於抵押權人聲請併付拍賣該建築物，限於「必要時」始得為之，是否有必要，通常係以只拍賣該抵押之土地，是否足以清償抵押權人之債權為認定標準，惟該土地上因存有建築物，以致影響他人之購買意願，造成無人應買或出價過低者，亦可認為有併付拍賣之必要。又抵押權人就抵押人（土地所有人）所營造建築物與抵押土地，雖得聲請法院併付拍賣，惟就該建築物所賣得之價金，抵押權人並無優先受償權。

　　其次，民法第八七七條第二項規定：「前項規定，於第八百六十六條第二項及第三項之情形，如抵押之不動產上，有該權利人或經其同意使用之人之建築物者，準用之。」故土地所有人（抵押人）將土地設定抵押權之後，就同一土地再設定用益物權（例如地上權）予他人，或將同一土地出租或出借予他人，而由該他人（用益權人）在該土地上營造建築物者，抵押權人得依本條項準用同條第一項規定，向法院聲請併付拍賣用益權人所興建之建築物，惟就該建築物所賣得之價金，抵押權人並無優先受償權，應返還予用益權人。此外，土地所有人（抵押人）將土地設定抵押權之後，在該抵押之土地上營造建築物，嗣僅將該建築物之所有權移轉予他人，或僅將抵押之土地所有權移轉予他人，抵押權人亦得依本條項準用同條第一項

---

❷❽　參閱謝在全，《物權（中）》，第五三〇頁。

規定，向法院聲請將建築物與土地併付拍賣，惟就該建築物所賣得之價金，抵押權人並無優先受償權。又民法第八六二條第三項規定：「以建築物為抵押者，其附加於該建築物而不具獨立性之部分，亦為抵押權效力所及。但其附加部分為獨立之物，如係於抵押權設定後附加者，準用第八百七十七條之規定。」故附加於該為抵押之建築物而具獨立性之部分，如係於抵押權設定後所附加者，抵押權人於必要時，亦得聲請法院將該建築物及其附加物併付拍賣，但就附加物賣得價金，無優先受清償之權。

又民法第八七七條之一規定：「以建築物設定抵押權者，於法院拍賣抵押物時，其抵押物存在所必要之權利得讓與者，應併付拍賣。但抵押權人對於該權利賣得之價金，無優先受清償之權。」此乃因土地與建築物固為各別之不動產，各得單獨為交易的標的，但建築物性質上不能與土地使用權分離而存在，故以建築物設定抵押權，於抵押物拍賣時，其抵押物對土地存在所必要之權利得讓與者，例如地上權、租賃權等是，無論係在抵押權設定之前或後取得，必須與抵押建築物併付拍賣，法院及抵押權人均無選擇之權，此與民法第八七七條規定得併付拍賣者，有所不同。至於抵押物存在所必要之權利而不得讓與者，例如基地之使用借貸權是，則無本條之適用，即不得將其與抵押建築物併付拍賣。抵押物存在所必要之權利而得讓與者，固應併付拍賣，惟因該權利並非抵押權之標的物，故抵押權人對於該權利賣得之價金，無優先受清償之權。

第三、拍賣之效果

拍賣發生如何之效果，與拍賣之性質如何認定有密切關係，關於拍賣之性質為何，殊多爭論，大體言之，可分為私法行為與公法行為兩說。前說認為法院之拍賣，類似民法上之買賣，因此拍賣之法律上效果應適用民法上關於買賣效力之規定，以及依一般法律行為發生物權得喪之原理說明之（四十七臺上一五二、四十九臺抗八十三、四十九臺上二三八五）❷⁹。後說則認為法院拍賣類似公用徵收，與民法上之買賣行為不同，屬於公法

❷⁹　參閱姚瑞光，《物權》，第二四一頁、第二四九頁以下。

上之處分行為，有為拍定人創設原始取得所有權之效力❸。此二種理論，爭執已久，迄無定論，有待進一步釐清，為避免法律關係趨於複雜，公法行為說較為可採。以下僅就民法所設規定分述之：

一、賣得價金之分配

民法第八七四條規定：「抵押物賣得之價金，除法律另有規定外，按各抵押權成立之次序分配之。其次序相同者，依債權額比例分配之。」故關於抵押物賣得價金之分配次序，如法律另有規定者，自應從其規定，例如強制執行之費用（強制執行法第二十九條第二項）、土地增值稅（稅捐稽徵法第六條第二項）❸、承攬人之修繕報酬請求權（民法第五一三條第四項）、保全抵押物所生之費用（民法第八七一條第二項）等，係優先於抵押權所擔保之債權而受清償是，如法律未另有規定，有抵押權擔保之債權，優先於無抵押權擔保之債權而受清償，就同一抵押物存有多數抵押權擔保之債權，應按各抵押權成立之次序分配之，其次序相同者，依債權額比例分配之。抵押物拍賣後，如其價金不足清償抵押權所擔保債權之全部者，該未受清償部分之債權即成為無擔保之普通債權，得就債務人之其他財產繼續求償（三十四院解二九三五）。

二、抵押權之消滅

民法第八七三條之二第一項規定：「抵押權人實行抵押權者，該不動產上之抵押權，因抵押物之拍賣而消滅。」故抵押物一經抵押權人實行抵押權而拍定，存在於該抵押物上之抵押權，均歸於消滅，不問抵押權人是否聲請拍賣抵押物，即不僅聲請拍賣抵押物之抵押權人，其他未聲請拍賣抵押

---

❸ 參閱史尚寬，《物權》，第二七〇頁以下；陳榮宗，〈法院拍賣之理論基礎〉，《民事程序法與訴訟標的理論》，自版，民國六十六年五月初版，第七十三頁以下（第七十七頁以下）。王澤鑑教授亦傾向於公法行為說，參閱王澤鑑，〈強制拍賣非屬債務人財產與拍定人之地位〉，《民法學說與判例研究㈠》，第四八〇頁以下（第四八四頁）。

❸ 關於租稅優先權，詳請參閱劉春堂，《民商法論集㈡》，自版，民國七十九年四月初版，第四五一頁以下，收錄有〈論租稅優先權〉、〈擔保物權與關稅之優先受償位序〉及〈論租稅之優先受償位序〉三文。

物之抵押權人，其抵押權均歸於消滅。此乃因抵押權所支配者係抵押物之交換價值，此項價值已因抵押物之拍賣而具體化為一定價金，該價金並已由抵押權人依其優先次序分配完畢，是抵押權之內容已實現，該抵押權及其他抵押權自應歸於消滅。其次，抵押權人依民法第八七三條規定實行抵押權時，其他抵押權所擔保之債權，有未屆清償期之情形者，為貫徹抵押物一經拍定，存在於該抵押物上之抵押權，均歸於消滅之原則，兼顧債務人、執行債權人及抵押權人之利益並避免法律關係複雜，俾有助於拍賣之易於實施，故民法第八七三條之二第二項規定：「前項情形，抵押權所擔保之債權有未屆清償期者，於抵押物拍賣得受清償期之範圍內，視為到期。」又抵押物一經拍定，存在於該抵押物上之抵押權，固均因而歸於消滅，惟依民法第八七三條之二第三項規定：「抵押權所擔保之債權未定清償期或清償期尚未屆至，而拍定人或承受抵押物之債權人聲明願在拍定或承受之抵押物價額範圍內清償債務，經抵押權人同意者，不適用前二項之規定。」

三、法定地上權之發生

　　民法第八七六條規定：「設定抵押權時，土地及其土地上的建築物，同屬於一人所有，而僅以土地或僅以建築物為抵押者，於抵押物拍賣時，視為已有地上權的設定，其地租、期間及範圍由當事人協議定之。不能協議者，得聲請法院以判決定之。設定抵押權時，土地及其土地上的建築物，同屬於一人所有，而以土地及建築物為抵押者，如經拍賣，其土地與建築物之拍定人各異時，適用前項之規定。」故無論係僅以土地或僅以建築物為抵押，抑或係以土地及建築物一併為抵押，拍賣結果致土地與建築物各異其所有人者，建築物之所有人依本條規定，即可對土地取得地上權。換言之，即拍賣之物為抵押之建築物者，建築物之拍定人除可取得該建築物之所有權外，尚可取得地上權；拍賣之物為抵押之土地者，建築物之所有人，亦可取得地上權。由於此項地上權，係依民法第八七六條規定而發生或取得，不待登記，故屬於法定地上權，惟關於其地租之數額、種類、支付時期及地上權之存續期間暨範圍等，仍應由當事人協議定之，不能協議者，得聲請法院以判決定之。

其次，上開法定地上權之發生，須以該建築物於土地設定抵押權時業已存在，並具相當之經濟價值為要件。從而系爭甲部分房屋，既足認係建築於設定抵押權之後，於抵押權設定當時尚未存在，系爭乙部分豬舍，雖建於設定抵押權之前，但其價值無幾，雖予拆除，於社會經濟亦無甚影響，均不能視為民法第八七六條規定中，可成立法定地上權之建築物（五十七臺上一三〇三）。又民法第八七六條規定之法定地上權，係為維護特定建築物之存在而發生，使建築物之拍定人或所有人得以利用土地，不致因抵押物拍賣，而導致地上建築物必須拆除之結果，從而該建築物滅失時，其法定地上權即應隨之消滅，此與民法第八三二條所定之地上權，得以約定其存續期限，於約定之地上權存續期限未屆至前，縱地上之工作物或竹木滅失，依民法第八四一條規定其地上權仍不因而消滅者不同（八十五臺上四四七）。

第三款　拍賣以外之方法

第一、取得抵押物之所有權

民法第八七八條規定：「抵押權人於債權清償期屆滿後，為受清償，得訂立契約，取得抵押物之所有權，或用拍賣以外之方法處分抵押物。但有害於其他抵押權人之利益者，不在此限。」故抵押權人欲實行其抵押權，除聲請法院拍賣抵押物外，尚得訂立契約使抵押權人取得其所有權，而為代物清償（民法第三一九條）。惟擔保債務之抵押物，除經債權人同意得以抵償債款外，債務人不得強以抵押物作價，代充債務之清償（十八上二〇九）。其次，此項訂立取得抵押物所有權之契約，須於債權清償期屆滿後訂立，且須由抵押權人與抵押人為之，抵押物如係由第三人所提供，而抵押權人係與債務人訂立此項契約時，尚須經該第三人（物上保證人）之承認，始能對之發生效力。

以上係指抵押權人於債權清償期屆滿後，與抵押人訂立契約取得抵押物所有權而言，此與流抵契約（流押契約）不同。所謂流抵契約，係指抵

押權人與抵押人在清償期尚未屆至「前」，約定若將來債務人於債權已屆清償期而未為清償時，抵押物之所有權移屬於抵押權人。關於流抵契約，我國民法原來係加以禁止，即原民法第八七三條第二項規定：「約定於債權已屆清償期，而未為清償時，抵押物之所有權，移屬於抵押權人者，其約定為無效。」此次（民國九十六年）修正民法物權編，刪除原民法第八七三條第二項規定，增訂民法第八七三條之一第一項規定：「約定於債權已屆清償期而未為清償時，抵押物之所有權移屬於抵押權人者，非經登記，不得對抗第三人。」故當事人可以自由為流抵之約定，並且只要經登記，即可對抗抵押權讓與人、抵押物受讓人或後順位抵押權人等第三人，若未經登記，則僅於當事人間有其債權之效力。

其次，依民法第八七三條之一第二項規定：「抵押權人請求抵押人為抵押物所有權之移轉時，抵押物價值超過擔保債權部分，應返還抵押人；不足清償擔保債權者，仍得請求債務人清償。」故抵押權人負有清算抵押物價值之義務，避免抵押權人透過流抵契約取得高價抵押物之所有權，以之抵充小額債權，而獲得債權清償以外之利益。至於抵押物價值之估算，應依抵押權人請求抵押物所有權移轉時之客觀交易價值為準，且得扣除土地增值稅之負擔、前次序抵押權之擔保債權額及其他應負擔之相關費用，自屬當然。又抵押權人依流抵契約雖得為抵押物所有權移轉之請求，然抵押物所有權移轉於抵押權人前，抵押權及其所擔保債權尚未消滅，債務人或抵押人自仍得清償債務，以消滅抵押權，抵押權人不得拒絕其清償。故民法第八七三條之一第三項規定：「抵押人在抵押物所有權移轉於抵押權人前，得清償抵押權擔保之債權，以消滅該抵押權。」

第二、以拍賣或取得所有權以外之方法處分抵押物

依民法第八七八條規定，抵押權人於債權清償期屆滿後，為受清償，除得以拍賣或訂立契約取得抵押物所有權方式，實行抵押權外，尚得訂立契約，以拍賣或取得抵押物所有權以外之方法，處分抵押物，例如約定由抵押人覓主變賣，或授權抵押權人標售是。

第四項　物上保證人之求償權及代位權

第一、求償權及代位權之發生

　　以自己之不動產，為債務人設定抵押權之第三人，稱之為物上保證人。物上保證人得主動代債務人清償債務，債權人不得拒絕（民法第三一一條），物上保證人代為清償債務，或因抵押權人實行抵押權致失抵押物之所有權時，得依其與債務人間之法律關係（例如委任或無因管理），請求債務人償還，即物上保證人有求償權（民法第五四六條第一項、第一七六條）。

　　其次，依民法第八七九條第一項規定：「為債務人設定抵押權之第三人，代為清償債務，或因抵押權人實行抵押權致失抵押物之所有權時，該第三人於其清償之限度內，承受債權人對於債務人之債權。但不得有害於債權人之利益。」故物上保證人代為清償債務，或因抵押權人實行抵押權致失抵押物之所有權時，尚有代位權，即債權人對於債務人之債權，並未因而消滅，於其清償之限度內，移轉於物上保證人，但不得有害於債權人之利益。又依民法第七四九條規定：「保證人向債權人為清償後，於其清償之限度內，承受債權人對於主債務人之權利。但不得有害於債權人之利益。」故保證人亦有代位權。至於物上保證人或保證人代位取得之債權，不獨原本債權，該債權之擔保，例如抵押權、質權、留置權或保證是，以及該債權之其他從屬權利及瑕疵，例如利息、違約金、主債務人對債權人之抗辯等是，亦一同移轉於物上保證人或保證人（民法第二九五條、第二九九條）。應予注意者，乃物上保證人固有代位權，惟抵押權人不得據此即謂物上保證人有代償債務之責任，而請求其代為清償債務，蓋物上保證人除以其物供擔保外，並無保證或其他債務責任（二十三上三二〇一）。

第二、物上保證人與保證人之責任關係

一、物保與人保責任平等

　　對於同一債權或同一債務，除設定抵押權予以擔保（物保）外，尚有

保證人為擔保（人保）時，關於物上保證人與保證人之關係，有「物的責任優先說」與「物上保證人與保證人責任平等說」之不同見解。民法第七五一條規定：「債權人拋棄為其債權擔保之物權者，保證人就債權人所拋棄權利之限度內，免其責任。」另依民法第八七九條之一規定：「第三人為債務人設定抵押權時，如債權人免除保證人之保證責任者，於前條第二項保證人應分擔部分之限度內，該部分抵押權消滅。」由此可知，我國現行民法係採「物上保證人與保證人責任平等說（物保與人保責任平等說）」。

二、求償權及代位權之行使

如上所述，就同一債權或同一債務，除設定抵押權予以擔保（物保）外，尚有保證人為擔保（人保）者，物保與人保之責任平等，且物上保證人或保證人均有代位權。從而物上保證人代為清償債務，或因抵押權人實行抵押權致失抵押物之所有權時，於其清償之限度內，得代位行使債權人（抵押權人）對於保證人之權利；保證人向債權人為清償後，於其清償之限度內，得代位行使債權人（抵押權人）對於抵押物之權利。基於衡平之觀念，應認為行使代位權之保證人或物上保證人，僅能在他保證人或物上保證人分擔部分內取償，不得代位債權人就債權額之全部向他保證人或物上保證人全部取償。民法第八七九條第三項規定：「前項情形，抵押人就超過其分擔額之範圍，得請求保證人償還其應分擔部分。」故物上保證人代位行使債權人（抵押權人）對於保證人之權利時，只能就超過其分擔額之範圍，在保證人之應分擔部分內，請求保證人償還其應分擔額。保證人代位行使債權人（抵押權人）對於物上保證人之權利時，只能就超過其分擔額之範圍，在物上保證人之應分擔部分內，請求物上保證人償還其應分擔額。

三、物上保證人與保證人之應分擔額

關於物上保證人與保證人之應分擔額，依民法第八七九條第二項規定：「債務人如有保證人時，保證人應分擔之部分，依保證人應負之履行責任與抵押物之價值或限定之金額比例定之。抵押物之擔保債權額少於抵押物之價值者，應以該債權額為準。」就民法第八七九條第二項及第三項規定之適用，立法說明所舉例子：「例如甲對乙負有六十萬元之債務，由丙為全額

清償之保證人，丁則提供其所有價值三十萬元之土地一筆設定抵押權予乙。嗣甲逾期未能清償，乙遂聲請拍賣丁之土地而受償三十萬元。依本條規定，乙對甲之原有債權中之三十萬元部分，由丁承受；保證人丙就全部債務之應分擔部分為四十萬元 (=60×[60÷(30+60)])，丁就全部債務之應分擔部分則為二十萬元 (=60×[30÷(30+60)])，丁已清償三十萬元，故僅得就超過自己分擔部分對丙求償十萬元。反之，如丁係以其所有價值七十萬元之土地設定抵押權予乙，嗣乙聲請拍賣該土地而其六十萬元債權全額受清償時，保證人丙之分擔額則為三十萬元 (=60×[60÷(60+60)])，丁得向丙求償三十萬元。」可供參考。又前開物上保證人向保證人求償時，應視該保證之性質定之，如為連帶保證或拋棄先訴抗辯權之保證人時，該物上保證人得直接向保證人求償；如為普通保證人，因其有先訴抗辯權，如其主張先訴抗辯權時，該物上保證人則應先向債務人求償，於債務人不能償還時，始得向保證人求償。

第五項　抵押權之消滅

第一、主債權消滅

　　抵押權為從屬於其所擔保債權之權利，當被擔保之債權全部消滅時，不論其消滅原因係清償、提存、混同、抵銷或免除等，抵押權當然因而隨之消滅，不待當事人辦理塗銷登記（民法第三○七條）。

第二、除斥期間屆滿

　　抵押權所擔保之債權（主債權）經時效而消滅者，債權人仍得就其抵押物取償（民法第一四五條第一項），惟民法第八八○條規定：「以抵押權擔保之債權，其請求權已因時效而消滅，如抵押權人，於消滅時效完成後，五年間不實行其抵押權者，其抵押權消滅。」此五年期間，為抵押權消滅之除斥期間，並非謂有抵押權擔保之請求權，其時效期間較十五年為長（五十三臺上一三九一）。至於民法第八八○條所稱實行其抵押權，於依民法第

八七三條聲請法院拍賣抵押物之場合，係指抵押權人依法院許可拍賣抵押物之裁定，聲請執行法院強制執行拍賣抵押物，或於他債權人對於抵押物聲請強制執行時，聲明參與分配而言，不包括抵押權人僅聲請法院為許可拍賣抵押物之裁定之情形在內。否則，抵押權人祇須聲請法院為許可拍賣抵押物之裁定，即可使抵押權無限期繼續存在，顯與法律規定抵押權因除斥期間之經過而消滅之本旨有違（八十七臺上九六九判決）。又抵押權因其所擔保債權之消滅時效完成及上開除斥期間之經過，即歸於消滅，從而縱令債務人於其後之訴訟中就業經時效完成之請求權未為拒絕給付之抗辯，致受敗訴判決確定，對於該已因除斥期間之經過而消滅之抵押權不生影響（八十九臺上一四七六判決）。

第三、抵押物滅失

由於物權係直接支配其標的物，而享受其利益之具有排他性的權利，以特定標的物之存在為其成立及存續前提，標的物滅失，則物權即無所附麗，自應隨之而消滅，抵押權亦同。民法第八八一條規定：「抵押權除法律另有規定外，因抵押物滅失而消滅。但抵押人因滅失得受賠償或其他利益者，不在此限。抵押權人對於前項抵押人所得行使之賠償或其他請求權有權利質權，其次序與原抵押權同。給付義務人因故意或重大過失向抵押人為給付者，對於抵押權人不生效力。抵押物因毀損而得受之賠償或其他利益，準用前三項之規定。」其有關問題，前已述及，於茲不贅。此外，應予注意者，乃抵押物全部或一部滅失時，抵押權雖因而消滅或減縮其範圍，但抵押權所擔保之債權，並不因而消滅或縮減其範圍（二二上三八六六）。

第四、抵押權實行

抵押權人實行抵押權，出賣或拍賣抵押物，則不論該抵押權所擔保之債權是否因而全部受償，抵押權均因之而消滅。惟抵押權人（即債權人）之債權並不因而消滅（成為無擔保之債權），就其未受清償之債權仍得繼續向債務人追償。

第二節　特殊抵押權

　　特殊抵押權之種類甚多，主要有下列八種：①法定抵押權，乃依法律規定而當然發生，無須經當事人設定之抵押權（成立原因特殊），例如承攬人之法定抵押權（民法第五一三條）是。②權利抵押權，乃以所有權以外之不動產物權或準物權為標的物之抵押權（標的物特殊）。③動產抵押權，乃以動產為標的物之抵押權（標的物特殊，動產擔保交易法對之設有規定）。④財團抵押權，乃以由企業之物的設備（例如土地、建築物、機器或其他設備）及其所有之各種權利（例如地上權、智慧財產權等），所組成之集合的財產（財團）為標的物之抵押權（標的物特殊，已廢止之工礦抵押法對之設有規定）。⑤共同抵押權，乃為同一債權之擔保，而於數個不動產上所設定之抵押權，亦稱總括抵押權或連帶抵押權（標的物特殊）。⑥所有人抵押權，乃不動產所有人於自己所有之不動產上存有抵押權，依我民法規定，僅於混同的情況下承認之（參閱民法第七六二條）（主體特殊）。⑦最高限額抵押權，乃對於由繼續的法律關係將來可發生之債權，預定一最高限度額，而以抵押物擔保之抵押權（債額特殊）。⑧證券抵押權，乃以流通為目的，發行證券所成立之抵押權，屬於一種投資抵押，以誘導資金為其主要目的（設定方式特殊）。以下僅就民法所規定之特殊抵押權分述之。

第一項　共同抵押權

第一、共同抵押權之意義及設定

一、共同抵押權之意義

　　所謂共同抵押權，係指為同一債權之擔保，而於數個不動產上所設定之抵押權。此處所稱同一債權，係指基於相同原因所發生之債權，其債權人、債務人及給付內容均屬相同者而言。共同抵押權所擔保之債權，只要是同一債權即可，各抵押物所擔保之債權額可不必相同。又共同抵押權係

以數個不動產為抵押物，所謂數個不動產，係指二個以上而各自獨立存在之標的物而言，不以同種類者為限，且不須為同一人所有，例如為擔保甲對乙之五百萬元債權，由乙提供 A、B 兩塊土地；或由乙提供 A 土地及 B 房屋；或由乙提供 A 土地，丙提供 C 房屋；或由丙提供 D 土地及 C 房屋；或由丙提供 D 土地，丁提供 E 房屋等，設定抵押權，均可成立共同抵押權是。又共同抵押權係以數個不動產為抵押物，基於一物一權主義，自應解為係按抵押物之個數而成立數個抵押權❸❷。

二、共同抵押權之設定

關於共同抵押權之設定，民法未設特別規定，故與普通抵押權之設定相同，須訂立書面契約及完成登記，始能發生效力（民法第七五八條）。共同抵押權之成立，不以設定時即以數個不動產為抵押物者為限，原非共同抵押權，嗣因抵押之土地經分割或合併而轉變為數個不動產；或原係以單一不動產為抵押物之普通抵押權，嗣後追加以其他不動產設定抵押權，亦可成立共同抵押權。又民法第八七五條規定：「為同一債權之擔保，於數不動產上設定抵押權，而未限定各個不動產所負擔之金額者，抵押權人得就各個不動產賣得之價金，受債權全部或一部之清償。」故設定共同抵押權時，當事人可以選擇限定各個抵押物應負擔之金額，亦得選擇不限定各個抵押物應負擔之金額，一般稱之為「抵押權人自由選擇權保障主義」。如當事人以特約限定各抵押物負擔之金額時，各抵押物自應按其限定之金額，負其擔保責任。上述限定，需由抵押權人與抵押人約定為之，至其為限定之時間，於抵押權實行前均得為之。又限定之方式，不以具體指明金額為限，約定按各抵押物價值之比例定之，亦無不可。

第二、共同抵押權人之實行抵押權

民法第八七五條規定：「為同一債權之擔保，於數不動產上設定抵押權，

---

❸❷　參閱陳榮隆，〈共同抵押權之效力〉，《輔仁法學》，第十二期，第二五四頁；謝在全，《物權（中）》，第五八五頁。關於本問題，另請參閱鄭玉波，〈共同抵押之研究〉，《民商法問題研究㈣》，第一二一（尤其是一二四）頁以下。

而未限定各個不動產所負擔之金額者，抵押權人得就各個不動產賣得之價金，受債權全部或一部之清償。」從而以多數不動產為同一債權之擔保，若已限定各個抵押物所負擔之擔保債權金額者，此際就各抵押物賣得之價金，固僅能按該限定之金額受償，若未限定各個抵押物所負擔之擔保債權金額者，抵押權人得先後或同時就部分或全部抵押物聲請拍賣，以賣得價金之全部或一部清償擔保債權之一部或全部。又由於共同抵押權之數抵押物，對於所擔保之債權，各負全部之擔保責任，從而如何實行抵押權，係屬共同抵押權人之自由，究應拍賣抵押物之全部或其一部，同時或先後拍賣，可任由共同抵押權人選擇之。

第三、各個抵押物對所擔保債權之內部分擔金額

共同抵押權之抵押物不屬同一人所有或抵押物上有後次序抵押權存在時，為期平衡物上保證人與抵押物後次序抵押權人之權益，並利求償權或承受權之行使，宜就各抵押物內部對債權分擔金額之計算方式予以明定。故民法第八七五條之二規定：「為同一債權之擔保，於數不動產上設定抵押權者，各抵押物對債權分擔之金額，依下列規定計算之：一、未限定各個不動產所負擔之金額時，依各抵押物價值之比例。二、已限定各個不動產所負擔之金額時，依各抵押物所限定負擔金額之比例。三、僅限定部分不動產所負擔之金額時，依各抵押物所限定負擔金額與未限定負擔金額之各抵押物價值之比例。計算前項第二款、第三款分擔金額時，各抵押物所限定負擔金額較抵押物價值為高者，以抵押物之價值為準。」本條規定，純屬有關各抵押物間內部分擔額之規定，以利民法第八七五條之三及第八七五條之四之適用，並非抵押權人自由選擇權之限制，應予注意。

第四、數抵押物同時拍賣時所得價金之分配

如前所述，於共同抵押之情形，如何實行抵押權，係屬共同抵押權人之自由，究應拍賣抵押物之全部或其一部，同時或先後拍賣，可任由共同抵押權人選擇之。惟於共同抵押權人聲請就二以上之抵押物（包括全部抵

押物或部分抵押物）同時拍賣時，在不影響抵押權人之受償利益下，為期平衡物上保證人與抵押物後次序抵押權人之權益，並利求償權或承受權之行使，關於各抵押物賣得之價金，應如何分配，以及各抵押物對債權分擔金額之計算方法，民法設有下列規定：

一、應先就債務人之抵押物賣得價金受償

民法第八七五條之一規定：「為同一債權之擔保，於數不動產上設定抵押權，抵押物全部或部分同時拍賣時，拍賣之抵押物中有為債務人所有者，抵押權人應先就該抵押物賣得之價金受償。」本條之適用，不限於未限定各個不動產所負擔之金額者；其已限定者，亦同。

二、經拍賣之各抵押物對債權分擔金額之計算及受償

民法第八七五條之三規定：「為同一債權之擔保，於數不動產上設定抵押權者，在抵押物全部或部分同時拍賣，而其賣得價金超過所擔保之債權額時，經拍賣之各抵押物對債權分擔金額之計算，準用前條之規定。」故各抵押物就其賣得之價金，應依民法第八七五條之二規定之分擔額，分配擔保債權之清償。關於本條之適用，立法說明所舉例子：「例如甲對乙負有六百萬元之債務，由丙、丁、戊分別提供其所有之 A、B、C 三筆土地設定抵押權於乙，共同擔保上開債權，而均未限定各個不動產所負擔之金額。嗣甲逾期未能清償，乙遂聲請對 A、B 二地同時拍賣，A 地拍賣所得價金為五百萬元，B 地拍賣所得價金為三百萬元，於此情形，A 地、B 地對債權分擔之金額，應準用第八百七十五條之二第一項第一款之規定計算之，故 A 地對債權之分擔金額為三百七十五萬元 $(=600\times[500\div(500+300)])$，B 地對債權之分擔金額則為二百二十五萬元 $(=600\times[300\div(500+300)])$。拍賣抵押物之執行法院，自應按此金額清償擔保債權。又上例中，如分別限定 A、B、C 三筆土地所負擔之金額為三百萬元、二百萬元、一百萬元，乙聲請對 A、B 二地同時拍賣，A 地拍賣所得價金為五百萬元，B 地拍賣所得價金為三百萬元，於此情形，A 地、B 地對債權分擔之金額，則應準用第八百七十五條之二第一項第二款前段之規定計算之，故 A 地對債權之分擔金額為三百萬元，B 地對債權之分擔金額為二百萬元。」可供參考。

第五、物上保證人及後次序抵押權人之求償權及承受權

依民法第八七五條之二規定，共同抵押權之各抵押物，各有其內部分擔擔保債權之金額，從而於抵押物異時拍賣時，如抵押權人就其中某抵押物賣得價金受償之債權額，超過該抵押物應分擔之金額時，為謀物上保證人間及後次序抵押權人之公平，因而乃發生求償權及承受權。民法第八七五條之四規定：「為同一債權之擔保，於數不動產上設定抵押權者，在各抵押物分別拍賣時，適用下列規定：一、經拍賣之抵押物為債務人以外之第三人所有，而抵押權人就該抵押物賣得價金受償之債權額超過其分擔額時，該抵押物所有人就超過分擔額之範圍內，得請求其餘未拍賣之其他第三人償還其供擔保抵押物應分擔之部分，並對該第三人之抵押物，以其分擔額為限，承受抵押權人之權利。但不得有害於該抵押權人之利益。二、經拍賣之抵押物為同一人所有，而抵押權人就該抵押物賣得價金受償之債權額超過其分擔額時，該抵押物之後次序抵押權人就超過分擔額之範圍內，對其餘未拍賣之同一人供擔保之抵押物，承受實行抵押權人之權利。但不得有害於該抵押權人之利益。」

職是之故，抵押物經拍賣之物上保證人，依民法第八七五條之四第一款規定，有求償權及承受權；同一人所提供之抵押物上之後次序抵押權人，依民法第八七五條之四第二款規定，有承受權。此外，共同抵押權人之債權，如有保證人保證其履行時，於保證人代為履行債務後，有民法第七四九條所定之權利；物上保證人代為清償債務，或因共同抵押權人實行抵押權致喪失抵押物之所有權時，則有民法第八七九條之權利，前者為保證人對債務人之求償權及承受權，後者為物上保證人對債務人之求償權及承受權，兩者並各有分擔部分（民法第七五一條、第八七九條第二項、第八七九條之一參照）。

第二項　最高限額抵押權

第一款　最高限額抵押權之意義及特性

第一、概說

關於最高限額抵押權，我國民法原未設規定，惟學說判例承認之，實務上行之有年。民國九十六年三月二十八日總統令修正公布，並於同年九月二十八日施行之民法物權編，雖已於物權編第六章增訂第二節最高限額抵押權（民法第八八一條之一至第八八一條之十七），對最高限額抵押權設明文規範，惟因最高法院在民法增訂最高限額抵押權之前，關於最高限額抵押權所作成之判例，其所確立的原理原則，對我國最高限額抵押權之產生及成長，具有極重要之地位及貢獻，仍有參考價值，茲引數則如下：

①最高法院六十二年臺上字第七七六號判例：「最高額抵押與一般抵押不同，最高額抵押係就將來應發生之債權所設定之抵押權，其債權額在結算前並不確定，實際發生之債權額不及最高額時，應以其實際發生之債權額為準。」

②最高法院六十六年臺上字第一○九七號判例：「所謂最高限額之抵押契約，係指所有人提供抵押物，與債權人訂立在一定金額之限度內，擔保現在已發生及將來可能發生之債權之抵押權設定契約而言。此種抵押權所擔保之債權，除訂約時已發生之債權外，即將來發生之債權，在約定限額之範圍內，亦為抵押權效力所及。雖抵押權存續期間內已發生之債權，因清償或其他事由而減少或消滅，原訂立之抵押契約依然有效，嗣後在存續期間內陸續發生之債權，債權人仍得對抵押物行使權利。此種抵押契約如未定存續期間，其性質與民法第七百五十四條第一項所訂就連續發生之債務為保證而未訂有期間之保證契約相似，類推適用同條項規定，抵押人固得隨時通知債權人終止抵押契約，對於終止契約後發生之債務，不負擔保責任。反之，此種抵押契約訂有存續期間者，訂立契約之目的顯在擔保存

續期間內所發生之債權,凡在存續中所發生之債權,皆為抵押權效力所及,於存續期間屆滿前所發生之債權,債權人在約定限額範圍內,對於抵押物均享有抵押權,除債權人拋棄其為擔保之權利外,自無許抵押人於抵押權存續期間屆滿前,任意終止此種契約。縱令嗣後所擔保之債權並未發生,僅債權人不得就未發生之債權實行抵押權而已,非謂抵押人得於存續期間屆滿前終止契約而享有請求塗銷抵押權設定登記之權利。」

③最高法院八十五年臺上字第二〇六五號判例:「所謂最高限額抵押權者,乃為預定抵押物應擔保債權之最高限額所設定之抵押權。如所預定擔保之債權非僅限於本金,而登記為本金最高限額新臺幣若干元,其約定利息、遲延利息及約定擔保範圍內之違約金,固為抵押權效力之所及,但仍受最高限額之限制,故其約定利息、遲延利息及違約金連同本金合併計算,如超過該限額者,其超過部分即無優先受償之權。」

第二、最高限額抵押權之意義

民法第八八一條之一第一項規定:「稱最高限額抵押權者,謂債務人或第三人提供其不動產為擔保,就債權人對債務人一定範圍內之不特定債權,在最高限額內設定之抵押權。」茲依此析述其要點如下:

一、最高限額抵押權係一種抵押權

民法將增訂之最高限額抵押權納入民法抵押權體系內予以規定,列於第三編第六章抵押權第二節,足見最高限額抵押權乃民法抵押權之一種。故關於最高限額抵押權,民法除對之設有特別規定外,另於民法第八八一條之十七規定:「最高限額抵押權,除第八百六十一條第二項、第八百六十九條第一項、第八百七十條、第八百七十條之一、第八百七十條之二、第八百八十條之規定外,準用關於普通抵押權之規定。」從而最高限額抵押權之抵押人可為債務人或第三人;其標的物,除不動產所有權外,地上權、永佃權及典權亦得充之;抵押物不以移轉於抵押權人占有為必要;債務人不履行債務時,抵押權人可就抵押物賣得之價金優先受償。

關於最高限額抵押權,民法對之未設有特別規定者,固可準用普通抵

押權之規定，惟下列規定不在準用之列：①基於最高限額抵押權之最高限額，係採取債權最高限額說之規範意旨，凡在最高限額範圍內之已確定原債權及其所生之利息、遲延利息與違約金，均應有優先受償權，是利息等債權不應另受第八六一條第二項所定五年期間之限制，方屬合理。②民法第八六九條第一項、第八七〇條、第八八〇條之規定，在最高限額抵押權，於第八八一條之六第一項、第八八一條之八、第八八一條之十五已有特別規定，自應排除在準用之列。③民法第八七〇條之一、第八七〇條之二之規定，為避免法律關係複雜，於最高限額抵押權不宜準用，故亦排除在準用之列。

二、最高限額抵押權係擔保不特定債權

最高限額抵押權所擔保之債權，係自該抵押權設定時起至確定時為止，在一定範圍內不斷發生或消滅之生生不息之債權，具有變動性，屬於不特定債權。又最高限額抵押權所擔保之債權，雖然具有不特定性，但並非以將來發生的債權為限，現在已發生及將來可能發生之債權，均可以成為被擔保之債權。

三、最高限額抵押權係擔保一定範圍內之債權

所謂一定範圍內之債權，係指債權人與債務人間一定法律關係所生之債權，或基於票據所生之權利（民法第八八一條之一第一項、第二項）。凡基於此種法律關係而發生之債權，皆為抵押權之效力所及。反之，如非基於特定基礎法律關係而發生之債權，即便在同一當事人間發生，亦不當然歸入所擔保債權之範圍。

四、最高限額抵押權係在一定限度額內為擔保

由於最高限額抵押權所擔保之債權，係不特定債權，在抵押權設定時，就其所擔保債權之金額，無從具體確定，因此對其所得優先受償之金額為何，須事先予以限定，其限定之方法為「最高限額」。所謂「最高限額」，係指抵押權人基於該抵押權所得優先受償之一定最高限度額數，僅在該一定金額限度內之債權額，始能享有優先受償權，超過該一定金額限度內之債權額，則不能享有優先受償權。

第三、最高限額抵押權之特性

一、擔保債權之不特定性

普通抵押權所擔保者，原則上為已發生之確定的特定債權；最高限額抵押權所擔保者，為債權人對於債務人一定範圍內之不特定債權，通常是尚未發生，將來才會發生之債權。

二、最高限額抵押權支配範圍之限制性

最高限額抵押權所擔保之債權，雖具有不特定性，然其所支配之抵押物之交換價值範圍，仍有限制。最高限額抵押權支配範圍之限制方法有二：其一為就所擔保不特定債權之範圍，予以限制，以一定範圍內之債權為限，從而非以一定範圍內之債權為限，就抵押權人（債權人）對債務人之一切債權，在最高限額內均予以擔保之概括最高限額抵押權，自不能有效成立。其二為就所擔保債權之額度，予以限制，以一定限度額範圍內之擔保債權額，始為最高限額抵押權優先受償之範圍，從而最高限額抵押權之設定，必須有最高限額之約定，否則不能解為有效。

三、最高限額抵押權從屬性之最大緩和化

有關最高限額抵押權從屬性之最大緩和化，可分從該項抵押權成立、移轉與消滅上之從屬性觀察得知。就成立之從屬性而言，最高限額抵押權不僅係擔保不特定債權，且通常於設定時尚無債權存在，於設定後確定前並無特定債權可資從屬，而是以確定後權利實現時有無擔保債權以為斷。就移轉之從屬性而言，最高限額抵押權所擔保之債權，於原債權確定前讓與他人者，其最高限額抵押權不隨同移轉（民法第八八一條之六第一項）。就消滅之從屬性而言，最高限額抵押權係擔保繼續不斷發生之不特定債權，於確定前，縱所擔保之債權歸於消滅，實際債權額為零時，抵押權仍為擔保將來可能發生之不特定債權而繼續存在，並不消滅。因此，與普通抵押權相較，最高限額抵押權之從屬性，可謂已達最大緩和化。

第二款　最高限額抵押權之設定

最高限額抵押權之設定，應由抵押權人（債權人）與抵押人（債務人或第三人）訂立書面契約（民法第七五八條第二項），並須登記始生效力（民法第七五八條第一項），此與普通抵押權之設定無異。惟因最高限額抵押權設定時，通常尚無債權存在，且其所擔保之債權具有不特定性，故當事人就擔保債權之範圍，即其債務人為何人、其擔保債權所由生之一定範圍為何及其最高限額為若干等，均應予以明確約定並辦理登記，始能生效❸。最高法院九十五年臺上字第二八○二號判決謂：「最高限額抵押權係對於債權人一定範圍內之不特定債權，預定一最高限額，由債務人或第三人提供抵押物予以擔保之特殊抵押權。亦即最高限額抵押權所擔保債權必須為一定範圍內所發生之債權。準此以觀，最高限額抵押權不僅有其特定性，且係從屬於此一定範圍內之法律關係，故最高限額抵押權所擔保者，即係此項法律關係所不斷發生之債權。查系爭最高限額抵押權設定契約書僅載明設定最高限額二億四千萬元之抵押權，並無所擔保債權之記載，則系爭抵押權所擔保之債權即無從特定，能否發生抵押權之效力已有可疑。」可供參考。茲就有關問題，分述如下：

第一、被擔保債權之資格

關於最高限額抵押權，其被擔保債權之資格有無限制，向有限制說與無限制說之不同見解。由於無限制說有礙交易安全，故我國民法採限制說，除於民法第八八一條之一第一項規定「就債權人對債務人一定範圍內之不特定債權」為擔保外，另於民法第八八一條之一第二項規定：「最高限額抵押權所擔保之債權，以由一定法律關係所生之債權或基於票據所生之權利為限。」由於此項擔保債權資格之限制，可見立法政策上已否定概括最高限額抵押權之效力，即非以一定範圍內之債權為限，就抵押權人（債權人）對債務人之一切債權，在最高限額內均予以擔保之概括最高限額抵押權，

---

❸　參閱謝在全，《物權（下）》，第三十至三十一頁；王澤鑑，《物權》，第四七三頁。

自不能有效成立❸。茲就得以最高限額抵押權予以擔保之債權，分述如下：

一、由一定法律關係所生之債權

所謂一定法律關係，不以基於契約行為（例如買賣、租賃、借貸）所生之法律關係為限，基於侵權行為或行為以外之事實所生之法律關係亦足當之。又所謂「一定」，固不限於特定之法律關係，惟約定之法律關係，須具實質限定性及客觀明確性，即須客觀上實質足以限定擔保債權所由生之範圍者始可，從而當事人如僅約定「由契約所生之債權」，自非合法。至於由一定法律關係所生之債權，當然包括現有及將來可能發生之債權，以及因繼續性法律關係所生之債權。此外，當事人就特定債權，亦得與由一定法律關係所生之不特定債權，約定共同為最高限額抵押權所擔保之債權。

當事人依民法第八八一條之一第二項規定限定一定法律關係後，凡由該法律關係所生之債權，均為擔保債權之範圍。直接由該法律關係所生之債權，固屬擔保債權之範圍，與約定之法律關係有相當關連之債權，或是該法律關係交易過程中，通常所生之債權，亦足當之。例如約定擔保範圍係買賣關係所生債權，買賣價金乃直接自買賣關係所生，固屬擔保債權，其他如買賣標的物之登記費用、因價金而收受債務人所簽發或背書之票據所生之票款債權、買受人不履行債務所生之損害賠償請求權，亦包括在內，屬擔保債權，仍為抵押權效力所及。

二、基於票據所生之權利

抵押權人所取得之債務人票據，無論係來自當事人所約定之一定法律關係，直接自債務人所收受者，抑或係源於當事人所約定之一定法律關係以外之原因，非直接自債務人所收受者，只要是基於票據所生之權利，當事人均得約定為擔保債權之範圍。又債務人所簽發、背書或保證（限於匯票、本票）之票據，輾轉流通，抵押權人經由他人而取得之票據，學者稱之為「迴得票據」，固可約定為擔保債權之範圍，惟為避免最高限額抵押權人於債務人資力惡化或不能清償債務，而其債權額尚未達最高限額時，任意由第三人處受讓債務人之票據，將之列入擔保債權，以經由抵押權之實

❸ 參閱謝在全，《物權（下）》，第十八頁、第三十三至三十六頁。

行，優先受償，而獲取不當利益，致妨害後次序抵押權人或一般債權人之權益，故民法第八八一條之一第三項規定：「基於票據所生之權利，除本於與債務人間依前項一定法律關係取得者外，如抵押權人係於債務人已停止支付、開始清算程序，或依破產法有和解、破產之聲請或有公司重整之聲請，而仍受讓票據者，不屬最高限額抵押權所擔保之債權。但抵押權人不知其情事而受讓者，不在此限。」

第二、最高限額之限制範圍及原債權之確定期日

一、最高限額之限制範圍

　　最高限額抵押權所擔保之債權，其優先受償之範圍須受最高限額之限制，所謂最高限額，係指抵押權人基於最高限額抵押權所得優先受償債權之最高限度額數而言。從而於最高限額抵押權確定時，僅不逾最高限額範圍內之擔保債權，始為抵押權效力所及，得就抵押物賣得之價金優先受償，超過該最高限額之擔保債權，仍無優先受償之權。故民法第八八一條之二第一項規定：「最高限額抵押權人就已確定之原債權，僅得於其約定之最高限額範圍內，行使其權利。」

　　其次，關於應受最高限額限制之擔保債權，有債權最高限額說與本金最高限額說之不同見解，此兩說對擔保債權之範圍，包括原本債權（本金）、利息、遲延利息及約定擔保之違約金等（民法第八六一條參照），並無不同，其不同之處，在於應否將原本債權以外之利息、遲延利息及約定為擔保範圍內之違約金等，合併計算而受最高限額之限制。債權最高限額說，認為應受最高限額限制之擔保債權，是指原本債權、利息、遲延利息與違約金等合併計算所得受償之債權最高限額而言，即利息、遲延利息與違約金等須一併算入，而受最高限額之限制，倘一併計算所得之數額超過最高限額時，超過部分即無優先受償權。本金最高限額說，認為應受最高限額限制之擔保債權，是指原本債權而言，即僅以原本債權為限，受最高限額之限制，利息、遲延利息與違約金等不須一併算入，僅原本債權超過最高限額者，其超過部分始無優先受償之權，該原本債權以外之利息、遲延利息及

約定為擔保範圍內之違約金等，依民法第八六一條規定當然為抵押權效力所及，不受該最高限額之限制。

關於應受最高限額限制之擔保債權，除動產擔保交易法原第十六條第二項規定，採債權最高限額說外，我國最高法院實務上之見解亦同。最高法院民國七十五年度第十次民事庭會議決議：採乙說，即「所謂最高限額抵押權，乃為預定抵押物應擔保債權之最高限額所設定之抵押權。如所預定擔保之債權非僅限於本金，雖登記為『本金最高限額新臺幣○○元』，其約定利息、遲延利息及約定擔保範圍內之違約金，固為抵押權效力之所及，但仍受最高限額之限制。故其利息、違約金連同本金合併計算，如超過該限額者，其超過部分，即無優先受償之權（參見本院七十三年度臺上字第三九○七號判決）。」嗣最高法院七十五年十一月二十五日七十五年度第二十二次民事庭會議決議，補充理由，重申應採債權最高限額說，以及最高法院八十五年臺上字第二○六五號判例亦明白採債權最高限額說，可供參考。

如上所述，關於應受最高限額限制之擔保債權，我國最高法院實務上之見解，採債權最高限額說，此次（民國九十六年）修正民法物權編，基於自約定法律關係所生債權之利息、遲延利息與違約金債權，均屬法律關係過程中，通常所生之債權，自當然在擔保債權範圍之內，惟均應受最高限額之限制，採債權最高限額說而增訂相關規定，即民法第八八一條之二規定：「最高限額抵押權人就已確定之原債權，僅得於其約定之最高限額範圍內，行使其權利。前項債權之利息、遲延利息、違約金，與前項債權合計不逾最高限額範圍者，亦同。」本條第二項所稱利息、遲延利息或違約金，不以同條第一項之原債權已確定時所發生者為限，其於同條第一項原債權確定後始發生，但在最高限額範圍內者，亦包括在內，仍為抵押權效力所及。又基於債務不履行所發生之損害賠償請求權，係原債權之延長或型態上之變更，自亦在擔保債權範圍之內，計入抵押權所擔保債權之最高限額，而受最高限額之限制。至於實行抵押權之費用，依民法第八八一條之十七準用第八六一條之規定，亦為抵押權效力所及。職是之故，不論債權人聲

請法院拍賣抵押物（強制執行法第二十九條參照），或依民法第八七八條用拍賣以外之方法處分抵押物受償，因此所生之費用均得就變價所得之價金優先受償，惟不計入抵押權所擔保債權之最高限額。

二、原債權之確定期日

所謂確定期日，係指足使最高限額抵押權之擔保債權，歸於確定之特定日期，具有限定最高限額抵押權之擔保債權，應以於確定期日前所生者為限之功能。由於最高限額抵押權設定時，未必有債權存在，惟於實行抵押權時，所能優先受償之範圍，仍須依實際確定之擔保債權定之；且最高限額抵押權所擔保之債權，於確定前，係具有變動性之不特定債權，此種狀態如任其繼續存在，必將使抵押人受抵押權長期甚至無限期之拘束，自非所宜，故有定確定期日之必要。此項確定期日，有由當事人約定而生者，有因當事人請求確定而生者，茲分述如下：

㈠當事人約定

民法第八八一條之四第一項規定：「最高限額抵押權得約定其所擔保原債權應確定之期日，並得於確定之期日前，約定變更之。」故原債權之確定期日，得由抵押人與抵押權人自由約定之，一經約定，即成為抵押權物權內容之一部，故須登記始生效力。此項確定期日之約定，於最高限額抵押權設定時或設定後確定前為之，均無不可，且該約定之確定期日，並得於確定之期日前，由抵押人與抵押權人自由約定變更之。又為發揮最高限額抵押權之功能，促進現代社會交易活動之迅速與安全，並兼顧抵押權人及抵押人之權益，前項確定期日，不宜過長或太短，故民法第八八一條之四第二項規定：「前項確定之期日，自抵押權設定時起，不得逾三十年。逾三十年者，縮短為三十年。」惟依民法第八八一條之四第三項規定：「前項期限，當事人得更新之。」故抵押人與抵押權人得就原存之最高限額抵押權，在不使原最高限額抵押權失其同一性之情形下，僅變更其確定期日而約定延長之，更新後之期限，亦不得逾三十年。

㈡當事人請求確定

民法第八八一條之五第一項規定：「最高限額抵押權所擔保之原債權，

未約定確定之期日者，抵押人或抵押權人得隨時請求確定其所擔保之原債權。」故抵押人或抵押權人有確定請求權，其行使應向他方當事人以意思表示為之，言詞或書面均無不可。關於抵押人或抵押權人請求確定之期日，當事人如另有約定者，自應從其約定。如無約定，為免法律關係久懸不決，宜速確定該期日，故同條第二項規定：「前項情形，除抵押人與抵押權人另有約定外，自請求之日起，經十五日為其確定期日。」由此可知，確定請求權一經行使，即可使最高限額抵押權所擔保之原債權，發生確定之效果，故應解為係一種形成權。又抵押人或抵押權人之確定請求權，應解為當事人不得約定拋棄或不行使。

第三款　最高限額抵押權之變更

第一、擔保債權範圍或其債務人之變更

民法第八八一條之三第一項規定：「原債權確定前，抵押權人與抵押人得約定變更第八百八十一條之一第二項所定債權之範圍或其債務人。」故最高限額抵押權所擔保債權之範圍或其債務人，得由抵押權人與抵押人約定變更之，惟此項變更，須於原債權確定前為之，且因其涉及最高限額抵押權內容之變動，故變更之合意，應以書面為之，並辦理登記始生效力。又擔保債權之範圍或其債務人之變更，既限於原債權確定前，則在原債權經確定後，自不得變更，如有變更之約定而經登記者，該登記對於登記在前之其他物權人即有無效之原因。其次，最高限額抵押權所支配之標的物交換價值，係以最高限額為其範圍，於原債權未經確定前，最高限額抵押權所擔保債權之範圍或其債務人縱有變更，對於後次序抵押權人或第三人之利益並無影響，為促進最高限額抵押權之擔保功能，故民法第八八一條之三第二項規定：「前項變更無須得後次序抵押權人或其他利害關係人同意。」

第二、確定期日或最高限額之變更

一、確定期日之變更

　　最高限額抵押權之確定期日，得於確定之期日前，由抵押權人與抵押人約定變更之（民法第八八一條之四第一項後段），無須得債務人或後次序抵押權人之同意。又因確定期日之變更，已構成最高限額抵押權內容之變動，自須以書面為之，並辦理登記始生效力。

二、最高限額之變更

　　最高限額抵押權之最高限額，係限定抵押權人對抵押物交換價值支配範圍之重要方法，故最高限額之變更，無論是增加或減少，均會影響後次序抵押權人或其他利害關係人之利益。關於最高限額是否可以約定變更，民法未設明文規定，惟因予以變更時，倘若尚無利害關係人存在，或雖有利害關係人存在，但已獲其同意者，似無不許抵押權當事人變更之理❸❺。此項變更，自須於最高限額抵押權確定前，依當事人之書面合意為之，並辦理登記始生效力。

第三、擔保債權之讓與及擔保債務之承擔

一、擔保債權之讓與

　　民法第八八一條之六第一項規定：「最高限額抵押權所擔保之債權，於原債權確定前讓與他人者，其最高限額抵押權不隨同移轉。第三人為債務人清償債務者，亦同。」故最高限額抵押權於原債權確定前，並無移轉上的從屬性，與普通抵押權有移轉上的從屬性不同，在最高限額抵押權確定前，將擔保債權範圍所生之各個特定債權讓與他人，該債權即脫離擔保之範圍，其最高限額抵押權並不隨同移轉於受讓人，成為無擔保債權。又於原債權確定前，第三人為債務人清償債務之情形，如該第三人係有利害關係人者，例如保證人依民法第七四九條為清償或第三人依民法第三一二條為清償後，債權人之債權並不因而消滅，當然移轉由該第三人承受，惟該債權亦因而脫離擔保之範圍，其最高限額抵押權並不隨同移轉於該第三人。

二、擔保債務之承擔

　　民法第八八一條之六第二項之規定：「最高限額抵押權所擔保之債權，

❸❺　參閱謝在全，《物權（下）》，第七十七頁。

於原債權確定前經第三人承擔其債務，而債務人免其責任者，抵押權人就該承擔之部分，不得行使最高限額抵押權。」故最高限額抵押權所擔保之債權，於原債權確定前，如有第三人承擔債務而債務人免其責任者（民法第三○○條、第三○一條參照），基於免責債務承擔之法理，該承擔部分即脫離擔保之範圍，不受最高限額抵押權之擔保，抵押權人自不得行使最高限額抵押權。

第四、法人或營業之合併及法人分割

一、法人之合併

民法第八八一條之七第一項規定：「原債權確定前，最高限額抵押權之抵押權人或債務人為法人而有合併之情形者，抵押人得自知悉合併之日起十五日內，請求確定原債權。但自合併登記之日起已逾三十日，或抵押人為合併之當事人者，不在此限。」故原債權確定前，最高限額抵押權之抵押權人或債務人為法人時，如有合併之情形，其權利義務，應由合併後存續或另立之法人概括承受，因此最高限額抵押權亦應繼續運作，而非歸於確定，惟為減少抵押人之責任，抵押人得自知悉合併之日起十五日內，請求確定原債權。至於所謂合併之日，應係指合併之基準日而言。又抵押人固有確定請求權，惟為兼顧抵押權人之權益，如自合併登記之日起已逾三十日，或抵押人即為合併之當事人者，自無保護之必要，不得由抵押人請求確定原債權。

抵押人如已依民法第八八一條之七第一項規定請求確定原債權，為保障其權益，故民法第八八一條之七第二項規定：「有前項之請求者，原債權於合併時確定。」從而一經抵押人向抵押權人為請求確定原債權之意思表示，原債權即溯及於法人合併時確定，故此項確定請求權性質上為形成權。又法人之合併，事實上不易得知，為保障抵押人之利益，故民法第八八一條之七第三項規定：「合併後之法人，應於合併之日起十五日內通知抵押人，其未為通知致抵押人受損害者，應負賠償責任。」

二、營業合併及法人分割

　　原債權確定前，最高限額抵押權之抵押權人或債務人為營業，而與他營業依民法第三〇六條規定合併之情形，事所恆有，且法人亦有分割之情形，例如股份有限公司之分割（公司法第三一六條第二項）是，為期周延，故民法第八八一條之七第四項規定：「前三項之規定，於第三百零六條或法人分割之情形，準用之。」

第五、最高限額抵押權之讓與及次序之變更

一、最高限額抵押權之讓與

　　最高限額抵押權乃財產權之一種，具有一定之獨立經濟價值，抵押權人於最高限額抵押權確定前，將最高限額抵押權與其所擔保債權所由生之一定法律關係（民法第八八一條之一第二項），一併讓與他人，固無不可。又依民法第八八一條之八規定：「原債權確定前，抵押權人經抵押人之同意，得將最高限額抵押權之全部或分割其一部讓與他人。原債權確定前，抵押權人經抵押人之同意，得使他人成為最高限額低押權之共有人。」故抵押權人於原債權確定前，經抵押人之同意者，得將最高限額抵押權與其所擔保之債權分離，單獨將最高限額抵押權讓與他人。最高限額抵押權之單獨讓與行為，屬不動產物權行為，自應依當事人之書面合意為之，並辦理登記始生效力。關於本條之適用，立法說明所舉例子：「例如抵押人甲提供其所有之不動產設定最高限額抵押權一千萬元於抵押權人乙，嗣乙經甲同意將最高限額抵押權全部，或分割其一部即將最高限額抵押權四百萬元單獨讓與第三人丙，乙、丙成為同一次序之抵押權人；抵押權人乙亦得使他人丙加入成為該抵押權之共有人，乙、丙共享最高限額抵押權之擔保，此時，乙、丙共有抵押權呈現之型態有二，其一，丙係單純加入成為共有人；其二，丙係以受讓應有部分之方式成為共有人。嗣後各該當事人實行抵押權時，前者依第八百八十一條之九第一項本文處理；後者則按第八百八十一條之九第一項但書處理。另丙為免受讓之最高限額抵押權無擔保債權存在而歸於確定，丙可與甲依修正條文第八百八十一條之三之規定，為擔保債權範圍或債務人之變更，俾其最高限額抵押權得繼續存在。」可供參考。

二、最高限額抵押權次序之變更

關於抵押權次序之讓與及拋棄，民法第八七○條之一及第八七○條之二設有規定，惟上開規定，依民法第八八一條之十七規定，於最高限額抵押權不在準用之列，是以在原債權確定前，最高限額抵押權之次序不得讓與及拋棄。至於抵押權次序之變更，民法未設明文，學者通說均認無禁止之理，故最高限額抵押權確定前，得經抵押權當事人之合意及利害關係人之同意，將其次序予以變更。

第四款　最高限額抵押權之準共有

最高限額抵押權為財產權之一種，自得由數人共同享有之。數人共同享有一最高限額抵押權，謂之最高限額抵押權之準共有，其共有之方式，或為分別共有，或為公同共有，均無不可。

第一、債權額受償比例（應有部分）

民法第八八一條之九第一項規定：「最高限額抵押權為數人共有者，各共有人按其債權額比例分配其得優先受償之價金。但共有人於原債權確定前，另有約定者，從其約定。」故關於共有人間優先受償之內部關係，於原債權確定前，共有人得於同一次序範圍內，另行約定不同之債權額比例或優先受償之順序，分配其得優先受償之價金。此項約定，得於共有最高限額抵押權設定時為之，亦得於設定後原債權確定前為之，並得於確定前隨時變更之，但均須由全體共有人約定。共有人未為前述約定者，則按其債權額比例分配其得優先受償之價金。此處所謂債權額，係指最高限額抵押權確定時，各共有人符合其擔保債權範圍資格之債權，於確定時已存在債權之總額而言。

第二、按債權額比例受償權利之處分

民法第八八一條之九第二項規定：「共有人得依前項按債權額比例分配之權利，非經共有人全體之同意，不得處分。但已有應有部分之約定者，

不在此限。」此乃因民法第八八一條之九第一項所稱各共有人按債權額分配之比例，性質上即為抵押權準共有人之應有部分，然此項應有部分受該抵押權確定時，各共有人所具有擔保債權金額多寡之影響，乃變動者，與一般之應有部分係固定者有異，若許其自由處分，勢必影響其他共有人之權益，故應經全體共有人之同意，始得為之。但共有人若依民法第八八一條之九第一項規定，已為應有部分之約定者，則其應有部分已屬固定，其處分即得回復其自由原則（民法第八一九條第一項參照）。

第五款　共同最高限額抵押權

所謂共同最高限額抵押權，係指為擔保同一債權，於數不動產上設定最高限額抵押權而言。民法第八八一條之十規定：「為同一債權之擔保，於數不動產上設定最高限額抵押權者，如其擔保之原債權，僅其中一不動產發生確定事由時，各最高限額抵押權所擔保之原債權均歸於確定。」至於本條所謂同一債權，通說認為係指最高限額所擔保之債權範圍（民法第八八一條之一第一、二項參照）、債務人及最高限額均屬同一者而言。至若上述三者有一不同時，例如擔保債權範圍、債務人均相同，但最高限額不同；或債務人及最高限額均相同，惟擔保之債權範圍僅部分相同時，是否為本條所謂同一債權，而在本條適用範圍，則有待學說與實務發展（參閱本條立法說明）。

第六款　最高限額抵押權之確定

第一、最高限額抵押權確定之意義

所謂最高限額抵押權之確定，係指最高限額抵押權所擔保之一定範圍內不特定債權，因一定事由之發生，歸於具體特定而言。此乃因最高限額抵押權，於抵押權設定時，僅約定於一定金額之限度內擔保已發生及將來可能發生之債權而已，至於實際擔保之範圍如何，非待所擔保之原債權確定後不能判斷，故須就最高限額抵押權所擔保之債權為何及其金額為若干，

予以具體確定。

第二、最高限額抵押權確定之事由

　　最高限額抵押權確定之事由，除民法第八八一條之十二所規定之七款外，尚有①最高限額抵押權未定確定期日者，當事人依民法第八八一條之五規定，行使確定請求權，因而歸於確定。②最高限額抵押權之抵押人或債務人有法人合併、分割或營業合併之情形，抵押人依民法第八八一條之七規定，行使確定請求權，因而歸於確定。上述確定事由，已於相關部分加以說明，於茲不再贅述。其次，民法第八八一條之十一規定：「最高限額抵押權不因抵押權人、抵押人或債務人死亡而受影響。但經約定為原債權確定之事由者，不在此限。」故最高限額抵押權人與抵押人約定，以抵押權人、抵押人或債務人之死亡為其確定事由者，於其死亡事實發生時，該抵押權歸於確定。又最高限額抵押權確定之事由，除民法所規定者外，當事人亦得另以特約約定其他確定事由，例如約定以抵押權人經宣告破產，作為最高限額抵押權之確定事由是。惟如以特約排除民法所定確定事由之適用者，例如約定縱有民法所定確定之事由發生，亦不生確定效果是，由於此等事由規定，具有保護抵押人、債務人等利益之意旨，故此項特約，應解為係違反民法關於確定事由之物權法定主義，而歸於無效**❸❻**。

　　依民法第八八一條之十二第一項規定，最高限額抵押權所擔保之原債權，除本節另有規定外，因下列事由之一而確定：

一、約定之原債權確定期日屆至者（第一款）

　　最高限額抵押權之當事人，如就其所擔保之原債權約定有應確定之期日者（民法第八八一條之四第一項），於該期日屆至時，最高限額抵押權即歸於確定。又原約定之確定期日有變更者，於該變更之期日屆至時，最高限額抵押權亦歸於確定。

二、擔保債權之範圍變更或因其他事由，致原債權不繼續發生者（第二款）

---

❸❻　參閱謝在全，《物權（下）》，第一○九頁。

　　最高限額抵押權本係擔保一定範圍內不斷發生之不特定債權，如因擔保債權之範圍變更或債務人之變更、當事人合意確定最高限額抵押權擔保之原債權等其他事由存在，足致原債權不繼續發生時，最高限額抵押權擔保債權之流動性即歸於停止，自當歸於確定。至於所謂「原債權不繼續發生」，係指該等事由，已使原債權確定的不再繼續發生而言，如僅一時的不繼續發生，自不適用。

三、擔保債權所由發生之法律關係經終止或因其他事由而消滅者（第三款）

　　最高限額抵押權所擔保者，乃由一定法律關係所不斷發生之債權，如該法律關係因終止或因其他事由而消滅，例如擔保債權所由發生之法律關係定有存續期間，該法律關係於期間屆滿而當然終止是，則此項債權已無再繼續發生之可能，原債權因而確定。

四、債權人拒絕繼續發生債權，債務人請求確定者（第四款）

　　債權人拒絕繼續發生債權時，例如債權人已表示不再繼續貸放借款或不再繼續供應承銷貨物是，為保障債務人之利益，故允許債務人請求確定原債權。於此種情形，為期法律關係早日確定，以兼顧抵押權當事人雙方之權益，故民法第八八一條之十二第二項規定：「第八百八十一條之五第二項之規定，於前項第四款之情形，準用之。」從而債務人請求確定後，除債務人與債權人另有約定外，自請求之日起，經十五日為其確定期日。

五、最高限額抵押權人聲請裁定拍賣抵押物，或依第八七三條之一之規定為抵押物所有權移轉之請求時，或依第八七八條規定訂立契約者（第五款）

　　由於此等行為，均屬最高限額抵押權人實行最高限額抵押權之行為，足見其已有終止與債務人間往來交易之意思，未來已不再繼續發生債權，故將之列為原債權確定之事由。

六、抵押物因他債權人聲請強制執行經法院查封，而為最高限額抵押權人所知悉，或經執行法院通知最高限額抵押權人者（第六款本文）

此乃因抵押物因他債權人聲請強制執行而經法院查封者，其所負擔保債權之數額究為多少，與抵押物拍賣後，究有多少價金可供清償執行債權有關，自有確定原債權之必要。至於確定之時點，以最高限額抵押權人知悉該事實時（例如未經法院通知而由他債權人自行通知最高限額抵押權人是）（最高法院民國七十八年度第十七次民事庭會議決議參照），或經執行法院通知最高限額抵押權人時，最高限額抵押權所擔保之債權即告確定。

其次，抵押物之查封經撤銷時，例如強制執行法第十七條後段、第五〇條之一第二項、第七〇條第五項、第七十一條、第八〇條之一第一項、第二項是，其情形即與根本未實行抵押權無異，不具原債權確定之事由，故本款但書規定：「但抵押物之查封經撤銷時，不在此限。」亦即有此項但書情形發生時，依本款本文規定事由所生最高限額抵押權確定效力，自始歸於消滅，該抵押權恢復原來未確定狀態。又若有第三人於上述但書事由發生前，受讓最高限額抵押權所擔保之債權，或以該債權為標的物設定質權者，因該抵押權已確定，回復其從屬性，是該抵押權自應隨同擔保（民法第二九五條第一項前段），惟於該款但書事由發生後，最高限額抵押權之確定效果消滅，恢復原來未確定狀態，其最高限額抵押權不隨同移轉（民法第八八一條之六第一項），受讓債權或就該債權取得權利之第三人的權益必將受影響，為保護受讓債權或就該債權取得權利之第三人的權益，故民法第八八一條之十二第三項規定：「第一項第六款但書及第七款但書之規定，於原債權確定後，已有第三人受讓擔保債權，或以該債權為標的物設定權利者，不適用之。」故最高限額抵押權仍應確定。

七、債務人或抵押人經裁定宣告破產者（第七款本文）

此乃因債務人或抵押人不能清償債務，經法院裁定宣告破產者，應即清理其債務，原債權自有確定之必要。惟宣告破產之裁定經廢棄確定時，即與未宣告破產同，不具原債權確定之事由，故本款但書規定：「但其裁定經廢棄確定時，不在此限。」亦即有此項但書情形發生時，依本款本文規定事由所生最高限額抵押權確定效力，自始歸於消滅，該抵押權恢復原來未確定狀態。又若有第三人於上述但書事由發生前，受讓最高限額抵押權所

擔保之債權，或以該債權為標的物設定質權者，為保護受讓債權或就該債權取得權利之第三人的權益，故民法第八八一條之十二第三項規定：「第一項第六款但書及第七款但書之規定，於原債權確定後，已有第三人受讓擔保債權，或以該債權為標的物設定權利者，不適用之。」故最高限額抵押權仍應確定。

第三、最高限額抵押權確定後之性質及效果

一、最高限額抵押權確定後之性質

最高限額抵押權一經確定，無論其確定事由或原因為何，擔保債權之流動性即因而隨之喪失，擔保不特定債權之特性消滅，即該抵押權所擔保者由不特定債權變為特定債權，從而回復抵押權之從屬性，就此而言，最高限額抵押權確定後，其性質已與普通抵押權同。惟最高限額抵押權確定後由原債權所生之利息、遲延利息與違約金等，雖仍繼續為抵押權所擔保，但以與原債權合計不逾最高限額範圍者為限(民法第八八一條之二第二項、第八八一條之十三但書參照)，足見其所擔保債權之優先受償金額，仍應受原約定最高限額之限制，最高限額抵押權之特性仍繼續存在。就此而言，最高限額抵押權確定後，其性質與普通抵押權又未盡相同。故通說認最高限額抵押權確定後，仍屬最高限額抵押權之一種，不得謂已逕變更為普通抵押權❸❼。

二、最高限額抵押權確定後之效果

㈠擔保效力所及範圍具體確定

民法第八八一條之十四規定：「最高限額抵押權所擔保之債權確定後，除本節另有規定外，其擔保效力不及於繼續發生之債權或取得之票據上之權利。」故最高限額抵押權所擔保之原債權一經確定，其所擔保債權之範圍亦告確定，原債權僅於確定時已存在，且符合約定之擔保債權範圍標準者，始為最高限額抵押權之擔保債權。至嗣後發生之債權或取得之票據權利，無論是否源於最高限額抵押權所約定之一定擔保債權範圍，均非擔保效力

❸❼　同❸❻。

所及。又確定時已存在且具備擔保債權資格之債權，其利息、遲延利息、違約金等，於原債權確定時已發生者，如與原債權合計未逾最高限額時，固當然屬被擔保債權，於原債權確定後始發生者，如未逾最高限額時，仍為抵押權擔保效力所及（民法第八八一條之二第二項）。

㈡擔保債權額結算與普通抵押權變更登記請求權

民法第八八一條之十三規定：「最高限額抵押權所擔保之原債權確定事由發生後，債務人或抵押人得請求抵押權人結算實際發生之債權額，並得就該金額請求變更為普通抵押權之登記。但不得逾原約定最高限額之範圍。」故債務人或抵押人有擔保債權額結算與普通抵押權變更登記請求權，此乃因最高限額抵押權所擔保之原債權，於確定事由發生後，其流動性隨之喪失，該抵押權所擔保者，固由不特定債權變為特定債權，惟其實際擔保之債權額究為多少，尚未確定，自有賦予債務人或抵押人結算請求權，該經結算後之債權額，即為實際發生之債權額，以實際發生之債權額為準，確定最高限額抵押權之擔保債權額。又原債權一經確定，該抵押權與擔保債權之結合狀態隨之確定，此時該最高限額抵押權之從屬性即與普通抵押權完全相同，故債務人或抵押人並得就該金額請求變更為普通抵押權之登記。但抵押權人得請求登記之數額，不得逾原約定最高限額之範圍，俾免影響後次序抵押權人之權益。

㈢物上保證人或利害關係人之抵押權塗銷請求權

民法第八八一條之十六規定：「最高限額抵押權所擔保之原債權確定後，於實際債權額超過最高限額時，為債務人設定抵押權之第三人，或其他對抵押權之存在有法律上利害關係之人，於清償最高限額為度之金額後，得請求塗銷其抵押權。」故為債務人設定抵押權之第三人（即物上保證人），或其他對抵押權之存在有法律上利害關係之人，例如後次序抵押權人或抵押物之第三取得人是，清償最高限額抵押權所擔保之債權後，有抵押權塗銷請求權，惟債務人自己為抵押人時，則無此項請求權。至於此項塗銷請求權之發生，固以清償債務為要件，惟於實際債權額超過最高限額時，不必清償擔保債權額之全額，僅須清償最高限額為度之金額後，即得請求塗

銷抵押權，如實際債權額低於登記之最高限額時，則以清償該債權額，即可請求塗銷抵押權，自不待言。

第七款　最高限額抵押權之實行及消滅

第一、最高限額抵押權之實行

最高限額抵押權之實行，與最高限額抵押權之確定，雖具有關聯性，惟二者不同。最高限額抵押權之確定，僅在明確界定其所擔保之具體特定債權為何；最高限額抵押權之實行，則在現實的就抵押物為變價受償行為，且為最高限額抵押權確定原因之一（民法第八八一條之十二第一項第五款），惟最高限額抵押權之確定，並非最高限額抵押權實行之要件，蓋因確定之後，不一定有被擔保債權已屆清償期而未受清償。關於最高限額抵押權之實行，除與普通抵押權相同者外，尚有下列須加說明：

一、擔保債權已屆清償期而未受清償

抵押權人於債權已屆清償期，而未受清償者，始得聲請法院拍賣抵押物，就其賣得價金優先受清償，即擔保債權已屆清償期而未受清償，為抵押權實行要件之一，惟因最高限額抵押權所擔保之債權為不斷發生之不特定債權，因之此項實行要件，通常僅以擔保債權中有一已屆清償期而未受清償，即為已足。

二、抵押權人對擔保債權存在之舉證責任

抵押權人聲請拍賣抵押物係非訟事件，法院就抵押權所擔保債權之發生、消滅或其範圍，在實體上並無審查之權限。在普通抵押權（一般抵押），因必先有被擔保之債權存在，而後抵押權始得成立，故只須抵押權已經登記，且登記之債權已屆清償期而未受清償，法院即應准許之，無須另證明債權之存在。惟最高限額抵押，抵押權成立時，可不必先有債權存在，縱經登記抵押權，因未登記已有被擔保之債權存在，且其後擔保債權縱曾發生，但因其具流動性，生生不息，是亦不能確保抵押權實行時，必有擔保債權存在，故最高限額抵押權人實行抵押權，聲請法院為許可拍賣抵押物

之裁定時，應提出債權存在之證明文件，供法院為形式上之審查。從而抵押權人實行抵押權時，如債務人或抵押人否認先已有債權存在，或於抵押權成立後，曾有債權發生，而從抵押權人提出之其他文件為形式上之審查，又不能明瞭是否有債權存在時，法院自無由准許拍賣抵押物（七十一臺抗三〇六）。故最高限額抵押權人聲請法院為許可拍賣抵押物之裁定時，抵押權人應提出債權存在之證明文件，此際如債務人或抵押人否認各該證據之真正，對於抵押債權是否存在有所爭執時，法院仍須就證據為形式上之審查，而為准駁。從而最高限額抵押權人已提出債務人名義之借據，而形式上足以證明抵押債權之存在者，債務人縱否認借據之真正，法院仍應許可拍賣抵押物（民國八十年度第四次民事庭會議決議㈡）。

案例七──8

　　甲與乙訂定有信用供給契約，約定甲得陸續向乙借款，並由甲以其所有價值一千五百萬元之Ａ土地，為乙設定本金最高限額一千萬元之最高限額抵押權，作為甲日後向乙陸續借款之擔保。甲向乙借款本金總額為九百八十萬元，另積欠上開借款之利息一百萬元、違約金五十萬元。嗣甲未能依約清償上開債務，抵押權人乙能否主張其利息一百萬元及違約金五十萬元之債權，可不受最高限額之限制，而享有優先受償權？又本件抵押權人乙持債務人甲名義之借據，聲請法院裁定准予拍賣抵押物，如債務人甲否認借據為真正，對抵押債權之存否有爭執，法院能否為許可拍賣抵押物之裁定？

　　1.關於應受最高限額限制之擔保債權，有債權最高限額說與本金最高限額說之不同見解，我國最高法院實務上之見解，採債權最高限額說，此次（民國九十六年）修正民法物權編，亦採債權最高限額說而增訂相關規定，即民法第八八一條之二規定：「最高限額抵押權人就已確定之原債權，僅得於其約定之最高限額範圍內，行使其權利。前項債權之利息、遲延利息、違約金，與前項債權合計不逾最高限額範圍者，亦同。」本條第二項所

稱利息、遲延利息或違約金，不以同條第一項之原債權已確定時所發生者
為限，其於同條第一項原債權確定後始發生，但在最高限額範圍內者，亦
包括在內，仍為抵押權效力所及。故本件乙對甲之利息一百萬元及違約金
五十萬元之債權，仍應受最高限額之限制，其利息、違約金連同本金合併
計算，如超過該限額者，其超過部分，即無優先受償之權。此外，基於債
務不履行所發生之損害賠償請求權，係原債權之延長或型態上之變更，自
亦在擔保債權範圍之內，計入抵押權所擔保債權之最高限額，而受最高限
額之限制。至於實行抵押權之費用，依民法第八八一條之十七準用第八六
一條之規定，亦為抵押權效力所及。職是之故，不論債權人聲請法院拍賣
抵押物（強制執行法第二九條參照），或依民法第八七八條而用拍賣以外之
方法處分抵押物受償，因此所生之費用均得就變價所得之價金優先受償，
惟不計入抵押權所擔保債權之最高限額。

　　2.關於抵押權人乙持債務人甲名義之借據，聲請法院裁定准予拍賣抵
押物，如債務人甲否認借據為真正，對抵押債權之存否有爭執，法院能否
為許可拍賣抵押物裁定之問題，最高法院於民國八十年度第四次民事庭會
議有所討論，分為甲、乙兩說：

　　甲說：在一般抵押，因必先有被擔保之債權存在，而後抵押權始得成
立，故只須抵押權已經登記，經登記抵押權所擔保之債權已屆清償期而未
受清償，抵押權人據以聲請拍賣抵押物，法院即應准許之。惟在最高限額
抵押權，抵押權登記時，無須先有債權之存在，法院無從依登記資料判斷
債權之存否，抵押權人聲請拍賣抵押物後，如債務人或抵押人對於被擔保
債權之存否有所爭執，應由抵押權人提起確認之訴，以保護其利益；在其
獲得勝訴判決確定前，法院不得逕為許可拍賣抵押物之裁定。

　　乙說：最高限額抵押權，於抵押權成立時，未必先有債權存在，固不
得因抵押權之登記而逕行准許拍賣抵押物，惟抵押權人提出證據證明有抵
押債權存在時，縱然債務人或抵押人否認各該證據為真正，對抵押權之是
否存在有所爭執，法院仍須就證據為形式上之審查，而為准駁。題示情形，
形式上既有債務人名義之借據，用以證明抵押債權存在，法院即應許可拍

賣抵押物。

決議㈡:「本院七十一年臺抗字第三○六判例未變更前，採乙說。」故本件形式上既有債務人甲名義之借據，用以證明抵押債權存在，法院仍應為許可拍賣抵押物之裁定。

第二、最高限額抵押權之消滅

最高限額抵押權之消滅原因，基本上與普通抵押權相同，然最高限額抵押權在確定以前，縱其擔保債權全數不存在，最高限額抵押權並不消滅，此為抵押權消滅上從屬性之一項例外，應予注意。茲就最高限額抵押權之特別消滅原因，分述如下：

一、除斥期間經過

以最高限額抵押權擔保之債權，其請求權雖經時效而消滅，依民法第一四五條第一項規定，債權人仍得就其抵押物取償，且於最高限額抵押權確定後，若抵押權人不實行其抵押權者，仍有民法第八八○條規定之適用，即抵押權人於消滅時效完成後，五年間不實行抵押權者，其抵押權消滅。惟於最高限額抵押權確定前，最高限額抵押權所擔保之不特定債權，如其中一個或數個債權罹於時效消滅者，因有民法第一四五條第一項之規定，仍為最高限額抵押權擔保之範圍，該債權之請求權倘罹於時效消滅後五年間不實行時，因最高限額抵押權所擔保之債權尚有繼續發生之可能，故最高限額抵押權仍應繼續存在，而無民法第八八○條規定之適用。然為貫徹民法第八八○條規定之規範意旨，以保護抵押人之權益，故民法第八八一條之十五規定：「最高限額抵押權所擔保之債權，其請求權已因時效而消滅，如抵押權人於消滅時效完成後，五年間不實行其抵押權者，該債權不再屬於最高限額抵押權擔保之範圍。」

二、請求塗銷抵押權

債務人為抵押人時，固需清償最高限額抵押權確定時存在之全部擔保債權後，始能使抵押權歸於消滅。惟為債務人設定抵押權之第三人（即物

上保證人），或其他對抵押權之存在有法律上利害關係之人，於實際債權額超過最高限額時，不必清償擔保債權額之全額，僅須清償最高限額為度之金額後，即得請求塗銷抵押權，使該抵押權歸於消滅（民法第八八一條之十六）。

第三項　其他抵押權

抵押權種類繁多，除民法物權編第六章第一節所列普通抵押權，與第二節所列最高限額抵押權外，尚有權利抵押、法定抵押權及特別法上所定之抵押權（例如礦業權抵押權、漁業權抵押權），為期周延，故此次（民國九十六年）修正民法物權編，於第六章增訂第三節其他抵押權，本節包括第八八二條及第八八三條。民法第八八三條規定：「普通抵押權及最高限額抵押權之規定，於前條抵押權及其他抵押權準用之。」由於此等其他抵押權，大多準用物權法關於普通抵押權及最高限額抵押權之規定，所以又稱為準抵押權。茲就民法所規定的重要其他抵押權，簡述如下：

第一、權利抵押權

所謂權利抵押權，係指以所有權以外之不動產物權或準物權為標的物，而設定之抵押權。權利抵押權之特點，係以「權利」為標的，至於得為抵押權標的物之權利，基於物權法定主義，自以法律有特別規定者為限，其主要者有：①民法第八八二條規定：「地上權、農育權及典權，均得為抵押權之標的物。」②漁業法第二四條規定：「定置漁業權及區劃漁業權，除繼承、讓與、抵押外，不得為他項權利或法律行為之標的。」③礦業法第十條規定：「礦業權除繼承、讓與、抵押、信託及強制執行外，不得為他項權利或法律行為之標的。前項礦業權之抵押，以採礦權為限。」故地上權、農育權、典權、定置漁業權、區劃漁業權、採礦權，可為權利抵押權之標的，關於權利抵押權之成立、效力及消滅，除法律有特別規定者外（例如漁業法第二十五條，礦業法第十七條、第四十五條等），自應準用普通抵押權、最高限額抵押權及其他不動產物權之規定（民法第八八三條，漁業法第二

〇條，礦業法第十一條）。

第二、所有人抵押權

　　所謂所有人抵押權，係指所有人於自己之所有物上自己所存有之抵押權。此與普通抵押權，無論抵押物係由債務人或第三人提供，均係存在他人之不動產或其他抵押標的物上，有顯著特異之處，故為特殊抵押權之一種。所有人抵押權之成立，可分為二種，其一是設定，乃指所有人於自己之所有物上為自己所設定之抵押權，稱之為設定的所有人抵押權，又因此種抵押權自始即為所有人自己之所有，故亦稱為原始的所有人抵押權；其二是法定，乃指原係為他人所成立之抵押權，但基於法定原因，而後歸於抵押標的物所有人取得之抵押權，稱之為法定的所有人抵押權，又因此種抵押權係抵押權成立後始歸於所有人，故亦稱為後發的所有人抵押權。關於設定的所有人抵押權，德國民法第一一九六條第一項設有明文規定，我國民法則未設明文規定，自無從成立此種抵押權。至於法定的所有人抵押權，其主要成立之原因，有被擔保債權之不成立或消滅（德民第一二六三條第一項）、抵押權之拋棄（德民第一一六八條第一項）及抵押權與所有權之混同（德民第八八九條）等情形，然我民法僅承認因混同而生之一種。

　　民法第七六二條規定：「同一物之所有權及其他物權，歸屬於一人者，其他物權，因混同而消滅。但其他物權之存續，於所有人或第三人有法律上之利益者，不在此限。」故同一物之所有權及存於該物之抵押權，歸屬於一人，亦即二者發生混同之情形，且在同一抵押物上，有多數抵押權之競合，而發生混同者為先次序之抵押權，亦即混同後尚有後次序抵押權之存在，該發生混同之先次序抵押權不因混同而消滅時，始可成立所有人抵押權。由於我國民法上之所有人抵押權，係依法律規定而直接發生，自勿庸辦理登記，且僅於先次序抵押權與抵押物之所有權混同時始能成立，因此其存在功能自不如德國民法之廣，不過在特定情形下排除混同原則之適用，阻止後次序抵押權升進，以避免因後次序抵押權升進所生之弊害與不公平而已。又因我國民法上之所有人抵押權，係以抵押權之存續對所有人有法

律上之利益者為限，從而抵押權之存續對所有人已無法律上之利益者，例如已經沒有後次序的抵押權是，抵押權即因而歸於消滅。

其次，抵押權與債權係屬二種個別之權利，因此抵押權與所有權之混同，與被擔保債權與其債務之混同，為截然不相同之兩事。抵押權雖與所有權混同，但被擔保之債權並未與其債務混同有之，例如抵押物為債務人以外之人所有時（物上保證人或第三取得人），無論其混同之原因係由於繼承、讓與或代位清償，因被擔保之債權與其債務並未混同，亦即另有債務人存在，故抵押權人仍保有債權，稱之為保有債權的所有人抵押權。抵押權與所有權混同，同時被擔保之債權即與其債務混同亦有之，例如抵押物為債務人所有，抵押權人因繼承而取得抵押物之所有權，或抵押人因繼承而取得抵押權，不僅發生所有權與抵押權混同，被擔保之債權與其債務亦同時混同，所擔保之債權因混同而消滅（民法第三四四條），並未另有債務人存在，故抵押權人不保有債權，稱之為不保有債權的所有人抵押權。保有債權的所有人抵押權，因抵押權人存有債權，故所有人破產，該抵押之不動產編入破產財團中時，抵押權人得基其抵押權而行使別除權；抵押權人得將抵押權隨同其債權一併讓與或設質，並得對於後次序抵押權人讓與或拋棄其次序；惟抵押權人並無逕行實行抵押權之權，蓋因對於自己之所有物請求強制執行一節，乃法律上所不可能之事，僅於有後次序抵押權人實行其抵押權時，或一般債權人對於抵押之不動產為強制執行時，所有人得基於登記簿上之次序，就拍賣之價金優先取得相當於自己債權額之金額❸。反之，不保有債權的所有人抵押權，因抵押權人並未存有債權，故所有人破產，該抵押之不動產編入破產財團中時，所有人（抵押權人）無別除權；抵押權人亦無從將抵押權隨同其債權一併讓與或設質，雖不得為抵押權之相對拋棄，惟抵押權之絕對拋棄、次序權之讓與或拋棄均得為之；抵押權人自己並不得實行抵押權，只不過是在他抵押權人實行抵押權，或一般債權人就抵押物為強制執行時，就抵押物拍賣所得之價金，依其登記

---

❸　參閱鄭玉波，《物權》，第二八五頁。我國學者有採不同見解，認為抵押權人得依抵押權實行之方法，聲請法院拍賣抵押物，參閱史尚寬，《物權》，第二九四頁。

之次序保留所應優先受償之金額，作為其一般財產之一部，而為債權人之
共同擔保，因而除具有阻止後次序抵押權人取得不當的利得之作用外，又
有增加一般債權之共同擔保，而減輕所有人責任之功能。

第三、法定抵押權

所謂法定抵押權，係指依法律規定而當然發生，無須經當事人設定之
抵押權。關於法定抵押權，我國除民法設有承攬人之法定抵押權（民法第
五一三條）外，國民住宅條例第十七條、第二十七條亦有法定抵押權之規
定。我國民法第五一三條原規定：「承攬之工作為建築物或其他土地上之工
作物，或為此等工作物之重大修繕者，承攬人就承攬關係所生之債權，對
於其工作所附之定作人之不動產，有抵押權。」此項抵押權，因具備法定要
件而當然發生，不以登記為生效要件，故為法定抵押權。惟民國八十八年
修正民法債編，將該條修正改列為同條第一項：「承攬之工作為建築物或其
他土地上之工作物，或為此等工作物之重大修繕者，承攬人得就承攬關係
報酬額，對於其工作所附之定作人之不動產，請求定作人為抵押權之登記；
或對於將來完成之定作人之不動產，請求預為抵押權之登記。」由是可知，
於具備法定要件時，承攬人有抵押權登記請求權，必須經依法辦妥抵押權
登記，承攬人始能取得抵押權。由於此項抵押權，係因登記而發生（登記
主義），並非因具備法定要件而當然發生，似非法定抵押權 ❸，惟因其係於
具備法定要件時，不須當事人有設定抵押權之合意，承攬人即得請求定作
人為抵押權之登記，與意定抵押權之成立有所不同，故仍可解為係一種法
定抵押權 ❹。

---

❸ 我國學者有認為於八十八年四月修正後承攬人之抵押權，並非法定抵押權，性質
上為強制性之意定抵押權，參閱謝在全，《物權（下）》，第一四七頁以下。

❹ 關於民法第五一三條規定之解釋及適用，詳請參閱劉春堂，《民法債編各論（中）》，
自版，民國九十三年三月初版第一刷，第七十七頁以下。

第八章

質　權

　　所謂質權，乃債權人為其債權之擔保，占有債務人或第三人所移轉之物（動產或可讓與之財產權），於債權屆清償期未受清償時，就其物所賣得價金有優先受償之權利也。由於質權係支配標的物之交換價值，其目的在確保債權之清償，以留置效力與優先受償效力為其擔保作用，故屬於價值權，而為擔保物權之一種。又因質權既為擔保物權之一種，則擔保物權所具有之通性，即從屬性、不可分性與物上代位性（代物擔保性），在質權自亦具有之。

　　其次，關於質權，可以因不同之標準而為種種之分類，其主要者有：其一以標的物之不同為標準而作區分，大致可分為三種，即①不動產質權，係指以不動產為標的物之質權，②動產質權，係指以動產為標的物之質權，③權利質權，係指以可讓與之財產權為標的物之質權。我民法僅設有動產質權與權利質權兩種，蓋我國素有典權之存立，不動產質權，於社會上向不習見，故無創設之必要也。其二以適用法規之不同為標準而作區分，可分為民事質權與營業質權，前者係指適用民法的質權，民法上的動產質權和權利質權屬之；後者係指適用當舖業法之當舖業質權，民法第八九九條之二亦對之設有明文規定。其三以成立原因之不同為標準而作區分，可分為意定質權與法定質權，前者係指由當事人以法律行為所設定的質權，民法上所規定的質權屬之；後者係指依法律規定而發生的質權，民事訴訟法第一○三條及第一○六條所規定者屬之，又民法第八八一條及第八九九條之規定，亦屬法定質權發生之一種類型。

第一節　動產質權

第一項　動產質權之意義及特性

第一、動產質權之意義

　　民法第八八四條規定：「稱動產質權者，謂債權人對於債務人或第三人

移轉占有而供其債權擔保之動產,得就該動產賣得價金優先受償之權。」設定質權之債務人或第三人,稱之為出質人;享有質權之債權人,稱之為質權人;該供債權擔保之動產,稱之為質物。茲就有關問題,析述如下:

一、動產質權為擔保物權

質權之目的,在確保債權人(質權人)的債權能優先獲得清償,故為一種擔保物權。至於質權所擔保債權之種類,並無限制。又質權與普通抵押權,固均為擔保物權,惟仍有不同之處,其與普通抵押權之主要不同有:①動產質權係以動產為標的;普通抵押權係以不動產為標的。②動產質權之成立及存續,係以標的物之移轉及占有為要件(民法第八八五條第一項、第八九七條、第八九八條參照),不須經登記;普通抵押權之成立及存續,則不以標的物之移轉及占有為要件,惟須經登記。③動產質權,除以優先受償效力為其擔保作用外,同時並具有留置效力,由質權人留置擔保標的物,造成出質人之心理壓迫,以間接促使債務盡早清償,且質權人拍賣質物或收取權利,得逕自為之;普通抵押權,僅以優先受償效力為其擔保作用,不具有留置效力,且抵押權人拍賣抵押物,須聲請法院為之(民法第八七三條)。

其次,動產擔保交易法第十五條規定:「稱動產抵押者,謂抵押權人對債務人或第三人不移轉占有而就供擔保債權人之動產設定動產抵押權,於債務人不履行契約時,抵押權人得占有抵押物,並得出賣,就其賣得價金優先於其他債權,而受清償之交易。」故動產質權與動產抵押權均係因擔保債權而設,其標的物亦均為動產,惟仍有下列之不同:①動產質權之標的物法無限制,衹須具有讓與性即可;動產抵押權之標的物,則以法令所規定者為限(動產擔保交易法第四條)。②動產質權須移轉標的物之占有,且以質權人占有標的物為其發生及存續要件(民法第八八五條、第八九七條、第八九八條參照);動產抵押權則無須移轉標的物之占有,僅以登記為其公示方法。③動產質權之設定,無須訂立書面契約及辦理登記;動產抵押權則必須訂立書面契約,非經登記,不得對抗善意第三人(動產擔保交易法第五條第一項、第十六條)。

二、動產質權係由債務人或第三人就其動產所設定之擔保物權

質權之標的物以動產為限，且質權之標的物不以債務人自己提供者為限，由第三人提供者亦無不可，該第三人通稱為物上保證人。

三、動產質權係債權人占有標的物之擔保物權

民法物權編所規定之擔保物權，有質權、留置權及抵押權三種，前二者以債權人占有標的物，為其成立及存續要件（民法第八八五條、第八九七條、第八九八條、第九三七條第二項），因而動產質權具有留置之效力。

四、動產質權係得就其標的物賣得價金優先受清償之擔保物權

動產質權既係擔保物權之一，故質權人（債權人）於其債權不獲清償時，自得拍賣質物（民法第八九三條），就其賣得之價金，有較諸一般債權與成立在後之物權，優先受清償之權利（四十九臺上二二一一），即附有質權之債權人，得排除無質權之債權而優先受償；次序在先之質權人，得較次序在後之質權人優先受償。職是之故，質權之標的物，必須具有讓與性，如不具讓與性或不具交換價值之物，無從實行質權將之變價受償，質權之擔保作用無法實現❶。

第二、動產質權之特性

動產質權為擔保物權的一種，擔保物權的特性，即從屬性、不可分性、物上代位性，亦是動產質權的特性，大致與普通抵押權相同，茲簡述如下：

一、從屬性

抵押權為債權之擔保，不能離開其所擔保之債權而單獨存在，因而具有從屬性。此可分下列三點說明之：

㈠發生上之從屬

主債權（即質權所擔保之債權）若不發生，質權亦不能發生。惟主債權不以在質權設定時，已現實發生為必要，只須於實行質權，拍賣質物時，有被擔保之債權存在，即為已足，從而以將來可發生之債權或附條件債權，

---

❶ 參閱鄭玉波，《物權》，第三○二頁；姚瑞光，《物權》，第二八一頁；謝在全，《物權（下）》，第二二○頁。

為被擔保債權，所設定之質權，並非法所不許，仍為有效，但該將來可發生之債權，嗣後如不成立或無效者，則質權因而不發生效力。

㈡處分上之從屬

質權不得由債權分離而為讓與，或為其他債權之擔保，僅將質抵押權讓與者，其讓與不生效力。惟僅將債權讓與者，則其效力及於質權，即質權隨同債權之讓與而移轉於受讓人（民法第二九五條第一項）。此外，質權人固得以其債權為其他債權之擔保，但不得單獨以質權為其他債權之擔保，欲以質權供擔保時，須連同其主債權一併為之，成立附隨質權之債權質權（民法第九○五條、第二九五條第一項）。

㈢消滅上之從屬

主債權如因清償、提存、抵銷、免除、混同等原因而全部消滅時，其質權除有特別規定（如民法第七六二條但書）外，原則上亦隨之消滅（民法第三○七條）。

二、不可分性

質物之全部，擔保債權的每一部分，質物的每一部分，擔保債權的全部，稱為質權的不可分性。職是之故，質權人於其債權未受全部清償前，仍得就質權之標的物之全部行使權利（二十三上三○四五參照）。質權標的物之分割、減縮或讓與其一部於他人，各該部分仍擔保全部債權，質權人仍得對各該部分行使全部的質權。質權所擔保之債權，雖經分割、減縮或一部清償，質權不隨之變動，仍擔保該債權之每一部分，各該債權都處於同一受償次序，而得就質物行使質權；於債務分割或承擔後，縱令其中之一個或部分債務人已清償其債務，質權不因此而受影響，關於未受清償部分，質權人仍得就質物之全部行使其權利。

三、物上代位性

所謂物上代位性，係指質權之標的物滅失時，出質人因而得以請求賠償或補償等，存有代替質物價值之代位物者，質權仍存於此等代位物而言。茲就有關問題，分述如下：

㈠以價金代充質物

民法第八九二條第一項規定:「因質物有腐壞之虞,或其價值顯有減少,足以害及質權人之權利者,質權人得拍賣質物,以其賣得之價金,代充質物。」質權人依本條項規定拍賣質物所賣得之價金,為質物之代位物,質權即移存於此種代位物上,其有關問題,詳後述之。

㈡質物之代位物

1.出質人因滅失得受賠償或其他利益:民法第八九九條第一項規定:「動產質權,因質物滅失而消滅。但出質人因滅失得受賠償或其他利益者,不在此限。」從而質物雖滅失,然有確實之賠償義務人者,質權即移存於出質人因而得受之賠償或其他利益上,民法第八九九條第一項所稱因滅失得受「賠償或其他利益」,例如損害賠償金、補償金、保險金或因添附而請求之償金等是,即為質物之代位物。質物之代位物,必須是質物發生完全絕對滅失之情事(例如汽車全毀滅或被依法徵收是),出質人因而得受之賠償或其他利益始可,質權人或其他第三人所得受領之賠償或其他利益,則不包括在內。由於在賠償或其他給付義務人未給付前,出質人對該義務人僅有給付請求權,給付物並未特定,從而損害賠償請求權、金錢、動產、不動產或其他財產權,均有可能成為質物之代位物,不以賠償金為限。又因質物之代位物(即出質人因質物滅失得受之賠償或其他利益),既為質權效力所及,故質權人自得就該項代位物行使權利,是以質權人得逕向賠償或其他給付義務人請求給付,賠償或其他給付義務人則有對質權人給付之義務。

2.動產質權之轉化或延長:由於質權之標的物(動產)業已滅失,從而質權人就質物之代位物(出質人因質物滅失得受之賠償或其他利益),依物上代位所得行使之擔保權,其性質為何,不無問題。民法第八九九條第二項規定:「質權人對於前項出質人所得行使之賠償或其他請求權仍有質權,其次序與原質權同。」故質物滅失,出質人因而取得損害賠償請求權或其他請求權者,質權人之質權係移存於對該義務人之請求權上,此際動產質權轉化為權利質權;若於給付義務人已為給付,則質權移存於給付物上,故仍屬動產質權。又此項質權雖係嗣後始發生,然基於質權之物上代位性,

該質權實為原質權之代替，故該質權之次序，應與原質權同。

3.給付義務人之責任：質物滅失時，依民法第八九九條第一項及第二項規定之意旨，質權人自得逕向負賠償或其他給付義務之給付義務人，請求給付，該負賠償或其他給付義務之給付義務人，自應向質權人為給付，不得再向出質人為清償。惟民法第八九九條第三項規定：「給付義務人因故意或重大過失向出質人為給付者，對於質權人不生效力。」故給付義務人非因故意或重大過失向出質人為給付者，仍生清償之效力，質權人不得再向給付義務人請求給付；反之，給付義務人因故意或重大過失向出質人為給付者，對於質權人不生效力，質權人請求給付義務人為給付時，給付義務人仍負給付之義務。又給付義務人向出質人為給付者，依民法第八九九條第四項規定：「前項情形，質權人得請求出質人交付其給付物或提存其給付之金錢。」故於此種情形，應認質權尚不消滅，質權即移存於該給付物或提存金錢之領取請求權。至於該條項所稱提存，係以出質人為提存人，質權人為受取人，附以債權屆期未受清償始得領取之條件。

4.抵押物毀損時之物上代位：民法第八九九條第五項規定：「質物因毀損而得受之賠償或其他利益，準用前四項之規定。」故質物發生毀損之情事，出質人因而得受之賠償或其他利益，亦為質物之代位物，可以發生質權之物上代位。

第二項　質權之發生

第一、基於法律行為

一、動產質權之設定

動產質權之發生，主要係基於當事人之設定契約。此種設定行為，係屬物權行為，屬於處分行為之一種，設定人（出質人）就質物自須有處分之權限。茲就有關問題，分述如下：

(一)設定行為

動產質權之設定行為，通常多依契約為之，但亦得依單獨行為（遺囑）

為之。民法第八八五條第一項規定:「質權之設定,因供擔保之動產移轉於質權人占有而生效力。」故動產質權之設定,除了當事人間須有設定動產質權之合意外,必須由設定人將動產移轉占有於質權人,動產質權始能生效,在未移轉占有以前,雖經立有字據,亦尚不能發生質權之效力(參閱大理院九年上字第七二六號判例)。換言之,即動產質權之設定契約,雖因當事人之合意而成立,惟尚未生效,須待設定人將動產移轉占有於質權人,動產質權始能生效,若僅出具質物保管書,以代交付,要難認為質權業已成立(五十六臺上四〇七判決)。

又因動產質權以占有由債務人或第三人移轉之動產為其生效及存續之要件,故質權人須占有質物,始能保全質權之效力,為使質權之關係明確,並確保質權之留置作用,故民法第八八五條第二項規定:「質權人不得使出質人或債務人代自己占有質物。」從而民法第八八五條第一項所規定之移轉占有,係指交付而言,依民法第九四六條規定,除將質權標的物之動產,現實的交付於質權人外,尚得依簡易交付(民法第七六一條第一項但書)或讓與返還請求權(民法第七六一條第三項)方式為之,惟不得以占有改定(民法第七六一條第二項)方法代替交付,蓋因質權人不得使出質人或債務人代自己占有質物(二十六渝上三一〇)。又倉單為有價證券,以之為標的物而設定質權者,依民法第九〇八條之規定,其設定固應依背書方法為之。若以寄存於倉庫之動產設定質權,則屬於同法第八八四條動產質權之範圍,因移轉占有而生效力。所謂移轉占有,依同法第九四六條第二項準用第七六一條之規定,不僅以現實交付者為限,讓與第三人之返還請求權亦包括之。苟有此種情形,則設定質權,縱僅將倉單交付而未為背書,亦不能謂其無設定動產質權之效力(五十四臺上一〇五七判決)。

㈡標的物

動產質權僅得就動產設定之,此項動產須為特定物、獨立物及可讓與之物。又動產為共有者,其應有部分亦得設定質權,但須使質權人占有該動產,始生設定質權之效力❷。茲就其他有關問題,分述如下:

❷ 參閱史尚寬,《物權》,第三二一頁;姚瑞光,《物權》,第二七八頁;謝在全,《物

1.物之構成部分：物之構成部分，除有如民法第七九七條之特別規定外，不得單獨為物權之標的物。未與土地分離之樹木或甘蔗等，依民法第六六條第二項規定，為土地之構成部分，而非獨立之動產，自不得為質權之標的物，如有以之為標的物設定質權者，縱令已實地點交占有，亦不能認為質權已經成立，更非就樹木或甘蔗等設定抵押權，惟當事人之真意，如係就將來採伐或收穫之樹木或甘蔗為設定質權之預約者，自樹木或甘蔗與土地分離，並由債權人取得占有時，動產質權即為成立（二十九院一九八八）。

2.金錢、船舶、航空器：金錢為動產，可為質權之標的物，應無疑義。惟因金錢之所有權往往與占有合為一體，金錢占有之取得，通常即取得其所有權，故以金錢供債權之擔保而移轉其占有，其所有權通常亦隨同移轉，與質權之設定不移轉所有權，性質不符，不能認係質權。職是之故，以金錢供債權之擔保而設定質權者，須使其成為特定物（例如加以包封而成為封金），僅移轉其占有而不移轉其所有權，始能成立。其次，海商法上之船舶及民用航空法上之航空器，我國學者有認為海商法或民用航空法上特許其為抵押權之標的物（海商法第三十三條以下，民用航空法第十八條以下），期使抵押人得繼續用益，實亦有禁止其為質權標的物之消極意義，且因其價值頗鉅，應使其充分物盡其用，以發揮經濟效用，自不適於留置，不得為質權之標的物 ❸。惟因船舶及航空器，均為動產，民法或其他法律並未禁止其得為質權之標的物，且其本身並非不可留置，本得為質權之標的物。又海商法及民用航空法特許其得為抵押權之標的物，僅在承認其得成立不占有標的物之動產擔保物權，當非在否定其原本即得為質權之標的物，更無因其得為抵押權之標的物，即否定其得為質權標的物之必要及理由，否則諸如機器、設備等得為動產擔保交易之高價值物品，均將不能作為質權之標的物，此顯非妥適。故船舶及航空器，應解為仍可為質權之標的物。

3.存有其他擔保物權之動產：關於動產擔保物權，在我民法上有「動

權（下）》，第二二六頁。

❸ 參閱鄭玉波，《物權》，第三〇二頁；謝在全，《物權（下）》，第二二一頁。

產質權」及「留置權」，在動產擔保交易法有「動產抵押」、「附條件買賣」及「信託占有」，於同一動產上，已先存有其他擔保物權時，可否再設定質權，因法律未設明文規定，故不無疑義。由於擔保物權，係在把握標的物之交換價值，就其賣得價金優先受償為最終目的，擔保物權相互間並非互不相容之權利，在同一動產上成立多數同種類或不同種類之擔保物權，正足以完全發揮該擔保物之價值及功能；縱令擔保物權之設定人並無處分權，惟無權處分行為係效力未定之行為（民法第一一八條）。故關於本問題，除法律設有禁止之明文者外（例如動產擔保交易法第三十一條、第三十六條），不宜全面採取否定見解而一律不予認許，應分別情形決定其效力，茲簡述如下❹：

　(1)已設定質權之動產：就出質人而言，因動產設定質權後，出質人並未喪失其所有權，且仍具有間接占有人之地位，故出質人自仍得以返還請求權讓與之方式（指示交付），就同一質物再設定質權，而依其次序決定效力之優劣。例如出質人以指示交付之方式，為他人設定第二次序之質權；或質物在第三人占有中，以指示交付方式設定第一次序之質權後，再以簡易交付之方法，為該占有質物之第三人設定質權是。就質權人而言，依民法第八九一條規定，得將質物轉質，而成立轉質權（責任轉質），詳後述之。關於多數質權之次序，如何決定，民法未設規定，依日本民法第三五五條規定：「就同一動產設定數個質權時，其質權之次序，依設定之先後定之。」我民法可為同一之解釋，即先成立之質權，優先於後成立之質權。

　(2)已成立留置權之動產：就留置物所有人而言，其地位類如出質人，於留置權發生後，留置物所有人並未喪失其所有權，且仍具有間接占有人之地位，故留置物所有人自仍得以返還請求權讓與之方式（指示交付）成立質權，但此項質權自較留置權之效力為劣。就留置權人而言，由於留置

❹　參閱鄭玉波，〈各種動產擔保相互關係之分析〉，《民商法問題研究(一)》，自版，民國六十五年二月初版，第三九一頁以下；劉春堂，《動產擔保交易法研究》，自版，民國八十八年八月增訂版第一刷，第五十九頁以下、第七十六頁以下、第一二一頁以下、第一四七頁以下、第二○四頁以下、第二二六頁以下。

權人除得就留置物依法實行留置權以清償債權外，對留置物並無處分權，設定動產質權之行為屬於處分行為，留置權人自得為之。惟留置權人若偽稱自己係所有人，擅將留置物為第三人設定質權時，固屬無權處分，非經留置物所有人之承認，不生效力（民法第一一八條），然若該受質之第三人（債權人）係出於善意時，即可依善意取得之規定（民法第八八六條、第九四八條）而取得動產質權，此項質權之效力較出質人（留置權人）之留置權為優。

(3)**已成立動產抵押權之動產：**就抵押人而言，因動產設定抵押權之後，抵押人並未喪失其所有權，且仍占有抵押物而為使用收益，法律上並未禁止抵押人就已設定抵押權之動產為其他債權之擔保而設定質權。另就登記之對抗效力言之，當以允許兩個以上相同性質之權利同時存在於同一標的物，始具有意義，動產擔保交易法第五條第一項所採書面成立——登記對抗主義❺，自以得在同一標的物上成立多數動產擔保物權為前提。又就抵押人之實際需要言之，例如該動產之價值甚高，設定抵押權後，尚有甚大之剩餘價值可供其他債權之擔保，於此剩餘價值內為其他債權之擔保而設定質權或其他擔保物權，或以再行設定質權或其他擔保物權所獲得之資金，清償原設定抵押權所擔保之債務是，亦有允許已成立動產抵押權之動產，再設定動產質權之必要。職是之故，抵押人自非不得以已成立動產抵押權之動產，再設定動產質權，於此情形，當應視動產抵押是否已登記及質權人是否為善意，而定其優先受償效力，即動產抵押若已登記，因登記具有對抗善意第三人之效力（動產擔保交易法第五條第一項），故抵押權人得主張其有優先受償權，然若動產抵押未經登記，而該受質之第三人（債權人）係出於善意時，其效力較動產抵押權為優。

其次，就抵押權人而言，由於抵押權人除得就抵押物依法實行抵押權以清償債權外，對抵押物並無處分權，設定動產質權之行為屬於處分行為，抵押權人自不得為之。又抵押物係由抵押人占有，抵押權人並未占有抵押物，一般言之，通常不易發生抵押權人就抵押物再為他人設定質權之情事，

❺　關於動產擔保交易登記之對抗效力，參閱劉春堂，前揭❹書，第二十七頁以下。

惟抵押權人如因行使抵押權而占有抵押物時（動產擔保交易法第十七條參照），若偽稱自己係所有人，擅將抵押物為第三人設定質權者，則屬無權處分。於此情形，當應視動產抵押是否已登記及質權人是否為善意，而定其效力較受，即動產抵押若已經登記，因登記具有對抗善意第三人之效力（動產擔保交易法第五條第一項），故非經抵押人之承認，不生效力（民法第一一八條），然若動產抵押未經登記，而該受質之第三人（債權人）係出於善意時，即可依善意取得之規定（民法第八八六條、第九四八條）而取得動產質權，其效力較動產抵押權為優。

　　⑷已成立附條件買賣之動產：就出賣人言之，其雖保有所有權，但僅具有擔保作用，除於買受人違約時得依法行使取回權處分標的物外，應解為對標的物已無處分權，且標的物已為買受人所占有，通常不易發生就買賣標的物再為他人設定質權之情事，惟出賣人亦有非因行使其取回權而占有標的物者，如買受人將有瑕疵之買賣標的物送回給出賣人修理，出賣人因而占有標的物是，此時如出賣人再以之為他人設定質權，則因動產擔保交易法就附條件買賣之標的物，未設有禁止為質權標的物之規定，為保護善意第三人，以維交易安全，似無一概否認其效力之理由及必要。故在此種情形，當應視附條件買賣是否已登記及質權人是否為善意，而定其效力較受，即附條件買賣業經登記者，因登記具有對抗善意第三人之效力（動產擔保交易法第五條第一項），原買受人得以其期待權對抗善意第三人，故除非得到原買受人之承認，否則該受質之第三人縱為善意，亦不能取得質權；附條件買賣未經登記者，該受質之第三人若為善意，自能依民法第八八六條及第九四八條有關善意取得之規定，取得質權，該第三人若為惡意（即明知存有附條件買賣之事實），應不受保護，即不能取得質權。

　　其次，就買受人而言，其雖尚未取得標的物之所有權，但已占有標的物，且就標的物有取得其所有權之期待權，並就動產擔保交易法第二十八條以「致妨害出賣人之權益」及原第三十八條以「致生損害於債權人」為其適用要件觀之，當以得設定質權或其他擔保物權為前提，更就買受人對標的物之用益及融通資金需要而言，如以標的物設定質權而獲得之資金清

償其對出賣人所負支付價金債務是，自無一概禁止買受人就買賣標的物為他人設定質權之理由及必要。故附條件買賣之買受人，亦得就買賣標的物為他人設定質權，於此情形，當應視附條件買賣是否已登記及質權人是否為善意，而定其效力較妥，即附條件買賣業經登記者，因登記具有對抗善意第三人之效力（動產擔保交易法第五條第一項），縱令該受質之第三人為善意第三人，出賣人仍得以其保留之所有權對抗之；附條件買賣未經登記者，該受質之第三人若為善意，出賣人不得以其保留之所有權對抗之，該第三人若為惡意（即明知存有附條件買賣之事實），應不受保護，出賣人得以其保留之所有權對抗之。

(5)**已成立信託占有之動產**：就信託人言之，由於信託人之取得信託物（標的物）所有權，自始僅具有單純之擔保目的而已，除於受託人違約時得取回占有標的物並加以處分外（動產擔保交易法第三十四、三十七條參照），對標的物並無處分權，且標的物一直為受託人所占有及使用收益或處分，且質權之成立及存續，係以質權人占有質物為要件（民法第八八五條、第八九七條、第八九八條參照），故一般而言，通常不易發生信託人就信託物再為他人設定質權之情事，惟如實際上發生信託人以信託物為他人設定質權之情事時，因動產擔保交易法未設有禁止其為質權標的物之規定，為保護善意第三人，以維交易安全，似無一概否認其效力之理由及必要。故在此種情形，當應視信託占有是否已登記及質權人是否為善意，而定其效力較妥，即信託占有業經登記者，因登記具有對抗善意第三人之效力（動產擔保交易法第五條第一項），受託人得以其期待權對抗善意第三人，故除非得到受託人之承認，否則該受質之第三人縱為善意，亦不能取得質權；信託占有未經登記者，該受質之第三人若為善意，自能依民法第八八六條及第九四八條有關善意取得之規定，取得質權，該第三人若為惡意（即明知存有信託占有之事實），應不受保護，即不能取得質權。

其次，就受託人言之，其雖尚未取得標的物之所有權，但已占有標的物並得依信託收據處分標的物（動產擔保交易法第二十八條、第三十三條第四款），且就標的物有回復所有權之期待權，信託人對標的物雖保有所有

權，但自始僅具有擔保之目的，與動產質權並非性質上不能並存之權利，更就受託人對標的物之用益及融通資金之需要而言，如受託人因經濟情勢或其他特殊原因無法及時依約處分標的物，或予以處分將遭受重大之不利益時，自有允許受託人以信託物設定質權或其他擔保物權而融通資金，清償其對信託人所負債務之必要。其次，依動產擔保交易法第三十四條第三款規定，受託人將標的物設定動產質權者，信託人得取回占有標的物，惟此乃有關信託人實行擔保權之規定，其目的並不在禁止動產質權之設定，且動產擔保交易法就已成立信託占有之動產，未設有禁止其為動產質權標的物之規定，並就動產擔保交易法原第三十八條以「致生損害於債權人」為其適用要件觀之，當以得設定動產質權或其他擔保物權為前提。綜據上述，可知信託占有之受託人亦得就標的物（信託物）為他人設定質權，於此情形，當應視信託占有是否已登記及質權人是否為善意，而定其效力較妥，即信託占有業經登記者，因登記具有對抗善意第三人之效力（動產擔保交易法第五條第一項），縱令該受質之第三人為善意第三人，信託人仍得以其所有權對抗之；信託占有未經登記者，該受質之第三人若為善意，信託人不得以其所有權對抗之，該第三人若為惡意（即明知存有信託占有之事實），應不受保護，信託人得以其所有權對抗之。

㈢被擔保之債權

質權為擔保物權，故原則上須先有被擔保債權之存在始可。至於被擔保債權之種類，並無限制，通常固多為金錢債權，然不以此為限，其他債權亦可以設定質權為之擔保，蓋因其他債權得依質權之留置效力，予債務人以心理上之壓迫，而促其屆期清償也。其次，被擔保之債權，固以現存者為常，但亦可就附條件或附期限之債權，或將來之債權，設定質權予以擔保，且可設定最高限額質權。

二、動產質權之讓與

動產質權為非專屬性之財產權，自得讓與，惟基於動產質權之從屬性，故須與其所擔保之債權一併為之，不得單以質權讓與他人。又依民法第二九五條第一項之規定，債權讓與時，擔保該債權之動產質權原則上亦隨同

移轉於受讓人，惟因此項質權移轉之效果，係基於法律規定，並非依法律行為而生，故不待質物之交付，即足生移轉之效力❻。

第二、基於法律行為以外之事實

一、取得時效

債權人以供債權擔保及行使質權之意思，五年間和平、公然占有債務人或第三人之動產者，取得其質權（民法第七七二條準用第七六八條）。

二、繼承

動產質權為財產權，於質權人死亡時，當然得由其繼承人因繼承而取得。

三、善意取得

民法第八八六條規定：「動產之受質人占有動產，而受關於占有規定之保護者，縱出質人無處分質物之權利，受質人仍取得其質權。」是為質權之善意取得（或稱為善意受讓、即時取得），條文中所謂受關於占有規定之保護者，係指第九四八條等規定而言。職是之故，所謂動產質權之善意取得，係指動產之出質人與質權人間，以設定或移轉動產質權為目的，由出質人將動產之占有移轉於質權人，縱出質人無處分動產或動產質權之權利，質權人受讓該動產之占有時，不知出質人無處分權（即出於善意），質權人仍取得其質權之法律行為。此種取得，雖亦係基於當事人間之法律行為，但因出質人原無處分權，本屬無權處分行為，因法律之規定而直接賦予質權人取得質權之效果，本質上非因當事人之設定行為而取得，故應屬於原始取得。

動產質權之善意取得，除須出質人無處分其質物之權利外，尚須質權人已占有動產，且其受讓該動產之占有須出於善意（即不知出質人無處分權）始可。又民法第八八五條規定：「質權之設定，因移轉占有而生效力。質權人不得使出質人代自己占有質物。」由是可知，質權人受讓該動產之占有，不限於現實交付，即簡易交付及指示交付亦可，惟不得依占有改定為

---

❻ 我國學者有認為仍須將質權標的物之動產交付於受讓人，始生取得動產質權之效力者，參閱姚瑞光，《物權》，第二八二頁。

之，以繼持質權的留置效力。

四、法定質權

　　依民事訴訟法第一〇三條第一項與第一〇六條之規定，受擔保利益人對於供擔保人所提存之現金、有價證券或其他提存物，與質權人有同一之權利。故供擔保利益人，係依民事訴訟法規定而取得質權，此項質權既因法律規定而生，故可謂係法定質權。

第三項　動產質權之效力

第一款　動產質權效力之範圍

第一、動產質權擔保債權之範圍

　　民法第八八七條第一項規定：「質權所擔保者為原債權、利息、遲延利息、違約金、保存質物之費用、實行質權之費用及質物隱有瑕疵而生之損害賠償。但契約另有約定者，不在此限。」職是之故，關於動產質權所擔保債權之範圍，得由當事人以契約約定之，當事人有約定者，則從其約定，是為約定範圍，當事人未為約定者，則依上開規定定之，是為法定範圍。動產質權所擔保債權之法定範圍，較抵押權所擔保債權之法定範圍為廣，就原債權、利息、遲延利息及實行質權之費用四者而言，與抵押權所擔保債權之範圍相同，保存質物之費用及質物隱有瑕疵而生之損害賠償二者，則為抵押權所無，此乃因質權之生效及存續須移轉質物之占有，質權人既需保管質物，且就質物有留置效力，與抵押權無須移轉標的物之占有，且無留置效力者，有所不同。

　　保存質物之費用，固為動產質權所擔保之債權，惟為兼顧出質人之利益，故民法第八八七條第二項規定：「前項保存質物之費用，以避免質物價值減損所必要者為限。」從而諸如稅捐、修繕費或其他必要之保存費用、為避免質物滅失所必要之費用等，固屬此處所稱保存質物之費用，單純之保管費用，例如質物置於倉庫所須支付之倉租等是，若非為避免質物價值減

損所必要者,其保管費用自仍應由質權人負擔,不在本項保存費用之內。又因質物隱有瑕疵而生之損害賠償,亦為擔保債權之範圍,惟此項損害賠償之發生,仍需具備下列要件:①須質物有瑕疵,例如出質之機器設備因零件破損或設計不良,而易於爆炸,或出質之牲畜有病毒是。②須其瑕疵係屬隱有者,即此項瑕疵以通常之注意難以發現,而為質權人所不知者始可,若為質權人所知者,則非隱有瑕疵。③須瑕疵與損害之發生有因果關係,即須因質物之瑕疵致質權人本身或其他物遭受損害,例如因有瑕疵之機器設備爆炸,致質權人受重傷或廠房因而倒塌毀損,或質權人因受牲畜病毒之感染,致質權人或其牲畜因而生病等是,至於質物本身因有瑕疵致其價值減少之損害,則不屬之。

第二、動產質權標的物之範圍

動產質權標的物之範圍,大體與抵押權同,除質物之本身外,尚及於下列之物:

一、從物

主物之處分,及於從物(民法第六八條第二項),從而動產質權之效力,自可及於質物之從物,惟因質權契約係屬要物契約,故必須其從物亦已隨同質物(主物)移轉於質權人占有時,質權之效力,始能及之。

二、孳息

民法第八八九條規定:「質權人得收取質物所生之孳息。但契約另有約定者,不在此限。」可知除當事人間之契約另有約定者外,質權人有孳息收取權(詳後述之),因而質權之效力原則上及於質物之孳息。此處所謂孳息,包括天然孳息與法定孳息兩者在內,例如質權人得出質人之同意,將質物出租他人,而得收取之租金,應為質權效力所及是。

三、代位物

質物之代位物(代替物),亦為質權效力所及,可分為下列二種:①以拍賣質物所得之價金,代充質物:質權人依民法第八九二條規定拍賣質物後,質權人之質權,即存於其賣得價金之上是,詳後述之。②因質物滅失

或毀損得受之賠償或其他利益，質權人仍有質權：出質人因質物滅失或毀
損得受之賠償或其他利益，即為質物之代位物，質權人對於前項出質人所
得行使之賠償或其他請求權，仍有質權（民法第八九九條），其有關問題已
如前述，於茲不贅。

四、添附物

質物如與他動產發生添附情事，而添附物之所有權由質物所有人取得
者（參閱民法第八一二條第二項、第八一三條、第八一四條），質權之效力
自亦及於該添附物。反之，如果添附物之所有權由他人取得，該質物的所
有權因而消滅者，動產質權亦因而消滅（民法第八一五條），惟出質人如因
而受有賠償金或取得賠償金請求權者（民法第八一六條），則質權人之質權
仍存在於該賠償金或賠償金請求權上，然此為前述質物之代位物問題。

第二款　動產質權對於出質人之效力

第一、出質人之權利

出質人為質權之設定時，固應將質物之占有移轉於質權人，但不喪失
其所有權，故仍得處分其所有物（質物），例如將質物出賣或贈與，而移轉
其所有權予他人；或為其他債權之擔保而以質物為標的物，再設定質權或
抵押權等擔保物權，均無不可，不過對於質權並無影響而已。其次，出質
人如為債務人以外之第三人時，則該第三人倘代為清償債務，或因質權之
實行致喪失質物之所有權者，自應類推適用民法第八七九條規定，對債務
人有求償權與代位權。

第二、出質人之義務

質權人因質物隱有瑕疵而受有損害者，出質人應對質權人負損害賠償
責任。出質人對質權人因保管質物所支出之必要費用，有償還之義務，惟
其範圍以避免質物價值減損所支出者為限（民法第八八七條）。至於質權人
就質物所支出之有益費用，出質人有無償還之義務，不無問題，為免出質

人於清償債務後,償還有益費用之困難,宜解釋為得類推適用民法第四三一條規定,即質權人就質物支出有益費用,因而增加質物之價值者,如出質人知其情事而不為反對之表示者,質權人得於現存之增價額範圍內請求償還❼。

第三款　動產質權對於質權人之效力

第一目　質權人之權利

第一、質物之留置權

質權人於其債權受清償前,得留置質物,是為質權人之留置權,亦即質權之留置效力。我民法對此雖無明文,但因動產質權係以質權人占有質物為生效及存續要件(民法第八八五條、第八九七條、第八九八條),質權人須繼續占有質物始能保持其質權,既須繼續占有,自有留置質物之權利。縱出質人已將質物之所有權讓與他人(第三取得人),對於質權人之留置權,亦不受影響,亦即於其債權未受清償前,對於出質人或第三取得人之請求交付質物,得拒絕之;於出質人或第三取得人以訴請求交還時,法院應為原告敗訴之判決(三十三永上五五四)。又他債權人對質物實施強制執行,致質權人可能喪失占有而影響其質權之存在時,質權人可依強制執行法第十五條之規定,提起第三人異議之訴,以排除強制執行(四十四臺上七二一)。

其次,質權人固有留置權,於其債權受清償前,得留置質物,惟因動產質權為擔保物權,其性質為價值權,並非用益權,故質權人留置質物期間,原則上就質物無用益之權。民法第八八八條第二項規定:「質權人非經出質人之同意,不得使用或出租其質物。但為保存其物之必要而使用者,不在此限。」此乃因質權人於占有質物後,必須繼續保持質物之價值,從而質權人於保存質物所必要之限度內,尚得使用質物,例如不為使用即易銹

---

❼　我國學者有認為質權人不得向出質人請求償還有益費用者,參閱謝哲勝,《物權》,第四一〇頁。

壞之機器，應得於保存其價值之必要範圍內，加以使用是。

第二、質物之孳息收取權

民法第八八九條規定:「質權人得收取質物所生之孳息。但契約另有約定者,不在此限。」故關於質物所生之孳息,包括天然孳息與法定孳息在內,除當事人間之契約另有約定者,例如約定質物之孳息由出質人或第三人收取是,自應從其約定,如未另有約定者,質權人得收取之,是為質權人之孳息收取權。至於質權人之收取孳息,依民法第八九○條第一項規定:「質權人有收取質物所生孳息之權利者,應以對於自己財產同一之注意收取孳息,並為計算。」故質權人之收取孳息,應盡與處理自己事務為同一之注意義務,如欠缺此項注意,即構成具體的輕過失,應負損害賠償責任。

其次,質權人之收取孳息,並非由其無償取得,須為出質人之利益計算之。依民法第八九○條第二項規定:「前項孳息,先抵充費用,次抵原債權之利息,次抵原債權。」此處所稱「費用」,包括保存質物及收取孳息之費用在內,至於質權其餘擔保範圍,諸如違約金、實行質權之費用及因質物隱有瑕疵而生之損害賠償等,應分別依其性質納入本項相關項目定其抵充順序,要屬當然。又因質權人所收取之孳息,並非當然可依第二項規定抵充,為期周延,故民法第八九○條第三項規定:「孳息如須變價始得抵充者,其變價方法準用實行質權之相關規定。」

第三、質物之轉質權

所謂質物之轉質,係指質權人為供自己或他人債務之擔保,將質物移交於自己或他人之債權人,而再設定新質權之謂。由於轉質,係質權人於質物上再為他人設定新質權之行為,其性質乃屬質物之再度出質(新質權設定或質物再度質入說),故轉質為質權人對於質物之處分,其當事人為轉質人與轉質權人,該為轉質之原質權人,謂之轉質人,因轉質而取得質權之人,謂之轉質權人。質物之轉質,可分為承諾轉質與責任轉質,分述如下:

一、承諾轉質

此係指質權人徵得原出質人之同意，將質物轉質於第三人而言，故又稱為同意轉質。關於承諾轉質，我民法未設規定，在解釋上應無不許之理。此種轉質，因係得出質人之同意而為之，並非基於原質權而來，自不受原質權人所能支配交換價值之拘束，得逾原質權所擔保債權之金額與清償期而為之，完全脫離原質權而存在，即轉質權人之質權，與轉質人（原質權人）之原質權各別獨立。從而轉質權人自己對於債務人之債權，如已屆清償期時，無論轉質人之原債權是否已屆清償期，均得直接實行其質權；轉質人之原債權，縱因清償而消滅，此項清償不能對抗轉質權人，轉質權人之質權仍不消滅，原出質人不得請求轉質權人返還質物。出質人為求返還質物，得以利害關係人之身分，向轉質權人清償轉質人之債務，以消滅其質權，始能取回質物。又質權人之轉質，既已得原出質人之承諾，故不因轉質而加重其責任。

二、責任轉質

此係指質權人於質權存續中，無須經出質人之同意，以自己之責任將質物轉質於第三人而言。民法第八九一條規定：「質權人於質權存續中，得以自己之責任，將質物轉質於第三人。其因轉質所受不可抗力之損失，亦應負責。」此即所謂責任轉質。由於此種轉質，係第一質權人（轉質人）為供債務之擔保，毋須得原出質人之同意，得以自己之責任，於質物上再度設定新質權(新質權設定或質物再度質入說)，故屬於質權人之一種權利(轉質權)。茲就有關問題，分述如下：

㈠**責任轉質之要件**

責任轉質須具備下列要件：

1.須於質權存續中為之：質權人之轉質權，係基於原質權而生，且係質權人將其基於原質權所得支配之交換價值賦予轉質權人，故轉質必須於質權成立後消滅前為之，其轉質期間不能超過原質權之範圍，原質權如已消滅，轉質亦隨之消滅。

2.須於質權所擔保債權範圍內為之：質權人所得處分之交換價值，應以其所得支配者為限，轉質權之各項內容仍應受原質權之拘束，故轉質權

所擔保之債權額，不能超過原質權之擔保額。從而轉質權所擔保債權之金額或清償期，如有超過原質權所擔保債權之金額或清償期時，該超過部分對於出質人不生效力，出質人可不受其拘束。

3.須以自己之責任為之：此處所謂「自己之責任」，係指質物因轉質所生之一切損害，轉質人均應負責之意，不僅由轉質人之過失所致者，應負賠償之責，即因不可抗力所致者，亦應賠償是也。

㈡責任轉質之效果

民法第八九一條所規定之轉質權，係民法所承認之一種物權，不僅對於轉質權人及轉質人存在，對於出質人亦有效力，出質人欲清償債務，取回質物，應先向轉質權人為之，否則其清償對轉質權人不生效力。至於轉質權人固因轉質而對於質物取得新質權，得對質物行使質權，惟僅能於轉質人原質權之範圍（債權額、清償期）內行使，從而其行使質物之變價權時，不僅需自己之債權已屆清償期，且需原質權所擔保之債權已屆清償期始得為之。又轉質權人就質物賣得之價金亦有優先受償權，且其效力（次序）較原質權為優先，當質權實行時，對於質物賣得之價金，於原質權所擔保之債權額內，應先就轉質權人之債權為清償，然後以其餘額清償轉質人之債權。

㈢責任轉質之性質

關於責任轉質之性質為何，學說主要有四❽：

1.附條件的質權讓與說：此說認為轉質係質權人將其質權讓與轉質權人，而附以如轉質權人之債權，因清償或其他原因而消滅者，則質權應歸於轉質人（即質權人）之解除條件。此說顯然與「將質物轉質」之事實不合，因轉質亦係設定質權，以供擔保，且質權不得單獨讓與，故此說亦與質權從屬性之理論不合。

2.附質權的債權質入說：此說認為轉質係將質權與其所擔保之債權共同出質，故亦稱共同質入說。由於質權人如欲將其質權及該質權所擔保之債權共同出質，則可逕依權利質權之規定為之，殊無另設轉質規定之必要。

❽　參閱謝在全，《物權（下）》，第二四二頁、第二五三頁註五。

此說之不當於此即可見之。

3.質物再度質入說：此說認為轉質係第一質權人（轉質人）為供債務之擔保，以自己之責任，於質物上再度設定新質權，故亦稱新質權設定說。此說與我民法第八九一條所規定「將質物轉質」之規定相合，故學者通說採之。

4.質權自體出質說：此說謂轉質乃一種權利質權，即轉質係質權人將其所取得之質權出質。此說亦與「將質物轉質」之事實不合，且單獨以質權出質，與質權從屬性之理論不合。

第四、債權之優先受償權

質權係擔保物權，質權人之債權得就質物賣得之價金，優先受償，是為質權人之優先受償權。所謂優先受償，係指質權人得較債務人之一般債權人（無質權擔保者）優先受償；先次序之質權人得較後次序之質權人優先受償。

第五、質物之變價權

民法第八九二條第一項規定：「因質物有腐壞之虞，或其價值顯有減少，足以害及質權人之權利者，質權人得拍賣質物，以其賣得價金，代充質物。」故質權人有質物變價權（或稱為預行拍賣質物權），此項變價權之行使，除須質物有腐壞之虞，或其價值顯有減少之情形外，尚須因而足以害及質權人之權利，亦即有上述情形後，如待債權清償期屆滿時始拍賣質物，則所得之價金必將不足以清償全部債權而言。具備上述要件，質權人即可不問債權之清償期是否已屆，得將質物逕行拍賣之，惟質權人應於拍賣前，通知出質人，但不能通知者（例如出質人行方不明或有其他急迫情形是），不在此限（民法第八九四條）。至於其拍賣方法，於拍賣法未公布施行前，實務上認為可依照債編施行法第二十八條（原第十四條）規定辦理（二十二院九八〇），此項見解為修正民法物權編施行法第十九條所採，即民法第八九二條第一項所定之拍賣質物，除聲請法院拍賣者外，在拍賣法未公布施行前，得照市價變賣，並應經公證人或商業團體之證明。又拍賣與否，係

質權人之權利，若質權人未行使變價權而拍賣質物，縱嗣後該質物有價值低落之情事，亦不負何種責任。

依民法第八九二條第一項規定拍賣質物所得之價金，係代充質物，該價金仍為出質人所有，質權移存於該項價金之上，原質物之質權消滅，而非即以該價金充債權之清償。質權人基於占有質物之權，本可占有前項賣得之價金，惟為能維持其特定性，使價金不致與質權人之金錢混合，故民法第八九二條第二項規定：「前項情形，如經出質人之請求，質權人應將價金提存於法院。質權人屆債權清償期而未受清償者，得就提存物實行其質權。」故質權人得主動或應出質人之請求，將價金提存於法院，此種提存，係以質權人為提存人，出質人為受取人，附以債權清償始得領取之條件。質權人將價金提存於法院後，於債權屆清償期未受清償時，自得取回提存物，實行其質權，以之優先受償。

第六、質權之保全

質權人為質物之占有人，於其占有受侵奪或其他妨害時，應可行使占有人之物上請求權（民法第九六二條），以排除其妨害。此外，動產質權既為擔保物權之一種，質權若受有任何妨害，致其物權無法圓滿行使時，亦應賦予質權之物上請求權。又動產質權是物權，也是財產權，因此亦是民法第一八四條侵權行為規定保護的客體，質權若受不法之侵害，而受有損害時，例如質物被毀損是，質權人可依侵權行為規定請求損害賠償。

第七、質權之實行

所謂質權之實行，係指質權人於債權屆清償期，而未受清償時，為使其債權得以實現，而處分質物之行為。由於質權之本質，係在擔保債權之受償，因而債權屆清償期而未受清償時，質權人自得處分質物取償，以發揮質權之作用，故質權之實行乃質權之中心的效力。又擔保物權之設定，乃為確保債務之履行，債權人於債務人逾期不履行債務時，固得行使其擔保物權，而以擔保物變價備抵，但其是否行使此項權利，乃債權人之自由。

故質權人是否實行質權，得自由決定之。關於質權人實行質權之方法及程序等問題，於後另詳述之。

第二目　質權人之義務

第一、保管質物

質權人因受質物之移轉占有，故民法第八八八條第一項規定:「質權人應以善良管理人之注意，保管質物。」質權人如未盡善良管理人之注意保管質物，致出質人受到損害者，自應負損害賠償責任。此處所謂善良管理人之注意，即依交易上一般觀念，認為有相當知識、經驗及誠意之人所用之注意，已盡此注意與否，應依抽象之標準定之，其質權人有無盡此注意之能力，在所不問（二十九滬上一〇六）。至於質權人對於質物之保管，究為自行保管抑或使第三人代為保替，固有自由決定之權，惟使第三人代為保管時，應就第三人之選任及其對於第三人所為之指示，均無過失，負其舉證責任（五十一臺上一八九〇判決）。又倉單所載之貨物，依法既得以背書轉讓，倉單持有人以之供擔保借款，如契約訂明係以貨物供擔保，而將經背書之倉單付執者，仍屬動產質權，其貨物因而受損，自得依民法第八八八條之規定，請求賠償損害（五十五臺上一二〇八判決）。

第二、不得使用或出租質物

質權為擔保物權而非用益物權，質權人僅有保管質物之義務，而無使用質物之權，故民法第八八八條第二項規定:「質權人非經出質人之同意，不得使用或出租其質物。但為保存其物之必要而使用者，不在此限。」從而除為保存其物之必要而使用者外，例如易生鏽之機械，偶而使用之，以防其生鏽等是，質權人原則上不得使用或出租質物。又此處所稱出租其質物，係指在設定質權後由質權人出租者而言，在動產出租後始設定質權者，質權人當然得依民法第八九〇條規定，收取法定孳息。至於質權人若得出質人同意而使用或出租其質物，應否支付使用之對價或所收取之租金誰屬，

自得由當事人自行約定之。質權人未經出質人之同意而出租其質物，或經出質人之同意而出租其質物，惟就租金誰屬未為約定者，關於質權人所收取之租金，應解為得類推適用民法第八九〇條之規定，抵充擔保債權❾。質權人經出質人之同意使用或出租質物，或為保存質物之必要而使用時，仍應以善良管理人之注意義務為之。

第三、返還質物

民法第八九六條規定：「動產質權，所擔保之債權消滅時，質權人應將質物返還於有受領權之人。」故質權人有返還質物之義務，惟此項義務應於動產質權所擔保之債權消滅時始行發生，從而動產質權所擔保之債權未消滅時，出質人尚無返還質物請求權之可言（三十三永上五五四）。至於所謂有受領權之人者，係指出質人、其所指定之人（三十七上六八四三），或其他有受領權之人，例如出質人於設定質權後，將質物所有權讓與他人或再設定質權於其他債權人，該質物之新所有人或第二次序之質權人是。

第四項　質權之實行

第一、拍賣

關於質物之拍賣，得由質權人逕行為之，亦得聲請法院為之，分述如下：

一、由質權人逕行為之

民法第八九三條第一項規定：「質權人於債權已屆清償期，而未受清償者，得拍賣質物，就其賣得價金而受清償。」故實務上認為質權人於債權未受清償時，得逕行拍賣質物，就其賣得價金而優先受償，不必聲請法院為之，且在拍賣法未公布施行前，可依照債編施行法第十四條（現為第二十八條）規定辦理（二十二院九八〇）。此項見解為修正民法物權編施行法第十九條所採，即民法第八九三條第一項所定之拍賣質物，除聲請法院拍賣者外，在拍賣法未公布施行前，得照市價變賣，並應經公證人或商業團體

❾　參閱謝在全，《物權（下）》，第二六五頁。

之證明。又為保護出質人之利益，故質權人拍賣質物者，應於拍賣前，通知出質人，但不能通知者，不在此限（民法第八九四條）。至於所謂未受清償，不僅指全部未受清償者而言，一部未受清償者亦包含之，故債務人不得以已為債務一部之清償，而阻止質權人拍賣質物（二十二上三〇四五判決）。

　　質權人於債權已屆清償期而未受清償者，依民法第八九三條第一項規定，固得拍賣質物，就其賣得價金而受清償，惟尋繹法意，拍賣質物與否，係聽質權人之自由，並非謂屆期未受清償，即須拍賣質物，換言之，即質權人有拍賣質物優先受償之權利，並非認其必須負有拍賣之義務，故質權人就質物行使權利或逕向債務人請求清償，仍有選擇之自由，質權人不拍賣質物，而向債務人請求清償，仍非法所不許（二十二上二二四九、二十七上三一〇二）。又質權人拍賣質物，既係其權利而非義務，則質權人於債權已屆清償期後，因欲就質物賣得較高之價金而受清償，致未即行拍賣，亦不能因嗣後價值低落，即謂其應負何種責任（二十七上三一〇二），更無因拋棄質權，而債權亦歸於消滅之理（四十九臺上二二一一）。

二、聲請法院為之

　　關於質物之拍賣，質權人固得自行為之，惟如質權人不願自行拍賣，得否聲請法院為之，我民法未設明文規定，強制執行法原亦未設規定，實務上採肯定見解。詳言之，即質權人於債權已屆清償期，而未受清償時，依照民法第八九三條第一項規定，固得拍賣質物，就其賣得價金而受清償，但所謂拍賣不由質權人自行為之，而聲請法院準照動產執行程序辦理，亦無不可（四十一臺上一四三二）。惟質權人不願自行拍賣，而聲請法院拍賣時，應先取得執行名義（釋五十五），此項執行名義，由法院為許可強制執行之裁定即足當之（最高法院民國五十二年度第一次民刑庭總會會議決議㈦），故質權人不自行拍賣而聲請法院拍賣時，則法院自亦應為許可強制執行之裁定（五十二臺抗一二八）。又民國六十四年強制執行法修正時，將第四條第一項第五款修正為：「抵押權人或質權人，為拍賣抵押物或質物之聲請，經法院為許可強制執行之裁定者。」故質權人為拍賣質物之聲請，經法

院為許可強制執行之裁定者，該裁定即可為執行名義。

第二、取得質物之所有權

　　民法第八九五條規定：「第八百七十八條之規定，於動產質權準用之。」故質權人於債權清償期屆滿後，為受清償，得與出質人訂立契約取得質物之所有權，以實行質權，但不得有害於其他質權人之利益。此項取得質物所有權之契約，性質上屬於代物清償，即以質物所有權之移轉代替債務之清償，且應於債權清償期屆滿後訂立之。

　　質權人與出質人在設定動產質權時，或於債權清償期屆滿前，約定於債權已屆清償期而未為清償時，質物之所有權移屬於質權人者，稱之為流質契約。關於流質契約，我民法為保護債務人，原規定係絕對禁止，即其約定為無效❿，惟民國九十六年新修正的民法第八九三條第二項規定：「約定於債權已屆清償期而未為清償時，質物之所有權移轉於質權人者，準用第八百七十三條之一之規定。」故質權人與出質人得事先約定，將來於債權已屆清償期而未受清償時，質物之所有權移轉於質權人，以清償債務，但質權人就質物之價值負有清算義務。從而質權人請求出質人為質物所有權之移轉時，若質物的價值超過被擔保債權額者，質權人應將超過部分返還予出質人；反之，若質物的價值不足以清償被擔保債權額者，質權人就不足之部分，仍得請求債務人清償。又依民法第八七三條之一第一項規定，關於流押契約之約定，非經登記，不得對抗第三人，但動產質權並無登記制度，如何準用上開規定，即不無問題。

第三、以其他方法處分質物

　　質權人於清償期屆滿後，為受清償，在無害於其他質權人之利益時，得訂立契約，以拍賣或取得所有權以外之方法處分質物（民法第八九五條

---

❿　民法第八九三條第二項原規定為：「約定於債權已屆清償期而未為清償時，質物之所有權移屬於質權人者，其約定為無效。」惟流質契約之無效，於債權債務之存在，不生影響（四十三臺上四四五）。

準用第八七八條），例如約定由質權人自行覓主變賣是。

第五項　動產質權之消滅

動產質權為擔保物權之一種，故物權及擔保物權之共同消滅原因，例如混同、拋棄、擔保債權之消滅、擔保物權之實行等，亦為動產質權之消滅原因，茲就其特別消滅事由，分述如下：

第一、質物之返還

民法第八九七條規定：「動產質權，因質權人將質物返還於出質人或交付於債務人而消滅。返還或交付質物時，為質權繼續存在之保留者，其保留無效。」此之所謂返還或交付，係指基於質權人自己之意思，任意將質物之占有移轉於出質人或債務人而言，若出質人或債務人取得質物之占有，並非基於質權人自己之意思者，例如出質人或債務人以竊取、強盜等侵奪方式而取回質物是，則非此處所謂返還或交付質物。質權人只要係基於自己之意思，任意將質物返還於出質人或交付於債務人，則不問其返還或交付之原因如何，質權均應歸於消滅，從而質權人因拋棄質權、使用借貸、寄託、租賃等而移轉質物之占有，固為返還或交付質物，其因錯誤或被詐欺而移轉質物之占有，亦為返還或交付質物。又為貫徹質權人不得使出質人或債務人代自己占有質物（民法第八八五條第二項），以及質權人返還或交付質物，質權即歸消滅之意旨，故民法第八九七條後段乃明定，質權人返還或交付質物時，縱為質權繼續存在之保留，其保留亦無效，即質權仍應歸於消滅。

第二、喪失質物之占有

民法第八九八條規定：「質權人喪失其質物之占有，於二年內未請求返還者，其動產質權消滅。」此處所謂喪失質物之占有，係指非基於質權人自己之意思，而失去對於質物之事實上管領力而言，例如質物之遺失、被竊或被盜等是，如係基於質權人自己之意思喪失占有者，則無本條之適用。

質權人非基於自己之意思而喪失其質物之占有者，本得依質權之物上請求權（準用民法第七六七條）、民法第九四九條、第九五○條、第九六二條等之規定，請求返還質物，故其質權不因占有的一時喪失而消滅，惟此等請求權宜迅速為之，以免法律關係長久處於不確定狀態，故民法第八九八條規定，質權人於二年內未請求返還者，其動產質權消滅，此二年期間，係除斥期間。至於質權人如係基於自己之意思而喪失質物之占有者，除有民法第八九七條規定之情形，應適用該條規定外，若質權人已不能回復質物之占有，自應認質權歸於消滅，若質權人能回復質物之占有，例如得行使撤銷權或侵權行為損害賠償請求權，而回復原狀是（民法第一一三條、第一一四條、第二一三條），為貫徹質權之生效及存續，以質權人占有質物為要件之意旨，應解為得準用民法第八九八條規定，質權人於二年內未請求返還者，其動產質權亦歸於消滅。

第三、質物之滅失

物權因標的物之滅失而消滅，此為物權共同之消滅原因，民法第八九九條第一項規定：「動產質權，因質物滅失而消滅。但出質人因滅失得受賠償或其他利益者，不在此限。」此涉及物上代位之問題，前已述及，於茲不贅。

第四、質權實行

質權人實行質權，出賣或拍賣質物，則不論該質權所擔保之債權是否因而全部受償，質權均因之而消滅。惟質權人（即債權人）之債權並不因而消滅(成為無擔保之債權)，就其未受清償之債權仍得繼續向債務人追償。

第六項　特殊質權

第一、最高限額質權

基於質權之從屬性，必先有債權發生，始可設定質權，且擔保債權一旦消滅，質權即歸於消滅。長期繼續之交易，須逐筆重新設定質權，對於

現代工商業社會講求交易之迅速與安全，不但徒增勞費，造成不便，亦生極大妨害，為彌補上述缺點，實有增訂最高限額質權之必要，故民國九十六年新修正之民法物權編乃增設相關規定。民法第八九九條之一規定：「債務人或第三人得提供自己之動產為擔保，就債權人對債務人一定範圍內之不特定債權，在最高限額內，設定最高限額質權。前項質權之設定，除移轉動產之占有外，並應以書面為之。關於最高限額抵押權及第八百八十四條至前條之規定，於最高限額質權準用之。」

第二、營業質

所謂營業質，係指以當舖業或其他以受質為營業者為質權人，所設定之質權。此種質權，乃一般民眾籌措臨時應急小額資金之簡便方法，為我國源遠流長之慣行，有其存在價值。惟民法對於營業質權人與出質人間之權利義務關係，原未設規定，僅於修正前民法物權編施行法第十四條規定：「民法物權編關於質權之規定，於當舖或其他以受質為營業者，不適用之。」以致適用上易滋疑義，為期周延明確，實有增訂營業質之必要，故民國九十六年新修正之民法物權編乃增設相關規定。民法第八九九條之二第一項規定：「質權人係經許可以受質為營業者，僅得就質物行使其權利。出質人未於取贖期間屆滿後五日內取贖其質物，質權人取得質物之所有權，其所擔保之債權同時消滅。」故營業質之質權人，須為經主管機關許可以受質為營業者，此乃為便於行政管理，減少流弊，所設之限制。

其次，此種質權，在成立之初，即以質物之價額為責任限度，出質人或債務人係純負物的有限責任，質權人係以取得質物所有權的方式來滿足其債權，僅得專就質物行使其權利，不得請求出質人清償債務，換言之，即出質人或債務人如不於取贖期間屆滿後五日內取贖其質物時，債權人只能取得質物之所有權，縱令質物之價額，不足充償全部債額，其債權亦歸消滅，不得再向債務人索償其不足之額；反之，縱令質物之價額，超過債權額時，債權人亦無返還其超過額之義務，如此對於雙方均屬便利。又關於營業質，當舖業法設有特別規定，自應優先適用之，且營業質亦為動產

質權之一種，從而亦得適用動產質權之規定，惟因其間仍有不同之處而不宜適用者，故民法第八九九條之二第二項規定：「前項質權，不適用第八百八十九條至第八百九十五條、第八百九十九條、第八百九十九條之一之規定。」

第二節　權利質權

第一項　權利質權之意義及標的物

第一、權利質權之意義

　　民法第九〇〇條規定：「稱權利質權者，謂以可讓與之債權或其他權利為標的物之質權。」因此權利質權係存在於權利上之擔保物權，其標的並非有體物，而係權利，故與動產質權不同，惟兩者皆為擔保物權，以支配標的物（設質權利）之交換價值，確保債務之清償為目的，本質上亦為價值權，其性質相同，故民法第九〇一條規定：「權利質權，除本節有規定外，準用關於動產質權之規定。」

第二、權利質權之標的物

　　依民法第九〇〇條規定，權利質權之標的物，以可讓與之債權或其他權利為限，故得為權利質權標的物之權利，在性質上須具備下列要件：

一、須為財產權

　　權利質權，係以就質入權利之價值，受債權優先清償為目的之價值權，故其標的物須有財產上之價值者始可，否則無從拍賣受償或直接收取其給付而受償。我民法第九〇〇條以債權為例示，以「其他權利」概括其餘，雖未標明財產權字樣，但解釋上不能不如此，從而人格權及身分權，自不得為權利質權之標的物 ❶。至於將來債權，只要具有讓與及換價之可能者，

---

❶　參閱鄭玉波，《物權》，第三二〇至三二一頁。

亦得為權利質權之標的物。永豐公司係以其將來可以取回之擔保金權利作為質權之標的物，此項權利性質上非不可讓與（受擔保利益人取償後之擔保金餘額，應返還於擔保金提供人），法律又無明文禁止扣押，自得為權利質權之標的物（八十臺上一五五二判決）。

二、須為可讓與之財產權

質權之主要效力，在乎就其標的物變價受償，且權利質權之設定，須依權利讓與之規定為之，故不具有讓與性之財產權，自無法為權利質權之標的物。所謂不可讓與，其主要情形有：①依權利之性質不得讓與者，如注重契約當事人個性之僱傭債權，以親屬關係存在為前提之扶養請求權是（民法第二九四條第一項但書第一款）。②有依法律規定不能讓與者，例如民法第一九五條、第九九九條、第一〇五六條所規定之非財產上損害賠償請求權是。③有依法律規定禁止設質者，例如專利申請權（專利法第六條第二項）、營業秘密（營業秘密法第八條）、申請藥害救濟之權利（藥害救濟法第十九條第一項）、請領退休金之權利（公務人員退休法第十四條、勞工退休金條例第二十九條）或領受撫卹金之權利（公務人員撫卹法第十三條）等是。④有依法律規定禁止扣押者，如養老金請求權（強制執行法第一二二條）是（民法第二九四條第一項但書第三款）。⑤有依當事人之特約不得讓與者，此時為質權人之第三人如知有此特約者，亦不得以之為權利質權之標的物（民法第二九四條第一項但書第二款、第二項）。

應予注意者，乃債務人對債權人之債權，亦得為權利質權之標的物，例如銀行之定期存款客戶，以其定期存款債權為擔保，設定權利質權向銀行借款是。此項債權，縱為特約禁止讓與之債權，然以之對債權人自己設質仍應解為有效❶。

三、須為不背於質權性質之財產權

我民法並未承認不動產質權，且民法規定，權利質權係準用動產質權之規定（民法第九〇一條），故其標的物須為與質權性質無違之財產權始可。從而不動產物權，例如地上權、永佃權、農育權、地役權、不動產役權、

---

❶ 參閱史尚寬，《物權》，第三七八頁。

典權等是，或準不動產物權，例如漁業權（漁業法第二〇條）、礦業權（礦業法第十一條）等是，均不得為權利質權之標的物。最高法院六十九年臺上字第三一一五號判決謂：「民法第九百條所規定之權利質權，其標的物以可讓與之債權及其他權利為限，依民法第九百零一條所定權利質權準用動產質權之規定觀之，不動產物權自不適於為權利質權之標的物，抵押權為不動產物權之一種，無從準用關於動產質權之規定，如以抵押權為權利質權之標的物，不生權利質權之效力。」可供參考。又由於權利質權之標的物係權利，而不動產之所有權狀，不過為權利之證明文件，並非權利之本身，不能為擔保物權之標的，如不動產所有人同意，以其所有權狀交與他人擔保借款，自係就該不動產設定抵押權，而非就所有權狀設定質權（四十九臺上二三五）。

第二項　權利質權之設定

民法第九〇二條規定：「權利質權之設定，除本節有規定外，並應依關於其權利讓與之規定為之。」故權利質權之設定，無論其標的物為何，均應依權利質權節之有關規定，並應依關於其權利讓與之規定為之，至若無本節特別規定時，則只須依關於其權利讓與之規定為之。換言之，即權利質權之設定，除以債權及無記名證券或其他有價證券為標的物者，應依民法第九〇四條、第九〇八條之規定為之外，若以其他權利為質權之設定，祇須依關於其權利讓與之規定為之即可，毋庸準用動產質權移轉占有之規定（即民法第八八五條）（二十六上八二三）。權利質權之設定，固不以移轉標的物之占有於質權人為要件，惟為貫徹質權之留置效力，民法第八八五條第二項之規定，依其情形仍有準用之必要，例如在有價證券之設質，質權人應不得使出質人或債務人代自己占有質物是。茲就民法關於權利質權之設定行為，所設特別規定分述之：

第一、債權質權之設定

民法第九〇四條規定：「以債權為標的物之質權，其設定應以書面為之。

前項債權有證書者，出質人有交付之義務。」此處所稱債權，係專指一般債權而言，不包括證券債權在內。債權質權之設定係要式行為，須以書面為之，若未以書面為之者，其質權自不成立（二十二院九九八）。至於此項書面之形式，法未明定其一定之格式，由出質人與質權人同意將設定權利質權之意旨，載明於書面者，即為已足（六十四臺上六八四）。質權標的物之債權如有債權證書（即民法第二九六條所稱證明債權之文件）者，例如借據、公證書、定期存款單據或郵局之存款簿等是，出質人固應將證書交付於質權人，惟債權證書之交付僅係出質人之義務，而非債權質權之成立要件，未交付亦無礙於質權之成立。

又債權質權之設定，除應依民法第九〇四條之規定外，並應依關於其權利讓與之規定為之（民法第九〇二條），而債權之讓與，依民法第二九七條第一項之規定，應通知債務人，故債權之設質亦應通知債務人。惟未為通知時，僅係對債務人不生效力，即通知債務人乃為債權設質之對抗債務人要件，而非成立要件，縱未通知債務人，債權質權之設定仍屬有效成立，不過不能以之對抗債務人而已。從而以債權設定質權而未通知債務人，債務人如不知其情事，於債權屆清償期時依舊向出質人（即該債務人之債權人）清償時，其清償仍合法有效是。此外，以讓與需經債務人同意之債權設質時，並應得債務人之同意，例如承租人以租賃權設質，應得出租人之同意；合夥人以自己之股份為合夥人以外之人設定質權，依民法第九〇二條、第六八三條之規定，須經他合夥人全體之同意（二十二上二三五）是。

第二、有價證券質權之設定

所謂有價證券質權，係指以有價證券所表彰或衍生之權利為標的物之質權，亦稱為證券質權。民法第九〇八條第一項規定：「質權以未記載權利人之有價證券為標的物者，因交付其證券於質權人，而生設定質權之效力。以其他之有價證券為標的物者，並應依背書之方法為之。」又有價證券之設質，除須依民法第九〇八條之規定外，尚有民法第九〇二條之適用，因此有價證券之轉讓，如其他法律有特別規定者，例如民法第六一八條，公司

法第一六二條之一、第一六二條之二、第一六四條、第二六〇條等是，仍應依其規定。茲就民法第九〇八條之適用，分述如下：

㈠未記載權利人有價證券之設質

　　未記載權利人之有價證券，即無記名證券，例如無記名公債票、無記名公司股票、無記名票據等是，其設質僅須當事人間有設定質權之合意，出質人本於設質之合意將證券交付於債權人，即為已足，與動產質權之設定無異。又關於無記名證券設質之方法，民法第九〇八條已有特別規定，自無須再依民法第九〇四條之規定，另以書面為之（二十九上三六四）。至於證券之交付，除現實交付外，仍得以簡易交付或讓與返還請求權（指示交付）之方式為之，惟質權人不得使出質人或債務人代自己占有無記名債權證券（準用民法第八八五條第二項），故不得以占有改定之方式為之。

㈡其他有價證券之設質

　　此處所謂其他有價證券，係指無記名證券（未記載權利人之有價證券）以外之有價證券而言，包括記名證券（指名證券）及指示證券（指定證券）在內，例如倉單、提單、指示證券、記名之公司股票或公司債之債券、記名票據即屬之。以此類證券設定質權，需有①當事人設定質權之合意，此項合意無須以書面為之；②證券之交付；③背書，始足生設質之效力。股票因其為有價證券之一種，故得為質權之標的，其以無記名式股票設定質權者，因股票之交付而生質權之效力，其以記名式股票設定質權者，除交付股票外，並應依背書方法為之（五十六臺抗四四四）。至於設質之背書應如何記載，民法原未設明文規定，通說認為可比照票據法所定之背書辦理，即由出質人（背書人）在證券之背書記載質權人（被背書人）之姓名，並由出質人簽名之（票據法第三十一條第二項），或不記載質權人之姓名，而僅由出質人在證券背書簽名為之（票據法第三十一條第三項），無須記載表示設質或其他同義之文字（最高法院民國八十三年度第二次民事庭會議決議）。惟民法第九〇八條第二項規定：「前項背書，得記載設定質權之意旨。」故出質人為設定質權之背書時，得記載表示設質或其他同義文字之意旨，但此非其他有價證券設質之成立要件。

第三、其他權利之設質

此處所謂其他權利之設質，係指以債權、有價證券以外之權利為標的物，設定質權而言。此種權利質權之設定方式，民法並無特別規定，自需依關於其權利讓與之規定為之（民法第九○二條）。例如合夥人之股份經其他合夥人全體之同意，得轉讓於第三人（民法第六八三條），故合夥人得以自己之股份為合夥人以外之人設定質權，惟須經他合夥人全體之同意（二十二上二三五）是。又如無體財產權質權之設定，商標法第三七條，專利法第六二條、第七六條第六項等，設有特別規定，自應從其規定是。

第四、最高限額權利質權之設定

民法第八九九條之一已增設最高限額質權之規定，此亦應為權利質權所準用（民法第九○一條），是以自得設定最高限額權利質權。

第三項　權利質權之效力

第一、權利質權效力之範圍

一、所擔保債權之範圍

關於權利質權所擔保債權之範圍，民法並無特別規定，自應準用民法第八八七條，故除當事人另有約定外，以擔保原債權、利息、遲延利息、違約金、保存質物之費用、實行質權之費用及因標的物權利之瑕疵而生之損害賠償為限，與動產質權所擔保債權之範圍相同。

二、標的物之範圍

關於權利質權標的物之範圍，民法僅就以有價證券為標的物者，設有特別規定，其餘未規定者，自應準用民法第八八九條、第八九○條、第八九二條與第八九九條之規定。民法第九一○條第一項規定：「質權以有價證券為標的物者，其附屬於該證券之利息證券、定期金證券或其他附屬證券，以已交付於質權人者為限，亦為質權效力所及。」故質權以有價證券為標的

物者，該有價證券本身（主證券或稱基本證券）固為質權標的物之範圍，至於設定質權時已存在或發行之附屬於該有價證券之證券（從證券），例如公債票或公司債票之息票（利息證券），表彰定期給付一定金額之證券（定期金證券），無記名股票之息摺（分配利益證券）是，是否亦屬權利質權標的物之範圍，則應視該從證券是否已交付於質權人而定，即該附屬於主證券之利息證券、定期金證券或其他附屬證券，以已交付於質權人者為限，始為質權效力所及。

其次，質權以有價證券為標的物者，於設定質權後始發行之附屬於該有價證券之證券（從證券），例如以股票設質後，因分派股息或紅利所發行之新股票增資配股（公司法第二四〇條、第二四一條）是，因無民法第九一〇條第一項規定之適用，則依民法第九〇一條準用第八八九條規定，除契約另有約定外，質權人得收取質物所生之孳息，亦即質權之效力，應及於證券設質後所生之孳息（最高法院民國六十三年度第三次民庭推總會決議㈡參照），故此類附屬證券，無論是否已交付於質權人，均為質權標的物之範圍。為方便質權得以就此等附屬之證券行使權利質權，因而民法第九一〇條第二項規定：「附屬之證券，係於質權設定後發行者，除另有約定外，質權人得請求發行人或出質人交付之。」

又權利質權因標的物滅失所得受之賠償或其他利益（質物之代位物），依民法第九〇一條準用第八九九條之規定，自亦為權利質權效力之所及。例如以債權設定質權，就債權因受侵害而消滅，所取得之損害賠償請求權或賠償物；以提單設定質權，就運送物因喪失、毀損或遲到，所取得之損害賠償請求權或賠償物，均為權利質權效力之所及。

第二、對於出質人之效力

權利設定質權後，該權利仍為出質人所有，並不因之移轉予質權人所有，惟權利一經出質，則出質人原則上即喪失其處分權，故民法第九〇三條規定：「為質權標的物之權利，非經質權人之同意，出質人不得以法律行為，使其消滅或變更。」所謂以法律行為使其消滅者，係指以法律行為使權

利失其存在而言，例如以免除或抵銷、更改等方法使債權消滅，或拋棄其權利是；所謂以法律行為使其變更者，係指以法律行為變更權利之內容而言，例如另以契約延長債權之清償期、減少其利率，拋棄債權之擔保，或就權利之行使附加條件是，至於權利主體之變更，例如將權利讓與他人，則不在限制之列（九十二臺上二八○七判決）。

應予注意者，乃為質權標的物之權利，非經質權人之同意，出質人不得以法律行為使其消滅或變更，固為民法第九○三條所明定，惟權利質權之出質人將為質權標的之權利讓與，因債務人之義務仍然存在，並未消滅，又因質權人仍可追及權利之所在對債務人行使其權利，債務人應負擔之義務內容並未變更，質權不受影響，自非此法條所謂之消滅或變更，出質人非不得為之。準此而言，資豐公司將系爭存款債權設定質權予上訴人之新營分公司後，將之讓與被上訴人，不能認為有民法第九○三條以法律行為使質權標的物之權利消滅或變更之情形而無效（九十五臺上三三二判決）。

第三、對於質權人之效力

一、質權人之權利

㈠證書或證券之留置

權利質權設定時，其有證書者（例如債權證書），或其為有價證券者，應交付於質權人（民法第九○四條第二項、第九○八條），質權人對於此等業經交付占有之證書或證券，自有留置之權，於擔保之債權未受全部清償前，得拒絕返還之。

㈡孳息之收取

供設質之權利可生法定孳息者，例如債權之利息、權利出租之租金是，質權人有收取之權（民法第九○一條準用第八八九條）。惟當事人就此項孳息收取權另有約定時（民法第九○一條準用第八八九條但書），或以有價證券設質，其從證券未交付於質權人時（民法第九一○條第一項），則不得收取之。

㈢權利之轉質

質權人於質權存續中，得以自己之責任，將設質之權利轉質於第三人，其因轉質所受不可抗力之損失，亦應負責（民法第九〇一條準用第八九一條），是為責任轉質。又質權人得出質人之同意，亦得將設質之權利轉質於第三人，是為承諾轉質。

(四)**權利之變價**

設質之權利，其價值有減少之虞或顯有減少，足以害及質權人之權利者，例如股票之大跌價是，質權人得將該權利予以拍賣，以其賣得價金，代充質物（民法第九〇一條準用第八九二條）。惟此種變價，乃質權人之權利，並非義務，從而縱不為變價，質權人亦不因其價值之跌落而負任何責任。

(五)**權利質權之實行**

所謂權利質權之實行，係指質權人於其債權已屆清償期而未受清償時，得實行其質權以優先受其清償之謂。此為質權人之變價權與優先受償權之具體實現，亦為質權人之最主要權能，因涉及之問題較為複雜，將另行詳述之。

二、質權人之義務

質權人對其所占有之有價證券或權利證書等，應以善良管理人之注意負保管之責；對於設質之權利，亦應以善良管理人之注意保全之（民法第九〇一條準用第八八八條）。故質權人對一般債權之中斷消滅時效，或票據債權之保全追索權（作成拒絕證書），均得為之。又質權人所占有之權利證書或有價證券等，於所擔保之債權消滅時，應將之返還於有受領權人。

第四、對於第三債務人之效力

權利質權之標的物若為債權，而有債務人存在時，該債權之債務人一般稱之為第三債務人，權利質權之效力尚可及於第三債務人，分述如下：

一、第三債務人之清償

為質權標的物之債權，其清償期屆至時，第三債務人究應向出質人為清償，抑應向質權人為清償，不無問題。民法第九〇七條規定：「為質權標的物之債權，其債務人受質權設定之通知者，如向出質人或質權人一方為

清償時，應得他方之同意，他方不同意時，債務人應提存其為清償之給付物。」故第三債務人若未得出質人或質權人他方之同意，任意向一方當事人為清償時，對他方不生清償之效力。惟此僅指第三債務人已受有質權設定之通知者而言，若未受有通知時，則因此項質權之設定，對第三債務人不生效力（民法第九○二條、第二九七條），第三債務人仍向原債權人（出質人）一方為清償者，自仍屬合法有效。又上開向出質人或質權人一方為清償時，應得他方之同意之規定，只適用於一般債權質；於證券債權質，第三債務人無論是否受質權設定之通知，僅得向質權人為給付（民法第九○九條末段），不得向出質人為清償，否則其清償對質權人不生效力。

二、第三債務人之抵銷權

民法第九○七條之一規定：「為質權標的物之債權，其債務人於受質權設定之通知後，對出質人取得債權者，不得以該債權與為質權標的物之債權主張抵銷。」故第三債務人於受質權設定之通知時，如對出質人（即其債權人）有債權存在，而合於抵銷之要件者，自得主張抵銷，一經第三債務人向其債權人為抵銷之意思表示，即發生消滅債務之效果，第九○七條於此無準用之餘地。又第三債務人對出質人之債權，只要係發生於債權質權設定通知時或以前者，縱令其清償期後於質權標的物債權之清償期，仍得以之為抵銷。反之，第三債務人對出質人之債權，係發生於債權質權設定通知後者，則不得主張抵銷，第三債務人若以受設質通知後所生之債權與質權標的物債權抵銷，對質權人自不生效力。

案例八──1

　　甲對乙有一百萬元之債權，其清償期為民國九十七年三月三十一日。甲以該一百萬元債權為丙設定權利質權，並將設定質權之情事於民國九十六年三月一日通知乙。另乙於民國九十六年二月二十八日對甲取得一百零五萬元之債權，其清償期為民國九十七年四月一日。乙得否對甲為抵銷之意思表示，使乙對甲之一百萬元債務因而消滅？

　　關於第三債務人得否以其對出質人之債權，對出質人為抵銷之意思表示，使其對出質人之債務因而消滅，我民法原未設明文規定。惟最高法院八十六年臺上字第一四七三號判例：「債務人於受債權讓與之通知時，對於讓與人有債權者，如其債權之清償期，先於所讓與之債權，或同時屆至者，債務人得對於受讓人主張抵銷，民法第二百九十九條第二項定有明文。此項規定，依同法第九百零二條規定，對於權利質權之設定，仍有其準用。是為質權標的物之債權，其債務人於受質權設定之通知時，對於出質人有債權，如其債權之清償期，先於為質權標的物之債權，或同時屆至者，債務人自得於同額內主張抵銷。」顯然係採肯定說，應無疑義。

　　此次修正民法物權編，增訂民法第九〇七條之一規定：「為質權標的物之債權，其債務人於受質權設定之通知後，對出質人取得債權者，不得以該債權與為質權標的物之債權主張抵銷。」故第三債務人對出質人之債權，係發生於債權質權設定通知時或以前，且其清償期先於為質權標的物之債權，或同時屆至者，債務人自得依前開規定，於同額內主張抵銷。惟其清償期後於為質權標的物債權之清償期者，參照上開最高法院判例意旨，自不得以之為抵銷。惟因上開最高法院判例，係於民法就第三債務人之抵銷權未設明文規定前所作成，現民法第九〇七條之一已就第三債務人之抵銷權設有特別規定，自無再準用民法第二九九條第二項規定之必要，而民法第九〇七條之一就第三債務人之抵銷權，並未設有「其清償期先於為質權標的物之債權，或同時屆至」之限制，故上開最高法院判例有關「其清償期先於為質權標的物之債權，或同時屆至」之限制，於民法第九〇七條之一應無適用之餘地⑬。故本件第三債務人乙對甲（出質人）之一百零五萬

---

⑬　參閱謝在全，《物權（下）》，第三三八頁。民法第九〇七條之一規定，係參照民法第三四〇條、第九〇二條、第二九七條之規定而增訂（參閱該條立法說明），關於民法第三四〇條規定之適用，我國學者有認為：「執行法院之禁止命令不影響第三債務人以扣押時或扣押以前對其債權人取得之債權與受扣押之債權為抵銷，即使執行法院之禁止命令於送達時，主動債權猶未屆清償期，甚且後於被動債權屆至者亦然。」參閱孫森焱，《民法債編總論（下）》，自版，民國九十八年二月修訂版，第一一〇九頁。

元債權，係於受質權設定之通知前所取得，縱令其清償期（民國九十七年四月一日）後於為質權標的物之債權（民國九十七年三月三十一日），乙仍得對甲為抵銷之意思表示，使乙對甲之一百萬元債務因而消滅。

第四項　權利質權之實行

關於權利質權之實行，民法雖已設有特別規定，惟不排除質權人以取得執行名義後，聲請法院強制執行之方法實行其質權。茲就民法所設特別規定，分述如下：

第一、債權質權之實行

一、以金錢給付為內容者

關於此可分為下列二種情形：

㈠質權標的物債權之清償期在先者

民法第九○五條第一項規定：「為質權標的物之債權，以金錢給付為內容，而其清償期先於其所擔保債權之清償期者，質權人得請求債務人提存之，並對提存物行使其質權。」故質權人雖因被擔保之債權尚未屆清償期，不得就已屆清償期之標的物債權，先受清償，但得請求第三債務人提存之。第三債務人完成提存手續後，質權人之質權，移存於出質人對法院提存所之提存物返還請求權，俟質權人自己之債權屆清償期，而不獲清償時，即可直接領取提存物。又第三債務人依本條項規定為提存時，無庸得出質人之同意，惟質權人就此須通知出質人（民法第九○六條之四），俾使其有知悉實際狀況之機會。然此項通知，非債務人提存成立或生效之要件，如質權人未通知出質人，致出質人受有損害，僅生損害賠償之問題。

㈡質權標的物債權之清償期在後者

民法第九○五條第二項規定：「為質權標的物之債權，以金錢給付為內容，而其清償期後於其所擔保債權之清償期者，質權人於其清償期屆至時，得就擔保之債權額，為給付之請求。」故質權人得待質權標的物之債權清償

期屆至後，就擔保之債權額，向債務人直接為給付之請求，換言之，即質權人得逕行以自己之名義請求給付而優先受償，無需由出質人出具委任書，亦無須以訴為之。

二、以金錢以外之動產給付為內容者

民法第九〇六條規定：「為質權標的物之債權，以金錢以外之動產給付為內容者，於其清償期屆至時，質權人得請求債務人給付之，並對該給付物有質權。」故為質權標的物之債權，以金錢以外之動產給付為內容者，不論質權所擔保債權之清償期如何，均須待質權標的物債權之清償期屆滿時，質權人始得請求債務人給付該動產，並對該動產有質權。此際，權利質權轉換為動產質權，於其質權具備實行要件時，依動產質權之實行方法實行其質權。又第三債務人依本條規定為給付時，無庸得出質人之同意，惟質權人就此須通知出質人（民法第九〇六條之四），俾使其有知悉實際狀況之機會。然此項通知，非債務人給付成立或生效之要件，如質權人未通知出質人，致出質人受有損害，僅生損害賠償之問題。

三、以不動產物權之設定或移轉為給付內容者

民法第九〇六條之一第一項規定：「為質權標的物之債權，以不動產物權之設定或移轉為給付內容者，於其清償期屆至時，質權人得請求債務人將該不動產物權設定或移轉於出質人，並對該不動產物權有抵押權。」故為質權標的物之債權，以不動產物權之設定或移轉為給付內容者，例如典權之設定登記請求權、土地所有權或地上權之移轉請求權是，不論質權所擔保債權之清償期如何，均須待質權標的物債權之清償期屆至時，質權人始得請求債務人將該不動產物權設定或移轉於出質人，並於該不動產物權設定或移轉於出質人時，權利質權當然轉換為不動產抵押權或準抵押權，性質上應認係法定抵押權❶❹。權利質權既已轉換為抵押權或準抵押權，則其實行，自可依普通抵押權之實行程序辦理。至於本條所指「不動產物權」，不包括不能設定抵押權之不動產物權，例如地役權等，乃屬當然。

其次，依前項規定而成立者，乃特殊型態之抵押權，固不以登記為生

❶❹ 參閱謝在全，《物權（下）》，第三二四頁。

效要件，惟仍宜於該不動產物權設定或移轉於出質人時，一併登記，俾保障交易安全，故民法第九〇六條之一第二項規定：「前項抵押權應於不動產物權設定或移轉於出質人時，一併登記。」又此項登記應依質權人之申請為之，無庸得出質人之同意，惟質權人就此須通知出質人（民法第九〇六條之四），俾使其有知悉實際狀況之機會。然此項通知，並非登記成立或生效之要件，如質權人未通知出質人，致出質人受有損害，僅生損害賠償之問題。

四、依動產質權實行方法實行其債權質權

民法第九〇六條之二規定：「質權人於所擔保債權清償期屆至而未受清償時，除依前三條之規定外，亦得依第八百九十三條第一項或第八百九十五條之規定實行其質權。」故不論質權標的物債權之給付內容如何，其清償期如何，僅須質權所擔保債權之清償期屆至而未受清償時，質權人除依民法第九〇五條至第九〇六條之一之規定外，亦得依第八九三條第一項或第八九五條之規定實行其質權。易言之，質權人不但得依前三條之規定行使權利，亦得拍賣質權標的物之債權或訂立契約、用拍賣以外之方法實行質權，均由質權人自行斟酌選擇之。

五、質權人使質權標的物債權清償期屆至權

質權以債權為標的物者，本須待供擔保之債權屆清償期後，質權人方得為給付之請求，然若干債權，其清償期之屆至並非自始確定，須待一定權利之行使後，方能屆至，例如未定返還期限之消費借貸債權，貸與人依民法第四七八條之規定，須定一個月以上之相當期限催告，始得請求返還是。於此情形，質權人之債權已屆清償期，但供擔保之債權因出質人（債權人）未為或不為該一定權利之行使時，質權人能否行使此種權利，非無爭議，為維護其實行權，故民法第九〇六條之三規定：「為質權標的物之債權，如得因一定權利之行使而使其清償期屆至者，質權人於所擔保債權清償期屆至而未受清償時，亦得行使該權利。」從而如出質人以未定返還期限之消費借貸債權設定質權，質權人之債權若已屆清償期而未受清償，即得依本條規定，行使出質人依民法第四七八條規定之催告權，使該為質權標

的物之消費借貸債權清償期屆至。

六、流質規定之準用

　　質權人與出質人在設定權利質權時，或於債權清償期屆滿前，約定於債權已屆清償期而未為清償時，質權標的物債權（供擔保之債權）移屬於質權人者，稱之為流質契約。民法第八九三條第二項關於流質之規定，於權利質權亦準用之，而民法第八九三條第二項規定：「約定於債權已屆清償期而未為清償時，質物之所有權移轉於質權人者，準用第八百七十三條之一之規定。」故質權人與出質人得事先約定，將來於債權已屆清償期而未受清償時，質權標的物債權（供擔保之債權）移轉於質權人，以清償債務，但質權人就質權標的物債權之價值負有清算義務。從而質權人請求出質人為質權標的物債權之移轉時，若質權標的物債權的價值超過被擔保債權額者，質權人應將超過部分返還予出質人；反之，若質權標的物債權的價值不足以清償被擔保債權額者，質權人就不足之部分，仍得請求債務人清償。此外，以金錢債權為標的物之質權，於其債權數額不逾擔保債權數額時，約定以該金錢債權代替清償而使之歸屬於債權人者，此項契約自屬有效。

第二、證券債權質權之實行

一、證券債權之清償期居先者

　　民法第九〇九條第一項規定：「質權以未記載權利人之有價證券、票據或其他依背書而讓與之有價證券為標的物者，其所擔保之債權，縱未屆清償期，質權人仍得收取證券上應受之給付。如有使證券清償期屆至之必要，並有為通知或依其他方法使其屆至之權利。債務人亦僅得向質權人為給付。」故以有價證券債權擔保之債權，縱未屆清償期（亦即證券債權之清償期先於所擔保債權之清償期），質權人不必等待自己債權清償期之屆至，於證券之清償期屆至時，即得單獨預先收取證券上應受之給付，無須得出質人之同意，證券債務人亦僅得向質權人為給付。又質權人於其債權屆清償期前，雖得單獨預先收取證券上之給付，然有價證券中有須先為一定權利之行使，其清償期始能屆至者，例如見票後定期付款之匯票，執票人須先

為匯票見票之提示（票據法第六十七條參照），或約定債權人可提前請求償還之公司債券，債權人須先為提前償還之請求是，若以此等有價證券設定質權，則質權人於有必要時，得為通知或依其他方法使該證券之清償期得以屆至，例如須先為匯票提示以計算到期日或通知公司債之發行人提前清償是。

其次，民法第九〇九條第二項規定：「前項收取之給付，適用第九百零五條第一項或第九百零六條之規定。」從而質權人所收取之給付為金錢，而質權所擔保之債權亦為金錢債權，且其清償期已屆至者，質權人固得逕以之優先受償，惟質權所擔保債權之清償期尚未屆至者，質權人須將所收取之金錢提存之，並對提存物行使其質權。證券上所載之給付，係以金錢以外之動產為內容者，質權人收取後，對該給付物有質權，權利質權轉換為動產質權，於擔保債權清償期屆至時，再依動產質權之實行方法實行質權。

二、依動產質權實行方法實行其證券質權

民法第九〇九條第三項規定：「第九百零六條之二及第九百零六條之三之規定，於以證券為標的物之質權，準用之。」從而以證券為標的物之質權，不論標的物證券債權之給付內容如何，其清償期如何，僅須質權所擔保債權之清償期屆至而未受清償時，質權人亦得依民法第八九三條第一項或第八九五條之規定實行其質權，簡述如下：

㈠證券債權之清償期居先者

質權人不但得依前述規定行使權利，亦得以拍賣質權標的物之證券或訂立契約、用拍賣以外之方法實行權利質權，均由質權人自行斟酌選擇之。

㈡證券債權之清償期在後者

質權人除得待證券債權之清償期屆滿後，依前述民法第九〇九條第一項及第二項規定實行其質權外，質權人亦得於擔保債權清償期屆至時，不待證券債權清償期之屆至，以拍賣質權標的物之證券或訂立契約、用拍賣以外之方法實行權利質權。

㈢不涉及清償期或收取證券上給付者

為質權標的物之有價證券，有不涉及清償期或收取證券上給付之情形

者，例如股票是，其實行方法，民法未設有特別規定。故此類質權之實行，係以拍賣質權標的物之證券或訂立契約、用拍賣以外之方法為之。

第三、其他權利質權之實行

關於權利質權之實行，民法除就債權質權與有價證券質權設有特別規定外，就此兩項質權以外之其他權利質權，例如合夥之股份質權、未發行股票之股份有限公司之股份質權、無體財產權質權是，均無特別明文。故此類質權之實行，依民法第九〇九條第三項規定，係準用動產質權實行之有關規定辦理，即準用民法第八九三條第一項或第八九五條之規定，以拍賣質權標的物之證券或訂立契約、用拍賣以外之方法，實行其質權。

第四、質權人使質權標的物清償期屆至權

由於民法第九〇六條之三之規定，於以證券為標的物之質權，準用之（民法第九〇九條第三項）。從而為質權標的物之證券債權，如得因一定權利之行使而使其清償期屆至者，質權人於所擔保債權清償期屆至而未受清償時，亦得行使該權利。

第五項　權利質權之消滅

權利質權為擔保物權之一種，故物權及擔保物權之共同消滅原因，例如混同、拋棄、擔保債權之消滅、擔保物權之實行等，亦為權利質權之消滅原因，茲就其特別消滅事由，分述如下：

第一、標的物權利之消滅

權利質權標的物之權利消滅時，例如以商號權為質權之標的物，商號權嗣經撤銷（商業登記法第二十九條）；以專利權設質，其專利權嗣經撤銷或當然消滅（專利法第七十一條、第七〇條、第一〇五條、第一二二條）等是，權利質權自歸於消滅。惟出質人因權利質權標的物之權利消滅得受賠償或其他利益者，其權利質權不消滅，而移存於該賠償或其他利益之請

求權（民法第九〇一條、第八八九條第一項但書及第二項），此即權利質權代位性之問題，前已述及，於茲不贅。

第二、混同

權利質權標的物之權利與權利質權同歸一人時，原則上權利質權消滅。但權利質權之存續，於權利人或第三人有法律上之利益者，權利質權仍不消滅（民法第七三六條）。惟於債權質權，質權人之債權與出質人之債務發生混同時，債權原則上歸於消滅（民法第三四四條本文），質權固歸於消滅（民法第三〇七條），但有民法第三四四條但書規定之情形時，因該為質權標的物之債權，並不消滅，於是債權質權亦不消滅。又質權人與第三債務人同為一人時，因被擔保之債權與質權均不消滅，因而會發生質權存在於對自己之債權之上。

第三、標的物之返還或喪失占有

權利質權人將質權標的物之證券，交還出質人或移交債務人占有者，其質權即歸於消滅。返還或交還證券時，為質權繼續存在之保留者，其保留無效（民法第八九七條）。又權利質權人基於自己之意思喪失證券之占有，而不能依法請求返還者，或權利質權人非基於自己之意思喪失有價證券之占有者，於二年內未請求返還時，其權利質權均歸於消滅（民法第八九八條）。惟一般債權質權，如有債權證書者，倘質權人將該證書交還出質人或有喪失之情事時，除質權人有同意向第三債務人為質權撤銷之通知外，質權並不消滅（民法第二九八條第二項），此不僅係因權利質權之設定準用權利讓與規定之應有結果，加以證書與證券不同，證書非債權本身，而僅為一證明文件，有以致之。不過，若質權人將債權證書交還第三債務人時，依民法第三二五條第三項之規定，推定其債之關係消滅，從而如無反證推翻此項推定，則質權人之質權將因標的物之消滅而消滅。

第九章

留置權

第一節　總　說

第一、留置權之意義

民法第九二八條第一項規定:「稱留置權者,謂債權人占有他人之動產,而其債權之發生與該動產有牽連關係, 於債權已屆清償期未受清償時, 得留置該動產之權。」茲依此析述其意義如下:

一、留置權係以動產為標的物之擔保物權

留置權之作用, 乃在督促債務人之履行債務, 不僅對於標的物具有留置權能, 且於具備一定條件時, 並得將留置物予以變價, 以優先清償其債權, 亦即其作用在乎擔保, 而不在乎用益, 故為擔保物權之一。至其標的物, 則以動產為限, 故留置權屬於一種動產擔保物權。又所稱「動產」, 解釋上當然包括有價證券在內, 不待明文。

二、留置權係於債權未受清償前得留置他人動產之擔保物權

債權人所留置之動產, 係債權人以外之他人之動產。所謂他人, 包括債務人及第三人而言, 不限於債務人所有 (我民法原以「屬於債務人之動產」為限)。所謂留置, 係指於債權受清償前, 得占有扣留標的物而拒絕交還之意, 例如汽車修理廠對於顧客交修之汽車, 於修理費清償前, 縱該顧客請求交付, 亦可扣留不交還是也。

三、留置權係占有他人之動產依法律規定當然發生之擔保物權

留置權以債權人占有他人之動產為成立及存續要件, 故非占有標的物者, 固不能成立留置權, 即始占有, 而終喪失者, 其留置權亦不能繼續存在 (參照民法第九三八條, 詳後述之)。又留置權係於具備一定要件 (主要為民法第九二八條所定, 詳後述之), 而依法律規定當然發生, 並非由於當事人設定者, 故屬於一種法定擔保物權。

第二、留置權之作用及性質

一、留置權之作用

留置權之作用，可分兩步，第一步為留置，於債權未受清償前，得留置其物，以間接逼促債務人之履行債務，此為留置權之留置效力，第二步為就留置物取償，以滿足其債權，即倘債務人仍不履行債務，則得就留置物取償，以使其債權獲得滿足，此為留置權之優先受償效力。

二、留置權之性質

㈠物權性

留置權在立法例上有債權性留置權與物權性留置權之分，我民法將留置權規定於物權編，故係物權之一種。從而留置權，並非僅為標的物之拒絕交付權，而是以占有標的物並支配其交換價值為內容之獨立物權。

㈡擔保物權性

留置權除具有物權性質之留置效力外，尚可依法實行留置權，而享有優先受償效力，故為一種擔保物權。留置權既為一種擔保物權，因而擔保物權所具有之從屬性、不可分性與代位性，留置權亦有之。由於留置權之成立，自始即係以存有與留置物有牽連關係之特定債權為要件，因之其從屬性特強（參閱民法第九二八條）；另民法就留置權之不可分性（民法第九三二條）及代位性（民法第九三七條第二項、第八九九條）設有明文規定，詳後述之。

第三、留置權與其他類似權利之區別

一、留置權與動產質權之區別

留置權與動產質權，雖同以動產為標的物，且標的物不限於債務人所有，惟仍有下列之不同：

㈠發生之原因不同

留置權係因法律規定，於具備法定要件時而當然發生，為法定擔保物權，其作用僅在確保債權之清償；動產質權係因當事人之合意設定而發生，

為意定擔保物權，其作用除在確保債權之清償外，並有媒介金錢借貸成立之功能。

㈡成立之要件不同

留置權之成立，原則上以債權已屆清償期為要件，且其標的物必須與債權有牽連關係；質權之成立，不以債權已屆清償期為要件，其標的物不必與債權有牽連關係。

㈢占有之時間及原因限制不同

留置權之標的物，於債權發生前已由債權人占有留置物，並非因留置權之發生始占有標的物，且留置權就債務人以外第三人之動產成立時，限制其占有原因，其占有之始，應無明知或因重大過失而不知非債務人所有之情事始可；質權之標的物，僅在債權發生時或發生後，始移轉其占有，且動產質權就債務人以外第三人提供之動產成立時，未限制其占有原因，其占有之始，縱令明知其非債務人所有，亦不影響質權之成立。

㈣實行之條件不同

留置權之實行，債權人須定六個月以上之相當期限，通知債務人為清償，待其不為清償或符合其他法定要件時，始得為之，拍賣質物前雖應通知，但並非負催告之義務（民法第八九三條、第八九四條）。

㈤消滅之原因不同

留置權因相當擔保之提供而消滅（民法第九三七條第一項）；於動產質權，擔保物之提供並非消滅之原因。

二、留置權與同時履行抗辯權之區別

留置權與同時履行抗辯權，均能暫時拒絕自己債務之履行，有將自己之給付為一時保留之功能，甚相類似，惟兩者實不相同❶，分述如下：

㈠性質上之不同

留置權為物權，以物的支配為內容，具有排他性，對任何人請求返還留置物時，均得對之行使；同時履行抗辯權為債權，係雙務契約之一種效

---

❶　我國學者有認為，此二者無論從任何方面觀察，均無類似之處，殊無區別之必要，參閱姚瑞光，《物權》，第三六五頁。

力，以拒絕相對人之請求為內容，僅得對於債權人行使，只有對人的效力。

㈡成立上之不同

留置權之發生，只須所擔保之債權與留置物有牽連關係即可（民法第九二八條第一項），不以當事人間有契約關係為必要；同時履行抗辯權之成立，必須當事人間具有雙務契約之關係。

㈢目的上之不同

留置權之目的，在確保債務之履行；同時履行抗辯權之目的，在促使雙方債務之交換履行。

㈣內容上之不同

依留置權所得拒絕之給付，其內容以他人之物（動產）為限（民法第九二八條）；依同時履行抗辯權所得拒絕之給付，其內容並無限制。

㈤效力上之不同

留置權人得收取留置物所生之孳息，以抵償其債權，於一定條件下，有標的物之變價權及優先受償權（民法第九三三條、第九三六條）；同時履行抗辯權人惟得拒絕自己之給付，只能消極的阻止對造請求，並無積極的實現自己債權之手段。

㈥消滅上之不同

留置權以擔保債權之實現為目的，債務人得提供相當擔保，使之歸於消滅（民法第九三七條）；同時履行抗辯權以促使雙方債務之交換履行為目的，故雖相對人另提擔保，亦不因之而消滅。

第二節　留置權之發生

留置權係於具備一定要件時，依法當然取得，與當事人之意思無關，屬於法定擔保物權。關於其成立要件，可分為積極要件與消極要件，前者乃留置權之成立所必須存在之要件，後者乃留置權之成立所必須不存在之要件，分述如下：

第一項　留置權成立之積極要件

民法第九二八條第一項規定:「稱留置權者,謂債權人占有他人之動產,而其債權之發生與該動產有牽連關係,於債權已屆清償期未受清償時,得留置該動產之權。」茲依此項規定,析述留置權成立之積極要件如下:

第一、須債權人占有他人之動產

留置權為擔保物權,故其主體須為債權人。至其債權之發生原因如何,在所不問,即其債權無論係因契約而發生者,抑或由於無因管理、不當得利或侵權行為而發生者,均無不可。留置權之客體,須為動產,此之所謂動產,包括有價證券在內,且不以具有讓與性者為限(擔保物權之標的物通常須具有讓與性),蓋因留置權之首要作用在於留置標的物,以迫使債務人清償債務。

又留置權之標的物,我民法第九二八條原規定以屬於「債務人所有之動產」為限,此次(民國九十六年)修正,將其改為「他人之動產」,故不以屬於債務人之動產為限,債務人以外之第三人所有之動產亦可,換言之,只要係他人之物,不論係債務人所有,抑第三人所有,皆得成立留置權。惟屬於債務人以外之第三人所有之動產,若債權人於其占有之始明知或因重大過失而不知該動產非為債務人所有者,則不能取得留置權(民法第九二八條第二項後段)。蓋因債權人占有動產之始明知或因重大過失而不知該動產非為債務人所有,如允許其取得留置權,將與民法動產所有權或質權之善意取得(民法第八〇一條、第八八六條)之精神有違。

此外,留置權之成立,尚須債權人已占有他人之動產,至於占有之方式,則不問其為直接占有抑或間接占有,均無不可,但單純之持有,則不得成立留置權,例如受僱人於為僱用人服勞務時,使用僱用人之工具,其對該工具屬於持有,而非占有,故不能就該工具成立留置權❷。至於留置權之標的物,不以具有讓與性者為限❸,惟最高法院九十五年臺再字第十

---

❷　參閱謝在全,《物權(下)》,第三五七頁。

號判決謂：「留置權為法定擔保物權，以占有為要件，債權人於其債權已屆清償期而未受清償時，即得依民法第九百三十六條規定實行換價程序，或拍賣留置物，或取得其所有權，就其留置物取償，則留置物應具有財產上價值且可轉讓者為必要。不動產所有權狀僅屬證明文件，其本身無從實行換價程序，在社會觀念上並無經濟上之價值，亦不可轉讓，性質上不適宜為留置標的。」其見解不同。

第二、須債權之發生與該動產有牽連關係

留置權之主要作用，在留置債務人之動產，迫使債務人清償，以達到確保債權履行之目的，故債權人所占有之動產，必須與其債權之發生有牽連關係，始有留置權之可言，若屬與債權之發生無任何牽連之物，自不能有留置權，否則對債權人利益之保護未免過厚，不僅有違公平之旨，且有害交易之安全。又因民法第九二八條僅規定債權之發生與該動產須有牽連關係，對於債權發生之時間並無限制，從而如有牽連關係存在，縱債權發生於取得動產占有之前，自仍應認得主張留置權❹。至於如何情形始能謂兩者有牽連關係，學者間之見解，頗為不一致❺，通說認為有下列情形之一者，即為有牽連關係❻：

一、債權係由於該動產自體而生者

關於此主要有下列幾種情形：①因對於標的物支出費用所生之費用償還請求權，例如占有他人之物之占有人，因就該物支出必要或有益費用，所發生之費用償還請求權（民法第九五四條、第九五五條、第九五七條參照），可認該債權係自該占有物本身而生，對於占有物有留置權是。②因標

---

❸　參閱史尚寬，《物權》，第四四〇頁；鄭玉波，《物權》，第三四七頁；謝在全，《物權（下）》，第三五六頁。

❹　參閱謝在全，《物權（下）》，第三六三至三六四頁。

❺　參閱鄭玉波，《物權》，第三四九頁註一；謝在全，《物權（下）》，第三五八頁以下。

❻　參閱鄭玉波，《物權》，第三四八至三四九頁；謝在全，《物權（下）》，第三五九至三六一頁。

的物所生之損害賠償請求權，例如受寄人因寄託物自體瑕疵所生之損害賠償請求權（民法第五九六條），對於寄託物有留置權是。③因侵權行為所生之損害賠償請求權，例如蹴球逾牆，打破他人玻璃，因此所發生之損害賠償請求權，對於該球有留置權是。

二、債權與動產之返還請求權係基於同一法律關係而生者

此種情形，應認有牽連關係，例如工匠之修理費請求權，與交修人之修理物返還請求權，係基於同一契約關係而生，因之工人對於修理物有留置權是。從而如甲將其出賣於乙之冷氣機交付於乙時，依民法第七六一條第一項規定，其所有權即已移轉於乙，嗣後冷氣機因須修護而由甲卸回占有，與其有牽連關係之債權，惟為修理費用，原買賣契約之價金債權，與其占有之冷氣機，即難認有牽連關係存在，故甲如主張基於價金債權，而將乙交付修護之冷氣機予以留置不還，自非正當（六十二臺上一一八六）。

三、債權與該動產之返還係基於同一生活關係而生者

所謂同一生活關係，係指純粹的事實關係而言，此種情形，亦應認有牽連關係。例如在同一處所參加宴會，散會後二人彼此錯撐對方之雨傘，則一方之返還請求權，對於他方之返還請求權，即係基於同一生活關係而生，從而各就對方之雨傘，有留置權是。

以上所述之牽連關係，係就民事上之一般留置權而言，至若商人間因營業關係而占有之動產，因商人間交易頻繁，其留置權之範圍，當應較一般為廣，否則不足以保護債權人之利益，故民法第九二九條規定：「商人間因營業關係而占有之動產，與其因營業關係所生之債權，視為有前條所定之牽連關係。」從而商人間因營業關係所生之債權，與因營業關係而占有之動產，縱其債權與占有，係基於不同關係而發生，且無任何因果關係，仍可視為有牽連關係而成立留置權（六十臺上三六六九）。至於本條所謂商人，係指經營商業之人而言，無論是獨資、合夥或公司均包括在內。

案例九——1

　　甲出賣冷氣機予乙，並已交付，惟乙尚欠甲買賣價金二萬元，嗣因該冷氣機須維修保養，乃由甲將該冷氣機卸回占有。丙造船廠先後為經營漁業之丁修理其所有南陽一號與南陽二號漁船，丁均積欠修理費未還，丁雖已取回南陽一號漁船，但南陽二號漁船仍留置在丙造船廠中。試問甲得否主張乙尚欠甲買賣價金二萬元，留置該冷氣機而拒絕返還？丙得否就丁所欠南陽一號漁船之修理費，對南陽二號漁船行使留置權？

　　1.留置權有民事上之留置權，與商事上之留置權之分。民事上之留置權，以占有物與債權間有牽連關係為必要，就本件甲與乙之關係而言，甲對於乙之冷氣機修理費請求權，與乙之冷氣機返還請求權，因係基於同一契約關係而生，冷氣機之占有與冷氣機修理費債權之發生，有牽連關係，故乙如未對甲支付冷氣機修理費，甲對該冷氣機有留置權。甲將其出賣於乙之冷氣機，交付於乙時，依民法第七六一條第一項規定，其所有權即已移轉於乙，而甲對乙之二萬元價金債權，係基於買賣契約，與其因維修保養而卸回占有冷氣機，係基於另一契約關係，兩者並非同一契約關係，從而甲對乙之二萬元價金債權，與其因維修保養而卸回占有冷氣機，即難認有牽連關係存在，故甲如主張基於價金債權，而將乙交付修護之冷氣機予以留置不還，自非正當，即甲不得主張乙尚欠甲買賣價金二萬元，留置該冷氣機而拒絕返還（六十二臺上一一八六）。

　　2.商事上之留置權，依民法第九二九條之規定，只須商人因營業所生之債權，與因營業關係而占有之動產，即可視為有牽連關係，得成立留置權，縱其債權與占有，係基於不同關係而發生，且無任何因果關係，其留置權亦不因此而受影響。就南陽二號漁船而言，丙對於丁之南陽二號漁船修理費請求權，與丁之南陽二號漁船返還請求權，因係基於同一契約關係而生，南陽二號漁船之占有與南陽二號漁船修理費債權之發生，有牽連關

係，故丁如未對丙支付南陽二號漁船修理費，丙對該南陽二號漁船有留置權，應無疑義。就南陽一號漁船而言，因丁已取回南陽一號漁船之占有，丙對南陽一號漁船之留置權，自歸消滅（民法第九三七條第二項、第八九七條、第八九八條）。至於丙對於丁之南陽一號漁船修理費請求權，與丁之南陽二號漁船返還請求權，雖非基於同一契約關係而生，惟商人因營業所生之債權，與因營業關係而占有之動產，視為有牽連關係，丙對於丁之南陽一號漁船修理費債權，係因營業所生之債權，而丙因維修所占有之南陽二號漁船，係因營業關係而占有之動產，故丙對於丁之南陽一號漁船修理費債權，與丙因維修而占有之南陽二號漁船，視為有牽連關係，丁如未對丙支付南陽一號漁船修理費，丙對該南陽二號漁船有留置權。換言之，即丙對丁之南陽一號漁船及南陽二號漁船修理費債權，均得就其占有中之南陽二號漁船主張留置權（六十臺上三六六九）。

又如甲對乙之報酬請求權，係因甲承攬乙之汽車鋼圈電鍍加工所生之債權，屬於甲因營業所生之債權；而乙之自動研磨機、空氣污染防治周邊設備，係因營業關係而為甲所占有者，屬於甲因營業關係而占有之動產，縱令前者係承攬關係，後者係使用借貸關係，兩者視為有牽連關係。故乙如未對甲支付汽車鋼圈電鍍加工費，甲就其對乙之報酬請求權，對於其所占有之自動研磨機、空氣污染防治周邊設備，仍能成立留置權（八十九臺上二七二三判決）。

第三、須債權已屆清償期

留置權之發生，不僅須已有債權之存在，且須債權已屆清償期。惟只要債權已屆清償期即為已足，債務人是否有給付遲延，則非所問。所謂已屆清償期者，在定有期限之債務，為其期限屆至之時；未定期限之債務，則為債權人請求清償之時（民法第三一五條）。又債權已屆清償期，雖已罹於消滅時效者，留置權仍可成立，惟債權人實行其留置權時，債務人為拒絕給付之抗辯者（民法第一四四條第一項），留置權人則不得實行留置權而

就留置物取償。

其次，留置權之發生，須債權已屆清償期為必要，惟此僅為原則，若債務人無支付能力時，債權人縱於其債權未屆清償期前，亦有留置權（民法第九三一條第一項），是為例外，學說上稱之為緊急留置權。所謂無支付能力者，係指依債務人之財產狀況，包括其信用能力，已達不能清償債務之情形而言，例如債務人已有破產之原因，將來有難為給付之虞是。

第二項　留置權成立之消極要件

留置權之成立雖已具備上述積極要件，但仍須無下列情形之存在，留置權始能成立。

第一、動產係因侵權行為或其他不法原因而占有者

民法第九二八條第二項前段規定：「債權人因侵權行為或其他不法原因而占有動產者，不適用前項之規定。」故債權人之占有動產，其占有須為合法之占有始可，若債權人因侵權行為或其他不法原因而占有動產，是乃不法之占有，自無發生留置權之餘地。所謂因侵權行為而占有動產，係指以故意或過失，不法侵害他人權利之手段，取得動產之占有而言，例如竊盜對於其所竊得之盜贓物，縱支付必要費用，亦不發生留置權，即不得於被害人請求返還動產時，主張於未受各該費用清償前，得留置其動產是。至於可否依無因管理或不當得利之規定，請求償還各該費用，係另一問題。所謂因其他不法原因而占有動產，例如動產之承租人，於租賃契約終了後，不依法返還租賃物（民法第四五五條參照），仍加以占有者，應負債務不履行責任，其占有租賃物屬於無權占有，承租人於無權占有中，對於租賃物加以修繕，關於其修繕費之返還，亦無留置權是。

第二、動產之留置違反公共秩序或善良風俗者

民法第九三〇條前段規定：「動產之留置，如違反公共秩序或善良風俗者，不得為之。」此係指留置動產之結果，勢將發生有違公共秩序或善良風

俗之情事而言。例如運送賑災之衣物糧食，以運費未付而扣留運送之衣物或糧食，致妨害賑災；修理消防車輛，以修理費未獲全部清償而留置消防車輛，致無法救火；住宿旅客積欠食宿費，扣留其國民身分證或職員證，造成債務人公法上能力之障礙；待棺入殮，抬棺之工人以報酬未付而留置棺木，致喪家無法入殮；跛者將輪椅送修，以修理費未付而留置輪椅，致跛者無法行動等是，均屬違反公共秩序或善良風俗，自不得行使留置權❼。又法律明定不得留置之物，債權人更不得主張留置權，例如民法第一○九條所定代理人對於本人所交付之授權書，土地法第一一八條所定出租人對於承租人耕作上必需之農具、牲畜、肥料及農作物，均不得留置是。

第三、動產之留置與債權人應負擔之義務或與當事人之約定相牴觸者

民法第九三○條後段規定：「其與債權人應負擔之義務或與債權人債務人間之約定相牴觸者，亦同。」故動產之留置，與債權人所負擔之義務，或與債權人債務人間之約定相牴觸者，亦不得為之。所謂與債權人應負擔之義務相牴觸者，係指債權人如留置所占有之動產，即與其所應負擔之義務本旨相違反而言，例如物品之運送人本負有於約定或相當期間內，將物品運送至目的地之義務，惟於運送之中途，以運費未付為由而留置運送物，不為運送是。所謂與債權人債務人間之約定相牴觸者，係指債權人與債務人間就如何交付動產，已有所約定，債權人之留置動產，即與當事人所為之約定相違反而言，例如債務人將機器設備交付工匠修理，交修前或交修時，曾約定機器設備修復後，須交由債務人試用數日，認為滿意，始給付修理費，工匠（債權人）於機器設備修竣後，仍以債務人之修理費未付而留置機器設備，不准債務人試用；或甲以金牌一面交乙禮品店，請代為刻字後，由該禮品店交友人丙，乙因甲未清償刻字費用，而留置該金牌是。

其次，民法第九三一條第二項規定：「債務人於動產交付後，成為無支付能力，或其無支付能力於交付後始為債權人所知者，其動產之留置，縱

❼　參閱謝在全，《物權（下）》，第三七三頁。

有前條所定之牴觸情形，債權人仍得行使留置權。」故債務人於動產交付後，成為無支付能力，或其無支付能力於交付後始為債權人所知者，其動產之留置，縱有與債權人應負擔之義務或與債權人債務人間之約定相牴觸之情形，債權人仍得行使留置權，是為例外，學者通常將此種例外許可成立之留置權，稱之為緊急留置權。

留置權為法定擔保物權，於具備上述法定要件時當然成立，惟此係為保護債權人之利益，與公益或第三人之利害無關，從而當事人間有排除留置權成立之特約，約明縱已完全具備前述留置權之成立要件，債權人不得就其債權主張留置權者，則留置權仍不能成立。

第三節 留置權之效力

第一項 留置權效力之範圍

第一、留置權所擔保債權之範圍

關於留置權所擔保債權之範圍，民法未如抵押權或質權設有列舉之規定（參閱民法第八六一條、第八八七條），惟於留置權之成立要件中，規定留置權所擔保之債權，必須與留置物有牽連之關係。故舉凡與留置物有牽連關係而發生之債權，自均為留置權擔保之範圍。從而不僅原債權，即利息、遲延利息、實行留置權之費用、因留置物隱有瑕疵所生之損害賠償，以及債權人因保管留置物所支出之必要費用（民法第九三四條），均包括在內。

第二、留置權標的物之範圍

一、留置物之本身

留置權之標的物為留置之動產，故留置物之本身，當然為標的物之範圍。

二、從物

留置物如為主物者，依主物處分之效力及於從物之法理（民法第六十

八條第二項），其從物以已由債權人占有者為限，應在留置權效力範圍之內。

三、孳息

依民法第九三三條準用第八八九條、第八九〇條之規定，債權人有收取留置物所生孳息之權，可知留置物之孳息，亦為留置權標的物之範圍。

四、代位物

留置權為擔保物權之一種，則擔保物權通性中之物上代位性，留置權自亦有之。故因留置物滅失或毀損所得受之賠償或其他利益（代位物或代替物），亦為留置權效力所及（民法第九三七條第二項）。

第二項　留置權對於留置權人之效力

第一、留置權人之權利

一、留置占有留置物

留置權為債權人占有他人之動產，於其債權未受清償前，予以留置之權利（民法第九二八條第一項），其目的乃在乎留置標的物，以為債權之擔保，故留置權人自得留置其所占有之留置物。所謂留置，乃繼續占有，而拒絕交付之意。此項拒絕交付之權能，不僅可以對抗債務人，而且可以對抗第三人（包括嗣後取得留置物所有權之第三人），是以債務人或第三人請求交還留置物者，留置權人均得拒絕之。第三人如就留置物聲請強制執行者，因將妨害留置權之留置權能，故留置權人得依強制執行法第十五條規定，提起異議之訴，訴請排除該強制執行（四十四臺上七二一）。又留置物所有人並未喪失留置物之所有權，從而對留置物自仍有法律上之處分權，在留置權存續中，得將其留置物之所有權讓與他人，或就留置物為第三人設定質權，不過留置權並不因之而受影響。

其次，民法第九三二條規定：「債權人於其債權未受全部清償前，得就留置物之全部，行使其留置權。但留置物為可分者，僅得依其債權與留置物價值之比例行使之。」故留置物為不可分者，例如汽車一輛是，留置權亦具有不可分性，留置物之全部擔保債權之各部，是以債權縱有分割或其數

額因有一部清償等而減縮之情形，留置權人仍得占有留置物之全部，拒絕返還。留置物為可分者，例如稻米一千公斤是，留置權人僅得依其債權額之多寡與留置物價值之比例，留置占有與債務人不為履行相當比例之留置物外，其餘應予返還。

二、優先受償權

民法第九三二條之一規定：「留置物存有所有權以外之物權者，該物權人不得以之對抗善意之留置權人。」其立法說明謂：「一、本條新增。二、留置物存有所有權以外物權之情形，事所恆有，例如留置物上存有質權等是。物權之優先效力，本依其成立之先後次序定之。惟留置權人在債權發生前已占有留置物，如其為善意者，應獲更周延之保障，該留置權宜優先於其上之其他物權，爰仿動產擔保交易法第二十五條，增訂本條規定。至留置物所有人於債權人之債權受清償前，本不得請求返還留置物之占有，要乃留置權之本質，自不生本條所謂對抗之問題，併予敘明。」由是可知，增訂民法第九三二條之一規定之立法目的，在留置權與其他物權競合時[8]，賦與善意留置權人有絕對的優先受償權，又本條規定，對於民法物權編修正施行前留置物存有所有權以外之物權者，亦適用之（民法物權編施行法第二十三條），具有溯及效力，即於民法物權編修正施行前所成立之留置權，善意留置權人亦有優先受償權。

動產擔保交易法原第二五條規定：「抵押權人依本法規定實行占有抵押物時，不得對抗依法留置標的物之善意第三人。」職是之故，動產抵押權縱已經登記，雖可對抗惡意之留置權人，但仍不得對抗善意之留置權人，換言之，即善意第三人所取得之留置權，其效力恆優先於動產抵押權，抵押權人不得對善意留置權人主張有優先受償之權利[9]。由於動產抵押權係以

---

[8] 關於留置權與其他擔保物權之競合，詳請參閱劉春堂，《動產擔保交易法研究》，自版，民國八十八年八月增訂版，第六十二頁、第一二四頁、第一五〇頁、第二〇八頁。

[9] 關於動產擔保交易法原第二五條規定之適用及相關問題，詳請參閱劉春堂，前揭[8]書，第三十頁以下。

登記為公示方法，對於一般依約定而成立之動產擔保物權，固得期待其當事人於設定之前，查閱登記簿之記載，以明瞭於該標的物上有無動產抵押權之設定及其權屬狀態，以保護自身之權利，留置權則係因具備法定條件而發生，並非基於當事人之意思而成立，屬於法定物權，留置權人無法事先閱覽登記簿以查明標的物是否業經設定動產抵押權，自有加以保護之必要。惟對之賦予絕對的優先效力，是否妥適，則不無研究餘地。蓋因動產擔保交易法原第二十五條規定，對善意留置權人賦予絕對的優先效力，破壞動產擔保交易經依法登記後，即具有對抗善意第三人效力之基本原則，過於偏厚留置權人之保護，易啟詐欺之門，使動產擔保交易權利人之權益失去保障，誠將妨礙動產擔保交易之安全進行，顯然不妥。又留置權固為法定擔保物權，惟就法理及立法例觀之，法定擔保物權並非均可不問其成立先後，恆優先於意定擔保物權。職是之故，就立法政策而言，宜認為就特定標的物提供勞務、加工或供給材料者，在增加標的物價值之範圍內，有優先受償之效力，如此當事人之利益可得兼顧，似較妥善❿。

綜據上述理由，修正動產擔保交易法乃刪除原第二十五條規定，於第五條增訂第二項規定：「債權人依本法規定實行占有或取回動產擔保交易標的物時，善意留置權人就動產擔保交易標的物有修繕、加工致其價值增加所支出之費用，於所增加之價值範圍內，優先於依本法成立在先之動產擔保權利受償。」故善意留置權人優先受償之原則，於動產抵押、附條件買賣及信託占有，均有其適用。至於此項留置權所擔保之債權，以因其就動產擔保交易標的物有修繕、加工之情事所支出之費用為限，且僅於標的物因修繕、加工所增加之價值範圍內，有優先受償權。此項修正，其方向及內容均屬正確，值得肯定及讚許。

---

❿　參閱施文森，〈論動產擔保利益之位序〉，《政大學報》，第二十期，五十八年十二月，第六十四頁；王澤鑑，〈動產擔保交易法上登記之對抗力、公信力與善意取得〉，《民法學說與判例研究第一冊》，自版，一九八〇年六月五版，第二六七頁；孟祥路，《動產擔保交易法實用淺釋》，自版，六十五年八月初版，第八十六頁；劉春堂，前揭❽書，第三十二頁。

　　動產擔保交易法原第二十五條規定，並非妥適之規定，應加以修正，已如前述，且民國九十四年九月十二日經行政院核轉立法院併案審議之動產擔保交易法修正草案，已刪除該條規定，並經立法院三讀通過，於民國九十六年七月一日總論令修公布，新修正之民法物權編竟仿該條規定，而增訂民法第九三二條之一規定，是否妥適，有待商榷❶。惟因動產擔保交易法為民法之特別法（動產擔保交易法第三條），故在動產擔保交易（即動產抵押、附條件買賣、信託占有），發生留置權與動產抵押權、出賣人或信託人之擔保權競合時，其優先受償位序問題，仍應優先適用動產擔保交易法第五條第二項規定，而無民法第九三二條之一規定之適用。

三、必要費用之求償權

　　民法第九三四條規定：「債權人因保管留置物所支出之必要費用，得向其物之所有人，請求償還。」此之所謂債權人，係指留置權人而言。留置權人得以依本條規定請求返還者，以其因保管留置物所支出之必要費用為限，且為留置權所擔保債權之範圍，例如留置物為動物時，其飼養費用是。至於留置權人所支出之有益費用，則只能依不當得利或無因管理之規定，請求償還。

四、留置物所生孳息之收取權

　　依民法第九三三條規定，民法第八八九條及第八九〇條之規定，於留置權準用之。故留置權人對留置物所生之孳息，有收取權，但契約另有約定者，不在此限，例如約定留置物之孳息由債務人或第三人收取是，自應從其約定。至於留置權人之收取孳息，應以對於自己財產同一之注意為之，並為計算；且留置權人所收取之孳息，並非由其無償取得，須先抵充費用，次抵原債權之利息，次抵原債權；孳息如須變價始得抵充者，自得予以變價，其變價方法準用實行質權之相關規定（準用民法第八九〇條）。又此處所稱孳息，則不僅天然孳息，即法定孳息（例如得所有人之承諾，將留置

---

❶　關於增訂民法第九三二條之一規定，我國學者有認為值得肯定者，參閱謝哲勝，〈民法物權編（擔保物權）修正簡介與評析〉，《台灣本土法學雜誌》，第九十三期，民國九十六年四月，第八十頁。

物出租，而得收取租金是），亦包括在內。

五、留置物之變價權

民法第八九二條之規定，於留置權亦準用之（民法第九三三條），故留置權人有留置物變價權（或稱為預行拍賣留置物權），即因留置物有腐壞之虞，或其價值顯有減少，足以害及留置權人之權利者，留置權人得拍賣留置物，以其賣得價金，代充留置物。由於留置權人拍賣留置物所賣得之價金，係代充留置物，並非即以該價金充債權之清償，從而留置權移存於該項價金之上，原留置物之留置權消滅。於此情形，如經留置物所有人之請求，留置權人應將價金提存於法院，留置權人屆債權清償期而未受清償者，得就提存物實行其留置權。

六、留置物保管上之必要使用權

留置權人對於留置物，本無使用之權利，然留置權人對於留置物有善為保管之義務，故留置權人為盡此項義務，就留置物為保管上所必要之使用，自亦得為之（民法第八八八條、第九三三條）。例如就易鏽之器具，時時使用之，以防其生鏽是。不過在使用時如生有利得者，應準於孳息而處理，不能由留置權人獨享。

七、留置權之實行

所謂留置權之實行，係指留置權人於債權屆清償期，而未受清償時，為使其債權得以實現，而處分留置物之行為。留置權之主要作用，雖在乎留置標的物而促使債務人清償其債務，然若債務人終不清償債務時，自有於一定條件下，賦與債權人將留置物變價受償或取得其所有權之必要。又因留置權之取得無庸登記，債權人對債務人有無擔保債權，並無依國家機關作成之登記文件可明確證明。如債務人就留置物所擔保之債權之發生或其範圍有爭執時，應由債權人循訴訟方式，取得債權確已存在及其範圍之證明，始得聲請法院裁定拍賣留置物，以兼顧債務人之權益（八十九臺抗五四一判決）。茲就留置權實行之有關問題，分述如下：

(一)留置權實行之要件

1.須踐行一定程序者：民法第九三六條第一項及第二項規定：「債權人

於其債權已屆清償期而未受清償者，得定一個月以上之相當期限，通知債務人，聲明如不於其期限內為清償時，即就其留置物取償；留置物為第三人所有或存有其他物權而為債權人所知者，應併通知之。債務人或留置物所有人不於前項期限內為清償者，債權人得準用關於實行質權之規定，就留置物賣得之價金優先受償，或取得其所有權。」可知留置權人欲實行其留置權，尚須踐行一定程序，分述如下：

(1)須債權已屆清償期而未受償：此為實行擔保物權，所應具備之共通要件。

(2)須定期通知並為適當之聲明：所謂定期通知者，係指定一個月以上之相當期限，通知債務人清償債務而言，留置物為第三人所有或存有他物權而為債權人所知者，應併通知之，以保護其權益。所謂適當之聲明者，係指須於前開通知內聲明，如不於所定期限內為清償債務時，即就其留置物取償而言。至通知之方式，無論以書面或言詞為之，均無不可。

(3)須債務人或留置物所有人仍未依期限清償債務：債務人或留置物所有人於接到通知後，如於其期限內清償債務者，債權人自不得實行留置權，必也債務人或留置物所有人並未能遵期清償，始可實行留置權。

2.須經過一定期間者：民法第九三六條第三項規定：「不能為第一項之通知者，於債權清償期屆至後，經過六個月仍未受清償時，債權人亦得行使前項所定之權利。」本項例外規定之適用，須具備下列要件：

(1)須不能定期通知：適用本項規定，須債權人不能定一個月以上之相當期間通知債務人或留置物所有人清償始可。至於所謂不能通知，係指依通常情形雖經相當之調查，仍無從通知而言，例如債務人已遷移他處，住所不明，或債務人已死亡，而其繼承人不明是，不以客觀上絕對不能通知為要件。從而若係債權人主觀的不欲通知時，則與本項之規定不合。

(2)須於債權清償期屆滿後已經過六個月：此六個月之期間，應自債權清償期屆滿後起算。

(3)須仍未受清償：債權人於債權清償期屆至後，經過六個月仍未受清償時，始可實行留置權。

㈡留置權實行之方法

　　具備上述留置權實行之要件後，即得準用關於實行質權之規定，拍賣留置物或取得其所有權，而實行留置權。從而留置權人實行留置權之方法有三（參閱民法第八九三條、第八九五條、第八七八條）：①拍賣留置物，就其賣得價金而受清償，此項拍賣得由留置權人逕行為之或聲請法院為之。②與債務人或留置物所有人訂立契約，取得留置物之所有權。③以拍賣或取得所有權以外之方法處分留置物，例如約定由留置權人自行覓主變賣是。其詳請參閱動產質權相關部分之說明，於茲不贅。

第二、留置權人之義務

一、保管留置物

　　由於留置物係由留置權人留置占有，故留置權人應以善良管理人之注意，保管留置物（民法第八八八條第一項、第九三三條）。留置權人如未盡善良管理人之注意保管留置物，致債務人或留置物所有人受到損害者，自應負損害賠償責任。

二、返還留置物

　　留置權人於留置權消滅時，無論其係因所擔保之債權消滅或因債務人已另提擔保等，致留置權消滅，均有將留置物返還債務人或其他受領權人之義務。惟此項義務，並非因留置權消滅而新發生，不過係債權人原有返還義務之履行而已。

第四節　留置權之消滅

　　留置權為擔保物權之一種，故物權及擔保物權之共同消滅原因，例如混同、拋棄、擔保債權之消滅、擔保物權之實行等，亦為留置權之消滅原因，茲就其特別消滅事由，分述如下：

第一、另提擔保

　　民法第九三七條第一項規定：「債務人或留置物所有人為債務之清償，

已提出相當之擔保者，債權人之留置權消滅。」此處所謂擔保，無論是人的保證（人保）或物的擔保（物保），均無不可，惟必須與留置物之價額相當。至於實際上所提之擔保，是否相當，自應先由留置權人主觀方面決之，如不能解決時，再從客觀的社會觀念上決之。所謂已提出擔保者，是指已為債權人設定擔保物權或保證人已與債權人訂立保證契約而言。又債務人或留置物所有人之提出擔保，其目的固須為債務之清償，但其提出時無須具有使留置權消滅之意思，一旦完成擔保物權之設定或保證契約之訂立，留置權即因而消滅。

第二、返還或交付留置物於債務人或留置物所有人

留置權，因留置權人將留置物返還於債務人或交付於留置物所有人而消滅。返還或交付留置物時，為留置權繼續存在之保留者，其保留無效，即留置權仍應歸於消滅（民法第八九七條、第九三七條第二項）。此之所謂返還或交付，係指基於留置權人自己之意思，任意將留置物之占有移轉於債務人或留置物所有人而言，若債務人或留置物所有人取得留置物之占有，並非基於留置權人自己之意思者，例如債務人或留置物所有人以竊取、強盜等侵奪方式而取回留置物是，則非此處所謂返還或交付留置物。

第三、喪失留置物之占有

留置權係以留置物之占有為其成立與存續要件，留置權人喪失其留置物之占有，於二年內未請求返還者，其留置權消滅（民法第八九八條、第九三七條第二項）。此處所謂喪失留置物之占有，係指非基於留置權人自己之意思，而失去對於留置物之事實上管領力而言，例如留置物之遺失、被竊或被盜等是，如係基於留置權人自己之意思喪失占有者，則留置權即歸消滅，而無本條之適用。留置權人非基於自己之意思而喪失其留置物之占有，而得依留置權之物上請求權（準用民法第七六七條）、民法第九四九條、第九五〇條、第九六二條等之規定，請求返還留置物者，其留置權固不因占有的一時喪失而消滅，惟留置權人於二年內未請求返還者，其留置權消

滅，此二年期間，係除斥期間。至於留置權人如係基於自己之意思而喪失留置物之占有者，除有民法第八九七條規定之情形，應適用該條規定外，若留置權人已不能回復留置物之占有，自應認留置權歸於消滅，若留置權人能回復留置物之占有，例如得行使撤銷權或侵權行為損害賠償請求權，而回復原狀是（民法第一一三條、第一一四條、第二一三條），為貫徹留置權之生效及存續，以留置權人占有留置物為要件之意旨，應解為得準用民法第八九八條規定，留置權人於二年內未請求返還者，其留置權亦歸於消滅。

第四、留置物滅失

物權因標的物之滅失而消滅，此為物權共同之消滅原因，故留置權，因留置物滅失而消滅，但債務人或留置物所有人因滅失得受賠償或其他利益者，不在此限（民法第八九九條、第九三七條第二項）。此涉及物上代位之問題，前已述及，於茲不贅。

第五節　特殊留置權

所謂特殊留置權，係指民法物權編第九章所規定以外之留置權，其成立要件或效力，與一般留置權有所不同之留置權。民法第九三九條規定：「本章留置權之規定，於其他留置權準用之。但其他留置權另有規定者，從其規定。」本條所稱之其他留置權，即學說所謂之特殊留置權而言。特殊留置權依我國民法之規定，主要有下列數種：①不動產出租人之留置權（民法第四四五條至第四四八條）；②營業主人之留置權（民法第六一二條、第六一四條）；③運送人之留置權（民法第六四七條、第六五三條）；④承攬運送人之留置權（民法第六六二條）；⑤物權編所規定之其他留置權（民法第七九一條、第八〇五條）。

第十章

占　有

第一節　總說

第一項　占有之概念

第一、占有之意義

關於占有之意義，民法未直接設明文規定，惟依民法第九四〇條規定：「對於物有事實上管領之力者，為占有人。」可知所謂占有者，乃對於物有事實上管領力之狀態也。茲析述如下：

一、占有係以物為標的物

占有之標的以物為限，包括不動產與動產在內，對於不因物之占有而成立之財產權（例如著作權、商標權、不動產役權），僅能成立準占有（民法第九六六條），不能成立占有。私權之標的物，必須為獨立物，受一物一權主義之限制，即物之一部分或構成部分，不得為權利之標的物，惟有得為占有之標的物者，例如一宗土地之一部、一棟房屋之一片牆壁或一個房間，因可以對其為事實上之管領，故得為占有之標的物。又得為權利標的物之物，固得為占有之標的物，但不得為權利標的物之物，則非必不得為占有之標的物，例如土地法第十四條所列之公共交通道路、礦泉地、瀑布地等，如非私有者，均不得為私權之標的物，然得為占有之標的物是。

二、占有係對標的物有事實上之管領力

對於物是否成立占有，僅以對標的物是否有事實上之管領力，為認定標準，而與有無此項管領力之權限無關，即有無占有的權利，是否合法，均所不問。因之對於物雖無法律上之權限，惟有事實上之管領力者，亦可成立占有；反之，雖有法律上之權限，而無事實上之管領力者，則仍不能成立占有，例如遺失手錶之所有人，對其所遺失之手錶，可認定為喪失占有是。茲就有關問題，分述如下：

(一)認定標準

關於何種情形始得謂為有事實上之管領力，應依一般社會觀念定之，通說認為對於物已有確定與繼續之支配關係，或已立於得排除他人干涉之狀態，即可謂對標的物有事實上之管領力（九十五臺上一一二四判決），下列各點可供為認定是否已有事實上管領力之標準❶：

1. 空間關係：此係指人與物在場所上已有一定的結合關係，足認其物為某人事實上所管領。例如居住於房屋，耕作或設圍於土地，建築房屋於土地上，存放傢俱於屋內，隨身攜帶之手錶或鋼筆，堆置材料於工地等是。應予注意者，乃占有僅占有人對於物有事實上管領力為已足，不以其物放置於一定處所，或標示為何人占有為生效條件。苟對於物無事實上管領力者，縱令放置於一定處所，並標示為何人占有，亦不能認其有占有之事實（五十三臺上八六一）❷。

2. 時間關係：此係指人對於物之支配，在時間上已有相當的繼續性，足認其物為某人事實上所管領，從而其僅具短暫性的或一瞬間的接觸，自不能成立占有。例如邀友小酌，友人對於酒杯，雖曾入唇；車中旅客向鄰座之人借閱雜誌，雖曾過目；他人之家禽，雖曾進入庭院，旋即離去等，均不能認為占有是。

3. 法律關係：此係指因有某種法律關係之存在，透過他人為媒介而使人與物結合者，人與物雖無時間或空間上之關係，然仍可認為該人已支配其物，而成立占有。此種法律關係，可分為二類：①間接占有（民法第九四一條），例如出質人使質權人占有質物，質權人為直接占有，出質人為間接占有是。②依輔助占有人而為占有（民法第九四二條），例如僱用職員看管物品是，此際僅有一個占有存在，輔助占有人僅為占有人之占有機關或輔助人而已。

㈡占有意思

關於占有之成立，是否僅以具有上述之事實上管領力（體素）為已足，

---

❶ 參閱史尚寬，《物權》，第四八二頁以下；鄭玉波，《物權》，第三七一頁以下；王澤鑑，《物權》，第五〇六頁以下；謝在全，《物權（下）》，第四六六頁以下。

❷ 關於本判例之簡評，參閱王澤鑑，《物權》，第五〇七至五〇八頁。

抑仍須具有「占有之意思」(心素),學者之見解不一,有主觀說、客觀說與純粹客觀說三種見解❸。所謂主觀說,係認為占有的成立,須兼具事實上之管領力與占有意思(所有意思、支配意思或為自己意思)。所謂客觀說,係認為占有乃對於物的事實管領力,不須有特別的意思,僅須有管領意思即可,惟此為管領事實的一部分,而非獨立的要素。所謂純粹客觀說,係認為占有純為客觀地對於物為事實上的管領,不以具有占有意思為必要。

　　依民法第九四〇條規定,占有係對於物有事實上之管領力,可見我國在立法上係採客觀說。惟占有之成立,仍須以具有占有意思為必要,蓋因對某物行使事實上之管領力,當係已意識該物之存在,此實含有占有意思之存在,從而嬰兒就其所持之物不得謂為占有。取得占有,須有占有意思,維持占有,亦須有占有意思。至於此種占有意思之存在,不必針對個別特定之物,僅須具有一般占有意思即為已足,例如設置信箱於門口,旨在取得投入信箱內的自己函件,故郵差投入信箱內之函件,信箱之占有人縱不知其事,仍取得該函件之占有。又此種占有意思,不是法律行為上的意思,而是一種所謂自然的意思,取得某物的占有或維持其占有,皆不以具有行為能力為必要,只要對物有為支配的自然能力,即為已足,故無行為能力人或限制行為能力人具有此種能力時,亦得為占有人❹。

案例十一－1

　　甲為向乙貸款,乃以存放在其所有 A 紙廠工場內的模造紙若干件,作為質物,為乙設定質權,該模造紙經甲點交由乙之職員丙接受後,仍放置在甲所有之 A 紙廠工場內,且亦未掛有何人占有之標誌,乙對該模造紙是否已取得占有?

　　由於質權之成立及存續,以債權人占有質物為要件(民法第八八五條、

❸　參閱鄭玉波,《物權》,第三七二頁;王澤鑑,《物權》,第五〇九頁以下。

❹　參閱王澤鑑,《物權》,第五一〇至五一一頁、第五五二頁;謝在全,《物權(下)》,第四六九頁。

第八九七條），因而本件債權人乙就 A 紙廠工場內的模造紙，是否取得質權，當視乙是否已占有該模造紙為斷。依民法第九四〇條規定，所謂占有，係指對於物有事實上之管領力，占有之取得，僅占有人對於物有事實上管領力即為已足。故本件債權人乙是否已占有該模造紙，當視乙是否已對於該模造紙有事實上管領力而定。又占有並不以占有人對於標的物之親自支配為必要，其基於某種法律關係，而以他人為媒介者，亦可成立占有，受僱人、學徒、家屬或基於其他類似之關係，受他人之指示，而對於物有管領之力者，僅該他人為占有人（民法第九四二條）。上開受僱人、學徒、家屬等受他人之指示，而對於物有管領之力者，稱之為輔助占有人（占有輔助人）。本件丙係乙所僱用之職員，丙受乙之指示而對於模造紙有管領之力者，丙僅為輔助占有人，乙始為模造紙之占有人。從而丙如已對 A 紙廠工場內的模造紙，取得事實上之管領力，即係乙對 A 紙廠工場內的模造紙，取得占有。

其次，關於丙是否已占有 A 紙廠工場內的模造紙，當視丙是否已對於該模造紙有事實上管領力而定。至於如何始得謂為對於物有事實上管領力，須依一般社會觀念個別認定之，即依一般社會觀念，足認一定之物已具有屬於某人實力支配下之客觀關係者，即可謂有事實上之管領力，不以其物放置於一定處所，或標示為何人占有為要件。最高法院五十三年臺上字第八六一號判例謂：「占有僅占有人對於物有事實上管領力為已足，不以其物放置於一定處所，或標示為何人占有為生效條件。苟對於物無事實上管領力者，縱令放置於一定處所，並標示為何人占有，亦不能認其有占有之事實。」可供參考。

本件模造紙既經甲點交由乙之職員丙接受，丙有占有意思，甲已喪失占有，自可認為丙與本件模造紙已有場所或空間上之結合關係，而有事實上之管領力，雖仍放置在甲所有之 A 紙廠工場內，且亦未掛有何人占有之標誌，應認為丙對該模造紙已取得占有。又因本件丙為乙之輔助占有人，雖事實上管領 A 紙廠工場內的模造紙，但非占有人，乙始為占有人，從而丙對 A 紙廠工場內的模造紙，取得事實上之管領力，即係乙對 A 紙廠工場

內的模造紙，取得占有。

三、占有為事實

占有究為事實抑或為權利，不僅學者間意見紛歧，立法例亦不一致，我民法物權編第十章稱「占有」，係從德國民法之立法例，認占有為事實。然此項事實，受法律保護，發生一定的法律效果，而為一種法律關係，得為讓與或繼承。所謂發生一定的法律效果，例如權利之推定（民法第九四三條）、即時取得（民法第九四八條）、占有人之自力救濟權（民法第九六〇條）及物上請求權（民法第九六二條）、善意占有人之用益權（民法第九五二條）及費用求償權（民法第九五四條、第九五五條）等是（詳均後述之）。至於強制執行法第十五條，所謂就執行標的物有足以排除強制執行之權利者，係指對於執行標的物有所有權、典權、留置權、質權存在情形之一者而言。占有，依民法第九四〇條之規定，不過對於物有事實上管領之力，自不包含在內（四十四臺上七二一），即不得基於占有而提起強制執行法第十五條所規定第三人異議之訴。

第二、占有人

占有為人對物之管領關係，其主體為人，無論自然人或法人均得充之。由於占有為一種法律事實，故占有人不以具有行為能力為必要，縱為無行為能力人亦得為占有人，然因占有仍須對物有事實上管領之意思，從而占有人仍須有事實上管領其物之意識能力始可，若無此項意識能力，無從為自己原始或創設取得占有。又因占有得為繼承之標的，繼承人雖未事實上管領其物，仍可因繼承而取得占有（民法第九四七條參照），從而諸如嬰兒或心神喪失人，固不能為自己原始取得占有，然卻得為占有之繼承人，因他人占有之移轉而成為占有人。

占有人可分為直接占有人、間接占有人及輔助占有人。對於物有事實上之管領力者，稱之為直接占有人（民法第九四〇條）。自己並未直接管領其物，但基於一定之法律關係，而對於事實上占有其物之人，有返還請求

權者，稱之為間接占有人。民法第九四一條規定：「地上權人、農育權人、典權人、質權人、承租人、受寄人，或基於其他類似之法律關係，對於他人之物為占有者，該他人為間接占有人。」從而地上權人、農育權人、典權人、質權人、承租人、受寄人或基於其他類似之法律關係，對於他人之物為占有者，為直接占有人，該他人（例如所有人、出典人、出質人、出租人、寄託人）為間接占有人是。受僱人、學徒、家屬或基於其他類似之關係，受他人之指示，而對於物有管領之力者，僅該他人為占有人（民法第九四二條），上開受僱人、學徒、家屬等受他人之指示，而對於物有管領之力者，稱之為輔助占有人（占有輔助人）。又因所謂輔助占有人，重在其對物之管領，係受他人之指示，至是否受他人之指示，自應就為指示之他人與受指示者間之內部關係加以觀之並證明。所謂內部關係，即民法第九四二條所指受僱人、學徒、家屬或其他類似關係。再抗告人雖為債務人之女，並與之住於同一屋內，但其本人如確已結婚成家獨立生活，而無從自內部關係證明其使用被執行之房屋係受債務人之指示時，尚難謂該再抗告人為債務人之輔助占有人（六十五臺抗一六三）。

第三、占有與持有之區別

依我民法規定，占有乃對於物之事實上的管領力，屬於事實行為之一種。持有在刑法上則為區別竊盜與侵占罪（刑法第三二〇條至第三三五條）之標準，與民法上之占有，同係指對於物有事實上之管領力而言，然兩者仍有差異，分述如下：①占有在時間上以有繼續性為必要；持有則否。②占有得依抽象狀態而為間接占有（民法第九四一條），並得利用占有輔助人（民法第九四二條）而為占有；持有則否。③占有人於占有物上行使之權利，推定其適法有此權利（民法第九四三條），並推定其為以所有之意思、善意、和平及公然占有（民法第九四四條）；持有則無此種擬制。④占有得為移轉或繼承，並得用占有改定方法以代交付（民法第九四六條）；持有則否。⑤因竊盜、強盜、搶奪、詐欺、恐嚇而置於自己管領力下之物，仍為占有，但非持有。

第二項　占有之種類

第一、有權占有與無權占有

　　此係以占有人就其對物之占有，有無得為占有之權利為標準而區分。所謂得為占有之權利者，乃基於法律上之原因，而享有「占有」之權之謂，此權亦稱「本權」，除債權及物權外，例如所有權、地上權、典權、質權、留置權、租賃權等是，尚有因其他法律關係而生之得為占有之權，例如父母對未成年子女的特有財產有共同管理之權（民法第一○八八條）是。有本權之占有，謂之有權占有，亦稱正權原占有。無本權之占有，謂之無權占有，亦稱無權原占有，例如盜賊對於贓物之占有，拾得人對於遺失物之占有是。

　　此種區別之實益，主要有①在有權占有，只要其本權繼續存在，即受法律之保護，他人請求其交付或返還占有物時，得拒絕之。反之，在無權占有，占有人因無占有之本權存在，倘遇有本權之人請求其交付或返還占有物時，則無權拒絕，而有交付或返還之義務。惟無權占有，除真正所有權人得對之提起返還所有物之訴外，亦非他人所得干涉（十八抗一○一），故無權占有亦非不受法律之保護。②留置權的發生，其動產須非因侵權行為或其他不法之原因而占有（民法第九二八條第二項），從而無權占有人即無主張留置權成立之餘地，例如竊盜他人之車者，縱對該車支付必要費用，亦不發生留置權是。

第二、善意占有與惡意占有

　　此係以無權占有人就其無占有之權利，是否知悉為標準而區分，在有權占有，無區別善意與惡意的必要。對於物誤信為有占有之權利，且無懷疑而占有者，為善意占有。對於物明知無占有之權利，或對於有無占有之權利已有懷疑而仍占有者，為惡意占有。由於占有之為善意或惡意，係以占有人之主觀意思之知與不知為判斷基準，殊難由外觀證明，因而法律為

保護占有人，對於占有輒推定其為善意（民法第九四四條第一項）。

此種區別之實益，主要有①在不動產取得時效，通常為二十年，占有之始為善意並無過失時，其期間則為十年（民法第七七〇條）。②動產善意取得，須以善意受讓占有為要件（民法第八〇一條、第八八六條、第九四八條）。③占有人對於回復請求人的權利義務，因善意占有與惡意占有而有不同（民法第九五二條至第九五八條）。

第三、無過失占有與有過失占有

此係以善意占有人就其不知無占有之權利（善意），是否有過失為標準而區分。所謂無過失占有，係指善意占有人就其不知無占有之權利，並無過失而言。占有人推定其為無過失占有（民法第九四四條第一項），蓋因所謂「無過失」乃係就其善意占有已盡其注意義務，在「善意」已受推定之範圍內，無過失為常態，有過失為變態，且無過失為消極的事實，依一般舉證責任分配原則，占有人不須就常態事實及消極事實，負舉證責任。所謂有過失占有，係指善意占有人就其不知無占有之權利，具有過失者而言。兩者區分之實益，在於不動產取得時效，倘占有之始為善意而無過失者，其期間為十年；否則，為二十年（民法第七七〇條、第七六九條）。

第四、和平占有與強暴占有

此係以占有人為占有之手段，是否採取和平方式為標準而區分。所謂和平占有，係指占有人非以法令所禁止之強暴手段而為占有，例如拾得遺失物或買受贓物是。占有人推定其為和平占有（民法第九四四條第一項）。所謂強暴占有，係指占有人以法令所禁止之強暴手段而為占有，例如強奪他人之財物是。此種區別之實益，亦於取得時效見之（民法第七六八條至第七七〇條）。

第五、公然占有與隱秘占有

此係以占有人為占有之方法，是否採取避免他人發見之方法為標準而

區分。所謂公然占有，係指占有人不特用隱蔽之方法，以避免他人發見而為占有。占有人推定其為公然占有（民法第九四四條第一項）。所謂隱秘占有，係指占有人特用隱蔽之方法，以避免他人發見而為占有。此種區別之實益，亦於取得時效見之（民法第七六八條至第七七〇條）。

第六、繼續占有與不繼續占有

此係以占有人為占有之時間，是否有中斷為標準而區分。所謂繼續占有，係指對於物之占有，於時間上繼續而無中斷而言。所謂不繼續占有，係指對於物之占有，於時間上並非繼續而有中斷而言。此種區別之實益，亦於取得時效見之（民法第七六八條至第七七〇條）。民法第九四四條第二項規定：「經證明前後兩時為占有者，推定前後兩時之間，繼續占有。」

第七、無瑕疵占有與有瑕疵占有

此係以占有人為占有之狀態，是否具有瑕疵為標準而區分。所謂無瑕疵占有，係指對於物之占有，以善意、無過失、和平、公然，並繼續為之而言。所謂有瑕疵占有，係指對於物之占有，具有惡意、有過失、強暴、隱秘或不繼續為之中任何之一而言。此種區別之實益，在於凡主張占有之合併者，應承繼前占有人之瑕疵（民法第九四七條第二項）。

第八、自主占有與他主占有

此係以占有人為占有之意思，是否具有以所有之意思為標準而區分。所謂自主占有，係指占有人對於物之占有，以所有之意思為之而言。所謂他主占有，係指占有人對於物之占有，未以所有之意思為之而言，例如承租人、受寄人、借用人、地上權人、典權人、永佃權人、不動產役權人、質權人、留置權人等基於占有媒介關係，而對於他人之物為占有，均為他主占有。至於所謂「以所有之意思」，僅以事實上對於物具有與所有人為相同管領之意思，即為已足，不以其物確為自己所有為必要，故誤信為自己之物而占有，甚或明知非所有人，而具有所有人占有之意思者，例如竊盜

之占有贓物，均為自主占有。

自主占有的意思，係屬支配其物之自然的意思，以有事實上之意思能力即為已足，無行為能力人亦得有之，故孩童或受監護宣告之人（禁治產人）亦得因先占或交付而取得自主占有。然毫無事實上之意思能力者（例如嬰兒），仍不能單獨取得自主占有。對於某物的占有，究為自主占有或他主占有，取決於占有人的意思，惟是否以所有之意思而占有，係占有人內心的情事，不但難以證明，他人亦無從知悉，故民法第九四四條第一項規定：「占有人，推定其為以所有之意思……占有。」

此種區別之實益，在於以時效取得所有權（民法第七六八條至第七七○條），或先占（民法第八○二條），均須以自主占有為要件；占有人的賠償責任，亦因自主占有或他主占有而有不同（民法第九五六條）。

第九、直接占有與間接占有

此係以占有人為占有之狀態，是否具有事實上之直接管領力為標準而區分。所謂直接占有，係指直接對於物有事實上之管領力者而言。直接占有不以占有人親自占有為必要，其以占有輔助人或占有機關（即受僱人、學徒或基於其他類似關係受他人之指示對於物有管領力之人）為其占有，仍不失為直接占有（參閱民法第九四二條）。所謂間接占有，係指自己並未直接管領其物，但基於一定之法律關係，而對於事實上直接管領其物之人，有返還請求權者而言。例如地上權人、農育權人、典權人、質權人、承租人、受寄人或基於其他類似之法律關係，對於他人之物為占有者，為直接占有，該他人（例如所有人、出典人、出質人、出租人、寄託人）為間接占有是（民法第九四一條）。此種區別之實益，於占有之得喪、保護見之，例如民法第九六○條之自力救濟權，或民法第一九○條所定對動物加損害於他人，而負賠償責任之占有人，係以直接占有人為限，間接占有人不在其內。

間接占有之成立要件有三❺：①須有占有之媒介關係：間接占有之成

---

❺ 參閱王澤鑑，《物權》，第五二九至五三○頁；謝在全，《物權（下）》，第四九○

立，須有基於諸如地上權人、農育權人、典權人、質權人、承租人、受寄人或其他一定的法律關係，對於他人之物為占有者，始足當之。此種一定的法律關係，學說上稱為占有之媒介關係，不以基於契約而發生者為限，基於法律規定或公權力行為而發生者亦可。例如運送人、信託之受託人；法定代理人管理未成年人的特有財產（民法第一○八八條）、無因管理人、檢察官或司法警察等依刑事訴訟法第一三三條以下規定為物之扣押，其所為之占有，均屬之。又間接占有的成立，不以占有媒介關係有效為要件，占有媒介關係縱不生效力，其間接占有並不因此而受影響。例如甲出租某屋給乙，租賃契約不成立或無效時，縱當事人明知其事，只要直接占有人（承租人）有為他人（出租人）占有的意思，仍可成立間接占有❻。②他主占有的意思：在占有媒介關係上，直接占有人對於物為占有，須有為他人（間接占有人）占有的意思，並於該占有媒介關係消滅後，負返還占有物的義務，直接占有人一旦改變他主占有的意思，而變為自主占有時（參閱民法第九四五條），間接占有即歸消滅。③對直接占有人須具有占有物返還請求權：此項占有物返還請求權，不以基於占有媒介關係所生的請求權（如租賃物返還請求權）為限，所有物返還請求權或不當得利請求權亦包括在內。間接占有不以一層為限，可發生重疊的或多層次的間接占有之情形，例如甲出租房屋於乙，乙將該房屋之一個房間轉租於丙，丙以之借丁使用，此際丁就該房間而言，為直接占有人，甲、乙、丙均為間接占有人是。

　　直接占有與間接占有係相互對立之概念，間接占有概念之承認，使占有趨於觀念化（占有概念之擴大），民法規定間接占有的主要目的，在使其原則上得適用占有的規定，從而民法關於取得時效及占有保護請求權的規定，原則上亦得適用於間接占有，並使動產的交付（尤其是所有權的移轉），得依占有改定為之（民法第七六一條第二項），便利物的交易。

　　至四九一頁。

❻　參閱史尚寬，《物權》，第四八六頁以下；王澤鑑，《物權》，第五二九至五三○頁。

第十、自己占有與輔助占有

此係以占有人之實施占有，是否基於特定之從屬關係為標準而區分。所謂自己占有，係指非基於特定之從屬關係，未受他人指示，自己對於物為事實上之管領。所謂輔助占有，係指基於特定之從屬關係，受他人指示，而對於物為事實上之管領。民法第九四二條規定：「受僱人、學徒、家屬或基於其他類似之關係，受他人之指示，而對於物有管領之力者，僅該他人為占有人。」本條所謂受他人指示之輔助占有人，僅該他人為占有人之規定，重在輔助占有人對物之管領係受他人之指示而為，至是否受他人之指示，則應就自為指示之他人與受指示者間之內部關係加以觀之並證明（九十一臺上一三八八判決）。所謂內部關係，即民法第九四二條所指之受僱人、學徒、家屬或其他類似之關係，主張自己係他人之占有輔助人者，應從其內部關係證明其對於物為使用或占有係受他人之指示（八十七臺上三〇八判決）。

此種區別之實益，在於輔助占有人（占有輔助人）雖事實上管領某物，但不因此而取得占有，係以他人為占有人（占有主人），輔助占有人在其從屬關係的範疇內，取得對於某物之事實管領力時，即由其占有主人取得占有。又因輔助占有人既非占有人，自不享有或負擔基於占有而生的權利義務，而由占有主人享有基於占有所生的權利，或負擔因占有而生的義務。

第十一、單獨占有與共同占有

此係以占有人之人數，是否只有一人為標準而區分。所謂單獨占有，係指只有一人占有一物而言。所謂共同占有，係指數人共同占有一物而言。共同占有，不僅於有權占有可以發生，於無權占有亦可發生。同時共同占有既可為自主占有，亦可為他主占有；既可為直接占有，亦可為間接占有。共同占有可分為通常共同占有與公同共同占有，所謂通常共同占有（分別共同占有或單純共同占有），係指各共同占有人於不妨害他共同占有人之情形下，各得單獨管領其物之占有。例如數人共租一屋，各得使用其所共用之庭院、浴室、廁所或客廳是。所謂公同共同占有（公同占有），係指全體

共同占有人，對於占有物僅有一個管領力而為占有。例如銀行對於客戶所租用之保管箱，各有不同的鑰匙，須一起使用始能開箱時，就保管箱而言，成立公同共同占有是。又共有人對共有物非必為共同占有，例如共有人間若有分別用益之約定者，在分別單獨使用時，該單獨占有共有物之共有人，仍為單獨占有人是。

此種區別之實益，於占有之保護上見之，即民法第九六五條規定：「數人共占有一物時，各占有人，就其占有物使用之範圍，不得互相請求占有之保護。」

第三項　占有狀態之推定及變更

第一、占有狀態之推定

民法第九四四條規定：「占有人，推定其為以所有之意思，善意、和平、公然及無過失占有。經證明前後兩時為占有者，推定前後兩時之間，繼續占有。」此項占有狀態之推定，學說上稱為「占有事實的推定」，以別於民法第九四三條的「權利推定」。占有狀態之推定，產生舉證責任轉換之效果，從而占有人主張自己為自主占有、善意占有、和平占有、公然占有或無過失占有時，均無須負證明之責，而須由否認之人證明之。惟依占有權源之性質判斷，其占有本無所有之意思者，例如承租人之占有是，應不受本條自主占有之推定。

主張因時效取得普通地上權者，依民法第七七二條準用同法第七六九條或第七七〇條之規定，須以行使普通地上權之意思而占有他人之土地，經過一定之期間，始得請求登記為普通地上權人。此項意思依民法第九四四條第一項之規定既不在推定之列，故須由占有人負證明之責。又占有人無法律上之權源在他人土地上有建築物或其他工作物或竹木，可能係基於侵權行為之意思，亦可能基於越界建築使用，亦或界址不明致誤認他人土地為自己所有，或因不知為他人土地而誤為占有使用，尚難僅以占有人在他人土地上有建築物或其他工作物或竹木之客觀事實，自認占有人係基於

行使地上權之意思而占有（八十七臺上一二八四判決）。

第二、占有狀態之變更

占有依其狀態的不同，得為各種分類，已如上述，惟各類占有，在占有關係存續中，難免互相轉變，例如有權變為無權，無權變為有權，公然變為隱秘，隱秘變為公然是，其轉變往往影響其法律上之效果。由於和平、強暴；公然、隱秘；繼續、不繼續，乃至直接、間接等占有之轉變，於外觀上均有事實可查，殊無特別規定之必要，至於自主、他主；善意、惡意等，係以占有人主觀意思而分之占有，不易查知，故民法對其變更，乃特設規定：

一、他主占有變為自主占有

民法第九四五條第一項規定：「占有依其所由發生之事實之性質，無所有之意思者，其占有人對於使其占有之人表示所有之意思時起，為以所有之意思而占有。其因新事實變為以所有之意思占有者，亦同。」職是之故，由他主占有變更為自主占有，須符合下列情形之一：

㈠占有意思的變更

占有依其所由發生之事實之性質，無所有之意思者，其占有人對於使其占有之人表示所有之意思時起，為以所有之意思而占有。例如承租人就租賃物之占有，係本於租賃權，並無所有之意思，故屬他主占有，倘嗣後承租人對使其占有租賃物之出租人表示以所有之意思占有，此際自表示生效時起，即變更為自主占有。由他主占有變為自主占有，若僅有內部意思之變更仍有未足，必須將內心意思表示在外，始能發生變更之效果。此種以所有之意思而占有的表示，性質上非屬意思表示，乃事實上的表示，不以具有行為能力為必要，無須得使其占有之人的承諾❼，應向使其占有之人為之，使其占有之人如有數人，應向其全體為之，使其占有之人如已將其占有物所有權讓與他人者，應向其受讓人表示之。

他主占有變為自主占有，占有人固僅對使其占有之人表示所有之意思

---

❼ 參閱王澤鑑，《物權》，第五四六至五四七頁；謝在全，《物權（下）》，第五○三頁。

即可，惟使其占有之人非所有人之情形，事所恆有，為保障所有人之權益，故民法第九四五條第二項規定：「使其占有之人非所有人，而占有人於為前項表示時已知占有物之所有人者，其表示並應向該所有人為之。」從而於使其占有之人並非占有物之所有人之情形，占有人表示所有之意思時，如已知占有物之所有人者，負有一併通知所有人之義務，即此項變為所有之意思，須對使其占有之人及占有物之所有人表示始可。

此種變為以所有之意思或不同之其他意思而占有的表示，性質上非屬意思表示，乃事實上的表示，應類推適用意思表示的規定。從而他主占有變更為自主占有，在對話表示，自使其占有之人或占有物之所有人了解時起，在非對話表示，自其表示達到使其占有之人或占有物之所有人時起，發生效力。

㈡**新事實的變更**

占有依其所由發生之事實之性質，無所有之意思者，其占有人因新事實變為以所有之意思占有者，為以所有之意思而占有。此處所謂新事實，係指以使他主占有人取得所有權為目的之事實而言，例如出租人為所有人，將租賃物出賣、贈與承租人，因買賣或贈與等新事實發生而使承租人取得租賃物之所有權，遂變更為自主占有是。

他主占有變為自主占有，主要實益在於取得時效上之適用，最高法院二十六年上字第八七六號判例謂：「所有權取得時效之第一要件，須為以所有之意思而占有，故占有依其所由發生之事實之性質，無所有之意思者，非有民法第九百四十五條所定，變為以所有之意思而占有之情事，其所有權之取得時效，不能開始進行。」可供參考。

二、自主占有變為其他意思占有

占有人占有特定物意思之變更，應不限於由無所有之意思而占有，變為以所有之意思而占有，尚有以所有之意思而占有，變為以其他意思而占有者，例如以所有之意思而占有，變為以地上權之意思而占有是；或以其他意思而占有，變為以不同之其他意思而占有者，例如以地上權意思而占有，變為以租賃或農育權意思而占有是。民法第九四五條第三項規定：「前

二項規定，於占有人以所有之意思占有變為以其他意思而占有，或以其他意思之占有變為以不同之其他意思而占有者，準用之。」故此種占有狀態之變更及占有人之通知義務，與他主占有變為自主占有相同。

三、善意占有變為惡意占有

民法第九五九條第一項規定：「善意占有人自確知其無占有本權時起，為惡意占有人。」蓋善意占有人就其占有是否具有本權，本無查證之義務，惟若依客觀事實足認善意占有人嗣後已確知其係無占有本權者，例如所有人已向占有人提出權利證明文件或國家機關對其發出返還占有物之通知，此際，善意占有人應轉變為惡意占有人，以求公允。至如不能證明善意占有人已有上開情事者，則其僅於本條第二項之情形，始轉變為惡意占有人，自屬當然。

其次，民法第九五九條第二項規定：「善意占有人於本權訴訟敗訴時，自訴狀送達之日起，視為惡意占有人。」所謂本權訴訟，係指爭執有無占有權源（本權）之訴訟，例如所有權人向無權占有人訴請返還占有物，或出租人向承租人請求返還租賃物的訴訟。所謂「本權訴訟敗訴」，係指實體上判決確定而言，乃屬當然。善意占有人，於本權訴訟敗訴時，應溯自本權訴狀送達於被告（即善意占有人）之日起，視為惡意占有人。

第二節　占有之取得

第一項　直接占有之取得

第一款　直接占有之原始取得

所謂直接占有之原始取得，係指不基於他人既存的占有，而取得對於物的事實上的管領力。至於其取得占有的事由，得為事實行為，例如獵獸網魚等無主物之先占，遺失物、漂流物、沉沒品等之拾得是；亦得為侵權行為，例如強奪或偷竊他人錢包、霸占他人房屋是。直接占有之原始取得，

並不以取得人親自為之為限，其以占有輔助人或占有機關（即受僱人、學徒、家屬或基於其他類似關係受他人之指示對於物有管領力之人）為其占有，亦無不可，例如僱人掘寶，受僱人所掘得之珠寶，係由僱用人原始取得其占有是。又直接占有之方法，亦不限於身體之直接接觸，將物置於其控制力之範圍內即可。例如占有房屋，並不須親自居住，加鎖貼封，而不使他人擅自出入；將物置於家宅或保存於倉庫，均不失為占有。

由於占有係一種事實狀態，直接占有之原始取得，純出於事實行為，而非法律行為，故行為人（取得人）無須有行為能力。惟直接占有之原始取得，行為人（取得人）仍須有取得占有的一般意思，並具有行使管領力之意思能力為要件，此項意思能力為自然的意思能力，而非法律行為能力，故限制行為能力人或無行為能力人事實上有行使管領力的意思能力時，亦得原始取得直接占有，例如未滿七歲的兒童，亦得因拾得他人遺失的錢包，或偷竊他人的電動玩具，而原始取得其直接占有是。某清麗佳人，睡臥於公園草坪，愛慕者放置玫瑰花於其身上，須俟其睡醒後決定保有，始取得玫瑰花的占有❽；甲將其所竊得之手錶，偷置於乙之手提袋內，須俟乙發現該手錶後決定保有，始取得手錶的占有。又因占有純係一種事實狀態，與取得占有後，是否能因而取得該物之所有權，乃各別之問題，有於取得占有後即取得其所有權者，例如無主物之先占是，有於取得占有後不能即取得其所有權者，例如因偷竊而得之盜贓物是，其不能取得所有權者，即成為無權占有。

第二款　直接占有之繼受取得

所謂直接占有之繼受取得，係指基於他人既存的占有，而取得對於物的事實上的管領力。占有為事實並非權利，是否具有移轉性，得否因繼受而取得，固不無爭議，然因占有雖非權利，但不失為一種受法律保護之對物的事實支配關係，此種事實支配關係，並非不可由甲移乙，故占有之移轉性，已為學者所公認，我民法第九四六條已設有「占有移轉」之規定，

---

❽　參閱王澤鑑，《物權》，第五五二頁。

則占有之具有移轉性已無疑義，因之占有可因繼受而取得也。茲就有關問題，分述如下：

第一、繼受取得之原因

　　直接占有之繼受取得，其主要原因有二，即占有之移轉與占有之繼承。前者係依當事人之行為而取得占有，後者係依法定事實而取得占有，茲分述如下：

一、占有之移轉

　　所謂占有之移轉，係指占有人以法律行為將其占有物交付他人，該他人因而取得其占有，又稱為占有之讓與。民法第九四六條規定：「占有之移轉，因占有物之交付，而生效力。前項移轉，準用第七百六十一條之規定。」可知占有之移轉，須具下列要件：

㈠須有移轉占有之意思表示

　　占有之移轉係法律行為，故直接占有之移轉，必須有意思表示之存在，因而僅占有物脫離甲之管領範圍，入於乙之管領範圍，而非由於當事人之意思者，即不能謂為直接占有之移轉❾。移轉占有之意思表示，通常多為契約而伴有他種法律關係，即每與所有權之移轉或其他得為占有之權利（例如典權、地上權、質權等）之設定，同時為之，但亦有為單獨行為而未伴有他種法律關係，單純移轉直接占有者，例如無權占有人自動將其占有物返還於所有人是。無論其為契約或單獨行為，均應適用法律行為的一般規定，其當事人以具備行為能力為必要。

㈡須有占有物之交付

　　占有之移轉，除當事人之意思表示外，尚須交付占有物，始生效力。惟此處所稱交付，不以現實交付為限，觀念的交付即民法第七六一條所規定之簡易交付、占有改定與指示交付，均包括在內。又占有之移轉，不論占有物之為動產，抑為不動產，依民法第九四六條規定均以交付為生效要件，從而占有物縱為不動產，其占有之移轉，亦僅交付足矣，而不必辦理

---

❾　參閱鄭玉波，《物權》，第三八○頁。

占有移轉之登記。

　　如上所述，此處所稱交付，不以現實交付為限，觀念的交付亦包括在內。從而系爭房屋於兩造訂立買賣契約之前，既由被上訴人本於租賃關係而占有，則依民法第九四六條準用同法第七六一條第一項但書之規定，被上訴人就系爭房屋自買賣契約成立之日起，即已接受上訴人之交付，依民法第三七三條該屋之利益，由此當然歸屬被上訴人，原有租賃關係當然因而消滅，上訴人猶謂原有租賃關係並未消滅，基於出租人地位請求被上訴人支付租金，顯非正當（四十六臺上六十四）。又系爭房屋上訴人於買受後，出租於原出賣人居住者，依民法第九四六條第二項準用第七六一條第二項之規定，既已取得間接占有以代占有，即應以租賃契約成立之日期，為系爭房屋移轉占有之日期（四十八臺上六一一）。另民法第三四八條所謂交付其物於買受人，即移轉其物之占有於買受人之謂。占有之移轉，依民法第九四六條第二項準用第七六一條之規定，如買賣標的物由第三人占有時，出賣人得以對於第三人之返還請求權，讓與於買受人以代交付。故除有出賣人之交付義務在第三人返還前仍不消滅之特約外，出賣人讓與其返還請求權於買受人時，其交付義務即為已經履行，買受人不得以未受第三人返還，為拒絕支付價金之理由（三十二上五四五五）。

二、占有之繼承

　　占有為一種事實，並非權利，關於占有可否因繼承之關係，由被繼承人移轉於繼承人，我民法雖無直接明文規定，惟因占有在法律上有一定之利益，就某些情形而言，與財產上之權利無異，又不具專屬性質，且就民法第九四七條有「占有之繼承人」一語觀之，自應為肯定之解釋，即占有得為繼承。占有之繼承，以被繼承人死亡開始時占有某物為要件。依繼承而取得占有，係由於法之所定，因而於繼承開始時，繼承人當然承受被繼承人之地位，取得繼承標的物之占有，不以知悉繼承事實之發生為必要，亦無須事實上已管領其物或另有移轉之行為，更無須為繼承之意思表示。又繼承人所取得之占有，既係由於繼承而來，則其占有之種類、態樣、瑕疵等，悉依被繼承人死亡時的占有狀態，移轉於繼承人，均與被繼承人之

占有相同，自不待言。

第二、繼受取得之效力

民法第九四七條規定：「占有之繼承人或受讓人，得就自己之占有，或將自己之占有與其前占有人之占有合併，而為主張。合併前占有人之占有而為主張者，並應承繼其瑕疵。」故占有之繼受取得人（繼承人或受讓人）對於前占有人之占有，非必須繼受，而係有選擇繼受與否之權，得僅主張自己之占有，亦得並主張自己之占有與其前占有人之占有。茲分占有之合併與占有之分離，說明如下：

一、占有之合併

所謂占有之合併，係指繼承人或受讓人（合稱繼受人）將自己的占有與其前占有人的占有合併而為主張，其主要實益在於時效取得。得主張占有之合併者，僅限於占有之合法的繼受人（繼承人或受讓人），至於所謂前占有人之占有，不限於直接前占有人，前占有人之前占有人之占有係繼受取得者，皆得合併而為主張，但以相互間有前後連續為必要。最高法院五十三年臺上字第二一四九號判例謂：「占有乃對於物有事實上管領力之一種狀態，占有人主張時效上之利益，必其占有並未間斷，始得就占有開始之日起連續計算，故後占有人以前占有人之占有時間合併計算者，亦必後占有人為前占有人之合法繼承人時（包括一般繼承與特定繼承），始得為之。」可供參考。

其次，合併前占有人之占有而為主張者，並應承繼其瑕疵，因而前占有人之占有，如有惡意、隱秘、強暴占有等瑕疵者，均應一律承繼之。繼受人主張占有之合併後，發現前占有人的占有具有瑕疵，為避免遭受不利益，得予撤回而主張占有之分離❿，或撤回某前占有人之占有合併，而就其餘前占有人之占有為合併之主張是。

二、占有之分離

所謂占有之分離，係指占有之繼受人得將自己之占有與前占有人之占

---

❿ 參閱史尚寬，《物權》，第五〇一頁；謝在全，《物權（下）》，第五一六頁。

有分離，而僅就自己之占有而為主張。占有人如僅就自己之占有而為主張，自無須承繼其前占有人占有之瑕疵，得以保護現占有人。

第二項　間接占有之取得

第一、間接占有之創設取得

所謂間接占有之創設取得，係指就既存之占有再創設間接占有而取得之。此種間接占有之創設方法，主要有三，分述如下：

一、直接占有人為自己創設間接占有

直接占有人得將其直接占有讓與他人，而為自己創設間接占有。例如甲出租房屋予乙，將房屋交付於乙占有；丙以汽車為丁設定質權，將汽車交付於丁占有，甲或丙均係將其對物之直接占有，讓與乙或丁，而為自己創設間接占有是。

二、直接占有人為他人創設間接占有

直接占有人可為他人創設間接占有，此種創設，多依占有改定（民法第七六一條第二項）之方式為之。例如甲出賣房屋予乙，並與乙就該房屋訂立租賃契約，由甲繼續占有該房屋，使出賣人甲自己成為直接占有人，買受人乙成為間接占有人是。

三、非占有人為自己取得直接占有同時為他人創設間接占有

此尚可分兩種情形：①某人原非占有人，他人亦非占有人，但因某人取得直接占有，而他人即同時取得間接占有，例如甲為乙之監護人，甲以監護人之資格受領物之交付，則監護人甲自己成為直接占有人，同時受監護人乙即成為間接占有人是。②某人原非占有人，他人原為直接占有人，但因某種關係，某人取得直接占有，同時他人即成為間接占有人，例如出租人留置承租人之物而占有時(民法第四四七條)，則出租人取得直接占有，同時承租人即變為間接占有是也。

第二、間接占有之移轉取得

所謂間接占有之移轉取得，係指就他人既存之間接占有，不變更其原狀而取得之。此種間接占有之取得，依其原因之不同，可分為讓與及繼承兩者，分述如下：

一、間接占有的讓與

間接占有人得將其間接占有讓與於他人，此種讓與係依指示交付（返還請求權的讓與，民法第七六一條第三項）之方式為之。例如甲將房屋出租於乙，嗣出租人甲（間接占有人）將該房屋之所有權轉讓於丙時，得以其對於承租人乙（直接占有人）的返還請求權讓與丙，使丙繼受取得間接占有是。此項返還請求權的讓與，無須通知原直接占有人。

二、間接占有的繼承

占有具有繼承性，前已論及，間接占有係一種占有，自得為繼承的客體。繼承之占有具有瑕疵時，繼承人並應承繼其瑕疵。

第三節　占有之效力

第一項　權利之推定

民法第九四三條第一項規定：「占有人於占有物上，行使之權利，推定其適法有此權利。」此為占有權利的推定或占有權利的推定力，例如甲於其所占有的汽車上，行使所有權，即推定其就該汽車適法有所有權；乙於其所占有的房屋上，行使租賃權，即推定其就該房屋適法有租賃權是。此乃因占有人於占有物上，既有占有之事實，則所行使之權利，應推定其為適法有此權利，較適合社會生活之常態，為維持社會現狀，確保交易安全所必要者。茲就有關問題，分述如下：

第一、推定之範圍

　　占有權利的推定須以占有某物為要件,占有人於占有物上行使之權利,只要該權利之內容,係對於標的物得為占有,以占有標的物為內容,而為占有人所行使者,無論其為物權（例如所有權、典權、地上權、永佃權、農育權、不動產役權、質權、留置權),抑或為債權（例如租賃權、使用權),均在推定範圍之內。至於民法第九四三條第一項所謂占有人於占有物行使之權利,推定其適法有此權利者,其所指之權利,究為何種權利,應依占有人行使權利當時之意思定之,並非專指所有權而言（七十三臺上二九八四判決)。例如占有人於占有標的物上行使所有權時,即推定其有所有權;行使質權時,即推定其有質權;行使租賃權時,即推定其有租賃權是。惟不以占有為內容之權利,則不在推定之範圍,例如不動產抵押權,因其不以占有標的物為要件,自非本條推定權利之範圍。由於民法第九四四條規定,占有人推定為以所有之意思占有,故占有人原則上皆被推定為所有人。又此項占有權利的推定,不限於直接占有,間接占有亦包括在內,且不問占有人取得占有是否正當,或其占有是否有瑕疵存在,均在推定之範圍。例如竊盜就所竊得之盜贓物,行使所有權時,亦推定為有所有權是。輔助占有人（占有輔助人）為其主人管領某物而行使權利時,推定其占有主人適法有此權利。

　　其次,不僅現占有人,過去之占有人,就其於占有期間內所為之占有,亦受本條之推定。此外,民法第九四三條第一項就占有物並未限定僅適用於動產,則不動產自亦得適用,不過在不動產,因以登記為權利之徵象,土地法第四十三條規定:「依本法所為之登記,有絕對效力。」實務上認為所謂有絕對效力,係指將登記事項賦予絕對真實之公信力 ❶,登記亦具有

---

❶　最高法院四十一年臺上字第三二三號判例:「土地法第四十三條所謂登記有絕對效力,係為保護第三人起見,將登記事項賦與絕對真實之公信力,故真正權利人祇許在未有第三人取得權利前,以登記原因無效或得撤銷為塗銷登記之請求,若至已有第三人本於現存之登記而為取得權利之新登記以後,則除得依土地法第六

推定力，占有與登記名義發生牴觸時，應以登記的內容為準（民法第七五九條之一），從而隨登記制度之發達及普遍，此種權利推定之效力，在不動產之適用上，不免大減，甚至全無。

第二、推定之效力

一、舉證責任之轉換

占有人於占有物上，行使之權利，推定其適法有此權利（民法第九四三條第一項），從而受推定權利之占有人，於占有物行使權利時，即無須證明其自己為權利人，免卻舉證責任。如有他人主張占有人係無權利人，而發生爭執時，占有人得逕行援用此項推定以對抗之。最高法院二十九年上字第三七八號判例謂：「確認土地所有權存在之訴，原告就所有權存在之事實，固有舉證之責任。惟原告如為占有該土地而行使所有權之人，應依民法第九百四十三條推定其適法有所有權者，依民事訴訟法第二百八十一條之規定，除被告有反證外，原告即無庸舉證。」可供參考。

由於受推定權利之占有人，於占有物行使權利時，無須證明自己為權利人，因此若有他人主張占有人係無權利人，而就該標的物上之權利，有所爭執時，自須提出取得權源之證據，即告爭人負有舉證之責任，如不能提出確切可信之憑證以證明其有權利，則無論占有人能否舉證證明自己有權利，或所舉證據有無瑕疵，均應認告爭人之主張為不成立，而保護占有人之利益（十七上四一九、二十一上九六二判決）。惟如該他人已舉出占有人無權利之反證，占有人為反證，仍須舉證，自不待言。從而占有人以占有之事實，而主張占有物之所有權者，必爭執此所有權之人無相反之證明，或其所提出之反證無可憑信，始依民法第九四三條規定，生推定之效力（三十九臺上一二七）。

如上所述，欲推翻占有權利之推定，就該標的物上之權利有所爭執之人，須提出相反之證明。惟為避免占有人濫於主張推定的效力，對於真實

十八條規定請求損害賠償外，不得更為塗銷登記之請求，因之真正權利人對於第三人依此取得之不動產，訴請返還，自無法律上之根據。」

之權利人造成相當之損害，此項反證，不應過於嚴格，否則將使「推定」變成「視為」。此項反證，只須依據所有調查結果與全辯論意旨，足以生推翻推定的心證即為已足；或如能以反證證明有某種受推定之權利狀態完全不相容的權利狀態存在時，亦足推翻該項推定 **⓬**。

二、利於或不利於占有人的推定

占有人之權利一旦被推定，法院即應依職權適用之。又民法第九四三條第一項規定占有權利的推定，並非僅為占有人之利益而設（德民第一〇〇六條第一項明定為占有人之利益，始得推定），對其不利益亦有適用之餘地。例如甲占有未登記的 A 建築物，依民法第九四四條規定，占有人推定為以所有之意思占有，故占有人甲原則上被推定為 A 建築物之所有人，乙因 A 建築物倒塌而受重傷時，甲應依民法第一九一條規定，對被害人乙負損害賠償責任是 **⓭**。

三、第三人亦可以援用權利推定之效力

權利推定之效力，不獨占有人自己可以援用，第三人亦可以援用。例如債權人對於債務人所占有之物，得援用「推定為債務人所有」之效力，主張其為債務人所有，而聲請法院查封之。又如甲因過失而毀損乙所占有之物，於甲向占有人乙為損害賠償時，得援用推定占有人乙為所有人之效力，主張其為占有人所有，而發生清償的效果 **⓮**。

第三、權利推定之限制

一、物的限制及人的限制

民法第九四三條第一項就占有物未限定其種類，則動產與不動產，應均有該條項之適用。惟民法第九四三條第二項規定：「前項推定，於下列情形不適用之：一、占有已登記之不動產而行使物權。二、行使所有權以外之權利者，對使其占有之人。」茲依此規定，就權利推定之物的限制及人的

⓬ 參閱王澤鑑，《物權》，第五七一頁；謝在全，《物權（下）》，第五二五頁。

⓭ 參閱王澤鑑，《物權》，第五六八頁。

⓮ 參閱王澤鑑，《物權》，第五六九頁；謝在全，《物權（下）》，第五二四頁。

限制，分述如下：

(一)已登記之不動產

　　民法第九四三條第一項就占有物未限定其種類，則動產與不動產，應均有本條項權利推定之適用。惟占有已登記之不動產而行使物權者，不受適法有此權利之推定，此為權利推定之物的限制。蓋因民法就不動產係以登記為物權之表徵（民法第七五八條，土地法第四十三條），不動產物權經登記者，推定登記權利人適法有此權利，因信賴不動產登記之善意第三人，已依法律行為為物權變動之登記者，其變動之效力，不因原登記物權之不實而受影響（民法第七五九條之一）。對於已登記之不動產物權，其交易相對人所應信賴者，乃地政機關之登記，自不能依憑不動產之現時占有狀態而為權利之推定，故占有已登記之不動產而行使物權者，不受適法有此權利之推定。例如不動產所有權已經登記者，占有該不動產而行使所有權者，即不受適法有所有權之推定是。職是之故，占有人於占有之不動產上行使權利，而受適法有此權利之推定者，僅以在未登記之不動產上行使所有權或以不動產為標的物之債權，始有適用之餘地。

(二)人之限制

　　占有人依民法第九四三條第一項規定，於占有物上行使權利，僅須證明其為占有人，即受本條項權利之推定，就其占有物上行使之權利，不負舉證責任。惟於根據債權（如租賃或借貸）或限制物權（如動產質權）等所有權以外之權利而占有他人之物者，在占有人與使其占有人間，如逕依民法第九四三條第一項規定而為權利適法之推定，其結果殊欠合理。例如甲將物交付乙占有，嗣甲以所有物返還請求權請求乙返還，乙認為其間有租賃關係存在，主張因租賃權而占有。依訴訟法上舉證責任分配之法則，乙對有權占有之事實負舉證責任，惟如依第九四三條第一項規定即得主張有租賃權而無庸另負舉證之責，顯與訴訟法上舉證責任分配之法則有違，且有欠公平。故此次（民國九十九年）修正民法物權編，乃增訂民法第九四三條第二項第二款，明定於占有人行使所有權以外之權利時，占有人不得對使其占有之人主張前項推定之效果，俾符公平，此為權利推定之人的限制。

占有人根據債權（如租賃或借貸）或用益物權（如地上權、典權）等所有權以外之權利，而占有他人之物者，在占有人與第三人間，得逕依民法第九四三條第一項規定而為權利適法的推定；在占有人與使其占有之人之間，即受移轉而取得占有之後占有人，對於為移轉之前占有人，則不得主張民法第九四三條第一項權利之推定。例如甲將 A 房屋交付乙占有，嗣甲對乙行使所有物返還請求權，請求乙返還 A 房屋，主張對 A 房屋有租賃權存在之乙，不得援用民法第九四三條第一項而為存有租賃權之推定❶❺。又自所有人取得權利之占有人，就該權利與所有人有所爭執時，亦不得援用民法第九四三條第一項之推定。例如甲將其動產設定質權於乙，甲乙間就該質權存否之爭執，乙不得援用民法第九四三條第一項權利之推定❶❻。

二、不得作為行使權利之積極證明

占有人能否援用本條權利推定之規定，作為其行使權利或具有權利之積極證明，例如甲占有未經登記之 A 房屋，能否僅依該占有之事實，作為其就 A 房屋具有所有權之積極證明，請求將 A 房屋登記為其所有，不無問題。學者通說採否定見解，蓋民法第九四三條第一項並非使占有人因占有而取得權利之規定，只不過為維持社會現狀及確保交易安全，免除占有人關於本權或占有取得原因之舉證責任而已，占有權利推定的效力，屬於消極性，占有人如僅依據占有之事實而積極的主張權利，顯然已超出法律保護占有本意，且如認為占有人得依據民法第九四三條第一項規定，作為其行使權利或具有權利之積極證明，將使因時效而取得所有權及其他財產權之規定（民法第七六八條至第七七〇條、第七七二條）等於虛設❶❼。最高法院八十六年臺上字第七三四號判決謂：「民法第九百四十三條規定『占有人於占有物上，行使之權利，推定其適法有此權利』，乃基於占有之本權表

---

❶❺　參閱王澤鑑，《物權》，第五七〇頁；謝在全，《物權（下）》，第五二五頁；謝哲勝，《物權》，第四六七至四六八頁。

❶❻　參閱謝在全，《物權（下）》，第五二五頁。

❶❼　參閱姚瑞光，《物權》，第四〇一至四〇二頁；鄭玉波，《物權》，第三八六頁；王澤鑑，《物權》，第五七一頁；謝在全，《物權（下）》，第五二六頁。

彰機能而生，並非具有使占有人取得權利之作用，該規定之旨趣在於免除占有人關於本權或占有取得原因之舉證責任，並非使占有人因而取得本權或其他權利。且係指占有人就其所行使之權利，推定為適法，惟究係行使何項權利而占有，則非法律所推定。」可供參考。

第二項　動產物權之善意取得

第一款　善意取得之意義

所謂善意取得，係指以動產物權之移轉或設定為目的，而善意受讓動產之交付（占有）者，除法律另有規定外，縱為移轉或設定之人無移轉或設定之權利，受移轉或設定之人仍取得其權利之制度，亦稱善意受讓或即時取得。此制度植基於信賴保護之權利外觀原則（權利外觀理論），其目的在於加強占有之公信力，以確保交易之安全。蓋因動產物權係以占有為公示方法，無處分權人占有動產，表現出其具有處分動產物權之外觀，受動產物權移轉或設定之人信賴此項權利外觀，而為交易行為，基於交易安全之維護，法律遂予以保護[18]。

第二款　善意取得之要件

民法第九四八條第一項規定：「以動產所有權，或其他物權之移轉或設定為目的，而善意受讓該動產之占有者，縱其讓與人無讓與之權利，其占有仍受法律之保護。但受讓人明知或因重大過失而不知讓與人無讓與之權利者，不在此限。」茲依此規定，析述善意取得之要件如下：

第一、須受讓動產之占有

因善意取得而取得權利，乃占有之效力，故受讓動產的占有，係善意

---

[18] 參閱謝在全，《物權（上）》，第四一三頁以下；謝在全，《物權（下）》，第五三三頁以下；王澤鑑，《物權》，第五七二頁以下；蘇永欽，〈動產善意取得若干問題〉，《民法經濟法論文集㈠》，自版，七十七年十月初版，第一六七頁以下。

取得的基礎，而為其基本要件之一，受讓人必須有占有之事實，始受此制度之保護。若僅與讓與人訂立債權契約，尚未受讓其標的物之占有者，則不在此限，且占有物須為動產，不動產不在此限。從而善意取得，讓與人及受讓人除須有移轉占有之合意外，讓與人並應將動產交付於受讓人。至於所謂交付，除現實交付外，民法第七六一條第一項但書規定之簡易交付及第三項規定之指示交付，均得生善意取得之效力，且讓與人均立即喪失占有。惟如依民法第七六一條第二項之占有改定交付者，因受讓人使讓與人仍繼續占有動產，此與原權利人信賴讓與人而使之占有動產完全相同，實難謂受讓人之利益有較諸原權利人者更應保護之理由，不宜使之立即發生善意取得效力，以保障當事人權益及維護交易安全。故民法第九四八條第二項規定：「動產占有之受讓，係依第七百六十一條第二項規定為之者，以受讓人受現實交付且交付時善意為限，始受前項規定之保護。」

　　又依法律規定，物權之變動須辦理登記始能對抗第三人之動產，且已辦理登記者，例如船舶（海商法第九條）、航空器（民用航空法第二○條）、動產擔保交易法為擔保之動產（第五條）或信託法上信託之動產（信託法第四條）是，不能任憑占有而賦予公信力，故無適用善意取得制度之餘地。最高法院九十四年臺上字第一三九三號判決謂：「又動產抵押契約倘依法登記後，依該法第五條之規定（現行法第五條第一項——筆者附註），具有對抗善意第三人之效力，第三人縱善意受讓抵押物，抵押權人亦得追及抵押物之所在而取回占有抵押物。貫勤公司向上訴人借款，以系爭機器為擔保，並為動產抵押登記，為原審確定之事實，倘屬無訛，則被上訴人向侵占系爭機器之南泰行公司買受系爭機器時，縱屬善意，是否仍受善意受讓之保護？上訴人是否不得請求被上訴人交付系爭機器，即非無研求之餘地，原審未遑詳查究明，遽以上開情詞，為上訴人不利之判決，自嫌速斷。上訴論旨，指摘原判決為不當，求予廢棄，為有理由。」可供參考。此外，無記名以外之有價證券，其轉讓除交付外，有尚須經背書者，例如記名票據是，有尚須辦理過戶手續者，例如記名公司債票、公司股票是，並非僅依交付而轉讓，亦不得適用此規定。

第二、須善意受讓

動產之占有，須由受讓而來，且限於因交易行為而受讓，蓋因善意取得制度，其目的端在保護交易之安全。從而拾得動產而取得其占有者，祇能適用遺失物拾得之規定，取得其所有權（民法第八〇七條），而不適用此之規定。又如基於無主物之先占（民法第八〇二條）及繼承，而取得動產之占有者，亦不適用善意取得之規定。又動產物權之善意取得，須基於移轉或設定動產物權之合致意思，而依有效之法律行為，由讓與人將動產交付善意之受讓人始可，最高法院八十七年臺上字第一八六九號判決謂：「動產之善意取得，係指基於移轉動產所有權之合致意思，而依有效之法律行為，由讓與人將動產交付善意之受讓人，縱讓與人實際並無移轉所有權之權利，該善意受讓人仍取得其所有權之謂。倘雙方非本於有效之法律行為或受讓人非屬善意，應無民法第八百零一條、第九百四十八條所定善意取得（受讓）之適用。」可供參考。

此處所謂「受讓」，係指依法律行為而受讓之意，受讓人與讓與人間以有物權變動之合意與標的物之交付之物權行為存在為已足，至受讓動產占有之原因，舉凡有交易行為存在，不問其為買賣、互易、贈與、出資、特定物之遺贈、因清償而為給付或其他以物權之移轉或設定為目的之法律行為，均無不可（八十六臺上六〇二判決、八十六臺上一二一判決）。惟關於善意取得是否須以原因行為（如買賣、贈與、互易）之有效存在為要件，我國學者見解不一，有採肯定說，認為善意取得須以原因行為之有效存在為要件[19]；有採否定說，認為善意取得不以原因行為之有效存在為要件[20]，應以否定說之見解為是，蓋依民法第八〇一條、第八八六條之文義觀之，動產所有權或質權之善意取得，並未以原因行為之有效存在為要件。善意

[19]　參閱史尚寬，《物權》，第五〇六頁；姚瑞光，《物權》，第一〇一頁；鄭玉波，《物權》，第三八九頁。

[20]　參閱謝在全，《物權（上）》，第四二一頁；王澤鑑，《物權》，第五八四頁以下；王澤鑑，《債法原理㈡不當得利》，自版，二〇〇二年三月增訂版，第一八七頁以下。

取得雖不以原因行為之有效存在為要件，惟受讓人善意取得動產物權之原因行為（給付原因）不存在（不成立、無效或被撤銷）者，構成無法律上之原因而受利益，應負不當得利返還義務，當無疑義。其次，受讓占有，其占有之移轉方法，不限於現實的交付，即觀念的交付（簡易交付、占有改定、指示交付），亦無不可，惟依民法第七六一條第二項規定以占有改定方式為之者，以受讓人受現實交付且交付時善意為限，始受前項規定之保護（民法第九四八條第二項）。至於受讓之原因如為設定質權時，則不得依占有改定之方法為之，蓋質權人不得使出質人代自己占有質物（民法第八八五條第二項）。

受讓占有須出於善意，若出於惡意，則不受此制度之保護。此項要件乃就受讓人論之，與讓與人是否善意無關，且只須在受讓時為善意即已足。所謂善意，係指受讓人於受讓時不知讓與人無讓與之權利之謂。受讓人於受讓時明知讓與人無讓與之權利者，固為惡意，依客觀情勢，在交易經驗上，一般人皆可認定讓與人無讓與之權利者，而仍受讓者，亦應認為惡意（八十一臺上二九三七判決）**[21]**。又受讓人不知讓與人無讓與之權利，係因重大過失所致者，因其本身具有疏失，自亦應排除於保護範圍之外，以維護原所有權靜的安全**[22]**。

第三、須讓與人無讓與之權利

此為讓與人方面所應有之要件，必須讓與人無讓與之權利，始得適用此一規定。所謂無讓與之權利，係指讓與人無所有權或無處分權，欠缺得就該動產物權為有效處分行為之權能（處分權）而言，若為無代理權，則應適用無權代理之規定（民法第一七〇條）。又善意取得制度之保護範圍，以對於處分權存在的信賴為限，讓與人之行為能力有欠缺，或讓與人之意

---

[21] 參閱史尚寬，《物權》，第五一〇頁；謝在全，《物權（上）》，第四二二頁；王澤鑑，《物權》，第五九四頁。

[22] 由於原民法第九四八條並未以善意而無過失為要件，因而關於善意是否尚須以無過失為必要，學者間有不同見解，參閱王澤鑑，《物權》，第五九三至五九四頁。

思表示有不一致（如真意保留、錯誤、誤傳）或不自由（如被詐欺或脅迫）等情形，縱屬受讓人不知（善意），而對行為能力之存在或意思表示之健全，有所信賴，並不受保護，仍應適用各該有關之規定，無適用或類推適用善意取得規定之餘地。

其次，動產物權的善意取得，係以讓與人之「占有」及受讓人的「善意」為基本構成要件，因而讓與人除須具備上述無處分權之要件外，尚必須曾有占有該標的物之事實而後可。蓋因民法第九四八條第一項所謂「其占有仍受法律之保護」，在於肯定並維持占有之公信力，以占有表徵讓與人的處分權，作為受讓人信賴的保護，以謀交易之安全❷❸。所謂肯定並維持占有之公信力，並非肯定並維持受讓人之占有之公信力，乃在肯定並維持讓與人之占有之公信力。最高法院九十二年臺上字第一二一八號判決謂：「讓與動產物權，而讓與人仍繼續占有動產者，讓與人與受讓人間，得訂立契約，使受讓人因此取得間接占有，以代交付。又以動產所有權或其他物權之移轉或設定為目的，而善意受讓該動產之占有者，縱其讓與人無讓與之權利，其占有仍受法律之保護，民法第七百六十一條第二項、第九百四十八條定有明文。動產所有人雖不得專以他人無權讓與為理由，對於依民法第七百六十一條規定取得動產占有之善意受讓人請求回復其物，惟此係以該動產原即由無權讓與人占有為前提，否則，自無上開民法規定之適用。」可供參考。又讓與人不僅須曾經占有，且其占有之取得，須由於喪失占有之真正權利人之意思者，即須非由於竊盜、搶奪、強盜或拾得等，始得適用此制度，例如真正權利人因租賃、使用借貸或寄託等關係，將其動產交付於讓與人，而讓與人竟以之轉讓於第三人（現占有人），該第三人始得主張善意取得是❷❹。

第四、須以動產物權之移轉或設定為目的

讓與人與受讓人間讓與動產占有之目的，須在於移轉或設定動產物權，

---

❷❸　參閱王澤鑑，《物權》，第五八二頁。

❷❹　參閱鄭玉波，《物權》，第三九一頁。

民法第九四八條第一項以「動產所有權」為例示，而以「其他物權」一語概括其餘。民法上之動產物權，有動產所有權、質權及留置權三者，關於所有權及質權之善意取得，民法第八〇一條及第八八六條設有規定，關於留置權之善意取得，則未設明文規定，而留置權之標的物，我民法第九二八條原規定以屬於「債務人所有之動產」為限，且留置權為法定擔保物權，因而乃發生留置權能否適用善意取得規定之疑義。關於此項問題，有採肯定說[25]，有採否定說[26]，為貫徹占有之公信力及保護交易安全，本書贊成肯定說[27]。關於留置權之標的物，我民法第九二八條已將原規定占有「屬於其債務人之動產」，修正為占有「他人之動產」，故不以屬於債務人之動產為限，債務人以外之第三人所有之動產亦可，換言之，只要係他人之物，不論係債務人所有，抑第三人所有，皆得成立留置權。惟屬於債務人以外之第三人所有之動產，若債權人於其占有之始明知或因重大過失而不知該動產非為債務人所有者，則不能取得留置權（民法第九二八條第二項後段）。故民法第九四八條所稱「其他物權」，包括留置權之成立及移轉在內，應無疑義。

第三款　善意取得規定之適用或類推適用

民法有關善意取得之規定，對於民法以外其他法律所規定之動產物權，例如動產擔保交易法所規定之動產抵押、附條件買賣及信託占有是，能否適用或類推適用之，亦不無問題。由於民法第九四八條第一項所稱「其他物權」一語，係概括規定，為貫徹占有之公信力及保護交易安全，自無將其他法律所規定之動產物權除外之理，故本書贊成肯定說[28]。惟動產擔保

---

[25] 參閱史尚寬，《物權》，第四四七頁、第五一四頁；鄭玉波，《物權》，第三四七頁、第三九二頁；王澤鑑，《物權(二)》，第三一三頁。

[26] 參閱姚瑞光，《物權》，第三六四頁；謝在全，《物權（下）》，第五三二頁。

[27] 參閱劉春堂，《動產擔保交易法》，自版，八十八年八月增訂版第一刷，第一五一至一五二頁、第二四二至二四三頁。

[28] 參閱劉春堂，前揭[27]書，第五十六頁以下、第一一七頁以下、第二〇三至二〇四頁。

交易法第十五條規定：「稱動產抵押者，謂抵押權人對債務人或第三人不移轉占有而就供擔保債權之動產設定動產抵押權，於債務人不履行契約時，抵押權人得占有抵押物，並得出賣，就其賣得價金優先於其他債權而受清償之交易。」由是可知，動產抵押權之成立及存續，不以債權人（抵押權人）占有標的物（抵押物）為要件，無須移轉標的物之占有於債權人。關於此項不占有標的物之動產抵押權，動產擔保交易法未設有善意取得之規定，可否適用或類推適用民法有關動產所有權或質權之善意取得規定，不無問題，有肯定說與否定說之爭❷，分述如下：

第一、肯定說

此說認為我國民法上動產物權之變動，係以占有為其徵象及公示方法（民法第七六一條參照），故占有標的物者，即為所有人，信賴此項徵象，從事法律行為者，縱該徵象所表示之權利與實質權利不符，亦應加以保護。關於動產抵押權之善意取得，動產擔保交易法雖未設明文規定，依該法第三條規定：「本法未規定者，適用民法規定。」可否適用民法關於動產質權善意取得之規定（民法第八八六條、第九四八條），值得研究。蓋質權之善意取得係以質權人受讓占有標的物為要件，在動產抵押，權利之發生既無須交付標的物，無受讓占有事實，且動產抵押係以登記為對抗要件，而動產質權不必登記，因此能否適用質權之規定，承認動產抵押權之善意取得，誠不無疑義。由於動產擔保交易法所創設之動產抵押，其基本結構與民法上之質權，既未盡相同，則在適用民法規定時，在方法論上，即不能純作形式上之觀察，而應探討法律規定之基本精神及利益衡量之標準，以決定應否適用民法規定之法理，承認動產抵押權之善意取得。在動產抵押，善意第三人所信賴者，係無權處分人占有標的物之事實，此為善意取得之基礎，依法理言之，動產抵押權之成立法律既明定不以受讓占有標的物為必

---

❷　參閱司法院第一廳編輯，《民事法律問題研究彙編──民事特別法》，司法週刊雜誌社，七十七年五月，第三九九頁以下；蘇永欽，前揭❸文，第一九〇頁以下；劉春堂，前揭❷書，第五十七頁以下。

要，則在決定善意取得能否成立，即不應以受讓占有標的物為要件，如此
解釋適用法律，始能保護善意抵押權人之利益，維護交易安全❸。

第二、否定說

此說認為民法有關善意取得之規定，均以權利人受讓占有動產而受關
於占有規定之保護為要件，此觀諸民法第八○一條、第八八六條、第九四
八條規定自明，而動產抵押則係不以移轉占有為特徵，依動產擔保交易法
第五條規定，動產擔保交易應以書面訂立契約，非經登記不得對抗善意第
三人，正因為不移轉占有，故法律創設以登記為對抗力，足見動產抵押與
民法質權之要件並不相同，自不能類推適用，此參照海商法創設船舶抵押，
學者即謂不得再適用民法之規定設定動產質權亦可證明。又查動產擔保交
易法施行細則第六條規定，登記時：應具備之證件包括標的物之有所有權
證明文件或使用執照者，其文件或執照並應由債務人出具切結書擔保標的
物具有完整之所有權（此為舊規定，現行規定為第五條），足見設定動產抵
押並非僅以占有動產為表徵，如第三人僅憑債務人之切結而設定動產抵押，
自應依切結書所載向債務人請求損害賠償，而不應類推適用而讓第三人善
意取得動產抵押權❹。

否定說之見解，在法條之文義解釋上固有其立論基礎，惟基於動產之
易於移動特性及物權變動公示方法難以周全之事實上困難，並鑑民法上有
關善意取得規定之立法目的在保護交易安全及維持占有之公信力，對於善
意第三人之信賴無權處分人占有標的物之事實，在適用上自不應因其係民

❸ 參閱王澤鑑，〈動產擔保交易法上登記之對抗力、公信力與善意取得〉，《民法學
說與判例研究第一冊》，自版，一九八○年六月五版，第二七二至二七三頁。另
請參閱黃靜嘉，《動產擔保交易法》，臺灣銀行，五十三年修訂再版，第二十二頁；
蘇永欽，前揭❸文，第一九二頁以下。
❹ 參閱司法院七十四年二月二十五日（七四）廳民一字第一一八號函；司法院第一
廳編，前揭❹書，第四○○至四○一頁。另請參閱鄭玉波，〈各種動產擔保相互
關係之分析〉，《民商法問題研究㈠》，自版，民國六十五年二月初版，第三九四
至三九五頁。

法上之權利抑或係動產擔保交易法上之權利，有所不同，換言之，即就自無權處分人善意取得所有權、質權或抵押權者之地位言之，因其均係信賴無權處分人占有標的物之事實而取得權利，應受保護之利益狀態相同，自應給予同等之善意取得規定保護。又就民法上之質權言之，其成立及存續既以質權人占有質物為要件（民法第八八五條、第八九七條參照），則因善意取得而發生之質權，自亦應以質權人受讓質物之占有為要件，難謂此係善意取得本質上之特別要件，動產抵押權之成立，既不以抵押權人受讓占有為要件，自不應因動產抵押權人未受讓標的物之占有，而否定其得依善意取得之法理而取得抵押權之理。職是之故，以上二說，自以肯定說之見解較為可採。

第四款　善意取得之效力

受讓人具備上述之要件後，依民法第九四八條第一項本文末段規定：「其占有仍受法律之保護。」所謂仍受法律之保護者，即真正權利人喪失其物之回復請求權，不得向善意受讓之占有人，專以他人無權讓與為理由，而請求回復其物（二十二上三三○、四十臺上一六二二），或不得向善意受讓之占有人追回之意。從而以動產所有權之移轉為目的者，依民法第八○一條規定，其受讓人仍取得其所有權；以質權之設定或移轉為目的者，依民法第八八六條規定，其受讓人（質權人）仍取得質權；具備留置權發生之要件或以移轉留置權為目的者，其受讓人（留置權人）仍取得留置權；以抵押權之設定或移轉為目的者，其受讓人（抵押權人）仍取得抵押權是。

依善意取得而取得權利，係由於法律之規定而取得，並非繼受前主之權利，故屬原始取得（但其占有仍屬繼受取得）❸❷。從而其所取得者為所有權時，該動產之原所有權及其他負擔均歸於消滅；其所取得者為質權或

---

❸❷　參閱史尚寬，《物權》，第五一四頁；鄭玉波，《物權》，第九十六頁、第三九三頁。我國學者有認為此項動產物權的取得，並非因占有而生之效力，係基於讓與行為（物權行為），故應屬繼受取得。參閱姚瑞光，《物權》，第一○三頁；王澤鑑，《物權》，第五九七、五九八頁。

留置權等，則該動產之所有權即受此等權利之限制。又善意取得之制度，僅在解決善意受讓人與真正權利人間之物權關係，於受讓人善意受讓動產所有權，係基於無償的原因行者（如贈與，學說上稱之為無償的無權處分），原所有人得類推適用民法第一八三條規定，請求該無償善意受讓人負返還責任❸。至於讓與人與受讓人之關係，或真正權利人與讓與人之關係，不在善意取得規定適用範圍之內，應依其原因行為（例如買賣、贈與）、侵權行為、不當得利或無因管理等之規定，加以解決。

第五款　善意取得之例外

如上所述，善意受讓人具備民法第九四八條規定之要件者，真正權利人喪失其物之回復請求權，不得向善意受讓之占有人，專以他人無權讓與為理由，而請求回復其物，即不得向善意受讓之占有人追回之。惟占有物如為盜贓、遺失物或其他非基於原占有人之意思而喪失其占有之動產，除該盜贓、遺失物或其他非基於原占有人之意思而喪失其占有之動產，為金錢或未記載權利人之有價證券外（民法第九五一條），其原占有人（即盜贓之被害人、遺失物之遺失人或其他非基於其意思之喪失占有人），依民法第九四九條及第九五〇條之規定，得分別情形，無償的或有償的向善意受讓之現占有人請求回復其物，是為善意取得之例外。民法第九四九條第一項規定：「占有物如係盜贓、遺失物或其他非基於原占有人之意思而喪失其占有者，原占有人自喪失占有之時起二年以內，得向善意受讓之現占有人請求回復其物。」此為民法第九四八條動產物權善意取得之例外特別規定，其適用以具備善意取得之要件為前提❹。茲就有關問題，分述如下：

---

❸ 參閱王澤鑑，《物權》，第六〇〇頁以下；劉春堂，〈無權處分與不當得利〉，《輔仁法學》，第二十一期，民國九十年六月，第九十四頁以下。

❹ 最高法院五十年臺上字第一一九四號判例及六十六年臺上字第五二六號判例，曾採不同見解，謂：「盜贓之故買人，依民法第九百四十九條之規定，被害人本得向之請求回復其物」，即認為民法第九四九條之適用，不以具備民法第九四八條規定善意取得要件為前提。惟此二則判例業於民國九十二年二月十八日經最高法院九十二年度第三次民事庭會議決議廢止，並於九十二年三月二十四日由最高法

第一、適用要件及範圍

一、須為盜贓、遺失物或其他非基於原占有人之意思而喪失其 占有之動產

民法第九四九條關於占有物之無償的回復規定，乃專為盜贓、遺失物或其他非基於原占有人之意思而喪失其占有之動產之占有而設❸，若占有物並非盜贓、遺失物或其他非基於原占有人之意思而喪失其占有之動產，則不在該條範圍之內，其能否回復之爭執，仍應適用第九四八條，就占有人之讓受是否善意，以資判斷（四十臺上一六二二）。從而占有具有民法第九四八條所定應受法律保護之要件，而其占有物非盜贓，亦非遺失物或其他非基於原占有人之意思而喪失其占有之動產，所有人不得請求回復其物（二十一上三三〇）。換言之，即占有物若非盜贓，亦非遺失物或其他非基於原占有人之意思而喪失其占有之動產，其占有並具有民法第九四八條所定應受法律保護之要件者，所有人即喪失其物之回復請求權（四十臺上七〇四）。職是之故，系爭魚翅既非盜贓或遺失物，被上訴人又為受讓其物之善意占有人，係具有民法第九四八條所定應受法律保護之要件，則上訴人縱為其物之原所有人，而依同法第九四九條規定之反面解釋，亦已喪失其物之回復請求權，不得向被上訴人請求返還（四十四臺上一〇四二）。

動產一旦成為盜贓、遺失物或其他非基於原占有人之意思而喪失其占有之動產，則恆為盜贓、遺失物或其他非基於原占有人之意思而喪失其占有之動產，縱令曾經輾轉數手，其原占有人仍得請求回復其物。惟占有物為盜贓或遺失物或其他非基於原占有人之意思而喪失其占有之動產，其原

院依據最高法院判例選編及變更實施要點第九點規定以（九二）臺資字第〇〇一五四號公告之。其廢止理由：民法第九四九條係以受讓人之善意為前提要件，為同法第九四八條動產善意取得之例外規定，盜贓之故買人，應無適用之餘地。

❸ 關於動產物權善意取得的例外，我民法第九四九條原僅規定為盜贓或遺失物，此究為列舉或例示規定，不無問題，為保護非依其意思而喪失動產占有之人，宜採例示說。參閱史尚寬，《物權》，第五一七頁；王澤鑑，《物權》，第六〇八頁。

占有人得請求回復其物，係善意取得的例外規定，故關於其為盜贓、遺失物或其他非基於原占有人之意思而喪失其占有之動產，應由原占有人負舉證責任。茲就有關問題，分述如下：

㈠盜贓

所謂盜贓，係指因竊盜、搶奪、強盜等非基於權利人意思之行為，所侵奪他人之物。從而因詐欺、恐嚇、侵占等行為所得之物，則不包括在內，蓋此係基於權利人之意思（縱其意思有不自由）而脫離其占有。最高法院二十二年上字第三三〇號判例謂：「民法第九百四十九條所謂盜贓，係指以竊盜、搶奪、或強盜等行為奪取之物而言，其由詐欺取得之物，不包含在內。」又最高法院四十年臺上字第七〇四號判例謂：「至所謂盜贓，較諸一般贓物之意義為狹，係以竊盜、搶奪、或強盜等行為，奪取之物為限，不包含因侵占所得之物在內。」可供參考。

㈡遺失物

所謂遺失物，非指喪失占有之動產，現非他人占有而未成為無主之物，而係指喪失占有之動產，經人拾得，該拾得人並未依法取得所有權者而言❸❻。遺失物拾得人如已依法取得遺失物之所有權（民法第八〇七條），再將其轉讓他人時，即成為有權轉讓，當然不在本條適用範圍之內，亦即本條僅對於遺失物拾得人並未依法取得所有權，而竟將其轉讓於第三人之情形，始有其適用。又民法第八一〇條規定：「拾得漂流物或沈沒品者，適用關於拾得遺失物之規定。」故漂流物或沈沒品的善意取得，亦適用關於遺失物的規定。

㈢其他非基於權利人之意思而喪失占有的動產

民法第九四九條的適用，不以盜贓或遺失物為限，其他非基於權利人之意思而喪失占有的動產，例如遺忘物、誤取物等，亦應擴大及之。例如甲誤將其所管領之乙的大衣，交付於丙，乙對該件大衣係非基於其意思而喪失占有，即該件大衣係非基於權利人乙之意思而脫離其占有，雖非盜贓或遺失物，亦得適用民法第九四九條規定是。又無行為能力人或限制行為

---

❸❻　參閱鄭玉波，《物權》，第三九四頁。

能力人拋棄動產的占有,拋棄之際無意思能力者,亦屬非基於權利人之意思而喪失占有❸。因受詐欺或錯誤而交付動產,係基於權利人之意思而喪失占有,受脅迫或恐嚇而交付動產,其喪失占有亦係基於權利人的意思,故無民法第九四九條的適用,但其交付若係處於不可抗拒的情形時,則應認為係屬盜贓或非基於權利人之意思而喪失占有❸。

二、現占有人須屬善意占有

盜贓、遺失物或其他非基於原占有人之意思而喪失其占有之動產之現占有人,須為善意占有人,亦即須具備善意受讓之要件而後可。現占有人若非善意占有人,而係惡意占有人,或為盜賊本人,或為拾得人本人時,則真正權利人之回復請求,即不受本條之限制。故對於盜贓之故買人只得依民法第七六七條,不得依民法第九四九條規定,請求回復其物。最高法院八十六年臺上字第二四二三號判決謂:「民法第九百四十九條所定盜贓或遺失物之回復請求權,乃善意取得規定之例外,故盜贓或遺失物之現占有人必須符合法律所定善意取得之要件,否則被害人或遺失人儘可依民法第七百六十七條、第九百六十二條之規定請求回復其物,尚無適用該條規定之餘地。」可供參考。

三、原占有人須為善意占有人

原占有人(即盜贓之被害人、遺失物之遺失人或其他非基於其意思之喪失占有人)為回復請求權人,不以占有物之所有人為限,尚及於其他具有占有權源之人,例如物之承租人、借用人、受寄人或質權人等是。又民法第九五一條之一規定:「第九百四十九條及第九百五十條規定,於原占有人為惡意占有者,不適用之。」從而原占有人縱無占有本權或權源,除係惡意占有之情形外,亦有回復請求權,換言之,即無權占有之善意占有人所受之保護,幾與有權占有之善意占有人相同,原占有人只要是善意占有人,不問其是否為有占有權源之人,均享有回復請求權。

四、須於二年以內請求

❸　參閱王澤鑑,《物權》,第六一〇頁。

❸　同❸。

　　原占有人之回復請求，須在二年以內為之，此二年之期間，為除斥期間，而非時效期間，故不發生時效中斷及不完成等問題。原占有人未於此二年之期間內請求回復者，該二年之期間一旦經過，其請求回復之權利即告消滅，不得再行請求回復，縱未經當事人主張或抗辯，法院亦應依職權予以調查審認（九十一臺上一三三六判決）。至於此二年之期間，應自被盜、遺失或其他非本意而喪失占有之時起算。被盜、遺失或其他非本意而喪失占有之時，係指被害人、遺失人或其他非本意而喪失占有人實際喪失占有之時。至於何時被盜、遺失或其他非本意而喪失占有一點，應由原占有人負舉證責任。

　　如前所述，民法第九四九條所定盜贓、遺失物或其他非本意而喪失占有之動產之回復請求權，乃善意取得規定之例外，其適用當以善意受讓人就占有物已取得動產物權為前提。換言之，善意受讓人於具備善意取得之要件時，即已就其占有物取得動產物權，無論其占有物是否為盜贓、遺失物或其他非本意而喪失占有之動產，僅於其占有物為盜贓、遺失物等情形時，原占有人得於二年之期間內請求回復其物，因而尚未確定的終局取得該動產物權。故善意受讓人未受回復其物之請求者，於此二年之期間經過後，即確定的終局取得該動產物權；於此二年之期間內，該動產物權仍歸屬於善意受讓人，並非歸屬於原占有人（原權利人）❸⁹。最高法院七十七年臺上字第二四二二號判決謂：「標的物如為盜贓者，被害人未依同法第九百四十九條、第九百五十條規定，自被盜時起二年以內，向買受標的物之占有人，為回復其物之請求前，該買受人之所有權並不消滅。倘逾二年之期間，被害人未為回復之請求者，該買受人並即確定的取得標的物之所有權。」可供參考❹⁰。

第二、回復請求權之行使及法律效果

　　具備上述要件後，原占有人得向現占有人請求回復其物，且此項回復

---

❸⁹　參閱王澤鑑，《物權》，第六一三至六一四頁；謝在全，《物權（下）》，第五三九頁。
❹⁰　關於本判決之介紹及評釋，參閱王澤鑑，《物權》，第六一八頁以下。

無須支出任何代價或賠償任何損害，不必償還善意受讓人所支出的價金，屬於無償的回復。善意受讓人（現占有人）縱受有損害，亦只能向其原讓與人請求賠償，或依其與原讓與人間之原契約關係，向原讓與人行使其權利（例如行使民法第三四九條以下所規定之瑕疵擔保請求權）。

回復請求權人為原占有人，不以所有人為限，其他具有占有權源之人，例如質權人、留置權人、附條件買賣之買受人、承租人、借用人或受寄人等是，亦有回復請求權。被請求之人，須為盜贓、遺失物或其他非本意而喪失占有之動產之現在占有人，故提起請求回復占有物之訴者，應以現在占有該物之人為被告，如非現在占有該物之人，縱使原占有人之占有係因其人之行為而喪失，原占有人亦僅就此項行為具備侵權行為之要件時，得向其人請求賠償損害，要不得本於回復占有物請求權，對之請求回復其物（四十四臺上一六五）。至於所謂現在占有人，係指已符合動產物權善意取得要件之現占有人，惟不以其占有是由盜賊、拾得人或其他占有人直接取得者為限，包括直接占有人與間接占有人在內。

其次，民法第九四九條第一項規定之回復請求權，具有形成權之性質，原占有人行使此項請求權，不僅具有請求占有物之交付，以回復占有之功能，亦具有足使被盜、遺失或其他喪失占有前之權利關係歸於復活之作用❹。又民法第九四九條第二項規定：「依前項規定回復其物者，自喪失其占有時起，回復其原來之權利。」從而原占有人（請求回復之人）為所有人者，請求回復之後，善意受讓人縱未將標的物交付於原占有人，仍可使其所有權與其他權利關係（例如有租賃關係存在之情形），溯及自原占有人喪失其占有時起而當然回復原狀，善意受讓人取得之所有權，縱未將標的物交付於原占有人，仍溯及自原占有人喪失其占有時起而歸於消滅，對原占有人負返還其物之義務；原占有人為所有人以外之人，例如承租人或受寄人是，其請求回復時，亦有相同之效果❹。至於占有物於原占有人請求回

---

❹ 參閱謝在全，《物權（下）》，第五三八至五三九頁；王澤鑑，《物權》，第六一四頁。

❹ 關於請求回復是否具有溯及效力，我民法原對之未設明文規定，因而有認為，善意取得人所取得之所有權或其他動產物權，應解為向將來消滅，不生溯及效力，

復前有毀損、滅失之情事者，則應適用關於善意占有人的規定❹。

第六款　善意取得例外之例外

如上所述，民法第九四九條係動產物權善意取得之例外規定，為維護交易之安全，促進交易之敏活，民法對於上述之例外，復設有例外規定，以資限制。茲分述如下：

第一、盜贓或遺失物的有償回復

民法第九五〇條規定：「盜贓、遺失物或其他非基於原占有人之意思而喪失其占有之物，如現占有人由公開交易場所，或由販賣與其物同種之物之商人，以善意買得者，非償還其支出之價金，不得回復其物。」茲就有關問題，分述如下：

一、適用範圍及要件

本條係民法第九四九條的例外規定，除須具備其構成要件（須為盜贓、遺失物或其他非本意而喪失占有之動產，現占有人須屬善意占有，原占有人須為善意占有人，二年以內請求）外，其適用範圍僅限於以下列二種情形之一而善意買得者，若為受贈者，或以設定質權為目的而取得者，則不包括在內，互易則得準用之（民法第三九八條）：

㈠**由公開交易場所買得者**

所謂公開交易場所，舉凡買方與賣方聚合而公開交易之場所均屬之，例如百貨公司、超級市場、一般商店、趕集市場、廟會市場、夜市攤販及拍賣等，均包括在內。所謂拍賣，包括強制拍賣及任意拍賣。

㈡**由販賣同種之物之商人買得者**

此之商人，係指行商而言，例如沿門沿路叫賣雜貨者是，不以辦理營業登記為必要，只要事實上係販賣與盜贓、遺失物或其他非本意而喪失占有之動產同種之商品為業之人，即有其適用。

參閱謝在全，《物權（下）》，第五三九頁；王澤鑑，《物權》，第六一四頁。

❹　參閱史尚寬，《物權》，第五二〇頁。

民法第九五〇條之適用，以上述二種情形為限之理由，係因善意買受人對其物之來源有正當信賴之情形存在，須特別加以保護之故。至於所謂以善意買得者，係指買受人不知買受之標的物為盜贓或遺失物而言。又依設定質權所取得者，固不能適用本條，惟依當舖業法第二十六條規定，當舖業之負責人或其營業人員依當舖業法規定收當之物品，經查明係贓物時，其物主得以質當金額贖回，其非依當舖業法規定收當之物品，經查明係贓物時，應無償發還原物主；原物主已先贖回者，應將其贖回金額發還，其意旨與民法第九五〇條規定相同，亦係民法第九四九條之例外規定❹。

二、回復請求權之行使及法律效果

具備上開要件時，原占有人自被盜、遺失或其他非本意而喪失占有之時起，二年之內，得償還現占有人所支出之價金，向現占有人請求回復其物，屬於有償回復。此處所謂價金，係指現占有人買得其物時所支出的價金。又是否請求回復其物，係原占有人之權利，若原占有人不自動請求回復其物時，現占有人不能強行送還其物，而請求償還其價金。此外，善意受讓人（現占有人）是否對原占有人（回復請求權人）主張償還其支出之價金，係屬其抗辯權，而非其義務。從而被上訴人向上訴人購買系爭機車，雖合於民法第九五〇條之規定，但被上訴人對機車失主應否主張償還其支出之價金，係屬其抗辯權，而非其義務。因之被上訴人對系爭機車之失主，未行使該抗辯權而歸還機車，不僅難謂有過失，且亦對於上訴人應履行出賣人之權利瑕疵擔保義務，毫無影響（五十五臺上一二三判決）。

由於原占有人（回復請求權人）非償還現占有人所支出之價金，不得

❹　司法院大法官會議釋字第二十六號解釋：「典押當業既係受主管官署管理並公開營業，其收受之典押物品，除有明知為贓物而故為收受之情事外，應受法律之保護。典押當業管理規則第十七條之規定，旨在調和回復請求權人與善意占有人之利害關係，與民法第九百五十條之立法精神尚無違背，自不發生與同法第九百四十九條之牴觸問題。」（四十二、十、九）本解釋文中所稱典押當業管理規則，業已廢止，另以當舖業法取代之，該規則第十七條規定，除有明知為贓物而故為收受之情事，應無償發還原物主外，其物主得依典押原本取贖，其基本內容及意旨，與當舖業法第二十六條相同。另請參閱最高法院七十年臺上字第一九七七號判決。

回復其物，因而原占有人為回復之請求，但未提出價金償還現占有人時，其效力如何，學者見解不一❹。為保護善意受讓人（現占有人），且民法第九五○條係規定：「非償還其支出之價金，不得回復其物。」因此解釋上應認為償還現占有人所支出之價金，係請求回復其物的法定要件，未於二年內現實提出價金而請求回復時，其回復請求不生效力，善意受讓人所取得的動產所有權或其他動產物權不受影響，在回復請求權人未償還價金前，不負返還其物的義務，得留置其物而拒絕交還❻。最高法院七十七年臺上字第二四二二號判決謂：「在民法第九百五十條之情形，盜贓之被害人非償還買受人支出之價金不得請求回復其物。此乃因買受其物之占有人係由拍賣或公共市場或由販賣與其物同種之物之商人善意買得其物，對其物之來源有正當信賴之情形存在，須特別加以保護之故。是以，被害人之償還價金乃回復其物之要件。倘其物係經警察機關發還被害人者，於被害人未償還價金以前，該占有人之所有權亦不消滅。」可供參考❼。

原占有人非償還現占有人所支出之價金，不得回復其物，此之規定並非僅予現占有人以拒絕返還之權利，同時亦予現占有人以請求償還價金之權利，因而回復請求權人（原占有人）縱已先行取回其物，現占有人仍得向其請求價金之償還❽。例如善意買得人（現占有人）任意將盜贓、遺失物交還回復請求權人，或警察機關將盜贓發還於被害人（原占有人），交其領回是，善意買得人仍得向回復請求權人請求價金之償還是，如被害人或遺失人（原占有人，即回復請求權人）拒絕償還價金時，買受人得請求其返還標的物❾。

❹　參閱謝在全，《物權（下）》，第五四四頁；王澤鑑，《物權》，第六一六頁。
❻　參閱謝在全，《物權（下）》，第五四五頁；王澤鑑，《物權》，第六一六頁。
❼　關於本判決之介紹及評釋，參閱王澤鑑，《物權㈡》，第六一八（六二三）頁以下。
❽　參閱鄭玉波，《物權》，第三九七頁。
❾　參閱謝在全，《物權（下）》，第五四五頁；王澤鑑，《物權》，第六一六至六一七頁、第六二三頁。

第二、金錢或未記載權利人之有價證券不得請求回復

民法第九五一條規定:「盜贓、遺失物或其他非基於原占有人之意思而喪失其占有之物,如係金錢或未記載權利人之有價證券,不得向其善意受讓之現占有人請求回復。」此為民法第九四九條例外規定的例外,復歸於民法第九四八條善意取得的原則,蓋金錢與未記載權利人之有價證券二者,本無個性之可言,為促進金錢或未記載權利人之有價證券的流通,維護交易安全,故不許原占有人向其善意占有之現占有人請求回復。所謂金錢,指現時通用的國內外貨幣而言,其已喪失通用效力者,與一般物品無異,不包括在內,應逕適用善意取得之一般規定。所謂未記載權利人之有價證券,不以民法第七一九條所規定持有人對於發行人得請求其依所記載之內容為給付的證券為限,舉凡未記載權利人之有價證券,例如公共汽車票、火車票、戲票、郵票、無記名股票、無記名公司債券等,均屬之。惟關於票據的善意取得,票據法第十四條設有規定,無民法的適用。

占有物如係盜贓、遺失物或其他非本意而喪失占有之動產,原占有人依民法第九四九條第一項之規定,固得向現占有人請求回復其物。惟盜贓、遺失物或其他非本意而喪失占有之動產,如係金錢或未記載權利人之有價證券,依民法第九五一條之規定,不得向其善意受讓之現占有人請求回復,故占有物縱能證明其為盜贓、遺失物或其他非本意而喪失占有之動產,如係金錢或未記載權利人之有價證券,而持有者又為善意占有人,即不得對之為回復其物之請求(四十七臺上一三八五判決)。又依民法第九四四條第一項之規定,占有人推定其為善意占有者,除上訴人有反證足以證明上開推定事實並非真實外,即不能空言否認被上訴人之善意占有,依同法第九五一條規定,盜贓、遺失物或其他非本意而喪失占有之動產,如係金錢或未記載權利人之有價證券,亦不得向其善意占有人請求回復(四十四臺上一〇〇)。

第三項　占有人與回復請求人之關係

第一款　概說

民法第九五二條以下規定的回復請求人，不限於所有人，凡基於物權或債權關係，得請求回復其物的占有者，皆屬之，例如地上權人、民法第九四九條規定之被害人、遺失人或其他非本意而喪失占有人是；至於占有人，係指無權占有人而言，包括直接占有人及間接占有人在內。又關於占有人對於回復請求人的權利義務，民法係以占有人的善意或惡意為區分，規定其法律效果。所謂善意，係指對於物誤信為有占有之權利，且無懷疑，不知其為無權占有。所謂惡意，係指對於物明知無占有之權利，或對於有無占有之權利已有懷疑而仍占有。占有人之惡意，有於取得占有之時，即為惡意者，例如故買盜贓是，有於其後成為惡意者，例如承租房屋後始知其租賃契約無效者，應自明知其租賃契約無效時起，負惡意占有人責任。此外，回復請求人與占有人間原本存有一定基礎法律關係時，無論其為債之關係（例如租賃、寄託、借貸），或物權之關係（例如地上權、典權、質權），均應依該法律關係解決其權義，無適用民法第九五二條以下規定之餘地。此在該法律關係因解除而消滅者（例如契約之解除），亦同❺。

第二款　占有物之使用收益

占有人是否得使用收益占有物，依其為善意占有人抑或為惡意占有人而不同，分述如下：

第一、善意占有人之使用收益

民法第九五二條規定：「善意占有人於推定其為適法所有之權利範圍內，得為占有物之使用、收益。」故善意占有人有收取孳息之權利，此乃因既推定其有適法之權利，自應使其得使用及收益占有物也。所謂於推定其

---

❺　參閱鄭玉波，《物權》，第三九九頁；謝在全，《物權（下）》，第五六七頁。

為適法所有之權利,即依民法第九四三條規定,所推定之權利是,惟此項被推定之權利,在內容上必須含有使用收益之權能者始可,例如所有權、典權、永佃權或租賃權,均含有用益權能是,若被推定之權利,不含有使用收益之權能,例如質權、留置權是,縱令占有人為善意,亦不得為占有物之使用及收益**❺❶**。所謂得為使用、收益,係指善意占有人得享有占有物之使用利益或取得其孳息之權利,於返還占有物時,就使用利益及已消費或滅失之孳息,無須償還其價額;未消費之孳息,得保有之,不必返還。至於善意與否之決定時期,在收取天然孳息之情形,以天然孳息與原物分離之時為準,在收取法定孳息之情形,按善意存續期間的日數,取得其相當期間的孳息(民法第七〇條第二項);在善意存續期間,占有人對物有使用權**❺❷**。

　　善意占有人,於推定其為適法所有之權利,既得為占有物之使用收益,就其使用收益,自不必依不當得利規定負返還責任。最高法院七十七年臺上字第一二〇八號判決謂:「占有人於占有物上行使之權利,推定其適法有此權利。又善意占有人依推定其為適法所有之權利,得為占有物之使用及收益。分別為民法第九百四十三條、第九百五十二條所明定。是占有人因此項使用所獲得之利益,對於所有人不負返還之義務,此為不當得利之特別規定,不當得利規定於此無適用之餘地。不動產占有人於其完成物權取得時效並辦畢登記時,就時效進行期間之占有,亦應解為有上述規定之適用,方能貫徹法律保護善意占有人之意旨。」又最高法院九十一年臺上字第一五三七號判決謂:「租賃契約為債權契約,出租人不以租賃物所有人為限,出租人未經所有人同意,擅以自己名義出租租賃物,其租約並非無效,僅不得以之對抗所有人。至所有人得否依不當得利之法律關係,向承租人請求返還占有使用租賃物之利益,應視承租人是否善意而定,倘承租人為善意,依民法第九百五十二條規定,得為租賃物之使用及收益,其因此項占有使用所獲利益,對於所有人不負返還之義務,自無不當得利可言;倘承

---

❺❶　參閱鄭玉波,《物權》,第四〇一頁。

❺❷　參閱史尚寬,《物權》,第五二五頁;王澤鑑,《物權》,第六三九頁。

租人為惡意時，對於所有人言，其就租賃物並無使用收益權，即應依不當得利之規定，返還其所受利益。」可供參考。

又民法第一七九條前段規定，無法律上之原因而受利益，致他人受損害者，應返還其利益。其判斷是否該當上開不當得利之成立要件時，應以「權益歸屬說」為標準，亦即欠缺法律上原因而違反權益歸屬對象取得其利益者，即應對該對象成立不當得利。若為惡意占有他人之物之無權占有人，依民法第九五二條之反面解釋，其對他人之物並無使用收益權能，即欠缺權益歸屬內容，自不得依不當得利之法則，請求占有該物之第三人返還該使用占有物所受之利益（九十四臺再三十九判決）。

第二、惡意占有人之使用收益

民法第九五八條規定：「惡意占有人，負返還孳息之義務，其孳息如已消費，或因其過失而毀損，或怠於收取者，負償還其孳息價金之義務。」故惡意占有人，對於占有物無孳息收取權，不僅須將已收取之孳息全部返還，即應收取而怠於收取之孳息，亦應返還。如其收取之孳息現尚存在者，應將該孳息本身返還，若其孳息業已消費或因其過失而毀損，致不存在者，或怠於收取者，均應返還其價金。所謂消費，除因依物之用法使用而消耗者外，並包括將之讓與或為其他處分而不能請求返還者在內。又民法第九五八條僅規定惡意占有人返還孳息的義務，惟與民法第九五二條對照觀之，應解為惡意占有人對占有物亦無使用的權利，故惡意占有人就其因使用占有物而取得之使用利益，應類推適用民法第九五八條規定，負償還其價額之義務❸。

善意占有人，於推定其為適法所有之權利，得為占有物之使用、收益，固為民法第九五二條所明定。惟此項規定，於有同法第九五八條、第九五九條所定之情形時，不適用之。故善意占有人如於本權訴訟敗訴時，自訴狀送達之日起，即視為惡意占有人（民法第九五九條），仍應負返還占有物孳息之義務（四十二臺上一二一三）。

❸　參閱王澤鑑，《物權》，第六四〇至六四一頁。

第三款　占有物滅失或毀損之賠償責任

第一、善意占有人之賠償責任

民法第九五三條規定：「善意占有人就占有物之滅失或毀損，如係因可歸責於自己之事由所致者，對於回復請求人僅以滅失或毀損所受之利益為限，負賠償之責。」本條規定旨在保護善意自主占有人，蓋善意自主占有人對於回復請求人既依法負有返還占有物之義務，則於占有物滅失或毀損，而不能返還時，自亦應負賠償責任，但自主占有之善意占有人，既係誤信自己有所有權而為占有，並未預期對他人應負何種責任，令其負賠償全部損害之義務，未免過酷，故設本條，乃予以減輕，使依不當得利之原則，負有限的責任。

關於本條之適用，應具備下列要件：①須為自主占有之善意占有人：受本條規定之適用者，不僅須為善意占有人，且須為自主占有人始可，因民法第九五六條對於他主占有（無所有意思之占有）人，已另與惡意占有人一同設有規定。故他主占有人，縱屬善意，亦不能適用本條，而主張有限的責任。②須占有物滅失或毀損：所謂滅失，係指占有物全部毀滅而言，例如房屋遭火災而全部焚毀，或占有物因添附而喪失其所有權是。所謂毀損，係指占有物部分受損而言，例如汽車之車身刮傷、房屋之屋頂破洞是，占有人不使用占有物或濫用占有物，致其價值貶損，亦應包括在內❺❹。此外，民法第九五三條所定「占有物滅失或毀損」，應擴張解釋包括因其他事由致不能返還占有物之一切情形在內，例如因善意占有人無權處分占有物，致第三人善意取得其所有權是❺❺。③因可歸責於占有人之事由：占有物之滅失或毀損，須因可歸責於善意占有人自己應負責之事由始可，通常係指

❺❹　參閱史尚寬，《物權》，第五二六頁；王澤鑑，《物權》，第六四二頁。

❺❺　參閱史尚寬，《物權》，第五二七頁；王澤鑑，《物權(二)》，第六四三至六四四頁；謝在全，《物權（下）》，第五七九頁。不同見解，參閱姚瑞光，《物權》，第四一四頁。

因其故意或過失致占有物滅失或毀損而言，若不可抗力則不包括在內。又占有人對占有輔助人的故意或過失，應與自己的故意或過失負同一責任(民法第二二四條)。由於民法第九五三條關於占有物滅失或毀損之損害賠償責任，係以可歸責於善意占有人自己的事由為要件，從而善意占有人非因可歸責自己的事由，致占有物滅失或毀損時，則無本條規定之適用，應適用一般規定。例如甲非因過失不知其占有的錄影機為乙所有，而出售於丙，為丙善意取得時，甲就其取得的價金，應依不當得利規定(民法第一七九條以下)返還於乙❺⑥。

具備上述要件，善意占有人固須負賠償之責，然其損害賠償義務之範圍，係依不當得利之原則，僅於其因滅失或毀損所受利益之限度，負其責任為已足，而非以回復請求人所受之損失為準，定其賠償責任，因而若未受有利益時，即可不負賠償責任。所謂所受之利益，例如將占有物出賣予善意第三人，其所得之賣價；占有物投有保險時，其所得之保險金；占有物因添附而滅失時，其所得之償金(民法第八一六條)；占有物被第三人侵害時，其所得之損害賠償是。至於將占有物贈與善意第三人時，則原占有人未受有利益，自無須負賠償責任。

第二、惡意占有人之賠償責任

民法第九五六條規定:「惡意占有人或無所有意思之占有人，就占有物之滅失或毀損，如係因可歸責於自己之事由所致者，對於回復請求人，負賠償之責。」本條所規定的責任主體，包括惡意占有人或他主占有人，蓋惡意占有人係明知自己無占有之權利，而善意之他主占有人係明知自己非所有權人，均無使占有物滅失或毀損之權利，故使二者負相同之責任。至於是否為惡意或他主占有，以占有物之滅失、毀損時為準，又惡意占有人，不限於自始為惡意占有人，原為善意占有人，其後變為惡意占有人者(例如第九五九條所定之情形)，亦包括在內。所謂占有物滅失或毀損，除物理上之滅失或毀損外，包括因其他事由致不能返還占有物之一切情形在內。

---

❺⑥　參閱王澤鑑，《物權》，第六四五頁。

又本條所謂因可歸責於自己之事由，通常係指因其故意或過失致占有物滅失或毀損而言，若不可抗力則不包括在內。惟惡意占有人受回復請求人之請求後而遲延返還時，應適用債務人遲延之規定，對因不可抗力而生的損害，亦應負責（民法第二三一條第二項）❺❼。

關於占有物之滅失或毀損，惡意占有人或他主占有人係負完全賠償責任，應賠償回復請求人所受之全部損害，包括所受損害及所失利益均在內（民法第二一六條），而不問占有人是否受有利益，其賠償範圍不限於其所受之利益。又民法第九五六條關於占有物滅失或毀損之損害賠償責任，係以可歸責於自己的事由為要件。從而惡意占有人或他主占有人非因可歸責自己的事由，致占有物滅失或毀損時，則無該條規定之適用，應適用一般規定，對於回復請求人應無損害賠償責任，然若因占有物之滅失或毀損受有利益者，應否負返還之責，則依不當得利規定。

第四款　對占有物支出費用之求償

第一、善意占有人之費用求償權

善意占有人為占有物支出費用時，對於回復請求人之求償權，我民法係區別必要費用及有益費用，而設其規定。分述如下：

一、必要費用

民法第九五四條規定：「善意占有人因保存占有物所支出之必要費用，得向回復請求人請求償還。但已就占有物取得孳息者，不得請求償還通常必要費用。」故善意占有人對於必要費用，原則上得請求償還，而其範圍亦無限制，衹要屬於必要費用即可。所謂必要費用，係指因保存或管理占有物通常不可欠缺之費用而言，例如簡易修繕費、飼養費、稅捐、公寓大廈管理費、汽車定期保養費等是。支出的費用是否必要，應以支出當時之情事，依客觀的標準認定之❺❽。

---

❺❼　參閱王澤鑑，《物權》，第六四四頁；謝在全，《物權（下）》，第五八三頁。

❺❽　最高法院四十四年臺上字第二十一號判例謂：「民法第九百五十七條，所謂因保

其次，必要費用可分為通常必要費用及特別必要費用（或稱臨時必要費用）兩種，前者例如占有物之維護費、飼養費或通常之修繕費，後者例如占有之建築物因風災或水災而毀損，或占有之汽車被洪水淹沒，因而所支出之重大修繕費用是。通常必要費用，大抵皆由所收取孳息中支用，彼此相抵，因而若善意占有人已取得孳息者，此項費用，即歸其擔負，不得請求償還，以昭公允。至於此二者價值是否相當，則在所不問，縱必要費用多於孳息，善意占有人亦不得請求償還其差額。至於特別必要費用，善意占有人縱已收取孳息，仍得請求償還❺❾。

二、有益費用

民法第九五五條規定：「善意占有人，因改良占有物所支出之有益費用，於其占有物現存之增加價值限度內，得向回復請求人，請求償還。」故善意占有人對於所支出之有益費用，亦得請求償還，惟其範圍須於占有物現存之增加價值限度內為之，若占有物經改良後，其增加之價值，現已無存時，則不得請求返還。所謂有益費用，係指非為保存占有物所不可或缺之費用，而係因利用或改良占有物，且增加其價值的費用，例如以土填平城壕空地❻⓿、將年久房屋予以粉刷油漆或加裝紗門、將一般電燈泡改為省電節能電燈泡等是。

其次，關於承租人就租賃物所支出有益費用之償還，民法第四三一條

存占有物所支出之必要費用，係僅指因占有物之保存不可欠缺所支出之費用而言，至支出之費用是否具備上述要件，應以支出當時之情事，依客觀的標準決定之。」此項見解，於民法第九五四條亦有適用餘地。

❺❾ 民法原第九五四條但書，係規定善意占有人已就占有物取得孳息者，不得請求償還必要費用，因此關於特別必要費用，是否亦不得請求償還，不無問題，學者通說解為善意占有人縱已收取孳息，就特別必要費用仍得請求償還。參閱史尚寬，《物權》，第五二八頁；姚瑞光，《物權》，第四一五頁；王澤鑑，《物權》，第六四七頁；謝在全，《物權（下）》，第五七七頁。

❻⓿ 最高法院三十七年上字第六二二六號判例：「上訴人等擅自使用公有城壕空地，縱令所稱填壕及所費甚鉅，確屬真實，除得向土地所有人請求返還因此所增加之價值外，要不能謂已取得土地上之任何權利，因而主張優先承租。」

設有特別規定，自應優先適用之❻。於轉租之情形，次承租人與出租人間，雖未直接發生租賃關係，倘該次承租為合法，依民法第九五五條規定，次承租人仍得基於占有關係請求出租人償還其支出之有益費用（四十六臺上一六四八判決）。

三、奢侈費用

善意占有人得向回復請求人請求償還之費用，以必要費用及有益費用為限，至於奢侈費用，例如為寵物作美容手術、將廁所之一般馬桶改為黃金馬桶，所支出之費用是，則不得請求償還。關於此點，民法雖未設直接明文規定，惟民法第九五五條之立法理由中謂：「奢侈費為占有人因快樂或便利而支出之費用，不能向回復占有物人請求清償，權衡事理，可以推知，無須另設明文規定。」可供參考。最高法院八十一年臺上字第二二二號判決謂：「所謂奢侈費用乃超過物之保存、利用、或改良所必要而支出之費用，系爭房屋經上訴人在法定空地增建，於屋頂加蓋鐵厝，並將樓梯拆遷，被上訴人並未因係違章建築而請求上訴人拆除，回復原狀，亦未經拆除大隊依違章規定予以拆除。是該違建部分以及樓梯拆遷，似為被上訴人現實所使用。然則該部分所支出之費用，能否謂係超過物之保存、利用或改良所必要之奢侈費用，已滋疑義。」

第二、惡意占有人之費用求償權

民法第九五七條規定：「惡意占有人，因保存占有物所支出之必要費用，對於回復請求人，得依關於無因管理之規定，請求償還。」故惡意占有人的費用求償權，受有二項限制，其求償範圍較善意占有人所得請求償還者為狹，條件較為嚴格，分述如下：

一、只能請求償還必要費用

所謂必要費用，係指因保存或管理占有物通常不可欠缺之費用而言，例如簡易修繕費、飼養費、稅捐、公寓大廈管理費、汽車定期保養費等是。

❻ 關於承租人之有益費用償還請求權，詳請參閱劉春堂，《民法債編各論（上）》，自版，民國九十二年九月初版第一刷，第二五五頁以下。

支出的費用是否必要，應以支出當時之情事，依客觀的標準認定之（四十四臺上二十一）。又所謂必要費用，除通常必要費用外，特別必要費用（或稱臨時必要費用），例如房屋遭地震毀損、汽車被洪水淹沒，因而支出的重大修繕費用是，亦包括在內。

善意占有人對於必要費用與有益費用均得求償，惡意占有人因改良占有物所支出之有益費用，則不得求償，蓋恐惡意占有人為阻撓回復請求權之行使，故意濫支有益費用，致增加回復請求人之負擔與困擾，而難於請求回復。關於此點，民法雖未定明文，惟民法第九五七條之立法理由已謂：「惡意占有人，明知無占有其物之權利，祇許將必要之費用，依無因管理之規定，向回復占有物人請求清償，至其所出之有益費，不在請求清償之列。蓋此項費用，若許其請求清償，惡意占有人可於其占有物多加有益費，藉此以難回復占有物人。」可供參考[62]。

惡意占有人固不得請求償還有益費用，惟得否依不當得利規定請求償還有益費用，不無問題。我國學者有採肯定說[63]，有採否定說[64]，應以否定說為是，即惡意占有人不得依不當得利規定請求償還有益費用。蓋因民法第九五七條僅允許惡意占有人請求償還必要費用，且須依無因管理的規

---

[62] 最高法院四十三年臺上字第四三三號判例謂：「上訴人就其占有之系爭房屋，關於建築未完工部分出資修建，係在被上訴人向原所有人某甲買受之後，業經兩造因本權涉訟，上訴人受敗訴之判決確定在案。依民法第九百五十九條之規定，上訴人自本權訴訟繫屬發生之日起，即應視為惡意占有人，固不得依同法第九百五十五條，以改良占有物所支出之有益費用為原因，請求償還。惟惡意占有人因保存占有物所支出之必要費用，對於回復請求人，依關於無因管理之規定請求償還，仍為同法第九百五十七條之所許。」即含有惡意占有人不得請求償還有益費用之意旨。

[63] 關於本問題，王澤鑑教授先後有不同見解，原先採否定說，參閱王澤鑑，〈惡意占有人對於有益費用之不當得利請求權〉，《民法學說與判例研究(一)》，自版，一九八○年六月五版，第四六七頁（四七一頁）以下；嗣改採肯定說，參閱王澤鑑，《物權》，第六四九至六五○頁。另請參閱史尚寬，《物權》，第五三一頁。

[64] 參閱謝在全，《物權（下）》，第五八二頁。

定請求償還，不許其請求償還有益費用，若採肯定說，認為惡意占有人得依不當得利規定請求償還有益費用，不僅有違該條規定之立法意旨，且混淆民法區分善意占有人與惡意占有人，對之設不同規定之立法體系，增加回復請求權人之負擔與困擾，致難於請求回復，過分保護惡意占有人。

二、須依無因管理的規定請求償還

所謂依無因管理的規定請求償還，係指①其所支出之必要費用，利於回復請求人，並不違反回復請求人明示或可得推知之意思者，例如修繕遭颱風毀損的屋頂是，得全部請求償還，不以所得利益為限（民法第一七六條第一項）。②其所支出之必要費用，雖違反回復請求人明示或可得推知之意思，但係為回復請求人盡公益上之義務，或為其履行法定扶養義務，或回復請求人之意思違反公共秩序善良風俗者，例如為回復請求人繳納地價稅，或對回復請求人之未成年子女支付生活費是（民法第一七四條第二項）得全部請求償還，不以所得利益為限（民法第一七六條第二項）。③其所支出之必要費用，不利於回復請求人，或違反回復請求人明示或可得推知之意思者，例如修繕回復請求人即將拆除的房屋是，若回復請求人主張享有因該費用支出所得之利益時，以其所得利益為限，惡意占有人得請求償還（民法第一七七條第一項）。回復請求人不為此項主張時，應適用不當得利規定，得主張所受利益不存在，而免返還義務（民法第一八二條第一項）[65]。④於準無因管理之情形，即惡意占有人明知為回復請求人之事務，而為自己之利益管理之者，其所支出之必要費用，例如占有人為圖自己能取得租金之利益，將回復請求人之破損房屋加以修繕，以高價出租是，若回復請求人主張享有因該費用支出所得之利益時，以其所得利益為限，惡意占有人得請求償還（民法第一七七條第二項）[66]。

---

[65] 參閱王澤鑑，《物權(二)》，第三三四頁。

[66] 最高法院九十一年臺上字第八八七號判決謂：「按八十八年四月二十一日修正八十九年五月五日施行前之民法債編第一百七十七條，固未如修正後之第二項增設有『準無因管理』之規定而得準用同條第一項『未盡義務人無因管理』之規定向本人請求其所得之利益，且該準無因管理人明知他人之事務而以自己之利益為管

第三、占有人之留置權、取回權及同時履行抗辯權

一、留置權

占有人依法得請求償還的費用，於未受清償時，得就占有的動產，主張留置權，不因其為善意或惡意占有人而異，但其動產係因侵權行為而占有者，則不得留置（民法第九二八條第二項）。

二、取回權

占有人對占有物支出費用，有為增添設備或工作物者，例如加裝雙重鋁門、添置紗窗或冷氣機是，對此等設備或工作物，於不因分離而損害占有物的範圍內，占有人得取回之❻。占有人之有益費用償還請求權與設備或工作物取回權，係擇一行使，其取回設備或工作物者，應回復占有物之原狀（類推適用民法第四三一條第二項但書）。

三、同時履行抗辯權

善意占有人就占有物支出必要費用或有益費用，或惡意占有人就占有物支出必要費用，具備前述法定要件者，對於回復請求人有求償權，此項費用償還請求權與回復請求人之回復請求權，是否立於同時履行之關係，不無問題。由於此二者有交換履行之必要，故宜採肯定說，即得類推適用民法第二六四條有關同時履行抗辯權之規定，從而回復請求人未償還必要費用或有益費用者，占有人得拒絕返還占有物；反之，占有人未返還占有物者，回復請求人得拒絕償還必要費用或有益費用。惟最高法院八十年臺上字第二七四二號判決謂：「民法第九百五十五條規定，善意占有人因改良占有物所支出之有益費用償還請求權，與土地所有人之回復原狀請求權，非因契約而互負債務，不生同時履行問題。上訴人以善意占用系爭土地，

理，如屬惡意之不法管理，衡諸誠信原則，亦不得逕依同法第八百十六條按關於不當得利之規定請求償金。惟該準無因管理人若為惡意占有人，其因保存占有物不可欠缺所支出之必要費用，自仍得依關於無因管理之規定對本人請求償還，此觀同法第九百五十七條規定甚明。」

❻ 參閱史尚寬，《物權》，第五二八頁；王澤鑑，《物權》，第六五一頁。

對系爭土地支出有益費用云云，縱令屬實，亦應另行請求，不得據為拒不交還土地之理由。」其見解不同 ❽。

第四節 占有之保護

第一項 概說

第一、受占有保護之占有人

民法對占有的保護，可分為債權法上的保護與物權法上的保護，前者主要為不當得利返還請求權（第一七九條）與侵權行為損害賠償請求權（第一八四條），後者有占有人自力救濟權（第九六〇條、第九六一條）及占有保護請求權（第九六二條）。民法有關保護占有之規定，其受保護者為占有人，故欲依有關保護占有之規定而行使權利者，須先證明自己原有占有之事實（四十六臺上四七八），非占有人，即使對於占有物有合法之權源，亦不能本於占有而行使其權利（六十四臺上二〇二六）；反之，若為占有人，則不問占有人有無本權或合法權源，均有其適用。蓋因占有人於占有物上，行使之權利，推定其適法有此權利；又占有人，推定其為以所有之意思、善意、和平、公然及無過失占有者，民法第九四三條、第九四四條第一項分別定有明文。從而物之占有人，縱令為無合法法律關係之無權占有，然其占有，對於物之真正所有人以外之「第三人」而言，依同法第九六二條及上開法條之規定，仍應受占有之保護。此與該物是否有真正所有人存在及該所有人是否對其「無權占有」有所主張，應屬二事（八十五臺上一四

---

❽ 最高法院六十九年臺上字第六九六號判決謂：「民法第九百五十五條所定善意占有人因改良占有物所支出之有益費用償還請求權，與土地所有人之回復請求權，非因契約而互負債務，不生同時履行問題。上訴人謂曾對訟爭土地支出有益費用一節，縱令屬實，亦應另行請求，要不得作為拒不還地之依據。」其見解相同，亦採否定說。

〇〇判決）。

如上所述，民法有關保護占有之規定，其受保護者為占有人，不問占有人有無本權或合法權源，均有其適用。民法有關保護占有之規定，於無權源之占有，既有其適用，從而占有人之占有某物，縱無合法權源，對其主張權利者，仍應依合法途徑謀求救濟，以排除其占有。如果違背占有人之意思而侵奪或妨害其占有，非法之所許者，占有人對於侵奪或妨害其占有之行為，得依民法第九六〇條第一項規定，以己力防禦之。民法第九六二條規定之占有保護請求權，於無權源之占有人亦得主張之。如果占有被不法侵害，占有人即非不得依侵權行為之法則，請求賠償其所受之損害（七十四臺上七五二判決）。又占有固為事實，並非權利，但究屬財產之法益，民法第九六〇條至第九六二條且設有保護之規定，故侵害占有，即屬違反法律保護他人之規定，具備侵權行為之違法性，自可成立侵權行為（民法第一八四條第二項），至占有人對該占有物有無所有權，初非所問（七十一臺上三七四八判決）❻❾。

占有他人之物而無本權，例如購買違章建築，雖已占有，但無法取得其所有權是；或占有他人之物而有本權，惟不能對第三人主張，例如承租人之租賃權是，民法有關保護占有之規定，亦有其適用。最高法院四十三年臺上字第一七六號判例謂：「租賃物交付後，承租人於租賃關係存續中，有繼續占有其物而為使用收益之權利，故其占有被侵奪時，承租人自得對於無權占有之他人，行使其占有物返還請求權，此就民法第四百二十三條、第九百四十一條及第九百六十二條等規定觀之甚明。」故於第三人侵奪租賃物而妨害承租人之使用收益者，承租人除得請求出租人除去或排除其妨害

---

❻❾　最高法院八十六年臺上字第三七七〇號判決謂：「占有人於占有物上行使之權利，推定其適法有此權利。善意占有人依推定其為適法所有之權利，得為占有物之使用及收益。為民法第九百四十三條、第九百五十二條所明定。是無權占有他人之土地使用收益者，僅該他人得依法排除其侵害，第三人仍無權對其使用收益妄加干涉。苟第三人侵害占有人之收益，占有人非不得依侵權行為法則請求該第三人賠償其損害。」

外，亦得依有關保護占有之規定，自己直接對於該第三人請求除去或排除其妨害。

第二、占有之侵奪或妨害

民法第九六〇條至第九六二條有關占有保護之規定，係以占有被侵奪或占有被妨害為前提。所謂侵奪占有，係指違反占有人之意思，而排除其對物的事實上管領力，將占有物之全部或一部移入自己之管領而言，例如搶奪、竊取動產、霸占他人房屋、對他人土地擅設圍障等是。占有輔助人擅行丟棄其管領之物，亦屬對占有的侵奪[70]。所謂妨害占有，係指違反占有人之意思，以侵奪以外之方法妨礙占有人管領其物，使占有人不能實現其事實上管領力，致其使用可能性及利益遭受侵害而言，例如任意於他人占有之不動產上丟棄垃圾、散放臭氣或灰屑侵入鄰地、任意侵入占有人之庭院、停車於他人車庫出入口處、擅自在他人牆壁懸掛招牌等是[71]。

其次，所謂占有的侵奪或妨害，係針對直接占有而言，且須非基於占有人的意思而移轉占有或占有受妨害，若原係基於占有人之意思而移轉占有於他人，該他人雖其後反於占有人之意思而占有，亦不得謂係侵奪。最高法院八十二年臺上字第二二七六號判決謂：「民法上占有物返還請求權之行使，以占有人之占有被侵奪為要件，觀於民法第九百六十二條之規定而自明。所謂占有之侵奪，係指違反占有人之意思，以積極之不法行為，將占有物之全部或一部移入自己之管領而言。若承租人於租賃期間屆滿後，未將租賃物返還者，因租賃物原係基於出租人之意思而移轉占有於承租人，其後承租人縱有違反占有人意思之情形，既非出於侵奪，出租人尚不得對之行使占有物返還請求權。」可供參考。

占有人其占有，被侵奪者，固得請求返還其占有物，惟所謂占有被侵奪，係指占有人對於物之管領力，被他人奪取，失去其管領力而言，若非由於奪取，而係由占有人交付者，縱交付係被詐欺、恐嚇所致，亦難謂為

---

[70]　參閱王澤鑑，《物權》，第六五九頁。

[71]　同[70]。

占有被侵奪；且侵奪占有，尚須有外表可見之積極行為始可（八十九臺上一三七七判決）。從而對占有的侵害，若得占有人的同意者，則不構成占有的侵奪或妨害。至於占有人為此同意，無須有行為能力，只要有自然的意思能力，即為已足。因錯誤、詐欺或脅迫而喪失占有，占有人的意思縱被撤銷，仍不構成對占有的侵奪[72]。

第二項　占有人之自力救濟權

第一、自力防禦權

民法第九六〇條第一項規定：「占有人對於侵奪或妨害其占有之行為，得以己力防禦之。」故占有人有自力防禦權，此為民法第一四九條正當防衛的特殊情形，擴張私力救濟的範圍，以維護社會秩序。行使此項自力防禦權者，須先證明自己原有占有之事實（四十六臺上四七八），且須為直接占有人，非占有人無此項權利，即間接占有人亦無此權利，蓋此項規定之保護對象，係重在占有之事實支配狀態故也[73]，從而占有輔助人雖非占有人，卻可行使此項權利（民法九六一條），例如受僱之司機對侵奪或妨害其所管領汽車之人，得以己力防禦之是。所謂「以己力防禦之」，即得不待公權力之救濟，而以自己之私力抵抗或排除其侵奪或侵害。例如對搶奪其占有物者，得為必要之反抗；對於出租人無故進入承租人承租之房屋者，承租人得予以驅逐於屋外；土地被他人擅設圍障者，可以將圍障予以拆除是。

第二、自力取回權

民法第九六〇條第二項規定：「占有物被侵奪者，如係不動產，占有人得於侵奪後，即時排除加害人而取回之。如係動產，占有人得就地或追蹤向加害人取回之。」故占有人有自力取回權，此為民法第一五一條自助行為的特殊情形，行使此項自力取回權者，須先證明自己原有占有之事實（四

---

[72]　參閱王澤鑑，《物權》，第六六〇頁。

[73]　參閱鄭玉波，《物權》，第四〇八頁。

十六臺上四七八），且須為直接占有人，非占有人無此項權利，即間接占有
人亦無此權利，惟占有輔助人雖非占有人，卻可行使此項權利（民法第九
六一條）。此項自力取回權之行使，不可遲緩，有時間上之限制，即被侵奪
之占有物，如係不動產，占有人須於侵奪後，即時排除加害人而取回之；
如係動產，占有人須於侵奪後，就地或追蹤向加害人取回之。所謂即時，
並非指瞬間，而係指依一般社會觀念，實行取回占有物所需之最短時間而
言；所謂「就地」或「追蹤」，實與「即時」同其意義，前者係指占有人於
被侵奪時，事實上管領力所能及之空間範圍而言，後者係指加害人雖已離
開占有人事實管領力所能及之空間範圍，但仍在占有人追躡跟蹤中而言❼。
超過上開時間限制，占有人只能依民法第一五一條規定為自助行為或尋求
公權力救濟，不得再行使自力取回權。

第三、抗拒自力救濟權行使之不法性

　　占有人依民法第九六〇條規定行使自力救濟權，乃法所允許，故侵奪
人不得加以抗拒，且占有人得以正當防衛排除侵奪人之抗拒。最高法院二
十九年上字第二三九七號（刑事）判例謂：「占有物被侵奪者，如係動產，
占有人得就地或追蹤向加害人取回之，為民法第九百六十條第二項所明定。
某甲對於被告所欠之款，並未具有同法第一百五十一條所載情形，遽將其
家中之銅煲菜刀逕自取去抵債，該被告自可本於占有關係，依上開民法第
九百六十條第二項規定向其追蹤取回；某甲於被告行使取回權之際，加以
抗拒，甚至動武鬥毆，即係對他人權利為一種不法侵害，被告為防衛自己權
利起見，以自力排除其侵害行為，不得謂非正當防衛，縱令某甲因此受有傷
害，而當時情勢該被告既非施用腕力，不足以達收回原物之目的，則其用拳
毆擊，仍屬正當防衛之必要行為，對於此種行為所生之結果，按照刑法第二
十三條前段規定自在不罰之列。」此雖屬刑事案件之判例，仍值參考。

---

❼　參閱王澤鑑，《物權》，第六六六至六六七頁；謝在全，《物權（下）》，第六〇〇頁。

第三項　占有人之物上請求權

民法第九六二條規定:「占有人,其占有被侵奪者,得請求返還其占有物。占有被妨害者,得請求除去其妨害。占有有被妨害之虞者,得請求防止其妨害。」故占有人有物上請求權,亦有稱為占有保護請求權、占有人之請求權、占有物上請求權、基於占有而生之請求權。占有人有物上請求權,不限於審判上行使,於審判外亦可行使,與民法第七六七條所規定之所有權人之物上請求權,因其目的及效力均有所不同,係各自獨立的權利,故得合併或先後行使之,互相不妨害,惟行使所有權人之物上請求權,能獲得終局與確定的保護。又物上請求權,除所有人或占有人得行使外,依民法第七六七條第二項規定:「前項規定,於所有權以外之物權,準用之。」故地上權人,除得以物權人之地位,行使物上請求權外,於設定地上權之土地已移轉地上權人占有時,尚得依民法第九六二條規定,行使占有人之物上請求權❼❺。

第一款　物上請求權之種類

占有人之物上請求權,計有三種,分述如下:

第一、占有物返還請求權

占有人,其占有被侵奪者,得請求返還其占有物(民法第九六二條前段),是謂占有物返還請求權。茲就有關問題,分述如下:

一、當事人

---

❼❺　我民法關於地上權人能否行使物上請求權,原並無明文規定,且對所有權以外之物權,能否行使物上請求權,原亦未設有準用所有權之規定,故最高法院五十二年臺上字第九〇四號判例謂:「物上請求權,除法律另有規定外,以所有人或占有人始得行使之,此觀民法第七百六十七條及第九百六十二條之規定自明。地上權人既無準用第七百六十七條規定之明文,則其行使物上請求權,自以設定地上權之土地已移轉地上權人占有為前提。」

㈠請求權人

占有物返還請求權之權利人，為占有人，即以占有被侵奪為原因而請求返還占有物，惟占有人始得為之（四十二臺上九二二），所謂占有人，必就其占有物有事實上之管領力，否則，即使對於占有物有合法之權源，亦不能本於占有請求返還（六十四臺上二〇二六），故物之承租人須於租賃物交付後，始得行使此項請求權，於未交付前租賃物被侵奪，其被害人為所有人，承租人並無直接請求返還之權（八十六臺上五十二判決）。惟租賃物交付後，承租人於租賃關係存續中，有繼續占有其物而為使用收益之權利，故其占有被侵奪時，承租人自得對於無權占有之他人，行使其占有物返還請求權，此就民法第四二三條、第九四一條及第九六二條等規定觀之甚明（四十三臺上一七六）。

又占有被侵奪，得依民法第九六二條規定請求返還、除去妨害及防止妨害之占有人，雖須就其占有物有事實上之管領力者，始克當之，惟此之所謂占有人並不以實際占有人為限，即間接占有人亦屬之（九十二臺上三二四判決）。因貸與人係經由借用人維持其對借用物之事實上管領力，依民法第九四一條規定為間接占有人，不失為現在占有人，故得行使此項請求權（八十七臺上二一三判決），惟占有輔助人則不得行使此項請求權。至其占有係為有權、抑為無權，均非所問，即民法第九六二條規定之占有保護請求權，於無權源之占有人亦得主張之。從而竊賊之對於盜贓，如遇有他人侵奪時，亦得行使此項請求權；租賃關係消滅後，承租人雖無繼續占有其物而為使用收益的權利，其占有被侵奪時，承租人仍得對於無權占有之他人行使占有物返還請求權。

㈡占有物返還請求權之相對人

占有人得向其請求返還者，須為侵奪占有之人，從而請求回復占有物之訴，應以現在占有該物之人為被告，如非現在占有該物之人，縱使占有人之占有係因其人之行為而喪失，占有人亦僅就此項行為具備侵權行為之要件時，得向其人請求賠償損害，要不得本於回復占有物請求權，對之請求回復其物（四十四臺上一六五）。又侵奪他人占有的瑕疵，應由概括承繼

人（如繼承人）或惡意的特定承繼人（如承租人、竊盜）承擔之，故對此
等人亦得行使占有物返還請求權。侵奪占有之人，無論其為直接占有人或
間接占有人，均得為請求占有物返還的對象，從而承租人對於竊回租賃物
之出租人（間接占有人），得行使占有物返還請求權；甲之占有物被乙竊取
後，乙出租於丙，甲亦得對乙（間接占有人）行使占有物返還請求權是。
至於占有輔助人並非占有人，故非屬請求權的相對人。

二、占有被侵奪

民法上占有物返還請求權之行使，以占有人之占有被侵奪為要件，觀
於民法第九六二條之規定而自明。所謂占有被侵奪，係指違反占有人之意
思，以積極之不法行為，將占有物之全部或一部移入自己之管領而言。若
承租人於租賃期間屆滿後，未將租賃物返還者，因租賃物原係基於出租人
之意思而移轉占有於承租人，其後承租人縱有違反占有人意思之情形，既
非出於侵奪，出租人尚不得對之行使占有物返還請求權（八十二臺上二二
七六判決）。又最高法院八十九年臺上字第一三七七號判決謂：「按占有人
其占有，被侵奪者，固得請求返還其占有物，惟所謂占有被侵奪，係指占
有對於物之管領力，被他人奪取，失去其管領力而言，若非由於奪取，而
係由占有人交付者，縱交付係被詐欺、恐嚇所致，亦難謂為占有被侵奪；
且侵奪占有，尚須有外表可見之積極行為始可。」可供參考。至於間接占有
人侵奪直接占有人之占有物者，例如甲將貨車出租乙使用，在租賃期間內，
甲擅行自乙處開回貨車，仍屬占有物之侵奪，故有本條之適用 ❼⑥。

第二、占有妨害排除請求權

占有人，其占有被妨害者，得請求除去其妨害（民法第九六二條中段），
是謂占有妨害排除請求權。茲就有關問題，分述如下：

一、當事人

㈠請求權人

占有妨害排除請求權之權利人，為占有人（直接、間接占有，有權、

---

❼⑥　參閱王澤鑑，《物權》，第六七九頁。

無權占有均可），與占有物返還請求權的主體相同，請參照之。

(二)占有物妨害排除請求權之相對人

占有人得向其請求妨害除去者，為妨害占有之人。所謂妨害占有之人，係指因其行為而造成妨害占有狀態發生之人（行為妨害人），例如丟棄廢料於他人庭院之人是，或因其意思容許已生之妨害占有狀態存在，而未加以除去之人（狀態妨害人），例如果樹被強風吹倒於鄰地，而未加以清除之果樹所有人是。妨害占有的瑕疵，亦應由概括承繼人或惡意的特定承繼人承擔，而為請求的對象，至於占有輔助人則非屬請求權的相對人。

二、占有被妨害

民法上占有妨害排除請求權之行使，以占有人之占有被妨害為要件。所謂被妨害，係指對於現存之占有狀態，以侵奪以外的方法加以部分的侵害，使占有人無法完全的支配其占有物之謂。例如丟棄垃圾、廢土於他人庭院或空地；裝設管線，排洩廢水或廢氣於鄰地；散放煤氣、臭氣、煙氣、熱氣、灰屑、喧囂、振動於鄰地，超過社會生活所能容忍之限度；樹木被強風吹倒於他人門前；房東未得房客之同意，而擅引他人看房等是。

具備上述要件，占有人得請求除去其妨害，即請求停止妨害行為，例如停止丟棄垃圾或排洩廢水或廢氣；或請求排除其妨害狀態，而恢復占有之完整，例如清除堆積的垃圾或倒地之樹木是。若其妨害另具備侵權行為之要件者，尚得依據侵權行為之規定，請求損害賠償，自不待言。

第三、占有妨害防止請求權

占有人，其占有有被妨害之虞者，得請求防止其妨害（民法第九六二條後段），是謂占有妨害預防請求權。茲就有關問題，分述如下：

一、當事人

(一)請求權人

占有妨害防止請求權之權利人，為占有人（直接、間接占有，有權、無權占有均可），與占有物返還請求權的主體相同，請參照之。

(二)占有物妨害防止請求權之相對人

占有人得向其請求防止妨害者，為因其行為而造成有妨害占有危險狀態發生之人，或因其意思容許已生之妨害占有危險狀態存在，而未加以除去之人。妨害占有危險的瑕疵，亦應由概括承繼人或惡意的特定承繼人承擔，而為請求的對象，至於占有輔助人則非屬請求權的相對人。

二、占有有被妨害之虞

民法上占有妨害防止請求權之行使，以占有人之占有有被妨害之虞為要件。所謂有被妨害之虞，係指將來有發生妨害之可能而言，不以一度發生妨害，而有再度發生的危險性為必要。此種可能性之存否，不得依占有人之主觀觀念定之，而應就具體的事情，依一般社會觀念客觀的決定之。例如興建大樓或捷運施工致地層下陷，其鄰近房屋地基因而鬆動有倒塌的危險；或高樓因地震而傾斜，有倒塌的危險是。

具備上述要件，占有人得請求防止其妨害，即請求為適當的處置，排除妨害占有的危險狀態，使將來不生妨害之謂。

第二款 物上請求權之行使期間

民法第九六三條規定：「前條請求權，自侵奪或妨害占有，或危險發生後，一年間不行使而消滅。」此一年期間，雖有認為係除斥期間，惟通說認其為消滅時效。最高法院五十三年臺上字第二六三六號判例謂：「占有人其占有被侵奪者，得請求返還其占有物，是項返還請求權，依民法第九百六十二條及第九百六十三條之規定，自被侵奪後一年間不行使而消滅，乃指以單純的占有之事實為標的，提起占有之訴而言，如占有人同時有實體上權利者，自得提起本權之訴，縱令回復占有請求權之一年短期時效業已經過，其權利人仍非不得依侵權行為法律關係請求回復原狀。」顯然係肯定此一年期間為消滅時效，且認為物上請求權得與其他請求權發生競合關係。

第三款 共同占有人之保護

民法第九六三條之一第一項規定：「數人共同占有一物時，各占有人得就占有物之全部，行使第九百六十條或第九百六十二條之權利。」故共同占

有如受第三人之侵害時，各占有人就占有物之全部，均得單獨行使民法第九六〇條之自力救濟權或第九六二條之占有人物上請求權，以保全共同占有物，保障各共同占有人之權益，此為共同占有的對外關係。由於占有人依前項規定就占有物之全部，行使第九六〇條或第九六二條之權利，係為保障各共同占有人之權益，故民法第九六三條之一第二項規定：「依前項規定，取回或返還之占有物，仍為占有人全體占有。」

　　至於共同占有人相互間之侵害，民法第九六五條規定：「數人共占有一物時，各占有人就其占有物使用之範圍，不得互相請求占有之保護。」故各占有人不得互相請求占有之保護者，係指就其占有物使用之範圍而言，若共同占有物，全部被某一共同占有人所侵奪者，他共有人仍得為占有物返還之請求❼，且民法第九六五條規定所排除的是占有保護請求權，其他請求權，尤其侵權行為損害賠償請求權或不當得利請求權，不受影響❼⓼。所謂占有物使用之範圍，係指使用占有物之界限而言，此種界限包括時間之界限（例如約定各得使用五天）與空間之界限（例如約定各得使用一個房間）；所謂不得請求占有之保護者，係指占有物之使用範圍，被他共同占有人超越時，不得以占有被妨害為理由，請求排除妨害或以自力防禦而言。

第四項　占有之訴與本權之訴

　　占有人享有物上請求權，其在裁判上行使時，須依訴為之，稱為占有訴訟或占有之訴。相對於占有者，係本權，所謂本權，乃得為占有之權利，即基於法律上之原因，而享有「占有」之權之謂，例如基於所有權、地上權、永佃權、農育權、質權、租賃權等實體上之權利，而享有「占有」之權是。其依本權而提起之關於得為占有之權利之訴，即為本權之訴，例如基於所有權而提起所有物返還之訴，或基於租賃權而提起租賃物返還之訴是。

　　本權之訴與占有之訴，互不相妨，二訴同時或先後分別提起，均屬無

---

❼　參閱史尚寬，《物權》，第五四一頁；鄭玉波，《物權》，第四一二頁；姚瑞光，《物權》，第三九一頁。

⓼　參閱王澤鑑，《物權》，第五三九至五四〇頁。

妨，且不受一事不再理的拘束。蓋前者以確定權利之關係為目的，後者則以維持管領之事實為目的。有本權的占有人，其占有被侵害時，既有本權訴權，亦有占有訴權。例如所有人自己占有之動產被他人侵奪，該所有人既得對該侵奪人提起返還所有物之訴（民法第七六七條），又可對之提起返還占有物之訴（民法第九六二條），前者為本權之訴，後者為占有之訴。又如甲向乙借用之書，被丙奪去，甲得對丙提起返還占有物之訴（民法第九六二條），所有人乙對丙得提起返還所有物之訴（民法第七六七條），前者為占有之訴，後者為本權之訴。占有之訴與本權之訴，雖兩不相妨，但本權之訴究屬終局的保護，而於某種情形下具有決定性之作用。故在本權訴訟經確定判決，認為被告有占有的權利時，原告所主張的占有物上請求權的要件不具備，不得再行提起。例如甲以乙侵奪其停車位而提起返還所有物之訴，經法院判決，乙係基於租賃關係而為占有，敗訴確定時，甲不得再提起返還占有物之訴❼⑨。

第五節　占有之消滅

　　占有僅為事實，固屬一種財產之法益，惟並非物權，故權利或物權之一般共同之消滅原因，例如混同，在占有並無適用之餘地。由於占有之取得及維持，以事實上管領力為唯一憑據，故民法第九六四條規定：「占有，因占有人喪失其對於物之事實上管領力而消滅。但其管領力僅一時不能實行者，不在此限。」可知占有人一旦喪失其對於物之事實上管領力，不問其原因為何，亦不問是否由於占有人之意思，例如因占有人將占有移轉於他人、占有物被竊或遺失、占有物被洪水沖走或占有人消費占有物等是，其占有均歸消滅。惟此之所謂管領力喪失，指確定的喪失而言，若僅一時不能實行其管領力者，例如占有物被侵奪，但經占有人追蹤而取回（民法第九六〇條第二項）是。至於占有物之物質的滅失，自亦為占有消滅原因之

---

❼⑨　參閱史尚寬，《物權》，第五四一頁；王澤鑑，《物權㈡》，第六七六至六七七頁；
　　謝在全，《物權（下）》，第六一四頁。

一，因是時占有人之管領力事實上已無所附麗。

第六節　準占有

第一、準占有之意義及成立要件

一、準占有之意義

占有為對於物之事實上之管領，以物為客體，權利得否為占有的客體，雖不無爭論，惟民法第九六六條規定：「財產權，不因物之占有而成立者，行使其財產權之人，為準占有人。本章關於占有之規定，於前項準占有準用之。」可知民法係採肯定見解，將對於權利之事實的支配關係，亦納入占有之保護範圍。此種以財產權為客體的占有，即對於不因物之占有而成立之財產權，有事實上之支配關係或為事實上之行使者，使之準用占有之規定，而納入占有之保護範圍，故稱為準占有（亦稱權利占有）。

二、準占有之成立要件

占有的發生，須以對於物有事實上管領力為要件。準占有的發生，以對不因物之占有而成立的財產權，行使其財產權為要件，分述如下：

(一)須以財產權為標的

準占有之標的，限於財產權，不及於人格權及身分權。所謂財產權，包括物權、債權及智慧財產權。惟性質上雖為財產權，但與其基礎身分關係有不可分離關係者，不得為準占有之標的，例如退休金請求權或扶養請求權等是❽。

(二)須為不因物之占有而成立之財產權

財產權中有因物之占有而成立者，例如所有權、地上權、永佃權、農育權、典權、質權、留置權及租賃權等是，有不因物之占有而成立者，例如地役權、不動產役權、抵押權、一般債權、著作權、商標權、專利權等是。準占有標的之財產權，應以後者充之，蓋前者其權利之行使即同時占

---

❽　參閱謝在全，《物權（下）》，第六三二頁。

有其物，可逕適用占有之規定，無承認其為準占有的必要。又準占有標的之財產權，不以得繼續行使為要件，只要在外觀上足以認識該財產權係歸屬某人，即可成立準占有，一次清償即歸消滅的債權，雖不以繼續給付為目的，亦得為準占有之標的。至於撤銷權、解除權等形成權，因係附隨於債權契約或物權契約而存在的權利，而非獨立的財產權，且不具有何等實質利益之內容，故不能與其基本權利分離，而單獨為準占有的標的**❸**。

　㈢**須事實上行使其權利**

　　占有為對物之事實上之管領,而準占有則為對財產權之事實上之行使。所謂財產權之事實上之行使，係指依一般交易或社會觀念，有事實上或外觀上支配該財產權之客觀情事存在,足以使人認識該財產權係歸屬於某人，即為已足，例如持有債權證書者，即可認為係準占有人是。由於準占有之成立，以事實上行使其財產權為要件，從而該權利行使之事實，若喪失時，例如竊賊將其盜竊的債權證書返還於債權人；或地役權登記被塗銷是，準占有即因而歸於消滅。

第二、準占有之效力

　　民法第九六六條第二項規定:「本章關於占有之規定,於前項準占有準用之。」從而基於占有所生之各種效力，除其性質上與準占有不相容者外，應均在準用之列，例如占有狀態（直接占有、間接占有、占有輔助人）、事實之推定、權利之推定、孳息之取得、費用償還之請求、占有之保護等是。關於動產善意取得之規定，乃專為動產之真實的管領而設，以動產的占有為要件，與準占有之性質不合，故無準用之餘地。

　　準占有之效力，除準用關於占有之規定外，尚有二種效力：①對於債權之準占有人，善意所為的清償，有清償的效力（民法第三一○條第二款）。最高法院四十二年臺上字第二八八號判例謂:「財產權不因物之占有而成立

---

❸　參閱王澤鑑,《物權㈡》，第六九七頁；謝在全,《物權（下）》，第六三四至六三五頁。

　　不同見解，參閱史尚寬,《物權》，第五四七頁；鄭玉波,《物權》，第四一四頁。

者，行使其財產權之人為準占有人，債權乃不因物之占有而成立之財產權之一種，故行使債權人之權利者，即為債權之準占有人，此項準占有人如非真正之債權人而為債務人所不知者，債務人對於其人所為之清償，仍有清償之效力，此通觀民法第三百十條第二款及第九百六十六條第一項之規定，極為明顯。」可供參考。②準占有之其標的如為繼續行使之權利，得發生所有權以外財產權的取得時效（民法第七七二條）。

參考書目及略語

一、教科書、專著及論集

1. 王澤鑑　民法物權（自版，二〇〇九年七月，簡稱「物權」）

2. 王澤鑑　民法物權(1)通則・所有權（自版，一九九二年四月初版，簡稱「物權㈠」）

3. 王澤鑑　民法物權(2)用益物權・占有（自版，二〇〇六年八月增訂版再刷，簡稱「物權㈡」）

4. 王澤鑑　民法學說與判例研究第一冊㈠至第八冊㈧（第一冊，六十四年六月初版；第二冊，六十八年六月初版；第三冊，七十年三月初版；第四冊，七十二年四月初版；第五冊，七十六年五月初版；第六冊，七十八年九月初版；第七冊，八十二年四月二版；第八冊，八十七年九月初版。自版）

5. 史尚寬　物權法論（自版，民國六十年十一月三刷，簡稱「物權」）

6. 古振輝　共同所有之比較研究（台灣財產法暨經濟法研究協會，二〇〇六年七月）

7. 朱柏松　民事法問題研究物權法論（自版，二〇一〇年三月初版一刷）

8. 李肇偉　民法物權（自版，民國六十八年十月，簡稱「物權」）

9. 李淑明　民法物權（元照出版公司，二〇〇七年四月二版一刷）

10. 吳光明　物權法新論（新學林出版公司，二〇〇六年八月一版一刷，簡稱「物權」）

11. 吳光明　新物權法論（三民書局，二〇〇九年九月初版一刷，簡稱「新物權」）

12. 林榮耀　民事個案研究（自版，第一卷民國五十九年七月三版、第二卷民國五十九年十月初版、第三卷民國六十五年七月初版）

13. 姚瑞光　民法物權論（自版，民國五十六年十月初版，簡稱「物權」）

14. 倪江表　民法物權論（正中書局，民國七十年十二月，簡稱「物權」）

15. 梅仲協　民法要義（自版，民國五十二年十月臺新八版，簡稱「要義」）

16. 黃右昌　民法物權詮解（自版，民國五十四年三月臺再版，簡稱「物權」）

17. 陳重見　共同抵押權論（新學林出版公司，二〇〇七年九月一版一刷）

18. 張企泰　民法物權論（大東書局，民國五十九年）

19. 曹　傑　中國民法物權（商務印書館，民國五十六年三月臺二版，簡稱「物權」）

20. 楊與齡　民法物權（五南圖書出版公司，民國七十年九月初版，簡稱「物權」）

21. 蔡明誠　物權法研究（新學林出版公司，二〇〇五年一月一版再刷）

22. 鄭玉波　民法物權（三民書局，民國五十四年四月修訂四版，簡稱「物權」）

23. 鄭玉波編　民法物權論文選輯（上）（下）（五南圖書出版公司，民國七十三年七月初版）

24. 鄭玉波著，黃宗樂修訂　民法物權（三民書局，二〇〇九年十月修訂第十六版一刷）

25. 鄭玉波　民商法問題研究第一冊㈠至第四冊㈣（第一冊，六十五年二月初版；第二冊，六十八年十月初版；第三冊，七十一年五月初版；第四冊，七十四年九月初版。自版）

26. 鄭冠宇　民法物權（新學林出版公司，二〇一〇年八月一版一刷，簡稱「物權」）

27. 謝在全　民法物權論（上）（自版，民國九十八年六月修訂四版，簡稱「物權（上）」）

28. 謝在全　民法物權論（中）（自版，民國九十八年六月修訂四版，簡稱「物權（中）」）

29. 謝在全　民法物權論（下）（自版，民國九十六年六月修訂四版，簡稱「物權（下）」）

30. 謝哲勝　民法物權（三民書局，二〇一〇年六月增訂三版一刷，簡稱「物權」）

31. 錢國成　民法判解研究（司法行政部，民國五十五年七月再版）

32. 蘇永欽主編　民法物權爭議問題研究（五南圖書出版公司，民國八十八年一月初版一刷）

33. 蘇永欽主編　民法物權實例問題分析（五南圖書出版公司，民國九十年一月初版一刷）

二、六法全書及判解彙編

1. 陶百川等四人（編纂）　最新綜合六法（要旨增編判解指引法令援引事項引得）全書（三民書局，二〇一〇年二月最新版）

2. 林紀東等六人（編纂）　新編六法（參照法令判解）全書（五南圖書出版公司，二〇一〇年二月七十六版一刷）

3. 陳忠五主編　民法（新學林出版公司，2001 年 9 月版、2003 年 5 月四版、2008 年 9 月八版、2009 年 9 月九版）

4. 傅秉常、周定宇（主編）　中華民國六法理由判解彙編㈡民法（新陸書局，五十三年三月臺一版）

5. 王玉成等三人（編）　最新民刑法律判解彙編㈠（自版，六十一年十月初版）

6. 王玉成等四人（編）　最新民刑法律判解彙編㈡（自版，六十四年八月一日出版）

7. 高點精編　六法全書民法債編總論（高點文化出版事業公司，八十七年六月初版）

8. 黃茂榮（主編）　民法裁判百選（月旦出版社，八十六年八月初版四刷）

9. 黃宗樂（監修）　六法（立法理由相關法令判解釋義考題文獻）全書（保成文化事業出版公司，八十七年十一月十五日修訂四版）

10. 鄭玉波（編）　民法判解輯要（自版，六十六年十月初版）

11. 臺灣大學政治大學判例研究委員會（編纂）
中華民國裁判類編，民事法㈠至㈗（正中書局，六十五年十二月臺初版）

12. 郭衛（編）　大理院解釋全文（司法院秘書處，六十七年四月）

13. 郭衛（編）　大理院判決例全書（司法院秘書處，六十七年四月）

14. 司法院解釋彙編第一冊至第三冊（司法院秘書處，五十八年六月）

15. 司法院解釋編輯委員會編輯
司法院大法官會議解釋彙編（司法院秘書處，民國六十六年元月）、司法院大法官會議解釋續編㈠至㈘（司法院秘書處，陸續出版）

16. 最高法院判例編輯委員會編輯　最高法院判例要旨（民國十六年至九十四年）
上冊（最高法院，民國九十六年六月出版）

17.最高法院判例編輯委員會編輯　最高法院判例全文彙編民事部分㈠至㈣（最
　　　　　　　　　　高法院，民國九十八年十月出版）

18.最高法院編輯　最高法院決議民事部分（民國十七年至九十五年）（最高法院，
　　　　　　　　　民國九十六年六月出版）

19.法源法律網

20.中華民國司法院網站

21.中華民國最高法院網站

附註：

1.本參考書目（教科書、專著及論集）部分，除初版原編列者外，以有關物權
　法之專著為限，其編排次序，依著者姓名筆劃。

2.未列於本參考書目之著作，於各別引用之處另詳細註明。

本書主要簡略用語

1.三十三院二六九九 = 司法院民國三十三年院字第二六九九號解釋

2.三十四院解二九二六 = 司法院民國三十四年院解字第二九二六號解釋

3.八十七釋四五一 = 司法院大法官民國八十七年釋字第四五一號解釋

4.三十上二〇四〇 = 最高法院民國三十年上字第二〇四〇號判例

5.七十五台上八〇一 = 最高法院民國七十五年臺上字第八〇一號判例

6.七十八臺抗三五五 = 最高法院民國七十八年臺抗字第三五五號判例

7.八十八臺上一七〇八判決 = 最高法院民國八十八年臺上字第一七〇八號判決

8.七十九第二次民庭會決議 = 最高法院民國七十九年度第二次民事庭會議決議

9.王澤鑑，物權 = 王澤鑑，民法物權

10.王澤鑑，物權㈠ = 王澤鑑，民法物權(1)通則‧所有權

11.謝在全，物權（上）= 謝在全，民法物權論（上）

12.梅仲協，要義 = 梅仲協，民法要義

法學啟蒙叢書

◎ 不當得利　楊芳賢／著

　　本書涉及民法上不當得利的規定，架構上，主要區分不當得利之構成要件與法律效果。本書，首先為教學性質之說明，於各章節開始處，以相關實例問題作引導，簡介該章節之法律概念，儘量以實務及學說上之見解詳做解析；其次，則進入進階部分，即最高法院相關判決之歸納、整理、分析與評論；最末，簡要總結相關說明。期能藉由本書之出版，讓欲學習不當得利規定及從事相關實務工作之讀者，更易掌握學習與運用法律規定之鑰。

◎ 婚姻法與夫妻財產制　戴東雄、戴瑀如／著

　　本書主要內容以「婚姻」為主軸，說明婚姻如何成立、解消及因婚姻所生之各種權利與義務，特別是關於夫妻財產制之相關規定。因此全書分為兩大編，第一編為結婚與離婚，第二編則以夫妻財產制為中心。於各編之後另附有實例題，期能使讀者了解如何適用法條及解釋之方法，以解決相關法律爭議問題。

◎ 刑法構成要件解析　柯耀程／著

　　本書的內容，先從構成要件的形象，以及構成要件的指導觀念，作入門式的介紹，再對構成要件所對應的具體行為事實作剖析，進而介紹構成要件在刑法體系中的定位，並就其形成的結構，以及犯罪類型作介紹。本書在各部詮釋的開頭，採取案例引導的詮釋方式，並在論述後，對於案例作一番檢討，以使學習者，能有一個較為完整的概念。期待本書能成為一個對於構成要件的理解較為順手的工具。